中国特色经济学·研究系列

劳动力转移中的收入差距与环境

李晓春 伍云云 著

Income Inequality and the Environment in Labor Transfer

南京大学出版社

图书在版编目(CIP)数据

劳动力转移中的收入差距与环境 / 李晓春, 伍云云著. — 南京: 南京大学出版社, 2024.7
(中国特色经济学. 研究系列)
ISBN 978-7-305-27426-8

Ⅰ. ①劳… Ⅱ. ①李… ②伍… Ⅲ. ①劳动力转移—研究—中国 Ⅳ. ①F249.21

中国国家版本馆 CIP 数据核字(2023)第 232323 号

出版发行	南京大学出版社
社　　址	南京市汉口路 22 号　　邮　编　210093
丛 书 名	中国特色经济学·研究系列
书　　名	**劳动力转移中的收入差距与环境**
	LAODONGLI ZHUANYI ZHONG DE SHOURU CHAJU YU HUANJING
著　　者	李晓春　伍云云
责任编辑	张　静
照　　排	南京南琳图文制作有限公司
印　　刷	南京玉河印刷厂
开　　本	787 mm×960 mm　1/16 开　印张 35.25　字数 570 千
版　　次	2024 年 7 月第 1 版　　印　次　2024 年 7 月第 1 次印刷
ISBN	978-7-305-27426-8
定　　价	168.00 元

网　址: http://www.njupco.com
官方微博: http://weibo.com/njupco
官方微信号: njupress
销售咨询热线: (025) 83594756

* 版权所有, 侵权必究

* 凡购买南大版图书, 如有印装质量问题, 请与所购
图书销售部门联系调换

《中国特色经济学·研究系列》丛书编委会

主 任：洪银兴

委 员（按姓氏拼音排序）：

安同良　陈智琦　范从来　葛　扬

耿　强　林　辉　刘志彪　马野青

裴　平　沈坤荣　孙宁华　巫　强

吴福象　谢建国　杨德才　于津平

张谊浩　郑江淮

前　言

一、本书的脉络

本书以中国经济为背景,用理论经济学的研究方法进行分析,研究发展中国家在经济发展中难以回避的收入差距和环境问题。本书所有章节的研究都是我和我的研究团队在2020—2022年的三年之中完成的,但针对本书涉及的经济学理论问题的思考,从更早一些的2012年左右就开始了。当然,本书的成果是我们在对中国经济发展中的收入差距和环境问题的观察中,从少到多、由表及里逐步形成的。由于在这个酝酿过程中还有其他课题在研,加上对一些关键问题没有完全考虑透彻,所以一直延宕到2017年前后我们才逐步着手研究。虽然本书各章研究的角度和对象有所不同,但本书各部分的理论研究有一个共同的脉络:劳动力转移。

我一直以为,中国经济之所以能够高速发展,原因之一是有具备中国特色的劳动市场为中国的经济发展提供澎湃动力,这个市场上活跃着一支力量强大的生力军,就是农民工群体。这个"力量强大"既体现在农民工的体量巨大上,也体现在农民工们对追求幸福美好生活的坚定信念上。农民工们遵循市场机制,每年通过劳动力转移,为城市用工市场提供近3亿人的劳动力(2021年,根据国家统计局的数据,转移农民工人数达到2.9亿多人),毫不夸张地说,现在我们司空见惯的中国大地上的劳动力转移,是人类历史上规模最大的劳动要素流动。我国农民工现象的起源可以追溯到20世纪80年代初期,近半个世纪以来,中国的劳动力转移为中国的现代化建设做出重大贡献,同时也对中国劳动市场和生态环境产生了深刻影响。由于农民工在中国经济中尚处于弱势,社会往往以宣传农民工对经济的正面效果为主流,对其负面影响缺少研究,从而导致不少经济工作者对此认识不足。本书正视劳动力转移中的环境和收入差距问题,从实际经济情况入手,多角度地研究它,努力找出解决问题的办法。如果我们不这样做,对劳动力转移中的问题,特别是深层次的问题听之任之,就势必会影响中国现代化的效率。本书研究劳动力转移中存在的问题并解决之,目的是完善农民工经济,加快农民工融入城市的进程,提升中国现代化效率。

本书的另一个特点是,除了第六、七和十一章外,其他 15 章都是经济学理论研究的内容。在我国的经济学研究中,实证研究占主导,然而在从经济结构分析经济,研究政策的经济效果方面,理论研究具有难以替代的作用,特别是在对政策有效性的研判方面,理论研究更是不可或缺。从这个角度来说,本书可以为政策研究者、经济学理论探讨者提供参考依据。

二、本书的构成

本书共分三个部分,第一部分是收入差距篇,由七个章节组成,以劳动市场的问题为研究对象,着重讨论了收入分配和收入差距问题,也讨论了失业、劳动力的人力资本和劳动力的健康问题。一般而言,人们或许会认为农民工转移,解决了数亿农民的就业问题,提升了农民的收入,城乡收入差距应该缩小。但中国的城乡收入差距问题仍然严峻,虽然近年来有研究指出城乡收入比从 2013 年的 2.8∶1 下降到 2020 年的 2.6∶1[①],但是,这样的速度还是太低,没有发生根本性的变化。此外,还有一个非技术劳动力和技术劳动力间的收入差距问题,与劳动力转移的关系也密不可分。现实经济告诉我们,改革开放以来,中国收入差距的矛盾并未得到根本解决,反而愈加尖锐,其原因就是在经济发展过程中不断涌现出各种新元素,例如,生产性服务业、农业技术进步、农民的知识培训、最低工资以及混合所有制企业的部分民营化等。这些新生元素的出现,虽然是经济发展的必然,但也干扰了原有机制运作,给我们提出了新课题,需要我们去研究、加以解决。

---

① 张车伟,赵文,李冰冰.农民工现象及其经济学逻辑[J].经济研究,2022,57(3):9-20.

第二部分是工业污染篇,由八个章节组成,包括引进外资、农业技术进步、工业污染税补贴污染处理产业、政府环境规制对城市土地利用效益的影响、发展生产性服务业、农业生产性服务业发展以及农业生产性服务业价格补贴等视角。其中,引进外资、农业技术进步、发展生产性服务业等视角的共性在于研究对象具备了"隐蔽性污染"性质,即表面上这些研究对象与环境没有直接关系,但往往通过很短的关系链可以将其与环境联系起来。例如,在发展中国家中:

城乡劳动力转移↑→工业生产规模↑→排污↑→环境质量↓

这说明在城乡劳动力转移的过程中存在隐蔽性污染问题,进而,我们有理由认为,处于劳动力转移背景下的各种经济活动,都存在一定程度的隐蔽性环境问题。本书第二部分的研究是我们团队继2020年推出《长三角地区全面建设小康社会中的绿色发展问题研究》一书之后,又一次取得的集中研究隐蔽性污染的成果。

第三部分是农业污染篇,有三章内容,集中研究了农业污染对经济的影响。这些成果的主要边际贡献在于以下三个方面。

第一,中国农业面源污染已经超越工业污染成为最大的污染源,许多发展中国家也有相同的趋势,可经济学理论研究还停在对工业污染的追究上,故而,进行农业污染的经济学理论研究是为了解决实际经济问题。

第二,学术上的意义。迄今为止的环境问题的理论研究,大多沿用Copeland和Taylor(1999)[1]提出的模式,这是一个工业污染对农业生产施加环境负外部性模型,而农业污染是通过面源污染水源以及农作物上的农药残留等对人的身体施加影响的,劳动要素是由自然人构成的,故而农业污染会影响劳动要素的有效性,所以其污染路径的本质是内生性的。

第三,由于劳动力转移具有要素配置的功能,而要素的再配置与环境问题相关,所以在劳动力转移的背景下研究农业污染,不论从学术价值还是实际意义上来说,都处于当前理论经济学研究的前沿。

---

[1] COPELAND B R, TAYLOR M S. Trade, spatial separation, and the environment[J]. Journal of International Economics,1999,47(1):137-168.

我们关于农业污染的观点正在被学术界所认可,农业污染篇的三章内容已经全部在 SSCI 期刊上发表。

三、其他

本书各章的作者是:前言,李晓春;第一章,李晓春、伍云云;第二章,李晓春、伍云云;第三章,李晓春、曹逸凡、伍云云;第四章,李晓春、贾甜甜;第五章,李晓春、候重阳;第六章,范张倩、李晓春;第七章,李晓春、王楚琪;第八章,李晓春、伍云云;第九章,李晓春、王易、伍云云;第十章,李晓春、林乙仙;第十一章,李晓春、张谦雅;第十二章,李晓春、程玉茹、伍云云;第十三章,李晓春、翟瑞婧、伍云云;第十四章,李晓春、王沄帆;第十五章,李晓春、傅华楠;第十六章,李晓春、傅华楠、伍云云;第十七章,李晓春、傅华楠;第十八章,李晓春、傅华楠。

本书的共同作者、南京大学毓秀青年学者伍云云博士,除了参与本书部分章的研究、写作之外,还担任了本书的策划、编辑和统稿工作。

本书是在南京大学商学院经济学系的大力支持下完成的,系主任皮建才教授和系里的诸位老师给予了我莫大的信任和鞭策;南京大学商学院的博士生李敏、赵彬策和毛逸波积极参与了书稿的校对工作;南京大学出版社的编辑老师们在出版过程中给了我们许多有益的指导。没有他们的卓越工作,本书不会这么顺利面世,在此,我谨向他们表示衷心的感谢!

李晓春

2023 年 2 月 15 日

于南京大学安中楼

目 录

第一部分　收入差距

第一章　农业生产性服务业发展、失业与收入差距 …………… 3

　　第一节　序　言 ………………………………………………… 3
　　第二节　模　型 ………………………………………………… 7
　　第三节　服务专业化对失业和收入差距的影响分析 ………… 11
　　第四节　情况Ⅱ：农业生产性服务可贸易情况 ……………… 16
　　第五节　数值模拟 ……………………………………………… 20
　　第六节　结　论 ………………………………………………… 31
　　参考文献 ………………………………………………………… 32

第二章　农业现代化中农民人力资本投资的效果研究
　　　　　　——基于二元农业经济视角 ……………………… 35

　　第一节　序　言 ………………………………………………… 35
　　第二节　理论模型 ……………………………………………… 39
　　第三节　经济效果分析 ………………………………………… 42
　　第四节　结论与政策建议 ……………………………………… 53

参考文献 … 55
附　录 … 56

第三章　农业技术进步对收入差距的影响研究 … 60

第一节　序　言 … 60
第二节　理论分析 … 63
第三节　数值模拟分析 … 81
第四节　结　论 … 100
参考文献 … 101
附　录 … 102

第四章　制造业混合所有制企业的部分民营化、生产性服务业和失业 … 104

第一节　序　言 … 104
第二节　模型建立 … 107
第三节　短期效应 … 110
第四节　长期影响 … 113
第五节　福利分析 … 115
第六节　结　论 … 117
参考文献 … 117
附　录 … 121

第五章　公共物品生产部门所有制改革的收入分配效应研究 … 128

第一节　序　言 … 128
第二节　理论模型的构建与机制解释 … 130
第三节　结论与政策建议 … 144
参考文献 … 145

第六章　提升最低工资对技术—非技术劳动力工资差距的影响研究 ·············· 150

第一节　序　言 ·············· 150
第二节　最低工资制度与技能工资的现状 ·············· 155
第三节　最低工资制度与技术—非技术劳动力工资差距 ·············· 156
第四节　数据及模型设定 ·············· 157
第五节　实证分析 ·············· 161
第六节　结论及政策启示 ·············· 168
参考文献 ·············· 169

第七章　工作时间对健康的影响研究——基于异质性劳动力视角 ·············· 172

第一节　序　言 ·············· 172
第二节　研究假设 ·············· 176
第三节　模型建立 ·············· 178
第四节　实证结果 ·············· 184
第五节　结论与展望 ·············· 196
参考文献 ·············· 197

第二部分　工业污染

第八章　发展中国家引进外资与环境——基于外资收入税补贴农业的视角 ·············· 203

第一节　序　言 ·············· 203
第二节　模　型 ·············· 206

第三节 工资补贴效果分析…………………………………………… 208

第四节 农业利息补贴效果分析………………………………………… 215

第五节 社会福利……………………………………………………… 217

第六节 结 论………………………………………………………… 218

参考文献………………………………………………………………… 219

附 录…………………………………………………………………… 221

第九章 二元农业视角下农业技术进步的环境影响研究 227

第一节 序 言………………………………………………………… 227

第二节 理论模型的建立与分析……………………………………… 230

第三节 数值模拟分析………………………………………………… 252

第四节 结 论………………………………………………………… 271

参考文献………………………………………………………………… 272

附 录…………………………………………………………………… 274

第十章 工业污染税补贴污染处理产业的环境效果分析 278

第一节 序 言………………………………………………………… 278

第二节 短期理论模型………………………………………………… 281

第三节 长期理论模型………………………………………………… 289

第四节 数值模拟……………………………………………………… 298

第五节 结论与政策建议……………………………………………… 306

参考文献………………………………………………………………… 307

附 录…………………………………………………………………… 313

第十一章 政府环境规制对城市土地利用效益的影响研究 317

第一节 序 言………………………………………………………… 317

第二节 理论推导与假设……………………………………………… 321

第三节　变量选取与数据来源……………………………………… 325

第四节　计量实证分析……………………………………………… 330

第五节　结论与政策建议…………………………………………… 341

参考文献………………………………………………………………… 342

第十二章　发展生产性服务业的环境效果研究……………… 347

第一节　序　言……………………………………………………… 347

第二节　理论分析…………………………………………………… 349

第三节　数值模拟…………………………………………………… 362

第四节　结　论……………………………………………………… 372

参考文献………………………………………………………………… 372

附　录…………………………………………………………………… 375

第十三章　农业生产性服务业发展的环境效果研究………… 384

第一节　序　言……………………………………………………… 384

第二节　理论模型构建……………………………………………… 387

第三节　比较静态分析……………………………………………… 391

第四节　数值模拟…………………………………………………… 395

第五节　结　论……………………………………………………… 417

参考文献………………………………………………………………… 418

附　录…………………………………………………………………… 420

第十四章　农业生产性服务业价格补贴对环境的影响……… 425

第一节　序　言……………………………………………………… 425

第二节　模型构建…………………………………………………… 427

第三节　比较静态分析……………………………………………… 431

第四节　结　论……………………………………………………… 437

参考文献……438
附　录……440

第十五章　移民汇款、农业生产性服务业和环境污染……447

第一节　序　言……447
第二节　模型构建……450
第三节　比较静态分析……453
第四节　参数校准、估计和数值模拟……459
第五节　结　论……465
参考文献……466

第三部分　农业污染

第十六章　农业生产性服务补贴政策对农业污染的影响效应研究……471

第一节　序　言……471
第二节　模型构建……475
第三节　比较静态分析……478
第四节　三类补贴政策经济和农业污染效应比较分析……483
第五节　国民福利分析……485
第六节　结　论……487
参考文献……488
附　录……491

第十七章　农业污染下的污染缓解对失业和城乡工资差距的效应研究……501

第一节　序　言……501

第二节　模型构建 …………………………………………………… 503

　第三节　比较静态分析 ………………………………………………… 505

　第四节　参数的校准、估计与数值模拟 ……………………………… 509

　第五节　结　论 ………………………………………………………… 517

参考文献 …………………………………………………………………… 518

第十八章　二元农业中的农民工汇款和农业污染 …………………… 520

　第一节　序　言 ………………………………………………………… 520

　第二节　模　型 ………………………………………………………… 523

　第三节　比较静态分析 ………………………………………………… 526

　第四节　参数校准、估计和数值模拟 ………………………………… 530

　第五节　福利分析 ……………………………………………………… 537

　第六节　结　论 ………………………………………………………… 539

参考文献 …………………………………………………………………… 540

附　录 ……………………………………………………………………… 543

第一部分
收入差距

第一章　农业生产性服务业发展、失业与收入差距

本章提要：农业生产性服务业联系着城市与农村，其发展关系到农业的现代化、城乡生产要素的相互替代转移，虽然它与城市失业和收入差距之间的机制尚不清楚，但存在相互影响关系是显而易见的。本章通过建立一个三部门一般均衡模型，分析了农业生产性服务业发展对失业与收入差距的影响，并进行了数值模拟分析。本章得到一些有实际意义的结论，例如，当农业生产性服务不可贸易时，可在资本部门间流动的情况下有条件地降低失业率和城乡收入差距；当农业生产性服务可贸易时，不论资本是否流动，专业化和普及化发展都降低失业率和城乡收入差距，且在资本部门专有情况下，专业化有条件地使技术和非技术劳动力的收入差距扩大，普及化则使该收入差距缩小等。

第一节　序　言

发展农业生产性服务业是发展中国家农业现代化的共同趋势。在我国"大国小农"条件下，发展农业生产性服务业是具有相对优势的农业现代化发展方式。2015年12月国务院首次提出"发展农业生产性服务业"；2018年，中共中央、国务院印发的《乡村振兴战略规划（2018—2022年）》更是强调"强化农业生产性服务业"；2022年10月党的二十大报告要求"构建优质高效的服务业新体系，推动现代服务业同先进制造业、现代农业深度融合"。可以预见，今后农业生产性服务业将会通过其自身发展及溢出效应成为我国经济发展中的一个重要增长点。近年来，我国不断促进农业生产性服务业发展，增加农业生产性服务投入以提高农业生产效率，达到发展农业的目的。特别是以现代服务作为中间投入品替代传统的化肥等生产要素投入，使农业

生产方式和组织方式实现变迁、升级。生产性服务业在农业生产中由依附性产业转向独立完整产业。

本章将农业生产性服务业定义为：由市场主导的数量众多的经营主体提供农业生产性服务的产业。农业生产性服务涵盖农业生产所需的所有的中间投入，包括农业机械、化肥、种子及能源等农用物资的生产供应、农业劳动服务、加工、包装、广告、分销、运输，到金融、农业科技服务、农业信息服务等各个方面。总的来说，农业生产性服务是贯穿农业生产作业过程，直接或协助生产经营者完成农业产前、产中、产后各环节作业的服务。

发展农业生产性服务业不仅是农业现代化的重要途径，还通过释放劳动力影响城市经济，其经济意义难以估量。我们之所以关心农业生产性服务业发展、城市失业与收入差距的关系，是因为这些是党和国家在经济工作中面对的困难和问题。二十大报告在提出坚持农业优先发展的同时，还提出要强化就业优先政策、着力促进全体人民共同富裕。首先，就业是最基本的民生，在"就业优先战略"下，失业成为影响经济发展的突出问题，此时发展农业生产性服务业对城市失业的影响就显得格外重要。从产业经济发展的角度看，农业生产性服务业的崛起必定会增加劳动力的就业，但也会在农业生产中替代劳动力，有促进农村劳动力向城市转移、增加城市就业压力的作用。因此，农业生产性服务业发展对城市失业的影响究竟如何，需要深入研究。其次，共同富裕是中国特色社会主义的本质要求，而收入分配差距较大是我国政府工作的难点之一，也是阻碍我国经济发展的重要因素。农业生产性服务业发展与农民收入进而与收入差距的关联显而易见。这是因为农业生产性服务业发展不仅能提高农业生产效率、影响农业收入从而引起城乡收入差距的变化，而且随着农业生产性服务业发展，还可能通过资源重新配置影响技术—非技术收入差距。其机制如下：

农业生产性服务业发展→提高农业生产效率→影响农业收入→影响收入差距
　　　　　　　　　　　　└──→生产资源重新配置→影响要素价格

因此，在农业生产性服务业发展的研究中考察收入差距问题，不仅是学术研究的需要，也是现阶段影响我国收入差距的一个重要因素。

农业生产性服务业属于生产性服务业的子行业。在相关研究领域中,学者们贡献了许多经济学理论研究成果,使我们能从经济结构上了解生产性服务业对经济发展所起的作用。但是这些研究大多着眼于服务工业生产性服务,如 Rivera-Batiz 和 Romer(1991),Zhang(2012),Sun 和 Anwar(2015)等,缺少关注农业生产性服务业的研究。我们认为,农业生产性服务不同于工业生产性服务,在经济学理论研究上,促进农业生产性服务业发展与促进工业生产性服务业发展对经济的影响亦有所不同。首先,生产性服务作为中间投入,在工业品的生产中可以与资本和劳动力要素进行替代,而在农业生产中一般仅与劳动力要素进行替代(因为农业是小资本部门)。其次,关于劳动力雇佣,工业生产性服务业作为相对成熟的部门,在固定投入和可变投入中都使用技术劳动力和非技术劳动力;而农业生产性服务业在发展中国家发展还不成熟,且其服务末端更加靠近农业生产,所以技术劳动力多集中于固定投入,非技术劳动力多集中于可变投入。这些差异也必然会延伸到与之相关的经济各方面,故而,我们有必要对农业生产性服务业进行经济学理论研究,了解其在经济结构中所发挥的作用,以适应实际经济工作中的政策需求。

对中国农业生产性服务业的研究大多数是实证研究。从内容上主要分为以下几类:① 研究农业生产性服务业发展水平和绩效的,如汪建丰和刘俊威(2011);② 基于省情探讨其发展现状的,如张振刚等(2011);③ 研究农业生产性服务需求意愿的,如庄丽娟等(2011),张晓敏和姜长云(2015),马楠等(2022);④ 研究农业生产性服务业与农业之间关系的,如潘锦云等(2011),郝爱民(2015),栾健等(2022)。然而,缺少了理论分析,我们就很难判断农业生产性服务业在经济结构中的位置和作用,也无法明确农业生产性服务业的发展对经济的影响机制,尤其无法明确其在城市失业以及收入差距问题上所起的作用。

在经济学理论研究中,有两类收入差距格外受到关注:一类是技术与非技术劳动力的收入差距(以下简称技术-非技术收入差距),如 Afonso 和 Leite(2010),Anwar(2010),李晓春和杨彩姣(2018),Wu 和 Li(2020)等;另一类则是城乡收入差距,如 Beladi 等(2008),Chaudhuri(2008),Chaudhuri 和 Banerjee(2010)。虽然这些研究对收入差距进行了有益的分析,但都没有考虑农业生产性服务业的发展。还有一些成果涉及农业生产性服务与农民收入的联系,但观点各有差异:钟甫宁(2016)认为在劳动力转移和生产成本上升的背景下,发展农业生产性服务是家庭承包经营制度下农民增收的可行路径;Takeshima 等(2013)、邱海兰和唐超(2019)认为农业生产性服务可以有效增加粮食产量,提升农业经营性收入;有观点认为农业生产性服务在一定程度上替代了劳动力,进一步释放了农村劳动力转移潜力,增加了农民工资性收入(Benin 等,2012;Wang 等,2016);还有观点认为农业生产性服务会抑制农民收入增长(Coelli 和 Battese,1996)。

至于城市失业问题的理论研究,Harris 和 Todaro(1970)认为城市部门因为最低工资等制度性因素,工资向下刚性,因而存在失业 L_u。农业部门劳动力转移出该部门有失业风险,在城市找到工作的概率为 $L_M/(L_M+L_u)$,其中 L_M 为城市部门雇佣劳动力数量。农业部门劳动力会比较本部门实际工资和城市部门期望工资的大小以决定是否转移,二者相等时,农村与城市之间劳动力转移处于均衡状态。这个劳动力转移模型称为哈里斯-托达罗模型,其对于发展中国家劳动力转移研究具有深刻影响,也为研究中国劳动力转移提供了标准范式。Bahns(2005)就基于中国数据利用实证分析方法指出了哈里斯-托达罗模型对于中国劳动力城乡转移的适用性。蔡昉(2006)做出了刘易斯转折点在中国已到来的判断,因此中国二元农业发展研究中,不能简单地认为农村劳动力可以无限流入现代工业部门。哈里斯-托达罗模型更为适用中国问题,李晓春和马轶群(2004)就使用哈里斯-托达罗模型分析了中国户籍制度下的劳动力转移问题。因此,本章沿用该模型以将城市失业纳入模型分析。

随着农业现代化水平的提升,要求农业生产性服务质量不断提高、服务深度不断加强,这就要求农业生产性服务业不断向专业化发展。我国的农业生产性服务兴起不久,与经济发达国家相比有后发优势,但发展需要时间,现阶段服务专业化就是我国农业生产性服务业发展的重要标志。另一方面,农业生产性服务业的发展还必须体现在为广大农民所接受和使用上,这就需要农业生产性服务降低价格,走向普及。研究农业生产性服务业发展对劳动力工资、失业以及收入差距的影响,有助于处理好农业现代化、就业与收入差距的关系,实现多赢、社会公平和谐、经济可持续发展。因此,本章将农业生产性服务业的发展落实在服务专业化、普及化上,在学术界缺乏相关研究的现实下,研究农业生产性服务专业化、普及化发展对失业与收入差距的影响。还应该注意到,农业生产性服务业在发展中不断向全球化方向发展,从良种培育到产品销售,国际化起着越来越重要的作用。从而,在学术研究中,考虑农业生产性服务业的可贸易性已不可或缺。

本章通过建立包含工业、农业生产性服务业、农业的三部门一般均衡模型,分资本部门专有和部门可流动两种情况分析农业生产性服务专业化、普及化发展对失业与收入差距的影响及其内在机制。本章还分可贸易、不可贸易类别就农业生产性服务业发展对失业与收入差距的影响进行研究。

以下部分如下安排:第二节建立模型描述了处于垄断竞争市场的不可贸易的农业生产性服务业模型,而后进行理论分析,如表1-1所示。第三节研究不可贸易情况下农业生产性服务业专业化对失业与收入差距的影响(即情况Ⅰ),第四节研究了可贸易情况下农业生产性服务业专业化、普及化发展对失业与收入差距的影响(即情况Ⅱ)。第五节进行了数值模拟分析。最后,第六节为本章结论。

表1-1 理论研究内容安排

	不可贸易(情况Ⅰ)	可贸易(情况Ⅱ)	
	专业化	专业化	普及化
资本部门专有(情况a)	第三节(一)	第四节(一)	第四节(一)
部门可流动(情况b)	第三节(二)	第四节(二)	第四节(二)

第二节 模 型

考虑一个由工业、农业和农业生产性服务业部门三个部门组成的开放、小国经济体。工业部门使用技术劳动力 S_y、非技术劳动力 L_y 和资本 K_y 生产可进口的工业产品 Y,而农业部门使用非技术劳动力 L_z 和各种生产性服务生产可出口的农业产品 Z。在整个农业生产周期中,对不同类型专业活动的广泛需求导致农业生产性服务企业之间的产品差异。因此,农业生产性服务业包含了一系列的服务 $x_i, i = 1, 2, \cdots,$

n，在具有垄断竞争特征的市场中为农业部门提供中间投入品，这些服务通过 CES (Constant Elasticity of substitution) 子生产函数汇总为一种综合服务 X。同时，市场对每一种服务的质量要求是高度专业化的。但是，专业化程度受到一国经济和科技发展水平的限制，因此，在发展中国家，其专业化程度始终小于市场需求。随着发展水平的提高，服务不断分化改组、更多企业进入市场，使得农业生产性服务种类增加、专业化程度提高。假设工业部门和农业部门是完全竞争的，选择农业产品作为计价单位，国际市场给出工业产品的相对价格 p_y。这里首先考虑农业生产性服务不可贸易的情况（即情况Ⅰ）。

令工业产品的生产函数是线性齐次的，其单位成本函数为 $g(w_S, w_y, r_y)$，其中 w_S, w_y 和 r_y 分别表示工业部门技术劳动力工资、非技术劳动力工资和利息率。在完全竞争下，单位成本等于价格，有：

$$g(w_S, w_y, r_y) = p_y \qquad (1-1)$$

使用谢泼德引理，可以得到工业部门对技术劳动力、非技术劳动力和资本的需求量：$S_y = g_S(w_S, w_y, r_y)Y$，$L_y = g_w(w_S, w_y, r_y)Y$ 和 $K_y = g_r(w_S, w_y, r_y)Y$，其中成本函数的下标表示偏导数，其中 $g_S = \partial_g / \partial w_S$，以下亦同。

至于农业部门，代表性企业的生产函数为 $Z = F(L_z, D)$，其中，$F(\cdot)$ 是线性齐次的，D 为农业生产性服务的总投入量（以下简称为总服务），包含一系列的服务需求 d_i，$i = 1, 2, \cdots, n$，D 以 CES 函数形式给出：

$$D = \left(\sum_{i=1}^{n} d_i^{\delta}\right)^{\frac{1}{\delta}}, 0 < \delta < 1$$

以 p_x 表示总服务的价格（也即农业生产性服务业市场价格指数），w_z 表示农业部门劳动力工资，那么农业部门代表性企业单位成本函数可以表示为 $h(w_z, p_x)$。完全竞争条件可以得到

$$h(w_z, p_x) = 1 \qquad (1-2)$$

由谢泼德引理，农业部门对非技术劳动力与总服务的需求分别为：$L_z = h_w(w_z, p_x)Z$ 和 $D = h_p(w_z, p_x)Z$。

对每一种农业生产性服务而言,行政管理和财政工作需要技术劳动力和资本等固定投入,生产则需要非技术劳动力和物质资本。因此,生产服务 x_i 的总成本为:$c(w_S,w_x,r_x,x_i)=f(w_S,r_x)+m(w_x,r_x)x_i$,其中 $f(\cdot)$ 为固定成本函数,$m(\cdot)$ 为单位可变成本函数 w_x,r_x 分别为农业生产服务部门非技能劳动工资和利息率。内部规模经济意味着每个企业都专门提供一种服务。因此,农业生产性服务业中企业 i 的技术劳动力和非技术劳动力的雇佣量分别为:$s_i=f_s(w_S,r_x)$ 和 $l_i=m_w(w_x,r_x)x_i$,而资本的使用量为:$k_i=f_r(w_S,r_x)+m_r(w_x,r_x)x_i$。本节专注于对称均衡,也就是说每一种农业生产性服务均被同等定价为 p。按照垄断竞争模型的标准范式(Dixit 和 Stieglitz,1977),每种农业生产性服务的需求价格弹性为 $1/(1-\delta)$。因此,均衡时的一阶条件为

$$\delta p = m(w_x,r_x) \tag{1-3}$$

上式中,左边为边际收益而右边为边际成本。在短期,农业生产性服务业中企业数给定,即 n 为外生量,从而企业经济利润不一定为零。相对应地,长期则是指服务业部门的利润为零的情况,此时企业数量内生给定,故而长期状态不能反映服务专业化的经济效果,因此本节仅就短期状况开展研究。

每一种农业生产性服务对称地进入农业生产,因而均衡情况下,每种服务供给量相等,均为 x。从而 $X=xn^{1/\delta}$。由于服务不可贸易,农业生产性服务出清条件 $d_i=x_i$ 可以表示为

$$h_p(w_x,p_x)n^{-\frac{1}{\delta}}=x \tag{1-4}$$

给定 CES 函数形式总服务,总服务的价格 p_x 可以表示为

$$p_x=\left[\sum_{i=1}^{n}(p_i)^{-\frac{\delta}{1-\delta}}\right]^{\frac{1-\delta}{\delta}}=\frac{p}{n^{(1-\delta)/\delta}} \tag{1-5}$$

考虑劳动力市场。工业部门和农业生产性服务业部门在城市地区,由于制度性因素非技术劳动力工资向下刚性,即 $w_x=w_y=\overline{w}$($\overline{w}$ 为外生给定)。而农业劳动力得到弹性工资 $w_z<\overline{w}$。令 L_U 表示城市失业人口,城市失业率 $\mu=L_U/(L_x+L_y)$,其中 $L_x=nl_i$ 为农业生产性服务业部门对非技术劳动力的需求量。根据哈里斯-托达罗模

型,非技术劳动力由农业部门向工业部门和农业生产性服务业部门流动,均衡时有以下关系

$$\overline{w} = w_z(1+\mu) \tag{1-6}$$

技术劳动力在工业和农业生产性服务业之间自由流动。由于技术劳动力在发展中国家为稀缺资源,因此本节设定技术劳动力完全雇佣,不存在失业。因此,劳动力要素市场出清条件为

$$nf_s(w_S, r_x) + g_s(w_S, w_y, r_y)Y = S \tag{1-7}$$

$$(1+\mu)[nm_w(w_x, r_x)x + g_w(w_S, w_y, r_y)Y] + h_w(w_z, p_x)Z = L \tag{1-8}$$

其中,S 和 L 分别为经济中技术劳动力与非技术劳动力禀赋量。

城乡收入差距表示为 $w_{ur} = \overline{w}/w_z$,技术—非技术收入差距表示为 $w_{Sr} = w_S/w$,其中 w 为所有非技术劳动力平均工资,由式(1-6)可知 $w = w_z$。因此,w_z 提高则城乡收入差距和技术—非技术收入差距下降,而 w_z 降低则城乡收入差距、技术—非技术收入差距上升;w_S 增加则技术—非技术收入差距上升,w_S 减小则技术—非技术收入差距下降。

转向资本市场。由于资本在农业生产性服务业中的重要作用,分别考虑资本在部门专有和资本在部门间自由流动两种情况。对于资本部门专有的情况,资本出清条件为

$$n[f_r(w_S, r_x) + m_r(w_x, r_x)x] = K_x \tag{1-9}$$

$$g_r(w_S, w_y, r_y)Y = K_y \tag{1-10}$$

对于资本部门间流动的情况,资本出清条件变为:

$$n[f_r(w_S, r_x) + m_r(w_x, r_x)x] + g_r(w_S, w_y, r_y)Y = K_x + K_y = K \tag{1-11}$$

其中,K 为经济中资本禀赋量。由于资本在部门间自由流动,有 $r_x = r_y = r$。

至此,理论模型的构建完成。资本部门专有情况,式(1-1)至(1-10)构成的模型,包含 w_S、w_z、r_x、r_y、p_y、p_x、μ、x、Y 和 Z 这十个内生变量,$\overline{w}$、n、p_y、L、S、K_x 和 K_y 为外生变量。而资本部门间流动情况,式(1-1)至(1-8)和(1-11)构成的模型,包

含 w_S、w_z、r、p、p_x、μ、x、Y 和 Z 这九个内生变量，$\bar{w}$、n、p_y、L、S 和 K 为外生变量。

第三节　服务专业化对失业和收入差距的影响分析

本节分别考虑在资本部门专有情况和资本部门间流动情况下农业生产性服务专业化对失业和收入差距的影响。从工业部门的利率与技术劳动力工资的关系开始。这可以通过全微分工业部门零利润条件式(1-1)得到：

$$\widehat{w}_S = -\frac{\theta_{KY}}{\theta_{SY}} \widehat{r}_y \tag{1-12}$$

其中，"^"表示变量的百分比变化，$\theta_{SY} = w_S g_s / p_y$ 和 $\theta_{KY} = r_y g_r / p_y$ 分别表示工业部门技术劳动力和资本在成本中占比。显然地，w_S 和 r_y 反向变动。

全微分式(1-2)得到 w_z 和 p_x 之间的关系

$$\widehat{w}_z = -\frac{\theta_{XZ}}{\theta_{LZ}} \widehat{p}_x \tag{1-13}$$

其中，$\theta_{XZ} = p_x h_p / h$ 和 $\theta_{LZ} = w_z h_w / h$ 分别表示农业部门总服务和非技术劳动力在成本中占比。显然地，零利润条件使 w_z 和 p_x 反向变动。而全微分式(1-3)，即农业生产性服务业部门中企业的利润最大化条件可以得到

$$\widehat{p} = \theta_{KX}^m \widehat{r}_x \tag{1-14}$$

其中，$\theta_{KX}^m = \dfrac{r_x m_r}{m}$ 表示生产 x_i 的可变成本中资本占比。全微分式(1-5)得到总服务的价格 p_x 与每一种服务的价格 p 之间的关系

$$\widehat{p}_x = \widehat{p} - \frac{1-\delta}{\delta} \widehat{n} \tag{1-15}$$

这就是说，n 变化对 p_x 与 p 产生不同影响。即使在 p 保持不变的情况下，服务专业化也会降低总服务的价格。

联立式(1-13)、(1-14)和(1-15)，可以得到 w_z 和 r_x 之间的反向关系：

$$\widehat{w}_z = -\frac{\theta_{XZ}}{\theta_{LZ}} \theta_{KX}^m \widehat{r}_x + \frac{\theta_{XZ}}{\theta_{LZ}} \frac{1-\delta}{\delta} \widehat{n} \tag{1-16}$$

式(1-16)表示的是：若使用的农业生产性服务种类 n 保持不变，农业生产性服务业部门利息率 r_x 的上升(下降)会提高(降低)每种服务价格 p，导致总服务的价格 p_x 上升(下降)，从而农业部门工资率 w_z 下降(提高)。根据式(1-12)和(1-16)可知，收入差距与资本市场有关。

先考虑农业生产性服务业市场和劳动力市场，利用式(1-12)和(1-16)全微分式(1-4)、(1-6)、(1-7)和(1-8)，有

$$\left(\sigma_{XL}^z - \frac{\theta_{LZ}}{\theta_{XZ}}\sigma_{XX}^z\right)\widehat{w}_z - \widehat{x} + \widehat{Z} = \frac{\widehat{n}}{\delta} \quad (1-17)$$

$$A\widehat{w}_z + (1+\mu)\lambda_{LY}\left(\sigma_{LS}^y - \frac{\theta_{SY}}{\theta_{KY}}\sigma_{LK}^y\right)\widehat{w}_S + (1+\mu)\lambda_{LX}\widehat{x} + (1+\mu)\lambda_{LY}\widehat{Y} + \lambda_{LZ}\widehat{Z} = a\widehat{n}$$
$$(1-18)$$

$$B\widehat{w}_S - \lambda_{SX}\frac{\theta_{LZ}}{\theta_{XZ}\theta_{KX}^m}\sigma_{SK}^f\widehat{w}_z + \lambda_{SY}\widehat{Y} = -\lambda_{SX}\left(1 + \frac{1-\delta}{\theta_{KX}^m\delta}\sigma_{SK}^f\right)\widehat{n} \quad (1-19)$$

其中，$\lambda_{jl}(j=S,L,K;l=X,Y,Z)$ 是经济中部门 l 的要素 j 的占比，σ_{jk}^m、σ_{jk}^Y 和 $\sigma_{jk}^Z(j,k=S,L,K)$ 分别为农业生产性服务业部门、工业部门和农业部门中不同可变要素之间替代弹性，$\sigma_{jk}^f(j,k=S,K)$ 是农业生产性服务业部门的不变投入要素之间替代弹性。例如，$\sigma_{LL}^m \equiv m_{ww}w_x/m_w$，$\sigma_{LK}^m \equiv m_{wr}r_y/m_w$，$j \neq k$ 时，$\sigma_{jk}^l > 0 (j,k=S,L,K;l=m,f,Y,Z)$，$\sigma_{jj}^l < 0$。$A = \lambda_{LZ}\left(\sigma_{LL}^z - \frac{\theta_{LZ}}{\theta_{XZ}}\sigma_{LX}^z\right) - (1+\mu)(\lambda_{LY} + \lambda_{LX}) - (1+\mu)\lambda_{LX}\frac{\theta_{LZ}}{\theta_{XZ}\theta_{KX}^m}\sigma_{LK}^m < 0$，$B = \lambda_{SX}\sigma_{SS}^f + \lambda_{SY}\left(\sigma_{SS}^y - \frac{\theta_{SY}}{\theta_{KY}}\sigma_{SK}^y\right) < 0$ 和 $a = -(1+\mu)\lambda_{LX}\left(1 + \sigma_{LK}^m\frac{1-\delta}{\theta_{KX}^m\delta}\right) < 0$。由上述公式可知，产品与服务市场的产出依赖于工资水平。又如前所述，工资率变化依赖于资本是否可流动。接下来考虑资本市场。

一、情况 a：资本部门专有情况

在资本部门专有情况下，对于式(1-9)和(1-10)给定的 K_x 和 K_y，使用式(1-12)和(1-16)，全微分式(1-9)和(1-10)，有

$$\hat{x} = -\frac{\lambda_{KX}^f}{\lambda_{KX}^m}\sigma_{KS}^f\hat{w}_S + \frac{\theta_{LZ}}{\lambda_{KX}^m\theta_{XZ}\theta_{KX}^m}\sigma_{KK}^x\hat{w}_z - \frac{1}{\lambda_{KX}^m}\left(1 + \frac{1-\delta}{\delta\theta_{KX}^m}\sigma_{KK}^x\right)\hat{n} \tag{1-20}$$

$$\hat{Y} = -\left(\sigma_{KS}^y - \sigma_{KK}^y\frac{\theta_{SY}}{\theta_{KY}}\right)\hat{w}_S \tag{1-21}$$

其中，$\sigma_{KK}^x = \lambda_{KX}^f\sigma_{KK}^f + \lambda_{KX}^m\sigma_{KK}^m < 0$。将式(1-20)和(1-21)代入式(1-18)和(1-19)同时联立(1-17)，得到

$$M_{11}\hat{w}_S + M_{12}\hat{w}_z = b_1\hat{n} \tag{1-22}$$

$$M_{21}\hat{w}_S + M_{22}\hat{w}_z = b_2\hat{n} \tag{1-23}$$

其中，$M_{11} = (1+\mu)\lambda_{LY}\left[\left(\sigma_{LS}^y - \frac{\theta_{SY}}{\theta_{KY}}\sigma_{LK}^y\right) - \left(\sigma_{KS}^y - \sigma_{KK}^y\frac{\theta_{SY}}{\theta_{KY}}\right)\right] - \left[(1+\mu)\lambda_{LX} + \lambda_{LZ}\right]\frac{\lambda_{KX}^f}{\lambda_{KX}^m}\sigma_{KS}^f$, $M_{12} = A - \lambda_{LZ}\left(\sigma_{XL}^z - \frac{\theta_{LZ}}{\theta_{XZ}}\sigma_{XX}^z\right) + \left[(1+\mu)\lambda_{LX} + \lambda_{LZ}\right]\frac{\theta_{LZ}}{\lambda_{KX}^m\theta_{XZ}\theta_{KX}^m}\sigma_{KK}^x < 0$, $M_{21} = B - \lambda_{SY}\left(\sigma_{KS}^y - \sigma_{KK}^y\frac{\theta_{SY}}{\theta_{KY}}\right) < 0$, $M_{22} = -\lambda_{SX}\frac{\theta_{LZ}}{\theta_{XZ}\theta_{KX}^m}\sigma_{SK}^f < 0$, $b_1 = a + \left[(1+\mu)\lambda_{LX} + \lambda_{LZ}\right]\frac{1}{\lambda_{KX}^m}\left(1 + \frac{1-\delta}{\theta_{KX}^m\delta}\sigma_{KK}^x\right) - \lambda_{LZ}\frac{1}{\delta}$ 以及 $b_2 = -\lambda_{SX}\left(1 + \frac{1-\delta}{\theta_{KX}^m\delta}\sigma_{SK}^f\right) < 0$。

解式(1-22)和(1-23)，得到

$$\frac{\hat{w}_S}{\hat{n}} = \frac{b_1M_{22} - b_2M_{12}}{M_{11}M_{22} - M_{21}M_{12}} \tag{1-24}$$

$$\frac{\hat{w}_z}{\hat{n}} = \frac{b_2M_{11} - b_1M_{21}}{M_{11}M_{22} - M_{21}M_{12}} \tag{1-25}$$

令农业生产性服务业部门的超额需求为

$$\dot{p}_x = \frac{\mathrm{d}p_x}{\mathrm{d}t} = \rho\{h_p(w_z, p_x)Z - n^{\frac{1}{\delta}}x_i\}$$

其中，t 为时间，ρ 是正的调整速度。在均衡点处线性化上述方程，得到：

$$\dot{p}_x = \frac{X}{p_x}\left(\sigma_{XX}^z + \sigma_{XL}^z\frac{\hat{w}_z}{\hat{p}_x} + \frac{\hat{z}}{\hat{p}_x} - \frac{\hat{x}_i}{\hat{p}_x}\right)\hat{p}_x$$

在资本部门专有情况下，利用式(1-13)和(1-18)至(1-21)，得到 $\dot{p}_x = -\frac{X}{p_x}$

$$\frac{1}{\lambda_{LZ}}\frac{\theta_{XZ}}{\theta_{LZ}}\frac{1}{M_{21}}(M_{11}M_{22}-M_{12}M_{21})\hat{p}_x$$。稳定性的必要条件要求 $M_{11}M_{22}-M_{12}M_{21}<0$。当 $\delta>\lambda_{KX}^m$ 时,有 $\dfrac{\widehat{w_S}}{n}>0$,而 $\dfrac{\widehat{w_z}}{n}$ 的符号不明确,但我们可以得到

$$\frac{\widehat{w_{S^r}}}{n}=\frac{\widehat{w_S}}{n}-\frac{\widehat{w_z}}{n}=\frac{b_1M_{22}-b_2M_{12}-b_2M_{11}+b_1M_{21}}{M_{11}M_{22}-M_{21}M_{12}} \tag{1-26}$$

当 $\theta_{LZ}/\theta_{XZ}>\theta_{KX}^m$,即农业部门劳动—服务成本比大于农业生产性服务企业中资本在可变成本中占比时,$\dfrac{\widehat{w_{S^r}}}{n}>0$。因此,可得到以下命题:

命题 1:在农业生产性服务不可贸易并且资本部门专有的情况下,当 $\delta>\lambda_{KX}^m$ 时,农业生产性服务专业化使得技术劳动力工资上升,当 $\theta_{LZ}/\theta_{XZ}>\theta_{KX}^m$ 时,技术—非技术收入差距扩大。

在资本部门专有情况下,服务专业化引致的企业数量增加使得每个企业能投入的资本减少。当资本投入可变成本的份额小于替代弹性 δ 时,也就是资本投入固定成本的份额足够大时,因专业化新增的企业受到资本约束较小,而服务企业新增使得农业生产性服务业与工业竞争技术劳动力投入,从而技术劳动力工资上升。另一方面,专业化使得总服务价格下降从而农业使用服务替代劳动力,劳动力雇佣相对下降从而农业工资率上升;但由于资本部门专有,专业化使得每个企业投入资本减少,利率有上升的趋势,从而服务价格 p 也上升,这又有提高总服务价格的效果,从而减缓服务替代劳动力效果,进而减弱非技术劳动力工资的上升。当农业生产性服务业的可变成本中资本占比小于农业部门劳动—服务成本比时,非技术劳动力工资即使上升也小于技术劳动力工资上升,从而技术—非技术收入差距扩大。

二、情况 b: 资本部门间流动情况

在资本部门间流动情况下,$r_x=r_y=r$。根据式(1-12)和(1-16),有

$$\hat{w}_S=\frac{\theta_{KY}}{\theta_{SY}}\frac{\theta_{LZ}}{\theta_{XZ}}\frac{1}{\theta_{KX}^m}\hat{w}_z-\frac{\theta_{KY}}{\theta_{SY}}\frac{1-\delta}{\delta\theta_{KX}^m}\hat{n} \tag{1-27}$$

使用式(1-27)并全微分式(1-11),同时联立式(1-18)和(1-19),得到

$$\widehat{Y} = D_1 \widehat{w}_z + d_1 \widehat{n} \tag{1-28}$$

$$\widehat{x} = D_2 \widehat{w}_z + d_2 \widehat{n} \tag{1-29}$$

$$\widehat{Z} = D_3 \widehat{w}_z + d_3 \widehat{n} \tag{1-30}$$

其中,$D_1 = \frac{\theta_{LZ}}{\lambda_{SY}\theta_{XZ}\theta_{KX}^m}\left(\lambda_{SX}\sigma_{SK}^f - B\frac{\theta_{KY}}{\theta_{SY}}\right) > 0$,$d_1 = \frac{B}{\lambda_{SY}}\frac{\theta_{KY}}{\theta_{SY}}\frac{1-\delta}{\delta\theta_{KX}^m} - \frac{\lambda_{SX}}{\lambda_{SY}}\left(1 + \frac{1-\delta}{\theta_{KX}^m}\sigma_{SK}^f\right) < 0$, $D_2 = -\frac{\lambda_{KY}}{\lambda_{KX}\lambda_{KX}^m}D_1 - \left[(\lambda_{KX}\lambda_{KX}^f\sigma_{KS}^f + \lambda_{KY}\sigma_{KK}^y)\frac{\theta_{KY}}{\theta_{SY}} - (\lambda_{KX}\sigma_{KK}^x + \lambda_{KY}\sigma_{KK}^y)\right]\frac{\theta_{LZ}}{\lambda_{KX}\lambda_{KX}^m\theta_{XZ}\theta_{KX}^m} < 0$,

$d_2 = -\frac{\lambda_{KY}}{\lambda_{KX}\lambda_{KX}^m}d_1 - \left[(\lambda_{KX}\sigma_{KK}^x + \lambda_{KY}\sigma_{KK}^y) - (\lambda_{KX}\lambda_{KX}^f\sigma_{KS}^f + \lambda_{KY}\sigma_{KS}^y)\frac{\theta_{KY}}{\theta_{SY}}\right]\frac{1-\delta}{\theta_{KX}^m\delta\lambda_{KX}\lambda_{KX}^m} - \frac{1}{\lambda_{KX}^m}$,$D_3 = -\frac{1}{\lambda_{LZ}}\left[A + (1+\mu)\lambda_{LY}\left(\sigma_{LS}^y - \frac{\theta_{SY}}{\theta_{KY}}\sigma_{LK}^y\right)\frac{\theta_{KY}}{\theta_{SY}}\frac{\theta_{LZ}}{\theta_{XZ}}\frac{1}{\theta_{KX}^m} + (1+\mu)\lambda_{LX}D_2 + (1+\mu)\lambda_{LY}D_1\right]$,以及 $d_3 = \frac{1}{\lambda_{LZ}}\left[a + (1+\mu)\lambda_{LY}\left(\sigma_{LS}^y - \frac{\theta_{SY}}{\theta_{KY}}\sigma_{LK}^y\right)\frac{\theta_{KY}}{\theta_{SY}}\frac{1-\delta}{\delta\theta_{KX}^m} - (1+\mu)\lambda_{LX}d_2 - (1+\mu)\lambda_{LY}d_1\right]$。

通过将式 (1-28),(1-29)和(1-30)代入(1-17),(1-27)得到

$$\widehat{w}_z = \frac{e}{\Omega}\widehat{n} \tag{1-31}$$

$$\frac{\widehat{w}_S}{\widehat{n}} = \frac{\theta_{KY}}{\theta_{SY}\theta_{KX}^m}\frac{1}{\Omega}\frac{\theta_{LZ}}{\theta_{XZ}}\left(\frac{1}{\delta} - \frac{1-\delta}{\delta}\frac{\theta_{XZ}}{\theta_{LZ}}\varphi + \phi\right) \tag{1-32}$$

同样的,在资本可流动情况下,通过式(1-13)、(1-29)和(1-30),得到 $\widehat{p}_x = -\frac{X}{p_x}\frac{\theta_{XZ}}{\theta_{LZ}}\Omega\ \widehat{p}_x$,其中 $\Omega = \left(\sigma_{XL}^z - \frac{\theta_{LZ}}{\theta_{XZ}}\sigma_{XX}^z\right) + (D_3 - D_2)$。稳定性的必要条件要求 $\Omega > 0$。$e = \frac{1}{\delta} + d_2 - d_3$,当 $\delta > (\theta_{XZ}\varphi - \theta_{LZ})/(\theta_{LZ}\phi + \theta_{XZ}\varphi)$ 时,有 $e > 0$,其中 $\varphi = \left(\sigma_{XL}^z - \frac{\theta_{LZ}}{\theta_{XZ}}\sigma_{XX}^z\right) + \left(\frac{\theta_{LZ}}{\theta_{XZ}}\sigma_{LX}^z - \sigma_{LL}^z\right) + \frac{(1+\mu)(\lambda_{LY} + \lambda_{LX})}{\lambda_{LZ}} > 0$,$\phi = \frac{\lambda_{LX} + \lambda_{LZ}}{\lambda_{LZ}}\frac{\lambda_{KY}}{\lambda_{KX}^m\lambda_{KX}}\left(\frac{\lambda_{SX}}{\lambda_{SY}} - \frac{\lambda_{KX}}{\lambda_{KY}}\right) + \frac{(1+\mu)\lambda_{LY}}{\lambda_{LZ}}\left(\frac{\lambda_{LX}}{\lambda_{LY}} - \frac{\lambda_{SX}}{\lambda_{SY}}\right)$。此时,$\frac{\widehat{w}_z}{\widehat{n}} > 0$,$\frac{\widehat{w}_S}{\widehat{n}} > 0$,则有

$$\frac{\widehat{w}_w}{\widehat{n}} = -\frac{\widehat{w}_z}{\widehat{n}} < 0 \tag{1-33}$$

$$\frac{\hat{w}_{Sr}}{\hat{n}}=\frac{\hat{w}_S}{\hat{n}}-\frac{\hat{w}_z}{\hat{n}}=\frac{1}{\Omega}\left[\left(\frac{\theta_{KY}}{\theta_{SY}}-\frac{\theta_{KX}^m\theta_{XZ}}{\theta_{LZ}}\right)\frac{\theta_{LZ}}{\theta_{KX}^m\theta_{XZ}}\left(\frac{1}{\delta}-\frac{1-\delta}{\delta}\frac{\theta_{XZ}}{\theta_{LZ}}\varphi+\phi\right)-\frac{1-\delta}{\delta}\frac{\theta_{XZ}}{\theta_{LZ}}\Omega\right]$$

(1-34)

$$\frac{\hat{\mu}}{\hat{n}}=-\frac{1+\mu}{\mu}\frac{\hat{w}_z}{\hat{n}}<0$$

(1-35)

综上，可以得到以下命题：

命题 2：在农业生产性服务不可贸易并且资本在部门间流动的情况下，当 $\delta > (\theta_{XZ}\varphi - \theta_{LZ})/(\theta_{LZ}\phi + \theta_{XZ}\varphi)$ 时，农业生产性服务专业化可以提升技术劳动力工资和农业部门工资，降低城市失业率和城乡收入差距。

在资本部门间流动情况下，资本可以从城市部门流向农业生产性服务业部门以满足其专业化需要。但这依赖于服务需求价格弹性。替代弹性 δ 越大，服务的可替代性越大，且服务的需求价格弹性 $1/(1-\delta)$ 也越大。那么 δ 足够大时，专业化使得服务价格下降、利率下降，从而技术劳动力工资上升，总服务价格下降，农业工资上升，城乡收入差距缩小，城市失业率上升。给定服务种类和要素禀赋时，工业产出与农业工资正相关，而服务企业产出与农业工资负相关。农业工资上升，服务的价格相对下降，资本由农业生产性服务业部门向工业部门转移，资本利息率下降而技术劳动力工资上升，服务企业产出下降而工业产出上升。在工业部门服务替代出非技术劳动力，非技术劳动力流回农村，农业产出增加。

第四节 情况Ⅱ：农业生产性服务可贸易情况

近年来，在经济全球化的背景下，以育种、物流、技术转让甚至金融等项目为主的农业生产性服务的进出口贸易逐渐发展起来。根据我们2019年2月至3月对山东省寿光市和江苏省连云港市东海县的社会调查，寿光市生产彩椒的种苗几乎全部来自欧洲，而东海县生产鲜切花的种苗则主要来自荷兰。另外，寿光市每年举办蔬菜节，与世界各国互通蔬菜生产的技术和市场信息，开展贸易和技术交流，已经成了当地经济发展的一张名片；东海县则建立农业创新中心，依托中国农业科学院东海综试验站、南京农业大学新农村发展研究院等国内高校和科研机构，与世界上多个国家展开技术交流，采用先进生物技术共同培育粮食和蔬菜新品种。虽然全国农村各地农业生产性服务发展状况不一，但农业生产性服务的进出口贸易已经得到开展。所以，本节将农业生产性服务可贸易情况列入考虑范围。

农业生产性服务可贸易的情况下，与农业生产性服务不可贸易情况下经济学特征的不同点在于国际市场给出农业生产性服务的价格，p_i 为外生变量。此时，农业部门所需服务 d_i 与农业生产性服务业部门提供的服务 x_i 或许会有不一致，这个不一致由国际贸易调节，式(1-4)由国际贸易市场决定。在情况Ⅱ下，资本部门专有时，式(1-1)~(1-3)和(1-6)~(1-10)构成的模型，包含 w_S、w_z、r_x、r_y、μ、x、Y 和 Z 这八个内生变量，$\overline{w}$、n、p_y、p、p_x、L、S、K_x 和 K_y 为外生变量。而资本部门间流动时，式(1-1)~(1-3)，(1-6)~(1-8)和(1-11)构成的模型，包含 w_S、w_z、r、μ、x、Y 和 Z 这七个内生变量，$\overline{w}$、n、p_y、p、p_x、L、S 和 K 为外生变量。

考虑农业生产性服务专业化、普及化对于收入差距的影响，即考虑 n 和 p 对 (w_w) 以及 (w_{Sr}) 的影响，其中 p 的下降有利于农业生产性服务获得更多的市场，所以我们将 p 的下降作为农业生产性服务普及化的特征。通过全微分式(1-2)和(1-5)，得到农业部门工资的变化

$$\hat{w}_z = \underbrace{\frac{\theta_{XZ}(1-\delta)}{\theta_{LZ}\delta}\hat{n}}_{\text{专业化效果}} + \underbrace{-\frac{\theta_{XZ}}{\theta_{LZ}}\hat{p}}_{\text{普及化效果}} \qquad (1-36)$$

由于 $0<\delta<1$，农业生产性服务专业化使得农业部门工资 w_z 上升，而普及化亦使得农业部门工资 w_z 上升。这是因为，当每种服务的价格 p 保持不变时，可使用的农业生产性服务的种类增加使得总服务的价格 p_x 下降，农业部门以生产性服务替代劳动，从而农业部门工资上升；类似地，当可使用的农业生产性服务的种类 n 保持不变时，每种服务的价格 p 下降亦使得总服务的价格 p_x 下降，从而农业部门工资上升。因此，农业生产性服务专业化、普及化发展皆缩小城乡收入差距($\hat{w}_w/\hat{n}=-\hat{w}_z/\hat{n}<0$，$\hat{w}_w/\hat{p}=-\hat{w}_z/\hat{p}>0$)。代入式(1-6)还可得到

$$\hat{\mu} = \underbrace{-\frac{1+\mu\theta_{XZ}(1-\delta)}{\mu}\hat{n}}_{\text{专业化效果}} + \underbrace{\frac{1+\mu\theta_{XZ}}{\mu\theta_{LZ}}\hat{p}}_{\text{普及化效果}} \qquad (1-37)$$

综上所述,可以得到以下命题:

命题 3:当农业生产性服务可贸易时,不论资本是否流动,农业生产性服务专业化、普及化都使得农业劳动力工资上升,城市失业率下降,城乡收入差距下降。

至于技术劳动力工资,根据式(1-12),$\widehat{w}_S = -\frac{\theta_{KY}}{\theta_{SY}}\widehat{r}_y$;又根据式(1-14),$\widehat{r}_x = \frac{1}{\theta_{KX}^m}\widehat{p}$,可知,其所受影响取决于资本是否可流动(即 r_x 与 r_y 是否相等)。

一、情况 a:资本部门专有情况

在资本部门专有情况下,通过联立式(1-19)和(1-21),可得

$$\widehat{w}_S = -\frac{\lambda_{SX}}{\Delta}\widehat{n} - \frac{\lambda_{SX}\sigma_{SK}^f}{\Delta\theta_{KX}^m}\widehat{p} \tag{1-38}$$

其中,$\Delta = B - \left(\sigma_{KS}^y - \sigma_{KK}^y \frac{\theta_{SY}}{\theta_{KY}}\right)\lambda_{SY} < 0$。也就是说,在资本部门专有情况下,农业生产性服务专业化提高技术劳动力工资,而普及化降低技术劳动力工资。

联立式(1-36)和(1-38)可得

$$\frac{\widehat{w}_{Sr}}{\widehat{n}} = \frac{\widehat{w}_S}{\widehat{n}} - \frac{\widehat{w}_z}{\widehat{n}} = -\frac{\lambda_{SX}}{\Delta} - \frac{\theta_{XZ}(1-\delta)}{\theta_{LZ}\delta} \tag{1-39}$$

$$\frac{\widehat{w}_{Sr}}{\widehat{p}} = \frac{\widehat{w}_S}{\widehat{p}} - \frac{\widehat{w}_z}{\widehat{p}} = -\frac{\lambda_{SX}\sigma_{SK}^f}{\Delta\theta_{KX}^m} + \frac{\theta_{XZ}}{\theta_{LZ}} > 0 \tag{1-40}$$

这就是说,农业生产性服务专业化在 $\delta > \theta_{XZ}\Delta/(\theta_{XZ}\Delta - \theta_{LZ}\lambda_{SX})$ 条件下使得技术—非技术收入差距扩大,而普及化使得技术—非技术收入差距缩小。

综上所述,可以得到以下命题:

命题 4:当农业生产性服务可贸易且资本部门专有时,

(1) 农业生产性服务专业化使得技术劳动力工资上升,技术—非技术收入差距取决于[$\lambda_{SX}/\Delta + \theta_{XZ}(1-\delta)/\theta_{LZ}\delta$]的符号,当 δ 足够大时,收入差距扩大;

(2) 农业生产性服务普及化使得技术劳动力工资下降,技术—非技术收入差距缩小。

在资本部门专有的情况下,农业生产性服务专业化使得生产效率上升,故而技术劳动力的工资与非技术劳动力的平均工资都上升。虽然这两种工资都上升,但各自上升的幅度可能会出现差异,从而改变收入差距。而收入差距变化方向取决于 δ 大小,这就是命题 4(1) 的意义。而农业生产性服务普及化,服务价格下降,市场会增加对农业生产性服务的需求,在农业生产性服务的技术水平不变的情况下,农业生产性服务的产量会随之上升。在此过程中技术劳动力的作用相对下降,而非技术劳动力的作用相对上升,使得技术劳动力工资下降,非技术劳动力平均工资上升,技术劳动力与非技术劳动力之间的收入差距缩小,这就是命题 4(2) 的主张。

另外,在农业生产性服务不可贸易的情况下,生产性服务专业化,亦有利于从业人员掌握技术、提高劳动效率。与情况 Ⅱ 不同的是,只有满足前提条件"$\delta > \lambda_{KX}^m$"时,情况 Ⅰ 下农业生产性服务专业化才能缩小技术—非技术收入差距。产生这种差距的原因是:农业生产性服务不可贸易时其价格内生化,所生产的服务必须与国内市场的需求相等,对均衡条件要求更为严格。

二、情况 b:资本部门间流动情况

在资本部门间流动情况下,根据式 (1-12) 和 (1-14),可得

$$\widehat{w}_S = -\frac{\theta_{KY}}{\theta_{SY}} \frac{1}{\theta_{KX}^m} \widehat{p} \qquad (1-41)$$

也即,在资本部门间流动情况下,农业生产性服务专业化不影响技术劳动力工资,而农业生产性服务普及化使得技术劳动力工资上升。

联立式 (1-36) 和 (1-41),有

$$\frac{\widehat{w}_{Sr}}{\widehat{n}} = \frac{\widehat{w}_S}{\widehat{n}} - \frac{\widehat{w}_z}{\widehat{n}} = -\frac{\theta_{XZ}(1-\delta)}{\theta_{LZ}\delta} < 0 \qquad (1-42)$$

$$\frac{\widehat{w}_{Sr}}{\widehat{p}} = \frac{\widehat{w}_S}{\widehat{p}} - \frac{\widehat{w}_z}{\widehat{p}} = -\left(\frac{\theta_{KY}}{\theta_{SY}\theta_{KX}^m} - \frac{\theta_{XZ}}{\theta_{LZ}}\right) \qquad (1-43)$$

这意味着,在资本部门间流动情况下,农业生产性服务专业化使得技术—非技术收入差距缩小,而当农业生产性服务普及化在 $\frac{\theta_{KY}}{\theta_{SY}\theta_{KX}^m} > \frac{\theta_{XZ}}{\theta_{LZ}}$ 条件下使得技术—非技术

收入差距扩大。

于是,可以得到以下命题:

命题 5:当农业生产性服务可贸易且资本在部门间流动时,

(1) 农业生产性服务专业化使得技术劳动力工资不变而非技术劳动力平均工资上升,技术—非技术收入差距缩小;

(2) 农业生产性服务普及化使得技术劳动力工资上升,非技术劳动力平均工资上升,技术—非技术收入差距取决于 $\left[\dfrac{\theta_{KY}}{\theta_{SY}\theta_{KX}^m}-\dfrac{\theta_{XZ}}{\theta_{LZ}}\right]$ 的符号:符号为正收入差距扩大,符号为负则收入差距缩小。

在资本部门间流动情况下,农业生产性服务专业化,使得农业生产性服务的业务面变窄,有助于非技术劳动力掌握生产技术,故而技术劳动力工资下降而非技术劳动力平均工资上升,专业化的效果与在资本部门专有情况下的效果类似。另一方面,农业生产性服务普及化增加了市场需求,农业生产性服务业部门会尽量吸收资本要素以扩大生产,但在资本部门间流动情况下,工业部门也会与农业生产性服务业部门争夺资本,最后达到均衡。故而农业生产性服务业只能依靠提升技术与非技术劳动力工资、增加劳动力要素来提高产量,回应市场需求,从而增加了城市地区劳动市场对农村劳动力的需求,农业劳动力的工资亦随之上升。

第五节　数值模拟

为了考察理论模型对农业生产性服务专业化、普及化对失业与收入差距的影响的数值特征,本节以中国 2018 年相关经济数据对模型参数进行校准,并基于校准的参数对模型进行数值模拟。

一、参数校准

我们设最终产品部门有 C-D 形式的生产函数,分别为

$$Y=S_y^{\alpha_y}L_y^{\alpha_y}K_y^{1-\alpha_y-\alpha_y},\ Z=L_z^{\beta}X^{1-\beta}$$

其中，α_1,α_2,β 分别为对应要素的产出弹性。同时，假设农业生产性服务代表性企业的成本函数 $c=w_s^{\gamma_1}r_x^{1-\gamma_1}+w_x^{\gamma_2}r_x^{1-\gamma_2}x$，其中 γ_1,γ_2 分别为对应要素的成本弹性。

我们以《中国统计年鉴2019》的数据作为模拟的基准数据，设经济中的农林牧渔业作为模型中的部门 Z，第二产业作为模型中的部门 Y。

(1) 根据《中国统计年鉴2019》,2018 年农林牧渔业总产值 113 580 亿元,从业人员 20 258 万人,[1]根据《中国 2017 年投入产出表》,农、林、牧、渔产品中劳动者报酬占总投入比重为 0.593,则可计算劳动力产出弹性系数以及劳动以外中间投入,即本章的农业生产性服务业总服务产值 p_xX。

(2) 我们将具有大专及以上学历的城市劳动力称为技术劳动力,具有大专以下学历的城市劳动力称为非技术劳动力。[2] 根据 CFPS2018(中国家庭追踪调查),清洗数据得到技术—非技术劳动力比例 0.301,并可以估算出 2018 年技术劳动力工资 65 386 元,非技术劳动力工资 41 485 元。[3] 根据《中国统计年鉴2019》,2018 年第二产业增加值 364 835 亿元,第二产业就业人员 21 390 万人。根据技术—非技术劳动力比例和工资,可计算出技术劳动力 4 948 万人,非技术劳动力 16 442 万人,从而可得到技术劳动力产出弹性和非技术劳动力产出弹性。

(3) 关于农业生产性服务业的相关参数的校准,将农、林、牧、渔服务产品作为代表性农业生产性服务,根据《中国 2017 年投入产出表》,总投入包括中间投入和增加值两部分,其中中间投入按部门分类划分为固定投入和可变投入,增加值中劳动者报酬划分为技术、非技术劳动投入,[4]固定资产折旧纳入固定投入,则可估算出 δ 为 0.780,利润率为 0.023。同时,根据劳动者报酬占比,则可得到技术、非技术劳动力的成本弹性系数。

---

[1] 2012 年行业采用新的分类标准,不再统计农林牧渔业从业人员。根据模型定义,第一产业从业人员即为部门 Z 的就业人员。

[2] 中国劳动者收入一般与其受教育程度直接联系在一起,而大专文凭为区分高等教育与中等教育的临界水平。相关内容请参考赵伟和李芬(2007)。

[3] 根据 CFPS2018,在劳动市场上大专及以上学历的个体样本平均工资 60 153 元;大专以下的个体样本平均工资 38 165 元,由居民人均可支配收入同比增长率可以推算劳动力工资。

[4] 根据 CFPS2018,得到技术、非技术劳动力比例 0.301。

(4)关于资本价格,我们用2018年中国央行一至五年贷款的基准利率上浮2个点即6.75%来表示。由于农业生产资料有购买补贴,一般农业生产性服务业资本价格相对低一些,我们使用基准利率来表示。

至此,可以得到本章所有参数的校准值,汇总于表1-2。

表1-2 农业生产性服务业发展的效果的参数校准

参数	描述	参数值
α_1	工业部门技术劳动力产出弹性	0.089
α_2	工业部门非技术劳动力产出弹性	0.187
β	农业部门劳动力产出弹性	0.593
γ_1	APS企业固定成本中技术劳动力的成本弹性	0.600
γ_2	APS企业可变成本中非技术劳动力的成本弹性	0.410
δ	服务替代弹性	0.780

数据来源:作者计算。

二、农业生产性服务专业化的收入差距效应模拟分析

1. 情况Ⅰ:农业生产性服务不可贸易情况

在参数校准的基础上,进行数值模拟分析。以每次提升1的幅度将农业生产性服务企业的数量 n 从100开始提升,可以得到图1-1。

从图1-1可以看出,模拟结果与命题1和命题2的结论相同。希望读者注意的是,在中国的参数条件下,当农业生产性服务不可贸易时,服务专业化在资本部门专有情况下提升农业部门工资率,因而改善失业和城乡收入差距情况,在资本部门间流动情况下改善技术—非技术收入差距,如图1-1(b)、图1-1(c)和图1-1(h)所示,这是在理论分析中不曾得到的。

另外,比较情况a与情况b,即比较图1-1(c)和图1-1(g)可知,农业生产性服务专业化使得城乡收入差距下降,且在情况b下比在情况a下下降更多(具体数值见表1-3)。

第一章 农业生产性服务业发展、失业与收入差距

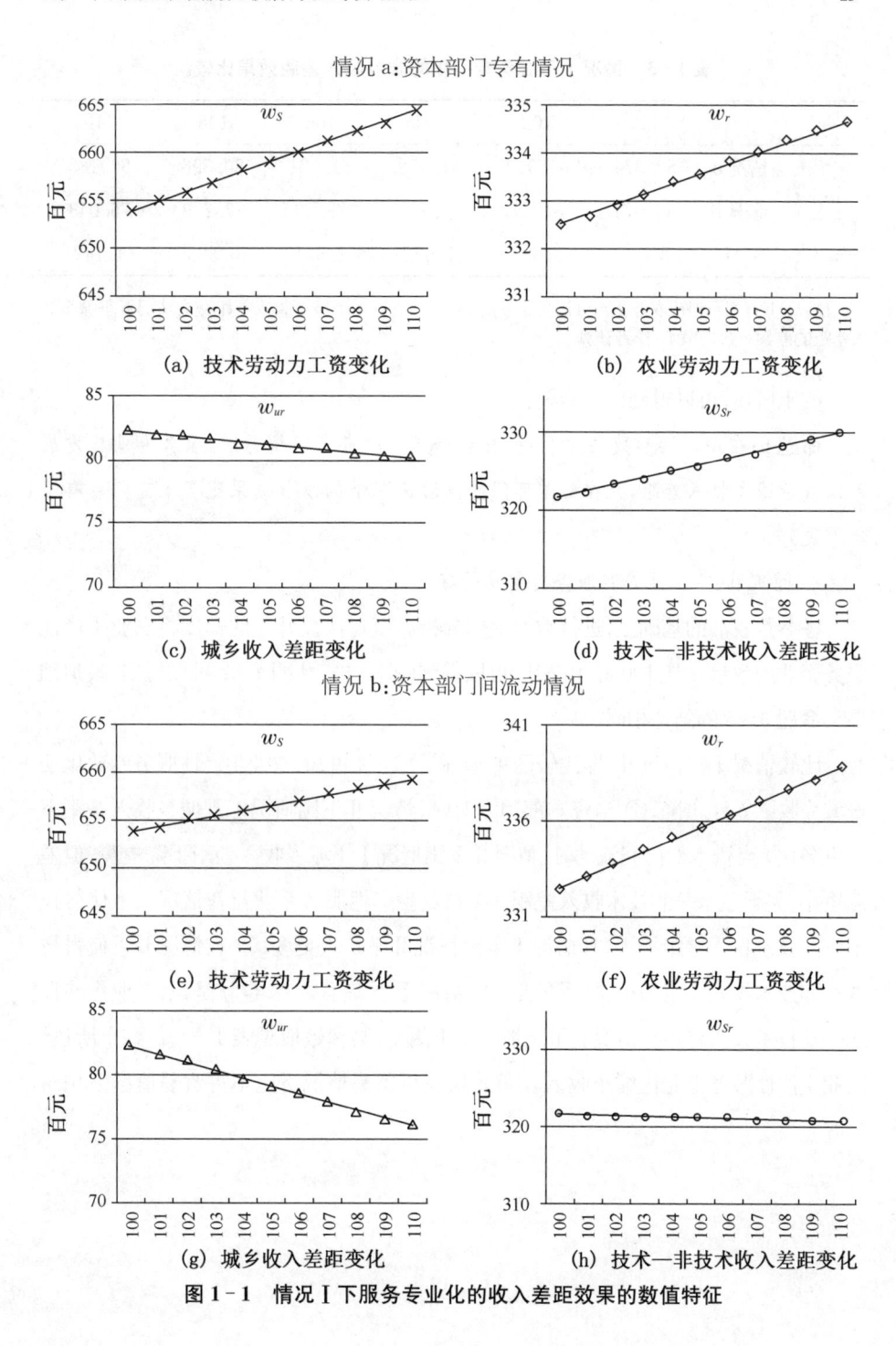

情况 a:资本部门专有情况

(a) 技术劳动力工资变化

(b) 农业劳动力工资变化

(c) 城乡收入差距变化

(d) 技术—非技术收入差距变化

情况 b:资本部门间流动情况

(e) 技术劳动力工资变化

(f) 农业劳动力工资变化

(g) 城乡收入差距变化

(h) 技术—非技术收入差距变化

图 1-1　情况 I 下服务专业化的收入差距效果的数值特征

表 1-3 情况 Ⅰ 下服务专业化的城乡收入差距效果比较

n		100	102	104	106	108	110
w_w (百元)	情况 a	82.374	81.909	81.458	81.021	80.596	80.185
	情况 b	82.374	81.07	79.786	78.52	77.273	76.043
	a-b	0	0.839	1.672	2.501	3.323	4.142

注:a-b 行表示对应农业生产性服务企业的数量下,情况 a 下城乡收入差距减去情况 b 下城乡收入差距的差额。数据来源:作者计算。

综上所述,可以得到以下命题:

命题6:在中国的参数条件下,当农业生产性服务不可贸易时,服务专业化发展可以改善城乡收入差距,且在资本部门间流动情况下的改善效果比资本部门专有情况下更好。

2. 情况Ⅱ:农业生产性服务可贸易情况

在参数校准的基础上,进行数值模拟分析。以每次提升 1 的幅度将农业生产性服务企业的数量 n 从 100 开始提升,可以得到图 1-2。从图 1-2 可以看出,模拟结果与命题 3~5 的结论相同。

比较情况Ⅰ与情况Ⅱ,即比较图 1-1 和图 1-2 可知,农业生产性服务专业化使得城乡收入差距下降,① 当资本部门专有时,情况Ⅱ下比情况Ⅰ下城乡收入差距下降更多,② 当资本部门间流动时,情况Ⅱ下比情况Ⅰ下城乡收入差距下降更少,但差额较小;关于技术—非技术收入差距,① 农业生产性服务专业化在情况 a 下使得技术—非技术收入差距扩大,且情况Ⅰ下比情况Ⅱ下扩大更多,② 在情况 b 下使得技术—非技术收入差距缩小,且情况Ⅱ下比情况Ⅰ下缩小更多,也就是说,专业化使技术—非技术收入差距在情况Ⅱ下比情况Ⅰ下更小(具体数值见表 1-4)。综上所述,农业生产性服务专业化缩小收入差距效果在可贸易情况下比不可贸易情况下相对更好。

第一章 农业生产性服务业发展、失业与收入差距

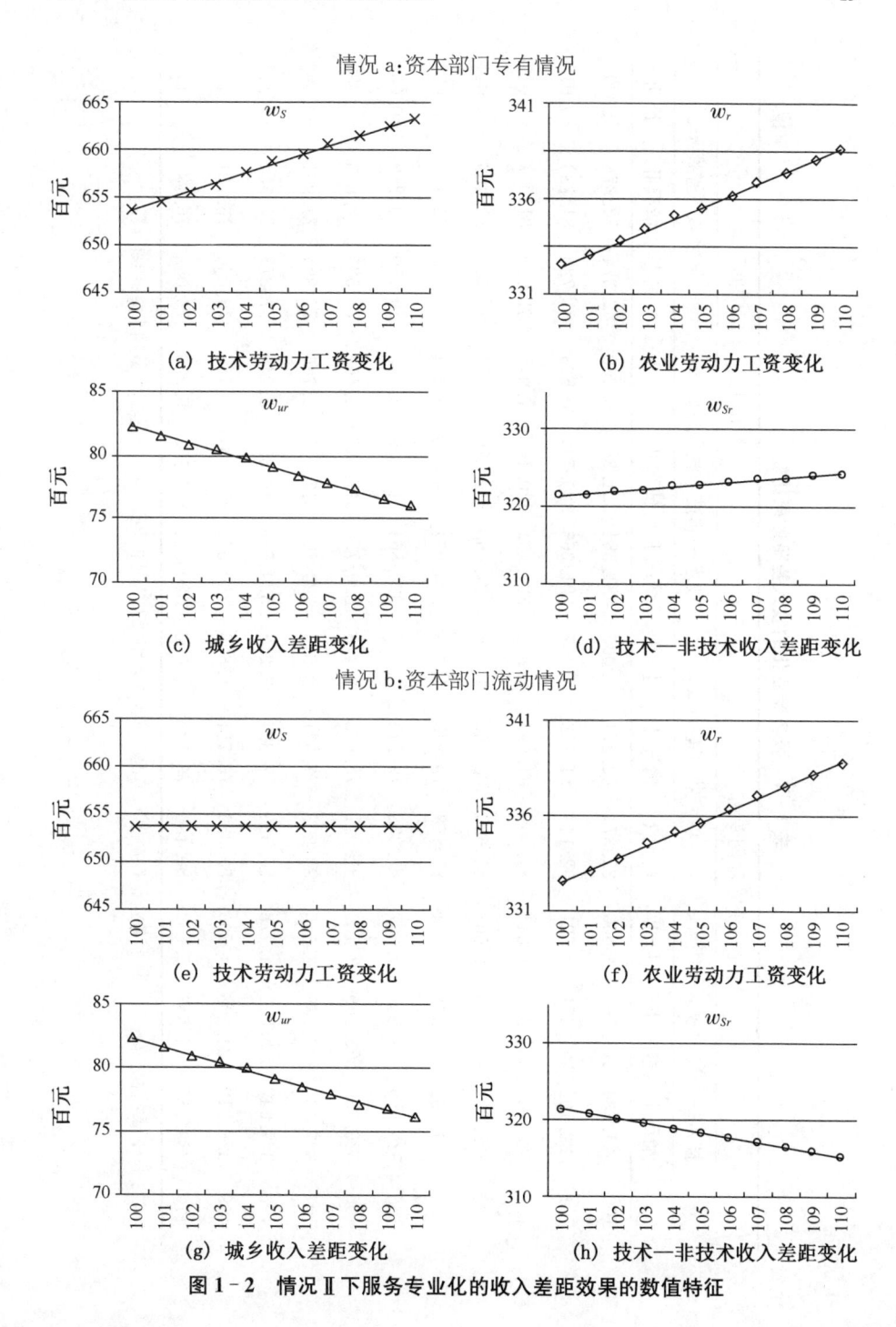

情况 a：资本部门专有情况

(a) 技术劳动力工资变化

(b) 农业劳动力工资变化

(c) 城乡收入差距变化

(d) 技术—非技术收入差距变化

情况 b：资本部门流动情况

(e) 技术劳动力工资变化

(f) 农业劳动力工资变化

(g) 城乡收入差距变化

(h) 技术—非技术收入差距变化

图 1-2 情况 Ⅱ 下服务专业化的收入差距效果的数值特征

表1-4 服务专业化的收入差距效果比较

单位：百元

	情况a：资本部门专有						情况b：资本部门间流动					
	技术—非技术收入差距 w_{Sr}			城乡收入差距 w_{ur}			技术—非技术收入差距 w_{Sr}			城乡收入差距 w_{ur}		
n	情况I	情况II	I-II	情况I	情况II	I-II	情况I	情况II	I-II	情况I	情况II	I-II
100	321.384	321.384	0.000	82.374	82.374	0.000	321.384	321.384	0.000	82.374	82.374	0.000
101	322.192	321.671	0.521	82.140	81.733	0.407	321.266	320.743	0.523	81.720	81.733	-0.013
102	323.006	321.965	1.041	81.909	81.097	0.812	321.154	320.107	1.047	81.070	81.097	-0.027
103	323.829	322.266	1.563	81.682	80.466	1.216	321.050	319.476	1.574	80.425	80.466	-0.041
104	324.658	322.574	2.084	81.458	79.840	1.618	320.954	318.850	2.104	79.786	79.840	-0.054
105	325.495	322.888	2.607	81.238	79.219	2.019	320.864	318.229	2.635	79.150	79.219	-0.069
106	326.339	323.209	3.130	81.021	78.603	2.418	320.782	317.613	3.169	78.520	78.603	-0.083
107	327.190	323.535	3.655	80.807	77.991	2.816	320.707	317.001	3.706	77.894	77.991	-0.097
108	328.047	323.869	4.178	80.596	77.384	3.212	320.639	316.394	4.245	77.273	77.384	-0.111
109	328.913	324.208	4.705	80.389	76.781	3.608	320.577	315.791	4.786	76.656	76.781	-0.125
110	329.785	324.553	5.232	80.185	76.183	4.002	320.522	315.193	5.329	76.043	76.183	-0.140

注：I-II表示对应农业生产性服务企业的数量下，情况I下收入差距减去情况II下收入差距的差额。数据来源：作者计算。

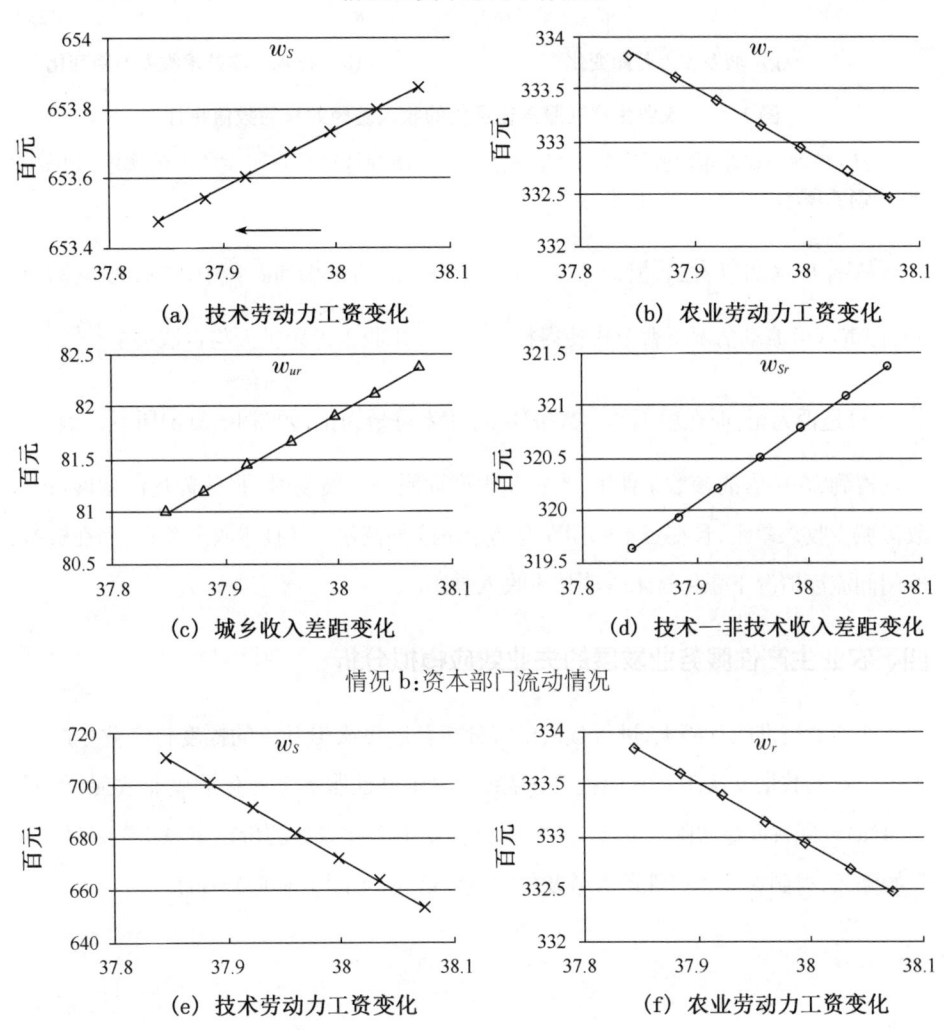

三、农业生产性服务普及化的收入差距效应模拟分析

在参数校准的基础上,进行数值模拟分析。以每次降低 0.1‰ 的幅度将农业生产性服务的价格 p 从 38.074(元)开始降低,可以得到图 1-3。

情况 a:资本部门专有情况

(a) 技术劳动力工资变化

(b) 农业劳动力工资变化

(c) 城乡收入差距变化

(d) 技术—非技术收入差距变化

情况 b:资本部门流动情况

(e) 技术劳动力工资变化

(f) 农业劳动力工资变化

(g) 城乡收入差距变化　　　　　(h) 技术—非技术收入差距变化

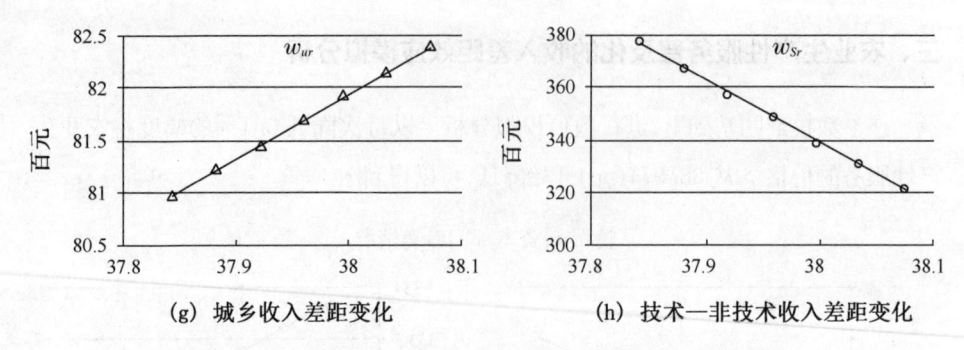

图1-3　农业生产性服务普及化的收入差距效果的数值特征

注:横轴为农业生产性服务的价格 p,单位元,横轴遵循从右至左的取值次序,如(a)图中箭头所示。数据来源:作者计算。

从图1-3可以看出,模拟结果与命题3～5的结论相同。其中,由命题5(2)可知,在资本可流动情况下普及化使得技术—非技术收入差距扩大与否取决于 $\frac{\theta_{KY}}{\theta_{SY}\theta_{KX}^m} - \frac{\theta_{XZ}}{\theta_{LZ}}$ 符号是否为正,而在中国的参数条件下,后者符号为正,如图1-3(h)所示。因此,可以得到,在中国的参数条件下,当农业生产性服务可贸易时,服务普及化发展可以改善城乡收入差距,且在资本部门专有情况下改善技术—非技术收入差距,而在资本部门间流动情况下恶化技术—非技术收入差距。

四、农业生产性服务业发展的失业效应模拟分析

在参数校准的基础上,进行数值模拟分析。以每次提升1的幅度将农业生产性服务企业的数量 n 从100开始提升,得到农业生产性服务专业化的失业效应,如图1-4(a)～(d);以每次降低0.1‰的幅度将农业生产性服务的价格 p 从38.074(元)开始降低,得到农业生产性服务普及化的失业效应,如图1-4(e)～(f)。

情况Ⅰ:农业生产性服务不可贸易情况

(a) 情况a:资本部门专有情况

(b) 情况b:资本部门间流动情况

情况Ⅱ:农业生产性服务可贸易情况

(c) 情况a:资本部门专有情况

(d) 情况b:资本部门间流动情况

(e) 情况a:资本部门专有情况

(f) 情况b:资本部门间流动情况

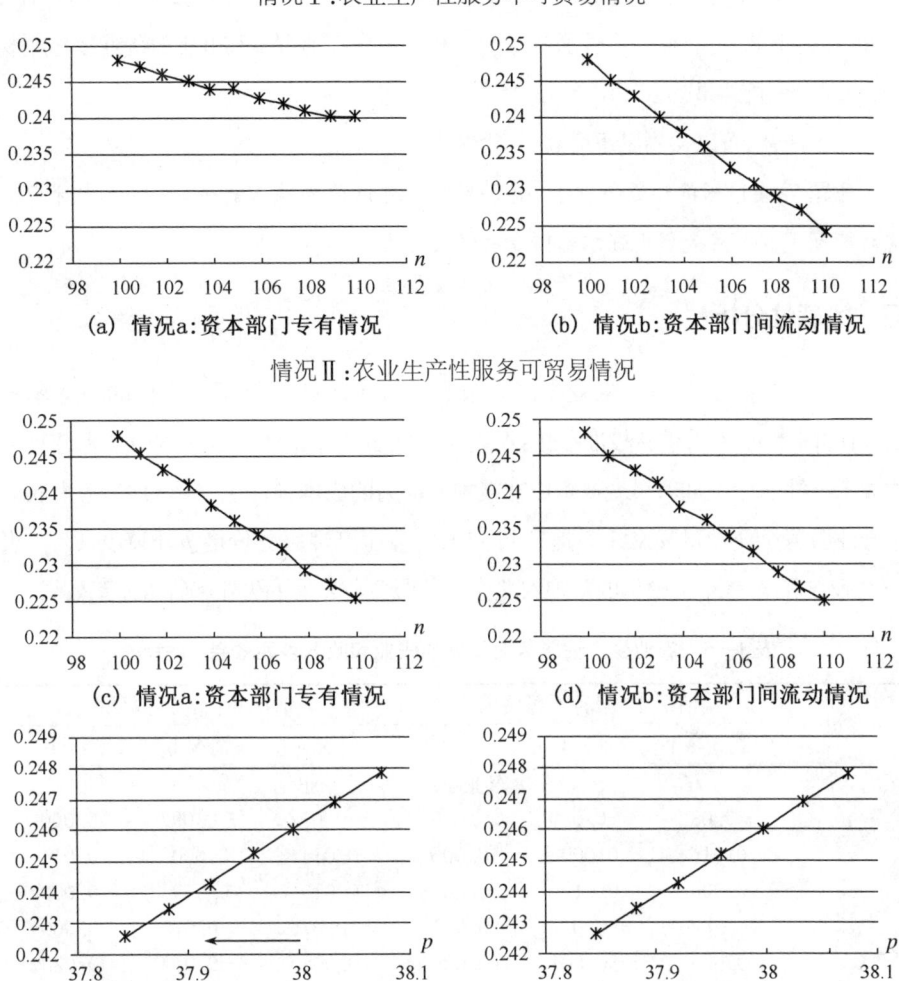

图1-4 农业生产性服务业发展的失业效果的数值特征

注:图(e)和(f)的横轴遵循从右至左的取值次序,如图(e)中箭头所示。数据来源:作者计算。

由图1-4可知,农业生产性服务的专业化、普及化发展皆改善失业。比较图1-4(a)和图1-4(b)可知,在情况Ⅰ下,农业生产性服务专业化在情况b下比情况a

下使得失业率下降更多。比较图1-4(c)和图1-4(d),以及图1-4(e)和图1-4(f)可知,在情况Ⅱ下,农业生产性服务专业化和普及化在情况a和b下对失业率作用相同,与理论分析结果吻合。

综上所述,可以得到以下命题:

命题7:在中国的参数条件下,服务专业化可以改善城市失业,且在资本部门间流动情况下的改善效果比资本部门专有情况下更好。

五、敏感性分析

在前面的参数校准中,农业生产性服务业的利息率 r_x 比工业部门的利息率 r_y 低。在此,令 $r_x=r_y$,重新校准参数:农业生产性服务业企业固定成本中技术劳动力的成本弹性 $\gamma_1=0.569$,可变成本中非技术劳动力的成本弹性 $\gamma_2=0.418$。考虑农业生产性服务企业数量 n 从100提升到110,农业生产性服务价格 p 下降0.1%。表1-5反映了 $r_x=r_y$ 下模拟的我国农业生产性服务业发展的失业和收入差距效果。

表1-5 农业生产性服务业发展的失业和收入差距效果,$r_x=r_y$

变量	情况Ⅰ:服务不可贸易			情况Ⅱ:服务可贸易		
	情况a	情况b	a−b	情况a	情况b	a−b
	农业生产性服务专业化					
μ	−0.032	−0.097	0.065	−0.092	−0.092	0.000
w_S	0.016	0.009	0.006	0.014	0.000	0.014
w_r	0.006	0.019	−0.013	0.019	0.019	0.000
w_{ur}	−0.026	−0.077	0.051	−0.075	−0.075	0.000
w_{Sr}	0.025	−0.001	0.026	0.008	−0.019	0.028
	农业生产性服务普及化					
μ				−0.003 6	−0.004	0.000 0
w_S				−0.000 1	0.014	−0.014 2
w_r				0.000 7	0.001	0.000 0
w_{ur}				4.036 2	−0.003	4.038 9
w_{Sr}				0.290 8	0.028	0.262 8

注:情况a和b分别为资本部门专有情况下和资本部门间流动情况下对应变量相对于基准值的增速,a−b为对应变量在资本部门专有情况下增速减去在资本部门间流动情况下增速的差距。数据来源:作者计算。

从表1-5可以看出,改变农业生产性服务业的利息率对本章的研究结论没有影响,说明本章模型是稳健的。综上所述,敏感性检验表明本章结果对参数选择是稳健的,本章的理论模型可以解释我国农业生产性服务业发展的失业和收入差距效果。

第六节 结 论

现有的相关理论分析比较集中地考虑了生产性服务作为工业部门的中间投入品的经济效果,而本章的边际贡献在于考虑了农业生产性服务对于农业生产以及城市经济发展的作用,这既顺应了我国乡村振兴战略和就业优先战略的实际需要,又在学术研究上具有新意。

我们的研究发现,发展农业生产性服务业,不仅对农业生产有直接的促进作用,也会通过产业链的传递影响城市失业和收入差距。长期以来,虽然失业和收入差距一直是经济发展中的热点问题,但很少有学者将农业生产性服务与失业和收入差距关联在一起进行研究。本章的研究结论有助于我国和其他发展中国家解决城市失业和收入差距问题,为促进充分就业和完善分配制度提供了新路径。

对于农业相对落后的我国和其他发展中国家而言,本章的研究结论还有助于我国和其他发展中国家在经济发展中扬长避短,将有限的资源用在经济发展最为有效率的地方——农业生产性服务业。因为我们发现农业生产性服务专业化、普及化发展有提高农村工资、降低城乡收入差距、改善城市失业的效果,这为我国和其他发展中国家增加农业生产性服务投入以发展农业、改善失业提供了理论依据。同时,本章还发现农业生产性服务业发展对收入差距的影响还依赖资本要素流动性、服务贸易性等因素,需要提醒政府的相关部门在制定相关政策时加以重视。

此外,本章的研究还有可以深入探讨之处。随着我国农业生产性服务业的发展,研究要素国际流动以及财政补助下的生产性服务专业化的经济影响,无疑是经济活动中的重要话题,也将成为我们今后的研究方向。

参考文献

[1] 蔡昉."工业反哺农业、城市支持农村"的经济学分析[J]. 中国农村经济,2006 (1):11-17.

[2] 郝爱民. 农业生产性服务对农业技术进步贡献的影响[J]. 华南农业大学学报(社会科学版),2015,14(1):8-15.

[3] 李晓春,马轶群. 我国户籍制度下的劳动力转移[J]. 管理世界,2004 (11):47-52+155.

[4] 李晓春,杨彩姣. 农民工汇款与城乡收入差距的关联研究[J]. 经济科学,2018 (6):118-128.

[5] 马楠,沈体雁,杨玮丽. 农户购买农业生产性服务偏好异质性特征与来源[J]. 农村经济,2022 (5):125-133.

[6] 潘锦云,汪时珍,李晏墅. 现代服务业改造传统农业的理论与实证研究——基于产业耦合的视角[J]. 经济学家,2011 (12):40-47.

[7] 邱海兰,唐超. 农业生产性服务能否促进农民收入增长[J]. 广东财经大学学报,2019,34(5):100-112.

[8] 栾健,韩一军,高颖. 农业生产性服务能否保障农民种粮收益[J]. 农业技术经济,2022 (5):35-48.

[9] 汪建丰,刘俊威. 中国农业生产性服务业发展差距研究——基于投入产出表的实证分析[J]. 经济学家,2011 (11):52-57.

[10] 张晓敏,姜长云. 不同类型农户对农业生产性服务的供给评价和需求意愿[J]. 经济与管理研究,2015,36(8):70-76.

[11] 张振刚,陈志明,林春培. 农业生产性服务业模式研究——以广东农业专业镇为例[J]. 农业经济问题,2011,32(9):35-42+111.

[12] 赵伟,李芬. 异质性劳动力流动与区域收入差距:新经济地理学模型的扩展分析[J]. 中国人口科学,2007 (1):27-35+95.

[13] 钟甫宁. 正确认识粮食安全和农业劳动力成本问题[J]. 农业经济问题,2016,37

(1):4-9+111.

[14] 庄丽娟,贺梅英,张杰. 农业生产性服务需求意愿及影响因素分析——以广东省450户荔枝生产者的调查为例[J]. 中国农村经济,2011 (3):70-78.

[15] AFONSO O, LEITE R. Learning-by-doing, technology-adoption costs and wage inequality[J]. Economic Modelling, 2010, 27(5): 1069-1078.

[16] ANWAR S. Wage inequality, increased competition, and trade liberalization: shortrun vs. longrun[J]. Review of International Economics, 2010 (18): 574-581.

[17] BAHNS K M. Rural-to-urban migration in developing countries: the applicability of the Harris-Todaro model with a special focus on the Chinese economy[J/OL]. 2005. https://pdfs. semanticscholar. org/90d7/598447b48f2bad76d427c5ea4d14477f6c7f. pdf.

[18] BELADI H, CHAUDHURI S, YABUUCHI S. Can international factor mobility reduce wage inequality in a dual economy? [J]. Review of International Economics, 2008, 16(5): 893-903.

[19] BENIN S, NKONYA E, OKECHO G, et al. Impact of the National Agricultural Advisory Services (Naads) program of Uganda: considering different levels of likely contamination with the treatment[J]. American Journal of Agricultural Economics, 2012, 94: 386-392.

[20] CHAUDHURI S. Wage inequality in a dual economy and international mobility of factors: do factor intensities always matter? [J]. Economic Modelling, 2008, 25(6): 1155-1164.

[21] CHAUDHURI S, BANERJEE D. Foreign capital inflow, skilled-unskilled wage inequality and unemployment of unskilled labour in a fair wage model[J]. Economic Modelling, 2010, 27(1): 477-486.

[22] COELLI T J, BATTESE G E. Identification of factors which influence the technical inefficiency of Indian farmers[J]. Australian Journal of Agricultural

Economics, 1996, 40(2): 103-128.

[23] DIXIT A K, STIGLITZ, J E. Monopolistic competition and optimum product diversity[J]. American Economic Review, 1977, 67(3): 297-308.

[24] HARRIS J R, TODARO M P. Migration, unemployment and development: a two-sector analysis[J]. American Economic Review, 1970,1: 126-142.

[25] RIVERA-BATIZ F, RIVERA-BATIZ L. The effects of direct foreign investment in the presence of increasing returns due to specialization[J]. Journal of Development Economics, 1991, 34: 287-307.

[26] SUN S, ANWAR S, Taxation of labour, product varieties and skilled-unskilled wage inequality: short run versus long run[J]. International Review of Economics and Finance, 2015, 38: 250-257.

[27] TAKESHIMA H, NIN P A, DIAO X. Mechanization and agricultural technology evolution, agricultural intensification in Sub-Saharan Africa[J]. American Journal of Agricultural Economics, 2013, 95(5): 1230-1236.

[28] WANG X, YAMAUCHI F, HUANG J. Rising wages, mechanization, and the substitution between capital and labor: evidence from small scale farm system in China[J]. Agricultural Economics, 2016, 47(3): 309-317.

[29] WU Y Y, LI X C. Rural-urban migrants' remittances and wage inequality: evidence from China[J]. Agricultural Economics (Czech), 2020, 66 (3): 129-139.

[30] ZHANG J. Inflow of labour, producer services and wage inequality[J]. Economic Letters, 2012, 117: 600-603.

第二章　农业现代化中农民人力资本投资的效果研究
——基于二元农业经济视角

本章提要: 诺奖得主西奥多·舒尔茨认为对农民进行人力资本投资是改造传统农业的关键。本章则认为,在具有二元农业结构的经济中,对农民的人力资本投资效果有别于单一传统农业经济。对此,本章建立了一个包含二元农业的三部门一般均衡模型,从政府补贴与部门投资两个侧面分析了现代农业部门提升人力资本投资的经济效果。我们的研究发现,无论政府补贴还是部门投资都有不同程度扩大现代农业和传统农业规模的效果,特别是在一定条件下,政府补贴与部门投资可以使得传统农业部门的规模比现代农业部门的规模扩张的更大,这于整体农业现代化不利。

第一节　序　言

习近平同志在二十大报告中提出"全面推进乡村振兴,坚持农业农村优先发展"。作为传统的农业大国,中国的农业现代化建设是一个长期、渐进的过程。新时代中国农业呈现传统农业与现代农业共存的二元农业经济结构。所谓传统农业指的是以家庭为单位、以世代不变的传统方式进行生产经营的小资本农业;而所谓现代农业,Li和Shen(2012)认为,是一种以市场导向为核心,引入现代农业设备和技术进行生产和管理,实现生产效率高于传统农业的新兴农业。新中国成立70多年来,农业综合生产能力得到了快速发展,农业现代化建设也取得了较大的成就:粮食单产由1949年的1 029公斤/公顷增长为2020年的5 734公斤/公顷,增加了457.2%;农业机械总动力由1980年的14 746万千瓦上升到2020年的105 622万千瓦,增加了616.3%。现代农业已初显规模,但是,由于在广大的农村特别是在中西部地区,农业发展比较落后，小农户生产模式仍然是中国农村经济的主要模式。

20世纪60年代以来，发展经济学界的学者们开始认识到农业在发展中国家的经济发展中的主导作用。诺奖得主、美国经济学家西奥多·舒尔茨(Theodore. W. Schultz)是重视农业发展的突出代表，他指出：农业迅速稳定的发展是发展中国家经济增长的最重要源泉，关键是将传统农业改造成生产率更高的部门。改造传统农业，发展现代农业，是当前许多发展中国家促进农业现代化的重要方策。Schultz(1964)认为对农民进行人力资本投资是改造传统农业的关键，这个观点对许多发展中国家的农业政策有重要的影响。但应该指出的是，Schultz(1964)只是就单一农业经济进行改造得出上述结论，没有考虑在中国这样的二元农业经济中的农民人力资本投资的经济效果。因此，我们不禁产生疑问：二元农业经济中的农民人力资本投资效果能够如同舒尔茨所说那样是"改造传统农业的现代化过程中的关键"吗？进而，二元农业经济中的农民人力资本投资能够促进农业现代化吗？

在二元农业经济中，由于现代农业生产产品的种类、经营模式与传统农业不一样，需要劳动力有较高的人力资本水平，而现代农业来自传统农业，其劳动力也主要由传统农业转移而来，人力资本水平不能适应其发展的需要。从表2-1可以看出，我国农民工文化程度大部分还是初中文化水平。故而提高农民的人力资本水平以适应现代农业的生产、经营之需要，是发展中国家农业现代化中要首先面对的。因此，二元农业经济中的人力资本投资有别于单一传统农业经济，它体现在将有限的资本资源优先用于现代农业的农民人力资本投资上。

表2-1　农民工文化程度构成　　　　　　　　单位：%

	2016年	2017年	2018年	2019年	2020年	2021年
未上过学	1.0	1.0	1.2	1	1	0.8
小学	13.2	13.0	15.5	15.3	14.7	13.7
初中	59.4	58.6	55.8	56	55.4	56.0
高中	17.0	17.1	16.6	16.6	16.7	17.0
大专及以上	9.4	10.3	10.9	11.1	12.2	12.6

数据来源：国家统计局，2016—2021年《农民工监测调查报告》。

人力资本投资形式包括：教育、在职培训以及提高健康水平。目前，国内外绝大多数文献都将人力资本投资等同于教育投入，特别是实证分析研究。但是，提高农民的人力资本水平的直接方式是对他们进行劳动技能培训，这是因为：① 教育对生产方面没有明显的效益；② 部分学者认为"职业培训对经济地位的影响与他们所接受正规教育的作用相当"（赵延东和王奋宇，2002）。《乡村振兴战略规划（2018—2022）》明确提出"全面建立职业农民制度""实施新型职业农民培育工程"。随着新型职业农民培育工程深化实施，农业技能培训将成为农民人力资本投资的重要内容。因此，本章对农民人力资本投资的考察聚焦于农业技能培训，也称"专用性人力资本投资"。这样的专用性人力资本在劳动力离开了现代农业部门后，就不能再发挥作用。但迄今为止，我国对于农民职业培训的主流是对农民工的非农性质培训，参加过农业技能培训的人数不多。从表2-2可以看出，2017年接受农业技能培训的本地农民和外出农民都不超过11%，反映出我国现代农业部门的发展还正在起步阶段。随着乡村振兴战略的深入，可以预想今后我国农业技能培训工作大发展是一个大概率事件。

表2-2　接受技能培训的农民工比重　　　　　　　　单位：%

	接受农业技能培训		接受农业或非农职业技能培训	
	2016年	2017年	2016年	2017年
合计	8.7	9.5	32.9	32.9
本地农民	10.0	10.9	30.4	30.6
外出农民工	7.4	8.0	35.6	35.5

数据来源：国家统计局，《2017年农民工监测调查报告》。

在既有的考虑劳动力转移理论研究中，将农村分为现代农业部门和传统农业部门的研究不多，已有的研究有Gputa（1997）、Chaudhuri（2006，2007）、Li和Shen（2012）以及Li和Wu（2018）等少数几篇。这些论文在Harris和Todaro（1970）提出的劳动力转移模式下，讨论了劳动力市场自由化、外资进入、价格变化、民间资本对现代农业以及环境污染和劳动转移的影响，但必须指出的是，这些研究没有讨论现代农业部门投资人力资本的问题。另一方面，在既有的针对人力资本研究的文献中，又缺少对现代农业的关联研究。相关的理论研究有：Bhagwati 和 Srinivasan(1977)研究了教育怎样影响求职过程，并发展了工作阶梯模型(Job ladder model)；Djajic(1985)在最低工资的假设下分析了生产部门对雇员职业培训与城市失业之间的关系；Samanta(2003)假设农村部门完全竞争而城市部门非完全竞争并分析对城市部门雇佣进行培训的经济影响；Li 和 Qian(2011)在考虑包括城市正式部门、非正式部门和农村部门的三部门经济中，发现提升对农村转移劳动力的人力资本培训会减少农业的生产规模。国内有一些关于农民人力资本相关问题的研究，如周晓和朱农(2003)，陈玉宇和邢春冰(2004)，高梦滔和姚洋(2006)，杨晓军和陈浩(2008)等，但大多采用实证分析方法，虽然这些成果具有较强的针对性，但研究不涉及市场机制的分析，使得我们并不清楚在市场经济背景下，农民人力资本投资的市场机制和其经济影响。

一般而言，对农民进行人力资本投资有益于现代农业发展，也可以预期现代农业人力资本水平上升、劳动效率提高、工资上升，从而吸引更多传统农业的劳动力向现代农业和城市转移，现代农业逐渐扩大、传统农业的规模逐渐缩小直至消亡，实现农业现代化。然而，仅靠这样的机制在实际经济中实现农业现代化却有困难，这是因为现代农业、城市的工资高于传统农业，从而有吸引劳动力的一面，也有企业基于利润最大化的考虑而削减劳动雇佣的一面。如果削减劳动力数量大于流入劳动力，其结果与上述机制的作用则正好相反。因此，二元经济中农民人力资本投资对农业现代化的作用是不明确的。

本章正是为了解明在二元农业经济中，农民人力资本投资是否能够使得农业现代化水平上升而展开研究的。需要注意的是，我国农民参加培训的愿望强烈，但不愿意为学习和培训支付太多费用(陈华宁，2007)，所以在现实经济中多以政府补助和雇主出资的方式进行农业技能培训。从而，本章分别考察现代农业用自有资金进行人力资本投资(以下称为"部门投资")及政府对现代农业人力资本投资进行补贴(以下称为"政府补贴")的经济效果。我们的主要结论为：政府补贴使得现代农业产量上升，部门投资使得现代农业产量有条件上升；部门投资和政府补贴都将增加传统农业劳动力和产出；并且在不同的条件下，政府补贴和部门投资使得传统农业的规模比现代农业部门增加更大。

以下的第二部分为建立理论模型,第三部分为经济效果分析,第四部分为结论与政策建议。

第二节　理论模型

为了与发展中国家的经济状况相吻合,本节设定的经济是一个小国开放经济。根据国际经济学,本节中所定义的"小国"有别于地理意义上的小国概念,它是指该国在国际市场上为价格接受者。虽然我国进出口总额巨大,但还不能充分掌握贸易主导权,仍属于小国。由于发展中国家农业经济的二元经济结构特征,一般地在一个由工业和农业构成的二元经济中,再将农业分为现代农业和传统农业两个部门来考察,这样,经济就成了一个三部门经济。这个经济中有两种生产要素:劳动力和资本。在现有的经济学理论研究中,一般用资本要素的投入与否来作为区分现代农业部门与传统农业部门的关键,例如 Chaudhuri(2007),Li 和 Wu(2018)等。因此,在本节设定的经济体中,城市部门(部门1)使用劳动力和资本两种要素生产需进口的工业品 X_1,其价格国际给定为 p_1。农业部门分割为使用劳动力和资本两种要素生产的现代农业部门(部门2)和仅使用劳动要素生产的传统农业部门(部门3)。现代农业部门为经济中的新兴部门,生产规模不大,产品仅供本国消费,生产非贸易的农产品 X_2,因而现代农业产品价格 p_2 由国内市场的供求关系决定;传统农业部门生产可出口的农产品 X_3,设其为计价单位标准。另外,本节考虑现代农业部门按本部门生产需要对雇佣农民进行技能培训,故而劳动力进入现代农业得到一种专用性人力资本投资。假设所有产品市场完全竞争,资本部门专有[①],要素禀赋外生给定。

综上所述,三个部门的生产函数可以分别用以下三等式表示:

$$X_1 = F^1(L_1, K_1) \qquad (2-1)$$

$$X_2 = F^2(hL_2, K_2) \qquad (2-2)$$

[①] 本节专注于考察农民人力资本投资问题,因而不考虑资本部门间流动情况。

$$X_3 = F^3(L_3) \tag{2-3}$$

其中,$F^i(i=1,2)$ 为一次齐次的拟凹函数,$F^{3'}(L_3)>0$,$F^{3''}(L_3)<0$。以下,F^i 中的下标表示偏导数,例 $F_K^i = \partial F^i/\partial K_i$,$F_{KL}^i = \partial F_K^i/\partial L_i (i=1,2,3)$。$L_i(i=1,2,3)$ 为部门 i 的劳动力要素投入量,$K_i(i=1,2)$ 为部门 i 的资本要素投入量,$X_i(i=1,2,3)$ 为部门 i 的产品产出量。农民经过培训后的劳动效率 h 用以衡量现代农业劳动力人力资本水平,$h \geqslant 1$;其依赖于现代农业部门的人均人力资本投资成本 c(Li 和 Zhou,2017):

$$h = h(c) \tag{2-4}$$

其中,$h(\cdot)$ 满足 $h(0)=1$,$h'>0$,$h''<0$,hL_2 是现代农业人力资本存量。用成本弹性 $\varepsilon = ch'/h$ 表示人力资本投资效率,令 $0<\varepsilon<1$。

假设现代农业将本部门收益的 $\mu(0<\mu<1)$ 部分进行人力资本投资。那么培训劳动力的单位成本可以由下式给出:

$$(1-s)c = \frac{\mu P_2 X_2}{L_2} \Leftrightarrow (1-s)cL_2 = \mu P_2 X_2 \tag{2-5}$$

其中,s 是政府对现代农业部门人力资本投资的补贴率,初始补贴率为 0。

基于此,企业利润最大化条件下可以得到以下等式:

$$p_1 F_L^1 = \overline{w}_1 \tag{2-6}$$

$$p_1 F_K^1 = r_1 \tag{2-7}$$

$$(1-\mu)p_2 h F_L^2 = w_2 \tag{2-8}$$

$$(1-\mu)p_2 F_K^2 = r_2 \tag{2-9}$$

$$F_L^3 = w_3 \tag{2-10}$$

在上面等式中,r_1,r_2 分别为城市和现代农业部门的利息率;$\overline{w}_1$,w_2,w_3 分别表示城市、现代农业和传统农业部门工资率,其中城市部门因为最低工资等制度性因素,工资向下刚性,$\overline{w}_1$ 为外生给定;传统农业部门工资 w_3 完全弹性。

考虑劳动力转移。设想传统农业的一部分农民为了获得较高的收入向城市部门转移。城市部门工资向下刚性,因而存在失业 L_u。传统农业农民转移到城市有失业风险,在城市找到工作的概率为 $L_1/(L_1+L_u)$,传统农业农民会比较本部门实际工资和城市部门的期望工资的大小以决定是否转移,二者相等时,农村与城市之间劳动力转移处于均衡状态:

$$w_3=\overline{w}_1\frac{L_1}{L_u+L_1}\Leftrightarrow w_3(1+\lambda)=\overline{w}_1 \qquad (2-11)$$

其中,$\lambda=L_u/L_1$ 为城市失业率。

农村部门出现现代农业之后,在既有的城乡劳动力转移的基础上,传统农业部门的农民又有了一个新的转移方向:现代农业部门,相同的设定可以参考 Gupta(1997),Li 和 Shen(2012),Li 和 Wu(2018)。传统农业部门的一些农民之所以放弃进城务工而选择进入现代农业部门工作,可以考虑的理由有两条:一是因为现代农业离家近,可以照顾家庭;二是转移的经济成本低,还能够得到比传统农业高一些的工资。传统农业部门农民进入现代农业部门必须接受技能培训,现代农业部门按有效劳动支付工资报酬(Galor 和 Moav,2004),因而现代农业部门和传统农业部门的劳动力转移在均衡处有以下关系(同样的设定请参考 Li 和 Zhou,2017):

$$w_2=hw_3 \qquad (2-12)$$

要注意的是,当劳动力离开现代农业部门时,有两种去向:一是回到传统农业部门,二是转移进城市部门工作。经过现代农业人力资本投资的劳动力回到传统农业部门,由于现代农业部门的生产方式或产品与传统农业不同、无相应的劳动资料而无用武之地;转移进城的则由于他们受到的培训与农业生产相关在城市不能发挥作用,所以也不容易找到专业对口的工作。因而不论是哪一种去向,劳动力离开了现代农业部门就只能是普通农村劳动力,根据式(2-11)的转移模式在传统农业与城市部门间流动。

资本在城市部门和现代农业部门为部门专有,资本市场有 $K_1=\overline{K}_1$,$K_2=\overline{K}_2$($\overline{K}_1$、$\overline{K}_2$ 为定值);劳动力市场的出清条件为

$$(1+\lambda)L_1+L_2+L_3=\overline{L} \qquad (2-13)$$

其中，$\overline{L}$ 为经济中劳动力要素禀赋量。

最后，考虑经济中的消费。设一个柯布-道格拉斯型的社会效用函数 $U=D_1^\alpha D_2^\beta D_3^\gamma$，其中 D_1,D_2,D_3 分别为社会对城市部门、现代农业和传统农业产品的需求量，α,β,γ 都是正系数且满足 $\alpha+\beta+\gamma=1$。根据式(2-5)，政府对现代农业部门人力资本投资补贴总额为：$\mu p_2 X_2 s/(1-s)$。考虑政府预算平衡，税后国民收入为 $N=p_1X_1+p_2X_2+X_3-p_2X_2s\mu/(1-s)$。因此，现代农业产品的总需求 $D_2=\beta[p_1X_1+p_2X_2+X_3-p_2X_2s\mu/(1-s)]/p_2$。由现代农业产品市场的均衡条件 $D_2=X_2$，可得

$$\frac{\beta\left[p_1X_1+\left(1-\frac{s\mu}{1-s}\right)p_2X_2+X_3\right]}{p_2}=X_2 \qquad (2-14)$$

通过式(2-1)至(2-14)，建立起理论模型，决定14个内生变量：$L_1,L_2,L_3,\lambda,r_1,r_2,w_2,w_3,h,c,p_2,X_1,X_2$ 和 X_3。模型求解的机制如下：首先，通过式(2-1)、(2-6)和(2-7)解出 L_1、X_1 和 r_1，这在模型中是一个相对独立的部分，不妨称为"城市子系统"，其余诸式可以称为"农村子系统"：通过式(2-3)、(2-10)、(2-11)和(2-13)可以解出 L_3、X_3、w_3 和 λ 关于 L_2 的关系式；通过式(2-2)、(2-4)和(2-12)可以解出 w_2、h 和 X_2 关于 c 和 L_2 的关系式；对于政策变量 s 和 μ 初始值，通过式(2-5)和(2-8)可以解出 c 和 L_2 关于 p_2 的关系式；最后通过式(2-14)解出 p_2；至于 r_2 则可通过式(2-9)解出。农村子系统中除了城市失业率 λ，所含的内生变量均为农村变量。

第三节　经济效果分析

以下分别来分析部门投资和政府补贴的经济效果。首先在城市子系统中全微分式(2-6)可知，

$$dL_1=0 \qquad (2-15)$$

将式(2-15)代入式(2-1)和(2-7)可知，城市子系统的内生变量不受部门投资

和政府补贴的影响①。

接着考虑农村子系统。利用式(2-10)、(2-11)和(2-15),全微分式(2-13),有

$$\mathrm{d}L_3 = -\frac{1}{A}\mathrm{d}L_2 \qquad (2-16)$$

其中,$A=1-(1+\lambda)L_1 F_{LL}^3/w_3 > 0$。即现代农业和传统农业部门劳动力雇佣呈反方向变动。如果现代农业部门劳动力雇佣增加,那么传统农业部门劳动力数量减少;因为传统农业部门只使用劳动要素,所以产量下降、工资 w_3 上升;根据式(2-11)可知,城市失业率与传统农业部门工资 w_3 呈反向关系,故而城市失业率 λ 下降。这不仅有利于农业现代化(传统农业部门劳动力流向现代农业部门),也有利于城市缓解就业压力。但是,如果现代农业部门劳动力雇佣减少,结果则是反向的。因此,需要考虑现代农业部门受政策变量的影响。

将式(2-2)、(2-4)代入式(2-5),并在政策变量初始值处全微分式(2-5),可以获得:

$$\frac{\theta_K^2}{L_2}\mathrm{d}L_2 + \frac{1-\varepsilon\theta_L^2}{c}\mathrm{d}c = \frac{1}{p_2}\mathrm{d}p_2 + \frac{1}{\mu}\mathrm{d}\mu + \mathrm{d}s \qquad (2-17)$$

其中,$\theta_K^2 = F_K^2 K_2/X_2$,$\theta_L^2 = F_L^2 h L_2/X_2$ 分别是资本和劳动力的产出弹性,根据生产函数性质,$0<\theta_L^2,\theta_K^2<1$。类似地,将式(2-4)、(2-10)、(2-12)和(2-16)代入式(2-8),并全微分式(2-8),得到:

$$\left(\frac{S_{LL}^2}{L_2} + \frac{S_{LL}^3}{AL_3}\right)\mathrm{d}L_2 + \frac{\varepsilon S_{LL}^2}{c}\mathrm{d}c = -\frac{1}{p_2}\mathrm{d}p_2 + \frac{1}{1-\mu}\mathrm{d}\mu \qquad (2-18)$$

其中,$S_{LL}^2 = F_{LL}^2 h L_2/F_L^2 < 0$,$S_{LL}^3 = F_{LL}^3 L_3/F_L^3 < 0$。

根据式(2-17)和(2-18),获得:

---

① 虽然城市子系统不受影响,但是保留城市部门可以考察社会福利和城市失业。并且,城市子系统不受影响可以使分析专注于农村子系统。

$$dL_2 = -(1-\varepsilon\theta_L^2 + \varepsilon S_{LL}^2) + \frac{dp_2}{\Delta c p_2} + \left[\frac{(1-\varepsilon\theta_L^2)}{(1-\mu)} - \frac{\varepsilon S_{LL}^2}{\mu}\right]\frac{d\mu}{\Delta c} - \frac{\varepsilon S_{LL}^2}{\Delta c}ds \quad (2-19)$$

以及

$$dc = \left(\frac{\theta_K^2}{L_2} + \frac{S_{LL}^2}{L_2} + \frac{S_{LL}^3}{AL_3}\right)\frac{dp_2}{p_2\Delta} + \left[\frac{S_{LL}^2}{L_2\mu} + \frac{S_{LL}^3}{AL_3\mu} - \frac{\theta_K^2}{L_2(1-\mu)}\right]\frac{d\mu}{\Delta} + \left(\frac{S_{LL}^2}{L_2} + \frac{S_{LL}^3}{AL_3}\right)\frac{ds}{\Delta}$$

$$(2-20)$$

其中，$\Delta = (1-\varepsilon)S_{LL}^2/cL_2 + (1-\varepsilon\theta_L^2)S_{LL}^3/cAL_3 < 0$。

由于现代农业部门产品价格完全弹性，因此在本国市场必须出清。而现代农业产品市场的均衡为瓦尔拉斯稳定，需要满足：

$$Z = \frac{d(D_2 - X_2)}{dp_2} < 0$$

其中，Z 表示现代农业部门产品的超额需求的变化率，均衡稳定性要求其为负值。使用式(2-15)、(2-16)、(2-19)和(2-20)，并化简稳定性条件，可以得到

$$Z = -\frac{(1-\beta)X_2(c\Delta + M - N)}{p_2 c \Delta} < 0 \quad (2-21)$$

其中，$M = \varepsilon(\theta_L^2 S_{LL}^3 - a\theta_L^3 S_{LL}^2)/AL_3$，$N = (1-\varepsilon)\theta_L^2/L_2 + a(1-\varepsilon\theta_L^2)\theta_L^3/AL_3 > 0$ 和 $a = X_3/(p_1X_1 + X_3) > 0$。注意：$a > (<) a_1$，则 $M > (<) 0$，这里 $a_1 = (\theta_L^2|S_{LL}^3|)/(\theta_L^3|S_{LL}^2|)$。大多数发展中国家为农业国家，传统农业产值占总产值的比重相对较大。故而假设 a_1 足够大，因此 $M > 0$。在均衡处，现代农业产品市场上的需求等于供给，所以全微分式(2-14)有：

$$\frac{dp_2}{p_2} = \underbrace{\frac{-\mu\beta}{(1-\beta)}ds}_{\text{负}} + a\underbrace{\frac{dX_3}{X_3}}_{\text{正}} + \underbrace{\frac{-dX_2}{X_2}}_{\text{负}} \quad (2-22)$$

式(2-22)表明：① 在其他因素不变的情况下，政府补贴 s 与现代农业部门产品价格 p_2 呈负相关。这是因为政府补贴使得国民收入 N 减少，这将会减少经济中现代农业部门产品的需求，从而 p_2 下降。② 根据式(2-14)，在补贴政策开始时 $(s=0)$，$\beta(p_1X_1 + X_3)$ 是其他两个部门对现代农业部门产品的支出，相应的供给为

$(1-\beta)X_2$，而城市部门的生产不受影响，因此需求只与传统农业部门产值 X_3 正相关。③ 现代农业部门的产品价格由需求与供给两方面决定，因此，p_2 与 X_3 正相关，与 X_2 负相关。

利用式(2-2)、(2-3)、(2-16)、(2-19)、(2-20)和(2-22)有

$$\mathrm{d}p_2 = \underbrace{\frac{(1-\beta)X_2}{Zc\Delta}\frac{M}{\mu}\mathrm{d}\mu}_{\text{人力资本投资效应(正)}} + \underbrace{\frac{(1-\beta)X_2}{Zc\Delta}\frac{N}{1-\mu}\mathrm{d}\mu}_{\text{投入挤出效应(正)}} + \underbrace{\frac{(1-\beta)X_2}{Zc\Delta}M\mathrm{d}s}_{\text{投资补贴效应(正)}} + \underbrace{\frac{(1-\beta)X_2\beta\mu c\Delta}{Zc\Delta}\frac{\mathrm{d}s}{1-\beta}}_{\text{实际收入效应(负)}}$$

(2-23)

对比式(2-17)、(2-18)和(2-22)可知，式(2-23)的第一项来自式(2-17)，第二项来自式(2-18)，第三项来自式(2-17)，而最后一项来自式(2-22)。以下，对四项进行具体分析。

将第一项称为"人力资本投资效应"，因为其来自现代农业部门劳动力培训成本决定式(2-5)的全微分。第一项可以分为两个子部分。① 第一个子部分 $\{[(1-\beta)X_2\varepsilon\theta_L^2 S_{LL}^3]/(Zc\mu AL_3\Delta)\}\mathrm{d}\mu$ 衡量了现代农业部门的生产因 μ 上升而发生的变化：随着 μ 的提高，人力资本投资越来越大，从而提高了劳动生产率，促进了现代农业部门的发展，因此，现代农业部门产品供给增加，p_2 下降。② 第二个子部分 $\{-[(1-\beta)X_2\varepsilon a\theta_L^3 S_{LL}^2]/(Zc\mu AL_3\Delta)\}\mathrm{d}\mu$ 衡量了传统农业部门因 μ 增加而发生的变化：μ 的上升提高了现代农业部门的人力资本水平，劳动生产率上升，而现代农业部门为劳动者付出较高的效率工资，所以现代农业部门将减少劳动雇佣。劳动力从现代农业部门流出，将流向城市或回到传统农业部门。如前所述，由于现代农业部门进行的是专用性培训，此时流出劳动力作为普通农村劳动力在城市与传统农业部门之间转移。因此，城市失业率上升，传统农业部门劳动力数量上升、工资下降、产出 X_3 上升，进而使得现代农业部门产品(衍生)需求增加，p_2 上升。

在图2-1的帮助下，可以直观地考察人力资本投资效应：需求曲线 D_2 和供给曲线 S_2 都由于 μ 的增加而向右移动；图2-1(a)表示当需求曲线的移动比供给曲线更大而使得 p_2 上升的情况，图2-1(b)表示当需求曲线的移动比供给曲线更小而使得 p_2 下降的情况。由于 a 足够大，人力资本投资效应对 p_2 为正向作用，因此，仅需考

虑图 2-1(a)的情况。

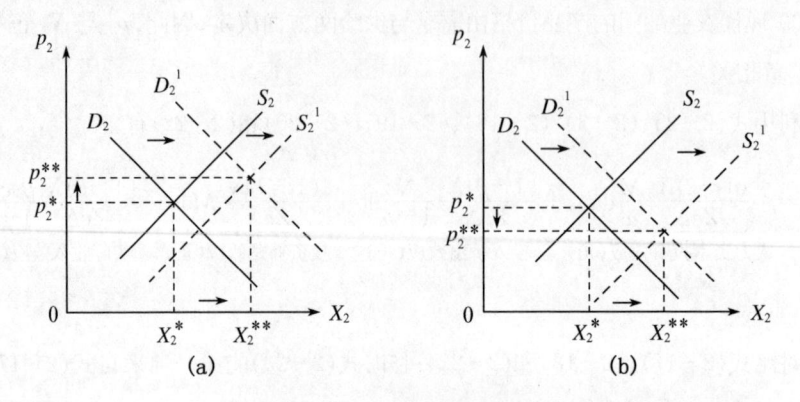

图 2-1 人力资本投资效应

第二项来自式(2-18)，也即对式(2-8)的全微分，将其称为"投入挤出效应"。随着 μ 的增加，现代农业部门再生产中用于购买投入要素的收益比例$(1-\mu)$下降，劳动雇佣减少。如前所述，当劳动力从现代农业部门流出，使得城市失业上升而传统农业部门劳动数增加时，传统农业部门扩张，产出 X_3 上升，从而提高了现代农产品的需求。至于对 X_2 的影响，则取决于劳动生产率提高对产出的正效应与要素流出对产出的负效应的比较。当人力资本水平的成本弹性 ε 足够大时，同样的资本投入用于劳动培训比用于雇佣劳动对产出作用更大，此时投入挤出效应增加 X_2。相反地，当 ε 值足够小时，要素流出效应抵消生产率提高效应，因而 X_2 下降。但是，无论何种情况，投入挤出效应对 p_2 的效果都是正向的。这可以从图 2-2 看出：需求曲线 D_2 向右移动，供给曲线 S_2 向左或右移动，p_2 都上升。

第三项为"投资补贴效应"，衡量了由于政府补贴引致的现代农业部门人力资本投资变化对 p_2 的影响。与第一项相同，第三项也来自式(2-17)，这是因为政府补贴是在部门投资上的叠加，引致的人力资本投资变化与第一项中的人力资本投资的变化类似，因而"投资补贴效应"与"人力资本投资效应"的效果方向相同，只是大小不同。

最后一项称为"实际收入效应"，来自式(2-22)，即对式(2-14)的全微分。随着

第二章 农业现代化中农民人力资本投资的效果研究——基于二元农业经济视角

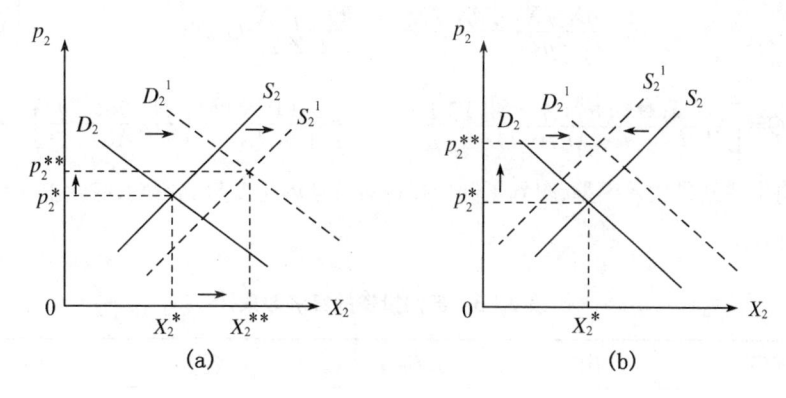

图 2-2 投入挤出效应

s 的提高,可以发现,补贴总额是增加的,这降低了国民实际收入,从而也降低了现代农业产品的需求。因此,实际收入效应对 p_2 的影响是负的。

一、部门投资的经济效果分析

首先分析部门投资的效果。当 $ds=0$ 时,用式(2-23)带入(2-19)和(2-20),可以得到:

$$\frac{dp_2}{d\mu} = \frac{(1-\beta)x_2}{Zc\Delta}\left(\frac{M}{\mu} + \frac{N}{(1-\mu)}\right) > 0 \tag{2-24}$$

$$\frac{dL_2}{d\mu} = -\frac{(1-\beta)X_2}{p_2 Zc\Delta}\left[\frac{\varepsilon(\theta_L^2 - S_{LL}^2)}{\mu} + \frac{1}{(1-\mu)}\right] < 0 \tag{2-25}$$

$$\frac{dc}{d\mu} = \frac{(1-\beta)X_2}{p_2 Z\Delta}\left[\left(\frac{\theta_L^2 - S_{LL}^2}{L_2} + \frac{a\theta_L^3 - S_{LL}^3}{AL_3}\right)\frac{1}{\mu} + \frac{1}{(1-\mu)}\left(\frac{1}{L_2} + \frac{a\theta_L^3}{AL_3}\right)\right] > 0 \tag{2-26}$$

利用式(2-2)、(2-3)、(2-16)、(2-25)和(2-26),并进行比较得到

$$\frac{dX_2}{d\mu} = \frac{X_2 \theta_L^2 (1-\beta)X_2}{Zp_2 c\Delta}\left[\frac{\varepsilon(a\theta_L^3 - S_{LL}^3)}{AL_3}\frac{1}{\mu} + \left(\frac{a\varepsilon\theta_L^3}{AL_3} - \frac{1-\varepsilon}{L_2}\right)\frac{1}{(1-\mu)}\right] \tag{2-27}$$

$$\frac{dX_3}{d\mu} = \frac{F_L^3(1-\beta)X_2}{Ap_2 Zc\Delta}\left[\frac{\varepsilon(\theta_L^2 - S_{LL}^2)}{\mu} + \frac{1}{(1-\mu)}\right] > 0 \tag{2-28}$$

$$\frac{dX_2/X_2}{d\mu} - \frac{dX_3/X_3}{d\mu} = -\frac{(1-\beta)X_2}{p_2 Zc\Delta}G < 0 \qquad (2-29)$$

其中，$G = \left[M + \frac{\varepsilon(1-a)\theta_L^3(\theta_L^2 - S_{LL}^2)}{AL_3}\right]\frac{1}{\mu} + \frac{1}{(1-\mu)}\left[\frac{(1-\varepsilon)\theta_L^2}{L_2} + \frac{(1-a\varepsilon\theta_L^2)\theta_L^3}{AL_3}\right] > 0$。

将上述结果代入模型，得到了部门投资对其他内生变量的影响，综合上述结果得到表 2-3：

表 2-3　部门投资的经济效果

部门	产出	劳动力	工资	利率
城市	不变	不变	空白	不变
现代农业	上升[1)]	下降	—	—
传统农业	上升	上升	下降	空白

注：① "空白"表示无该内生变量；"—"表示部门投资对该内生变量的影响不明确；"1)"表示在 $\varepsilon > \varepsilon_1$ 条件下现代农业部门产出上升，$\varepsilon_1 = \mu AL_3/[\mu AL_3 - (1-\mu)S_{LL}^2 L_2 + a\theta_L^2 L_2]$，$0 < \varepsilon_1 < 1$。② 具体计算过程见附录中的式 (A-7)~(A-14)。③ 数据来源：作者计算。

从表 2-3 得到命题 1：

命题 1：现代农业部门对农民进行人力资本投资有如下经济效应：(1) 提高传统农业部门的产出；(2) 如果 $\varepsilon > \varepsilon_1$，则提高现代农业部门的产出；(3) 使得传统农业部门的产出比现代农业部门的增长更快。

如前所述，人力资本投资效应使得 X_2、X_3 和 p_2 上升，而投入挤出效应使得 p_2 和 X_3 上升。因此，部门投资使得 p_2 和 X_3 上升，其对 X_2 的影响则如图 2-3 所示。设曲线 D_2 和曲线 S_2 分别代表现代农产品的需求曲线和供给曲线，由此确定均衡点为 (p_2^*, X_2^*)。像图 2-1(a) 所示那样，随着 μ 的增加，图 2-3 中曲线 D_2 和曲线 S_2 分别通过人力资本投资效应向右移动到曲线 D_2^1 和 S_2^1；又像图 2-2 所示那样，图 2-3 中曲线 D_2^1 通过投入挤出效应向右移动到曲线 D_2^2，而曲线 S_2^1 根据系统参数向右或向左移动。当 $\varepsilon > (<) \varepsilon_2$ 时，投入挤出效应提高（降低）X_2[①]。在新的均衡状态

---

① $\varepsilon_2 = AL_3/(AL_3 + a\theta_L^3 L_2)$，$\varepsilon_1 < \varepsilon_2 < 1$。

下，现代农业部门的价格和产出分别为 p_2^{**} 和 X_2^{**}：p_2^{**} 高于 p_2^*；但是，当且仅当供给曲线左移不超过 S_2^0（即 $\varepsilon > \varepsilon_1$）时，$X_2^{**}$ 高于 X_2^*。根据式（2-22），当 $dp_2/d\mu > 0$ 时，$a(dX_3/X_3)/d\mu - (dX_2/X_2)/d\mu > 0$。因此，即使 X_2 上升，部门投资也会导致传统农业部门扩张比现代农业部门更大。

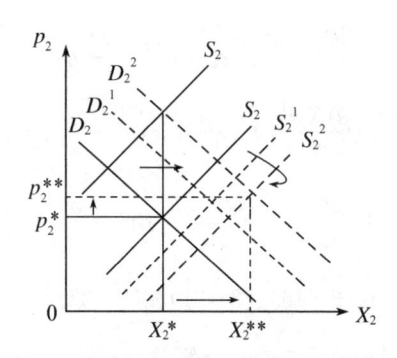

图 2-3　部门投资对现代农业产出和价格影响

一般地，随着对转移劳动力进行人力资本投资的展开，农民会从农村流出，从而农村部门的产出和规模逐渐下降（Li 和 Qian，2011）。然而，在本节中，随着部门投资的增加，劳动者倾向于回归传统农业部门，从而推动传统农业部门的发展壮大。这主要是因为现代农业部门对农民进行人力资本投资，劳动生产率提高，劳动者提高了自己的议价能力、获得了更高的有效工资。由于现代农业产品价格上升，生产利润并不降低。因而，即使要支付高工资企业仍然愿意对劳动力进行人力资本投资，而不愿意支付高工资的企业则将退出市场。这使得现代农业部门减少劳动雇佣、规模萎缩。如前所述，劳动力离开现代农业部门后，部分选择回归传统农业部门，从而传统农业部门的规模扩张。

这些结果表明，现代农业部门对农民进行人力资本投资，一方面提高生产率，另一方面却降低劳动雇佣，使得劳动力从现代农业部门回到传统农业部门。这有悖于农业现代化的目标。

二、政府补贴的经济效果分析

接着分析政府补贴的经济效果。类似地，当 $d\mu=0$ 时，用式(2-23)代入(2-19)和(2-20)，得到

$$\frac{dp_2}{ds}=\frac{(1-\beta)X_2}{Zc\Delta}\left(M+\frac{\beta\mu c\Delta}{1-\beta}\right) \quad (2-30)$$

$$\frac{dL_2}{ds}=-\frac{(1-\beta)X_2}{p_2 Zc\Delta}\left[\left(1-\frac{\beta\mu}{1-\beta}\right)\varepsilon(\theta_L^2-S_{LL}^2)+\frac{\beta\mu}{1-\beta}\right]<0 \quad (2-31)$$

$$\frac{dc}{ds}=\frac{(1-\beta)_2}{p_2 Z\Delta}\left[\frac{\theta_L^2}{L_2}+\frac{a\theta_L^3}{AL_3}+\frac{\beta\mu\theta_K^2}{(1-\beta)L_2}-\left(1-\frac{\beta\mu}{1-\beta}\right)\left(\frac{S_{LL}^2}{L_2}+\frac{S_{LL}^3}{AL_3}\right)\right]>0 \quad (2-32)$$

利用式(2-2)、(2-3)、(2-16)、(2-31)和(2-32)，并进行比较得到

$$\frac{dX_2}{ds}=\frac{X_2\theta_L^2(1-\beta)X_2}{Zp_2 c\Delta}\left[\frac{\varepsilon(a\theta_L^3-S_{LL}^3)}{AL_3}+\left(\frac{\varepsilon S_{LL}^2}{AL_3}-\frac{(1-\varepsilon)}{L_2}\right)\frac{\beta\mu}{1-\beta}\right] \quad (2-33)$$

$$\frac{dX_3}{ds}=\frac{F_L^3(1-\beta)X_2}{Ap_2 Zc\Delta}\left[\left(1-\frac{\beta\mu}{1-\beta}\right)\varepsilon(\theta_L^2-S_{LL}^2)+\frac{\beta\mu}{1-\beta}\right]>0 \quad (2-34)$$

$$\frac{dX_2/X_2}{ds}-\frac{dX_3/X_3}{ds}=-\frac{(1-\beta)X_2}{p_2 Zc\Delta}Q<0 \quad (2-35)$$

其中，$Q=\left(1-\frac{\beta\mu}{1-\beta}\right)\left[M+\frac{(1-a)\varepsilon\theta_L^3(\theta_L^2-S_{LL}^2)}{AL_3}\right]+\frac{\beta\mu}{1-\beta}\left[\frac{(1-\varepsilon)\theta_L^2}{L_2}+\frac{(1-a\varepsilon\theta_L^2)\theta_L^3}{AL_3}\right]>0$。

需要特别提出的是，根据式(2-14)，在政策变量初始值($s=0$)处，有 $\beta(p_1 X_1+X_3)=(1-\beta)p_2 X_2$。因为发展中国家的现代农业部门为新兴部门，规模较小，$p_2 X_2 < p_1 X_1+X_3$，因而有 $\beta<(1-\beta)$，即 $0<\beta/(1-\beta)<1$。又由于 $0<\mu<1$，所以 $1-\mu\beta/(1-\beta)>0$，$dX_3/ds>0$。

将上述结果代入模型，得到了政府补贴对其他内生变量的影响，综合上述结果得到表2-4和命题2。

命题2：政府对现代农业部门农民人力资本投资进行补贴，会提高传统农业部门

第二章 农业现代化中农民人力资本投资的效果研究——基于二元农业经济视角 51

的产出,在 $\varepsilon > \varepsilon_3$ 条件下提高现代农业部门的产出①,并且使得传统农业部门产出比现代农业部门有更大增长。

表 2-4 政府补贴的经济效果

变量	符号	变量	符号
L_1	0	r_1	0
X_1	0	r_2	\
L_2	−	w_2	\
h	+	w_3	−
c	+	p_2	\
X_2	[+]	λ	+
L_3	+	U	[+]
X_3	+	$dX_2/X_2 - dX_3/X_3$	−

注:①"+"和"−"分别表示 s 的变化使得对应内生变量同方向和反方向变动;"0"代表 s 的变化对应内生变量无影响;"\"表示 s 的变化对内生变量的影响不明确,"[ ]"代表在一定条件下成立。②具体计算过程见附录的式(A-15)~(A-22)。③ 数据来源:作者计算。

如前所述,和人力资本投资效应一样,投资补贴效应增加了 p_2、X_2 和 X_3。然而,政府补贴的实际收入效应降低了国民收入 N,进而降低了各种商品的消费(D_i,$i=1$,2,3)。由于现代农业部门产品仅能供国内消费,即均衡处有 $D_2 = X_2$,因而实际收入效应降低了 X_2。此外,贸易平衡要求 $p_1 D_1 + D_3 = p_1 X_1 + X_3$,而 X_1 不受影响,因而实际收入效应降低 X_3。根据式(2-30)、(2-33)和(2-34),政府补贴对 X_3 的整体效应是正向的,其对 p_2 和 X_2 的影响则取决于投资补贴效应和实际收入效应的比较。值得注意的是:当 $\varepsilon > \varepsilon_3$ 时,政府补贴对 X_2 的收缩效果不会超过促进效果。但是,即使政府补贴使得 X_2 有所提高,它在促进传统农业部门的生产上的作用也更大。

总而言之,无论是现代农业部门对农民进行人力资本投资还是政府对此进行补

---

① $\varepsilon_3 = \beta\mu A L_3 / [\beta\mu A L_3 + (1-\beta) L_2 a \theta_L^3 - (1-\beta-\beta\mu) L_2 S_{LL}^3]$,$\varepsilon_1 > \varepsilon_3 > 0$。

贴,都是以促进现代农业部门发展为初衷,但其结果却都是劳动力从现代农业部门流回传统农业部门,传统农业部门规模扩张,传统农业部门产出增长大于现代农业部门。传统农业部门在部门投资或政府补贴中获得了更大的利益,势必占用更多的资源,这与所期望的促进农业现代化相悖。此外,劳动力一旦离开了现代农业部门,则根据式(2-11)的转移模式在传统农业部门与城市部门间流动。传统农业部门劳动力数量增加、工资 w_3 下降;根据式(2-11),故而城市失业率 λ 上升。因而,劳动力从现代农业部门流出不仅不利于农业现代化的发展,不利于农民增收,还不利于城市缓解就业压力。

命题3:现代农业部门对农民进行人力资本投资和政府对此进行补贴都使得传统农业部门工资下降、城市失业率上升。

比较部门投资和政府补贴,还可以发现:在促进现代农业部门生产方面,政府补贴效果相对更好,因为政府补贴在相对更低的人力资本投资效率($\varepsilon_1 > \varepsilon_3$)条件下就能够提高现代农业部门的产出;然而,在改善人力资本方面,部门投资的效果相对更好,因为它比政府补贴带来的人力资本增长更快,即 $dh/d\mu > dh/ds$[①]。

最后,考虑社会福利。回顾社会福利函数 $U = D_1^\alpha D_2^\beta D_3^\gamma$,预算约束 $p_1 D_1 + p_2 D_2 + D_3 \leq p_1 X_1 + p_2 X_2 + X_3 - p_2 X_2 s\mu/(1-s)$,可以化简间接效用函数得到 $U = \phi p_2^{1-\beta} X_2$,其中 $\phi = \alpha^\alpha \beta^{\beta-1} \gamma^\gamma p_1^{-\alpha}$ 为外生参数。利用式(2-15)、(2-27)和(2-33),有

$$\frac{dU}{d\mu} = \frac{U(1-\beta)X_2}{p_2 Zc\Delta} \left\{ \left[a\theta_L^2 \theta_L^3 - a(1-\beta)\theta_L^3 S_{LL}^2 - \beta\theta_L^2 S_{LL}^3 \right] \frac{\varepsilon}{\mu AL_3} \left[\frac{a\theta_L^3 (1-\beta+\varepsilon\beta\theta_L^2)}{AL_3} - \frac{(1-\varepsilon)\beta\theta_L^2}{L_2} \right] \frac{1}{(1-\mu)} \right\} \quad (2-36)$$

$$\frac{dU}{ds} = \frac{U(1-\beta)X_2}{Zp_2 c\Delta} \left\{ \frac{\varepsilon}{AL_3} \left[\beta\theta_L^2 (a\theta_L^3 - S_{LL}^3) + a(1-\beta)\theta_L^3 (\theta_L^2 - S_{LL}^2) \right] + \frac{\mu\beta}{(1-\beta)} \left[\frac{(1-\varepsilon)[(1-\beta)S_{LL}^2 - \theta_L^2]}{L_2} + \frac{[1-\beta(1-\theta_L^2\varepsilon)]S_{LL}^3}{AL_3} \right] \right\} \quad (2-37)$$

部门投资使得现代农业部门产品价格上升,在现代农业部门产出增加的情况下,

---

① 参考附录中附录的式(A-23)。

社会福利增加是显而易见的;在现代农业部门产出下降的情况下,可以注意:当 $\beta\to 0$ 时,$dU/d\mu>0$。由于现代农业是一个新兴产业,其产值在总产值中所占比重小,可以假设 β 的值是足够小的,因此即使 X_2 减小也能得到 $dU/d\mu>0$。同样地,当 β 值足够小时,政府补贴 s 也能提高社会福利。

第四节 结论与政策建议

根据现代农业部门对农民进行人力资本投资形式,本节考虑现代农业技能培训形式的专用人力资本投资对农业现代化的影响。虽然其影响比较隐蔽,但很直接。本节的研究发现,现代农业部门农民人力资本投资并不仅仅能提高现代农业部门劳动生产率,还使得劳动力从现代农业部门向传统农业部门回流,从而传统农业部门产出增长大于现代农业部门。特别是当人力资本投资效率较小时,它还有可能导致现代农业部门的产出下降,这样的情况显然不利于农业现代化。这有悖于现代农业进行人力资本投资初衷,是农业现代化中必须面对的不利因素。本节的结论修正了Schultz(1966)关于农民人力资本投资对农业现代化具有重要意义的观点,它提醒我们,对于经济学大家的经典观点,要结合经济发展的实际情况加以理解,否则会给经济工作造成不利影响。之所以现代农业人力资本投资视角下舒尔茨的这个观点会出现偏差,不是舒尔茨研究上的失误,而是舒尔茨在提出关于农民人力资本投资观点的六十年代中期,农村二元经济结构还不是发展中国家农业经济的主要特征,故而未考虑现代农业专用性人力资本投资。这样的问题是在我国这样的典型农业二元经济结构中发现的,故而一旦将农民人力资本投资与农业二元经济构造的背景相结合,对于理解人力资本投资与农业现代化之间的关系将产生深刻而且不同的影响,具有中国式现代化特征。同时,现代农业农民人力资本投资引致的劳动力流出还会使得传统农业部门工资下降和城市失业率上升,这对于缓解城市就业压力也是不利的。

本节所得的主要结论在发展经济学与劳动经济学的理论研究中还是第一次得出,对于实际经济工作也有意义。鉴于我国农村典型的二元经济结构,在对农民进行人力资本投资时,应该注意做好以下几个方面的"配套"工作,使得对农民进行人力资

本投资的经济效果得以充分发挥,将不利因素的效果降到最低:

第一,进行农民人力资本投资的同时要努力扩大现代农业产品的市场需求。本章研究发现,无论部门投资还是政府补贴形式,现代农业农民人力资本投资都使得劳动力从现代农业部门流回传统农业部门,从而扩大传统农业生产规模,并对传统农业部门产出增长有更大贡献。即使社会福利水平上升,这样的效果对农业现代化也是不利的。其根本原因在于现代农业部门的规模较小,需求量小且确定,从而缺少动力扩大规模。鉴于此,如果在进行农民人力资本投资的同时,能够采取积极措施扩大现代农业部门产品的内需市场,并积极谋求开拓国际市场、创造出口,可以使得现代农业部门较少地释放或者不释放劳动力,甚至扩大雇佣吸收劳动力,从根本上改变现代农业部门产出增幅较小甚至缩小的被动局面,扎实推动现代农业部门发展。

第二,在短期可以考虑配套对现代农业进行工资补贴。改善现代农业部门产品市场需求是一项长期工作。在短期,改变现代农业部门劳动力流出问题,可以采取更为直接的政策,例如,对现代农业的劳动力进行工资补贴等。通过比较本章与 Li 和 Qian(2011)可以发现,后者考虑了城市部门对农民的人力资本投资的效果,结果与本章不同。这是因为由于经济发展和制度性原因,城市部门的工资率设定得高于市场出清水平,因此,提高农民人力资本水平不会引起城市工资率的上升,从而不会引起农村劳动力的流出。据此,我们认为可以考虑对现代农业部门劳动力进行工资补贴,以缓解工资上升对现代农业部门企业的成本压力,从而在增加人力资本投资的情况下,现代农业部门较少释放或不释放劳动力。

第三,在"稳就业"成为经济工作中的主要内容时,要慎重使用对农民人力资本投资的政府补贴政策。在部门投资基础上的政府补贴是投资强化政策,是许多地方政府在工作中的重要工具。但是,政府补贴使得传统农业部门产出比现代部门有更大增长,且其是叠加于部门投资效果上的。这使得现代农业部门劳动力流出现象更为严峻,向城市转移的劳动力也势必增加,对城市的"稳就业"工作造成更大的压力。面对复杂的经济形势,从"稳就业"的大局考虑,有关部门应慎重使用政府补贴政策。

参考文献

[1] 陈华宁. 我国农民科技培训分析[J]. 农业经济问题,2007(1):19-22.

[2] 陈玉宇,邢春冰. 农村工业化以及人力资本在农村劳动力市场中的角色[J]. 经济研究,2004(8):105-116.

[3] 高梦滔,姚洋. 农户收入差距的微观基础:物质资本还是人力资本?[J]. 经济研究,2006(12):71-80.

[4] 杨晓军,陈浩. 城市农民工技能培训意愿的影响因素分析[J]. 中国农村经济,2008(11):46-53.

[5] 赵延东,王奋宇. 城乡流动人口的经济地位获得及决定因素[J]. 中国人口科学,2002(4):10-17.

[6] 周晓,朱农. 论人力资本对中国农村经济增长的作用[J]. 中国人口科学,2003(6):21-28.

[7] BHAGWATI J N, SRINIVASAN T N. Education in a "job ladder" model and the fairness-in-hiring rule[J]. Journal of Public Economics, 1977, 7(1): 1-22.

[8] CHAUDHURI S. Labour market reform, welfare and urban unemployment in a small open economy[J]. Keio Economics Studies, 2006, 43(2): 1-17.

[9] CHAUDHURI S. Foreign capital, welfare and urban unemployment in the presence of agricultural dualism[J]. Japan and the World Economy, 2007, 19(2): 149-165.

[10] DJAJIC S. Human capital, minimum wage and unemployment: a Harris-Todaro Model of a developed open economy[J]. Economica, 1985, 52(208): 491-508.

[11] GALOR O, MOAV O. From physical to human capital accumulation: inequality and the process of development[J]. The Review of Economic Studies, 2004, 71(4): 1001-1026.

[12] GUPTA M R. Informal sector and informal capital market in a small open less-

developed economy[J]. Journal of Development Economics, 1997, 52(2): 409 – 428.

[13] GUPTA M R. Foreign capital and the informal sector: comments on Chandra and Khan[J]. Economica, 1997, 64(254): 353 – 363.

[14] HARRIS J R, TODARO M P. Migration, unemployment and development: a two-sector analysis[J]. The American Economic Review, 1970, (1): 126 – 142.

[15] LI X C, QIAN X Y. Economic analysis on the urban-rural disparity in human capital in China[J]. South African Journal of Economics, 2011, 79(2): 146 – 160.

[16] LI X C, SHEN Q. A study on urban private capital and the transfer of labor in the modern agriculture sector[J]. Journal of Economic Policy Reform, 2012, 15(2): 135 – 152.

[17] LI X C, WU Y Y. Environment and economy in the modern agricultural development[J]. Asia-Pacific Journal of Accounting & Economics, 2018, 25(1 – 2): 163 – 176.

[18] LI X C, ZHOU Y. Economic and environmental effects of rural-urban migrant training[J]. Prague Economic Papers, 2017: 37 – 55.

[19] SAMANTA S. Training, unemployment and fiscal subsidy: a Harris Todaro approach[J]. Available at SSRN 471981, 2003. doi: 10.2139/ssrn.471981. Nov. 2003.

[20] SCHULTZ T W. Transforming traditional agriculture: reply[J]. Journal of Farm Economics, 1966, 48(4): 1015 – 1018.

附录

将式(2 – 23)代替式(2 – 2)、(2 – 3)、(2 – 19)和(2 – 20),可以得到部门投资 μ 和政府补贴 s 对现代农业部门生产的影响:

$$\frac{\mathrm{d}L_2}{\mathrm{d}\mu}=-\frac{(1-\beta)X_2}{p_2Zc\Delta}\left[\frac{\varepsilon(\theta_L^2-S_{LL}^2)}{\mu}+\frac{1}{(1-\mu)}\right]<0 \qquad (\text{A}-1)$$

$$\frac{\mathrm{d}c}{\mathrm{d}\mu}=\frac{(1-\beta)X_2}{p_2Z\Delta}\left[\left(\frac{\theta_L^2-S_{LL}^2}{L_2}+\frac{a\theta_L^3-S_{LL}^3}{AL_3}\right)\frac{1}{\mu}+\frac{1}{(1-\mu)}\left(\frac{1}{L_2}+\frac{a\theta_L^3}{AL_3}\right)\right]>0 \quad (\text{A}-2)$$

$$\frac{\mathrm{d}X_2}{\mathrm{d}\mu}=\frac{X_2\theta_L^2(1-\beta)X_2}{Zp_2c\Delta}\left[\frac{\varepsilon(a\theta_L^3-S_{LL}^3)}{AL_3}\frac{1}{\mu}+\left(\frac{a\varepsilon\theta_L^3}{AL_3}-\frac{1-\varepsilon}{L_2}\right)\frac{1}{(1-\mu)}\right] \qquad (\text{A}-3)$$

$$\frac{\mathrm{d}L_2}{\mathrm{d}s}=-\frac{(1-\beta)X_2}{p_2Zc\Delta}\left[\left(1-\frac{\beta\mu}{1-\beta}\right)\varepsilon(\theta_L^2-S_{LL}^2)+\frac{\beta\mu}{1-\beta}\right]<0 \qquad (\text{A}-4)$$

$$\frac{\mathrm{d}c}{\mathrm{d}s}=\frac{(1-\beta)X_2}{p_2Z\Delta}\left[\frac{\theta_L^2}{L_2}+\frac{a\theta_L^3}{AL_3}+\frac{\beta\mu\theta_K^2}{(1-\beta)L_2}-\left(1-\frac{\beta\mu}{1-\beta}\right)\left(\frac{S_{LL}^2}{L_2}+\frac{S_{LL}^3}{AL_3}\right)\right]>0 \qquad (\text{A}-5)$$

$$\frac{\mathrm{d}X_2}{\mathrm{d}s}=\frac{X_2\theta_L^2(1-\beta)X_2}{Zp_2c\Delta}\left[\frac{\varepsilon(a\theta_L^3-S_{LL}^3)}{AL_3}+\left(\frac{\varepsilon S_{LL}^3}{AL_3}-\frac{(1-\varepsilon)}{L_2}\right)\frac{\beta\mu}{1-\beta}\right] \qquad (\text{A}-6)$$

将上述结果代入到模型中，可以得到以下结果：

$$\frac{\mathrm{d}L_3}{\mathrm{d}\mu}=\frac{(1-\beta)X_2}{Ap_2Zc\Delta}\left[\frac{\varepsilon(\theta_L^2-S_{LL}^2)}{\mu}+\frac{1}{(1-\mu)}\right]>0 \qquad (\text{A}-7)$$

$$\frac{\mathrm{d}X_3}{\mathrm{d}\mu}=\frac{F_L^3(1-\beta)X_2}{Ap_2Zc\Delta}\left[\frac{\varepsilon(\theta_L^2-S_{LL}^2)}{\mu}+\frac{1}{(1-\mu)}\right]>0 \qquad (\text{A}-8)$$

$$\frac{\mathrm{d}X_2/X_2}{\mathrm{d}\mu}-\frac{\mathrm{d}X_3/X_3}{\mathrm{d}\mu}=-\frac{(1-\beta)X_2}{p_2Zc\Delta}G<0 \qquad (\text{A}-9)$$

$$\frac{\mathrm{d}w_3}{\mathrm{d}\mu}=\frac{F_{LL}^3(1-\beta)X_2}{Ap_2Zc\Delta}\left[\frac{\varepsilon(\theta_L^2-S_{LL}^2)}{\mu}+\frac{1}{(1-\mu)}\right]<0 \qquad (\text{A}-10)$$

$$\frac{\mathrm{d}\lambda}{\mathrm{d}\mu}=-\frac{(1+\lambda)F_{LL}^3(1-\beta)X_2}{w_3Ap_2Zc\Delta}\left[\frac{\varepsilon(\theta_L^2-S_{LL}^2)}{\mu}+\frac{1}{(1-\mu)}\right]>0 \qquad (\text{A}-11)$$

$$\frac{\mathrm{d}w_2}{\mathrm{d}\mu}=\frac{w_2(1-\beta)X_2}{p_2Zc\Delta}\left\{\frac{1}{\mu}\left[\varepsilon(\theta_L^2-S_{LL}^2)\left(\frac{1}{L_2}+\frac{S_{LL}^3}{AL_3}\right)+\frac{\varepsilon(a\theta_L^3-S_{LL}^3)}{AL_3}\right]+\frac{1}{(1-\mu)}\left(\frac{\varepsilon}{L_2}+\frac{S_{LL}^3}{AL_3}+\frac{a\varepsilon\theta_L^3}{AL_3}\right)\right\} \qquad (\text{A}-12)$$

$$\frac{\mathrm{d}r_2}{\mathrm{d}\mu}=\frac{r_2(1-\beta)X_2}{p_2Zc\Delta}\left\{\frac{1}{\mu}\left(M+\frac{\varepsilon S_{KL}^2(a\theta_L^3-S_{LL}^3)}{AL_3}\right)+\frac{1}{(1-\mu)}\left[c\Delta+M+S_{KL}^2\left(\frac{a\varepsilon\theta_L^3}{AL_3}-\right.\right.\right.$$

$$\left.\left.\frac{1-\varepsilon}{L_2}\right)\right]\right\} \tag{A-13}$$

$$\frac{dU}{d\mu} = \frac{U(1-\beta)X_2}{p_2 Zc\Delta}\left\{[a\theta_L^2\theta_L^3 - a(1-\beta)\theta_L^3 S_{LL}^2 - \beta\theta_L^2 S_{LL}^3]\frac{\varepsilon}{\mu AL_3}\left[\frac{a\theta_L^3(1-\beta+\varepsilon\beta\theta_L^2)}{AL_3} - \frac{(1-\varepsilon)\beta\theta_L^2}{L_2}\right]\frac{1}{(1-\mu)}\right\} \tag{A-14}$$

$$\frac{dL_3}{ds} = \frac{(1-\beta)X_2}{Ap_2 Zc\Delta}\left[\left(1-\frac{\beta\mu}{1-\beta}\right)\varepsilon(\theta_L^2 - S_{LL}^2) + \frac{\beta\mu}{1-\beta}\right] > 0 \tag{A-15}$$

$$\frac{dX_3}{ds} = \frac{F_L^3(1-\beta)X_2}{Ap_2 Zc\Delta}\left[\left(1-\frac{\beta\mu}{1-\beta}\right)\varepsilon(\theta_L^2 - S_{LL}^2) + \frac{\beta\mu}{1-\beta}\right] > 0 \tag{A-16}$$

$$\frac{dX_2/X_2}{ds} - \frac{dX_3/X_3}{ds} = -\frac{(1-\beta)X_2}{p_2 Zc\Delta}Q < 0 \tag{A-17}$$

$$\frac{dw_3}{ds} = \frac{F_{LL}^3(1-\beta)X_2}{Ap_2 Zc\Delta}\left[\left(1-\frac{\beta\mu}{1-\beta}\right)\varepsilon(\theta_L^2 - S_{LL}^2) + \frac{\beta\mu}{1-\beta}\right] < 0 \tag{A-18}$$

$$\frac{d\lambda}{ds} = -\frac{(1+\lambda)F_{LL}^3(1-\beta)X_2}{w_3 Ap_2 Zc\Delta}\left[\left(1-\frac{\beta\mu}{1-\beta}\right)\varepsilon(\theta_L^2 - S_{LL}^2) + \frac{\beta\mu}{1-\beta}\right] > 0 \tag{A-19}$$

$$\frac{dw_2}{ds} = \frac{w_2(1-\beta)X_2}{p_2 Zc\Delta}\left[\left[\varepsilon(\theta_L^2 - S_{LL}^2)\left(\frac{1}{L_2} + \frac{S_{LL}^3}{AL_3}\right) + \frac{\varepsilon(a\theta_L^3 - S_{LL}^3)}{AL_3}\right]\left(1-\frac{\mu\beta}{(1-\beta)}\right) + \left(\frac{\varepsilon}{L_2} + \frac{\varepsilon a\theta_L^3}{AL_3} + \frac{S_{LL}^3}{AL_3}\right)\frac{\mu\beta}{(1-\beta)}\right] \tag{A-20}$$

$$\frac{dr_2}{ds} = \frac{r_2(1-\beta)X_2}{p_2 Zc\Delta}\left\{\left[M + \frac{\varepsilon S_{KL}^2(a\theta_L^3 - S_{LL}^3)}{AL_3}\right] + \left[S_{KL}^2\left(\frac{S_{LL}^3}{AL_3} - \frac{(1-\varepsilon)}{L_2}\right) + c\Delta\right]\frac{\mu\beta}{(1-\beta)}\right\} \tag{A-21}$$

$$\frac{dU}{ds} = \frac{U(1-\beta)X_2}{Zp_2 c\Delta}\left\{\frac{\varepsilon}{AL_3}[\beta\theta_L^2(a\theta_L^3 - S_{LL}^3) + a(1-\beta)\theta_L^3(\theta_L^2 - S_{LL}^2)] + \frac{\mu\beta}{(1-\beta)}\left[\frac{(1-\varepsilon)[(1-\beta)S_{LL}^2 - \theta_L^2]}{L_2} + \frac{[1-\beta(1-\theta_L^2\varepsilon)]S_{LL}^3}{AL_3}\right]\right\} \tag{A-22}$$

$$\frac{dc}{d\mu} - \frac{dc}{ds} = \frac{(1-\beta)X_2}{p_2 Z\Delta}R > 0 \tag{A-23}$$

这里 $G = \left[M + \dfrac{\varepsilon(1-a)\theta_L^3(\theta_L^2 - S_{LL}^2)}{AL_3}\right]\dfrac{1}{\mu} + \dfrac{1}{(1-\mu)}\left[\dfrac{(1-\varepsilon)\theta_L^2}{L_2} + \dfrac{(1-a\varepsilon\theta_L^2)\theta_L^3}{AL_3}\right] > 0$, $Q = \left(1 - \dfrac{\beta\mu}{1-\beta}\right)\left[M + \dfrac{(1-a)\varepsilon\theta_L^3(\theta_L^2 - S_{LL}^2)}{AL_3}\right] + \dfrac{\beta\mu}{1-\beta}\left[\dfrac{(1-\varepsilon)\theta_L^2}{L_2} + \dfrac{(1-a\varepsilon\theta_L^2)\theta_L^3}{AL_3}\right] > 0$

以及 $R = \left(\dfrac{\theta_L^2 - S_{LL}^2}{L_2} + \dfrac{a\theta_L^3 - S_{LL}^3}{AL_3}\right)\dfrac{1-\mu}{\mu} + \dfrac{a\theta_L^3}{(1-\mu)AL_3} + \dfrac{(1-\beta) - \mu\theta_K^2(1-\mu)\beta}{(1-\mu)(1-\beta)L_2} - \left(\dfrac{S_{LL}^2}{L_2} + \dfrac{S_{LL}^3}{AL_3}\right)\dfrac{\beta\mu}{1-\beta} > 0$。

第三章 农业技术进步对收入差距的影响研究

本章提要：随着农业技术进步、农业现代化发展，我国的收入差距变化呈现复杂的状态。但在相关研究领域，缺乏直接研究农业技术进步对收入差距的影响的文献。本章考虑到我国现实经济中存在的二元农业背景，将现代农业部门纳入研究范畴，构建三部门的一般均衡模型，探讨农业技术进步对经济的影响机制。本章的主要结论是：不论是资本流动还是土地流动，农业技术进步都能够缩小城乡收入差距，但是农业部门内部的收入差距会扩大；社会总福利而言，技术进步能够推动现代农业发展壮大，提高社会福利总水平。

第一节 序 言

收入差距是我国始终面临的历史问题和挑战。解决收入差距问题的关键在于解决好农业农村农民问题，提高农民收入，处理好城乡关系，促进城乡协调均衡融合发展。《乡村振兴战略规划(2018—2022年)》提出"加快农业现代化步伐，强化农业科技支撑"，2021年中央一号文件进一步提出"加快推进农业现代化，强化现代农业科技和物质装备支撑，坚持农业科技自立自强"。一系列国家政策的出台为我国统筹城乡发展，缩小收入差距指明了道路方向，那就是要不遗余力推动农业技术进步，促进现代农业发展。

农业现代化就是指从传统农业向现代农业转型升级的一个过程和手段，经过几十年的快速发展，现代农业在传统农业中分化成为独立部门。现代农业是以市场机制为导向，以先进农业技术装备和基础设施为支撑、采用先进生产技术实现单位土地面积高经济收益的农业。改革开放以来，我国农业机械化水平整体上是快速上升的

(如图 3-1 所示):2019 年我国机耕面积超过 12 000 万公顷,主要农作物耕种收综合机械化水平接近 70%。随着农业技术进步,我国农业现代化建设取得了骄人的成绩,生产能力不断攀登新的高峰。图 3-2 可以看到,中国农业现代化综合发展指数呈现整体不断上升趋势,1980 年全国指数仅为 0.22,2008 年这一数据为 0.45,上升了 104.5%。

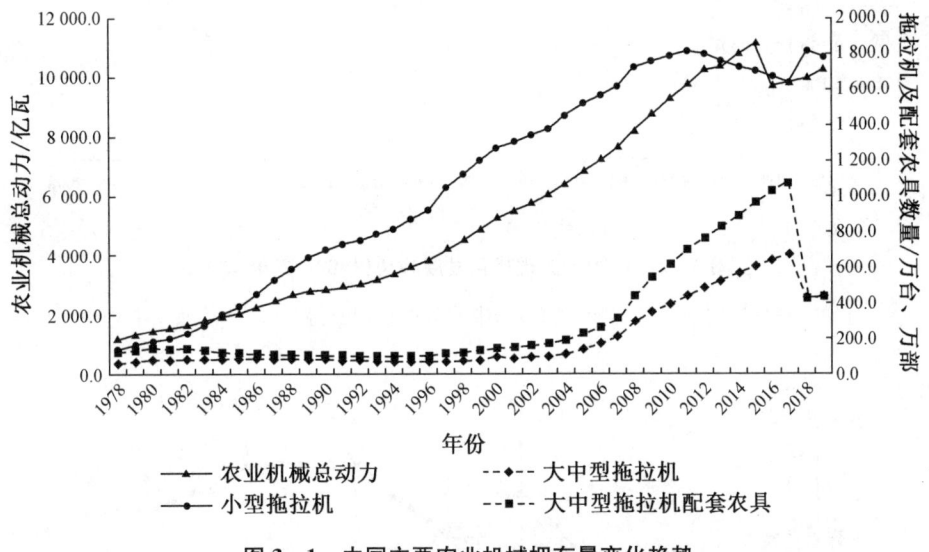

图 3-1 中国主要农业机械拥有量变化趋势

资料来源:根据《中国农村统计年鉴》中的数据整理所得。

随着农业技术进步、农业现代化发展,我国的收入差距变化却呈现复杂的状态。在收入普遍增长这一大背景下,收入差距却不断地在缩小—扩大—缩小—扩大—稳定当中演变(如图 3-3 所示)。基于此,我们不禁要问,农业技术进步对收入差距存在怎样的影响? 内在的传导机制又是如何? 特别地,随着农业技术进步,农民也拥有了不同的技术水平,是否农村内部也会产生收入差距?

但是,在相关研究领域,缺乏直接研究农业技术进步对收入差距的影响的文献;有许多学者研究农业技术进步对农民收入的影响,但结论也各不相同。部分研究认为农业技术进步与农民收入增长存在正相关,是使得农民收入持续增长的重要源泉

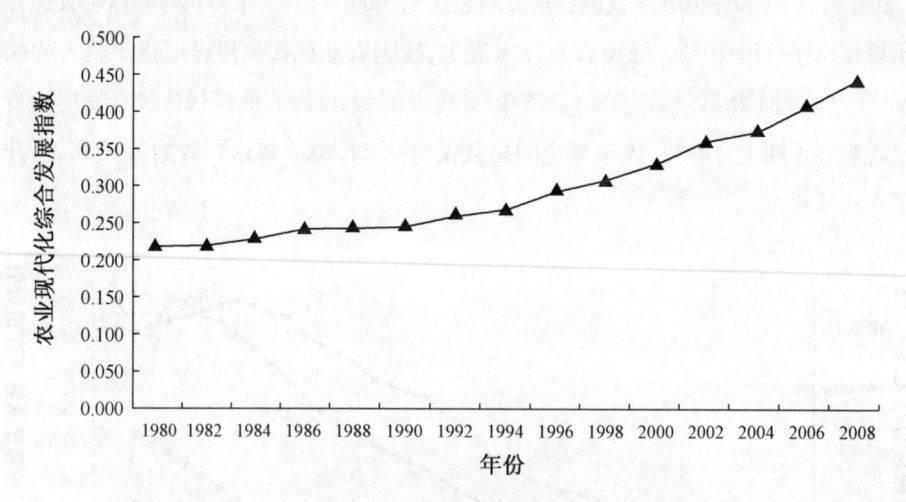

图 3-2　中国农业现代化发展趋势(1980—2008 年)

资料来源:根据辛岭和蒋和平(2010)中的数据整理所得。

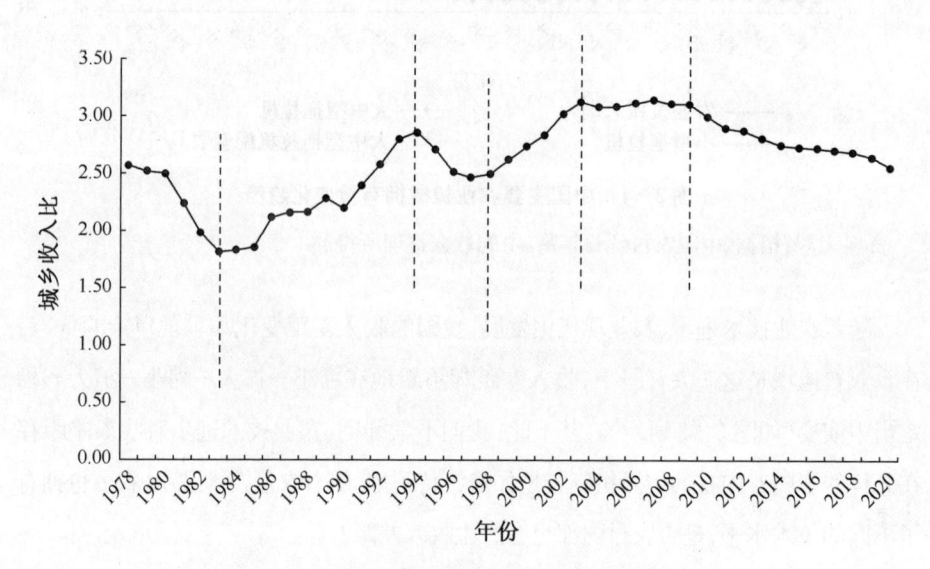

图 3-3　中国城乡收入比变化(1978—2020 年)

资料来源:根据《中国统计年鉴》的数据整理所得。

(陆文聪、于新平,2013;肖卫、肖琳子,2013;林毅夫,2003;吴敬学,1996;毛世平等,2013;张宽等,2017;李忠鹏,2006;周振等,2016;王爱民、李子联,2014)。也有一部分学者的研究认为农业技术进步并不能对农民增收起到明显的促进作用,相反,技术进步很可能会带来消极作用,使得城乡收入差距进一步扩大。Cochrane(1958)提出农业踏车理论,核心思想就是农业技术的进步带来的成本下降,会导致供给函数右移,产品价格下降,从而生产者的利润不升反降。在此理论基础上,刘进宝和刘洪(2004)、Minten 和 Barrett(2008)等从理论和实证两个方面进行分析,认为在一定条件下技术进步会对农民增收产生负面影响。黄祖辉和钱峰燕(2003)、王益松(2004)通过理论分析指出,农业技术进步一方面会导致农产品价格下降,降低农业劳动者的收入,另一方面还会将未跟上技术进步的生产者挤出农业,实现"对农业发展的双重压榨"。

基于现有研究成果,本章考虑到我国现实经济中存在的二元农业背景,将现代农业部门纳入研究范畴,并从农业全要素生产率的角度对农业技术进步进行设定,将其整体作用于现代农业部门的生产函数外,构建三部门的一般均衡模型,探讨农业技术进步对经济的影响机制,着重研究现代农业部门的技术进步对城乡收入差距、农村内部收入差距的影响。考虑到中国现代农业的发展特点,本章分两种情况进行了分析:一种是资本流动的情况,即资本在城市部门和现代农业部门间自由流动,另一种是土地流动的情况,即土地在现代农业部门和传统农业部门间自由流转。

本章的主要结论是:不论是资本流动还是土地流动,农业技术进步都能够通过提高农业部门的平均工资缩小城乡收入差距,但是由于农业内部分化成现代农业和传统农业两个部门,所以农业部门内部的收入差距会扩大,收入分配会向发展阶段更高的现代农业倾斜。就社会总福利而言,技术进步能够推动现代农业发展壮大,传统的家庭作坊式的小农经济终将被机械化、规模化、制度化生产的现代农业所取代,使得现代农业的产出大幅增加,从而提高社会福利总水平。

第二节 理论分析

考虑一个包含城市部门和农村部门的小型开放的经济体,该经济体由三个部门构成:城市部门、现代农业部门和传统农业部门,使用劳动力、资本和土地三种生产要素进行生产。三个部门均为完全竞争市场。将传统农业部门的产品设为计价单位,其价格为1,现代农业部门的产品价格相对传统农业部门为 p_2,城市部门的产品价格相对传统农业部门为 p_1,三部门产品价格均为国际市场外生给定。

三部门生产函数如下:

$$Y_1 = F^1(L_1, K_1) \qquad (3-1)$$

$$Y_2 = A_2 F^2(L_2, K_2, T_2) \qquad (3-2)$$

$$Y_3 = F^3(L_3, T_3) \qquad (3-3)$$

其中,$Y_i(i=1,2,3)$ 分别代表城市部门、现代农业部门和传统农业部门的产出,L_i ($i=1,2,3$) 表示三个部门的劳动力要素使用量,$K_i(i=1,2)$ 表示城市部门和现代农业部门的资本要素投入量,$T_i(i=2,3)$ 表示现代农业部门和传统农业部门的土地要素投入量。$F^i(i=1,2,3)$ 为严格拟凹一阶齐次函数($F_j^i>0, F_{jj}^i<0, i=1,2,3, j=L, K, T$),代表城市部门、现代农业部门和传统农业部门的生产函数。A_2 表示现代农业部门的技术水平,在本章中 A_2 不仅包括生产技术,同时包含先进管理经验、产业化经营制度、资源的整合能力等各项能够促进农业生产的指标,$A_2 \geqslant 1$[①]。

$\overline{w}_1$、w_2、w_3 分别表示城市、现代农业和传统农业部门雇佣的劳动力的工资水平城市部门。由于劳动者保护制度,工资呈现下方刚性,因此城市部门工资设定为外生变量 $\overline{w}_1$;两个农业部门的工资则具有完全弹性,是由经济内生决定的。

本章假定传统农业部门劳动力向城市部门和现代农业部门流动。现代农业部门吸收传统农业部门劳动力主要受以下两方面的影响和约束:第一,由于现代农业部门的技术进步,A_2 集中体现在农业机械化生产上,大规模的机械化生产逐渐替代传统的手工耕作模式,因此会对现代农业部门的劳动力要素数量 L_2 产生负向影响;第二,由于现代农业资本投入来自城市部门,是逐渐增加起来的,因而其资本数量 K_2 也会对劳动力 L_2 产生一定的约束。因此现代农业部门不能无限地吸收劳动力,我们设定

---

① 考虑到模型的简化以及参数数量的控制,不考虑城市部门技术进步系数。

L_2 与 K_2、A_2 之间存在下列函数关系：

$$L_2 = g(K_2, A_2) \tag{3-4}$$

其中，$g_1'>0, g_2'<0 (g_1'=\partial g/\partial K_2, g_2'=\partial g/\partial A_2)$，现代农业部门雇佣的劳动力数量与使用的资本要素数量正相关，与农业技术进步系数负相关[①]。那么，现代农业部门的工资 w_2 与传统农业部门的工资 w_3 有以下关系：

$$w_2 = w_2(w_3, K_2, A_2)$$

当 $K_2=0, A_2=1$ 时，有 $w_2=w_3$，意思是当资本要素投入为 0，农业技术进步系数为 1 时，现代农业部门将会退化成传统农业部门；当 $K_2>0$ 或 $A_2>1$ 时，现代农业部门将比传统农业部门有更高的工资水平，即有 $w_2>w_3$。

设经济中劳动力禀赋为 $\overline{L}$，为外生给定的固定值，城市部门失业人数为 L_u，那么劳动力市场出清满足下列等式：

$$L_1 + L_2 + L_3 + L_u = \overline{L} \tag{3-5}$$

令城市部门失业率 $\mu = L_u/L_1$，则有：

$$(1+\mu)L_1 + L_2 + L_3 = \overline{L} \tag{3-6}$$

传统农业部门劳动力转向城市部门可能会有失业风险，因此劳动力转移需要比较本部门实际工资与转移出该部门可能获得的期望工资，如果期望工资高于本部门实际工资，劳动力就会出现转移。当满足下列等式时，劳动力市场达到均衡状态，不再发生转移：

$$w_3 = \frac{L_1}{L_1+L_2+L_u}\overline{w}_1 + \frac{L_2}{L_1+L_2+L_u}w_2 \tag{3-7}$$

本章研究的收入差距主要包含以下两点内涵：一是城乡收入差距，即城市和农村之间的收入差距，我们用现代农业部门和传统农业部门的平均工资来代表农村收入；

[①] 为简化后文的模型计算，本章设定 $g(K_2, A_2) = \lambda \dfrac{K_2}{A_2}$，该设定符合 $g_1'>0, g_2'<0$ 的函数性质，并且根据计算结果，该设定不影响要素变化方向的符号判断。

二是农村内部收入差距,即现代农业部门和传统农业部门之间的收入差距。

一、资本自由流动情况

1. 模型的建立

我们注意到城市周边地区由于交通便利、要素禀赋充足、生产条件较为完善等优势,天然成为现代农业起步和发展的优先选择。因此,在现代农业起步阶段,其与城市部门联系较为紧密,而与传统农业部门相对较为独立,所以本章设定在其发展的初始阶段,现代农业部门与城市部门面对相同的资本市场,即资本要素在这两个部门间自由流动。现代农业部门与传统农业部门则面对相互分割的土地市场,即土地要素为各部门专有,不能在两个农业部门间自由流转,并记现代农业和传统农业的土地要素投入量分别为 $\overline{T}_2$ 和 $\overline{T}_3$。

此时,三部门的生产函数为:

$$Y_1 = F^1(L_1, K_1) \tag{3-8}$$

$$Y_2 = A_2 F^2(L_2, K_2, \overline{T}_2) \tag{3-9}$$

$$Y_3 = F^3(L_3, \overline{T}_3) \tag{3-10}$$

根据三部门生产的利润最大化,有下列关系成立:

$$p_1 F_L^1 = \overline{w}_1 \tag{3-11}$$

$$p_2 A_2 F_L^2 = w_2 \tag{3-12}$$

$$F_L^3 = w_3 \tag{3-13}$$

$$p_1 F_K^1 = r \tag{3-14}$$

$$p_2 A_2 F_K^2 = r \tag{3-15}$$

$$p_2 A_2 F_T^2 = \tau_2 \tag{3-16}$$

$$F_T^3 = \tau_3 \tag{3-17}$$

其中,$F_j^i (=\partial F^i/\partial j)$ 表示 i 部门生产函数对 j 要素的偏导,$F_j^i > 0$。

$\overline{K}$ 为外生给定的资本禀赋量，资本流动情况下，资本在城市部门和现代农业部门之间自由流动，所以有下式成立：

$$K_1 + K_2 = \overline{K} \qquad (3-18)$$

因此，资本流动情况下模型由式(3-4)、(3-6)、(3-7)以及(3-8)~(3-18)共14个方程构成，这一方程组决定了14个内生变量，分别为 Y_1、Y_2、Y_3、L_1、L_2、L_3、K_1、K_2、w_2、w_3、r、τ_2、τ_3、μ，外生变量有 A_2、$\overline{w}_1$、$\overline{T}_2$、$\overline{T}_3$、$\overline{L}$、$\overline{K}$。

2. 农业技术进步对收入差距的效果分析

对式(3-4)、(3-6)、(3-7)以及(3-11)~(3-18)共11个方程进行全微分，并将式(3-15)带入式(3-14)，经整理可得方程：

$$\begin{bmatrix} p_1 F_{LL}^1 & 0 & 0 & p_1 F_{LK}^1 & 0 & 0 & 0 & 0 & 0 & 0 \\ 0 & p_2 A_2 F_{LL}^2 & 0 & 0 & p_2 A_2 F_{LK}^2 & -1 & 0 & 0 & 0 & 0 \\ 0 & 0 & F_{LL}^3 & 0 & 0 & 0 & -1 & 0 & 0 & 0 \\ p_1 F_{KL}^1 & p_2 A_2 F_{KL}^2 & 0 & p_1 F_{KK}^1 & -p_2 A_2 F_{KK}^2 & 0 & 0 & 0 & 0 & 0 \\ 0 & p_2 A_2 F_{TL}^2 & 0 & 0 & p_2 A_2 F_{TK}^2 & 0 & -1 & 0 & 0 & 0 \\ 0 & 0 & F_{TL}^3 & 0 & 0 & 0 & 0 & -1 & 0 & 0 \\ 0 & 1 & 0 & 0 & 0 & -g_1' & 0 & 0 & 0 & 0 \\ \overline{w}_1 & w_2 & w_3 & 0 & 0 & L_2 & -(\overline{L}-L_3) & 0 & 0 & 0 \\ 1+\mu & 1 & 1 & 0 & 0 & 0 & 0 & 0 & L_1 & 0 \\ 0 & 0 & 0 & 1 & 1 & 0 & 0 & 0 & 0 & 0 \end{bmatrix} \begin{bmatrix} dL_1 \\ dL_2 \\ dL_3 \\ dK_1 \\ dK_2 \\ dw_2 \\ dw_3 \\ d\tau_2 \\ d\tau_3 \\ d\mu \end{bmatrix} = \begin{bmatrix} 0 \\ -p_2 F_L^2 \\ 0 \\ p_2 F_K^2 \\ -p_2 F_T^2 \\ 0 \\ g_2' \\ 0 \\ 0 \\ 0 \end{bmatrix} dA_2$$

$$(3-19)$$

本节用 Δ_1 表示方程式(3-19)的系数矩阵的行列式，计算可得 $\Delta_1 < 0$（证明过程见附录）。根据 Gramer 法则，解式(3-19)可得：

$$\frac{dL_1}{dA_2} < 0, \frac{dL_2}{dA_2} > 0$$

由式(3-11)可得，$\dfrac{dK_1}{dA_2} = -\dfrac{F_{LL}^1}{F_{LK}^1} \dfrac{dL_1}{dA_2} < 0$，由式(3-18)可得，$\dfrac{dK_2}{dA_2} = -\dfrac{dK_1}{dA_2} > 0$，由

式(3-16)可得，$\dfrac{d\tau_2}{dA_2} = p_2 A_2 \left(F_{TL}^2 \dfrac{dL_2}{dA_2} + F_{TK}^2 \dfrac{dK_2}{dA_2} \right) + p_2 F_T^2 > 0$。

为了判断 $\dfrac{dw_2}{dA_2}$、$\dfrac{dw_3}{dA_2}$ 等的符号，我们做出下列假设：

假设1：$\varepsilon_{LT}^2 \leqslant \varepsilon_{KT}^2$

该假设的经济学含义为：现代农业部门的土地对资本要素边际生产力的弹性大于等于土地对劳动要素边际生产力的弹性，换句话说，在其他要素均保持不变的情况下，假定现代农业部门的土地量每增加1%，资本的边际生产力增加b%，劳动的边际生产力增加a%，则有$a\% \leqslant b\%$。这样的假设与我们对现代农业部门的设定相符，现代农业部门的资本和土地要素相对劳动力对生产的作用效果更大，因此资本的边际生产力相对劳动的边际生产力对土地要素的变动更加敏感。

假设2：$\dfrac{\overline{w}_1 L_1 / K_1 r}{w_2 L_2 / K_2 r} < \dfrac{1 - |\varepsilon_{KK}^2|}{1 - \varepsilon_{KL}^2}$

假设2的左边表示城市部门与现代农业部门的劳动力资本要素收入比。关于假设2的右边，若$|\varepsilon_{KK}^2| < \varepsilon_{KL}^2$，则右边大于1，若$|\varepsilon_{KK}^2| > \varepsilon_{KL}^2$，则右边小于1，现实经济中，这两种情况都有可能成立。

因此，当假设1和假设2成立时，可以得到：$\dfrac{dw_2}{dA_2} > 0$，$\dfrac{dw_3}{dA_2} > 0$，$\dfrac{dL_3}{dA_2} < 0$。由式(3-17)可得，$\dfrac{d\tau_3}{dA_2} = F_{TL}^3 \dfrac{dL_3}{dA_2} < 0$。

将上述结果归纳、整理得到如下表3-1、表3-2：

表3-1 资本流动情况下农业技术进步的经济效果[1]

变量	dL_1	dL_2	dL_3	dK_1	dK_2	dw_2	dw_3	dr	$d\tau_2$	$d\tau_3$	$d\mu$
dA_2	−	+	−	−	+	+[1]	+[1][2]	/	+	−	/

注："+"表示A_2的增加使相应的内生变量增加，"−"表示A_2的增加使相应的内生变量减少，"[1]"表示对应的符号在假设1成立时确定，"[1][2]"表示对应的符号只有在假设1和假设2同时成立时才能确定，"/"表示A_2增加时，对应的变量变化方向不能确定。

---

[1] 相关要素的计算结果详见附录。

表 3-2 资本流动情况下农业技术进步对收入差距的影响①

变量	$d(\overline{w}_1-w_2)$	$d(\overline{w}_1-w_3)$	$d(w_2-w_3)$
dA_2	$-^{[1]}$	$-^{[1][2]}$	$+^{[1][2]}$

注:"+"表示 A_2 的增加使相应的内生变量增加,"-"表示 A_2 的增加使相应的内生变量减少,"[1]"表示对应的符号在假设 1 成立时确定,"[1][2]"表示对应的符号只有在假设 1 和假设 2 同时成立时才能确定。

根据上表的结果,我们可以总结得出下列命题:

命题 1:在资本流动情况下,农业技术进步使得现代农业部门和传统农业部门工资水平都增加,从而缩小城乡收入差距。

为了分析命题 1 的内在经济传导机制,首先需要考虑农业技术进步率 A_2 对 L_2 的影响。

将 $\dfrac{dL_2}{dA_2}$ 化简可得:

$$\frac{dL_2}{dA_2}=GH(g'_1F_K^2+A_2g'_2F_{KK}^2)=\underbrace{GHg'_1F_K^2}_{\text{路径1}}-\underbrace{GHA_2g'_2F_{KK}^2}_{\text{路径2}}$$

其中,$G=p_1p_2L_1F_{LL}^1$,$H=[w_3-F_{LL}^1(\overline{L}-L_3)]$。

根据现代农业劳动力约束式:$L_2=g(K_2,A_2)$,将 K_2 对 L_2 的正向作用 g'_1 命名为"农业技术进步对生产的规模效应",将 A_2 对 L_2 的负向作用 g'_2 命名为"农业技术进步对劳动的替代效应"。那么,A_2 主要通过以下两条路径影响 L_2:

路径 1:(农业技术进步对生产的规模效应)农业技术进步系数 A_2 的增加意味着规模效应的增强,从而吸引劳动力和资本要素不断流入现代农业部门,使得 K_2、L_2 不断增加,K_2 的增加反过来还会进一步促进劳动力流入,即上式中的 $GHg'_1F_K^2$。

路径 2:(农业技术进步对劳动的替代效应)农业技术进步系数 A_2 的增加,使得现代农业部门同等水平的产出需要的劳动力数量 L_2 减少,所以 A_2 的增长会对 L_2 产生一定的替代效应,即上式中的 $-GHA_2g'_2F_{KK}^2$。

---

① 相关要素的计算结果详见附录。

路径 1 效果强于路径 2,因此从总体效应上,A_2 对 L_2 具有正向效应。因而 A_2 的提高最终将导致 L_2 的增加,即现代农业部门劳动力随着农业技术进步增加。

图 3-4 的机制图可以直观地反映这一传导机制:当农业技术进步系数 A_2 为 A_2^* 时,现代农业部门劳动力和资本要素的初始值为 (L_2^*, K_2^*)。当 A_2 从 A_2^* 上升至 A_2^{**} 时,一方面,技术进步会对现代农业部门的生产带来规模效应,使得现代农业部门等产量曲线从 Y_2^* 向上移动至 Y_2^{**} 的位置;另一方面,由于 K_2、A_2 对 L_2 存在约束,并且 A_2 对 L_2 为负向的替代作用,所以 A_2 的上升使得 $g(K_2, A_2)$ 曲线从 $g(K_2, A_2^*)$ 向上移动至 $g(K_2, A_2^{**})$ 的位置,从而现代农业部门新的均衡点为等产量曲线 Y_2^{**} 和 $g(K_2, A_2^{**})$ 曲线的交点,即点 (L_2^{**}, K_2^{**})。所以当现代农业技术进步从 A_2^* 提高到 A_2^{**} 时,现代农业部门劳动力雇佣数量从 L_2^* 增加到 L_2^{**},资本投入量从 K_2^* 增加到 K_2^{**}。

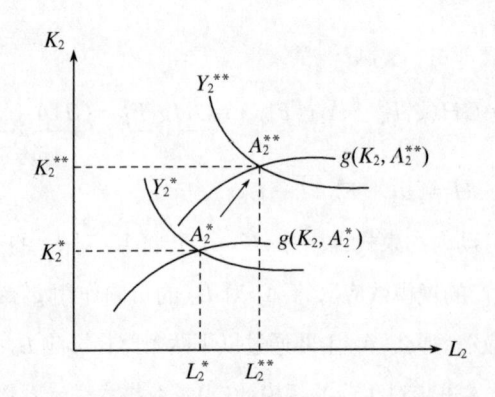

图 3-4 农业技术进步 A_2 对 L_2 的传导机制

接下来分析 A_2 对 w_2 的影响,主要通过以下两条路径进行传导:

路径 1:(边际产出效应)根据上述分析我们已经得出 A_2 的增加使得 L_2 增加,劳动力的增加会导致现代农业部门劳动边际生产力 F_L^2 降低,从而使得劳动力工资水平 w_2 下降。

路径 2:(收入分配效应)农业技术进步通过整合所有要素,实现对现代农业部门整体生产能力的提升,一方面,通过提高现代农业部门产出水平 Y_2,使得部门总收入

第三章 农业技术进步对收入差距的影响研究 | 71

p_2Y_2 提高,各要素分配的收入也随之提高;另一方面通过上文 A_2 对 L_2 传导机制的分析结果可知,K_2 增加的幅度显然大于 L_2,现代农业部门的劳动力和资本要素之比下降,即劳动力相对稀缺,能够通过要素报酬分配获得更高比例的收入,劳动力工资水平 w_2 提高。

通过分析可知,路径 1 的边际产出效应为负向,路径 2 的收入分配效应为正向,并且通过式(3-12)可知,w_2 受到 A_2 和 F_L^2 的双重影响,显而易见,A_2 通过扩大生产直接产生的正向收入分配效应大于间接的负向边际产出效应。所以路径 2 强于路径 1,A_2 的提高使得 w_2 增加。

最后,可以通过下面的机制图分析 A_2 对 w_3 的影响传导机制:将第四象限作为分析的起点,该象限中,向下的坐标轴表示农业技术进步系数 A_2,向右的坐标轴表示现代农业部门劳动力数量 L_2。首先,由图 3-5 的传导机制分析可知,A_2 的提高会导致 L_2 的增加,二者呈正相关,可由 AL 曲线表示,这是一条向右下方延伸的直线。其次,逆时针转向第一象限,由于现代农业部门劳动力 L_2 数量增加,流入的主力军就是传统农业部门的劳动力,所以 L_3 和 L_2 呈反向关系,可由 LL 表示,这是一条向右下

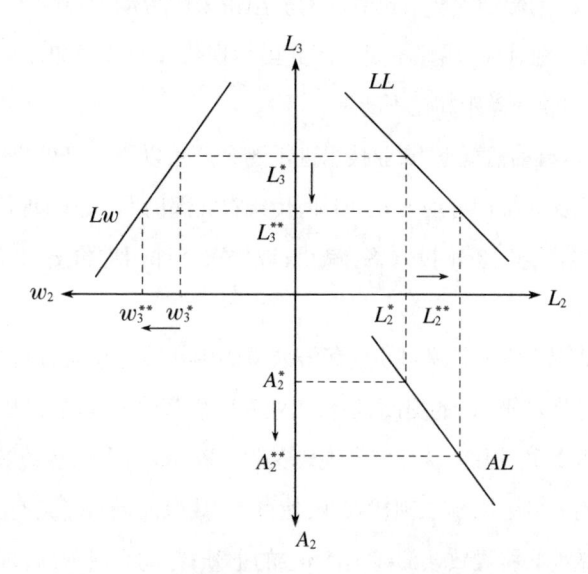

图 3-5　农业技术进步 A_2 对 w_3 的传导机制

方倾斜的直线。最后转向第二象限,传统农业部门 L_3 的减少必然导致要素价格即工资水平 w_3 的上升,所以 L_3 和 w_3 呈反向关系,可由 Lw 曲线表示,这是一条向左下方倾斜的直线。综上,当现代农业技术进步率从 A_2^* 提高到 A_2^{**} 时,现代农业部门劳动力数量从 L_2^* 增加到 L_2^{**},传统农业部门劳动力数量从 L_3^* 减少到 L_3^{**},传统农业部门工资从 w_3^* 增加到 w_3^{**}。

综上,经过分析可知农业技术进步能够同时提高现代农业部门和传统农业部门的工资,从而提升农村平均工资水平,又因为城市部门工资具有下方刚性,保持不变,所以城乡收入差距不断缩小。

命题 2:在资本流动情况下,农业技术进步使得现代农业部门和传统农业部门的收入差距扩大,即农村内部收入差距扩大。

考虑农村内部的收入差距,根据全微分的计算结果可得: $\dfrac{d(w_2-w_3)}{dA_2}>0$。

根据命题 2 中 A_2 对 w_2、w_3 影响的传导机制分析可知,虽然 A_2 对 w_2、w_3 的作用方向都为正向影响,但是 A_2 对 w_2 有两条传导路径——边际产出效应和收入分配效应,而 A_2 对 w_3 的影响主要来自劳动力流出带来的劳动力边际生产力的提高,支撑 w_3 增长的动力相对 w_2 明显不足。因此虽然现代农业部门和传统农业部门工资水平都在增长,但收入差距却在不断扩大。

另外,在资本流动情况下,农业技术进步还会产生以下经济效果:城市部门劳动力 L_1 减少,现代农业部门劳动力 L_2 增加,传统农业部门 L_3 减少;现代农业部门资本投入 K_2 增加,城市部门资本投入 K_1 减少;现代农业部门地价 τ_2 上升,传统农业部门地价 τ_3 下降。

资本流动情况下农业技术进步的经济效果的内在传导机制分析如下:随着现代农业部门技术进步水平 A_2 的提高,现代农业部门生产效率提高,产出水平 Y_2 上升,使得部门总收入 p_2Y_2 提高,从而提高现代农业工资 w_2。因此,传统农业部门的劳动力被更高水平的 w_2 吸引,流入现代农业,使得 L_3 减少,由于 w_3 具有弹性,传统农业部门劳动力的减少必将导致该部门工资 w_3 的上升;劳动力流入后,现代农业部门资本要素相对稀缺,城市资本将流入现代农业部门,K_1 减少,K_2 增加,K_1 减少使得 L_1

相对过剩,促使 L_1 流向现代农业部门。综上,现代农业部门通过吸收另外两个部门的劳动力获得劳动力数量的增长。随着传统农业部门劳动力不断流入现代农业部门,而这两个部门的土地要素为部门专有,不能流动,由边际技术替代率递减规律可知,传统农业部门由于土地要素相对过剩会导致地价 τ_3 下降;相反,现代农业部门由于土地相对劳动力、资本要素变得更加稀缺而导致地价 τ_2 上升。

经过分析可得,现代农业部门的技术进步使得现代农业部门劳动力增加,传统农业部门和城市部门劳动力减少;现代农业部门资本投入增加,城市部门资本投入减少;现代农业部门地价上升,传统农业部门地价下降。

3. 农业技术进步对社会福利水平影响的分析

考虑资本流动情况下农业技术进步对社会福利的影响。由于本节建立的是三部门的一般均衡模型,所以在市场出清状况下,经济中城市部门、现代农业部门、传统农业部门的总产出等于经济中劳动力、资本和土地要素的总收入。即市场出清时,满足下列等式:

$$E(p,U) = p_1 Y_1 + p_2 Y_2 + Y_3 \tag{3-20}$$

其中,p 代表经济中各部门产品的价格,对式(3-20)进行全微分并整理,可得:

$$E_U \frac{\mathrm{d}U}{\mathrm{d}A_2} = p_1 \frac{\mathrm{d}Y_1}{\mathrm{d}A_2} + p_2 \frac{\mathrm{d}Y_2}{\mathrm{d}A_2} + \frac{\mathrm{d}Y_3}{\mathrm{d}A_2} \tag{3-21}$$

由式(3-19)的全微分结果可得:

$$\frac{\mathrm{d}Y_1}{\mathrm{d}A_2} = F_L^1 \frac{\mathrm{d}L_1}{\mathrm{d}A_2} + F_K^1 \frac{\mathrm{d}K_1}{\mathrm{d}A_2} < 0;$$

$$\frac{\mathrm{d}Y_2}{\mathrm{d}A_2} = A_2 \left(F_L^2 \frac{\mathrm{d}L_2}{\mathrm{d}A_2} + F_K^2 \frac{\mathrm{d}K_2}{\mathrm{d}A_2} \right) + F^2 \mathrm{d}A_2 > 0;$$

$$\frac{\mathrm{d}Y_3}{\mathrm{d}A_2} = F_L^3 \frac{\mathrm{d}L_3}{\mathrm{d}A_2} < 0;$$

上述结果表明,随着农业技术进步率的提高,现代农业部门的产出和福利增加;城市部门与传统农业部门的产出和福利减少。资本自由流动的情况下,随着农业技术进步率的提高,现代农业部门的产出增加得益于该部门劳动力要素和资本要素流入的双重贡献,并在此基础上叠加农业技术进步对生产要素边际生产力的促进效用

$A_2\left(F_L^2 \dfrac{dL_1}{dA_2}+F_K^2 \dfrac{dK_1}{dA_2}\right)$，除此之外，农业技术进步自身也会对产出带来正向的促进作用，体现在 $F^2 dA_2$ 上，因此现代农业部门产出增长幅度较大；城市部门的产出减少主要是由于劳动力和资本要素的流出 $F_L^1 \dfrac{dL_1}{dA_2}+F_K^1 \dfrac{dK_1}{dA_2}$ 导致；传统农业部门的产出减少由该部门劳动力流出 $F_L^3 \dfrac{dL_3}{dA_2}$ 所致。关于三个部门的福利变化对社会总福利变化的影响效果，在理论部分未能得出明确结论，但在后文的数值模拟部分会进行现实经济数据的检验并进一步分析。

二、土地自由流动情况

1. 模型的建立

随着现代农业的进一步发展，现代农业部门已经发展到一个相对成熟的阶段，会逐渐摆脱对城市偏远地区的依赖，向更靠近土地要素的农村地区发展，这些地区远离城市，受其影响较小。由于深入农村，现代农业部门与传统农业部门的联系更加紧密。因此在本节，假定现代农业部门和传统农业部门面对相同的土地市场，即土地要素在两个农业部门间自由流转，而资本要素变成城市部门和现代农业部门专有，不再流动。

土地流动情况下三部门的生产函数为：

$$Y_1 = F^1(L_1, \overline{K}_1) \tag{3-22}$$

$$Y_2 = A_2 F^2(L_2, \overline{K}_2, T_2) \tag{3-23}$$

$$Y_3 = F^3(L_3, T_3) \tag{3-24}$$

根据三部门生产的利润最大化，有下列关系成立：

$$p_1 F_L^1 = \overline{w}_1 \tag{3-25}$$

$$p_2 A_2 F_L^2 = w_2 \tag{3-26}$$

$$F_L^3 = w_3 \tag{3-27}$$

$$p_1 F_K^1 = r_1 \tag{3-28}$$

$$p_2 A_2 F_K^2 = r_2 \tag{3-29}$$

第三章 农业技术进步对收入差距的影响研究

$$p_2 A_2 F_T^2 = \tau \qquad (3-30)$$

$$F_T^3 = \tau \qquad (3-31)$$

土地流动情况下,由于资本要素固定,因此现代农业部门 L_2 与 K_2、A_2 之间的函数关系为:

$$L_2 = g(\overline{K}_2, A_2) \qquad (3-32)$$

$\overline{T}$ 为外生给定的土地禀赋量,土地流动情况下土地在现代农业部门和传统农业部门之间自由流动,所以有下式成立:

$$T_2 + T_3 = \overline{T} \qquad (3-33)$$

因此,土地流动情况下模型由式(3-6)、(3-7)以及(3-22)~(3-33)共 14 个方程构成,这一方程组决定了 14 个内生变量,分别为 Y_1、Y_2、Y_3、L_1、L_2、L_3、T_2、T_3、w_2、w_3、r_1、r_2、τ、μ,外生变量有 A_2、$\overline{w}_1$、$\overline{K}_2$、$\overline{K}_3$、$\overline{L}$、$\overline{T}$。

2. 农业技术进步对收入差距的效果分析

对式(3-6)、(3-7)以及(3-25)~(3-33)共 11 个方程进行全微分,并将式(3-31)带入式(3-30),经整理可得方程:

$$\begin{bmatrix} p_1 F_{LL}^1 & 0 & 0 & 0 & 0 & 0 & 0 & 0 & 0 & 0 \\ 0 & p_2 A_2 F_{LL}^2 & 0 & p_2 A_2 F_{LT}^2 & 0 & -1 & 0 & 0 & 0 & 0 \\ 0 & 0 & F_{LL}^3 & 0 & F_{LT}^3 & 0 & -1 & 0 & 0 & 0 \\ p_1 F_{KL}^1 & 0 & 0 & 0 & 0 & 0 & 0 & -1 & 0 & 0 \\ 0 & p_2 A_2 F_{KL}^2 & 0 & p_2 A_2 F_{KT}^2 & 0 & 0 & 0 & 0 & -1 & 0 \\ 0 & p_2 A_2 F_{TL}^2 & -F_{TL}^3 & p_2 A_2 F_{TT}^2 & -F_{TT}^3 & 0 & 0 & 0 & 0 & 0 \\ 0 & 1 & 0 & 0 & 0 & 0 & 0 & 0 & 0 & 0 \\ \overline{w}_1 & w_2 & w_3 & 0 & 0 & L_2 & -(\overline{L}-L_3) & 0 & 0 & 0 \\ 1+\mu & 1 & 1 & 0 & 0 & 0 & 0 & 0 & 0 & L_1 \\ 0 & 0 & 0 & 1 & 1 & 0 & 0 & 0 & 0 & 0 \end{bmatrix} \begin{bmatrix} dL_1 \\ dL_2 \\ dL_3 \\ dK_1 \\ dK_2 \\ dw_2 \\ dw_3 \\ d\tau_2 \\ d\tau_3 \\ d\mu \end{bmatrix} = \begin{bmatrix} 0 \\ -p_2 F_L^2 \\ 0 \\ 0 \\ -p_2 F_K^2 \\ -p_2 F_T^2 \\ g_2' \\ 0 \\ 0 \\ 0 \end{bmatrix} dA_2$$

$$(3-34)$$

这里提出以下假设。

假设 3：$\dfrac{T_3/L_3}{T_2/L_2} > \dfrac{\varepsilon_{TL}^2 \varepsilon_{LT}^3}{\varepsilon_{TT}^2 \varepsilon_{LL}^3}$

本节用 Δ_2 表示方程式(3-34)系数矩阵的行列式，在假设 3 成立的条件下，计算可得 $\Delta_2 < 0$（证明过程见附录）。根据 Gramer 法则，解式(3-34)可得：

$$\dfrac{dL_1}{dA_2}=0,\ \dfrac{dL_2}{dA_2}<0,\ \dfrac{dL_3}{dA_2}<0,\ \dfrac{dw_2}{dA_2}>0;\ \dfrac{dT_2}{dA_2}>0,\ \dfrac{dT_3}{dA_2}<0;\ \dfrac{dr_1}{dA_2}=0;$$

为了判断 $\dfrac{dw_3}{dA_2}$ 等的符号，我们做出下列假设：

假设 4：$\dfrac{w_3 L_3/T_3 \tau}{w_2 L_2/T_2 \tau} > \varepsilon_{LT}^2$

假设 4 的左侧表示传统农业部门与现代农业部门的劳动力土地要素收入比，右侧表示现代农业部门土地对劳动力的交叉产出弹性，$\varepsilon_{LT}^2 > 0$，该假设的经济学含义为现代农业部门土地对劳动力的交叉产出弹性小于传统农业部门与现代农业部门的劳动力土地要素收入比，这个假设在现实经济情况是可能成立的。

假设 5：$\dfrac{T_3/L_3}{T_2/L_2} < \dfrac{\varepsilon_{LT}^2 \varepsilon_{TL}^3}{\varepsilon_{LL}^2 \varepsilon_{TT}^3}$

假设 5 的左边表示传统农业部门和现代农业部门的人均土地数量之比。右边的 ε_{LT}^2 表示现代农业部门的土地要素对劳动边际生产力的弹性，或者可以说是土地对劳动力的交叉产出弹性，ε_{LL}^2 表示现代农业部门劳动力的产出弹性，ε_{TL}^3 表示传统农业部门劳动力对土地的交叉产出弹性，ε_{TT}^3 表示传统农业部门的土地产出弹性。假设 5 的右侧分子为传统农业部门劳动力对土地的交叉产出弹性与土地的产出弹性之比，分母为现代农业部门劳动力的产出弹性与土地对劳动的交叉产出弹性之比。由于 $\varepsilon_{LT}^2 > 0, \varepsilon_{TL}^3 > 0, \varepsilon_{LL}^2 < 0, \varepsilon_{TT}^3 < 0$，所以右侧大于 0，现实经济中，假设是可能成立的。

因此，当假设 4 和假设 5 成立时，可以得到：$\dfrac{dw_3}{dA_2} < 0,\ \dfrac{dw_2 - dw_3}{dA_2} > 0$。

将上述结果归纳、整理得下表 3-3、表 3-4。

表 3-3　土地流动情况下农业技术进步的经济效果①

变量	dL_1	dL_2	dL_3	dT_2	dT_3	dw_2	dw_3	dr_1	dr_2	$d\tau$	$d\mu$
dA_2	0	−	−	+	+	−[4][5]	0	/	/	/

注:"+"表示 A_2 的增加使相应的内生变量增加,"−"表示 A_2 的增加使相应的内生变量减少,"0"表示 A_2 的变化对相应的内生变量没有影响,"[4][5]"表示对应的符号只有在假设 4 和假设 5 同时成立时才能确定,"/"表示 A_2 变化时,对应的内生变量变化方向不能确定。

表 3-4　土地流动情况下农业技术进步对收入差距的影响②

变量	$d(\overline{w}_1 - w_2)$	$d(\overline{w}_1 - w_3)$	$d(w_2 - w_3)$
dA_2	−	+[4][5]	+[4][5]

注:"+"表示 A_2 的增加使相应的内生变量增加,"−"表示 A_2 的增加使相应的内生变量减少,"[4][5]"表示该符号在假设 4 和假设 5 同时成立时能够确定。

将计算结果进行归纳总结后,可以得出下列命题。

命题 3: 在土地流动情况下,农业技术进步使得现代农业部门的工资增加,传统农业部门工资减少,农村平均工资增加,从而缩小城乡收入差距。

为了分析命题 3 的内在经济传导机制,首先需要考虑现代农业技术进步率 A_2 对 L_2 的影响。与资本流动情况类似,土地流动情况下中 A_2 对 L_2 的影响主要有以下两条路径:

路径 1:(农业技术进步对生产的规模效应)农业技术进步率 A_2 的增加意味着规模效应的增强,从而吸引劳动力和资本要素不断流入现代农业部门,但由于土地流动情况下资本是部门专有的,无法自由流动,所以此种情况下技术进步对生产的规模效应大打折扣。

路径 2:(农业技术进步对劳动的替代效应)随着技术的不断进步,同等水平的产出需要的劳动力数量 L_2 减少,所以土地流动情况下 A_2 的增长会对 L_2 产生较为明显的替代效果。

---

① 相关要素的计算结果详见附录。
② 相关要素的计算结果详见附录。

土地流动情况下,由于资本不能在城市部门和现代农业部门之间自由流动,资本对劳动力的需求效应不存在,所以总体而言,土地流动情况下农业技术进步对劳动的替代效应强于农业技术进步对生产的规模效应,路径1效果弱于路径2,从总体效应上,A_2对L_2具有负向效应,即A_2的提高会导致L_2的减少。

然后,分析土地流动情况下A_2对w_2的影响,其传导机制与资本流动情况类似,即边际产出效应和收入分配效应,具体分析如下:

路径1:(边际产出效应)根据上述分析我们已经得出A_2的增加使得L_2减少,劳动力的减少导致现代农业部门劳动力边际生产力F_L^2提高,从而使得劳动力工资w_2增加。

路径2:(收入分配效应)技术进步通过整合所有要素,实现对现代农业部门的整体生产能力的提升,提高现代农业部门产出水平Y_2,使得部门总收入p_2Y_2提高,各要素分配的收入也随之提高,从而间接提高劳动力工资w_2。

与资本流动情况不同的是,土地流动情况下A_2对w_2的边际产出效应和收入分配效应都为正,所以在土地流动情况下,正向的边际产出效应和收入分配效应叠加,使得w_2增加。

土地流动情况中,A_2对w_3的影响可以分成两个不同的阶段,具体分析如下:

阶段1(边际产出效应):随着农业技术进步率A_2的提高,现代农业部门生产效率提高,产出水平Y_2上升,使得部门总收入p_2Y_2提高,从而提高劳动力工资水平。现代农业部门的工资w_2上升,将吸引传统农业部门的劳动力流入,即L_3减少,由于传统农业部门工资具有弹性,L_3的减少会导致该部门工资w_3的提高;

阶段2(收入分配效应):由于传统农业部门劳动力L_3的减少,该部门土地要素相对过剩,土地将从传统农业部门流入现代农业部门,T_3减少,劳动力和土地要素的不断减少必然导致传统农业部门产出p_3Y_3减少,总收入水平降低,各要素的报酬取决于部门总收入水平的大小,总收入的降低必然会导致该部门工资w_3的下降。

边际产出效应为正,收入分配效应为负,由于土地流动情况下传统农业部门的所有生产要素均不断流出,产出水平快速下降,由此导致的传统农业部门工资率的下降必然远高于阶段1劳动力刚流出时导致的工资率的小幅上升,因此总体来看,收入分配效应强于边际产出效应,传统农业部门工资 w_3 降低。

图 3-6 的机制图可以直观地反映这一传导机制:将第四象限作为分析的起点,该象限中,向下的坐标轴表示农业技术进步率 A_2,向右的坐标轴表示传统农业部门产出 X_3。首先,由命题 5 的分析中可知,A_2 的增长会导致 L_3 和 T_3 的流出,要素的流出必然使得传统农业部门产出减少,所以 A_2 和 X_3 呈反向关系,可由 AX 表示,这是一条向左下方倾斜的直线。然后转向第一象限,由于传统农业部门土地流出程度大于劳动力流出程度,即随着 A_2 的增长,土地要素相对劳动力要素更加稀缺,即 $t_3 = L_3/T_3$ 上升,所以 A_2 与 $t_3 = L_3/T_3$ 呈正向关系,又由于 A_2 和 X_3 呈反向关系,所以 $t_3 = L_3/T_3$ 与 X_3 呈反向关系,可由 At 表示,这是一条向右下方倾斜的曲线。最后转向第二象限,$t_3 = L_3/T_3$ 的增加使得劳动力相对土地更加富裕,收入分配更加偏向土地要素,使得现代农业部门的工资水平 w_3 降低,所以 $t_3 = L_3/T_3$ 和 w_3 呈反向关系,可用曲线 wt 表示,这是一条向左上方倾斜的曲线。综上,当现代农业技术进步率从 A_2^* 提高到 A_2^{**},传统农业部门产出从 X_3^* 减少到 X_3^{**},传统农业部门劳动力与土地数量之比从 t_3^* 增加到 t_3^{**},传统农业部门工资从 w_3^* 减少到 w_3^{**}。

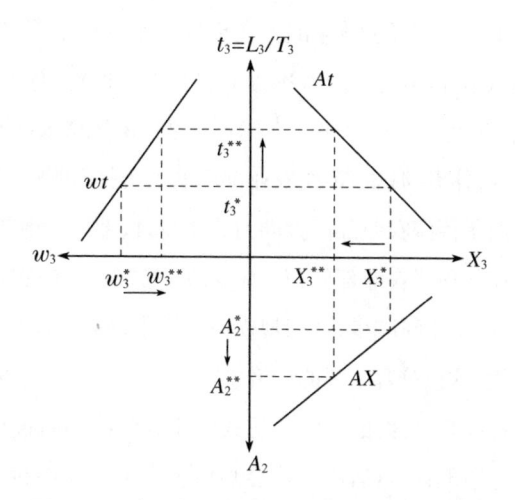

图 3-6 农业技术进步 A_2 对 w_3 的传导机制

综上,经过分析我们可知农业技术进步能够提高现代农业部门工资,但使得传统农业部门的工资降低,经过计算可得$\frac{d((w_2+w_3)/2)}{dA_2}>0$,即农业部门的平均工资随着$A_2$的提高不断增加,主要原因是现代农业部门工资增长的幅度大于传统农业部门工资减少的幅度,从而农村部门整体工资呈现上升趋势,城乡收入差距不断缩小。

命题4:在土地流动情况下,农业技术进步使得现代农业部门和传统农业部门的收入差距扩大,即农村内部收入差距扩大。

本章在模型设定中已经提到,除了城乡收入差距,农村内部的收入差距也在本节收入差距的讨论范围内。根据全微分的计算结果可得:$\frac{d(w_2-w_3)}{dA_2}>0$。

根据命题3中A_2对w_2、w_3影响的传导机制分析可知,A_2对w_2的作用方向为正,对w_3的作用方向为负,即农业技术进步使得现代农业部门的工资不断提高,而传统农业部门工资不断减少,因此农村部门内部收入差距不断扩大。

在土地流动情况下,提高农业技术进步率还会产生以下经济效果:现代农业部门劳动力和传统农业部门劳动力减少;现代农业部门的土地投入增加,传统农业部门土地投入减少。

对上述农业技术进步的经济效果的内在传导机制分析如下:随着农业技术进步水平A_2的提高,现代农业部门生产效率提高,产出水平Y_2上升,使得部门总收入p_2Y_2提高,从而提高劳动力工资水平。现代农业部门的工资w_2上升,将吸引传统农业部门的劳动力流入,即L_3减少,传统农业部门的工资具有弹性,劳动力的流出必然导致工资的上涨。由于传统农业部门劳动力的减少,该部门土地要素相对过剩,土地将从传统农业部门流入现代农业部门,T_3减少,T_2增加。传统农业部门的劳动力和土地要素不断流出,产出不断减少,部门规模不断缩小,最终将消失,被逐渐发展壮大的现代农业部门取代,这也符合一般的经济学常识和现实经济的发展规律,即现代农业部门的发展是大势所趋,传统的家庭作坊式的小农经济终将被机械化、规模化、制度化生产的现代农业所取代,这有利于社会整体生产水平和福利水平的提高。对于城市部门,由于本节将其设定为资本要素固定,故该部门内生变量均不发生变化。

3. 农业技术进步对社会福利水平影响的分析

考虑土地流动情况下农业技术进步对社会总福利的影响。土地流动情况下与资本流动情况下的社会总福利函数相同，均为 $E(p,U)=p_1Y_1+p_2Y_2+Y_3$。其中，p 代表经济中各部门产品的价格，对式(3-20)进行全微分并整理，可得 $E_U\dfrac{\mathrm{d}U}{\mathrm{d}A_2}=p_1\dfrac{\mathrm{d}Y_1}{\mathrm{d}A_2}+p_2\dfrac{\mathrm{d}Y_2}{\mathrm{d}A_2}+\dfrac{\mathrm{d}Y_3}{\mathrm{d}A_2}$。

由式(3-34)的全微分结果可得：

$$\frac{\mathrm{d}Y_1}{\mathrm{d}A_2}=F_L^1\frac{\mathrm{d}L_1}{\mathrm{d}A_2}=0;$$

$$\frac{\mathrm{d}Y_2}{\mathrm{d}A_2}=A_2\left(F_L^2\frac{\mathrm{d}L_2}{\mathrm{d}A_2}+F_T^2\frac{\mathrm{d}T_2}{\mathrm{d}A_2}\right)+F^2\mathrm{d}A_2>0;$$

$$\frac{\mathrm{d}Y_3}{\mathrm{d}A_2}=F_L^3\frac{\mathrm{d}L_3}{\mathrm{d}A_2}+F_T^3\frac{\mathrm{d}T_3}{\mathrm{d}A_2}<0;$$

上述结果表明，随着农业技术进步率的提高，现代农业部门的产出和福利增加；城市部门的产出和福利不变，传统农业部门的产出和福利减少。土地自由流动的情况下，随着农业技术进步率的提高，现代农业部门的劳动力虽然是流出的，但土地流入的程度远高于劳动力的流出，并且农业技术进步自身对产出的正向促进 $F^2\mathrm{d}A_2$ 作用程度较强，所以总体而言，现代农业部门的产出和福利增加。城市部门由于各要素数量不变，所以产出和福利不发生变化。传统农业部门由于劳动力和土地要素流出的双重负向作用，产出和福利减少。关于三个部门的福利变化对社会总福利变化的影响效果，在理论部分未能得出明确结论，但在后文的数值模拟部分会进行现实经济数据的检验并进一步分析。

第三节　数值模拟分析

一、参数校准

本章将采用数值模拟的分析方法，首先收集整理我国宏观经济数据，用这些现实经济数据进行参数校准，然后进行数值模拟，观察理论分析所得命题在我国现实经济中的数值特征，以检验理论模型对现实经济解释的有效性，并对理论模型中较难计算的部分进行补充检验。

考虑将城市部门、现代农业部门、传统农业部门的生产函数均设定为Cobb-Douglas生产函数的形式：

$$Y_1 = L_1^{\alpha_1} K_1^{\alpha_2} \tag{3-35}$$

$$Y_2 = A_2 L_2^{\beta_1} K_2^{\beta_2} T_2^{\beta_3} \tag{3-36}$$

$$Y_3 = L_3^{\gamma_1} T_3^{\gamma_2} \tag{3-37}$$

其中，α_1、α_2、β_1、β_2、β_3、γ_1、γ_2 分别表示对应要素的产出弹性，均大于0，并且满足 $\alpha_1 + \alpha_2 = 1, \beta_1 + \beta_2 + \beta_3 = 1, \gamma_1 + \gamma_2 = 1$。将 L_2 与 K_2、A_2 之间的函数关系设为：

$$L_2 = \lambda \frac{K_2}{A_2} \tag{3-38}$$

其中，λ 表示现代农业部门的种类系数，现代农业部门作为一种新型农业部门，可以按照生产农作物品种的不同细分成多个小部门，由于不同种类的农作物的生产条件和技术要求不同，对资本要素的需求量也不同，因此每个细分的小部门都对应一个 λ_i ($i=1,2,\cdots,n, \lambda_i > 0$)。为了简化计算，在这里用 λ 表示现代农业部门的整体种类系数，可以将其理解为 λ_i ($i=1,2,\cdots,n, \lambda_i > 0$) 的整体均值。

综上，模型中的主要参数包括产出弹性 α_1、α_2、β_1、β_2、β_3、γ_1、γ_2 和现代农业部门种类系数 λ。

关于城市部门、现代农业部门、传统农业部门的产出弹性，可以表示为各要素投入成本与总要素投入成本的比值。本章以《中国统计年鉴2018》以及各省(区、市)统计年鉴中的宏观经济数据作为数值模拟的基准数据。

按照三次产业划分规定，用经济中的第二、三产业表示模型中的城市部门，东部8个省(市)(以下简称东8省)的第一产业表示现代农业部门，其余23个省(区)(以下简称其余省)的第一产业表示传统农业部门[1]。这样的设定既考虑到中国经济区

---

[1] 东8省包括北京、天津、河北、上海、江苏、浙江、福建、山东8个省(市)，其余省包括东部辽宁、广东和海南3省，中部山西、内蒙古、吉林、黑龙江、安徽、江西、河南、湖北、湖南和广西10省(区)，西部重庆、四川、贵州、云南、西藏、陕西、甘肃、青海、宁夏和新疆10个省(区、市)。

域发展不平衡的现实情况,又可以保证整体经济的完备性:其一,第二、三产业主要分布在城市地区,用来代表城市部门较为合适;其二,许多研究表明,中国农业现代化水平呈现"东高西低"的空间格局,农业现代化水平较高的县域一般是经济发展水平较好的地区,反之亦然,即东部发达地区的农业现代化发展水平较高,用东部8个发达省域的第一产业代表现代农业部门较为合适;其三,虽然不同研究对各省域的农业现代化水平划分略有差异,但是对东部地区8个省市的农业现代化水平评价是较为统一的。

1) 城市部门的产出值、劳动力数量分别为第二、三产业的增加值之和以及从业人数之和,即761 654.10亿元和5 669.00万人;城市部门的工资以城镇居民人均可支配收入表示,即36 396.20元;城市部门利息率以中国人民银行4.9%的贷款基准利率,再上浮2个点即6.9%表示。

2) 现代农业部门的产出值、劳动力数量分别为东8省第一产业增加值之和以及从业人员数之和,即18 182.18亿元和5 233.87万人;现代农业部门的工资表示为东8省各省农村居民人均可支配收入的加权平均数,为16 401.70元,权重为各省第一产业就业人数占东8省第一产业总就业人数的比重。

3) 传统农业部门的产出值、劳动力数量分别为其余省第一产业增加值之和以及从业人员数之和,即47 285.42亿元和15 710.13万人;传统农业部门的工资表示为其余省各省农村居民人均可支配收入的加权平均数,为12 087.30元,权重为各省第一产业就业人数占其余省第一产业总就业人数的比重。

4) 现代农业部门和传统农业部门的土地量估算方法如下:根据东8省的统计年鉴,将各省年末耕地面积之和作为现代农业部门的土地量(其中,由于上海、江苏、浙江三省未统计年末耕地面积,因此用农作物总播种面积指标替代),即2 691.54万公顷。以全国年末耕地面积13 490万公顷作为经济中的土地要素总量,扣除估算的现代农业部门的土地量,得到传统农业部门的土地量为10 798.46万公顷。

5) 本章查阅了近五年的全国及各省统计年鉴,发现均未统计资本存量指标。由于该数据难以从官方统计年鉴中直接获取,此次研究采用如下方式对现代农业部门和城市部门的资本存量进行估算:首先,根据董奋义和李梦(2020)核算出的2017年中部六省的农业资本存量,以及安晓宁和辛岭(2020)给出的2017年各省市农业现代化的综合发展指数,计算出中部六省的省均农业资本存量,再比较东8省与中部六省的综合发展指数,计算出两者之间的比值关系,结合中部六省的省均农业资本存量可以得到东8省的平均资本存量为1 209.27亿元,乘以8之后可得东8省总的农业资本存量为9 674.16亿元,将其作为本章中现代农业部门的资本要素量。

6) 关于现代农业部门技术进步的估算:前文已经提到,本章研究的技术进步属于广义技术进步范畴,因此可用农业全要素生产率(Total Factor productirity,下文简称农业 TFP)来表示现代农业部门的农业技术进步。根据李成龙和周宏(2020)的测算结果,以我国各省平均农业技术进步率1.38作为农业 TFP 的初始值。

由此,我们可以得到下列宏观经济数据的基准值:$p_1 Y_1$、$p_2 Y_2$、$p_3 Y_3$、$\overline{w}_1$、w_2、w_3、L_1、L_2、L_3、r、K_2、T_2、T_3、A_2,将这些数据代入设定的 Cobb-Douglas 生产函数,可以计算出模型中的所有参数,如表3-5所示。

表3-5 模型参数校准值

参数	描述	参数值
α_1	城市部门劳动力产出弹性	0.271
α_2	城市部门资本产出弹性	0.729
β_1	现代农业部门劳动力产出弹性	0.472
β_2	现代农业部门资本产出弹性	0.037
β_3	现代农业部门土地产出弹性	0.491
γ_1	传统农业部门劳动力产出弹性	0.402
γ_2	传统农业部门土地产出弹性	0.598
λ	现代农业部门种类系数	0.747

二、数值模拟

1. 资本流动情况下农业技术进步的经济效果

在参数校准的基础上,我们对资本流动情况下农业技术进步的经济效果进行数值模拟分析,考察现代农业部门技术进步率的变化对经济中各内生变量的影响,其中将重点考察对部门间收入差距以及社会福利的影响,以检验理论分析的结论是否正确。

首先分析农业技术进步对农村工资(包括现代农业部门工资和传统农业部门工资)以及收入差距(包括城乡收入差距和农村部门内部收入差距)的影响。数值模拟阶段本章用农业全要素生产率表示现代农业部门的技术进步程度。

图 3-7 描述了农业技术进步对工资的影响。可以看出,随着农业技术进步率的增长,现代农业部门工资增长,传统农业部门工资增长。图 3-8 描述了农业技术进步对收入差距的影响。根据图 3-8 的描绘可以做出以下总结:农业技术进步率的增加使得城乡收入差距缩小,农村部门内部收入差距扩大。

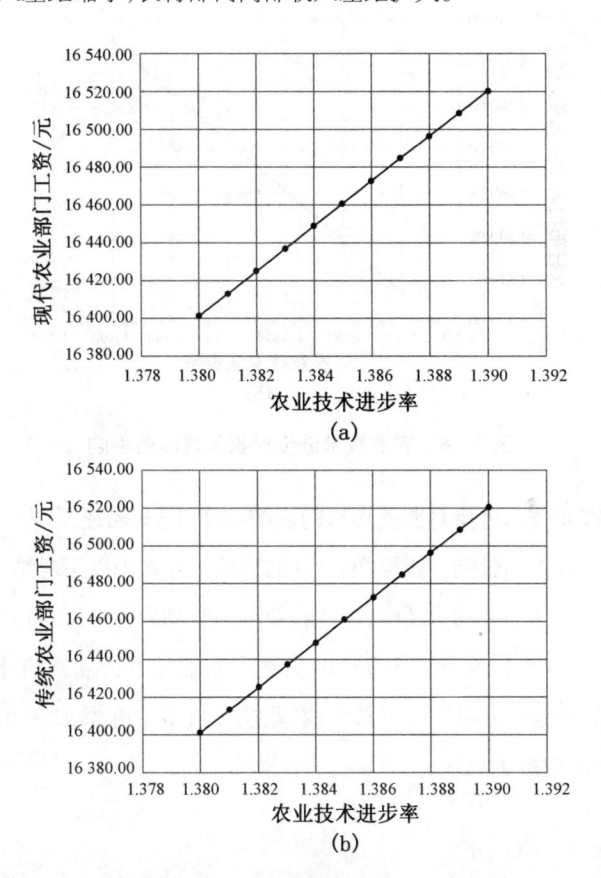

图 3-7　农业技术进步对工资的影响

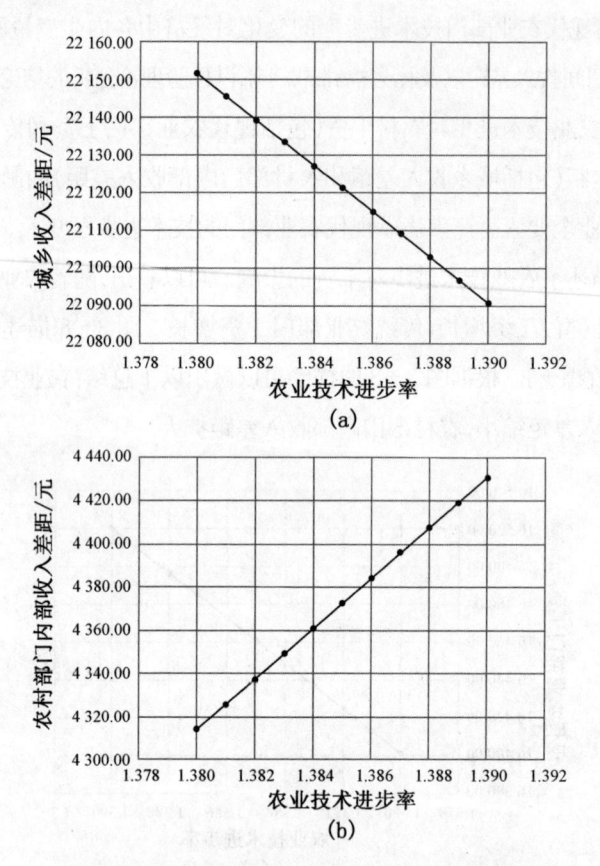

图 3-8 农业技术进步对收入差距的影响

然后分析农业技术进步对要素转移的影响。图 3-9 描述了现代农业部门的技术进步对劳动力要素的影响。根据图 3-9 的描绘可以做出以下总结：农业技术进步率的增加使得城市部门劳动力减少，现代农业部门劳动力增加，传统农业部门劳动力减少，城市部门失业人数增加。图 3-10 描述了农业技术进步对资本要素的影响。根据图 3-10 的描绘可以做出以下总结：农业技术进步率的增加使得城市部门资本减少，现代农业部门资本增加。

| 第三章 农业技术进步对收入差距的影响研究 | 87

(a)

(b)

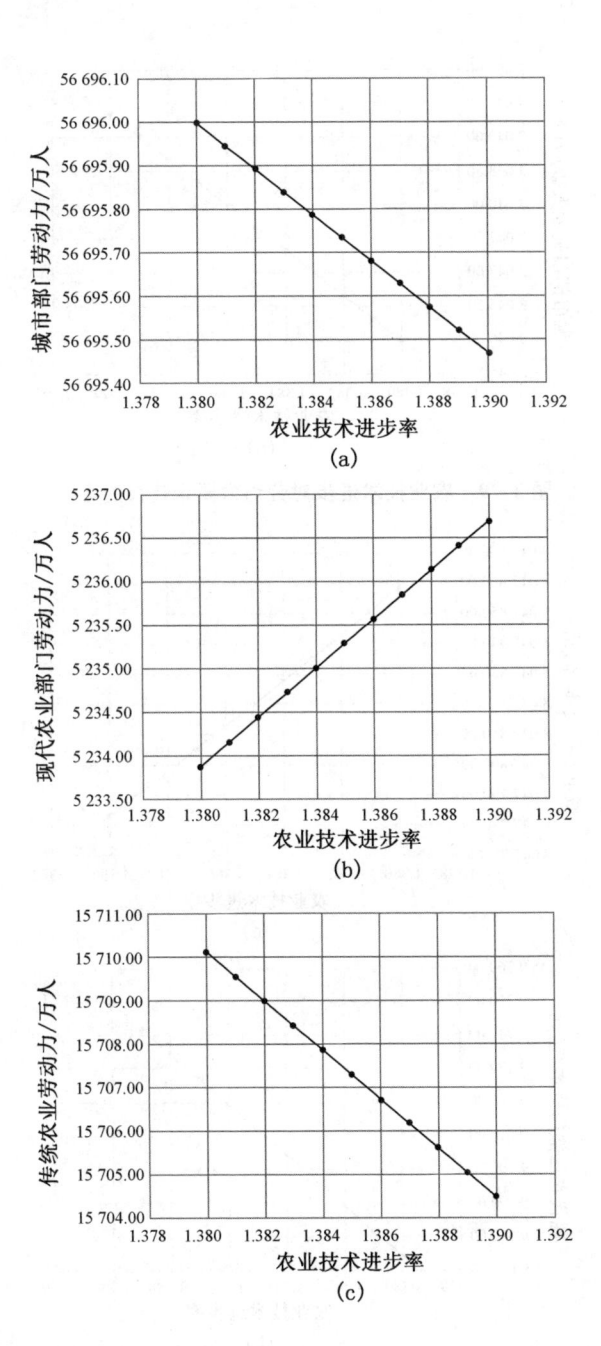

(c)

(d)

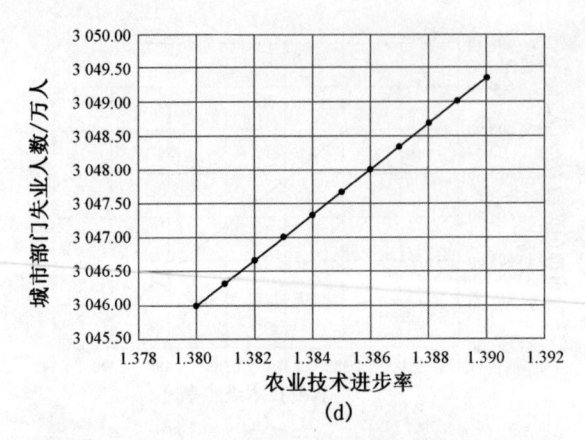

图 3-9　农业技术进步对劳动力要素转移的影响

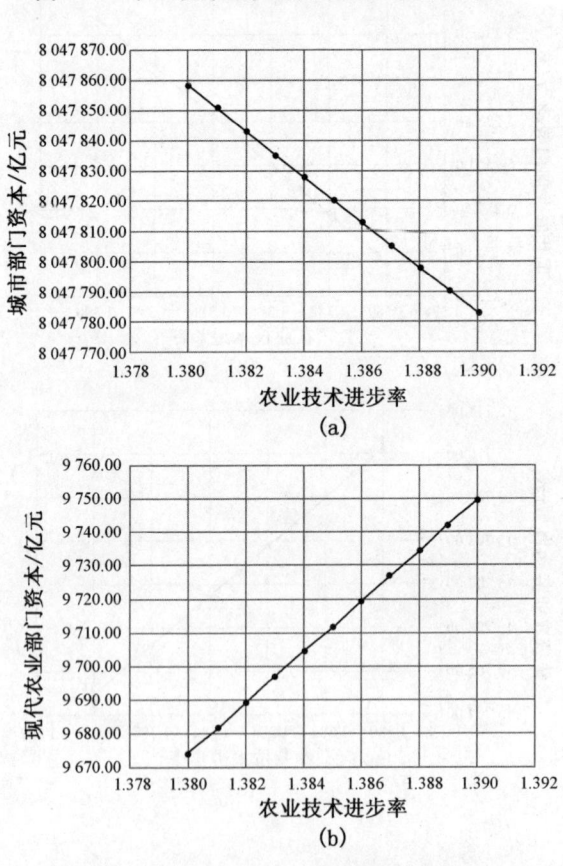

(a)

(b)

图 3-10　农业技术进步对资本要素转移的影响

最后分析农业技术进步对三部门产出和社会经济福利的影响。图3-11描述了农业技术进步率对三部门产值和社会经济福利的影响。可以看出,随着农业技术进步率的增长,城市部门产值减少,现代农业部门产值增加,传统农业部门产值减少,社会总福利明显提高。由数值模拟的结果可以得到以下命题5。

命题5:在资本流动情况下,农业技术进步使得现代农业部门产出增加、城市部门与传统农业部门产出减少;社会总福利水平提高。

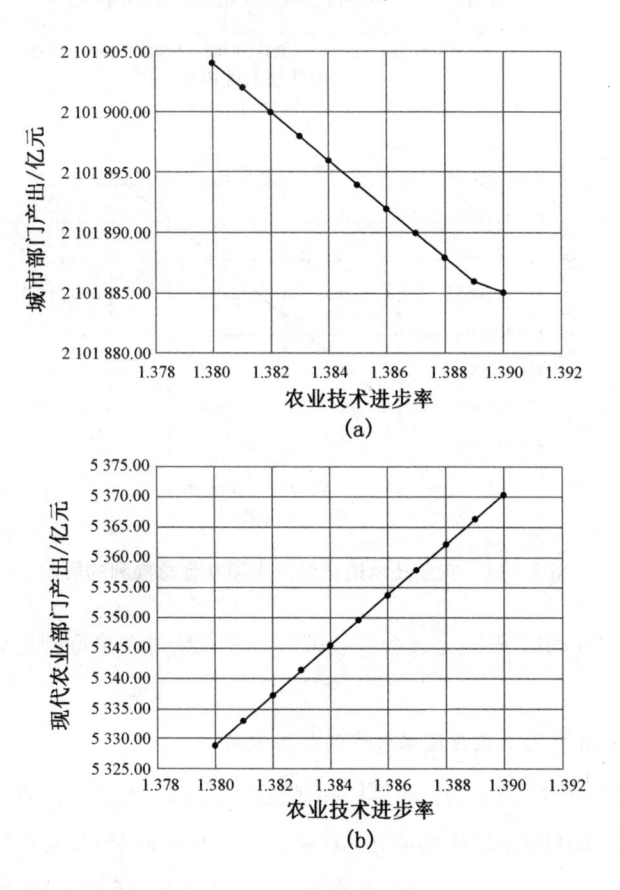

(a)

(b)

(c)

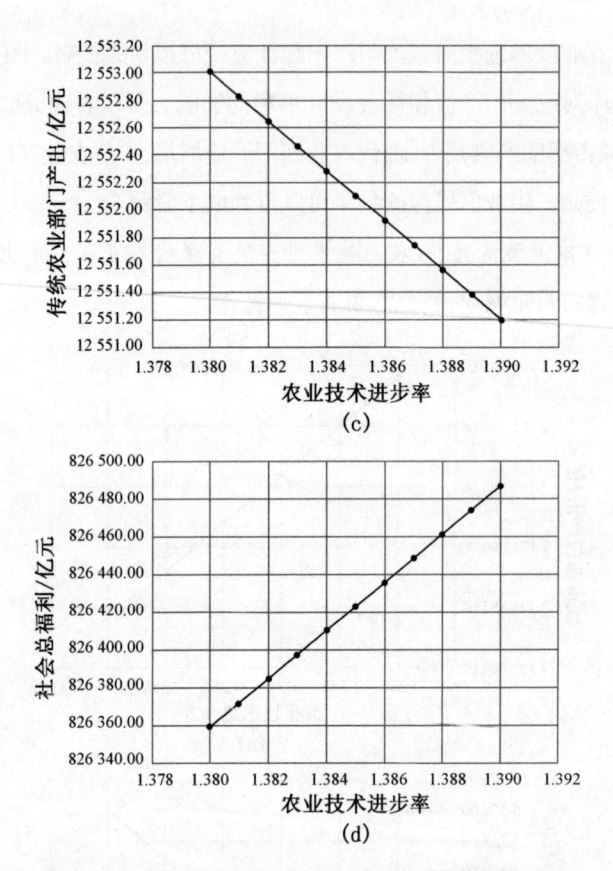

(d)

图 3-11　农业技术进步对产出和社会总福利的影响

综上,资本流动情况下,上述数值模拟的结果显然可以验证理论分析中命题 1、命题 2。

2. 土地流动情况下农业技术进步的经济效果

土地流动情况下,资本为城市部门和现代农业部门专有,不能自由流动。在参数校准的基础上,我们对土地流动情况下农业技术进步的经济效果进行数值模拟分析。图 3-12 描述了农业技术进步对工资的影响。可以看出,随着农业技术进步率的增长,现代农业部门工资增长,传统农业部门工资减少。图 3-13 描述了农业技术进步对收入差距的影响。根据图 3-13 可以做出以下总结:农业技术进步率的增加使得城乡收入差距缩小,而农村部门内部收入差距扩大。

(a)

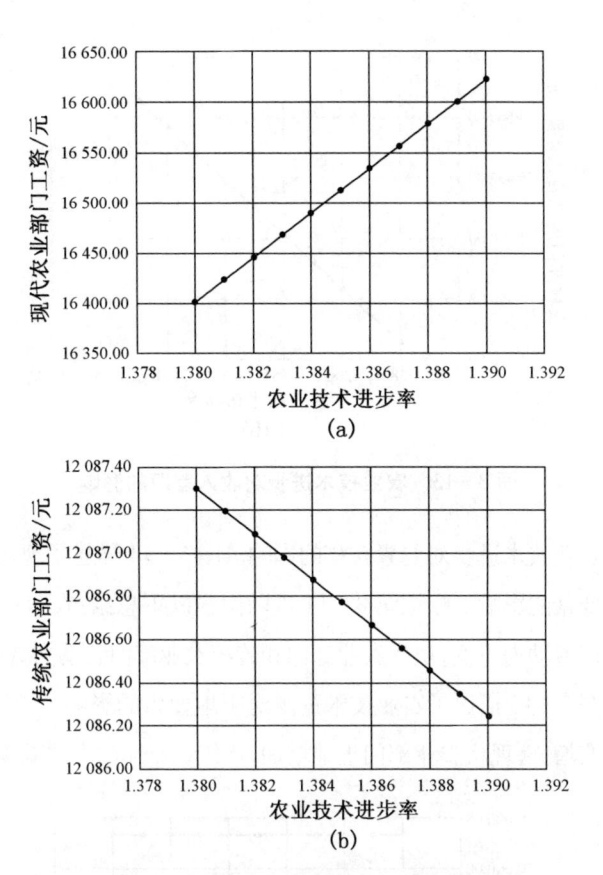

(b)

图 3-12 农业技术进步对工资的影响

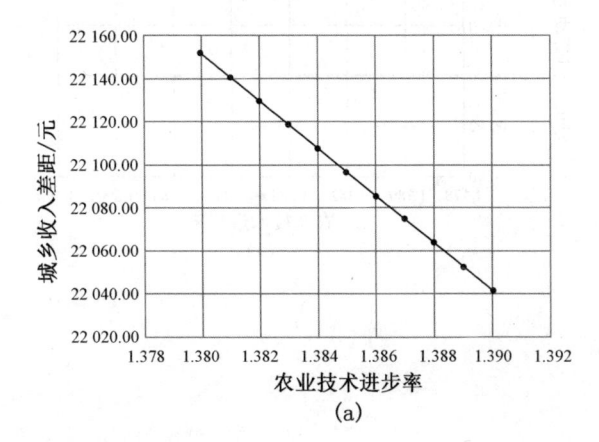

(a)

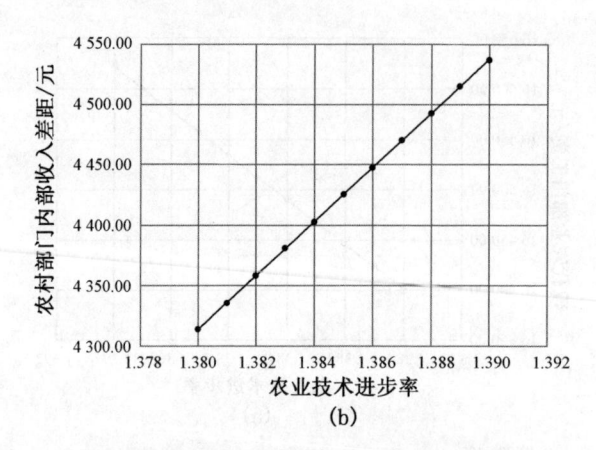

(图)

(b)

图 3-13 农业技术进步对收入差距的影响

然后分析农业技术进步对要素转移的影响。图 3-14 描述了现代农业部门技术进步对劳动力要素的影响。根据图 3-14 可以做出以下总结：农业技术进步率的增加使得城市部门劳动力不变，现代农业部门和传统农业部门劳动力减少，城市部门失业人数增加。图 3-15 描述了农业技术进步对土地要素的影响。可以看出，随着农业技术进步率的增长，现代农业部门土地增加，传统农业部门土地减少。

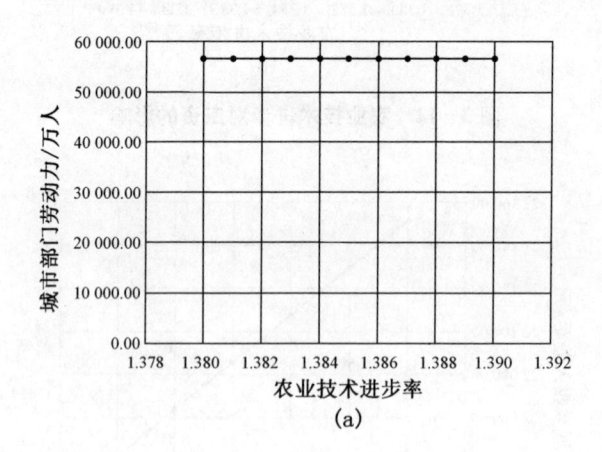

(a)

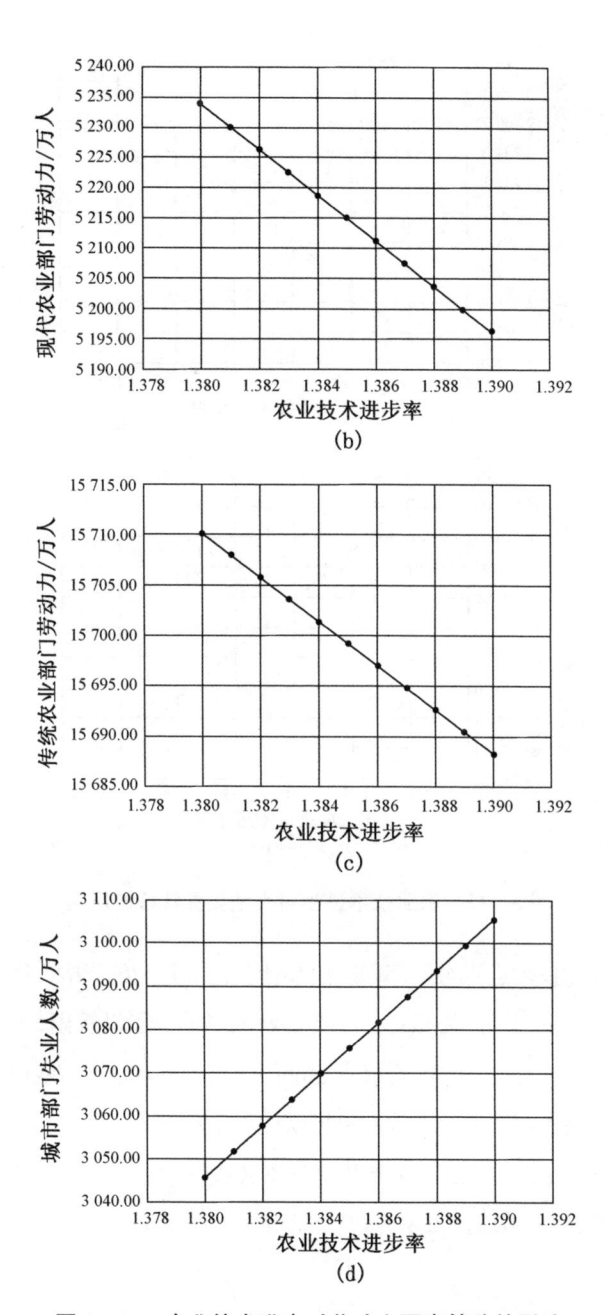

图 3-14 农业技术进步对劳动力要素转移的影响

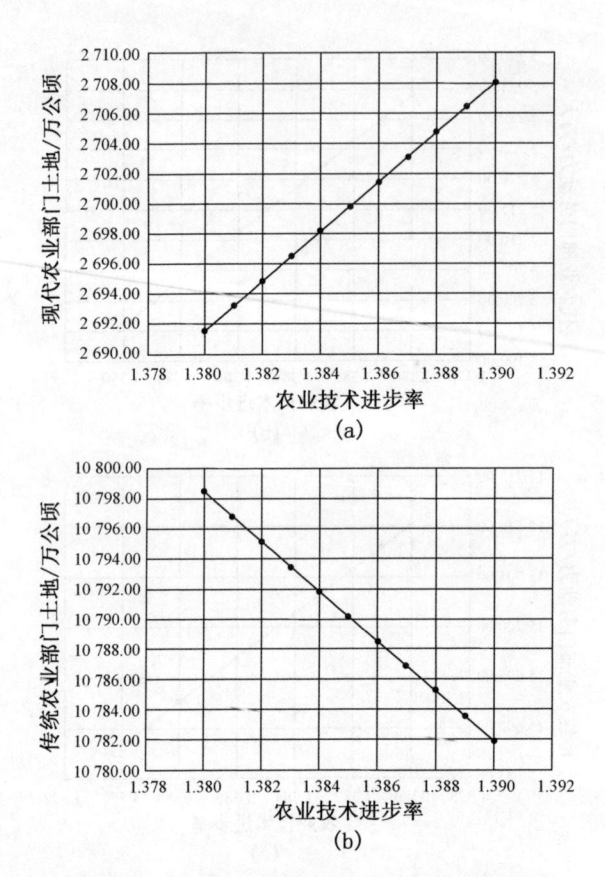

图 3-15 农业技术进步对土地要素转移的影响

最后分析农业技术进步对三部门产出和社会经济福利的影响。图 3-16 描述了农业技术进步率对三部门产值和社会经济福利的影响。可以看出,随着农业技术进步率的增长,城市部门产出不变,现代农业部门产出增加,传统农业部门产出减少,社会总福利明显提高。由数值模拟的结果可以得到命题 6。

命题 6:在土地流动情况下,农业技术进步使得现代农业部门产出增加、传统农业部门产出减少、城市部门产出不变;社会总福利水平提高。

第三章 农业技术进步对收入差距的影响研究

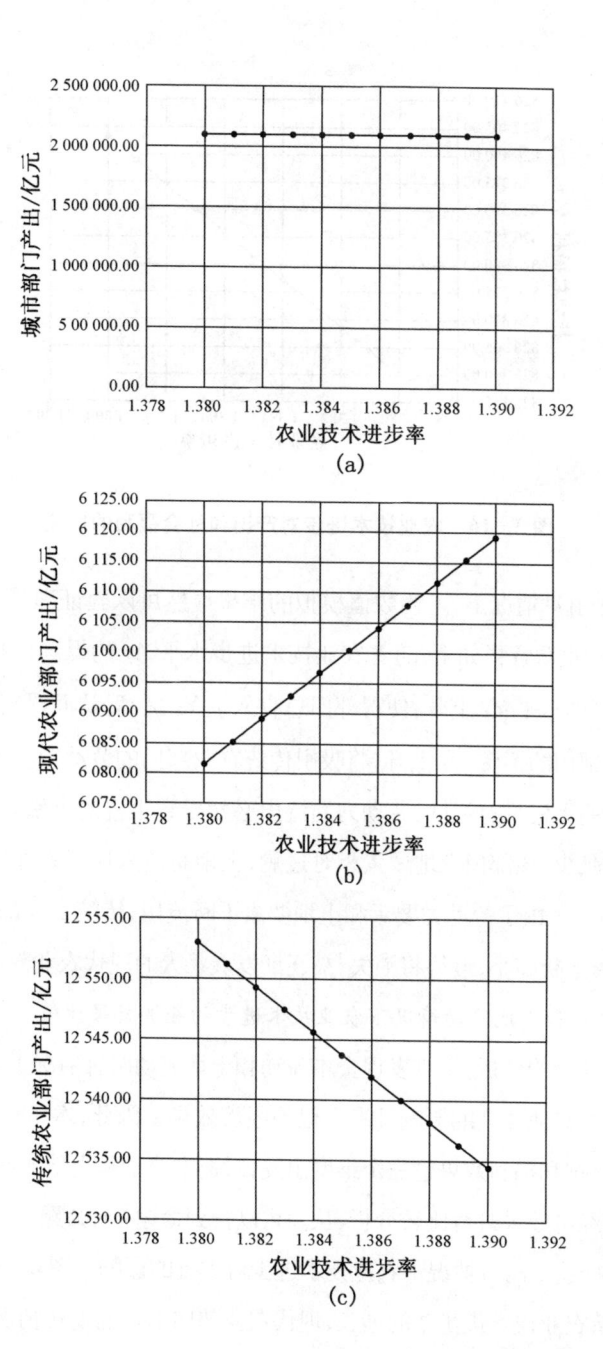

(a) 城市部门产出/亿元 vs 农业技术进步率

(b) 现代农业部门产出/亿元 vs 农业技术进步率

(c) 传统农业部门产出/亿元 vs 农业技术进步率

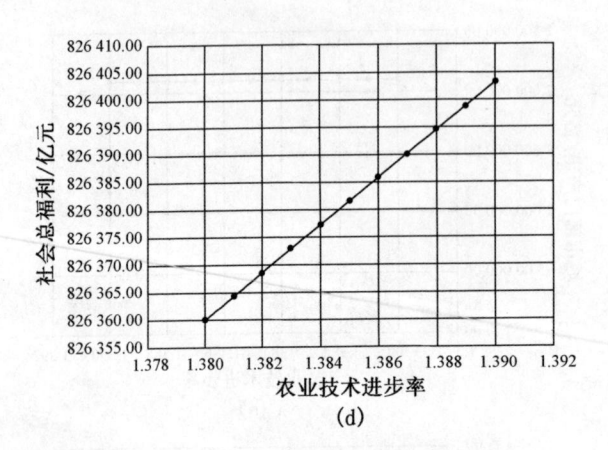

图 3-16 农业技术进步对产出和社会福利的影响

综上,土地流动情况下,上述数值模拟的结果显然可以验证理论分析中命题 3、命题 4。模拟的直观解释如下:随着农业技术进步水平 A_2 的提高,现代农业部门生产效率提高,产出水平 Y_2 上升,使得部门总收入 p_2Y_2 提高,从而提高劳动力工资水平。现代农业部门的工资 w_2 上升,将吸引传统农业部门的劳动力流入,即 L_3 减少,传统农业部门的工资具有弹性,劳动力的流出必然导致工资的上涨。由于传统农业部门劳动力的减少,该部门土地要素相对过剩,土地将流入现代农业部门,从而使得 T_3 减少,T_2 增加。由于劳动力要素和土地要素不断流出,传统农业部门的产出不断减少,部门规模不断缩小,最终将消失,被逐渐发展壮大的现代农业部门取代。

3. 资本流动和土地流动情况下农业技术进步的经济效果比较

根据理论部分的分析,不难发现资本流动和土地流动两种情况下,农业技术进步对收入差距以及其他要素的影响具有类似的经济效果。因此,本节进一步从收入差距影响、产出影响和福利效果这三个维度出发,对资本流动和土地流动两种情况下农业技术进步的经济效果进行比较分析,从而可以得到命题 7—命题 9。

图 3-17 描述了两种情况下农业技术进步对工资的影响。图 3-17(a)描述了两种情况下,随着农业技术进步率的增长,现代农业部门工资的变化情况;图 3-17(b)描述了两种情况下,随着农业技术进步率的增长,传统农业部门工资的变化情况。

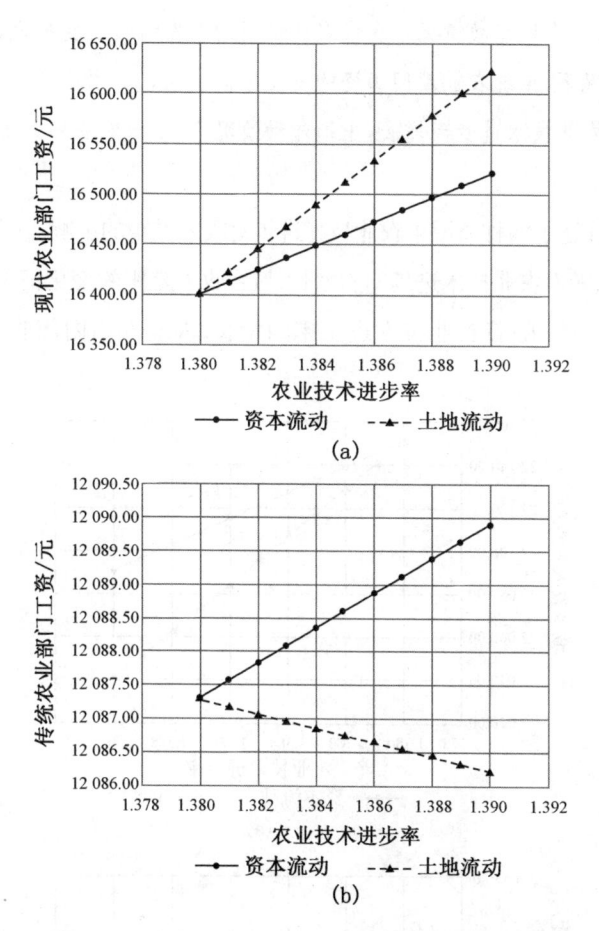

图 3-17 农业技术进步对工资的影响效果比较

模拟的直观解释如下:经过理论模型部分的分析可知,随着农业技术进步率 A_2 的提高,不论是在资本流动情况下,还是在土地流动情况下,w_2 都是增加的,并且 A_2 对 w_2 的传导路径都是由边际产出效应和收入分配效应构成。由于在资本流动情况下,边际产出效应为负,收入分配效应为正,收入分配效应大于边际产出效应;而在土地流动情况下,边际产出效应和收入分配效应都为正。所以土地流动情况下 A_2 对 w_2 的正向效应更强,w_2 的增长幅度更大。由数值模拟的结果可以得到命题 7。

命题 7:(1) 资本流动和土地流动情况下,现代农业部门的工资都随着农业技进步而增长,并且土地流动情况下现代农业部门的工资增长幅度更大;(2)资本流动和土地流动情况下,传统农业部门工资的变化方向不同。资本流动情况下,传统农业部门工资随着农业技术进步而增长,土地流动情况下,传统农业部门工资随着农业技术进步而减少。

图3-18描述了两种情况下农业技术进步对收入差距的影响。图3-18(a)描述了两种情况下,随着农业技术进步率的增长,城乡收入差距的变化情况;图3-18(b)描述了两种情况下,随着农业技术进步率的增长,农业部门内部收入差距的变化情况。

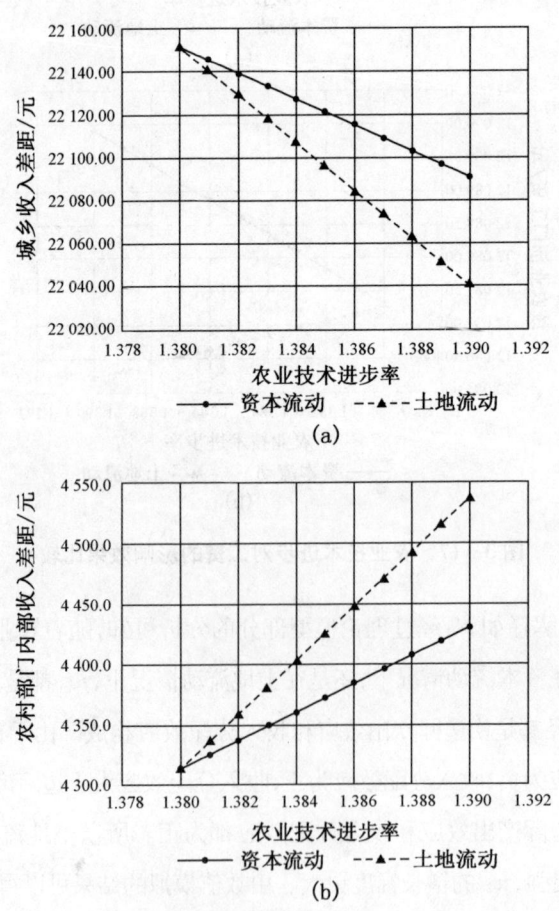

(a)

(b)

图3-18 农业技术进步对收入差距的影响效果比较

模拟的直观解释如下：经过理论模型部分的分析可知,资本流动情况下,随着农业技术进步率 A_2 的提高,现代农业部门工资 w_2 和传统农业部门工资 w_3 都会增加；而在土地流动情况下,随着农业技术进步率 A_2 的提高,现代农业部门工资 w_2 增加,传统农业部门工资 w_3 减少。所以土地流动情况下农村内部收入差距扩大的幅度大于资本流动情况。又由于在土地流动情况下,w_3 减少的幅度较小,而 w_2 的增长幅度远大于资本流动情况,所以土地流动情况下农村工资的增长幅度大于资本流动情况,从而使得土地流动情况下城乡收入差距缩小的幅度大于资本流动情况。由数值模拟的结果可以得到命题 8。

命题 8：(1) 资本流动和土地流动情况下,城乡收入差距都随着农业技术进步而缩小,并且土地自由流动的情况下城乡收入差距缩小的幅度更大；(2) 资本流动和土地流动情况下,农村内部收入差距都随着农业技术进步而扩大,并且土地自由流动的情况下农村内部收入差距扩大的幅度更大。

图 3-19(a)描述了两种情况下农业技术进步对现代农业部门产值的影响。可以看出,资本流动情况下,现代农业部门产值增长的幅度更大；图 3-19(b)描述了两种情况下农业技术进步对社会总福利的影响。可以看出,资本流动情况下,社会总福利增长的幅度更大。

模拟的直观解释如下：资本流动情况下,提高农业技术进步率能够增加现代农业部门雇佣的劳动力和投入的资本,从而产出增长明显；土地流动情况下,随着农业技术进步率 A_2 的提高,现代农业部门的劳动力减少、土地增加,且土地流入的程度大于劳动力流出的程度,所以对产出的总体效应仍然为正,但产出增长的幅度会小于资本流动情况。另外,不论是资本流动情况还是土地流动情况,都是只有现代农业部门的产出增长,所以社会总福利水平的提高在很大程度上由现代农业部门的产出增长决定,因此资本流动情况下社会总福利的增长幅度大于土地流动情况。由数值模拟的结果可以得到命题 9。

命题 9：(1) 资本流动和土地流动情况下,现代农业部门产值都随着农业技术进步而增长,并且资本流动情况下现代农业部门产值增长的幅度更大；(2) 资本流动和土地流动情况下,社会总福利都随着农业技术进步而增长,并且资本流动情况下社会总福

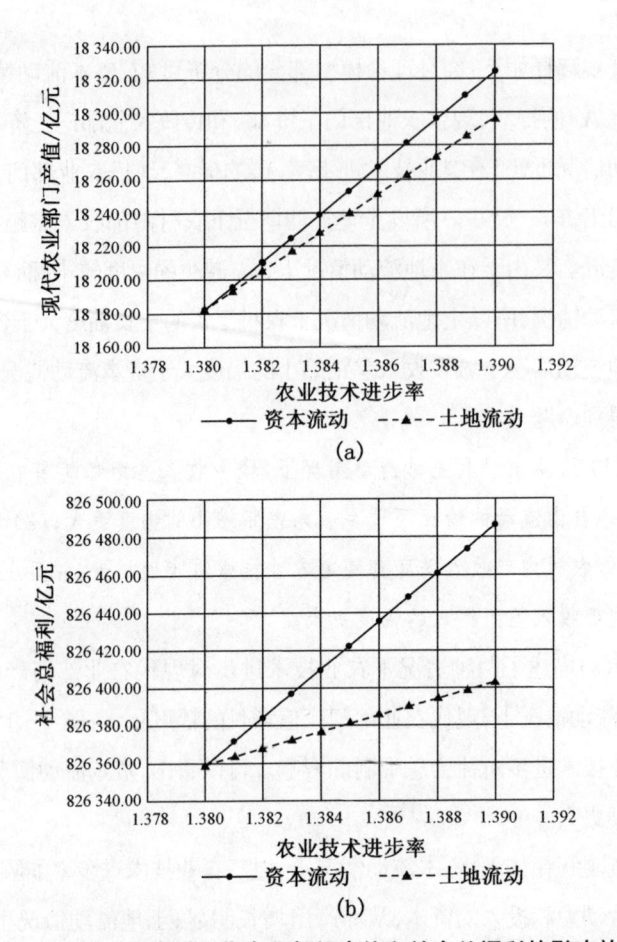

图 3-19　农业技术进步对现代农业部门产值和社会总福利的影响效果比较

利增长的幅度更大。即资本流动情况下的福利提升效果强于土地流动情况。

第四节　结　论

本章将现代农业纳入研究范畴,探讨农业技术进步对收入差距的影响效果和传导机制,通过理论分析及数值模拟检验,主要得到以下结论:

1. 现代农业的发展和农业技术进步都能够提高农业部门的平均工资,缩小城乡收入差距,提高社会福利,但农村内部的收入差距会扩大。

2. 就缩小城乡收入差距而言,促进农业部门内部的土地流转效果更好;就抑制农村内部收入差距扩大而言,促进城市和农村的资本融合效果更好。

本章对制定有效的现代农业技术促进政策,实现农业农村现代化,推动城乡协调融合发展,实现乡村振兴具有一定的启示意义。

参考文献

[1] 安晓宁,辛岭.中国农业现代化发展的时空特征与区域非平衡性[J].资源科学,2020 (9):1801-1815.

[2] 董奋义,李梦.基于永续盘存法的中部六省农业资本存量核算[J].数学的实践与认识,2020 (4):269-278.

[3] 黄祖辉,钱峰燕.技术进步对我国农民收入的影响及对策分析[J].中国农村经济,2003 (12):11-17.

[4] 李成龙,周宏.农业技术进步与碳排放强度关系——不同影响路径下的实证分析[J].中国农业大学学报,2020 (11):162-117.

[5] 李忠鹏.技术进步与农民增收[J].农村经济,2006 (11):58-59.

[6] 林毅夫."三农"问题与我国农村的未来发展[J].农业经济问题,2003 (1):19-24+79.

[7] 刘进宝,刘洪.农业技术进步与农民农业收入增长弱相关性分析[J].中国农村经济,2004 (9):26-30+37.

[8] 陆文聪,余新平.中国农业科技进步与农民收入增长[J].浙江大学学报(人文社会科学版),2013,43 (4):5-16.

[9] 毛世平,曹志伟,刘瀛弢,等.中国农业科研机构科技投入问题研究——兼论国家级农业科研机构科技投入[J].农业经济问题,2013,34(1):49-56+111.

[10] 王爱民,李子联.农业技术进步对农民收入的影响机制研究[J].经济经纬,2014,31(4):31-36.

[11] 王益松.农业技术进步对生产者收入影响的理论分析[J].中南财经政法大学学报,2004 (3):75-78+143-144.

[12] 吴敬学.略论农业技术进步模式的选择[J].农业经济问题,1996 (8):40-43.

[13] 肖卫,肖琳子.二元经济中的农业技术进步、粮食增产与农民增收——来自2001~2010年中国省级面板数据的经验证据[J].中国农村经济,2013(6):4-13+47.

[14] 辛岭,蒋和平.我国农业现代化发展水平评价指标体系的构建和测算[J].农业现代化研究,2010,31(6):646-650.

[15] 张宽,邓鑫,沈倩岭,等.农业技术进步、农村劳动力转移与农民收入——基于农业劳动生产率的分组PVAR模型分析[J].农业技术经济,2017(6):28-41.

[16] 周振,张琛,彭超,等.农业机械化与农民收入:来自农机具购置补贴政策的证据[J].中国农村经济,2016(2):68-82.

[17] COCHRANE W W. Farm prices: myth and reality[M]. Minneapolis: University of Minnesota Press, 1958.

[18] MINTEN B, BARRETT C B. Agricultural technology, productivity, and poverty in Madagascar[J]. World Development, 2008, 36(5): 797-822.

附录

1. A. 资本流动情况下相关变量计算结果

$\Delta_1 = p_1 L_1 F_{LL}^1 p_2 A_2 [F_{LL}^3 (\overline{L} - L_3) - w_3](g_1' F_{KL}^2 + F_{KK}^2)$,由于$[F_{LL}^3 (\overline{L} - L_3) - w_3] < 0, (g_1' F_{KL}^2 + F_{KK}^2) < 0$,所以有$\Delta_1 < 0$。

$\dfrac{\mathrm{d}w_2}{\mathrm{d}A_2} = -\dfrac{1}{\Delta_1} p_1 L_1 F_{LL}^1 \{p_2^2 A_2 [F_L^2 (F_{KK}^2 + g_1' F_{KL}^2) - F_K^2 (F_{LK}^2 + g_1' F_{LL}^2)] + p_2^2 A_2 L_2 (F_{KL}^2 F_{LK}^2 - F_{KK}^2 F_{LL}^2)\}[w_3 - F_{LL}^3 (1+\mu) L_1] > 0$;

$\dfrac{\mathrm{d}w_3}{\mathrm{d}A_2} = -\dfrac{1}{\Delta_1} p_1 L_1 F_{LL}^3 \{-p_2^2 A_2 L_2 F_{LL}^1 [F_L^2 (F_{KK}^2 + g_1' F_{KL}^2) - F_K^2 (F_{LK}^2 + g_1' F_{LL}^2)] + p_2 F_K^2 [w_2 g_1' F_{LL}^1 + \overline{w}_1 F_{LK}^1] + p_2^2 A_2^2 L_2 F_{LL}^1 g_2' (F_{KL}^2 F_{LK}^2 - F_{KK}^2 F_{LL}^2) + p_2 A_2 g_2' (\overline{w}_1 F_{LK}^1 F_{KL}^2 - w_2 F_{LL}^1 F_{KK}^2)\} > 0$;

$\dfrac{\mathrm{d}(w_2 - w_3)}{\mathrm{d}A_2} = \dfrac{1}{\Delta_1} \{p_1 L_1 F_{LL}^1 [p_2^2 A_2^2 [F_L^2 (F_{KK}^2 + g_1' F_{KL}^2) - F_K^2 (F_{LK}^2 + g_1' F_{LL}^2)] - p_2^2 A_2^2 g_2' (F_{KL}^2 F_{LK}^2 - F_{KK}^2 F_{LL}^2)] [F_{LL}^3 (1+\mu) L_1 - w_3] + p_1 p_2 L_1 F_{LL}^3 [F_{LL}^1 L_2 w_2 (\dfrac{F_K^2}{K_2} +$

$$F_{KK}^2)+F_{LK}^1\overline{w}_1(F_K^2-F_{KL}^2L_2)\Big]\Big\}>0;$$

$$\frac{dL_1}{dA_2}=\frac{1}{\Delta_1}p_1L_1F_{LK}^1(p_2F_K^2-p_2L_2F_{KL}^2)[w_3-F_{LL}^3(1+\mu)L_1]<0;$$

$$\frac{dL_2}{dA_2}=\frac{1}{\Delta_1}p_1p_2L_1F_{LL}^1\left[\frac{L_2}{K_2}F_K^2+L_2F_{KK}^2\right][w_3-F_{LL}^3(1+\mu)L_1]>0;$$

$$\frac{dL_3}{dA_2}=\frac{1}{\Delta_1}[p_1p_2^2A_2^2L_2F_{LL}^1(F_{KL}^2F_{LK}^2-F_{KK}^2F_{LL}^2)]+p_1p_2A_2(\overline{w}_1F_{LK}^1F_{KL}^2-w_2F_{LL}^1F_{KK}^2)<0。$$

2. B. 土地流动情况下相关变量计算结果

$$\Delta_2=p_1F_{LL}^1L_1\{-p_2A_2L_2[F_{LT}^2F_{TL}^3-F_{TT}^2F_{LL}^3]-p_2A_2F_{TT}^2[w_3-F_{LL}^3(1+\mu)L_1]\},$$ 计算可得，当 $\dfrac{T_3/L_3}{T_2/L_2}>\dfrac{\varepsilon_{TL}^2\varepsilon_{LT}^3}{\varepsilon_{TT}^2\varepsilon_{LL}^3}$（正文中的假设3）时，有 $\Delta_2<0$。

$$\frac{dw_2}{dA_2}=-\frac{1}{\Delta_2}p_1L_1F_{LL}^1\{p_2w_3F_L^2F_{TT}^3+p_2^2A_2L_2[F_L^2(F_{LT}^2F_{TL}^3-F_{TT}^2F_{LL}^3)+F_T^2F_{LT}^2F_{LL}^3]$$
$$-p_2L_2w_3F_{LL}^2F_{TT}^3+p_2^2A_2[F_L^2F_{TT}^2-F_T^2F_{LT}^2][w_3-F_{LL}^3(1+\mu)L_1]+p_2^2A_2L_2[F_{LT}^2F_{TL}^2-$$
$$F_{LL}^2F_{TT}^2][w_3-F_{LL}^3(\overline{L}-L_3)]\}>0;$$

$$\frac{dw_3}{dA_2}=-\frac{1}{\Delta_2}p_1L_1F_{LL}^1\{p_2F_L^3F_{LT}^3[F_T^2-F_{TL}^2L_2]+p_2^2A_2L_2F_T^2F_{LT}^2F_{LL}^3+p_2^2A_2L_2^2F_{LL}^3$$
$$[F_{LL}^2F_{TT}^2-F_{LT}^2F_{TL}^2]\}<0;$$

$$\frac{d(w_2-w_3)}{dA_2}=-\frac{1}{\Delta_2}p_1L_1F_{LL}^1\{p_2w_2[F_L^2F_{TT}^3-F_T^2F_{LT}^3]+p_2L_2[w_2(F_{LT}^2F_{TL}^3-$$
$$F_{TT}^2F_{LL}^3)+w_3(F_{TL}^2F_{LT}^3-F_{LL}^2F_{TT}^3)]+p_2^2A_2[F_L^2F_{TT}^2-F_T^2F_{LT}^2+L_2(F_{LT}^2F_{TL}^2-F_{LL}^2F_{TT}^2)]$$
$$[w_3-F_{LL}^3(1+\mu)L_1]\}>0;$$

$$\frac{dL_2}{dA_2}=-\frac{1}{\Delta_2}p_1L_1F_{LL}^1g_2'\{w_3F_{TT}^3+p_2A_2F_{TT}^2[w_3-F_{LL}^3(1+\mu)L_1]+p_2A_2L_2[F_{LT}^2F_{TL}^3$$
$$-F_{TT}^2F_{LL}^3]\}<0;$$

$$\frac{dL_3}{dA_2}=-\frac{1}{\Delta_2}p_1L_1F_{LL}^1\{p_2F_T^2[F_{LT}^3(\overline{L}-L_3)+p_2A_2L_2F_{LT}^2]-p_2^2A_2L_2^2(F_{LT}^2F_{TL}^2-$$
$$F_{LL}^2F_{TT}^2)-p_2L_2^2(F_{TL}^2F_{LT}^3-F_{LL}^2F_{TT}^3)-p_2L_2F_{TL}^2F_{LT}^3(1+\mu)L_1\}<0。$$

第四章 制造业混合所有制企业的部分民营化、生产性服务业和失业

本章提要:现有关于部分民营化的理论研究几乎都不考虑生产性服务业的存在,并且都认为混合所有制企业的部分民营化会降低企业的产出。然而,制造业与生产性服务密切相关。因此,本章将生产性服务纳入分析范畴,构建了一个三部门一般均衡模型,研究了制造业混合所有制企业部分民营化对发展中国家的企业产出、失业和社会福利的影响。本章的主要结论与既有的研究结果不同:在长期,部分民营化将降低失业率并有条件地提高企业产出。此外,本章还考虑了部分民营化在短期和长期的福利效果。与现有研究相比,本章提供了一个新的视角,获得了一些新的结果。

第一节 序 言

混合所有制企业的民营化是发展中国家的一个重要问题。已有研究从博弈论的角度讨论了混合所有制企业追求利润和维持就业的双重目标之间的冲突(Li 和 Xu, 2002;Liu 等,2006;Wang 和 Chiou, 2015;Chen, 2017;Kim 等,2019)。

在有关民营化的研究中,许多研究建立了混合双头垄断和寡头垄断博弈模型,以研究混合所有制企业与一个或多个私营企业竞争的情形,例如 Anderson 等,1997;Matsumura, 1998;Matsumura 和 Kanda, 2005;Matsumura 和 Matsushima, 2004 等。研究表明,民营化可以减少混合所有制企业的产出,提高生产效率(Matsumura 和 Okamura, 2015;Wang 和 Chen, 2010;White, 1996)。在近年的研究中,Xu 等(2017)和 Lee 等(2018)在多阶段博弈中分析了发展中国家的民营化和经济市场化问题,他们都认为博弈模型中的民营化时机选择对提高社会福利有重要的影响,这些理

论研究的结果也得到了实证文献的支持。例如,在印度、中国和土耳其开展的一些研究记录了混合所有制企业的产出收缩和效率改善,并归因为民营化期间混合所有制企业的目标和市场结构发生了变化(Bai 等,2009;Chen 等,2008;Gupta,2005;Jiang 等,2013;Okten 和 Arin,2006)。

但是,博弈论方法不能明确评估民营化对失业的影响,因为博弈论模型不能考虑要素市场。因此,一些学者采用一般均衡模型研究发展中经济体的民营化对产出、失业和社会福利的影响,其得到的结论与采用局部均衡设定的博弈论文献的主要结论有所不同。例如,Chisari 等(1999)建立了一个可计算一般均衡模型以评估民营化的影响。他们发现,民营化改善了阿根廷的宏观经济表现,并且民营化并不是造成失业率上升的主要原因。Beladi 和 Chao(2006)建立了一个发展中国家的两部门模型。在他们的模型中,民营化在资本不发生跨部门移动的短期情况下加剧了失业,而在长期资本流动的情况下降低了失业。此外,一些学者还讨论了民营化的收入分配效应。例如,Ghosh 和 Sen(2012)认为民营化可以提高资本回报率,降低劳动力回报率。Chao 等(2016)发现,如果混合所有制企业的利润在短期内不为零,部分民营化将缩小城乡劳动力之间的工资不平等程度,并降低社会福利。

虽然已有学者已经就部分民营化对劳动力市场的影响开展了分析,但这些研究部分民营化的成果却很少考虑制造业企业对生产性服务品的使用。然而,在经济实践中,制造过程和生产性服务往往同时存在,生产性服务和制造业之间的联系也经常被讨论(Francois,1990;Rivera-Batiz 和 Rivera-Batiz,1990)。生产性服务业可以通过广告、运输、通信网络、法律支持和金融服务等形式为制造业提供服务。制造业和生产性服务业在现代经济中都占有很大的比重,即使在发展中国家,如印度和中国。生产性服务业的发展是与民营化改革相辅相成的。在过去二十年中,国有企业在中国整个国民经济中所占的份额持续下降(从 2001 年的超过 40% 下降到 2018 年的不足 30%)[①]。与此同时,中国通过国企服务外包等形式发展生产性服务业。中国一直

[①] 民营化程度数据来源:(一)中国国家统计局统计年鉴有关民营经济的数据;(二)国资委的相关报告。

在建立庞大的运输网络和电力系统,以支持制造业的生产。结果是,一方面生产性服务业在创造就业岗位方面发挥着越来越大的作用,另一方面混合所有制企业生产的工业制成品的产量也在持续增加。

因此,本章试图解决以下问题:如果考虑生产性服务业和制造业之间的关联,那么制造业中混合所有制企业的部分民营化会对企业和经济的产出、失业、社会福利产生什么影响?

本章通过建立一个三部门一般均衡模型来研究部分民营化的影响。这三个部门是生产性服务部门、制造业部门(由一家混合所有制企业代表)和农业部门。模型分为短期和长期:从短期来看,生产性服务厂商的利润可能不为零,生产性服务厂商的数量是外生的;从长期来看,生产性服务厂商的利润为零,生产性服务厂商的数量是内生的。与该领域相关的研究相比,我们首次发现部分民营化会提高混合所有制企业的产量,降低失业率,并在长期资本流动的情况下提高社会福利。

本章研究显示民营化会对企业的产出产生正面影响,这一结论与以往的研究显著不同。现有的混合寡头博弈论研究认为民营化会降低混合所有制企业的产出(Lee等,2018;Matsumura,1998;Matsumura和Kanda,2005;Xu等,2017)。而现有的一般均衡文献(Chao和Yu,1994;Beladi和Chao,2006;Chao等,2016)在讨论民营化对失业的影响时,均发现民营化使得混合所有制企业的产量下降。相比之下,本章除了得到民营化存在降低失业效果的结论外,我们还发现民营化可能会提高混合所有制企业的产量。之所以得到与以前研究不同的结论,是因为本章关注了生产性服务部门,而考虑生产性服务部门就更加贴近经济实际。与以往的研究相比,本章的模型还在以下的设定上与众不同:① 我们建立一个三部门一般均衡模型,重点研究生产性服务业在制造业中的作用,而传统的研究侧重于城乡二元经济的两部门模型;② 我们根据生产性服务厂商的进入或退出(零利润条件)对短期和长期进行分类,而传统研究采用了不同的模型分类方法,如 Beladi 和 Chao(2006)是根据资本是否可以跨部门流动对模型进行分类,而 Chao 等(2016)则根据国有制造业企业的进入或退出条件来划分短期和长期。选择这一视角使我们能够更深入地理解生产性服务业在民营化过程中的作用,拓展研究民营化问题的视野。

本章其余部分的结构如下：第二节构造了一个发展中经济体的三部门一般均衡模型，其中不同种类的生产性服务品被视为制造业中的混合所有制企业的中间投入。第三节讨论了混合所有制企业的部分民营化对产出和失业的短期影响，并将模型分为资本不移动和资本移动两种情况。第四节评估了在长期和资本流动情形下部分民营化的效果。此外，第五节进一步讨论了部分民营化对社会福利的影响。最后，在第六部分做出了总结。

第二节　模型建立

考虑一个发展中国家的经济，包括生产性服务部门，制造业部门和农业部门。生产性服务品是生产制造业产品的中间投入（Rivera-Batiz 和 Rivera-Batiz，1990；Van Marrewijk 等，1997；Anwar，2010；Zhang，2012）。生产性服务品由 n 个民营的服务业厂商在垄断竞争下生产，单一家厂商的产量为 $x_i(i=1,\cdots,n)$。制造业产品是由一家垄断的混合所有制企业生产的，产量用 Y 表示。此外，用 Z 表示农产品的产量，农业品的生产是完全竞争的。

消费者消费制造品 Y 和农业品 Z，农业品 Z 作为计价物。在经济的需求侧，为了分析的便利性，我们设定代表性消费者的拟线性效用函数为 $U(Y,Z)=v(Y)+Z$；[①] 预算约束是 $I=p_Y Y+Z$，其中 p_Y 是制成品的相对价格；效用最大化可以得到制成品的反需求函数是 $p_Y(Y)=v'(Y)$。

在经济的供给侧，我们首先考虑生产性服务业的利润最大化。每个生产性服务品厂商都被假定专门生产单一种类的服务。遵循 Dixit 和 Stiglitz(1977)，服务品厂商具有古诺—纳什类型的反应函数。因此，按照对称的方式，单一生产性服务商品的价格 p 和产量 x 相同。每种生产性服务都投入劳动和资本要素进行生产，其成本函数为 $C=f^x(\overline{w},r_X)+m^x(\overline{w},r_X)x$。其中 f^x 和 m^x 分别表示固定成本和单位可变成

[①] 本章主要考虑中间投入类型的投向制造业的生产性服务，因此不考虑消费者对最终服务品的需求。

本；$\overline{w}$ 是城市地区的最低工资；r_X 是服务业的利率。根据谢泼德引理（Shephard's Lemma），该部门对劳动力和资本的需求分别为 $n(f_w^x+m_w^r x)$ 和 $n(f_r^x+m_r^r x)$。

此外，各种生产性服务通过 CES 生产函数作为组合商品，并作为生产工业制成品的一种投入要素，记为 X，由下式给出：$X \equiv (\sum_{i=1}^{n} x_i^\sigma)^{\frac{1}{\sigma}} = n^{\frac{1}{\sigma}} x$。而且，其价格为 $p_X \equiv \sum_{i=1}^{n} p_i x_i / X$。其中 p_i 为 x_i 的价格，σ 代表服务之间的常替代弹性，参数范围为 $(0,1)$。

现在求解生产性服务厂商的利润最大化问题。生产性服务厂商选择产量 x 使其利润最大化，一阶条件是 $p(\varepsilon-1)/\varepsilon = m^x(\overline{w}, r_X)$，其中 ε 是商品 x 的需求价格弹性。注意弹性参数可以推导为 $\varepsilon = 1/(1-\sigma)$。此时，一阶条件可以改写为：

$$\sigma p = m^x(\overline{w}, r_X) \qquad (4-1)$$

易知参数 σ 反映了生产性服务厂商的价格加成能力。

此外，我们假设制造品 Y 是由混合所有制企业利用劳动力、资本和生产性服务三种投入要素生产的，其成本函数为 $C^Y = f^Y(\overline{w}, r_Y, p_X) + m^Y(\overline{w}, r_Y, p_X)Y$。$f^Y$ 和 m^Y 分别是固定成本和单位变动成本；r_Y 是制造业部门的利率。根据谢波德引理，混合所有制企业对劳动力、资本和生产性服务的需求分别为 $f_w^Y + m_w^Y Y$、$f_r^Y + m_r^Y Y$ 和 $f_p^Y + m_p^Y Y$。由于模型中生产性服务的市场规模取决于制造业混合所有制企业的需求，生产性服务的市场出清条件为

$$f_p^Y + m_p^Y Y = X \qquad (4-2)$$

混合所有制企业不仅关心利润，还关心社会福利。混合所有制企业的利润是 $\pi^Y = p_Y Y - C^Y$。另外，混合所有制企业关心的福利包括混合所有制企业和生产性服务厂商的利润，以及消费商品 Y 的消费者剩余，即福利函数为 $W = \pi^Y + n\pi^x + CS$，其中 CS 表示消费者剩余。混合所有制企业的目标是 $k\pi^Y + (1-k)W$，其中 k 代表民营化程度，$k \in [0,1]$。混合所有制企业选择产量 Y 使目标最大化，其一阶条件是：

$$(p_Y + p_Y' Y) + (1-k)p_X m_p^Y - (1-k)p_Y' Y = m^Y(\overline{w}, r_Y, p_X) \qquad (4-3)$$

(4-3) 式右端是前面提到的混合所有制企业的边际成本。(4-3) 式左端第一项

表示多生产一件制成品的边际收益,第二项用来表示制造业厂商的产量增加一单位引发的生产性服务要素投入的变动。此外,(4-3)式左端的第三项为增加一单位制造业产量导致的消费者剩余的增加。

对于农村地区,我们假设农产品 Z 在规模报酬不变的技术条件下用劳动力和资本进行生产。相应的单位成本函数为 $g(w,r_Z)$,其中 w 代表农村地区的工资,r_Z 是农业部门的利率。根据谢波德引理,农业部门对劳动力和资本的需求分别为 $g_w Z$ 和 $g_r Z$。此外,农业部门的利润最大化的一阶条件是

$$1 = g(w, r_Z) \tag{4-4}$$

对于劳动力市场,我们假设较高的城市工资诱使工人从农村迁移到城市地区。我们定义 L_u 为城镇失业人口,$L_Y + L_X$ 和 L_Z 分别为城镇和农村的就业人口。根据 Harris 和 Todaro (1970),如果一个农民工在城市的预期工资比在农村的实际收入高,他就会选择迁移到城市。定义城镇地区的失业率为 $\mu = L_u/(L_Y + L_X)$,劳动力在城乡间迁移的均衡条件是

$$\overline{w} = (1+\mu)w \tag{4-5}$$

此外,劳动力的市场出清条件是

$$(1+\mu)[f_w^y + m_w^y Y + n(f_w^x + m_w^x x)] + g_w Z = \overline{L} \tag{4-6}$$

其中 $\overline{L}$ 代表经济中的总劳动禀赋。

此外,考虑到源于发展中国家的城乡二元结构的资本市场分割,模型一开始假设资本在部门之间是不流动的。在这种情况下,资本要素的市场出清条件是

$$n(f_r^x + m_r^x x) = \overline{K}_X \tag{4-7}$$

$$f_r^y + m_r^y Y = \overline{K}_Y \tag{4-8}$$

$$g_r Z = \overline{K}_Z \tag{4-9}$$

其中 $\overline{K}_X$、$\overline{K}_Y$ 和 $\overline{K}_Z$ 分别是 X、Y 和 Z 部门的资本禀赋。然而,这些国家的经济发展和增长最终将要求消除资本市场的分割。因此,当资本要素在三个部门之间自由流动时,资本的市场出清条件可以改写为:

$$f_r^y + m_r^y Y + n(f_r^x + m_r^x x) + g_r Z = \overline{K} \qquad (4-10)$$

最后，我们考虑时间视角，并对模型进行短期和长期分类。生产性服务厂商的数量在短期内是外生的，此时经济利润可能不为零。而在长期，生产性服务厂商的自由进入或退出会使得厂商获得零利润。因此，长期生产性服务业的均衡条件为

$$px = f^x + m^x x \qquad (4-11)$$

我们使用上述的设定来描述一个发展中国家的经济结构，并考察部分民营化对产出、失业及福利的短期和长期影响。首先，(4-1)～(4-9)式构成了短期资本不移动模型。内生变量是 $r_Y, r_X, r_Z, p, x, Y, Z, w$ 和 μ。此外，模型中的外生变量包括民营化的政策变量 k、固定工资率 $\overline{w}$ 和几个生产要素的初始禀赋。其次，(4-1)～(4-6)和(4-10)式组成了长期资本流动的模型，在这种情况下，发展中国家不存在城乡资本市场分割，变量 r_Y, r_X 和 r_Z 被均衡利率 r 所取代，但生产性服务厂商的进入或退出在短期内是不被允许的(Anwar, 2010; Zhang, 2012)。第三，(4-1)～(4-6)、(4-10)和(4-11)式构成了长期资本流动的模型。

第三节 短期效应

在这一节中，我们评估部分民营化的短期影响。

一、资本不移动的情况

首先考虑资本不流动的情况。设变量上的"^"表示其百分比变化。我们应用等式(4-1)～(4-9)评估民营化的影响。

首先，全微分等式(4-2)，我们有

$$s_{XK}^Y \hat{r}_Y + s_{XX}^Y \hat{p}_X + \lambda_{XY}^m \hat{Y} = \hat{x} + 1/\sigma \hat{n} \qquad (4-12)$$

其中,$s_{ij}^Y = \varepsilon_{ijY}^f \theta_{jY}^f \lambda_{iY}^f + \varepsilon_{ijY}^m \theta_{jY}^m \lambda_{iY}^m$,表示第 j 种要素对第 i 种生产要素的需求替代效应。[①]

通过全微分方程(4-3),我们可以得到混合所有制企业产量的变化:

$$-(1+k+ke^y)\widehat{Y} = \varepsilon^Y b^Y [1-(1-k)\theta_{XY}^m](\theta_{KY}^m \widehat{r_Y} + \theta_{XY}^m \widehat{p_X}) + (1+\varepsilon^Y b^Y \theta_{XY}^m) k\widehat{k},$$

(4-13)

其中 $e^y = p_Y'' Y/p_Y'$ 是衡量需求函数的曲率,$\varepsilon^y = -p_Y/(Yp_Y')$ 是商品的需求价格弹性,$\theta_{KY}^m = m_r^Y r^Y/m^Y$ 代表生产的可变成本中的资本投入份额,$b^y = m^Y/p_Y$ 是边际成本与价格的比率。根据等式(4-13),对于给定的资本成本 r_Y 和生产性服务价格 p_X,随着民营化程度的提高,制成品 Y 的产量下降。

通过全微分方程(4-1)和(4-4),我们有:

$$\widehat{p} = \theta_{KX}^m \widehat{r_X} \qquad (4-14)$$

$$\theta_{LZ}^g \widehat{w} + \theta_{KZ}^g \widehat{r_Z} = 0 \qquad (4-15)$$

等式(4-14)显示了单个生产性服务的价格与生产性服务部门的资本投入价格之间的关系,其中 θ_{KX}^m 代表生产商品 x 的可变成本中的资本投入份额。由于存在投入产出关系,生产性服务价格和资本成本同向移动。另外,式(4-15)展示了农业部门工资和利率之间的关系,其中 θ_{LZ}^g 和 θ_{KZ}^g 分别是生产农业品 Z 的成本中的劳动力和资本投入份额。

通过全微分方程(4-5),我们有:

$$(1+\mu)\widehat{w} + \mu\widehat{\mu} = 0 \qquad (4-16)$$

这意味着农村地区的工资率和城市地区的失业率成反比。

此外,从资本和劳动力的市场出清条件,产出 x,Y 和 Z 的变化将产生对生产要素价格和失业的进一步影响。通过全微分方程(4-6)~(4-9),我们有:

[①] 根据Jones(1965),我们定义 ε_{ijY}^f 为商品 Y 的固定成本中第 i 个和第 j 个要素之间的要素替代弹性,即 $\varepsilon_{XKY}^f = f_r^Y f_{pr}^Y/(f_p^Y f_r^Y)$。此外,$\lambda_{jY}^f$ 和 λ_{jY}^m 是第 j 个生产要素在制造业 Y 部门的固定成本和可变成本中的分配份额。

$$(1+\mu)(\lambda_{LX}^{m}\hat{x}+\lambda_{LY}^{m}\hat{Y}+s_{LK}^{X}\hat{r}_{X}+s_{LK}^{Y}\hat{r}_{Y}+s_{LX}^{Y}\hat{p}_{X})+\lambda_{LZ}^{g}\hat{Z}+s_{LK}^{Z}\hat{r}_{Z}+s_{LL}^{Z}\hat{w}+(1-\lambda_{LZ}^{g})\mu\hat{\mu}=0 \tag{4-17}$$

$$\lambda_{KX}^{m}\hat{x}=-s_{KK}^{X}\hat{r}_{X} \tag{4-18}$$

$$\lambda_{KY}^{m}\hat{Y}=-s_{KK}^{Y}\hat{r}_{Y}-s_{KX}^{Y}\hat{p}_{X} \tag{4-19}$$

$$\lambda_{KZ}^{g}\hat{Z}=-s_{KK}^{Z}\hat{r}_{Z}-s_{KL}^{Z}\hat{w} \tag{4-20}$$

式(4-12)~(4-20)描述了短期、资本不移动的模型。从这些等式中,我们可以求解模型的比较静态,具体求解过程参见附录 A 的微分系统(A1)的求解过程。并获得混合所有制企业民营化程度的上升对产出、要素回报和失业的影响。我们将模型结果总结在表4-1中。

表 4-1　短期、资本移动情况下部分民营化的影响

	$\hat{Y}$	$\hat{x}$	$\hat{Z}$	$\hat{r}_Y$	$\hat{r}_X$	$\hat{r}_Z$	$\hat{p}$	$\hat{w}$	$\hat{\mu}$
$\hat{k}$	−	−	+	−	−	+	−	−	+

注:"+"和"−"表示随着民营化程度上升的比较静态的方向。

命题 1:在短期和资本不动的情况下,混合所有制企业的部分民营化降低了制造业和生产性服务业的产出,提高了农业部门的产出,恶化了失业率。

命题1的证明见附录 A。混合所有制企业在民营股份增加的过程中会更加关注利润,导致混合所有制企业目标函数的改变。这将减少混合制企业对劳动力投入的需求,从而降低制造业产品的产量。一部分被解雇的劳动力从城市迁移到农村,成为农业工人,降低了农业部门的竞争性工资率;另一部分人进入城市地区的失业队伍,这加剧了失业率。

二、资本移动的情况

在资本流动的情况下,三个部门的利率是均等化的。全微分等式(4-10),我们得到

$$\lambda_{KX}^{m}\hat{x}+\lambda_{KY}^{m}\hat{Y}+\lambda_{KZ}^{g}\hat{Z}=-s_{KX}^{Y}\hat{p}-(s_{KK}^{X}+s_{KK}^{Y}+s_{KK}^{Z})\hat{r}-s_{KL}^{Z}\hat{w}。 \tag{4-21}$$

等式(4-12)~(4-17)和(4-21)充分描述了短期、资本流动的模型。我们可以再次求解微分系统,求解过程如附录 B 所示,并获得混合所有制企业民营化程度的提高对产出和失业的影响。我们将模型结果总结在表4-2中。

表4-2 短期、资本流动情况下部分民营化的影响

	$\hat{Y}$	$\hat{x}$	$\hat{Z}$	$\hat{p}$	$\hat{r}$	$\hat{w}$	$\hat{\mu}$
$\hat{k}$	−	+	+	−	−	+	−

命题2:在短期和资本流动的情况下,部分民营化降低了制造业混合所有制企业的产出,提高了生产性服务部门和农业部门的产出,降低了失业率。

不同于命题1,命题2得到了民营化对失业的有利影响。命题2的证明见附录B。与资本不流动的情况相反,资本流动情况下混合所有制企业的民营化可能会鼓励劳动力和资本从制造业部门向生产性服务部门和农业部门迁移。随着生产性服务业产出的扩大,混合所有制企业可以用生产性服务业替代劳动力和资本,从而提高制造业的生产效率。此外,民营化之所以降低了失业率,是因为生产性服务部门可以吸纳失业的劳动力。

已有分析二元经济中部分民营化的一般均衡影响的研究,如 Beladi 和 Chao (2006)和 Chao 等(2016),也发现在资本流动的情况下,民营化可能会降低失业率。这些研究把失业率的下降解释为在资本流动的情况下,农业部门吸收了来自制造业的迁移劳动力。尽管这一论点可能对民营化中的劳动力转移有所启发,但在现实地发展经济中很难找到劳动力从城市转移到农村的相应案例,尤其是当初始城乡工资差距足够大时。然而,在城乡二元经济中,哈里斯—托达罗模型是解释劳动力转移的主要机制。命题2的结论不同于以前的研究,因为我们给出了失业率下降的另一种解释。即在资本流动的情况下,生产性服务业可以吸收制造业的失业劳动力。我们认为,这样的解释会更加客观。

第四节 长期影响

在这一节中,我们评估民营化在长期、资本流动情况下的影响。

结合等式(4-1)和(4-11),我们有$(1-\sigma)px=f^x$。全微分此方程,我们有:

$$\hat{p}+\hat{x}-\theta_{KX}^f\hat{r}=0. \quad (4-22)$$

此外,全微分方程(4-2)、(4-6)和(4-10),得到:

$$s_{XK}^Y\hat{r}+s_{XX}^Y\hat{p}=\hat{x}+\left(\frac{1}{\sigma}+\frac{1-\sigma}{\sigma}s_{XX}^Y\right)\hat{n}-\lambda_{XY}^m\hat{Y} \quad (4-23)$$

$$\lambda_{LX}^m\hat{x}+\lambda_{LY}^m\hat{Y}+\lambda_{LZ}^g\hat{Z}=-s_{LX}^Y\hat{p}-(s_{LK}^X+s_{LK}^Y+s_{LK}^Z)\hat{r}-s_{LL}^Z\hat{w}-$$
$$(1-\lambda_{LZ}^g)\frac{\mu}{1+\mu}\hat{\mu}-\left(\lambda_{LX}-\frac{1-\sigma}{\sigma}s_{LX}^Y\right)\hat{n} \quad (4-24)$$

$$\lambda_{KX}^m\hat{x}+\lambda_{KY}^m\hat{Y}+\lambda_{KZ}^g\hat{Z}=-s_{KX}^Y\hat{p}-(s_{KK}^X+s_{KK}^Y+s_{KK}^Z)\hat{r}-s_{KL}^Y\hat{w}-\left(\lambda_{KX}-\frac{1-\sigma}{\sigma}s_{KX}^Y\right)\hat{n}$$
$$(4-25)$$

等式(4-13)~(4-16)和(4-22)~(4-25)充分描述了长期、资本流动的模型系统。我们可以用附录C中的微分系统(C1)求解比较静态。表4-3总结了混合所有制企业部分民营化的长期影响。

表4-3 长期、资本流动情况下部分民营化的影响

	$\hat{Y}$	$\hat{x}$	$\hat{n}$	$\hat{Z}$	$\hat{p}$	$\hat{r}$	$\hat{w}$	$\hat{\mu}$
$\hat{k}$	[+]	−	[+]	[−]	−	−	+	−

注:"[+]"和"[−]"是指在某些数学条件为真下,比较静态的符号情况,见附录C。

命题3:在长期、资本流动的情况下,部分民营化降低了失业率,有条件地促进了生产性服务厂商的专业化和混合所有制企业产量的增加。

命题3的证明参见附录C。民营化降低了利率,从而降低了生产性服务品厂商的固定成本。与短期资本流动的情况相比,从长期来看,固定成本的降低有助于降低生产性服务业的进入壁垒,从而可能鼓励新的生产性服务业企业的进入。因此,市场中的生产性服务品的种类将会增加。

大量采用混合寡头模型的研究,如 Matsumura(1998)、Xu 等(2017)和 Lee 等(2018),认为部分民营化会降低混合所有制企业的产量。命题3的结果之所以与已有研究的论点不同,是因为在我们的模型中,生产性服务厂商的进入在长期内可以对产出和失业产生积极影响。生产性服务业可以吸纳城镇失业劳动力。此外,生产性服务业的专业化有利于提高制造业混合所有制企业的产出。

第五节 福利分析

在这一节中,我们评估民营化对社会福利的影响。国民收入是

$$I=\overline{w}(L_X+L_Y)+wL_Z+r_Y\overline{K}_Y+r_X\overline{K}_X+r_Z\overline{K}_Z+n\pi_X+\pi_Y$$

即国民收入由生产性服务业和制造业的城市企业的要素收入和利润构成。当资本在三个部门之间流动时,我们有 $I=\overline{w}(L_X+L_Y)+wL_Z+r\overline{K}+n\pi_X+\pi_Y$。

此外,社会福利是由消费者的间接效用来表示的:

$$U=I-P_Y Y+v(Y) \qquad (4-26)$$

民营化的短期福利效应可以通过全微分方程(4-26)得到:

$$\frac{dU}{dk}=(p_Y-m^Y)\frac{dY}{dk}+n(p-m^x)\frac{dx}{dk}-w(L_Y+L_X)\frac{d\mu}{dk} \qquad (4-27)$$

也就是说,民营化的福利效应取决于制造业产出、生产性服务产出和失业率的变化。

(一)在短期、资本不移动的情况下,根据命题1,部分民营化恶化失业,并降低生产性服务部门和制造业部门的产出。这些不利影响一起降低了社会福利。即我们有 $dU/dk<0$。除此之外,易知 $d^2U/dk^2>0$(见附录D)。

(二)在短期、资本流动的情况下,根据命题2,民营化对福利的影响非线性。尽管民营化降低了制造企业的产出($\widehat{Y}/\widehat{k}<0$),但生产性服务业的产出上升($\widehat{x}/\widehat{k}>0$),失业率下降($\widehat{\mu}/\widehat{k}<0$)。如果后两种效应占主导地位,民营化将提高社会福利;反之将恶化社会福利。此外,在资本流动的情况下,存在最优的民营化率,用 k^0 表示。令 $dU/dk=0$,根据等式(4-27),我们有:

$$\frac{dU}{dk}=(k-k^0)(-p_Y' Y+p_X m_p^Y)\frac{dY}{dk} \qquad (4-28)$$

$k=k^0$ 时,社会福利最大化。此外,当 $k<k^0$ 时,$dU/dk>0$;而当 $k>k^0$ 时,$dU/dk<0$。此外,易知 $d^2U/dk^2<0$(见附录 D)。

(三)在长期和资本流动的情况下,通过全微分等式(4-26),我们有:

$$\frac{dU}{dk}=(p_Y-m^Y)\frac{dY}{dk}-w(L_Y+L_X)\frac{d\mu}{dk}+(p-m^x)\left(n\frac{dx}{dk}+x\frac{dn}{dk}\right) \quad (4-29)$$

根据命题 3,我们有 $\widehat{Y}/\widehat{k}>0$,$\widehat{\mu}/\widehat{k}<0$,$\widehat{x}/\widehat{k}<0$ 和 $\widehat{n}/\widehat{k}>0$。因此,如果 $dx/dk+dn/dk>0$,那么 $dU/dk>0$。此外,我们有 $d^2U/dk^2<0$(见附录 D)。

民营化的福利效应是发展中国家政府是否应该实施民营化政策的重要决策依据。图 4-1 总结了民营化对社会福利的短期和长期影响。图 4-1 中纵轴的 U 代表消费者的间接效用(社会福利),横轴的 k 表示混合所有制企业的民营化程度。在短期和资本不流动的情况下,民营化会降低福利($dU/dk<0$),如图 4-1(a)所示。这种情况不应该实施民营化政策。在短期和资本流动的情况下,民营化对社会福利的影响显示出倒 U 型曲线,如图 4-1(b)所示。在这种情况下,通过使 $dU/dk=0$,得出最佳民营化程度 k^0。因此,如果初始民营化程度小于 k^0,则应该支持民营化政策;如果初始民营化程度大于 k^0,就应该反对民营化政策。此外,在长期和资本流动的情况下,民营化将提高社会福利,如图 4-1(c)所示。此时政府应持续推进民营化,并扩大混合经济中的私有制比例。然而,在长期和资本流动的情况下,由于社会福利 U 是民营化程度 k 的凹函数,民营化对促进社会福利的边际效应是递减的。因此,应该注意政策在不同民营化区间的相对有效性。

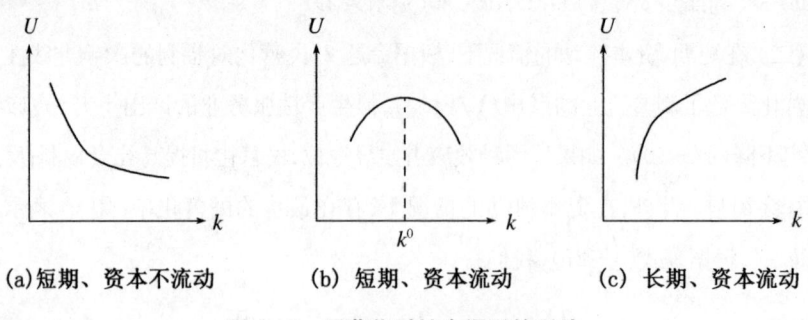

(a) 短期、资本不流动　　(b) 短期、资本流动　　(c) 长期、资本流动

图 4-1　民营化对社会福利的影响

第六节 结 论

既有的部分民营化的理论研究没有涉及生产性服务业。本章将制造业的部分民营化的分析与生产性服务结合起来,是因为在今天的工业生产条件下,生产性服务业与制造业密不可分。只有考虑生产性服务业,我们的模型才能更客观地反映当前经济活动的实际情况。由于生产性服务业能够吸收在民营化过程中被混合所有制企业裁员的部分失业者,我们的模型得出了民营化对产出和社会福利影响的新结论。这是本章对当前研究的边际贡献。

研究发现:(一)在短期、资本流动的情况下,民营化会降低失业率;(二)在长期、资本流动的情况下,民营化可以降低失业率,导致生产性服务部门的专业化,并有条件地增加制造业部门混合所有制企业的产出。

我们在第五节评估了民营化的福利影响,并讨论了发展中国家的政府何时以及如何实施民营化政策。此外,我们提供一些政策建议,以减轻民营化对劳动力市场和社会福利的负面影响。我们认为,一方面,应该通过大力发展生产性服务来对冲民营化对失业和社会福利的短期负面影响;另一方面,发展中国家的决策者应该特别注意二元经济中的资本市场一体化和生产性服务品厂商的长期进入(即服务业开放问题),这对于确定部分民营化的影响至关重要。

此外,在未来关于民营化对劳动力市场的影响的研究中,有几个话题可以在纳入生产性服务业的基础上进一步讨论。例如,本章没有考虑民营化对熟练工人和非熟练工人的收入分配的影响。此外,未来也可以分析促进生产性服务业发展的金融和财政政策,以及这些政策如何与民营化政策相配套,以熨平民营化对产出、失业和社会福利的负面影响。

参考文献

[1] ANDERSON S P, DE P A, THISSE J F. Privatization and efficiency in a differentiated industry[J]. European Economic Review, 1997, 41(9): 1635 -

1654.

[2] ANWAR S. Wage inequality, increased competition, and trade liberalization: short run vs long run[J]. Review of International Economics, 2010, 18(3): 574 - 581.

[3] BAI C E, LU J, TAO Z. How does privatization work in China? [J]. Journal of Comparative Economics, 2009, 37(3): 453 - 470.

[4] BELADI H, CHAO C C. Mixed-ownership, unemployment, and welfare for a developing economy[J]. Review of Development Economics, 2006, 10(4): 604 - 611.

[5] CHAO C C, YU E S. Foreign capital inflows and welfare in an economy with imperfect competition[J]. Journal of Development Economics, 1994, 45(1): 141 - 154.

[6] CHAO C C, NABIN M, NGUYEN X, et al. Wage inequality and welfare in developing countries: privatization and reforms in the short and long run[J]. International Review of Economics & Finance, 2016, 42: 474 - 483.

[7] CHEN G, FIRTH M, XIN Y, et al. Control transfers, privatization, and corporate performance: efficiency gains in China's listed companies[J]. Journal of Financial and Quantitative Analysis, 2008, 43(1): 161 - 190.

[8] CHEN T L. Privatization and efficiency: a mixed oligopoly approach[J]. Journal of Economics, 2017, 120(3): 251 - 268.

[9] CHISARI O, ESTACHE A, ROMERO C. Winners and losers from the privatization and regulation of utilities: lessons from a general equilibrium model of Argentina[J]. The World Bank Economic Review, 1999, 13(2): 357 - 378.

[10] DIXIT A K, STIGLITZ J E. Monopolistic competition and optimum product diversity[J]. The American Economic Review, 1977, 67(3): 297 - 308.

[11] FRANCOIS J F. Producer services, scale, and the division of labor[J]. Oxford Economic Papers, 1990, 42(4): 715 - 729.

[12] GHOSH A, SEN P. Privatization in a small open economy with imperfect competition[J]. Journal of Public Economic Theory, 2012, 14(3): 441-471.

[13] GUPTA N. Partial privatization and firm performance[J]. The Journal of Finance, 2005, 60(2):987-1015.

[14] HARRIS J R, TODARO M P. Migration, unemployment and development: a two-sector analysis[J]. The American Economic Review, 1970, 60(1): 126-142.

[15] JIANG C, YAO S, FENG G. Bank ownership, privatization, and performance: evidence from a transition country[J]. Journal of Banking & Finance, 2013,37(9):3364-3372.

[16] JONES R W. The structure of simple general equilibrium models[J]. Journal of political economy, 1965, 73(6): 557-572.

[17] KIM S L, LEE S H, MATSUMURA T. Corporate social responsibility and privatization policy in a mixed oligopoly[J]. Journal of Economics, 2019, 128(1): 67-89.

[18] LEE S H, MATSUMURA T, SATO S. An analysis of entry-then-privatization model: welfare and policy implications[J]. Journal of Economics, 2018, 123(1): 71-88.

[19] LI W, XU L C. The political economy of privatization and competition: cross-country evidence from the telecommunications sector [J]. Journal of Comparative Economics, 2002, 30(3): 439-462.

[20] LIU G S, SUN P, WOO W T. The political economy of Chinese-style privatization: motives and constraints[J]. World Development, 2006, 34(12): 2016-2033.

[21] MATSUMURA T. Partial privatization in mixed duopoly[J]. Journal of Public Economics, 1998, 70(3): 473-483.

[22] MATSUMURA T, KANDA O. Mixed oligopoly at free entry markets[J].

Journal of Economics, 2005, 84(1): 27-48.

[23] MATSUMURA T, MATSUSHIMA N. Endogenous cost differentials between public and private enterprises: a mixed duopoly approach[J]. Economica, 2004, 71(284): 671-688.

[24] MATSUMURA T, OKAMURA M. Competition and privatization policies revisited: the payoff interdependence approach[J]. Journal of Economics, 2015, 116(2): 137-150.

[25] OKTEN C, ARIN K P. The effects of privatization on efficiency: how does privatization work?[J]. World Development, 2006, 34(9): 1537-1556.

[26] RIVERA-BATIZ F L, RIVERA-BATIZ L A. The effects of direct foreign investment in the presence of increasing returns due to specialization[J]. Journal of Development Economics, 1990, 34(1-2):287-307.

[27] VAN MARREWIJK C, STIBORA J, DE V A, et al. Producer services, comparative advantage, and international trade patterns[J]. Journal of International Economics, 1997, 42(1-2): 195-220.

[28] WANG C C, CHIOU J R. An analysis of policy harmonization on privatization and trade liberalization[J]. International Review of Economics & Finance, 2015, 38: 279-290.

[29] WANG L F, CHEN T L. Do cost efficiency gap and foreign competitors matter concerning optimal privatization policy at the free entry market?[J]. Journal of Economics, 2010, 100(1): 33-49.

[30] WHITE M D. Mixed oligopoly, privatization and subsidization[J]. Economics Letters, 1996, 53(2): 189-195.

[31] XU L, LEE S H, MATSUMURA T. Ex-ante versus ex-post privatization policies with foreign penetration in free-entry mixed markets[J]. International Review of Economics and Finance, 2017, 50: 1-7.

[32] ZHANG J. Inflow of labour, producer services and wage inequality[J].

Economics Letters, 2012, 117(3): 600-603.

附录

1. 附录 A

附录 A 证明了命题 1。

在短期和资本不流动的情况下,我们从方程(4-12)~(4-20)得到微分系统(A1)。

$$\begin{bmatrix} A & 0 & 0 & -B\theta_{XY}^m & -B\theta_{KY}^m & 0 & 0 & 0 & 0 \\ 0 & 0 & 0 & 1 & 0 & -\theta_{KX}^m & 0 & 0 & 0 \\ 0 & 0 & 0 & 0 & 0 & 0 & -\theta_{KZ}^g & -\theta_{LZ}^g & 0 \\ \lambda_{XY}^m & -1 & 0 & s_{XX}^Y & s_{XK}^Y & 0 & 0 & 0 & 0 \\ \lambda_{KY}^m & 0 & 0 & s_{KX}^Y & s_{KK}^Y & 0 & 0 & 0 & 0 \\ 0 & \lambda_{KX}^m & 0 & 0 & 0 & s_{KK}^X & 0 & 0 & 0 \\ 0 & 0 & \lambda_{KZ}^g & 0 & 0 & 0 & s_{KK}^Z & s_{KL}^Z & 0 \\ (1+\mu)\lambda_{LY}^m & (1+\mu)\lambda_{LX}^m & \lambda_{LZ}^g & (1+\mu)s_{LX}^Y & (1+\mu)s_{LK}^Y & (1+\mu)s_{LK}^X & s_{LK}^Z & s_{LL}^Z & (1-\lambda_{LZ}^g)\mu \\ 0 & 0 & 0 & 0 & 0 & 0 & 0 & -(1+\mu) & -\mu \end{bmatrix} \begin{bmatrix} \hat{Y} \\ \hat{x} \\ \hat{Z} \\ \hat{p} \\ \hat{r}_Y \\ \hat{r}_X \\ \hat{r}_Z \\ \hat{w} \\ \hat{\mu} \end{bmatrix} = \begin{bmatrix} C \\ 0 \\ 0 \\ 0 \\ 0 \\ 0 \\ 0 \\ 0 \\ 0 \end{bmatrix} \hat{k}$$

(A1)

其中 $A=-(1+k+ke^y)<0, B=[1-(1-k)\theta_{XY}^m]\varepsilon^Y b^Y>0, C=(1+\varepsilon^Y\theta_{XY}^m)k>0$。

定义(A1)的系数矩阵的行列式为 Δ。由于其符号不能直接确定,我们应用马歇尔动态调整来确定其符号。

A.1 稳定性

设变量上的"·"表示它的时间导数。按如下方式定义动态调整:

$$\dot{Y}=d_1((p_Y+kp_Y'Y)+(1-k)p_X m_p^y - m^y),$$

$$\dot{x}=d_2(p-m^x/\sigma),$$

$$\dot{Z}=d_3(1-g(w,r)),$$

$$\dot{p} = d_4(f_p^y + m_p^y Y - X),$$

$$\dot{r}_X = d_5(n(f_r^x + m_r^x x) - \overline{K}_X),$$

$$\dot{r}_Y = d_6(f_r^y + m_r^y Y - \overline{K}_Y),$$

$$\dot{r}_Z = d_7(g_r Z - \overline{K}_Z),$$

$$\dot{w} = d_8((1+\mu)(f_w^y + m_w^y Y + n f_w^x + n m_w^x x_i) + g_w^z Z - \overline{L}),$$

$$\dot{\mu} = d_9(\overline{w} - (1+\mu)w),$$

其中 $d_i(i=1,\cdots,9)$ 是衡量调整速度的参数。由上述的式子可以推导得到动态调整过程的 Jacobian 矩阵。该矩阵的行列式,记为 $|J_1|$,由下式给出:

$$|J_1| = d_1\cdots d_9 \frac{-p_Y'\sigma n^{\frac{1}{\sigma}}\overline{K}_X\overline{K}_Y\overline{K}_Z\overline{L}}{r_x r_y r_z Z w \mu(1+\mu)}\Delta.$$

系统稳定的必要条件是 $|J_1|<0$。因此,我们有 $\Delta<0$。

A.2 比较静态

我们应用 Gramer 法则来求解(A1)。

1. $\widehat{Y}/\widehat{k} = -C\mu[\theta_{KX}^m\lambda_{KX}^m(s_{XX}^Y s_{KK}^Y - s_{KX}^Y s_{XK}^Y) + s_{KK}^X s_{KK}^Y]\Delta_Y/\Delta<0$,其中

$\Delta_Y = \lambda_{KZ}^g s_{LL}^Z \theta_{KZ}^g - \lambda_{LZ}^g s_{KL}^Z \theta_{KZ}^g - \lambda_{KZ}^g(1+\mu)(1-\lambda_{LZ}^g)\theta_{KZ}^g - (\lambda_{KZ}^g s_{LK}^Z - \lambda_{LZ}^g s_{KK}^Z)\theta_{LZ}^g < 0$。

2. $\widehat{x}/\widehat{k} = C\mu s_{KK}^X(\lambda_{XY}^m s_{KK}^Y - \lambda_{KY}^m s_{XK}^Y)\Delta_X/\Delta<0$,其中

$\Delta_X = (\lambda_{KZ}^g s_{LK}^Z - \lambda_{LZ}^g s_{KK}^Z)\theta_{LZ}^g - [\lambda_{KZ}^g s_{LL}^Z - \lambda_{LZ}^g s_{KL}^Z - \lambda_{KZ}^g(1+\mu)(1-\lambda_{LZ}^g)]\theta_{KZ}^g > 0$。

3. $\widehat{Z}/\widehat{k} = C\mu(1+\mu)(s_{KK}^Z \theta_{LZ}^g - s_{KL}^Z \theta_{KZ}^g)\Delta_Z/\Delta > 0$,其中

$\Delta_Z = [\lambda_{XY}^m(s_{KX}^Y s_{LK}^Y - s_{LX}^Y s_{KK}^Y) - \lambda_{KY}^m(s_{XX}^Y s_{LK}^Y - s_{LX}^Y s_{XK}^Y) + \lambda_{LY}^m(s_{XX}^Y s_{KK}^Y - s_{KX}^Y s_{XK}^Y)]\lambda_{KX}^m \theta_{KX}^m$
$-(\lambda_{KY}^m s_{LK}^Y - \lambda_{LY}^m s_{LK}^Y)s_{KK}^X - (\lambda_{XY}^m s_{KK}^Y - \lambda_{KY}^m s_{XK}^Y)(\lambda_{KX}^m s_{LK}^X - \lambda_{LX}^m s_{KK}^X) > 0$。

4. $\widehat{p}/\widehat{k} = -C\mu\theta_{KX}^m\lambda_{KY}^m(\lambda_{XY}^m s_{KK}^Y - \lambda_{KY}^m s_{XK}^Y)\Delta_p/\Delta<0$,其中

$\Delta_p = \theta_{LZ}^g(\lambda_{KZ}^g s_{LK}^Z - \lambda_{LZ}^g s_{KK}^Z) - \theta_{KZ}^g[\lambda_{KZ}^g s_{LL}^Z - \lambda_{LZ}^g s_{KL}^Z - \lambda_{KZ}^g(1+\mu)(1-\lambda_{LZ}^g)] > 0$。

5. $\widehat{r}_X/\widehat{k} = (\widehat{p}/\widehat{k})/\theta_{KX}^m < 0$。

6. $\widehat{r}_Y/\widehat{k} = C\mu\Delta_p\Delta_{RY}/\Delta<0$,其中 $\Delta_{RY} = \theta_{KX}^m\lambda_{KX}^m(\lambda_{XY}^m s_{KX}^Y - \lambda_{KY}^m s_{XX}^Y) - s_{KK}^X\lambda_{KY}^m > 0$。

7. $\widehat{w}/\widehat{k} = C\mu(1+\mu)\theta_{KZ}^g\lambda_{KZ}^g\Delta_Z/\Delta<0$。

8. $\hat{r}_Z/\hat{k} = (-\theta_{LZ}^g/\theta_{KZ}^g)\hat{w}/\hat{k} > 0$。

9. $\hat{\mu}/\hat{k} = (-\mu/1+\mu)\hat{w}/\hat{k} > 0$。

2. 附录 B

附录 B 证明了命题 2。

短期和资本流动情况下的微分系统可以归纳为系统(B1)：

$$\begin{bmatrix} A & 0 & 0 & -B\theta_{XY}^m & -B\theta_{KY}^m & 0 & 0 & 0 \\ 0 & 0 & 0 & 1 & -\theta_{KX}^m & 0 & 0 & 0 \\ 0 & 0 & 0 & 0 & -\theta_{KZ}^g & -\theta_{LZ}^g & 0 & 0 \\ \lambda_{XY}^m & -1 & 0 & s_{XX}^Y & s_{XK}^Y & 0 & 0 & 0 \\ \lambda_{KY}^m & \lambda_{KX}^m & \lambda_{KZ}^g & s_{KX}^Y & s_{KK}^X+s_{KK}^Y+s_{KK}^Z & s_{KL}^Z & 0 & 0 \\ (1+\mu)\lambda_{LY}^m & (1+\mu)\lambda_{LX}^m & \lambda_{LZ}^g & (1+\mu)s_{LX}^Y & (1+\mu)(s_{LK}^X+s_{LK}^Y)+s_{LK}^Z & s_{LL}^Z & (1-\lambda_{LZ}^g)\mu & \\ 0 & 0 & 0 & 0 & 0 & -(1+\mu) & -\mu & \end{bmatrix} \begin{bmatrix} \hat{Y} \\ \hat{x} \\ \hat{Z} \\ \hat{p} \\ \hat{r} \\ \hat{w} \\ \hat{\mu} \end{bmatrix} = \begin{bmatrix} C \\ 0 \\ 0 \\ 0 \\ 0 \\ 0 \\ 0 \end{bmatrix} \hat{k}$$

(B1)

系统(B1)中系数矩阵行列式的符号不能直接确定，用 Ω 表示。

B.1 稳定性

马歇尔动态调整由下式给出：

$$\dot{Y} = d_1((p_Y + kp_Y'Y) + (1-k)p_X m_p^y - m^y),$$

$$\dot{x} = d_2(p - m^x/\sigma),$$

$$\dot{Z} = d_3(1 - g(w,r)),$$

$$\dot{p} = d_4(f_p^y + m_p^y Y - X),$$

$$\dot{r} = d_5(n(f_r^x + m_r^x x) + f_r^y + m_r^y Y + g_r Z - \overline{K}),$$

$$\dot{w} = d_6((1+\mu)(f_w^y + m_w^y Y + nf_w^x + nm_w^x x) + g_w Z - \overline{L}),$$

$$\dot{\mu} = d_7(\overline{w} - (1+\mu)w)。$$

系统(B1)中动态调整过程的 Jacobian 行列式由下式给出：

$$|J_2|=d_1\cdots d_7\frac{-p'_Y\sigma n^{\frac{1}{\sigma}}\overline{KL}}{Zrw\mu(1+\mu)}\Omega_\circ$$

稳定的必要条件是 $|J_2|<0$。然后我们得出结论 $\Omega<0$。

B. 2 比较静态分析

在二元经济中，城市地区的资本密集度大于农村地区。因此，我们有：

$\Lambda_{XZ}\equiv\lambda^m_{KX}\lambda^g_{LZ}-(1+\mu)\lambda^m_{LX}\lambda^g_{KZ}>0$，$\Lambda_{YZ}\equiv\lambda^m_{KY}\lambda^g_{LZ}-(1+\mu)\lambda^m_{LY}\lambda^g_{KZ}>0$。在此条件下，得知：

1. $\hat{r}/\hat{k}=C\mu\theta^g_{LZ}(\lambda^m_{XY}\Lambda_{XZ}+\Lambda_{YZ})/\Omega<0$。

2. $\hat{p}/\hat{k}=\theta^m_{KX}\hat{r}/\hat{k}<0$。

3. $\hat{w}/\hat{k}=-C\mu\theta^g_{KZ}(\lambda^m_{XY}\Lambda_{XZ}+\Lambda_{YZ})/\Omega>0$。

4. $\hat{\mu}/\hat{k}<0$，因为 $\hat{\mu}/\hat{k}=(-\mu/1+\mu)\hat{w}/\hat{k}$。

此外，要确定民营化对三个部门产出的影响，一个必要条件是 $s^Y_{XK}+s^Y_{XX}\theta^m_{KX}<0$。也就是说，替代产品的交叉价格弹性 s^Y_{XK} 小于自价格弹性 s^Y_{XX}。在此条件下，得知：

5. $\hat{x}/\hat{k}=C\mu\Omega_X/\Omega>0$，其中

$\Omega_X=\Lambda_{YZ}(s^Y_{XK}+\theta^m_{KX}s^Y_{XX})\theta^g_{LZ}+\lambda^m_{XY}\Delta_p+\lambda^m_{XY}\theta^m_{KX}\theta^g_{LZ}[(1+\mu)\lambda^g_{KZ}s^Y_{LX}-\lambda^g_{LZ}s^Y_{KX}]+\lambda^m_{XY}\theta^g_{LZ}[(1+\mu)\lambda^g_{KZ}(s^X_{LK}+s^Y_{LK})-\lambda^g_{LZ}(s^X_{KK}+s^Y_{KK})]<0$。

6. $\hat{Y}/\hat{k}=-C\mu\Omega_Y/\Omega<0$，其中

$\Omega_Y=\Lambda_{XZ}(s^Y_{XK}+\theta^m_{KX}s^Y_{XX})\theta^g_{LZ}-\Delta_p-\theta^m_{KX}\theta^g_{LZ}[(1+\mu)\lambda^g_{KZ}s^Y_{LX}-\lambda^g_{LZ}s^Y_{KX}]-\theta^g_{LZ}[(1+\mu)\lambda^g_{KZ}(s^X_{LK}+s^Y_{LK})-\lambda^g_{LZ}(s^X_{KK}+s^Y_{KK})]<0$。

7. $\hat{Z}/\hat{k}=-C\mu(1+\mu)\Omega_Z/\Omega>0$，其中

$\Omega_Z=\theta^g_{LZ}(\lambda^m_{KY}\lambda^m_{LX}-\lambda^m_{LY}\lambda^m_{KX})(s^Y_{XK}+\theta^g_{LZ}\theta^m_{KX}s^Y_{XX})-\theta^g_{LZ}(\lambda^m_{XY}\lambda^m_{LX}+\lambda^m_{LY})(s^X_{KK}+s^Y_{KK}+s^Z_{KK}+\theta^m_{KX}s^Y_{KX})+\theta^g_{LZ}(\lambda^m_{XY}\lambda^m_{KX}+\lambda^m_{KY})[s^X_{LK}+s^Y_{LK}-\theta^m_{KX}s^Y_{LX}+s^Z_{LK}/(1+\mu)]>0$。

3. 附录 C

附录 C 证明命题 3。

长期和资本流动情况下的系统可以推导为：

$$\begin{bmatrix} A & 0 & 0 & -B\theta^m_{XY} & -B\theta^m_{KY} & 0 & 0 & -B\theta^m_{XY}(1-1/\sigma) \\ 0 & 0 & 0 & 1 & -\theta^m_{KX} & 0 & 0 & 0 \\ 0 & 0 & 0 & 0 & -\theta^g_{KZ} & -\theta^g_{LZ} & 0 & 0 \\ \lambda^m_{XY} & -1 & 0 & s^Y_{XX} & s^Y_{XK} & 0 & 0 & D \\ \lambda^m_{KY} & \lambda^m_{KX} & \lambda^g_{KZ} & s^Y_{KX} & s^X_{KK}+s^Y_{KK}+s^Z_{KK} & s^Z_{KL} & 0 & E \\ (1+\mu)\lambda^m_{LY} & (1+\mu)\lambda^m_{LX} & \lambda^g_{LZ} & (1+\mu)s^Y_{LX} & (1+\mu)(s^X_{LK}+s^Y_{LK})+s^Z_{LK} & s^Z_{LL} & (1-\lambda^g_{LZ})\mu & F \\ 0 & 0 & 0 & 0 & -(1+\mu) & -\mu & 0 \\ 0 & 1 & 0 & 1 & -\theta^f_{KX} & 0 & 0 & 0 \end{bmatrix} \begin{bmatrix} \hat{Y} \\ \hat{x} \\ \hat{Z} \\ \hat{p} \\ \hat{r} \\ \hat{w} \\ \hat{\mu} \\ \hat{n} \end{bmatrix} = \begin{bmatrix} C \\ 0 \\ 0 \\ 0 \\ 0 \\ 0 \\ 0 \\ 0 \end{bmatrix} \hat{k}$$

(C1)

其中 $D=-\left(\dfrac{1}{\sigma}+\dfrac{1-\sigma}{\sigma}s^Y_{XX}\right)<0$, $E=\lambda_{LX}-\dfrac{1-\sigma}{\sigma}s^Y_{LX}$, $F=\lambda_{KX}-\dfrac{1-\sigma}{\sigma}s^Y_{KX}$。如果 σ 取值相对较大,我们可能有 $E>0$ 和 $F>0$。反之,如果 σ 相对较小,则 $E<0$ 和 $F<0$。

系统(C1)中系数矩阵行列式的符号不能直接确定,用 Ψ 表示。

C.1 稳定性

马歇尔动态调整由下式给出:

$$\dot{Y}=d_1((p_Y+kp'_Y Y)+(1-k)p_X m^y_p - m^y),$$

$$\dot{x}=d_2(p-m^x/\sigma),$$

$$\dot{Z}=d_3(1-g(w,r)),$$

$$\dot{p}=d_4(f^y_p+m^y_p Y-X),$$

$$\dot{r}=d_5(n(f^x_r+m^x_r x)+f^y_r+m^y_r Y+g_r Z-\overline{K}),$$

$$\dot{w}=d_6((1+\mu)(f^y_w+m^y_w Y+nf^x_w+nm^x_w x)+g_w Z-\overline{L}),$$

$$\dot{\mu}=d_7(\overline{w}-(1+\mu)w),$$

$$\dot{n}=d_8(px-f^x-m^x x)。$$

系统(C1)中动态调整过程的 Jacobian 行列式由下式给出:

$$|J_3|=d_1\cdots d_8\,\frac{-p'_Y\sigma n^{\frac{1}{\sigma}-1}\overline{KL}}{Zrw\mu(1+\mu)}\Psi。$$

稳定的必要条件是$|J_3|>0$。然后我们得出结论$\Psi>0$。

C.2 比较静态

通过应用 Gramer 法则,我们得到:

首先,$\widehat{r/k}=(C\mu\theta^g_{LZ}/\Psi)[\lambda^m_{XY}(\lambda^g_{KZ}F-\lambda^g_{LZ}E)+D(\lambda^m_{KY}\lambda^g_{LZ}-(1+\mu)\lambda^m_{LY}\lambda^g_{KZ})]<0$。

此外,给定$\widehat{r/k}<0$,我们有$\widehat{p/k}<0,\widehat{w/k}>0$,以及$\widehat{\mu/k}<0$。

其次,我们求解$\widehat{x/k}$和$\widehat{n/k}$。

$\widehat{x/k}=(C\mu\theta^g_{LZ}/\Psi)(\theta^f_{KX}-\theta^m_{KX})[\lambda^m_{XY}(\lambda^g_{KZ}F-\lambda^g_{LZ}E)+D(\lambda^m_{KY}\lambda^g_{LZ}-(1+\mu)\lambda^m_{LY}\lambda^g_{KZ})]<0$。

$\widehat{n/k}=(C\mu\theta^g_{LZ}/\Psi)\cdot\{\Lambda_{XZ}\lambda^m_{XY}(\theta^f_{KX}-\theta^m_{KX})-\Lambda_{YZ}[s^Y_{XK}+\theta^m_{KX}s^Y_{XX}-(\theta^f_{KX}-\theta^m_{KX})]\}+(C\mu\theta^g_{LZ}/\Psi)\cdot\lambda^m_{XY}\lambda^g_{KZ}[s^Z_{LL}-s^Z_{LK}-(1+\mu)(1-\lambda^g_{LZ}+s^X_{LK}+\theta^m_{KX}s^Y_{LX}+s^Y_{LK})]+(C\mu\theta^g_{LZ}/\Psi)\cdot\lambda^m_{XY}\lambda^g_{LZ}(s^X_{KK}+s^Y_{KK}+\theta^m_{KX}s^Y_{KX}+s^Z_{KK}-s^Z_{KL})$。

其中,第一行是正数,而第二和第三行是负数。因此,如果第一行比其他两行大,则可能出现的情形是$\widehat{n/k}>0$。反之亦然。

最后,我们求解$\widehat{Y/k}$。$\widehat{Y/k}=-\mu C\Psi_Y/\Psi$,其中:

$\Psi_Y=D\theta^g_{KZ}\Psi^1_Y+\theta^g_{LZ}(\lambda^g_{KZ}F-\lambda^g_{LZ}E)\Psi^2_Y+D\theta^g_{LZ}\Psi^3_Y,$

$\Psi^1_Y=\lambda^g_{KZ}[s^Z_{LL}-(1+\mu)(1-\lambda^g_{LZ})]-\lambda^g_{LZ}s^Z_{KL}<0,$

$\Psi^2_Y=(s^Y_{XK}+\theta^m_{KX}s^Y_{XX})-(\theta^f_{KX}-\theta^m_{KX})<0,$

$\Psi^3_Y=(\theta^f_{KX}-\theta^m_{KX})\Lambda_{XZ}-\theta^m_{KX}[\lambda^g_{KZ}(1+\mu)s^Y_{LX}-\lambda^g_{LZ}s^Y_{KX}]-(\lambda^g_{KZ}s^Z_{LK}-\lambda^g_{LZ}s^Z_{KK})-[\lambda^g_{KZ}(1+\mu)(s^X_{LK}+s^Y_{LK})-\lambda^g_{LZ}(s^X_{KK}+s^Y_{KK})]>0$。

Ψ_Y的前两项为正,最后一项为负。当

$$\frac{\lambda^g_{KZ}F-\lambda^g_{LZ}E}{D}<\frac{\theta^g_{LZ}|\Psi^3_Y|-\theta^g_{KZ}|\Psi^1_Y|}{\theta^g_{LZ}|\Psi^2_Y|}$$

时,我们有 $\Psi_Y < 0(\widehat{Y}/\widehat{k} > 0)$。

4. 附录 D

首先,在短期和资本不流动的情况下,根据等式(4-27)我们可以得到

$$\frac{d^2 U}{dk^2} = \left(-\frac{1}{\Delta}\frac{d\Delta}{dk}\right)\left[(p_Y - m^Y)\frac{dY}{dk} - w(L_Y + L_X)\frac{d\mu}{dk} + n(p - m^x)\frac{dx}{dk}\right] > 0。$$

其次,在短期和资本流动的情况下,根据等式(4-3)我们有

$$p_Y - m^Y = -kp'_Y Y - (1-k)p_X m_p^Y。$$

把上面这个等式代入等式(4-27),我们可以证实等式(4-28)。此外,我们可以从(4-28)中解出 k^0:

$$k^0 = \frac{p_Y - m^Y - p_X m_p^Y}{-p'_Y Y + p_X m_p^Y} = \frac{1 - b^Y + b^Y \theta_{XY}^m}{1/\varepsilon^Y + b^Y \theta_{XY}^m}。$$ 另外,我们有 $\frac{d^2 U}{dk^2} = (-p'_Y Y + p_X m_p^Y)\frac{dY}{dk} < 0$。

最后,在长期和资本流动的情况下,根据等式(4-29)我们可以得到

$$\frac{d^2 U}{dk^2} = \left(-\frac{1}{\Psi}\frac{d\Psi}{dk}\right)\left[(p_Y - m^Y)\frac{dY}{dk} - w(L_Y + L_X)\frac{d\mu}{dk} + n(p - m^x)\frac{dx}{dk} + x(p - m^x)\frac{dn}{dk}\right] < 0。$$

第五章 公共物品生产部门所有制改革的收入分配效应研究

本章提要： 现有研究企业混合所有制改革的经济效应时都没有加入对于企业的外部性的考察。在考虑公共物品的供给与消费之后，混合所有制改革的经济效应又会呈现怎样的变动，这是现有研究未能考虑的问题。因而本章通过构建包含城市中混合所有的公共物品生产部门、最终产品生产部门和农村部门的三部门一般均衡模型，在公共物品生产部门生产的公共物品对最终产品生产部门和农村部门产生一定的正外部性的前提下，考察公共物品生产部门进行混合所有制改革对各部门劳动力收入的影响。

第一节 序 言

无论是政府部门还是学术界，在提到混合所有制经济时都会将其解读为公有制的实现形式。但是这一提法在十八届三中全会审议通过了《中共中央关于全面深化改革若干重大问题的决定》之后就修改成了"混合制经济不仅是公有制经济更是社会主义基本经济制度的重要实现形式"(中共中央文献研究室，2018)。搞各类企业交叉持股的股份制和混合所有制都是在探寻基本经济制度的有效实现形式，以更有效地发展公有制经济，把公有制经济特别是公有制经济中的国民经济命脉也就是国有经济搞好搞活(卫兴华，2019)。

国有企业在促进基本服务的保障、基本公共服务均等化的实现以及促进具有外部性的产品的生产上发挥着重要作用，这类外部性产品同时用作公共消费品和公共中间品。由于这类公共物品同时进入效用函数和生产函数，它被认为是"广义公共物品"(Woodbury,2020)。这一概念是与"狭义公共物品"相对应的,纯公共物品被称为"狭义公共物品",由公共物品理论奠基人萨缪尔森所定义。然而现实生活中的很多物品因既不能划入纯公共物品也不能划入纯私人物品而不能归入这一类,后来的研究者就将这类物品称为准公共物品,与纯公共物品一起被纳入了"广义公共物品"的行列。现实经济中大量的这类"广义公共物品"的生产便是由国有企业承担的,而国有企业一项重要的社会责任便体现在这类公共物品的生产上。由此可见,在当前我国的混合所有制改革持续深化的大背景下,分析公共物品生产部门的混合所有制改革对于掌握这类特殊生产部门的性质,了解社会上广义公共物品的提供,实现基本公共服务均等化乃至于最终实现共同富裕都具有重要意义。但现有研究对公共物品生产企业的混合所有制改革、对混合所有制改革中的公共物品的生产都缺乏足够的关注。

关于混合所有制改革,有四类研究。

一、探讨改革对企业内部经济绩效的影响。已经发表的大部分文章的研究结果显示国有企业的改革可以显著地提高企业自身的经济绩效并增强企业内部控制(张辉等,2016;杨兴全和尹兴强,2018)。

二、探讨改革对企业员工收入的影响,有研究证据表明我国经济体制改革在收入分配方面的特征就在于国有企业员工收入与私营企业员工收入的不同,例如,叶林祥等(2011),夏庆杰等(2012),陆正飞等(2012);Meng(2000),白重恩等(2006),刘震和刘溪(2021)研究了改革后的国有企业员工收入变化问题。

三、分析所有制改革对环境的影响,如李晓春(2020)将环境因素和现代农业发展政策同时纳入混合所有制企业民营化的考察中,发现提高混合所有制企业的民营化程度会改善环境污染和城市失业;Pal和Saha(2015)认为民营化能否改善环境取决于上市公司对环境的关注;Ohori(2006)认为民营化的最佳水平与过去环境污染的清理成本成反比。

四、讨论混合所有制改革的失业、产出以及社会福利的经济效应。Beladi和Chao(2006)表明,在资本不能自由流动的情况下民营化会降低产出并带来一定的城市失业,但在资本自由流动的情况下,将会使得城市当中的失业水平降低,就业效应可能会产生对社会福利的长期积极贡献。Li(2021)通过将生产性服务业纳入分析，研究了部分私有化在短期和长期的福利影响。

另一方面，大量对于公共中间投入品的研究主要集中在公共中间投入品对劳动力收入差距的影响(Pi 和 Zhou, 2012; Pi 和 Fan, 2019; Wang, 2019; Gupta 和 Dutta, 2012))、公共基础设施在国际贸易领域所发挥的外部性作用(Tawada 和 Yanagihara, 2019; Yanase 和 Tawada, 2020)以及公共中间投入品在长期增长当中所起到的作用(Tamai, 2007; Yoshida 和 Turnbull, 2019; Anwar, 2006; Pauser, 2017)等领域。还未有研究专门论述公共中间投入品生产部门所有制变化的经济效应，即对公共中间投入品生产部门所有制领域内的研究还未形成体系。

现有学者研究企业混合所有制改革的经济效应时都没有加入对于企业的外部性考察，在加入公共物品的供给与消费之后的混合所有制改革的经济效应，又会呈现怎样的变动是现有研究未能考虑的问题。因而本章通过构建包含城市中混合所有的公共物品生产部门、最终产品生产部门和农村部门的三部门一般均衡模型，在公共物品生产部门生产的公共物品对最终产品生产部门和农村部门产生一定的正外部性的前提下，考察公共物品生产部门进行混合所有制改革对各部门劳动力收入的影响。

第二节 理论模型的构建与机制解释

一、理论模型构建

本节考虑一个发展中的包含三部门的经济体，该经济分为城市和农村两个部分。城市分成两个部门：部门1"公共物品生产部门"以关系国计民生、基础设施建设等知识密集和资本密集的产业为代表，使用熟练劳动力和资本作为投入要素以提供高技术含量的产品与服务；部门2"最终产品生产部门"以一般制造业为代表，使用非熟练劳动力以及资本作为投入要素以生产可以进口的一般工业品。农村的部门3"传统农业部门"仅仅使用非熟练劳动力作为一种生产要素以生产可以出口的农产品。假设熟练劳动力被城市部门完全吸收而不存在失业，其工资具有完全弹性；而非熟练劳动力在农村与城市之间转移,但由于劳动力素质的限制仅能进入城市中的最终产品生产部门。由于工会与最低工资标准等制度的存在,使得城市中的非熟练劳动力工资存在下方刚性且高于农村同性质劳动力的工资,因此,城市部门中熟练劳动力被城市部门完全吸收而不存在失业,仅仅存在针对非熟练劳动力的失业。另外,在短期内,城市的两个部门所使用的资本量是固定的,可视为外生给定值;在长期,资本也可以在城市的两个部门之间自由流动。三种要素禀赋总量外生给定。

部门2、部门3的生产函数表示如下:

$$X_2 = X_1^{\alpha_2} F^2(L_2, K_2)$$

$$X_3 = X_1^{\alpha_3} F^3(L_3)$$

此处,没有列出部门1生产函数的原因在于部门1生产具有垄断性。其中,生产函数 $F^i(i=2,3)$ 为部门 i 的生产函数且具有严格拟凹以及规模报酬不变的性质; X_i ($i=1,2,3$) 表示部门 i 的总产出; $L_i(i=2,3)$ 表示部门 i 使用的非熟练劳动力; K_2 表示部门2使用的资本。另外,部门1生产同时用作公共消费品和公共中间品的公共物品。由于公共物品同时进入效用函数和生产函数,它被认为是"广义公共物品"(Woodbury,2020),最终产品生产部门所生产的工业品产量和农村部门所生产的农产品产量,除了受自身生产函数和要素禀赋的影响外,还受到公共物品生产部门所生产的公共物品的正外部性影响,因此,在部门2和部门3的生产函数中加上部门1的产量的函数 $X_1^{\alpha_2}$, $X_1^{\alpha_3}$,以表示部门1对部门2和部门3的外部性影响,α_2 和 α_3 表示部门2和部门3对部门1所生产的公共物品的依赖程度,或者说表示为部门1所生产的公共物品外部性影响的强弱程度。

混合所有制企业因为民营成分而关心企业利润又因为国有成分而关心社会福利,且公共物品的生产在现实情况中往往具有垄断性质。

记部门1的成本函数为:

$$C(w_S, r_1, X_1) = F(w_S, r_1) + m(w_S, r_1) X_1 \qquad (5-1)$$

则部门1的利润函数为:

$$\pi = P_1(X_1) X_1 - C(w_S, r_1, X_1)$$

其中 $C(w_s, r_1, X_1)$ 表示公共物品生产的总成本，$P_1(X_1)$ 为部门 1 在国内市场内生决定的公共物品反需求函数，$m(w_s, r_1)$ 为公共物品生产部门生产公共物品的边际成本，$F(w_s, r_1)$ 为公共物品生产部门生产公共物品的固定成本。其中 w_s 表示公共物品生产部门即部门 1 的工资率，r_1 表示部门 1 资本利息。

令社会福利为：

$$W = \pi + CS$$

其中，CS 表示公共物品生产部门所生产的公共物品的消费者剩余，$CS = V(X_1) - P_1(X_1)X_1$。从而，混合所有制企业的目标是使利润与福利的加权平均 $k\pi + (1-k)W$ 最大，其中 $k \in [0,1]$，表示公共物品生产部门的私有股份，私有股份越高 k 值越大。公共物品生产部门决定生产公共物品的产量以实现目标最大化。一阶条件为：

$$P_1(X_1) + kP_1'(X_1)X_1 = m(w_s, r_1) \tag{5-2}$$

此等式左边表示公共物品生产部门生产公共物品的边际收益，而右边表示生产公共物品的边际成本。

部门 2 和部门 3 的产品价格由国际市场外生给定，产品市场完全竞争，因此在生产领域的经济达到一般均衡时单位产品的成本与单位产品的价格相等因而有：

$$a_{L2}\overline{w}_2 + a_{K2}r_2 + a_{X2}P_1 = P_2 \tag{5-3}$$

$$a_{L3}w_3 + a_{X3}P_1 = 1 \tag{5-4}$$

注："X2"、"X3"和脚标"L2"等对应，也是脚标，下同。

其中，$a_{ij}(i=X,①L,K; j=2,3)$ 为第 j 个部门中单位产出所需要的 i 要素的数量；农产品的价格单位化为 1，P_1 为部门 1 在国内市场内生决定的相较于部门 3 的公共物品价格，P_2 为部门 2 由国际市场外生给定的相较于部门 3 的产品价格；$\overline{w}_2$ 表示部门 2 中下方刚性的非熟练劳动力工资，w_3 表示农村部门中的非熟练劳动力工资；$r_i(i=1,2)$ 表示部门 i 中的资本价格即利率。

由于公共物品的外部性因而混合所有的公共物品生产部门的生产还应该满足公

---

① $i=X$ 表示要素 X_1。

共物品的社会成本等于社会收益：

$$\frac{C(w_S,r_1,X_1)}{X_1}=a_{X2}P_1+a_{X3}P_1 \tag{5-5}$$

熟练劳动力、非熟练劳动力与资本这三种生产要素禀赋在公共物品生产部门、最终产品生产部门与农村部门这三个部门之间的分配情况为：

$$F_r(w_S,r_1)+m_r(w_S,r_1)X_1=\overline{K}_1 \tag{5-6}$$

$$a_{K2}X_2=\overline{K}_2 \tag{5-7}$$

$$(1+\mu)a_{L2}X_2+a_{L3}X_3=\overline{L} \tag{5-8}$$

$$F_w(w_S,r_1)+m_w(w_S,r_1)X_1=\overline{S} \tag{5-9}$$

其中，$\overline{L}$ 表示全社会当中的非熟练劳动力禀赋；$\overline{S}$ 表示全社会的熟练劳动力禀赋；$\overline{K}_i(i=1,2)$ 表示部门 i 中的资本禀赋。

由于非熟练劳动力在城市部门 2 中存在失业，故非熟练劳动力按照哈里斯—托达罗的劳动力转移模型在农村部门工资与城市部门 2 的期望工资相等时停止转移，因此可以得到经济中非熟练劳动力转移的均衡方程为：

$$w_3(1+\mu)=\overline{w}_2 \tag{5-10}$$

其中，μ 表示城市部门 2 即最终产品生产部门中非熟练劳动力的失业率。

至此，适用于短期分析的基本一般均衡模型构建完毕。在这个模型中，共有 10 个内生变量，分别为 C、w_S、w_3、r_1、r_2、μ、X_1、X_2、X_3、P_1；同时，有 9 个外生变量，分别为 $\overline{w}_2$、$\overline{L}$、$\overline{S}$、$\overline{K}_1$、$\overline{K}_2$、k、P_3、a_2、a_3。

二、模型计算与分析

1. 短期分析

在既往研究中有多种对异质劳动力的划分方法，本节采用熟练程度来划分。一般来说，非熟练劳动力包括农村地区的全部劳动力以及城市部门的"蓝领工人"，而熟练劳动力则仅针对城市部门，通常是指"白领工人"或者管理层。

本节考察混合所有制企业改革如何对本部门劳动力工资产生影响以及通过企业外部性的作用,从而对其他部门劳动力工资造成影响。因为城市部门2的工资下方刚性,其变动率为零,因此本节着重考察混合所有制企业改革对本部门中劳动力工资 w_S 和农村部门劳动力工资 w_3 的影响。

对(5-1)~(5-10)式进行全微分,并将其结果的系数矩阵形式表示为:

$$\begin{pmatrix} \lambda_S^1 & 0 & \lambda_K^1 & 0 & 0 & \lambda_m^1 & 0 & -1 & 0 & 0 \\ 0 & 0 & -\varepsilon b\theta_{K1}^m & 0 & 0 & -[1+k(1+e)] & 0 & 0 & 0 & 0 \\ 0 & 0 & 0 & 0 & 1 & 2 & -\beta_3 & -1 & 0 & -\beta_2 \\ 0 & 0 & 0 & \theta_{K2} & a_2 & a_2 & -1 & 0 & 0 & 0 \\ 0 & 1 & 0 & 0 & a_3 & a_3 & 0 & 0 & 0 & -1 \\ 0 & 0 & -S_{K1} & 0 & 0 & \lambda_{K1}^m & 0 & 0 & 0 & 0 \\ 0 & 0 & 0 & S_{KK}^2 & 0 & 0 & 1 & 0 & 0 & 0 \\ -S_{S1} & 0 & 0 & 0 & 0 & \lambda_{S1}^m & 0 & 0 & 0 & 0 \\ 0 & 1 & 0 & 0 & 0 & 0 & 0 & 0 & \dfrac{\mu}{1+\mu} & 0 \\ 0 & \lambda_{L3}S_{LL}^3 & 0 & \lambda_{L2}(1+\mu)S_{LK}^2 & 0 & 0 & \lambda_{L2}(1+\mu) & 0 & \lambda_{L2}\mu & \lambda_{L3} \end{pmatrix}$$

令此矩阵为 $\mathbf{A}$,则各式进行全微分的结果为:

$$A \begin{pmatrix} \widehat{w}_S \\ \widehat{w}_3 \\ \widehat{r}_1 \\ \widehat{r}_2 \\ \widehat{P}_1 \\ \widehat{X}_1 \\ \widehat{X}_2 \\ \widehat{C} \\ \widehat{\mu} \\ \widehat{X}_3 \end{pmatrix} = \begin{pmatrix} 0 \\ k\,\widehat{k} \\ 0 \\ 0 \\ 0 \\ 0 \\ 0 \\ 0 \\ 0 \\ 0 \end{pmatrix}$$

其中，θ_{K2} 表示投入要素 K 的收入占部门 2 总收入的份额；$\lambda_{ij}(i=L,K;j=1,2,3)$ 表示第 j 个部门中的投入要素 i 在全社会要素中所占的份额；$S_{ij}^k(i=K,L;j=K,L;k=2,3)$ 表示第 k 个部门中，要素 i 与要素 j 之间的替代弹性；$\varepsilon = -P_1(X_1)/P_1'(X_1)$，$X_1$ 表示公共物品的需求价格弹性；$\theta_{K1}^m = m_r(w_S,r_1)r_1/m(w_S,r_1)$ 表示公共物品生产的资本的可变成本份额；λ_S^1 表示公共物品生产总成本中劳动的份额；λ_K^1 表示公共物品生产总成本中资本的份额；λ_m^1 表示公共物品生产总成本中可变成本的份额；$\beta_i = X_i/(X_2+X_3)(i=2,3)$ 表示第 i 部门的产出占第二部门和第三部门产出之和的比值；$b = m(w_S,r_1)/P_1(X_1)$ 表示公共物品的单位成本与价格的比值，由于企业的垄断性，$0 < b < 1$；用 $e = X_1 P_1''(X_1)/P_1'(X_1)$ 来测度公共物品的需求函数曲率，由稳定性假设有 $1+ke>0$；$a_2 = P_1(X_1)X_1/P_2 X_2$，$a_3 = P_1(X_1)X_1/X_3$ 分别表示公共物品产值与部门 2、部门 3 产值之比；$\lambda_{K1}^m = m_r X_1/\overline{K}$ 表示部门 1 中资本用作可变投入的比例；$\lambda_{S1}^m = m_w X_1/\overline{S}$ 表示部门 1 中劳动用作可变投入的比例；$S_{K1} = \sigma_X^m \theta_{S1}^m \lambda_{K1}^m + \sigma_X^F \theta_{S1}^F \lambda_{K1}^F > 0$，$S_{S1} = \sigma_X^m \theta_{K1}^m \lambda_{S1}^m + \sigma_X^F \theta_{K1}^F \lambda_{S1}^F > 0$，$\sigma_X^m = m_{rw} m/m_r m_w$。

令 Δ 为系数矩阵 A 的行列式，经计算可得：

$$\Delta = S_{S1} \varepsilon b \theta_{K1}^m \theta_{K2} \frac{\mu}{1+\mu} \lambda_{L3} \lambda_{K1}^m > 0$$

由 Gramer 法则可进一步算出：

$$\frac{\widehat{w_S}}{\widehat{k}} = -\frac{kS_{K1}\theta_{K2}\frac{\mu}{1+\mu}\lambda_{L3}}{\Delta} < 0,$$

$$\frac{\widehat{w_3}}{\widehat{k}} = \frac{ka_3 S_{S1} \lambda_K^1 \theta_{K2}\frac{\mu}{1+\mu}\lambda_{L3}\lambda_{K1}^m}{\Delta} > 0,$$

$$\frac{\widehat{r_1}}{\widehat{k}} = -\frac{kS_{S1}\theta_{K2}\frac{\mu}{1+\mu}\lambda_{L3}}{\Delta} < 0,$$

$$\frac{\widehat{r_2}}{\widehat{k}} = \frac{ka_2 S_{S1} \lambda_K^1 \frac{\mu}{1+\mu}\lambda_{L3}\lambda_{K1}^m}{\Delta} > 0,$$

$$\frac{\hat{P_1}}{\hat{k}}=-\frac{kS_{S1}\lambda_K^1\theta_{K2}\frac{\mu}{1+\mu}\lambda_{L3}\lambda_{K1}^m}{\Delta}<0,$$

$$\frac{\hat{\mu}}{\hat{k}}=-\frac{ka_3S_{K1}\lambda_S^1\theta_{K2}\lambda_{L3}\lambda_{S1}^m}{\Delta}<0,$$

$$\frac{\hat{X_1}}{\hat{k}}=-\frac{kS_{K1}S_{S1}\theta_{K2}\frac{\mu}{1+\mu}\lambda_{L3}}{\Delta}<0,$$

$$\frac{\hat{X_2}}{\hat{k}}=-\frac{ka_2S_{K1}\lambda_S^1S_{KK}^2\frac{\mu}{1+\mu}\lambda_{L3}\lambda_{S1}^m}{\Delta}>0,$$

$$\frac{\hat{X_3}}{\hat{k}}=\frac{ka_3S_{K1}S_{S1}\theta_{K2}(\lambda_{L2}\mu-\frac{\mu}{1+\mu}\lambda_{L3}S_{LL}^3)}{\Delta}>0,$$

下面分析混合所有的公共物品生产部门民营化对社会福利的影响：

消费者消费公共物品、一般工业品和农产品这三种商品，从而用间接效用函数表示的社会福利的函数形式为：

$$U=V(X_1)+G(X_2)+X_3$$

预算约束为：

$$I=P_1X_1+P_2X_2+X_3$$

代入社会福利函数得：

$$U=V(X_1)+G(X_2)+I-P_1X_1-P_2X_2$$

其中 $I=w_SS+w_3L_3+\overline{w}_2L_2+\overline{K}_1r_1+\overline{K}_2r_2+\pi$，即整个经济的消费者的收入约束，由凭要素所有权获得的要素收入和混合所有制企业的利润构成。

对社会福利函数进行全微分，可得：

$$\frac{\mathrm{d}U}{\mathrm{d}k}=(P_1-m)\frac{\mathrm{d}X_1}{\mathrm{d}k}-\frac{w_3^2L}{\overline{w}_2}\frac{\mathrm{d}\mu}{\mathrm{d}k}$$

即经济的社会福利依赖于混合所有制企业所生产的公共物品和城市失业水平，故混合所有制改革对社会福利的影响可以转化为混合所有制改革对公共物品的产出、城市失业二者的影响。

考虑短期情况下的最优民营化水平。由 $P_1(X_1)+kP_1'(X_1)X_1=m(w_S,r_1)$ 可得 $P_1-m=-kP_1'(X_1)X_1$，在考虑公共物品产出和失业率下降对社会福利的共同影响下，通过求解 $\mathrm{d}U/\mathrm{d}k=0$ 可以得到最优民营化水平 k^*：

$$k^*=-\frac{\dfrac{w_3^2 L}{w_2}\dfrac{\mathrm{d}\mu}{\mathrm{d}k}}{P_1'(X_1)X_1\dfrac{\mathrm{d}X_1}{\mathrm{d}k}}$$

其中，k^* 为社会福利达到最大时民营化水平，称为"最优民营化水平"。显然 k^* 是一个变量，它受公共物品产出、劳动力禀赋和农村工资率的影响。

将最优民营化水平 k^* 代入社会福利函数的全微分，可以得到

$$\frac{\mathrm{d}U}{\mathrm{d}k}=-P_1'(X_1)X_1\frac{\mathrm{d}X_1}{\mathrm{d}k}(k-k^*)$$

其中，$-P_1'(X_1)X_1\mathrm{d}X_1/\mathrm{d}k<0$，因此，当 $k<k^*$ 时，

$$\frac{\mathrm{d}U}{\mathrm{d}k}=(P_1-m)\frac{\mathrm{d}X_1}{\mathrm{d}k}-\frac{w_3^2 L}{w_2}\frac{\mathrm{d}\mu}{\mathrm{d}k}>0$$

当 $k>k^*$ 时，

$$\frac{\mathrm{d}U}{\mathrm{d}k}=(P_1-m)\frac{\mathrm{d}X_1}{\mathrm{d}k}-\frac{w_3^2 L}{w_2}\frac{\mathrm{d}\mu}{\mathrm{d}k}<0$$

当 $k=k^*$ 时，社会福利获得最大值。

因此可以得到短期中公共物品生产部门民营化对社会福利的影响曲线：

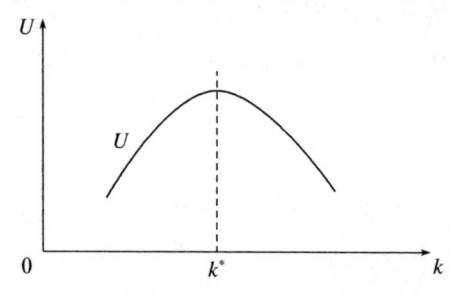

图 5-1　短期中公共物品生产部门民营化对社会福利的影响曲线

综合分析短期内公共物品生产部门所有制改革的经济效应得到如下命题：

命题 1: 在短期，公共物品生产部门民营化抑制了本部门劳动力收入的增长，促进了农业部门劳动力收入增长，降低公共物品的产出与价格的同时也降低了城市失业率，因而存在最优民营化水平。

2. 长期分析

在长期，资本可以在城市中的两个部门之间自由流动，在资本市场达到均衡时，两个部门的利率相等。因此，完整的长期分析模型为：

$$C(w_S, r, X_1) = F(w_S, r) + m(w_S, r)X_1 \tag{5-11}$$

$$P_1(X_1) + kP'_1(X_1)X_1 = m(w_S, r) \tag{5-12}$$

$$a_{L2}\overline{w}_2 + a_{K2}r + a_{X2}P_1 = P_2 \tag{5-13}$$

$$a_{L3}w_3 + a_{X3}P_1 = 1 \tag{5-14}$$

$$\frac{C(w_S, r, X_1)}{X_1} = a_{X2}P_1 + a_{X3}P_1 \tag{5-15}$$

$$F_r(w_S, r) + m_r(w_S, r)X_1 + a_{K2}X_2 = \overline{K} \tag{5-16}$$

$$(1+\mu)a_{L2}X_2 + a_{L3}X_3 = \overline{L} \tag{5-17}$$

$$F_w(w_S, r) + m_w(w_S, r)X_1 = \overline{S} \tag{5-18}$$

$$w_3(1+\mu) = \overline{w}_2 \tag{5-19}$$

在这个模型中，共有 9 个内生变量，分别为 C、w_S、w_3、r、μ、X_1、X_2、X_3、P_1；同时，有 8 个外生变量，分别为 $\overline{w}_2$、$\overline{L}$、$\overline{S}$、$\overline{K}$、k、P_2、a_2、a_3。

对 (5-11)~(5-19) 式进行全微分，并将其结果的系数矩阵形式表示为：

$$\begin{pmatrix} \lambda_S^1 & 0 & \lambda_K^1 & 0 & \lambda_m^1 & 0 & -1 & 0 & 0 \\ 0 & 0 & -\varepsilon b\theta_{K1}^m & 0 & -[1+k(1+e)] & 0 & 0 & 0 & 0 \\ 0 & 0 & 0 & 1 & 2 & -\beta_3 & -1 & 0 & -\beta_2 \\ 0 & 0 & \theta_{K2} & a_2 & a_2 & -1 & 0 & 0 & 0 \\ 0 & 1 & 0 & a_3 & a_3 & 0 & 0 & 0 & -1 \\ 0 & 0 & D & 0 & \lambda_{K1}\lambda_{K1}^m & \lambda_{K2} & 0 & 0 & 0 \\ -S_{S1} & 0 & 0 & 0 & \lambda_{S1}^m & 0 & 0 & 0 & 0 \\ 0 & 1 & 0 & 0 & 0 & 0 & 0 & \dfrac{\mu}{1+\mu} & 0 \\ 0 & \lambda_{L3}S_{LL}^3 & \lambda_{L2}(1+\mu)S_{LK}^2 & 0 & 0 & \lambda_{L2}(1+\mu) & 0 & \lambda_{L2}\mu & \lambda_{L3} \end{pmatrix}$$

令此矩阵为 **B**,则各式进行全微分的结果为:

$$\boldsymbol{B}\begin{pmatrix}\widehat{w}_S\\ \widehat{w}_3\\ \widehat{r}\\ \widehat{P}_1\\ \widehat{X}_1\\ \widehat{X}_2\\ \widehat{C}\\ \widehat{\mu}\\ \widehat{X}_3\end{pmatrix}=\begin{pmatrix}0\\ k\widehat{k}\\ 0\\ 0\\ 0\\ 0\\ 0\\ 0\\ 0\end{pmatrix}$$

其中,$D=\lambda_{K2}S_{KK}^2-\lambda_{K1}S_{K1}<0$。

令 Δ_1 为系数矩阵 **B** 的行列式,经计算可得:

$$\Delta_1=-\frac{\mu}{1+\mu}Da_3S_{S1}\beta_2[1+k(1+e)][\lambda_{L2}(1+\mu)-\lambda_{L3}S_{LL}^3]>0$$

由 Gramer 法则可进一步算出:

$$\frac{\widehat{w}_S}{\widehat{k}}=-\frac{k\theta_{K2}\lambda_{K2}\dfrac{\mu}{1+\mu}\lambda_{L3}\lambda_{S1}^m}{\Delta_1}<0,$$

$$\frac{\widehat{w_3}}{\widehat{k}} = -\frac{ka_3 S_{S1}\theta_{K2}\lambda_{K2}\frac{\mu}{1+\mu}\lambda_{L3}}{\Delta_1} < 0$$

$$\frac{\widehat{P_1}}{\widehat{k}} = \frac{2k S_{S1}\theta_{K2}\lambda_{K2}\frac{\mu}{1+\mu}\lambda_{L3}}{\Delta_1} > 0,$$

$$\frac{\widehat{r}}{\widehat{k}} = -\frac{ka_2 S_{S1}\lambda_{K2}\frac{\mu}{1+\mu}\lambda_{L3}}{\Delta_1} < 0,$$

$$\frac{\widehat{\mu}}{\widehat{k}} = -\frac{1+\mu}{\mu}\frac{\widehat{w_3}}{\widehat{k}} > 0,$$

$$\frac{\widehat{X_1}}{\widehat{k}} = -\frac{k S_{S1}\theta_{K2}\lambda_{K2}\frac{\mu}{1+\mu}\lambda_{L3}}{\Delta_1} < 0,$$

$$\frac{\widehat{X_2}}{\widehat{k}} = \frac{k S_{S1}\theta_{K2}\lambda_{K1}\frac{\mu}{1+\mu}\lambda_{L3}\lambda_{K1}^m}{\Delta_1} > 0,$$

$$\frac{\widehat{X_3}}{\widehat{k}} = -\frac{k S_{S1}\theta_{K2}\lambda_{K1}\lambda_{L2}\mu\lambda_{K1}^m}{\Delta_1} < 0,$$

考虑长期情况下的社会福利变化。根据以上的计算结果可得：

$$\frac{dU}{dk} = (P_1 - m)\frac{dX_1}{dk} - \frac{w_3^2}{w_2}L\frac{d\mu}{dk} < 0$$

因此可以得到长期中公共物品生产部门民营化对社会福利的影响曲线：

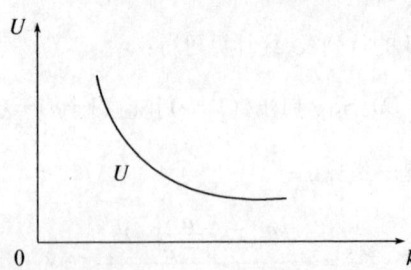

图 5-2　长期中公共物品生产部门民营化对社会福利的影响曲线

综合分析长期内公共物品生产部门所有制改革的经济效应得到如下命题:

命题 2:在长期,公共物品生产部门民营化不仅抑制了本部门劳动力收入的增长,而且还抑制了农业部门劳动力收入的增长,在降低了公共物品产出的同时也增加了城市失业率与公共物品价格,因而社会福利趋于下降。

三、机制解释

短期分析的计算结果显示,公共物品生产部门的民营化抑制了本部门劳动力收入的增长,促进了农业部门劳动力收入增长,降低了公共物品的产出与价格的同时也降低了城市失业率,增加了最终产品部门和农村部门的产出。

短期内公共物品生产部门的民营化虽然降低了公共物品的产出,但也降低了公共物品的价格,公共物品价格的下降降低了农村部门的生产成本,从而使得农村部门的产出得到扩张,农村部门产出扩张则需要雇佣更多的劳动力,因此农村部门的劳动力工资上升,工资上升则使得城市部门中的部分失业人口返回农村,从而城市部门中的失业率下降。

长期分析的计算结果显示,公共物品生产部门的民营化并没有促进自身企业员工收入的增长,而且对其他部门劳动力收入的增长也起到了抑制作用,并且,公共物品生产部门的民营化增加了城市失业与公共物品价格,减少了公共物品的供给与消费,最终降低了社会福利。

长期内公共物品生产部门的民营化降低了公共物品的产出,提高了公共物品的价格,因而从这两方面都抑制了农村部门的产出增长,因此,农村部门需要雇佣的劳动力减少,农村部门的劳动力工资下降,工资下降使得更多的农村劳动力涌入城市,从而增加了城市部门中的失业率。

从长期来看,公共物品生产部门的民营化的经济效应是负向的,至于其中的经济学原理,本部分试图对其探求一二。

一方面,本部分探究公共物品生产部门民营化抑制本部门劳动力收入增长的机制解释,其原因主要涉及生产资料公有制本身的制度优势,以及公有制优势在收入分配上的体现;另一方面,本部分探究公共物品生产部门民营化抑制其他部门劳动力收入增长、增加社会失业、减少公共物品生产、降低社会福利的机制解释,其原因主要涉及公共物品外部性的发挥受到阻碍。

公共物品外部性的发挥受到阻碍。在公共物品的供给与消费领域被提及最多的问题是以下三个:一是如何界定公共物品?二是谁来提供公共物品?三是公共物品如何有效供给?第一个问题中的纯公共物品被称为"狭义公共物品",这一概念是由公共物品理论奠基人萨缪尔森所定义的,他认为纯公共物品要满足两个特性——不能阻止他人使用的非排他性与不影响他人使用的非竞争性;大部分学者回答第二个问题时都认为提供纯公共物品是政府的职责,但准公共物品却可以交由政府授权的企业进行生产;第三个问题的思路则是公共物品生产的福利最大化,即需要满足公共物品生产的社会边际成本等于其社会边际收益。

正外部性理论认为当某种物品的生产出现正外部性从而出现私人(市场)供给不足时,通过政府补贴私人生产的方式矫正外部性可以增加私人供给,从而满足边际社会收益等于边际社会成本以达到社会福利的最大化。

基本服务是公共物品,因此其利益所及,比如经济卫生和经济生产率等,要远远超出消费他们的特定个体。因为单凭其市场价值无法反映出其内在价值和社会利益,从而传统上由政府来提供基本服务。虽然基础设施和社会服务与纯公共物品并不相同,因为它们是排他性的,但是它们在促进广泛的社会利益方面并非不重要。在我们日常生活当中的一系列的被称为基本服务的私人需求,如自来水、公路、铁路、供电等,这些商品的性质是属于纯公共物品还是准公共物品呢?根据现实生活的经验来看,这些商品同样具有排他性与竞争性,因而既不是纯公共物品也不是准公共物品,和我们平时消费的私人物品并没有什么不同。正是由于这类物品和我们平时消费的私人物品没什么不同的事实才使得19世纪的法国的蒲鲁东认为国家的铁路事业的民营化就比国有化更加有利。英国的撒切尔夫人在铁路以及电信等领域内的民营化实践也对这样的理念坚信不疑。

按照经济学原理的分析,这些私人物品的生产完全可以民营化从而交由市场来进行调节,但是实践的结果并不尽如人意,经受了颇多的挫折。这些实践所带来的普遍结果就是这些基本服务价格上升的同时产出与产品质量却下降了。这使得消费者福利受到损失的同时政府也面临着相当严峻的困境。因此可以把最近二十多年的公共服务领域内的民营化看成是各个国家的发展改革过程中的"尴尬领域"。二十多年的公共服务领域内的民营化产生了颇多的案例,例如,在邮政服务领域内的民营化并没有使得邮政服务的价格降低,反而其服务的价格上升了;英国的撒切尔夫人在铁路以及电信等领域内的民营化实践也遭受了挫折,从而部分恢复了原状;部分国家如美国的教育系统的私有化可以提升高等教育的质量,却使得基础教育的地位受到了削弱。

国有企业民营化之后的效率得到了提升,但是这一过程也并非没有代价,它造成了一定程度上的社会成本的上升,当社会成本上升的幅度大于效率提高带来的收益时就会导致一些问题突显出来,例如,民营化会增加城市当中的失业水平、使得基本服务的价格上升的同时产出与产品质量下降、对环境和自然资源的破坏等,同时还会造成收入分配差距的加大从而形成阶层固化,导致出现一系列的社会问题。

为什么同样是具有排他性质与竞争性质的基本服务的生产进行了民营化,从而交由市场来进行调节的实践的结果并不尽如人意,反而经受了颇多的挫折呢?从经济原理出发对其进行机制解释,就要探究这类基本服务产品的特别属性。这类基本服务产品的行业具有自然垄断的性质,即这类行业属于网络性经营产业并且具有十分强大的规模效应。在这类行业内进行产品生产的企业因行业具有基础设施覆盖广、固定成本高的特点,其平均生产成本会随着产品生产数量的增加而降低,从而使得这类企业的利润会不断增加。而且,这类行业的基础设施覆盖广、固定成本高的特点形成了其中的企业进行自然垄断、排斥多家企业竞争生产的格局。例如,自来水的生产与供应就需要在一开始进入行业时投入巨额的固定成本,但企业一旦开始经营,单位产品所带来的产品平均成本的上升是微不足道的,而且这一巨额的固定成本本身就成了阻止其他企业进入自来水生产行业的壁垒。因此,这类属于网络性经营产业并且具有十分强大的规模效应的行业,就使得自身的产品与服务具有了一种生产的弱竞争性与消费的弱选择性的特别属性。

在市场经济的条件下,消费者剩余的最大化是通过消费者在各个厂商所生产的产品之中进行选择并且各个厂商之间进行完全竞争而实现的。但是如果基本服务行业的基础设施覆盖广、固定成本高的特点形成了其中的企业进行自然垄断、排斥多家企业竞争生产的格局的话，那么这类行业的民营化交由市场来进行调节的实践的结果就会不尽如人意，消费者剩余与社会福利将会受到损失，从而政府的威望也会大打折扣。因此，政府对于这类基本服务的生产与供给应该通过适当介入的方式，弥补市场的失灵以争取社会福利的最大化。

第三节 结论与政策建议

本节通过引入公共物品生产部门，构建了包含城市中混合所有的公共物品生产部门、最终产品生产部门和农村部门的三部门一般均衡模型，在公共物品生产部门生产的公共物品对最终产品生产部门和农村部门产生一定的正外部性的前提下，考察公共物品生产部门进行混合所有制改革对各部门劳动力收入的影响。研究发现，在长期，公共物品生产部门的民营化对本部门劳动力收入和其他部门劳动力收入的增长都起到了一定的抑制作用，降低了公共物品产出的同时造成了一定程度上的失业，并降低了社会福利。

从短期情况下的理论分析中可以得出最优民营化水平，由此可见，在短期，国有企业不应当只注重社会福利，还要考虑自身企业的利润，在市场竞争中取得优势，创造利润，以真正成为市场竞争的主体。因此国有企业要努力实现社会福利与企业利润的平衡，不应该走向极端。企业可以根据自身企业规模等经济条件确定适合自身的福利与利润考量比例，在实践中的具体数值可以参考股权制衡度与非国有股东委派的董事人数占国企董事会总人数的比。

本节所研究的企业的混合所有制改革仅仅是针对生产公共物品的企业而言，并且这类外部性企业生产的产品是同时用作公共消费品和公共中间品的公共物品，而对于其他一般性企业，本节则把这类企业归入最终产品生产部门，从而没有探讨这类企业的混合所有制改革，因此，本节所得出的结论并不适用于所有类型的企业，仅仅是针对生产公共物品的企业所作出的分析，结论的适用有一定的前提条件。

参考文献

[1] 白重恩,路江涌,陶志刚.国有企业改制效果的实证研究[J].经济研究,2006(8):4-13+69.

[2] 陈乾坤,卞曰瑭.股权制衡、代理成本与企业绩效——基于我国 A 股民营上市公司的实证分析[J].科学决策,2015(5):74-92.

[3] 蔡贵龙,郑国坚,马新啸等.国有企业的政府放权意愿与混合所有制改革[J].经济研究,2018,53(9):99-115.

[4] 高明华,郭传孜.混合所有制发展、董事会有效性与企业绩效[J].经济与管理研究,2019,40(9):114-134.

[5] 洪银兴.非劳动生产要素参与收入分配的理论辨析[J].经济学家,2015(4):5-13.

[6] 洪银兴.中国特色社会主义政治经济学财富理论的探讨——基于马克思的财富理论的延展性思考[J].经济研究,2020,55(5):21-30.

[7] 何晓斌,夏凡.中国体制转型与城镇居民家庭财富分配差距——一个资产转换的视角[J].经济研究,2012,47(2):28-40+119.

[8] 刘震,刘溪.混合所有制改革对国有企业管理人员和员工收入差距的影响研究[J].学习与探索,2021(5):91-99.

[9] 李实.共同富裕的目标和实现路径选择[J].经济研究,2021,56(11):4-13.

[10] 李实,杨一心.面向共同富裕的基本公共服务均等化:行动逻辑与路径选择[J].中国工业经济,2022(2):27-41.

[11] 李晓春.江浙沪经济发展中的问题及差异研究[M].北京:经济科学出版社,2017.

[12] 李晓春.长三角地区全面建成小康社会的绿色发展问题研究[M].北京:经济科学出版社,2020.

[13] 陆正飞,王雄元,张鹏.国有企业支付了更高的职工工资吗?[J].经济研究,2012,47(3):28-39.

[14] 马新啸,汤泰劼,郑国坚.非国有股东治理与国有企业的税收规避和纳税贡献——基于混合所有制改革的视角[J].管理世界,2021,37(6):128-141+8.

[15] 魏伯乐,马塞厄斯·芬格,奥兰·杨.私有化的局限[M].上海:上海人民出版社,2006.

[16] 卫兴华.为什么说公有制是共产党执政基础[J].经济导刊,2015(7):26-27.

[17] 卫兴华.学好用好深化国企改革的顶层设计[J].政治经济学评论,2015,6(6):3-6.

[18] 卫兴华,本刊记者.关于深化国有企业改革的几个问题——访著名经济学家、中国人民大学经济学院卫兴华教授[J].思想理论教育导刊,2015(12):6-12.

[19] 卫兴华.中国特色社会主义分配理论与实践的是是非非[J].海派经济学,2018,16(2):1-12.

[20] 卫兴华.为什么要实行和怎样实行混合所有制经济[J].理论学习与探索,2019(4):21-24.

[21] 习近平.扎实推动共同富裕[J].求是,2021(20).

[22] 习近平.习近平谈治国理政(第2卷)[M].北京:外文出版社,2017.

[23] 夏庆杰,李实,宋丽娜,等.国有单位工资结构及其就业规模变化的收入分配效应:1988—2007[J].经济研究,2012,47(6):127-142.

[24] 叶林祥,李实,罗楚亮.行业垄断、所有制与企业工资收入差距——基于第一次全国经济普查企业数据的实证研究[J].管理世界,2011(4):26-36+187.

[25] 杨兴全,尹兴强.国企混改如何影响公司现金持有?[J].管理世界,2018,34(11):93-107.

[26] 中共中央文献研究室.十八大以来重要文献选编(上)[M].北京:中央文献出版社,2018.

[27] 中共中央文献研究室.习近平关于社会主义经济建设论述摘编[M].北京:中央文献出版社,2017.

[28] 张辉,黄昊,闫强明.混合所有制改革、政策性负担与国有企业绩效——基于1999—2007年工业企业数据库的实证研究[J].经济学家,2016(9):32-41.

[29] ANWAR S. Provision of public infrastructure, foreign investment and welfare in the presence of specialisation-based external economies [J]. Economic Modelling, 2006, 23(1): 142 – 156.

[30] BELADI H, CHAO C. Mixed-ownership, unemployment, and welfare for a developing economy[J]. Review of Development Economics, 2006, 10(4): 604 – 611.

[31] GLOMM G, MENDEZ F. Privatization, deregulation, and capital accumulation[J]. Southern Economic Journal, 2009, 75(4): 976 – 995.

[32] GUPTA M R, DUTTA P B. Skilled-unskilled wage inequality, product variety, public input and increasing returns: a static general equilibrium analysis [J]. Economic Modelling, 2012, 29(2): 502 – 513.

[33] LI X C. Privatization in vertical related markets: insights from a general equilibrium approach[J]. Review of Pulic Economics, 2020, (3): 3 – 21.

[34] LI X C. Partial privatization, producer services and unemployment in developing countries[J]. Review of Development Economics, 2021, 26: 423 – 441.

[35] MENG X. Labor market reform in China[M]. Cambridge: Cambridge University Press, 2000.

[36] OHORI S. Enrironmental tax, trade, and privatization[J]. The Kyoto Economic Review, 2004, 73(2): 109 – 120.

[37] PAUSER J. The nature of returns to scale in aggregate production with public intermediate goods[J]. Finanzarchiv, 2017, 73 (2): 190 – 212.

[38] PAL R. SAHA B. Pollution tax, partial privatization and environment[J]. Resource and Energy Economics, 2015, 40: 19 – 35.

[39] PI J, ZHOU Y. Public infrastructure provision and skilled-unskilled wage inequality in developing countries[J]. Labour Economics, 2012, 19(6): 881 – 887.

[40] PI J, ZHOU Y. Foreign capital, public infrastructure, and wage inequality in

developing countries[J]. International Review of Economics and Finance, 2014, 29: 195 - 207.

[41] PI J, ZHANG P. Factor-biased public infrastructure and wage inequality[J]. Review of Development Economics, 2018, 22(3): 79 - 94.

[42] PI J, FAN Y. Urban bias and wage inequality[J]. Review of Development Economics, 2019, 23(4): 1788 - 1799.

[43] SHUICHI O. Optimal environmental tax and level of privatization in an international duopoly[J]. Journal of Regulatory Economics, 2006, 29: 225 - 233.

[44] TAWADA M, YANAGIHARA M. International trade and capital accumulation in an overlapping generations model with a public intermediate good[J]. Review of International Economics, 2019, 27(3): 765 - 785.

[45] TAMAI T. Public intermediate goods, endogenous growth, and indeterminacy [J]. Economic Modelling, 2007, 24 (4): 683 - 689.

[46] WANG D S. International labour movement, public intermediate input and wage inequality: a dynamic approach [J]. Economic Research-Ekonomska Istrazivanja, 2019, 32 (1): 1 - 16.

[47] WOODBURY, T D. The provision of infrastructure: benefit-cost criteria for optimizing local governments[J]. International Tax and Public Finance, 2020, 27 (3): 552 - 574.

[48] YANASE A, TAWADA M. Public infrastructure for production and international trade in a small open economy: a dynamic analysis[J]. Journal of Economics, 2017, 121(1): 51 - 73.

[49] YANASE A, TAWADA M. Public infrastructure and trade in a dynamic two-country model[J]. Review of International Economics, 2020, 28(2): 447 - 465.

[50] YOSHIDA M, TURNBULL S J. Optimal provision of public intermediate

goods with imperfect competition: a note[J]. International Journal of Economic Theory, 2019, 15 (2): 209-222.

第六章　提升最低工资对技术—非技术劳动力工资差距的影响研究

本章提要：本章以2009—2019年全国各省(直辖市)的面板数据来识别最低工资上涨与技术—非技术劳动力工资差距的关系。最低工资直接影响的是收入水平较低的非技术劳动力的工资，但是可以通过市场机制对技术劳动力的工资产生溢出效应。不同于以往研究聚焦于高低收入群体的分层考量，本章的研究对象细化到了R&D人员，着力探究最低工资制度对于人力资本水平更高且收入水平也较高的R&D人员工资的影响。实证结果表明，最低工资实际价值的上涨会引起R&D人员平均工资水平的上升，且会拉大技术—非技术劳动力的工资差距。最低工资对技术—非技术劳动力的工资差距具有区域异质性影响，尤其在东部地区，最低工资显著拉大了技术—非技术劳动力的工资差距，但在中西部地区，最低工资的变化并不会影响到技术劳动力的工资。

第一节　序　言

最低工资政策是各国管制劳动力市场、保障低收入劳动者利益的重要方法。目前，世界上许多国家已通过法律手段确立了最低工资制度，美国最早于1938年制定"公平劳动标准法"(Fair Labor Standards Act, FLSA)时确立了当时的最低工资标准，英国在1998年通过了《1998年国民最低工资法案》，并于1999年开始实施最低工资制度，我国则是从1993年发布的《企业最低工资规定》开始了全国范围内最低工资制度的实行，1994年《中华人民共和国劳动法》通过，以法律的形式再次明确了我国的最低工资制度，2003年末，我国通过了最新的《最低工资规定》，扩大了适用范围,纳入了民办非企业单位,增加了衡量月最低工资标准的因素,规定了最低工资标准至少要每两年调整一次,该规定自2004年3月份开始施行,自2004年至今,最低工资政策的执行力度不断加大,且各地区政府调整最低工资的频率较之以往有所提高。

最低工资制度最核心的目标是保障低收入劳动者的收入,保证他们基本的生活需要,除此之外,最低工资标准有利于各群体工资水平的上升,使劳动在收入分配中有机会享有更多的经济成果;有利于人力资本的积累以及刺激劳动者的劳动积极性,提高社会劳动生产率。最低工资直接的受众是低素质劳动力,在发展中国家,高低技能劳动力之间的工资差距较大,高技能劳动力的工资水平较高,并不在最低工资的直接影响范围内,最低工资的提升似乎只对低技能劳动力的工资产生影响。事实上,最低工资作为政策性工资,对于市场工资有一定的传递作用,即最低工资的上升会引起低收入劳动者以外的其他群体工资的上涨(邸俊鹏和韩清,2015;孙中伟,2017),但是其他群体收入上涨的幅度相较低技能劳动力收入上涨的幅度究竟有多大并不明朗,因此我们认为有必要探究最低工资制度是否会带来社会收入差距被拉大的副作用。本章选择的研究对象是最低工资以及高低技术劳动力之间的工资差距,在我国收入差距持续拉大的背景下,明确最低工资对工资差距的影响有一定的政策性意义。

最低工资即工资下限,目的是保障低收入劳动者基本的生活需求。但是关于最低工资产生的具体效应,学术界并没有统一的意见。目前学术界更多的关注点放在最低工资对就业的影响上,经典的劳动经济学理论认为,最低工资居于均衡工资之上,企业雇佣成本上升,会导致企业减少对劳动力的需求量,劳动力市场扭曲,从而会使得部分劳动者失业。我国的劳动力市场受户籍制度的影响被分割成以城市职工为主体的劳动力市场和以农民工为主体的劳动力市场,两个市场上的工资水平相差较大,而且考虑到我国区域经济发展的差距,我国最低工资对劳动力市场的影响并不能一概而论。罗小兰(2007)实证发现最低工资对就业在不同行业以及不同区域具有异质性影响,最低工资对东部地区农民工就业有促进作用,且对制造业农民工就业有正向影响。李晓春和何平(2010)研究发现在买方垄断的劳动力市场上存在一个高于雇佣方提供的工资但是低于完全竞争状态下的均衡工资的区间,当最低工资在这个区间内,最低工资可以做到不引起失业。马晓波(2010)认为我国最低工资并没有完全覆盖整个经济，在这种情况下实施最低工资制度会造成未覆盖部门的低技能劳动者就业增多，而覆盖部门的高技能劳动者就业增多，因此最低工资对于社会整体的就业情况影响不明确。

不同于最低工资对就业影响的激烈观点之争，学者们对于最低工资和收入关系的关注程度并不高。孙中伟和舒玢玢(2011)指出最低工资可以显著促进农民工平均工资的增长，杨娟和李实(2016)认为提高最低工资标准有利于增加中西部地区流动人口的收入，但是也显著增加了农民工的工作时间。企业按照政府要求执行了月最低工资制度，为了弥补额外增加的用工成本，企业延长了农民工的工作时间，从小时工资的角度来看，农民工的工资水平并没有明显的改变，郭凤鸣和张世伟(2017)也证实了这个观点。这些学者探讨的是最低工资对于农民工自身收入影响的问题，既有研究忽略了最低工资对技能工资差距的影响，所以我们认为对于该问题的深入挖掘在学术研究上具有一定的价值。

本章从实证的角度，利用2009—2019年我国31个省市(北京市、上海市、天津市、重庆市、黑龙江省、辽宁省、吉林省、河北省、河南省、湖北省、湖南省、山东省、山西省、陕西省、安徽省、浙江省、江苏省、福建省、广东省、海南省、四川省、云南省、贵州省、青海省、甘肃省、江西省、内蒙古自治区、宁夏回族自治区、新疆维吾尔自治区、西藏自治区、广西壮族自治区)的面板数据，分析最低工资对高技能劳动力工资的影响，本章采用的数据包含了各省市失业率、地区GDP以及各省市受高等教育人口比例等方面的信息，且最低工资与科技人员月平均工资皆处理成实际工资，避免了通货膨胀造成的工资上涨也被涵括在计量结果中。本章是基于各省市最低工资标准在时间和地区上的差异，借助最低工资水平随时间和地区的变化差异来识别最低工资上涨带来的影响，并重点讨论了最低工资提升对区域间的高低技能劳动力工资差距的差别化影响。

国外对于最低工资的收入效应的考察要早于国内，Richard和Alen(2004)发现最低工资制度可以提高低收入人群的工资水平，但是并没有显著的溢出效应使得最低工资缩小收入差距。但是Mariano和Marco(2010)则认为收入不平等的很大一部分因素为最低工资实际价值的下降，并且实际最低工资的下降是收入底端工资差距的主要因素。

国内关于最低工资的研究主要集中在最低工资的就业效应上,不过近年来,部分学者开始关注最低工资对收入的影响。由于直接受到最低工资影响的是低收入劳动者以及农民工们,因此不少研究讨论的是最低工资如何影响低收入群体收入的问题。除了序言中所讨论的文献以外,邸俊鹏和韩清(2015)选择"中国健康与营养调查"数据实证后发现最低工资主要影响的是低收入劳动者的工资收入,尤其是中老年低技能劳动力这个群体。叶静怡和杨洋(2015)指出最低工资的提高不仅显著增加了农民工的收入,还能够缩小农民工群体的收入差距,这是因为农民工中的低收入人群的收入水平受最低工资的影响而出现大幅的上升。张世伟和杨正雄(2016)发现最低工资标准上调会提升男性农民工的工资水平以及抑制女性农民工的就业,最低工资对不同性别的农民工的影响具有异质性。徐水源(2016)利用全国流动人口动态监测数据分解了影响农民工工资增长的因素,其中最低工资增加对东部地区农民工工资水平提高的贡献率为15%,在经济更为发达的长三角地区和珠三角地区,最低工资对农民工工资的影响力度还要更大。孙中伟和舒玢玢(2011)发现最低工资标准的提高会促进农民工工资的增长,农民工工资高度依赖于最低工资。胡远华和柯慧飞(2012)认为最低工资只会影响到那些工资低于最低工资标准的农民工的收入和就业,那些获得更高工资的群体基本不受最低工资变化的影响。王雅丽等(2019)同样认为最低工资对不同收入水平的农民工产生异质性影响,低学历的低收入农民工受到的最低工资的影响更大,而那些学历较高的农民工有可能会因为最低工资的增加而获得更少的工资。杨正雄和张世伟(2020)同样观察到最低工资更有利于改善非正规部门的低技能农民工的工资状况。刘柏惠和寇恩惠(2017)发现最低工资可以有效缩小低收入人群的工资差距,而如果实际最低工资发生萎缩的话,底端工资差距就会被拉大。

随着最低工资制度在我国不断受到重视,学术界也开始思考最低工资是否会对其他群体的收入产生影响。马双等(2012)发现最低工资上涨会促进制造业平均工资的上涨,但是企业工资上涨幅度有限,企业平均工资受最低工资影响较深的是劳动密集型企业以及人均资本水平较低的企业。张世伟等(2013)考察了最低工资增加带来的溢出效应,最低工资标准提高不但会使得低收入群体的工资增加,也会促进中低收入群体工资的增加,同时有利于缓解日益扩大的城镇居民收入差距,并且这种溢出效应依赖于最低工资的执行力度。孙中伟等(2017)的实证结果证明最低工资标准提升可以增加城镇在岗职工的工资,尤其是对那些高学历城镇职工。宋晶和李会敏(2014)指出最低工资增长有利于低工资水平企业工资水平的上升,比如集体企业。不过,也有学者持不同意见,认为最低工资的溢出效应有限,罗小兰和丛树海(2009)发现最低工资确实可以推动部分行业的行业工资水平,但是最低工资对平均工资的影响极小,并且无法产生持续性的影响。付文林(2014)通过分析省级行业数据认为最低工资制度暂未能实现缩小分配差距的作用,并且对就业的影响也同地方经济发展水平相关。翁杰和徐圣(2015)认为最低工资既可以提高劳动在收入分配中的份额,也可以通过替代效应使企业提高资本要素的使用比例,所以最低工资的收入分配效应是不明确的。

关于最低工资对其他群体收入是否会产生明显的溢出效应,学者们对此颇有争议,然而,刘贯春等(2017)建立了"效率工资"拓展模型并通过2004年工业企业数据库进行实证检验,发现最低工资可以通过提高企业生产率而扩大技能溢价,尽管最低工资直接影响的是低技能劳动力,但是溢出效应会使得技能工资的增长超过低技能工资的增长。但是,刘贯春等的实证研究中仅选择了2004年一年的数据,数据年限距今相对久远,实证结果并不能说明最低工资对技能工资差距的长期影响。

我国的最低工资制度前后经历过两次外部冲击,一次是2004年新《最低工资规定》的颁布,之后全国最低工资制度的实施力度与监管力度不断加强,一次是2008年的国际金融危机,最低工资的增长被迫停滞,劳资矛盾突出,直到2010年最低工资才逐步有了明显的增长。本章聚焦于最低工资与科技人员工资的差距变化,目前学术界对此的探讨较少,选择的时间区间是2009—2019年,目的是观察金融危机之后的最低工资对中国社会收入差距的影响,并尝试就此进行实证分析。特别地,本章进行了对主变量的分区域考察,我国东中西部的经济发展差距较大,劳动力市场的敏感程度不同,因此最低工资对技术—非技术劳动力差距的影响可能存在区域间的异质性,而现有研究中还未发现讨论最低工资分区域影响的文献。探讨分区域情况下的最低工资水平上涨对高低技能劳动力的工资差距的影响,了解最低工资提升对科技人员工资的溢出效应的力度,有利于政府更好地吸引人才,也有利于不同区域基于本地区经济发展状况合理衡量最低工资的上调幅度,以保证维持不同劳动力之间的工资公平。

第二节　最低工资制度与技能工资的现状

早在1949年我国政府在共同纲领里便提出了政府需按各地情况制定最低工资,1984年我国政府承认由国际劳工组织制定的《确定最低工资办法公约》,但是直到1989年珠海市才开始实施最低工资标准,最低工资制度一直未能以法律形式确立下来,直至1994年通过的《中华人民共和国劳动法》(以下简称《劳动法》)明确说明我国要实行最低工资制度,并要求各地政府在《劳动法》实施之前拟出最低工资标准。尽管如此,在1995年底,公布最低工资标准的仅有部分地区,全国大概有130个城市开始实施最低工资政策。从1995年—2004年这十年间,我国的最低工资标准调整不够及时,对企业执行最低工资政策的监管力度不够,许多企业不遵守最低工资要求,或者是将农民工工资调整至最低工资线上,最低工资政策的落实情况并不理想。2004年《最低工资规定》公布,将最低工资标准的调整期限缩短,要求最低工资标准至少每两年调整一次,并且明确了小时工资标准。至此,我国确立起较完善的最低工资制度。

2009年我国平均月最低工资为621元,及至2019年平均月度最低工资达到1 663元,最低工资的绝对水平有较大的提高,但是我国地区间的最低工资差距较大。北京和上海一直是最低工资较高的地区,2009年两地的最低工资标准分别是800元和960元,而黑龙江的平均最低工资为525元,宁夏也仅有527元;2019年,北京和上海的最低工资为2 200元和2 480元,而青海的平均最低工资只有1 500元。地区间的最低工资差距随着经济发展的不平衡逐步被拉大。事实上,经济发达地区的最低工资不仅绝对水平较高,调整的频率也较高,北京和上海从2009年—2019年每年都会调整最低工资标准,江苏调整了8次,西藏只调整了4次,青海和宁夏都仅调整了5次。

比起最低工资,2009年—2019年间技能工资的变化更大。2009年,全国范围内的R&D人员平均月工资为4 294元,到了2019年,R&D人员月工资平均为10 602元,名义工资的绝对量增加了超过5 000元。同样,技能工资也存在明显的区域差距,2009年上海、北京、广东的R&D人员工资都超过了7 000元,其次是江苏和浙江,也都不少于5 000元,但是西藏地区科研人员的工资仅有2 707元,山西省的工资也只有2 800元左右,上海的工资水平几乎是西藏的3倍。2019年R&D人员平均月工资最多的前五个地区是上海、北京、广东、福建和天津,其中北京和上海的工资水平比起其他地区是断层的,均超过22 000元,广东和福建的工资在13 000元左右,天津的科研人员工资为12 277元,2019年R&D人员工资最少的省份是江西,仅有6 341元,不到广东和福建的二分之一,宁夏和黑龙江的工资也都不足6 700元。技能工资的地区差异逐年扩大,比最低工资的地区差距更为夸张。

第三节 最低工资制度与技术—非技术劳动力工资差距

最低工资制度对其他类型劳动力的工资会产生溢出效应。这种溢出效应主要来自替代效应、激励效应和攀比效应。替代效应是指最低工资标准上调会造成企业低技能劳动力用工成本的增加,相对而言,高技能劳动力的成本下降,企业会增加对高技能劳动力的需求,进而会推升高技能劳动力的工资水平。激励效应则是指企业内部的工资结构由差异化工资组成,不同技能劳动力对应的工资水平是不一样的,企业为了维持工资对劳动积极性和劳动成果的激励作用以及内部的工资公平性,会有意地保持不同劳动力之间的工资差距,所以当低技能劳动力的工资水平上升时,高技能劳动力的工资水平也会相应地上升。攀比效应认为,最低工资增加意味着高技能劳动力的相对工资水平下降,高技能劳动力出于工资攀比效应会主动要求加薪,企业不加薪的代价可能会是高技能劳动力辞职或者是减少在工作中的投入。考虑到高技能劳动力与低技能劳动力之间现有工资差距较大,最低工资标准的小幅提高可能并不会刺激到高技能劳动力对自己工资水平的心理预期,虽然这种攀比效应可能并不会直接作用于高技能劳动力,但是可以通过阶梯状的效应一级一级传递到高收入群体,因此攀比效应带来的最低工资的溢出影响可能并没有我们想象中的那么微弱。除此之外，最低工资标准提高可能会使得正在寻找工作的劳动力的保留工资水平提高，从而导致企业在雇佣劳动力时不得不提供更高的工资。而且，最低工资标准是由政府干预并主导制定的，最低工资上调除了受地区经济发展水平的影响，也有可能是政府对物价上涨而进行的工资补偿，这种情况下，企业也会随着物价调整高技能劳动力的工资。

替代效应认为最低工资增加会使得高技能劳动力的相对成本更低，但是现实中，引入高技能劳动力的成本并不仅仅只有货币成本，科技人员选择就业岗位往往还会考虑工作环境、名誉地位等其他因素，这些因素有可能会覆盖掉高技能劳动力因最低工资上涨而产生的成本优势，因此在现实劳动力市场上，替代效应可能较弱。

从传统理论来看，最低工资标准的提高会致使高技能劳动力工资水平的提高，但是高低技能劳动力工资变化的幅度尚不明确，即两者之间的工资差距仍有待研究。

第四节 数据及模型设定

一、数据来源及描述性统计

本章使用的是 2009 年—2019 年的 31 个省（市）的面板数据，数据均是我国官方的统计数据，其中最低工资数据来源于我国人力资源和社会保障部官网，科技人员月平均工资以及各地区 R&D 经费投入强度来源于历年的《中国科技统计年鉴》，各省城镇登记失业率、各省 GDP 以及各省 6 岁及 6 岁以上人口中大专及以上学历人口占比均来源于国家统计局。

最低工资有月最低工资和小时最低工资两种，并且各省份（直辖市）最低工资会根据不同辖区内的经济发展状况进行差别化设置，本章选择了分档工资的平均数作为衡量各省市最低工资水平的指标。

由于各地区的科学技术人员的工资数据不可获得，本章借鉴包群和邵敏(2008)、的处理方式，改用各地区研究与试验发展（R&D）经费内部支出中的劳务费进行替代,各地区科技人员数量由各地区研究与试验发展(R&D)人员全时当量替代,数据均来源于《中国科技统计年鉴》2010年—2020年,因此本章的各地区科技人员平均工资是由各地区R&D人员的人均劳务费表示,即各地区R&D劳务费支出与各地区R&D人员全时当量之比。

另外,本章中最低工资以及科技人员平均工资的数据全部通过居民消费价格指数处理成了以2008年为基期的数据,以获得实际工资的变化情况。控制变量中的各省(直辖市)的地区生产总值初始数据为名义量,进行实证分析时也已经被处理成了实际水平。

2009年—2019年,我国各省市最低工资水平基本都有7%以上的涨幅,最低工资年平均增长率最高的省份是江西省,平均增长率达到10.33%,浙江省最低工资的年平均增长率最低,但是也达到了5.25%。最低工资增长幅度较大的前六个省直辖市是江西、重庆、陕西、四川、安徽以及河南,最低工资增长幅度较小的前六个省直辖市是浙江、福建、山西、青海、江苏和天津,最低工资变化幅度较大的地区为中西部地区,变化幅度较小的地区基本为东部地区。

这11年间,各省技术人员平均工资的变化率相差较大,西藏的年平均增长率达到了18.05%,而江苏的年平均增长率仅有3.63%,大部分省份的技术人员工资年平均增长率在5%~10%之间。同样地,技能工资增长率较高的地区大部分为中西部地区,如吉林、西藏、安徽等地,而增长率较低的地区如江苏、广东、浙江,均为东部沿海城市,且都是GDP水平较高的省份,这些地区的技能工资增长率都不到4.50%。

表 6-1　变量描述性统计①

指标属性		自变量	因变量		控制变量		
变量		最低工资	平均工资	GDP	失业率	科研投研强度	教育
变量说明		省最低工资标准（元）	省R&D人员月平均工资（元）	各省/市辖区内地区生产总值（亿元）	各省城镇登记失业率(%)	各省R&D经费投入强度(%)	6岁及6岁以上人口中大专及以上学历人口占比(%)
最小值	东部	550.86	2 837.80	1 631.72	1.20	0.34	5.37
	中部	482.34	2 545.40	5 429.37	2.40	0.83	4.66
	西部	523.34	2 397.08	439.55	2.10	0.19	1.68
最大值	东部	1 899.54	17 646.88	84 804.27	4.30	6.31	50.49
	中部	1 359.71	8 487.50	41 713.79	4.50	2.09	16.20
	西部	1 464.84	9 465.66	35 918.72	4.40	2.32	20.55
平均值	东部	1 152.19	7 582.92	28 419.98	3.09	2.45	17.10
	中部	968.63	5 226.43	17 273.17	3.20	1.34	10.51
	西部	981.79	5 375.28	9 267.94	3.39	0.99	10.35
标准差	东部	299.55	2 826.63	19 473.32	0.76	1.39	9.92
	中部	234.97	1 485.25	8 910.73	0.53	0.32	2.71
	西部	235.23	1 613.19	7 155.04	0.56	0.53	3.67
标准离差率	东部	0.26	0.37	0.69	0.25	0.57	0.58
	中部	0.24	0.28	0.52	0.15	0.24	0.26
	西部	0.24	0.30	0.77	0.17	0.54	0.35

表 6-1 汇报了各变量的基本特征，东部无论是最低工资还是 R&D 人员的月平均工资水平都远高于中、西部，中部地区与西部地区相比，GDP 总量较多，R&D 经费

---

① 东部地区：北京、天津、河北、辽宁、上海、江苏、浙江、福建、广东、山东、海南；中部地区：黑龙江、吉林、山西、安徽、江西、河南、湖北、湖南；西部地区：四川、重庆、贵州、云南、西藏、陕西、甘肃、青海、宁夏、新疆、广西、内蒙古。

投入强度较大,受高等教育人口的比例也较高,但是工资水平较低,其中两个区域的最低工资差距较小,科技人员工资的差距明显存在。这种工资水平与地区经济发展水平的不匹配可能是源于西部大开发政策,区域政策带来的基础设施建设效应、财政补贴效应和税收优惠效应等大幅度提高了西部地区的整体工资水平,而且西部大开发政策增加了西部地区对于科技人员的需求,各用人单位会增加这部分人群的工资以吸引更多的高素质劳动力。我国东中西部之间的经济发展水平差距较大,因此本章将会分区域考虑最低工资是否对技能工资差距产生异质性影响。

图 6-1 描述了 2009 年—2019 年最低工资和 R&D 人员月平均工资的基本变化趋势,最低工资和 R&D 人员的平均工资都基本呈现逐年上升的态势,但 R&D 人员的平均工资变化的绝对量更大,尤其是 2014 年—2018 年之间,科技人员的工资增幅均不低于 7%,二者之间的实际工资差距不断拉大。2019 年全国月平均实际最低工资为 1 290 元,为 2009 年的 2.07 倍,年平均增长 7.53%;2019 年全国 R&D 人员月平均实际工资为 8 229 元,为 2009 年的 1.91 倍,年平均增长率为 6.67%。

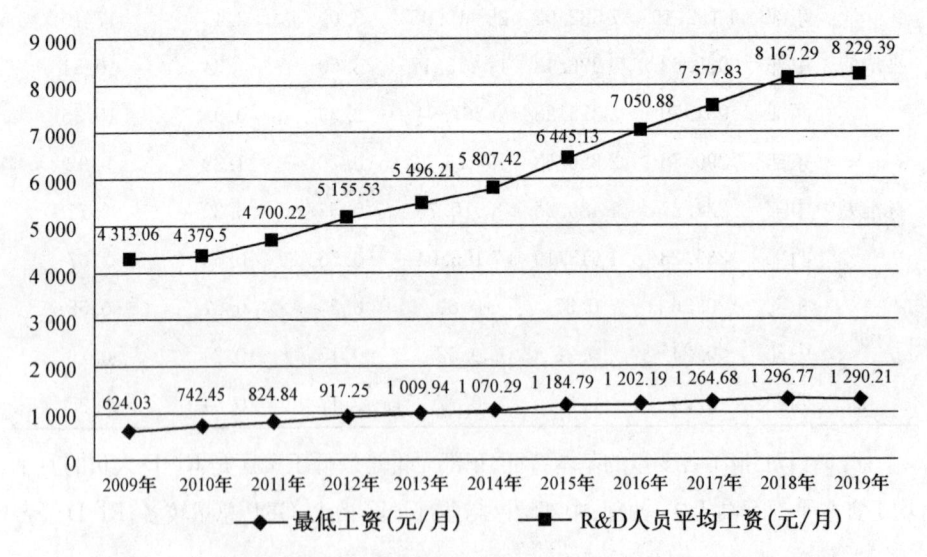

图 6-1 2009 年—2019 年最低工资和 R&D 人员月平均工资的变化情况

数据来源:中华人民共和国人力资源和社会保障部官网;《中国科技统计年鉴》2010 年—2020 年(中国统计出版社)

二、模型设定

本章的主要计量模型如下：

$$W_{ave} = \beta_0 + \beta_1 W_{min} + \beta_2 X_{it} + \theta_i + \lambda_t + \varepsilon \quad (6-1)$$

其中，W_{ave} 为 i 地区在时间 t 上的 R&D 人员月平均实际工资，W_{min} 为 i 地区在时间 t 上的实际最低月工资，X_{it} 为地区随时间变化的特征变量，包括各省（直辖市）地区生产总值、地区城镇登记失业率、6 岁及 6 岁以上人口中大专及以上学历人口占比以及各省 R&D 经费投入强度。θ_i 和 λ_t 分别为地区固定效应和时间固定效应，ε 是误差项，β_0 是常数项。本章最关心的变量是 β_1，β_1 代表着最低工资对 R&D 人员月平均工资的影响。

本章的数据结构是面板数据，采用的模型分三个回归部分。

第一部分，以最低工资和 R&D 人员月平均工资的绝对量作为主要变量进行普通最小二乘（Ordinary Least Square, OLS）回归，如果 $|\beta_1|>1$，那么意味着最低工资的变化会引起 R&D 人员月平均工资绝对量变化得多，如果 $|\beta_1|<1$，则说明最低工资的变化所引致的因变量的变化较小。在这一阶段，考虑到 R&D 经费投入强度受到地区生产总值的影响，受高等教育人口占比与失业率相关，在回归方程中加入控制变量的时候，为了避免共线性造成的偏差，本章选择了交叉项。

第二部分，我们采用的是固定效应回归模型，关注的仍是系数 β_1，如果 $\beta_1>1$，即最低工资的增加会导致技能工资的增加量更大，那么我们认为最低工资的上涨会拉大技能工资差距，如果 $\beta_1<1$，则说明最低工资的增加只能引起技能工资更小幅度的增加或是技能工资减少，那么最低工资的增加就能促进技能工资差距的缩小。

第三部分，我们想了解最低工资对技能工资的影响是否具有地区异质性，因此我们将数据按东中西经济地带划分进行回归。

第五节　实证分析

表 6-2 是通过 OLS 回归获得的最低工资与 R&D 人员月平均工资的关系。第

一列是仅仅控制了时间、地区效应,结果表明最低工资的实际价值每上涨1个单位,R&D人员月平均工资的实际水平会上升2.132个单位,且在5%的水平上显著。第二列加入了城镇登记失业率以及各地区R&D经费投入强度,最低工资的系数略有减小,但仍然在5%的水平上显著,最低工资增加1个单位,R&D人员月平均工资将会上涨2.001个单位。第三列回归模型的控制变量为大专及以上学历的人口占比以及地区生产总值,此时最低工资增加1个单位引起的R&D人员实际工资的增加为1.536个单位,但是系数仅在10%的水平显著。第四列选择的控制变量是地区生产总值与地区科研经费投入强度,考虑这两个变量之间可能存在共线性,我们选择将二者的交叉项作为控制变量加入模型中,而非单独的两项,结果为最低工资增加1个单位,R&D人员月工资将会增加1.540个单位,系数也仅在10%的水平上显著。第五列比第四列多加入了一个控制变量,即受高等教育人口占比,自变量的回归系数再次减小,但是显著性有所增强,在5%的水平上显著,实际最低工资上涨1个单位,R&D人员的工资水平会上升1.352个单位。第六列的控制变量为地区生产总值以及城镇登记失业率与受高等教育人口占比的交叉项,结果表明如果最低工资增加1个单位,那么R&D人员的工资水平会上升1.253个单位,系数在10%的水平上显著。OLS结果证明了最低工资的回归系数始终是显著大于1的,即最低工资水平的上升会引起R&D人员工资水平上升的更多,技能工资差距拉大。

表6-2 最低工资对R&D人员月平均工资的影响:OLS回归

	(1)	(2)	(3)	(4)	(5)	(6)
最低工资	2.132** (0.922)	2.001** (0.865)	1.536* (0.798)	1.540* (0.670)	1.352** (0.663)	1.253* (0.762)
失业率		68.069 (161.006)				671.184** (329.795)
教育			108.314*** (40.560)		54.414* (30.079)	266.154*** (87.444)
GDP			0.017 (0.013)	−0.145** (0.049)	−0.123** (0.048)	0.010 (0.013)

(续表)

	(1)	(2)	(3)	(4)	(5)	(6)
科研投入强度		78.689 (243.616)		−676.938* (244.890)	−605.805* (240.031)	
失业率·教育						−60.316** (27.188)
GDP*科研投入强度				0.049*** (0.015)	0.043*** (0.014)	
样本数	341	341	341	341	341	341
F统计量	607.107***	576.256***	613.848***	644.602***	637.219***	616.365***

注：括号内为 z 值。*、**、*** 分别表示在 10%、5%、1%的水平上显著，下同。

控制变量的回归系数也是符合预期的，在经济较发达的地区，地区科研经费投入强度的回归系数显著为正，在经济次发达或欠发达的地区，地区科研经费投入强度的回归系数显著为负，地区科研经费投入强度对 R&D 人员工资水平的影响表现出地区差异性，地区生产总值的回归系数是显著为负的，失业率以及受高等教育人口占比的回归系数是显著为正的。

从第四节的描述性统计中可以看出，东部地区与中西部地区的 R&D 人员平均工资的平均水平差距较大，地区科研经费投入强度的提高意味着该地区对科研项目的重视，从而科研人员的工资水平会上升，但是由于经济发达地区的既有工资水平较高，因此这些地区工资的绝对增长量较大才能刺激到劳动力在下一阶段的工作积极性，而经济次发达或经济欠发达地区可能只需增长较少的工资就能给劳动力带来工资水平上升的直观感受，因而，随着科研经费投入强度的增加，经济发达地区工资涨幅超过了物价涨幅，即实际工资上涨，而经济水平较低的地区工资涨幅不及物价变化的幅度，即实际工资下降。

地区生产总值实际价值增加意味着地区经济处于扩张发展的状态中，这可能会导致物价水平会以较快的速度上升，工资上涨的幅度赶不上物价的上涨幅度，而且地区人口享受到经济发展的福利可能是滞后的,即地区经济发展水平提高,但人员工资可能短时间内并没有明显的增加,从而可能导致R&D人员的实际工资水平是下降的。

在控制了地区发展水平与地方科研投入强度之后,失业率对于最低工资有正向作用。一般而言,失业率提高,劳动力市场上劳动力的供给增多,企业可以用更低的工资水平雇佣到符合岗位要求的劳动力,岗位的候补增加,企业职员担心被替代,则企业可以在职员忍受范围内保持名义工资不变或是小幅增加,甚至适当降低现有职员的工资,所以实际的工资水平会下降。但是R&D人员的人力资本积累较多,可被替代性较弱,社会失业率的提高可能对R&D人员就业冲击较小,企业并不会随意降低这部分劳动力的工资水平,并且失业率提高意味着社会经济态势萧条,企业受到冲击,这可能会倒逼企业加大研发投入,创造社会需求,从而企业会提高科研人员的工资水平以获得更多的研发成果。

地区大专及以上学历人口的占比对技能工资具有正向影响,地区受高等教育人口的比例越多,说明该地区的科技型和科研型机构或者企业的数量可能越多,从而对技能劳动力的需求越多,因而技能工资的平均水平会越高。

表6-3是固定效应模型的回归结果。第一列是加入了城镇登记失业率作为控制变量,自变量的回归系数在5%的水平上显著,最低工资增加1个单位,则R&D人员的实际工资增加2.060个单位,控制变量不显著。第二列的控制变量为地区受高等教育人口的占比,最低工资系数减小、显著性减弱,但仍在10%的水平上显著,并且受高等教育人口占比的回归系数在1%的水平上显著。最低工资增加1个单位,会引起R&D人员的实际工资增加1.600个单位;受高等教育人口占比增加1%,则R&D人员月平均工资增加1.077个单位。第三列选择的控制变量是地区生产总值,最低工资增加1个单位,R&D人员的实际月工资将会增加2.075个单位,回归系数在5%的水平上显著,控制变量的回归系数不显著。第四列的控制变量是地区科研经费投入强度,自变量系数仍保持5%水平上的显著,但控制变量系数不显著,最低工资增加1个单位,会导致R&D人员平均工资的实际值增加2.068个单位。在只加入单个控制变量时,最低工资的回归系数基本是在5%的水平上显著,且系数较大。第五列选择的控制变量是城镇登记失业率以及地区生产总值与科研经费投入强

度的交叉项,回归系数为 1.637,即最低工资增加 1 个单位,R&D 人员的平均工资将增加 1.637 个单位,该结果在 10% 的水平上显著。控制变量的系数也是显著的,实际地区生产总值增加 1 个单位,将减少 0.144—0.147 个单位;科研经费投入强度每增加 1%,科研人员的实际工资最多会增加 35.54 个单位,最少会减少 6.64 个单位。科研经费投入强度的增加有可能会导致各地区的实际工资差距拉大。第六列的控制变量是地区生产总值与科研经费投入强度的交叉项以及城镇登记失业率与受高等教育人口的交叉项,回归结果在 10% 的水平上显著,但系数进一步减小,最低工资增加一个单位会导致 R&D 人员的实际工资增加 1.287 个单位,仅有地区生产总值和科研经费投入强度的交叉项是显著的,地区生产总值对 R&D 人员的实际工资具有负向影响。

表 6-3 最低工资对 R&D 人员月平均工资的影响:固定效应回归

	(1)	(2)	(3)	(4)	(5)	(6)
最低工资	2.060** (1.026)	1.600* (0.935)	2.075** (1.050)	2.068** (1.026)	1.637* (0.878)	1.287* (0.752)
失业率	70.466 (142.259)				−107.249 (155.666)	263.641 (443.636)
教育		107.651*** (36.934)				150.176 (94.691)
GDP			0.016 (0.01)		−0.147*** (0.028)	−0.103*** (0.018)
科研投入强度				82.061 (204.082)	−686.211*** (233.439)	−456.116* (239.094)
失业率 * 教育						−32.252 (29.101)
GDP * 科研投入强度					0.050***	0.035*** (0.007)
样本数	341	341	341	341	341	341
F 统计量	5.645***	14.483***	6.528***	5.629***	11.328***	9.439***

注:* $p<0.1$;** $p<0.05$;*** $p<0.01$

固定效应模型下最低工资的回归系数至少是在 10% 的水平上显著，而且回归系数均大于 1，这意味着最低工资的增加确实会拉大技能工资差距。表 6-2 和表 6-3 的回归系数比较接近，相对而言，因变量受高等教育人口占比、地区生产总值以及科研经费投入强度这三个控制变量对技能工资的影响更大，城镇登记失业率的影响比较微弱。

表 6-4　最低工资对 R&D 人员月平均工资的影响：分地区回归

	东部地区		中部地区		西部地区	
	(1)	(2)	(3)	(4)	(5)	(6)
最低工资	5.909***	2.954**	−1.668*	−1.689	−0.092	0.663
	(2.053)	(1.423)	(0.877)	(1.315)	(0.585)	(0.693)
失业率		713.728		735.440		−1 001.674**
		(560.477)		(1 140.92)		(496.745)
教育		175.525**		97.533		−249.445
		(82.046)		(215.008)		(166.818)
GDP		−0.145***		0.030		−0.177***
		(0.026)		(0.093)		(0.046)
科研投入强度		−285.887		−1 745.881		−2 057.625***
		(412.490)		(1 212.50)		(657.533)
失业率 * 教育		−38.970		−53.864		71.179
		(35.128)		(70.061)		(44.493)
GDP * 科研投入强度		0.035***		0.034		0.103***
		(0.008)		(0.051)		(0.018)
样本数	121	121	88	88	132	132
F 统计量	22.451***	7.178***	2.375	2.568**	0.012	2.748**

表 6-4 列出了按照地域分组后的固定效应结果。第一列未加入控制变量，最低工资的回归系数在 1% 的水平上显著，最低工资每增加 1 个单位，东部地区的 R&D 人员的工资将会增加 5.909 个单位。第二列加入了两组交叉项作为控制变量，最低工资的回归系数减小，在 5% 的水平上显著，最低工资增加 1 个单位，东部的 R&D 人

员实际工资便会增加 2.954 个单位,与最低工资对全国范围内的技能工资的影响相比,在东部地区,最低工资对技能工资的影响更大,几乎是全国效应的两倍,即东部地区最低工资增加所拉开的技能工资差距更大。第二列中,受高等教育人口占比的回归系数显著,地区生产总值与科研经费投入强度交叉项的系数也显著,受高等教育人口占比每增加 1%,则科研人员工资将会增加 1.755 个单位,地区生产总值对仍是负向效应,科研经费投入强度对 R&D 人员平均工资的影响是异质性的,在地区生产总值较高的地区,科研经费投入强度越高,R&D 人员实际工资越高,在地区生产总值较低的地区,科研经费投入强度越高,R&D 人员实际工资越低,科研经费投入强度的增加会拉大技能工资内部的差距。

第三列是估计了中部地区最低工资对科研人员工资的影响,回归系数在 10%的水平上显著,最低工资增加 1 个单位,会导致中部地区科研人员平均工资减少 1.688 个单位,这意味着在中部地区最低工资的增加会缩小技能工资差距,最低工资每增加 1 个单位,技能工资差距将减少 2.688 个单位,但是该模型仅控制了时间与地区效应,所以结果并不是稳健的。第四列加入了地区生产总值与科研经费投入强度的交叉项以及失业率与受高等教育人口占比的交叉项,最低工资的回归系数仍然为负,但是并不显著,而且其他的控制变量也并不显著,在中部地区,最低工资的变化不是技能工资差距的影响因素。

第五列讨论的是西部地区,最低工资的回归系数不显著。第六列同第二列、第四列一样,加入了交叉项为控制变量,最低工资的回归系数不显著,地区生产总值同科研经费投入强度的交叉项、失业率的系数是显著的。同全国范围内的回归结果不一样,失业率对西部地区的科研人员工资水平是负向影响,失业率提高 1%,科研人员实际工资将下降 10.017 个单位,西部地区的经济水平较差,失业率提高说明社会经济比较萧条,西部地区的企业无法同发达地区的大企业一样抵御经济冲击,所以尽管 R&D 人员的可替代性较弱且对工资降低的容忍度较低,企业可能还是会选择降低 R&D 人员的工资水平。地区生产总值对技能工资是负效应,在西部较发达地区,科研经费投入强度越大,技能工资实际水平越高,在西部欠发达地区,科研经费投入强度越大,技能工资实际水平越低。在西部,不同地区之间的技能工资内部差距也会受到科研经费投入强度的影响。

分地域回归之后，我们发现最低工资会拉大东部地区的技能工资差距，并且相比全国范围内最低工资产生的影响，最低工资对东部地区技能工资差距的影响更大。在中部地区最低工资有可能会缩小技能工资差距，结果并不稳健。

第六节 结论及政策启示

本章利用 2009 年—2019 年 31 个省(直辖市)的面板数据，实证讨论了最低工资上涨与技能工资差距的关系。本章的基本发现为全国范围内最低工资会拉大技能工资差距，最低工资增加 1 个单位，技能工资会增加 1.287 个单位，则技能工资差距的增加值为 0.287 个单位。对不同地区，最低工资上涨的影响是有差异的，在东部地区，最低工资上涨 1 个单位，则实际技能工资差距会增加 1.954 个单位，而在中西部地区，最低工资对技能工资差距没有显著性影响，最低工资上涨对东部地区技能工资差距的影响最大。

本章还发现，城镇登记失业率以及地区受高等教育人口占比会对技能工资产生正向的影响，地区生产总值对技能工资的影响是负向的。此外，在地区生产总值较多的地区，科研经费投入强度增强会促进技能工资的上涨，在经济水平较低的地区，科研经费投入强度增加反而会降低技能工资的实际水平。

最低工资是政策性工资，对于劳动力市场是一种外生性干扰，但是这种政策性工资可以通过市场机制(替代效应、攀比效应及效率工资等)对市场性工资产生溢出效应，影响市场工资的变化，并且拉大二者之间的差距。

本章的不足在于计量回归可能存在内生性问题，因果性解释仍有加强的空间，这也是我们在后续研究中需要继续精进的方面。

本章的发现具有一定的政策启示。首先本章发现最低工资会拉大技能工资差距，尤其是在经济较为发达的东部地区，最低工资对技能工资差距的影响较大。考虑到高低技能劳动力的现有工资差距已经较大，而最低工资至少每两年便会上调一次，技能工资的实际差距将日益加剧，收入差距将越来越成为社会问题，因此政府可能需要干预低技能劳动力市场,加大对最低工资制度执行的监管,加强对低技能劳动力合法权益的保护。

此外,政府可以考虑可以缩小技术—非技术劳动力工资差距地促进经济发展的政策,来配合最低工资政策的实施,以抑制最低工资提升导致的拉大高低技能劳动力工资差距的副作用。

最后,高低技能劳动力之间存在明显的工资差距有利于刺激劳动力重视自身人力资本的积累,提高社会生产率,从而有利于社会经济结构的转变与高质量发展。因此政府在制定最低工资标准时需要把握好对技能工资差距的控制力度,衡量好最低工资在影响收入差距上的效果以及对工资水平的正向影响。

参考文献

[1] 包群,邵敏.外商投资与东道国工资差异:基于我国工业行业的经验研究[J].管理世界,2008(5):46-54.

[2] 邸俊鹏,韩清.最低工资标准提升的收入效应研究[J].数量经济技术经济研究,2015,32(7):90-103.

[3] 付文林.最低工资、调整成本与收入分配效应的结构差异[J].中国人口科学,2014(1):85-95+128.

[4] 郭凤鸣,张世伟.最低工资标准对农民工工资和工作时间的影响[J].统计与决策,2017(19):111-115.

[5] 胡远华,柯慧飞.最低工资制度对农民工就业和收入的影响[J].商业研究,2012(11):83-91.

[6] 李晓春,何平.最低工资线的农民工就业效应——以长三角地区为例[J].《江苏社会科学》,2010(4):59-66.

[7] 刘柏惠,寇恩惠.最低工资相对价值变动对工资分布的影响——基于县级最低工资数据的分析[J].经济科学,2017(4):5-21.

[8] 刘贯春,陈登科,丰超.最低工资标准的资源错配效应及其作用机制分析[J].中国工业经济,2017(7):62-80.

[9] 刘贯春,张军,陈登科.最低工资、企业生产率与技能溢价[J].统计研究,2017,34(1):44-54.

[10] 罗小兰.我国最低工资标准农民工就业效应分析——对全国、地区及行业的实证研究[J].财经研究,2007 (11):114-123+143.

[11] 罗小兰,丛树海.基于攀比效应的中国企业最低工资标准对其他工资水平的影响[J].统计研究,2009,26(6):60-65.

[12] 马双,张劼,朱喜.最低工资对中国就业和工资水平的影响[J].经济研究,2012,47(5):132-146.

[13] 马晓波.劳动力异质性与中国最低工资标准就业效应分析[J].经济与管理,2010,24(11):23-25+31.

[14] 宋晶,李会敏.工业企业工资增长影响因素的经验分析[J].财经问题研究,2014(10):91-98.

[15] 孙中伟.最低工资标准对城镇职工工资的"溢出效应":基于宏观和微观数据的实证分析[J].公共行政评论,2017,10(4):115-134+195.

[16] 孙中伟,舒玢玢.最低工资标准与农民工工资——基于珠三角的实证研究[J].管理世界,2011 (8):45-56+187-188.

[17] 王雅丽,张锦华,吴方卫.最低工资提升对农民工收入影响的再考察——基于全国流动人口动态监测数据的分析[J].当代经济科学,2019,41(4):38-47.

[18] 翁杰,徐圣.最低工资制度的收入分配效应研究——以中国工业部门为例[J].中国人口科学,2015 (3):17-31+126.

[19] 徐水源.东部地区农民工工资增长影响因素及地区差异实证研究[J].人口学刊,2016,38(2):91-100.

[20] 杨娟,李实.最低工资提高会增加农民工收入吗?[J].经济学(季刊),2016,15(4):1563-1580.

[21] 杨正雄,张世伟.最低工资对农民工非正规就业和工资的影响[J].农业经济问题,2020 (9):40-54.

[22] 叶静怡,杨洋.最低工资标准与农民工收入不平等——基于北京市农民工微观

调查数据的分析"[J]. 世界经济文汇,2015 (5):22-45.

[23] 张世伟,杨正雄. 最低工资标准提升是否影响农民工就业与工资[J]. 财经科学,2016 (10):100-109.

[24] MARIANO B, MARCO M. Minimum wages and earnings inequality in urban Mexico[J]. American Economic Journal: Applied Economics, 2010, 2(4): 128-149.

[25] RICHARD D, ALAN M. Has the national minimum wage reduced UK wage inequality? [J]. Journal of the Royal Statistical Society: Series A (Statistics in Society), 2004, 167(4): 613-626.

第七章 工作时间对健康的影响研究
——基于异质性劳动力视角

本章提要：本章利用中国家庭追踪数据，建立 Ologit 模型和时间固定效应模型，分析了中国劳动者的工作时长对其主观健康状态的影响，以及影响程度在异质性劳动力之间的差异。工作时间的延长增加了劳动者健康状况发生负面变化的概率，当我们将劳动时间划分为"是否过度劳动"的二元变量时该影响更为明显。在进一步的异质性劳动力分析中，技术劳动者群体健康受到工作时间影响的程度较非技术劳动者群体更大。总的来说，本章建议国家加大对劳动者合理工作时间的保障，并关注改善技术劳动者的健康状况。

第一节 序　言

"十四五"规划和 2035 年远景目标纲要提出，应当把保障人民健康放在优先发展的战略位置。对于劳动者健康的讨论是劳动经济学中常新的话题，由于工作直接或间接导致的亚健康状态对劳动者造成的损失常常无法得到相应的补偿，并且这种亚健康状态对于劳动力供给的影响是持续性的。在人口与劳动绿皮书中，健康型人力资本与教育型人力资本、技能型人力资本、创新型人力资本共同作为人力资本提升的四个维度。劳动者健康作为人力资本的组成成分之一，是中国经济高质量发展的重要因素。

近年来，随着互联网对生产生活的浸透以及社会发展带来的日益激烈的竞争，劳动者主动或被动地付出了更多的劳动时间。一方面，当下劳动力市场竞争激烈，"就业难"成为劳动者不得不面临的现状，为了获得一份足以保障生活的工作，劳动者们无法自由选择劳动时间,只能被动地接受加班;另一方面,为了获得更多的劳动报酬,部分劳动者主动加班或者通过副业、兼职等行为来增加自己的劳动时间,来自住房、教育、养老、家庭等方面的高生活成本,使得劳动者们有更大的主观动力将更多的时间和精力通过劳动途径兑换成更高的报酬。

我国历来有关于劳动时间保障的法律法规,但在现实中并没有得到切实地实施和执行。根据《中华人民共和国劳动法》的规定,"国家实行劳动者每日工作时间不超过 8 小时,平均每周工作时间不超过 44 小时的工时制度",通过法律形式约定劳动者的一般劳动时间;1995 年,《国务院关于职工工作时间的规定》进一步将每周劳动时间规定缩短为 40 小时。尽管如此,在更快的社会节奏和更激烈的竞争中,加班不可避免地成了大多数"打工人"的常态。由于工作的疲劳和压力,城市从业者大都处于不同程度的亚健康状态,大学教师、研发人员、IT 技术人员等职业过劳情况尤其严重,其中男性过劳程度要高于女性(王依等,2017)。《2014 年中国劳动力市场发展报告》的数据显示,中国劳动者年工作时间超过 2000 小时,约 30%的人需要经常加班;而 2019 年 BOSS 直聘发布的调查报告表明,近 24.7%的劳动者每天都加班,仅有 10.6%的劳动者能够做到基本不加班。与此同时,"过劳"导致的慢性疾病越来越常见,以"过劳死"为标题的新闻报道屡见不鲜,在社会劳动时间普遍延长的现况下,焦虑、抑郁等心理问题发生率也不断提高。随着劳动者健康意识的普遍提高和劳动选择的理性化,"合理健康的劳动时间"在社会上获得了广泛的讨论。

同时,随着社会劳动力结构的变化,劳动健康也面临着新的问题。当技术劳动力在整体社会劳动力中的占比逐渐提高,人们逐渐意识到,技术劳动给劳动者带来与非技术劳动不同方面和程度的疲劳,进而对于劳动者健康也产生了不同的影响。在过去的劳动者健康保障中,更多的关注集中在非技术劳动者身上。诚然,非技术劳动者常常面对着身体的过度损耗和工作环境的污染等,但"过劳死"的致因却愈加多样,不仅包括身体组织的过度损耗,也包括精神上的高度紧张、生物钟混乱等危险因素,多方因素对劳动者健康造成不良影响,导致了各种疾病发生率甚至死亡率的提高。与非技术劳动者相比,技术劳动者的健康面临着职业紧张、熬夜加班等新的挑战。在技术劳动力逐渐取代非技术劳动力的当下,随着技术劳动者普遍呈亚健康状态,慢性疾病甚至猝死发生概率持续上升,关于劳动力异质性的研究和探讨是具有社会意义、符合时代背景的。

基于以上现实问题,本章试图从经验证据上考察如下问题:当代的劳动者是否因劳动时间的延长而发生健康的恶化?如果存在这样的影响,是否会因为技术劳动和非技术劳动的不同而存在差异?研究和回答以上问题,能够帮助我们更加深入和透彻地理解过度劳动的危害以及异质性劳动力在此方面的差异,对于当代劳动者权益保障有重要意义。

在新经济增长理论中,劳动力从以时间长短丈量的概念拓展为包含了能力与效率的人力资本,而人们也逐渐意识到健康是一种重要的人力资本(Grossman 和 Michael,1972)。随着人力资本在经济中发挥着越来越重要的作用,劳动者权益保障和劳动力市场的高效运转成了研究学者们关注的重要话题之一。但是历来对"人"的研究总是复杂而巧妙的,劳动者的健康状况及变化涉及个人、家庭、社会等多方面因素影响,涵盖医学、心理学、经济学等多个学科的理论,已有的研究从不同的角度、运用不同的方法对该问题进行了多重证明和检验。

与大众的常识相符,多数研究都认同长时间劳动对健康的不良影响,并且该影响的程度会受到人口学特征的影响。从宏观角度,可能受到劳动群体所处国家福利制度的影响(Artazcoz 等,2013);从家庭角度,也可能因家庭责任分工而有所不同,男性长时间工作对于妻子健康状况有积极的影响,而女性则相反(Kleiner 和 Pavalko,2014);从个人角度,不同的职业、性别等也会导致不同程度的不良影响(Fein 和 Skinner,2015)。进一步地,劳动时间的影响可能与肥胖、心血管疾病等慢性疾病相关,工作时长会与肥胖发生风险呈现出"U"型剂量反应关系(高银燕等,2019)。当工作时间超过一定范围时,劳动者的心理状况也会产生负面变化(Milner 等,2015)。较长的工作时间会对劳动者的心理健康以及主观幸福感产生不良影响(王笑天等,2017),并且表现出与焦虑等负面情绪间的正相关关系(Virtanen 等,2012),这可能会影响到劳动者的抑郁状态及睡眠状况等(Bannai 和 Tamakoshi,2014)。

但是并非所有研究都认同工作时长对于健康的负面影响。在基于 1991 至 2009 年中国数据的研究中,长时间工作会影响中国劳动者健康的结论是不可靠的(Nie 和

Sousa，2015）。也有相关研究指出，绝对劳动时间并不是影响健康的主要因素，对健康产生影响的工作时间主要与劳动者期望的劳动时间有关，劳动者的劳动错配（劳动者实际工作时间与其预期的差距）导致了劳动者健康状况的下降（Bell 等，2012；Bassanini 和 Caroli，2015）；而在合理范围内的工作时间延长可能对工人的主观健康是有益的（Warr，2007）。

不同的工作性质和工作内容对于健康的作用存在差异化，而目前尚没有太多学者将目光投向异质性劳动力的健康影响。在现存的劳动保障工作中，对于劳动的分级主要依据 8 小时平均耗能值来划分不同级别的体力劳动强度，而相对缺少对于快节奏发展社会环境下技术劳动者所面临困境的关注。近年来，有越来越多的学者关注技术劳动者的生存现状，开始探讨技术劳动对于劳动者的健康影响。有学者表明，异质性劳动力对健康的影响与性别相关，繁重的体力劳动对女性有显著负面影响、对男性无显著影响，而大量的脑力劳动则呈现出相反的结果（李建民等，2018）。对于异质性劳动力对健康影响的差异，现有研究主要从慢性疾病以及职业紧张的角度提出了观点和可能的影响因素。有部分研究从慢性疾病等角度，发现与非技术劳动者相比，技术劳动者面临着多种慢性疾病风险的提高，长期从事室内脑力劳动的劳动者有更高的冠心病发病率（孙冰岩等，2020），而心脑血管疾病患病率的提高部分来自脑力劳动中血液流变性的改变（韩冰等 1991）；有学者认为，脑力劳动者之所以较体力劳动者有更高的亚健康状态检出率，大多与其不良的生活健康饮食习惯有关（钟薇等，2020）。也有研究认为，脑力劳动者比体力劳动者面临着更多的精神压力和职业紧张（卢武红等，2019），会对于劳动者的睡眠产生不良影响（高晓燕等，2016），这种职业紧张与性别、婚姻、职务等人口学特征均存在关联（郭瑞等，2014）。此外，也有研究从其他的角度，重体力劳动者的低健康水平常常对应着较低的健康素养，这可能与其工作收入的稳定性、文化水平以及对健康的需求有关（马震等，2012）。

结合现有的研究，一方面，劳动时间对健康的负面影响似乎是大众的共识，但是否真的存在因果关系仍需要考证，现有实证研究大多为五年前的经验证据，少有更新的研究为这一问题提供可靠的经验证据，同时也有研究对此观点持反对态度；另一方面，劳动保障依然以体力劳动强度为标准进行分级，尽管逐渐有研究关注技术劳动者的健康问题,但是研究大多从医学视角的局部样本出发,少有研究能够从经济学视角提供经验证据。为了给劳动时间对健康负面影响这一观点提供更新、更可靠的经验证据,并在此基础上深入探讨异质性劳动力对主观健康产生的不同影响,本章采用2014 年至 2020 年的中国家庭追踪调查数据(CFPS),构建有序响应模型以及时间固定效应模型进行实证研究。

本章使用了最新的 2020 年中国家庭跟踪调查数据,讨论了工作时间的健康影响,在已有研究基础上补充了最新的经验证据。在此基础上,本章进一步从劳动力异质性视角提出问题,研究了技术劳动与非技术劳动对劳动者健康影响的差异,得出了技术劳动会对劳动者产生更大不良影响的结论。已有的劳动保障大多基于体力劳动强度进行分类,而本章结论从异质性劳动力视角,希望引起社会更多的对于脑力劳动者健康状况的关注。

此外,本章在被解释变量的选择上,与以往研究采用的主观或客观的健康水平不同,本章采用了具有差分意义的"健康变化情况"变量,并将主观健康水平作为控制变量以减少研究中的双向因果效应,改善内生性问题,使得研究结论更加可靠。

第二节 研究假设

结合已有研究中的主要研究方向及结论,本章从异质性劳动力视角,就工作时间对健康的影响提出了以下两个假设。

假设一:尽管工作会给劳动者带来精神满足和物质报酬,我们依然认为劳动时间的延长给劳动者带来了更多的精神压力和健康损伤,工作时间的延长对劳动者健康的影响是负面的。劳动者的工作时间越长,其健康状况发生负面变化的概率就越大,当工作时间超过超出某一范围时,这一概率表现出明显的变化。

假设二:异质性劳动对劳动者健康造成的影响存在差异。根据已有研究中的结论,技术劳动会使得劳动者有更为严重的职业紧张,且久坐缺乏运动的工作环境也更可能导致慢性疾病的发生。我们认为,随着工作时间的延长,这类问题对劳动者的健康可能比体力上的负担造成的影响更大。因而,与非技术劳动相比,同等程度的技术劳动时间延长带给健康状况的负面影响更大。

与所提出的假设相对应,本章将从两个方面进行实证研究,通过经验证据证明本章假设。

值得说明的是,本章所提出的劳动时间延长的健康影响,并非仅仅是劳动行为对健康的作用,同时也包括劳动行为对时间的"侵占"所产生的影响。为了抵消工作所造成的身体疲劳和精神压力,更长时间的劳动往往对应地需要更多的时间用于"恢复"。但是劳动者所能支配的时间并不是无限的,时间是劳动者的重要资源,是有限的、受到约束的。我们认为,劳动时间对健康的影响分为两部分,劳动行为时间的延长对健康的影响及"恢复时间"缩短对劳动者健康的影响。我们假设劳动者可分配的时间总量为 h,其中 h_{work} 表示工作时间,h_{rest} 表示休息时间,可以将劳动者受到的时间约束表示为:

$$h = h_{\text{work}} + h_{\text{rest}} \qquad (7-1)$$

假设除时间外的其他因素在群体中都是随机并且均值为 0 的。劳动者必须付出一定的时间 $h_{i,T,\text{work}}$ 进行工作以获得生活必需的物质条件,兼职、加班等行为都是为了这一目的所付出的劳动;而为了缓解工作所产生的疲劳并保持劳动者的身心健康,为健身、娱乐、休息等行为投入时间也是必要的。据此,我们对于本章所研究的关系进行拆分解释。在下文所获得的系数中,既包含劳动行为产生的影响,同时也包括"恢复"行为被压缩而产生的影响。

$$H_{ei,T+1} = H^1(h_{i,T,\text{rest}}) + H^2(h_{i,T,\text{work}}) + H_{ei,T} + \varepsilon_{i,T} = H(h_{i,T,\text{rest}}) + H_{ei,T} + \varepsilon_{i,T}, \ i = 1,2,\cdots \qquad (7-2)$$

其中,$H_{ei,T}$ 与 $H_{ei,T+1}$ 分别表示劳动者在 T 和 $T+1$ 期的健康状况,健康状况的变化由工作造成的负面影响 $H^2(h_{i,T,\text{work}})$、休息时间的正面影响 $H^1(h_{i,T,\text{rest}})$ 以及均值为零的随机项 $\varepsilon_{i,T}$ 组成。由于"时间"造成的影响并不是立竿见影的,常常是从疲劳、作息混乱等发展为慢性疾病从而影响劳动者的健康状态,因此我们认为这些因素对健康的影响有滞后性。

第三节　模型建立

一、数据与变量

"中国家庭追踪调查"（China Family Panel Studies，以下简称 CFPS）自 2010 年正式开展访问调查，并以 2010 年的调查作为基线调查，其中界定的基线家庭作为 CFPS 的永久追踪对象，以两年为周期进行调查问卷的更新和调查数据的报告。调查问卷指标会根据历史调查情况结合实际进行调整，覆盖 25 个省/市/自治区，主要从家庭和个人的生活、工作、婚姻、教育等多个方面进行全面的访问调查。

本章以劳动力群体作为主要研究对象，并分别以"是否为青年群体"及"所从事工作是否为非技术劳动"为依据进行异质性分组研究。在研究中，我们使用了 2020 年的截面数据和 2014 年至 2020 年的不平衡面板数据。数据样本均来自"中国家庭追踪调查(CFPS)"成人调查数据，其中包含了研究所需要的个人基本特征、生活方式、工作的时间和方式等变量。具体来说，考虑到丧失劳动能力者、学生及待升学者、家务劳动者及赋闲者在通常情况下不计入劳动力人口，我们选取了过去 12 个月中有工资性收入的样本，并确认样本年龄均在法定劳动年龄 16 岁及以上。我们认为，部分收入数据的缺失可能是由于被访问者基于隐私等原因不愿透露该信息，透露信息的意愿在样本中并不是随机的，过高和过低收入的人群都有更高的可能隐瞒自己的收入信息，但是以收入为条件选择样本，能够让我们在保证样本数量充足和随机性的同时，尽可能让样本中所包含的被访问者都是"合格的劳动者"。由于 2012 年及之前的调查问卷未能提供本章研究所需变量，为了保证必要变量，同时获取尽可能多的样本，我们最终采用了 2020 年截面数据以及 2014—2020 年的面板数据进行研究。

健康状况的变化与劳动时间之间的关系受到多方面因素影响，其中包含很多主观个人因素。"双向因果关系"可能是阻碍本章研究得出合理结论的主要障碍之一。我们假设劳动时间的延长会导致劳动者健康状况变差，但同时劳动者健康状况的变化也会导致其经过理性考虑后,在可选择的情况下,通过减少主动加班或者更换工作岗位等方式减少劳动时间以保障自己的身体健康。为此我们以健康变化情况作为被解释变量,并将劳动者近一年的自评健康状况作为控制变量,以尽可能减少"逆向选择"对于本研究的影响。同时,为了排除"健康工人效应"的影响,即那些因为职业病而被动选择较少的工作时间的劳动者群体,我们参照 Nie 和 Sousa(2015)的做法,排除掉每周劳动时间不超过 11 小时的群体。

根据青年联合会对于青年群体的界定,我们以样本的年龄作为分类依据,以年龄在 18~44 周岁为标准选择青年样本。为了按照劳动类型进行异质性分类,由于没有直接的变量能够让我们区分技术劳动和非技术劳动,本章采用工作主要场所作为分类标准,变量基于 CFPS 访问调查中的问题"这份工作的场所最主要在哪里?"获得,其所对应的回答有"1 户外""2 车间""3 办公室""4 家里""5 其他室内工作场所""6 运输工具内"及"7 其他"。据此,我们假设主要工作场所为办公室或家里的工作基本能够认定为技术劳动,而主要工作场所为户外、车间、运输工具内以及其他室内工作场所基本认定为是非技术劳动,由于"7 其他"选项难以大量识别并且很难通过某种相对可靠的标准进行分类,我们将这一回答视同缺失值处理。

我们以 2020 年截面数据中选取的样本为主要研究数据,将 2014—2020 年的面板数据作为补充以验证结论的稳健性。一方面,近年来随着工作模式的转变和劳动者群体的更新,劳动力市场不断变化,2020 年的调查数据是目前最新一次访问调查结果,能为我们的结论提供更新、更为全面的实证证据。另一方面,2020 年初,新型冠状病毒开始在全球范围内肆虐,众多劳动者们被迫暂时离开工作岗位,就业人员的平均工作时间呈现断崖式下降,全国的经济发展和劳动力市场均对应发生了转变。由于 2020 年"中国家庭追踪调查(CFPS)"的访问于 7—12 月开展,尽管全国就业人员的平均工作时间到 5、6 月份基本恢复到近年同期正常水平,但是当我们问及受访者过去一年中生活、健康以及工作的状态和变化情况时,获得的回答可能跨越了疫情前和疫情后两个不同的阶段,这可能造成更大的统计误差,也可能导致结论因其疫情背景具有特殊性。为了排除 2020 年疫情的影响,使得实证结果尽可能地可靠和有效,我们将样本扩大为 2014—2020 年的非平衡微观面板数据进行研究,补充说明结论的稳健性,同时为本章的研究补充更长期的结论。

1. 核心被解释变量

本章的核心被解释变量为表示健康变化情况的三分变量,该变量基于调查问题"您觉得自己的健康状况和一年前比较起来如何"获得,是受访者对于自己过去一年健康变化情况的主观评价。根据受访者的回答"变好""不变""变差",分别对变量赋值—1,0,1。受访者的回答以一年前自身的健康状况为参照得出,相较于通过比较自我健康评价值来衡量主观健康的变化,该变量无法呈现健康状况的变化幅度,但是对于健康变化的识别更为敏感,同时也能够避免前后参照标准不一致等问题。

2. 核心解释变量

本章核心解释变量为连续变量"每周工作时间(小时)",该变量基于调查问题"不包括午休时间,但包括加班时间,不管是否有报酬。过去12个月,您的主要工作一般每周工作多少个小时?"获得。该问题的回答能够相对准确地提供劳动者的实际工作时间。

考虑到工作时间对于健康的影响并不是连续的,可能存在某个临界值,超过这一临界值的劳动更可能超出劳动者身体的承受范围。为了捕捉这一特征,我们设置了虚拟变量"过度劳动",在补充研究中代替核心解释变量"每周工作时间(小时)"进行研究。我们将50小时作为过度劳动可能性的转折点,即每周劳动时间少于50小时没有过度劳动的可能性,每周劳动时间大于或等于50小时则存在过度劳动的可能性。

3. 控制变量

劳动者健康所受到的影响是多方面的,在研究中设置更多的控制变量能够排除其他因素对于本研究的干扰。但是,由于问卷调查数据中存在不同原因导致的数据缺失,研究中加入更多的控制变量会导致样本数量的减少和样本选取的偏差增大。结合现有学术研究中采用的方法,从个人、家庭、社会以及工作四个维度选择控制变量是相对完整并且合理的。尽管我们希望尽可能多地控制其他因素对研究的影响,但是家庭劳动变量的缺失值占比较大,为了防止样本数量过少导致的研究偏差,我们最终从个人、社会、工作三个维度采取了以下共七个控制变量。

age 年龄与 gender 性别。作为健康最重要的影响因素,将年龄和性别纳入控制变量是必要的。其中问卷根据受访者的回答以及访问过程中的判断,整理出性别变量,我们据此对于男性和女性分别赋予 gender 变量 1 和 0。

urban 城乡变量。该变量是 CFPS 项目组根据国家统计局标准对调查问卷中家庭社区一级的地址重新判断从而得出的城乡属性,对于城、乡人口分别赋予 urban 城乡变量 1 和 0。

表 7-1 变量描述及其赋值

	变量	变量描述	赋值
核心被解释变量	healthchange	健康变化情况	−1:变好; 0:不变; 1:变差
核心解释变量	workhour	每周工作时间(小时)	
	overwork	过度劳动	0:未过度劳动; 1:过度劳动
控制变量	age	年龄	
	gender	性别	0:女; 1:男
	urban	城乡	0:乡; 1:城
	health	健康状况	1:非常健康; 2:很健康; 3:比较健康; 4:一般; 5:不健康
	smoking	是否抽烟	0:否; 1:是
	income	工资性收入(千元)	
	transporttime	单程通勤时间(分钟)	

health change 健康状况变量与 smoking 是否抽烟变量。Health change 健康状

况变量是基于问卷问题"您认为自己的健康状况如何"得出,对应的回答为"1 非常健康""2 很健康""3 比较健康""4 一般"和"5 不健康",是一个五分类的离散变量。smoking 是否抽烟变量是基于问卷问题"过去一个月,您是否吸烟?"得出,根据回答"是"和"否"分别对该变量赋值 1 和 0。健康的变化情况是基于现有的健康状况,与当下的身体健康状况与生活习惯有关。我们使用 smoking 变量,一方面可以反映劳动者近期的心理状态,另一方面抽烟习惯也不利于劳动者的健康状况。由于健康变化与劳动时间选择之间的相关关系也有可能来自"逆向选择",即健康状况更好或更为稳定的劳动者会更倾向于选择更长的劳动时间,而健康状况相对较差或者容易受到不良影响的劳动者可能更倾向于将劳动时间控制在适当范围内。为了尽可能减少可能存在的双向因果效应,本章引入劳动者的健康状况作为控制变量,以减少模型内生性。

income 收入变量。该变量基于 CFPS 根据问卷问题整理出的近一年来的平均月收入(千元)整理得出。该变量同时作为筛选"合格的劳动者"样本的标准。

transporttime 单程通勤时间(分钟)变量。该变量基于调查问题"您的主要工作上下班单程需要花费多少分钟?"。尽管我们不将通勤时间计算进入工作时间内,但必须承认通勤时间是劳动者每天进行工作之余所需要付出的时间,因此我们将其作为控制变量纳入研究中。

二、主要研究方法

1. Ologit 模型

本章主要采用的被解释变量为过去一年劳动者的主观健康变化情况。该变量为三分类的有序类别变量,采用传统回归模型获得的实证结果难以从经济学意义上给出合理的解释。对于该类型的因变量,我们可以使用有序响应模型(ordinal logit,以下简称 Ologit 模型)进行回归分析。

Ologit 模型的理论原理以累积 Logit 模型为基础,则小于等于 j 与大于 j 的累积 Logit 可以表示为:

第七章 工作时间对健康的影响研究——基于异质性劳动力视角

$$\log\left(\frac{P(y_i \leqslant j)}{1-P(y_i \leqslant j)}\right) = \alpha_{ji} + \boldsymbol{\beta}_1 x_i + \boldsymbol{\beta}' \boldsymbol{X}_i, \ i=1,\cdots,N \qquad (7-3)$$

其中,因变量也是被解释变量的 y 为取值从 1 到 j 的定序值,x 表示核心被解释变量即自变量,$\boldsymbol{X}_i$ 为一个 $m\times 1$ 的列向量,表示模型中的控制变量,$\boldsymbol{\beta}'$ 表示一组与 $\boldsymbol{X}_i$ 对应的回归系数,为 $1\times m$ 的行向量,而 α_{ji} 是估计的截距项。N 表示样本数量,样本中共包含 N 个不同的个体。

但是,Ologit 回归模型也存在着约束条件,即通过 Ologit 模型进行回归的结果,对于被解释变量的每一个取值呈现出的效应是相同的,因此为了保证被解释变量的不同取值与解释变量之间存在着相同的线性关系,我们还需要通过检验保证模型满足平行性假设,该检验将会在下文进行。

结合本研究所讨论的问题,我们建立了以下 Ologit 模型。

$$\log\left(\frac{P(healthchange_i \leqslant j)}{1-P(healthchange_i \leqslant j)}\right) = \alpha_{ji} + \boldsymbol{\beta}_1 workhour_i + \boldsymbol{\beta}' \boldsymbol{X}_i + \varepsilon_i \qquad (7-4)$$

$$\varepsilon \in (-1,1), E(\varepsilon)=0; i=1,\cdots,N; j=1,2,3$$

其中,$healthchange_i$ 为劳动者自己报告的过去一年的健康变化情况,$workhour_i$ 为劳动者所报告的过去一年中一般每周工作时间(小时),$\boldsymbol{X}_i$ 为模型中的控制变量。$\boldsymbol{\alpha}_{ji}$、$\boldsymbol{\beta}_1$、$\boldsymbol{\beta}'$ 分别表示对应的回归系数(向量)。其中,$\boldsymbol{X}_i$ 为一个 7×1 的列向量,表示模型中的控制变量组,$\boldsymbol{\beta}'$ 表示一组与 $\boldsymbol{X}_i$ 对应的回归系数,为 1×7 的行向量。被解释变量 $healthchange_i$ 有三个类别:变好、不变和变差,我们设定劳动者较上一年的健康情况变好、不变和变差的概率分别为 P_1、P_2 和 P_3,满足 $P_1+P_2+P_3=1$。为了便于表示,我们记:

$$\begin{aligned} L_1 &= \boldsymbol{\alpha}_1 + \boldsymbol{\beta}_1 workhour + \boldsymbol{\beta}' \boldsymbol{X} \\ L_2 &= \boldsymbol{\alpha}_2 + \boldsymbol{\beta}_1 workhour + \boldsymbol{\beta}' \boldsymbol{X} \end{aligned} \qquad (7-5)$$

根据模型设定,我们能够计算得出:

$$P_1 = \frac{e^{L_1}}{1+e^{L_1}}$$

$$P_2 = \frac{e^{L_2}}{1+e^{L_2}} - \frac{e^{L_1}}{1+e^{L_1}} \tag{7-6}$$

$$P_3 = 1 - P_1 - P_2$$

Ologit 模型需要通过复杂的计算才能够估算出具体的影响程度，即使如此，这一数值也并不能相对准确地刻画本章讨论的影响，且这并不是本章所要重点研究的内容。本章的研究分析主要基于回归系数的符号和相对大小比较。

2. 时间固定效应模型

为了排除 2020 年因疫情等因素而存在的特殊性，使得研究得到更为一般、稳健的结论，本章还使用了 2014 年至 2020 年的面板数据进行研究。在研究面板数据时，考虑到存在疫情、流感等时间固定因素的影响，本章采用了时间固定效应模型（time fixed effects model）。由于研究的被解释变量为三分类离散变量，本章建立的时间固定效应模型是以 Ologit 模型为基础加入时间固定效应得到的。

$$\log\left(\frac{P(healthchange_i \leqslant j)}{1-P(healthchange_i \leqslant j)}\right) = \boldsymbol{\alpha}_{ji} + \delta_t + \boldsymbol{\beta}_1 workhour_i + \boldsymbol{\beta}' \boldsymbol{X}_i + \varepsilon_i \tag{7-7}$$

$$\varepsilon \in (-1,1), E(\varepsilon) = 0; i = 1, \cdots N; j = 1, 2, 3; t \in \{2014, \cdots, 2020\}$$

第四节　实证结果

一、实证检验

1. 平行性检验

Ologit 模型有效性要求被解释变量的不同取值参与回归时有相同的斜率，即存在"平行趋势"。为了保证被解释变量的不同取值与解释变量之间的趋势存在平行关系，我们需要在实证回归前通过检验保证模型满足平行性假设。

表 7-2 平行性检验

	对数以然值	自由度	卡方值	$Dr(>x^2)$
原假设	−8 769.9			
最终	−8 366.9	−2	5.916 5	0.051 91

表 7-3 平行回归结果

	估计值	标准差	z 值	$Pr(>\lvert z\rvert)$
(截距):1	−2.061 2	0.065 8	−31.34	<2 e−16 ***
(截距):2	1.326 4	0.061 9	21.414	<2 e−16 ***
(截距):3	4.846 7	0.117 6	41.213	<2 e−16 ***
workhour 值	−0.004 5	0.001 1	−4.235	2.28 e−05 ***

检验结果显示 p 值小于 0.05,即被解释变量不同取值所对应的回归系数存在显著差异的概率小于 5%,表示本章所研究的模型接受平行性假设,研究样本通过了平行性检验。被解释变量的不同取值与核心解释变量之间存在斜率相同、截距不同的相关关系,如下:

$$\begin{aligned}
\log it(p(y\leqslant -1 \lvert X)) &= -2.061\,2 - 0.004\,5 workhour \\
\log it(p(y\leqslant 0 \lvert X)) &= 1.326\,4 - 0.004\,5 workhour \\
\log it(p(y\leqslant 1 \lvert X)) &= 4.846\,7 - 0.004\,5 workhour
\end{aligned} \quad (7-8)$$

2. 自相关性检验

由于面板数据所具有的特征,模型可能出现自相关性的问题。为此,我们采取了 Hausman 检验和 Pesaran-CD 检验来判断模型中可能存在的自相关性。其中,由于本章使用的面板数据为微观面板数据,$T<N$,我们选择采用 Pesaran-CD 检验,以检验由于流行疾病或者气候环境冲击等情况而可能存在的截面相关性。

表 7-4 面板数据检验结果

	p 值
Hausman 检验	<2.2e-16
Pesaran-CD 检验	<2.2e-16

Hausman 检验和 Pesaran-CD 检验的结果均拒绝了各自模型的原假设,说明模型存在着自相关问题,需要加入固定效应进行回归研究。因此,本章在面板数据部分的实证分析中加入时间固定效应,以排除因不同年份所产生的特殊性。

二、回归分析

1. 劳动时间对健康变化情况的影响

本章采用 2020 年的截面数据和 2014—2020 年的面板数据,使用 R 语言中相关程序包,分别基于 Ologit 模型以及时间固定效应模型进行回归分析。尽管 Ologit 所获得的回归系数不能够直接定量表示影响的程度,但是作为定性以及横向比较的对象,对于本章的研究而言已经足够。

表 7-5 基于 2020 年截面数据的回归:青年与非青年群体

	被解释变量:healthchange					
	青年群体		非青年群体		全体	
workhour	0.005*** (0.002)		0.006*** (0.002)		0.006*** (0.001)	
overwork		0.148*** (0.064)		0.128* (0.088)		0.146*** (0.051)
age	0.022*** (0.005)	0.022*** (0.005)	0.008 (0.007)	0.007 (0.007)	0.014*** (0.002)	0.014*** (0.002)
gender	−0.231*** (0.075)	−0.225*** (0.075)	−0.133 (0.106)	−0.131 (0.106)	−0.201*** (0.061)	−0.197*** (0.061)
urban	0.148** (0.064)	0.145** (0.064)	−0.062 (0.088)	−0.072 (0.088)	0.086* (0.052)	0.081 (0.052)

(续表)

	被解释变量：healthchange					
	青年群体		非青年群体		全体	
health	0.701***	0.702***	0.654***	0.657***	0.690***	0.691***
	(0.033)	(0.033)	(0.039)	(0.039)	(0.025)	(0.025)
smoking	0.171**	0.173**	0.101	0.103	0.147**	0.149**
	(0.079)	(0.079)	(0.102)	(0.102)	(0.062)	(0.062)
log(income)	0.081**	0.083**	0.011	0.011	0.068**	0.069**
	(0.035)	(0.035)	(0.050)	(0.050)	(0.028)	(0.028)
transporttime	0.002	0.002	0.001	0.001	0.002	0.002
	(0.001)	(0.001)	(0.002)	(0.002)	(0.001)	(0.001)
样本数	5 388	5 388	2 610	2 610	8 034	8 034
对数以然值	−4 034.359	−4 035.587	−2 093.172	−2 095.381	−6 176.779	−6 180.197

注释：* $p<0.1$；** $p<0.05$；*** $p<0.01$

与本章所提出的假设相同，工作时间的延长会对劳动者的健康状况产生消极影响，即如果劳动者在原本的工作时间下健康不会发生变化，而当工作时间延长，其健康状况将更有可能变差；如果劳动者在原本的工作时间下健康较一年前更好，那么当工作时间延长，其健康状况将更有可能维持不变甚至变差。

关于所选取的控制变量，我们发现年龄、抽烟、收入水平以及通勤时间均会使得劳动者的健康更加容易发生不良变化，并且女性健康变差的概率较男性更高。此外，我们发现健康状况越好的劳动者，其健康受到负面影响的概率越大，一方面，本章研究加入 health 作为控制变量主要是为了排除"逆向选择"的影响，即我们认为越健康的人越能够承受更长时间的劳动，并且愿意以更长的劳动时间换取更多的薪酬、职业发展等方面的回报；另一方面，也有可能因为更多劳动者的健康状况是波动变化的，健康相对较差的劳动者可能会采取措施改善健康状况。

当我们采用连续变量来衡量工作时间时，青年群体的健康状况受到工作时间延长的影响略小于非青年群体，但是当我们将核心解释变量更换为虚拟变量"是否过度劳动"时,青年群体的健康更加容易受到负面影响。这表明平均意义上的工作时间延长对于青年群体造成损害的可能性更小,但是当工作时间超过了 50 小时,即可能存在过度劳动时,青年的健康受到损害的可能性明显更大。这可能是因为青年群体所能承受的劳动时间更长,但是当工作时间超出一定范围时,青年健康反而会受到更大的影响。

为了获得更加一般的结论,我们扩大了样本规模,采用 2014—2020 年的面板数据进行回归,为了防止不同年份的流行性疾病等固定因素的影响,我们设置了 Pool 模型与时间固定效应模型两组回归。

表 7-6 基于面板数据的回归:Pool 模型与时间固定效应模型

	被解释变量:healthchange			
	混合回归		时间固定效应	
workhour	0.004*** (0.001)		0.004*** (0.001)	
overwork		0.122*** (0.027)		0.121*** (0.027)
age	0.018*** (0.001)	0.018*** (0.001)	0.018*** (0.001)	0.018*** (0.001)
gender	−0.187*** (0.031)	−0.181*** (0.031)	−0.185*** (0.031)	−0.179*** (0.031)
urban	0.045* (0.026)	0.037 (0.026)	0.044* (0.026)	0.036 (0.026)
health	0.645*** (0.012)	0.645*** (0.012)	0.646*** (0.012)	0.646*** (0.012)
smoking	0.102*** (0.031)	0.104*** (0.031)	0.104*** (0.031)	0.106*** (0.031)
log(income)	0.071*** (0.013)	0.071*** (0.013)	0.064*** (0.014)	0.064*** (0.014)
transporttime	0.002*** (0.001)	0.002*** (0.001)	0.002*** (0.001)	0.002*** (0.001)

(续表)

被解释变量:healthchange			
	混合回归		时间固定效应
年份因子 2014		−0.062* (0.034)	−0.064* (0.034)
年份因子 2015		−0.024 (0.136)	−0.026 (0.136)
年份因子 2016		−0.115*** (0.043)	−0.116*** (0.043)
年份因子 2017		−0.007 (0.057)	−0.004 (0.057)
年份因子 2018		−0.053* (0.032)	−0.054* (0.032)
年份因子 2019		−0.227** (0.107)	−0.222** (0.107)
年份因子 2020			
样本数	31 145	31 145	31 145	31 145
对数以然值	−24 556.980	−24 564.760	−24 551.190	−24 558.860

注释:* $p<0.1$; ** $p<0.05$; *** $p<0.01$

根据回归结果,2020 年疫情确实导致劳动者的健康状况更可能受到负面影响,但是我们所研究的工作时间延长对健康变化情况的影响并没受到太多的影响。此外,在面板数据的样本下,健康变化依然会因为劳动时间的延长而有更差的表现,这一影响在面板数据的研究中略有减弱,但这并不妨碍我们所假设的结论在研究中是切实成立的。

2. 异质性劳动时间对健康变化情况的影响

在得到工作时间延长确实会导致劳动者的健康状态更可能受到损害的结论之后,我们进一步假设,异质性的劳动对于健康变化情况所受到的影响可能有不同程度的作用。上述研究中，为了得到一般性的结论，我们将所有的劳动视为"同等"的劳动，即我们认为不同类型的劳动对劳动者健康状况产生的影响是相同的。实际上，尽管有时劳动时间相同，不同类型的劳动对于劳动者的健康损害也会有所差异。劳动因具体劳动分工而有细化的分类，我们无法做到精确评估每一种劳动的形式和内容，本章主要将劳动分为技术劳动与非技术劳动进行讨论。

当代的劳动形式多样且复杂，很多工作是脑力劳动与体力劳动的结合，仅仅从劳动者个体层面很难将技术劳动力与非技术劳动力完全分离。为了便于分类研究，我们将主要用到脑力劳动的工作视作脑力劳动，将主要用到体力劳动的工作视作体力劳动，这两种劳动在本章中也表述为技术劳动和非技术劳动。本章主要以"劳动者的主要工作场所"作为劳动类型的判定标准，该变量主要对应的问题是"您的主要工作的场所最主要在哪里？"，该问题对应的回答有"1 户外""2 车间""3 办公室""4 家里""5 其他室内工作场所""6 运输工具内"及"7 其他"。据此，我们假设主要工作场所为办公室或家里的工作为技术劳动，而主要工作场所为户外、车间、运输工具内以及其他室内工作场所的工作为非技术劳动。

根据图 7-1(上)的密度图可以明显地观察到，非技术劳动者的整体劳动时间较长，较为集中的分布在 40—70 小时之间，但是健康状况变化的差异对于工作时间相对不敏感。技术劳动者的劳动时间主要集中在 40 小时附近，如图 7-1(下)在 40 小时和 50 小时处分别形成一大一小两个高峰，且劳动时间在这两个区间内的劳动者健康状况更加稳定；相对应地，劳动时间在 50—60 小时区间内的非技术劳动者表现出相对较稳定的健康水平。可以看出，第一，非技术劳动者的健康状况往往能够承担相对更长时间的工作，我们不能因此断定这是由劳动性质导致的，我们更倾向于认为逆向选择在其中发挥着作用，即身体素质相对一般的劳动者会更倾向于选择以技术劳动为主的工作，或非技术劳动相对较低的收入促使劳动者们主动增加劳动时间。第二，非技术劳动者与技术劳动者存在着不同的工作时间结构，对于非技术劳动者，过度劳动是一种普遍现象，法定劳动时间的标准没有对于非技术劳动者产生明显的保障作用，只有少部分劳动者的劳动时间在法定劳动时间范围内；而对于技术劳动者来说，或许出于工作所提供的保障或者个人选择，超过半数的劳动者工作时间在 40 小时附近,即基本符合国家法定劳动时间标准。第三,尽管非技术劳动者的过度劳动问题更加严峻,但过度劳动的技术劳动者却表现出更明显的健康变化差异。

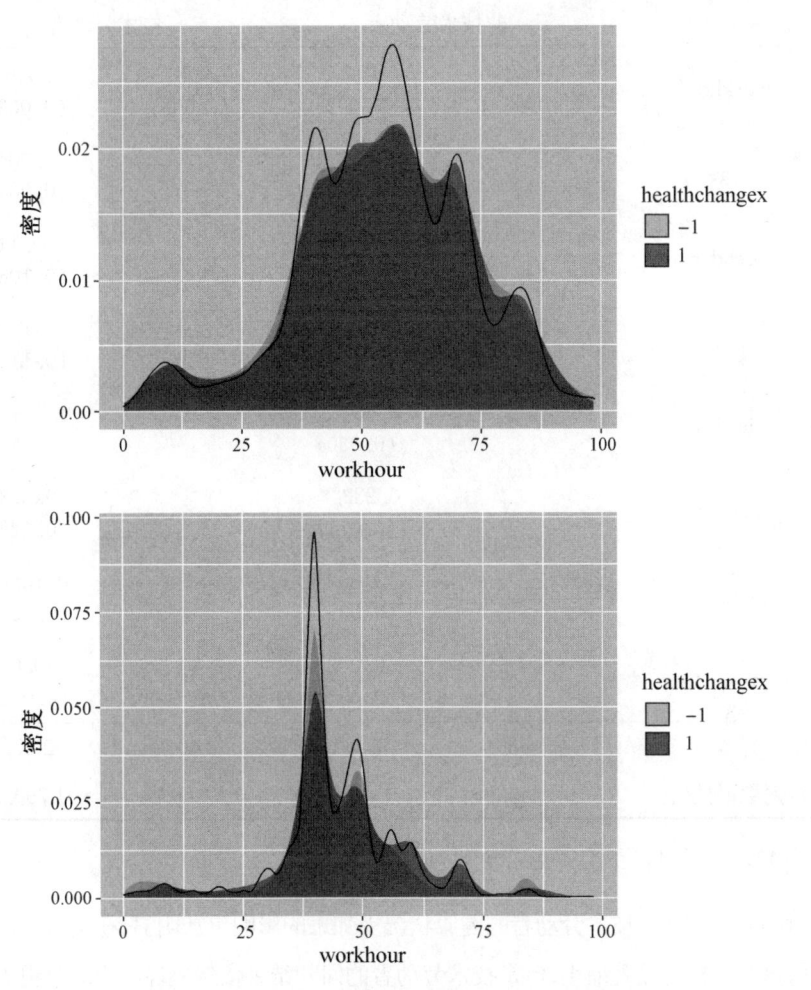

图 7-1 密度图:非技术劳动(上)与技术劳动(下)

密度图虽然能够直观地呈现数据的分布结构,但其中包含着多种因素的影响,并不能为两个变量之间的因果关系提供合理可靠的证据。为此,本章借助上一节所用到的模型和方法,基于异质性劳动的视角进行了分组回归。

表 7-7 基于截面数据的回归:异质性劳动力与劳动时间

	被解释变量:healthchange			
	非技术劳动者		技术劳动者	
workhour	0.004**	0.005***	0.008***	0.006*
	(0.002)	(0.002)	(0.003)	(0.003)
age		0.018***		0.004
		(0.003)		(0.004)
gender		−0.261***		−0.112
		(0.076)		(0.108)
urban		0.037		0.204*
		(0.060)		(0.112)
health		0.689***		0.703***
		(0.030)		(0.050)
smoking		0.232***		0.063
		(0.074)		(0.128)
log(income)		0.052		0.104**
		(0.035)		(0.052)
transporttime		0.002		−0.001
		(0.001)		(0.002)
样本数	6 080	5 411	2 404	2 277
对数似然值	−5 345.941	−4 136.623	−2 106.461	−1 790.311

注释:* $p<0.1$;** $p<0.05$;*** $p<0.01$

我们可以看出,技术劳动者的健康状况受加班的影响更加明显,在加入控制变量之后,这一差异有显著缩小,但是技术劳动者的回归结果依然呈现出绝对值更大的正系数。为了进一步证明结论的有效性和普遍性,我们将核心解释变量由连续性变量替换为虚拟变量。

表 7-8　基于截面数据的回归：异质性劳动力与过度劳动

被解释变量：healthchange

	非技术劳动者		技术劳动者	
overwork	0.032 (0.054)	0.089 (0.060)	0.321*** (0.099)	0.371*** (0.108)
age		0.018*** (0.003)		0.004 (0.004)
gender		−0.252*** (0.075)		−0.120 (0.108)
urban		0.025 (0.061)		0.222** (0.112)
health		0.690*** (0.030)		0.708*** (0.051)
smoking		0.238*** (0.074)		0.050 (0.128)
log(income)		0.052 (0.035)		0.119** (0.052)
transporttime		0.002 (0.001)		−0.001 (0.002)
样本数	6 080	5 411	2 404	2 277
对数似然值	−5 348.509	−4 140.255	−2 105.036	−1 786.168

注释：* $p<0.1$；** $p<0.05$；*** $p<0.01$

在核心解释变量为虚拟变量 overwork 的情况下，与非技术劳动者相比，技术劳动者的健康受到过度劳动的负面影响明显更大，而对于非技术劳动者来说，其健康变化情况与过度劳动并没有显著的相关关系，并且回归系数也明显更小。

但是，在 2020 年的疫情背景下，非技术劳动者受到其工作场所的限制，劳动行为存在暂时性的限制或停止，我们猜想这可能是 2020 年回归结果中非技术劳动组没有表现出显著相关关系的重要原因之一。为了保证结论的一般性与稳健性，我们继续使用面板数据进行回归，为研究提供更可靠的证据。

表7-9 基于面板数据的回归:异质性劳动力的分组回归

被解释变量 healthchange

	非技术劳动者	技术劳动者	非技术劳动者-时间固定效应	技术劳动者-时间固定效应	非技术劳动者-时间固定效应	技术劳动者-时间固定效应
workhour	0.004*** (0.001)	0.009*** (0.002)	0.004*** (0.001)	0.009*** (0.002)		
overwork	0.086*** (0.034)	0.194*** (0.048)	0.087*** (0.034)			0.190*** (0.048)
age	0.022*** (0.001)	0.007*** (0.002)	0.021*** (0.001)	0.007*** (0.002)	0.006*** (0.002)	0.007*** (0.002)
gender	−0.245*** (0.037)	−0.239*** (0.037)	−0.244*** (0.037)	−0.238*** (0.037)	−0.050 (0.058)	−0.045 (0.058)	−0.045 (0.058)	−0.040 (0.058)
urban20	0.043 (0.029)	0.035 (0.029)	0.043 (0.030)	0.034 (0.029)	0.029 (0.059)	0.020 (0.059)	0.027 (0.059)	0.018 (0.059)
health	0.647*** (0.014)	0.648*** (0.014)	0.648*** (0.014)	0.648*** (0.014)	0.635*** (0.026)	0.635*** (0.026)	0.635*** (0.026)	0.635*** (0.026)
smoking	0.153*** (0.036)	0.156*** (0.036)	0.154*** (0.036)	0.157*** (0.036)	0.028 (0.068)	0.027 (0.068)	0.030 (0.068)	0.029 (0.068)
log(income)	0.061*** (0.016)	0.061*** (0.016)	0.058*** (0.017)	0.057*** (0.017)	0.097*** (0.025)	0.097* (0.025)	0.085*** (0.026)	0.085*** (0.026)
transporttime	0.002*** (0.001)	0.002*** (0.001)	0.002*** (0.001)	0.002*** (0.001)	0.002* (0.001)	0.002 (0.001)	0.002* (0.001)	0.002 (0.001)

(续表)

	非技术劳动者	非技术劳动者-时间固定效应	技术劳动者	技术劳动者-时间固定效应
	被解释变量 healthchange			
年份因子 2014	−0.040 (0.041)	−0.045 (0.041)	−0.101 (0.069)	−0.096 (0.069)
年份因子 2015	−0.015 (0.158)	−0.008 (0.158)	−0.142 (0.279)	−0.114 (0.279)
年份因子 2016	−0.102** (0.050)	−0.103** (0.050)	−0.169* (0.086)	−0.165* (0.086)
年份因子 2017	0.002 (0.068)	0.007 (0.068)	−0.030 (0.111)	−0.030 (0.111)
年份因子 2018	−0.061 (0.039)	−0.062* (0.039)	−0.034 (0.062)	−0.030 (0.062)
年份因子 2019	−0.157 (0.125)	−0.151 (0.125)	−0.393* (0.212)	−0.395* (0.212)
年份因子 2020				
样本数	22 235	22 235	7 873	7 873
对数似然值	−17 393.350	−17 390.200	−6 311.233	−6 307.426
	−17 399.850	−17 396.620	−6 315.682	−6 312.014

注释：* $p<0.1$；** $p<0.05$；*** $p<0.01$

在面板数据为我们提供的经验证据中,我们发现尽管非技术劳动组的回归系数如本章假设的那样小于技术劳动组,但依然表现出显著的正向相关关系。与上文截面数据的实证结果相对比,我们相信疫情是导致2020年截面数据的分析中相关关系显著性消失的主要原因之一。

第五节　结论与展望

通过观察实证检验结果,我们发现劳动时间的确会对劳动者健康造成不良影响。当我们将以小时/周为单位的连续变量作为核心解释变量时,发现劳动时间延长得越多,对劳动者健康产生的负面影响就越大。由于我们的模型是非线性的,因而也可以知道,劳动者的工作时间在不同基数上的延长对健康产生的影响是不同的。进而,我们通过用二元变量替代原解释变量的方法,得出超过50小时/周的劳动会对劳动者的健康造成更大程度的不良影响。当工作时间超过某一范围时,劳动者能够支配的非工作时间就不足以恢复其在工作中积累的疲劳和紧张,这会导致劳动者健康所受到的负面影响大大增加。

在关于年龄阶段的分组回归中,本章发现,当采用连续变量来衡量工作时间时,青年群体的健康状况受到工作时间延长的影响略小于非青年群体,但当核心解释变量更换为虚拟变量"是否过度劳动"时,青年群体的健康更加容易受到负面影响。

考虑到劳动力的异质性,本章将样本分为技术劳动力和非技术劳动力两组分别进行回归分析。通过样本的分布情况,本章发现非技术劳动者的劳动时间普遍较长,较多的技术劳动者工作时间集中在40至50小时附近。通过分组回归,本章发现,尽管技术劳动者的劳动时间普遍较非技术劳动者更短,但是当工作时间延长时,技术劳动者的健康状况却受到了更大的负面影响。同样地,当使用二元变量代替原解释变量时,所报告的系数绝对值也明显更大,过度劳动对于技术劳动者的健康损害更为严重。

综上所述,应重视劳动者的健康问题,加大对劳动者合理工作时间的保障,制定切实可行的保障制度以更大程度上促进劳动保障相关法律法规的执行。其中,应加大对技术劳动者健康问题的关注,控制加班时间,改善技术劳动者的工作环境,并帮助技术劳动者培养健康的生活方式和规律,尽可能减少技术劳动者在工作中的职业紧张。具体的政策措施还需要进一步研究影响劳动者工作健康的相关因素,寻求能够帮助劳动者控制加班时间、改善职业紧张的干预重点,并且制定科学、可行的执行手段以及有效的传播策略。

参考文献

[1] 高晓燕,葛华,姜雨,等.脑力劳动人群职业紧张与睡眠质量的关系研究[J].现代预防医学,2016,43(19):3483-3487.

[2] 高银燕,甘婷,江丽丽,等.工作时长与肥胖发生风险的剂量反应关系[J].环境与职业医学,2019,36(11):989-994.

[3] 郭瑞,王增武,王馨,等.我国部分省份职业人群高血压现患状况及影响因素[J].中国循环杂志,2014,29(3):172-175.

[4] 韩冰,包志红,马保生.长期从事脑力劳动的健康中老年254例血液流变学观察[J].医学理论与实践,1991(1):12-14.

[5] 黄国武,邵小风,涂伟.共同富裕背景下劳动者8小时工作制的思辨:守正与创新[J].社会保障研究,2022(5):26-38.

[6] 孔庆洋,赵杰,郭斌,等.农民工加班意愿、劳动供给与人口红利[J].华东师范大学学报(哲学社会科学版),2014,46(3):113-122+155.

[7] 李建民,王婷,孙智帅.从健康优势到健康劣势:乡城流动人口中的"流行病学悖论"[J].人口研究,2018,42(6):46-60.

[8] 卢武红,张文倩,高雅婷,等.脑力劳动人群职业紧张现状及其影响因素[J].工业卫生与职业病,2019,45(6):454-459.

[9] 马震,严丽萍,魏南方.不同职业特征人群健康素养现状调查[J].中国预防医学杂志,2012,13(5):380-383.

[10] 孙冰岩,于淑华,杨帆.脑力劳动人群冠心病患者健康素养与疾病不确定感的关系分析[J].工业卫生与职业病,2020,46(2):104-106+110.

[11] 石建忠.农民工健康损耗背后的过度劳动——基于时间一维性的思考[J].广西社会科学,2019(11):71-77.

[12] 王琼,叶静怡.进城务工人员健康状况、收入与超时劳动[J].中国农村经济,2016(2):2-12+22.

[13] 王笑天,李爱梅,吴伟炯,等.工作时间长真的不快乐吗? 异质性视角下工作时间对幸福感的影响[J].心理科学进展,2017,25(1):180-189.

[14] 王依,孙桢,王玉畅."何妨吟啸且除行",加班累了,歇歇吧——城市从业者"过劳"现状及成因调查[C]//2017(第五届)全国大学生统计建模大赛获奖论文,2017:428-500.

[15] 钟薇,王玲,胡艳群.海口地区脑力劳动人群身体亚健康现状的影响因素[J].工业卫生与职业病,2020,46(5):394-396.

[16] ARTAZCOZ L, CORTÈS I, ESCRIBÀ-AGÜIR V, et al. Long working hours and health status among employees in Europe: between-country differences[J]. Scandinavian Journal of Work, Environment & Health, 2013, 39(4): 369-378.

[17] BANNAI A, TAMAKOSHI A. The association between long working hours and health: a systematic review of epidemiological evidence[J]. Scandinavian Journal of Work, Environment & Health, 2014, 40(1): 5-18.

[18] BASSANINI A, CAROLI E. Is work bad for health? The role of constraint versus choice[J]. Annals of Economics and Statistics, 2015, (119/120): 13-37.

[19] BELL D, OTTERBACH S, SOUSA-POZA A. Work hours constraints and health[J]. Annals of Economics and Statistics, 2012, (105/106): 35-54.

[20] FEIN E, SKINNER N. Clarifying the effect of work hours on health through work-life conflict[J]. Asia Pacific Journal of Human Resources. 2015, 53(4): 448-470.

[21] GROSSMAN M. On the concept of health capital and the demand for health

[J]. Journal of Political Economy, 1972, 80(2): 223-255.

[22] KLEINER S, PAVALKO E K. Double time: is health affected by a spouse's time at work? [J]. Social Forces, 2014, 92(3): 983-1007.

[23] MILNER A, SMITH P, LAMONTAGNE A D. Working hours and mental health in Australia: evidence from an Australian population-based cohort, 2001-2012[J]. Occupational and Environmental Medicine, 2015, 72(8): 573-579.

[24] NIE O, SOUSA P. Long work hours and health in China[J]. China Economic Review, 2015 (33): 212-229.

[25] WARR P. Work, happiness, and unhappiness [M]. New Jersey: Lawrence Erlbaum Associates Publishers, 2007.

[26] VIRTANEN M, STANSFELD S A, FUHRER R, et al. Overtime work as a predictor of major depressive episode: a 5-year follow-up of the Whitehall II study[J]. PLoS One. 2012,7(1): e30719.

第二部分

工业污染

第二卷

工程仿生

第八章 发展中国家引进外资与环境
——基于外资收入税补贴农业的视角

本章提要:引进外资与改善环境在发展中国家往往不易兼得。因此,本章设想了发展中国家以外资收入税补贴农业的政策,探究其是否能在改善环境的同时又能增加外资流入。为此,本章设立一个具有发展中国家特征的一般均衡模型,用这个模型对设想的经济政策进行了研究,考察了这个政策的经济和环境效果。我们发现,当对农业部门的工资和利息进行补贴时,无论是短期还是长期都有环境改善的效果,且在一定条件下都能实现经济增长、福利改善。特别是在长期的情况下,外资流入会有条件地增加。

第一节 序 言

引进外资是发展中国家谋求经济发展的重要手段。外资在促进发展中国家的经济发展的同时,往往又会伴随环境恶化。又因为为了经济发展,不少发展中国家在环境保护与经济发展中选择经济发展优先的政策,形成"污染避风港",所以,一些在生产中产生污染的发达国家企业通过外商直接投资(Foreign Dikect Investment, FDI)的形式去发展中国家投资办实业,使得后者的环境问题尤为突出。已经有不少学者从理论与实证的角度证明了 FDI 对发展中国家环境的负效应[①]:Jorgenson(2006、2009)、Cole 等(2011)论证了 FDI 对中国造成的水体、大气污染;张成(2011)利用中

[①] 也有研究认为 FDI 的增加导致环境排放量的减少,例如,Demena 和 Afesorbor(2020),这是从技术水平提升对环境的积极作用的角度观察得到的结果。

国工业部门面板数据,发现外资工业比内资工业更容易导致环境质量的恶化;Shahbaz 等(2015)证明了长期中 FDI 的增加导致环境恶化。

Grossman 和 Krueger(1991、1995)指出,环境质量与经济规模、经济结构和技术水平有关。其中,经济规模扩大损害环境,技术水平提升改善环境,而经济结构变化对环境的影响依赖于变化的方向。这一理论得到学界的广泛认同,并在研究中被普遍使用。基于该理论,对于发展中国家而言,引进外资不仅促进经济规模的扩大,也可能使得经济结构向不利于环境的方向变化。引进外资早期大多集中于第二产业,以中国为例,根据表 8-1,1978 到 1992 年底,第二产业的外资企业户数、外资金额分别占 83.2%和 66.8%(黄健,1994)。这是因为在经济起飞阶段,市场对服务业的需求水平低,且第二产业大多在基础设施相对发达的区域,因此对外资而言,投资第二产业有投资小、见效快的优势。

表 8-1 1992 年底外资企业产业结构

	企业户数/户	外资金额/亿美元	企业比重 %	外资比重 %
第一产业	2 168	13.9	2.6	2.0
第二产业	70 232	459.08	83.2	66.8
第三产业	11 973	213.9	14.2	31.1
汇总	84 373	686.88	100	100

数据来源:根据黄健(1994)的数据计算得出。

这里,我们关注 Copeland 和 Taylor(1999)的环境污染路径,这是目前理论研究环境污染的主要模式:工业部门在生产过程中排放的废气、废水、废渣等有害物质,通过大气、河流等媒介使农业用水和土地受到污染,造成农业生产效率下降。从而,引进外资会扩大工业生产规模、降低农业产出,并使得经济资源向第二产业倾斜,通过改变经济结构降低环境质量。

发展中国家的政府可以采用限制污染型外商的投资的措施,例如,自 1997 年以来,中国已经十次修订了《外商投资产业指导目录》[①],每一次修改都突出了环境保护。但是,对污染环境的外国投资项目的限制将导致资金流入缓慢,甚至导致资本外流,造成经济损失。那么,存在一种使得外资流入增加的同时环境也能得到改善的经济政策吗?对于发展中国家而言,这是一个极其重要的话题。如果有这样的一种政策,可以使得经济增长和环境改善在发展中国家也同时成立,这不仅能改变环境库兹涅次曲线(EKC)在低收入水平上的走向,也能丰富发展中国家的发展政策的内涵。

正是为了给寻找这样的政策打下理论基础,本章考虑以外资收入税来补贴农业的政策,并探讨该政策能否兼顾环境保护与经济增长。我们之所以要考虑农业补贴政策,主要有以下三个原因:

① 发展中国家历来片面地强调经济发展而忽视环境保护,亟需二者兼顾的政策,以改变落后的"先污染后治理"的经济发展模式,提升经济发展效率;

② 在 Copeland 和 Taylor(1999)的环境污染路径下,引进外资带来的环境污染对农业生产的影响不容忽视;

③ 农业补贴政策是最常用、最基本的政策,政府和民众都熟悉,有使用便利的一面。

但是,上述讨论外资环境效果的研究成果都没与农业补贴政策联系起来。研究农业补贴的经济效果有不少成果:Bhagwati 和 Srinivasan(1974)和 Basu(1980)分析了两部门经济中两部门统一的工资补贴或者农业生产补贴和制造业的工资补贴相配合,发现这可以实现最优福利目标。近年来,还有一些经济学理论研究学者考察补贴对于厂商选址决策、农村经济发展等的影响。相关的研究包括 Haufler 和 Wooton (2006)、Dwibedi 和 Chaudhuri(2014)等。当前的实证研究主要聚焦于农业补贴政策在具体国家中的应用以及农业补贴体系的演化和改革,对该国粮食产量、食品安全、经济增长和可持续发展等的影响,例如 Harrigan(2003)、Vitalis(2007)以及 Dorward 和 Chirwa(2011)等。但是,这些研究农业补贴政策的成果的共同问题是没有考虑外资导致的污染问题。另外,在研究外资收入税方面,既有研究主要集中于税收优惠政

---

① 这是鼓励或限制外国直接投资的官方行业清单。

策的相关讨论,如 Hauffer 和 Wooton(1999)等。而 Gupta(1995)却考虑了外资收入税的使用去向——补贴城市部门工资,并分析了其经济效果;Chao 和 Yu(1997)则考虑了外国投资税的福利效果。但是他们都既没有考虑农业补贴也没有考虑环境污染。

从以上文献回顾可知,目前还缺少将发展中国家的外资、环境和农业补贴政策结合在一起进行理论研究的成果,但在实际经济活动中并不缺少三者共同作用的场景。所以,本章研究发展中国家基于外资收入税对农业进行补贴时,外资流入和环境究竟会发生什么样的变化。为此,我们设立一个具有发展中国家特征的一般均衡模型,用这个模型考察上述政策的经济和环境效果。本章选择考虑农业补贴政策中的农业工资补贴和利息补贴政策。我们发现,当对农业部门的工资和利息进行补贴时,无论是长期还是短期,都有环境改善的效果,也都能在一定条件下促进经济增长。特别是在长期的情况下,外资流入有条件地增加。这个结论具有新意,可以为发展中国家制定相关政策提供理论依据。

以下的第二部分为模型,第三部分为工资补贴效果分析,第四部分为农业利息补贴效果分析,第五部分为社会福利分析,第六部分为结论。

第二节 模 型

考虑一个小型开放的发展中经济体,该经济体由两部门组成:制造业部门和农业部门。各部门均使用劳动力和资本要素进行生产;两部门生产技术均服从规模报酬递减。本章沿循 Copeland 和 Taylor(1999)考虑的模式,即城市部门的生产会产生污染,污染会损害环境,而农村部门的生产过程取决于环境因素。因此,制造业部门和农业部门的生产函数分别给定如下:

$$X_U = F^U(L_U, K_U) \tag{8-1}$$

$$X_R = g(E)F^R(L_R, K_R) \tag{8-2}$$

其中,X_U、X_R 分别表示制造业部门和农业部门的产出;L_U、L_R 分别表示制造业部门雇佣的劳动力和农业部门雇佣的劳动力；K_U、K_R 分别表示制造业部门使用的资本和农业部门使用的资本。本章假设外资仅流入城市部门。因此，此处 K_U 包含流入外资 K_F。F^U、F^R 分别表示制造业部门和农业部门的生产函数，为凹函数。将污染后的环境质量记为 E，$g(E)$ 为农业生产中的环境效应，具有 $0<g<1, g'>0, g''<0$ 的性质。$\overline{E}>0$ 是给定的最佳环境质量，$\mu(0<\mu<1)$ 表示由制造业部门的单位产出所造成的污染量。那么，环境质量可以表示为：

$$E=\overline{E}-\mu X_U \tag{8-3}$$

各部门利润最大化，可以得到以下式子：

$$p_U F_L^U(L_U,K_U)=\overline{w}_U \tag{8-4}$$

$$p_U F_K^U(L_U,K_U)=r_U \tag{8-5}$$

$$g(E)F_L^R(L_R,K_R)=w_R-s_w \tag{8-6}$$

$$g(E)F_K^R(L_R,K_R)=r_R \tag{8-7}$$

其中，F_i 的下标表示对应要素的一阶导数，如 $F_L^i=\partial F^i/\partial L_i (i=U,R)$。$p_U$ 是制造业部门的产品相对于农业部门产品的相对价格，该价格由世界市场外生给定。r_U、r_R 分别表示制造业部门和农业部门所使用资本的利息率。$\overline{w}_U$ 是城市部门劳动力的工资率，由于制度上的原因，如工会的抗争和政府的要求，制造业部门的工资具有向下刚性，因此为外生变量。w_R 是农业部门雇佣的农村劳动力的工资率，这一工资率是完全弹性的，且满足 $w_R<\overline{w}_U$。s_w 为由外资税筹集的农业工资补贴（以下称为"工资补贴"）。

令 λ 表示城市部门失业人数与就业人数之比，表示失业率。制造业部门吸引农村地区剩余劳动力进入城市求职。当城市预期工资等于农村实际工资，达到均衡时，

$$(1+\lambda)w_R=\overline{w}_U \tag{8-8}$$

因此，劳动力市场出清有

$$(1+\lambda)L_U+L_R=\overline{L} \tag{8-9}$$

其中，$\overline{L}$ 为经济中劳动禀赋。

由于农业补贴来源于外资收入税,政府的平衡预算约束式如下所示:

$$s_w L_R = t K_F \qquad (8-10)$$

其中,t 表示外资税的税率。此外,外资和国内资本是完全替代的,描述国际资本市场均衡的方程为:

$$r_U - t = \bar{r}_F \qquad (8-11)$$

其中,$\bar{r}_F$ 是国际利率。

在短期内,每个部门的国内资本存量都是外生给定的,但在长期,资本是完全流动的。那么,短期各部门资本存量的市场出清会得到以下等式:

$$K_U = \bar{K}_U + K_F, \quad K_R = \bar{K}_R \qquad (8-12)$$

式中 $\bar{K}_i (i = U, R)$ 为第 i 个部门的国内资本存量。而长期有

$$K_U + K_R = \bar{K} + K_F \qquad (8-13)$$

其中,$\bar{K} = \bar{K}_U + \bar{K}_R$ 是经济的国内资本禀赋。由于资本在部门间自由流动,长期有 $r_R = r_U = r$。外资仅能进入制造业部门,但是在长期,由于资本在部门间可自由移动,所以,进入了制造业的外资也参与资本的部门间移动。

在短期情况下,模型包括(8-1)~(8-12)式共 12 个方程,这一方程组决定了 12 个内生变量,$X_U, X_R, E, L_U, L_R, K_U, K_F, w_R, r_U, r_R, t$ 和 λ。此时模型中的外生变量共 9 个,分别为:$\bar{L}, \bar{K}_U, \bar{K}_R, \bar{E}, \mu, p_U, \bar{w}_U, \bar{r}_F$ 和 s_w。而在长期情况下,一般均衡模型由 (8-1)~(8-11) 及 (8-13) 式组成,决定了 12 个内生变量:$X_U, X_R, E, L_U, L_R, K_U, K_R, K_F, w_R, r, t$ 和 λ,此时模型中的外生变量有 8 个,分别为:$\bar{L}, \bar{K}, \bar{E}, \mu, p_U, \bar{w}_U, \bar{r}_F$ 和 s_w。

第三节 工资补贴效果分析

一、短期分析

在短期情况下,由于外资只流入城市部门,且环境污染由城市部门生产造成,因

此我们首先分析工资补贴的来源。通过全微分(8-10)、(8-11)式,可知

$$dr_U = dt = (L_R/K_F)ds_w \qquad (8-14)$$

通过(8-4)式可知,$dL_U = -F_{LK}^U/F_{LL}^U dK_U$,代入(8-1)、(8-3)、(8-5)可以得到:$dK_U/dr_U = F_{LL}^U/[p_U(F_{KK}^U F_{LL}^U - F_{KL}^U F_{LK}^U)] < 0$,$dX_U/dK_U = F_K^U - F_L^U F_{LK}^U/F_{LL}^U > 0$,$dE/dK_U = -\mu(F_K^U - F_L^U F_{LK}^U/F_{LL}^U) < 0$[①]。因此,工资补贴对环境的影响效果可以表示为

$$\frac{dE}{ds_w} = \frac{\mu(F_L^U F_{LK}^U - F_K^U F_{LL}^U)L_R}{p_U(F_{KK}^U F_{LL}^U - F_{KL}^U F_{LK}^U)K_F} > 0 \qquad (8-15)$$

由(8-12)式,可得工资补贴对外资的影响效果

$$\frac{dK_F}{ds_w} = \frac{F_{LL}^U L_R}{p_U(F_{KK}^U F_{LL}^U - F_{KL}^U F_{LK}^U)K_F} < 0 \qquad (8-16)$$

对农业的工资进行补贴时,必然要增加作为其来源的外资收入税,t 上升,由于国际利率是外生的,此时(8-11)式所表示的国际资本市场均衡被打破;在短期,国内资本部门专有,外资存量下降、制造业部门资本使用量下降、制造业部门利息率 r_U 上升,国际资本市场重新达到均衡。另一方面,制造业部门资本使用量下降,因为 $F_{LK}^U > 0$,所以制造业部门雇佣劳动力的边际产出将下降,在制造业部门工资向下刚性的情况下制造业部门劳动力的雇佣量也会减少,从而造成制造业部门的产出下降。这就意味着制造业部门的生产规模缩小、环境质量得到改善。这个影响机制也可以借用图8-1来表示。图8-1显示的是工资补贴上升时的情况,横轴的左半部分表示制造业部门产出 X_U,右半部分表示工资补贴率 s_w;纵轴的上半轴的右侧表示外资存量 K_F,左侧表示环境质量 E,下半轴表示制造业部门资本使用量 K_U,各象限所示的两变量关系均由一般均衡的模型得出。从工资补贴 s_w^* 分别向第一和第四象限出发,可以得到均衡时的外资存量 K_F^* 和环境质量 E^*。当工资补贴率增加到 s_w^{**} 时,则可以发现,外资存量下降到 K_F^{**},环境质量改善到 E^{**}。

---

① 由生产函数严格凹可得到 $F_{LL}^i F_{KK}^i - F_{LK}^i F_{KL}^i > 0$。

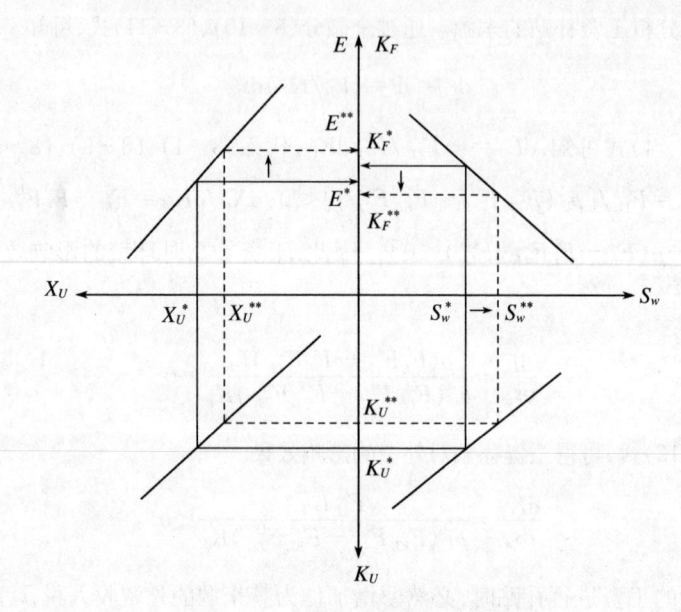

图 8-1 工资补贴的短期效应分析

至于农业部门的影响。通过(8-6)式,可得

$$dw_R = g'F_L^R dE + gF_{LL}^R dL_R + ds_w \qquad (8-17)$$

而通过(8-8)、(8-9)式则可得到

$$dL_R - [(1+\lambda)L_U/w_R]dw_R = -(1+\lambda)dL_U \qquad (8-18)$$

因此可以得到:

$$\frac{dL_R}{ds_w} = \frac{(1+\lambda)L_U}{w_R-(1+\lambda)L_U gF_{LL}^R} - \frac{(1+\lambda)w_R}{w_R-(1+\lambda)L_U gF_{LL}^R}\frac{dL_U}{ds_w} + \frac{(1+\lambda)L_U g'F_L^R}{w_R-(1+\lambda)L_U gF_{LL}^R}\frac{dE}{ds_w} > 0$$

$$(8-19)$$

$$\frac{dw_R}{ds_w} = \frac{gw_R}{w_R-(1+\lambda)L_U gF_{LL}^R} + \frac{w_R g'F_L^R}{w_R-(1+\lambda)L_U gF_{LL}^R}\frac{dE}{ds_w} - \frac{w_R(1+\lambda)gF_{LL}^R}{w_R-(1+\lambda)L_U gF_{LL}^R}\frac{dL_U}{ds_w}$$

$$(8-20)$$

如前文分析,$dL_U/ds_w < 0$,$dE/ds_w > 0$,代入(8-19)则可知 $dL_R/ds_w > 0$,通过(8-2)、(8-7)式有 $dX_R/ds_w > 0$,$dr_R/ds_w > 0$。工资补贴使得农业部门劳动成本下

降、城市劳动力流回农村,还能够提高环境质量改善农业部门的生产条件。在这三方面影响的综合作用下,农业部门增加劳动力雇佣量,从而利率、产出上升。

农业部门雇佣劳动力的增加使其边际产出有下降倾向,可环境质量的改善又能提高生产率,此时,由(8-20)式可知农业部门工资的变化情况无法确定。为了判断 dw_R/ds_w 的符号,我们做以下的假设:

假设 1:$\varepsilon_E/\varepsilon_{LL}^R > a$,其中,$\varepsilon_E = g'E/g$ 为环境对农业产出外部性影响弹性,$\varepsilon_{LL}^R = -F_{LL}^R L_R/F_L^R$ 为农业部门劳动力的边际产出弹性,$a = (1+\lambda)EF_{LK}^U/\mu L_R(F_L^U F_{LK}^U - F_K^U F_{LL}^U) > 0$。

当假设 1 成立时,可得到 $dw_R/ds_w > 0$,代入(8-8)式有 $d\lambda/ds_w < 0$。假设 1 意味着农业部门劳动力的边际产出的影响不会超过环境改善对于生产效率的积极作用,此时农业部门的工资将上升。因为制造业部门工资率固定不变,这将吸引城市劳动力向农业部门转移,城市失业率下降。

综上所述,结果用表 8-2 归纳如下:

表 8-2 工资补贴的短期经济效应

	E	K_F	L_U	L_R	r_U	r_R	w_R	t	λ	X_U	X_R
s_w	+	−	−	+	+	−	+[1]	+	−[1]	−	+

注:"+"和"−"分别表示 s_w 的变化使得对应的内生变量向相同或相反方向变化;"[1]"表示对应的变化方向只有在假设 1 成立时才能确定。

根据表 8-2 我们可以得到以下的命题:

命题 1: 在短期中,以外资收入税对农业部门工资的补贴使得环境改善、外资流出,并在假设 1 条件下降低失业率。

一般地,某部门的工资与雇佣量不能同时增加或下降,这样的结果可见于 Li 和 Zhou(2015)、Li 和 Wang(2015)等。而在本模型中农业部门工资率的上升和雇佣劳动力的增加同时出现,这是在假设 1 的情况下,由环境质量的改善对于农业生产的促进作用产生的。这表明由外资税进行的工资补贴产生的环境效应,对于农村地区经济可以产生积极的影响。

二、长期分析

在长期情况下的模型中,资本在部门间自由流动。此时,(8-14)式变为

$$\mathrm{d}r/\mathrm{d}s_w = L_R/K_F > 0 \qquad (8-21)$$

和短期分析相同,当对农业部门的工资进行补贴时,外资收入税上升,国际资本市场均衡被打破。在长期,进入了制造业的外资也参与资本的部门间移动,因此,通过资本重新配置,国内资本市场利率上升,国际资本市场重新达到均衡。以下分析资本配置的机制。

首先,由于利率上升,城市部门的资本使用量下降,和短期分析一样,这使得劳动雇佣下降、产出下降,因此环境改善。利率上升使得农业部门的资本使用量也有下降的趋势,但环境改善又使得农业部门生产的外部条件变好、工资补贴使得农业部门劳动力的成本下降,因此农业部门可以吸收更多的资本。故而,农业部门的资本使用量要通过资本市场、环境以及劳动市场三者的综合作用才能判定。

通过(8-6)、(8-7)、(8-8)、(8-9)式,可以得到

$$\begin{bmatrix} gF_{LL}^R & gF_{LK}^R & -1 \\ gF_{KL}^R & gF_{KK}^R & 0 \\ 1 & 0 & -\dfrac{(1+\lambda)L_U}{w_R} \end{bmatrix} \begin{bmatrix} \mathrm{d}L_R \\ \mathrm{d}K_R \\ \mathrm{d}w_R \end{bmatrix} = \begin{bmatrix} -g'F_L^R\mathrm{d}E - \mathrm{d}s_w \\ -g'F_K^R\mathrm{d}E + \mathrm{d}r \\ -(1+\lambda)\mathrm{d}L_U \end{bmatrix} \qquad (8-22)$$

将(8-22)式中的系数矩阵行列式记为 Δ,可得到

$$\Delta = g\left[F_{KK}^R - \dfrac{(1+\lambda)L_U}{w_R}g(F_{LL}^R F_{KK}^R - F_{KL}^R F_{LK}^R)\right] < 0$$

解(8-22)式,可以得到以下式子。

$$\mathrm{d}L_R = \dfrac{-g}{\Delta}\left\{-\dfrac{(1+\lambda)L_U}{w_R}F_{LK}^R(-g'F_K^R\mathrm{d}E + \mathrm{d}r) + F_{KK}^R\dfrac{(1+\lambda)L_U}{w_R}(-g'F_L^R\mathrm{d}E - \mathrm{d}s_w)\right.$$

$$\left. + F_{KK}^R(1+\lambda)\mathrm{d}L_U\right\},$$

$$dK_R = \frac{1}{\Delta}\left\{-\frac{(1+\lambda)L_U}{w_R}gF_{LL}^R(-g'F_K^R dE + dr) + (1+\lambda)gF_{KL}^R dL_U + (-g'F_K^R dE + dr) + \frac{(1+\lambda)L_U}{w_R}gF_{KL}^R(-g'F_L^R dE - ds_w)\right\},$$

$$dw_R = \frac{g}{\Delta}\left\{-\frac{1}{F_{LL}^U}[(1+\lambda)gF_{LK}^U(F_{LK}^R F_{KL}^R - F_{KK}^R F_{LL}^R) + g'F_L^R F_{KK}^R \mu(F_K^U F_{LL}^U - F_L^U F_{LK}^U)]dK_U + F_{LK}^R(-g'F_K^R dE + dr) + F_{KK}^R ds_w\right\}, \tag{8-23}$$

为了便于计算，我们做以下假设：

假设 2：$\varepsilon_E > \max\{b_1, b_2\}$，其中 $b_1 = \dfrac{E(F_{KK}^U F_{LL}^U - F_{KL}^U F_{LK}^U)}{\mu F_K^U(F_L^U F_{LK}^U - F_K^U F_{LL}^U)} > 0$，$b_2 = -\dfrac{(1+\lambda)EF_{LK}^U(F_{KK}^R F_{LL}^R - F_{LK}^R F_{KL}^R)}{\mu F_{KK}^R F_L^R(F_L^U F_{LK}^U - F_K^U F_{LL}^U)} > 0$。

假设 2 意味着环境对农业生产的外部性影响足够大。当假设 2 成立时，$-g'F_K^R(dE/ds_w) + (dr/ds_w) < 0$，环境改善对农业部门生产的积极作用可以抵消利率上升对生产的负面作用。此时，通过解(8-22)式可得 $dL_R/ds_w > 0$，$dK_R/ds_w > 0$，$dw_R/ds_w > 0$，即工资补贴使得农村部门增加劳动和资本投入，工资上升；前两项代入(8-2)式可以推算农业部门产出上升，后一项代入(8-8)式可以推得城市部门的失业率下降。

另外，发展中国家农村部门的资金来源匮乏、资本使用量小，相对于制造业部门，农业部门的利率对资本变化相对不敏感，所以，本章可以设定：$\dfrac{\varepsilon_{KK}^R/\varepsilon_{KL}^R}{\varepsilon_{LK}^U/\varepsilon_{LL}^U} < c$，其中的 $c = (K_R/L_R)[(1+\lambda)L_U/K_U] > 0$，$\varepsilon_{KL}^R = F_{KL}^R L_R/F_K^R$，$\varepsilon_{KK}^R = -F_{KK}^R K_R/F_K^R$，$\varepsilon_{LK}^U = F_{LK}^U K_U/F_L^U$，$\varepsilon_{LL}^U = -F_{LL}^U L_U/F_L^U$。此时，将上述结果代入(8-14)式，则可得到

$$\frac{dK_F}{ds_w} = \frac{1}{\Delta}\left\{g\left[F_{KK}^R - \frac{(1+\lambda)L_U}{w_R}g(F_{LL}^R F_{KK}^R - F_{KL}^R F_{LK}^R)\right]\frac{dK_U}{ds_w} + (1+\lambda)gF_{KL}^R\frac{dL_U}{ds_w} + \left(1 - \frac{(1+\lambda)L_U}{w_R}gF_{LL}^R\right)\left(-g'F_K^R\frac{dE}{ds_w} + \frac{dr_R}{ds_w}\right) + \frac{(1+\lambda)L_U}{w_R}gF_{KL}^R\left(-g'F_L^R\frac{dE}{ds_w} - 1\right)\right\}$$

$$\tag{8-24}$$

在假设 2 且 $\dfrac{\varepsilon_{KK}^R/\varepsilon_{KL}^R}{\varepsilon_{LK}^U/\varepsilon_{LL}^U} < c$ 成立时，$dK_F/ds_w > 0$，即工资补贴使得外资流入增加。

总结以上结果,可得到命题 2 和表 8-3 如下所示:

命题 2:在长期中,增加基于外资收入税对农业部门的工资补贴改善环境,在假设 2 的条件下会使得外资流入增加、失业率降低。

表 8-3 工资补贴的长期经济效果

	E	K_F	K_U	K_R	L_U	L_R	w_R	t	λ	X_U	X_R	r
s_w	＋	＋[2]	－	＋[2]	－	＋[2]	＋[2]	＋	－[2]	－	＋[2]	＋

注:"＋"和"－"分别表示 s_w 的变化使得对应的内生变量向相同或相反方向变化;"[2]"表示对应的变化方向只有在假设 2 成立时才能确定。

根据命题 1 和命题 2 可知,工资补贴在短期与长期间最大的不同在于外资流向。工资补贴引致的利率上升使得城市部门资本使用量减少,资本的流入应该减少。但是,在长期,外资流动依赖于农村资本使用量与城市资本使用量变化的比较,而这又依赖于两个部门资本对利率的敏感性以及农村部门生产对环境的敏感性。所以,即使工资补贴引起利率上升,由于工资补贴和环境改善的作用,当环境对农业产出外部性影响足够大时,农村部门依然扩大对资本的使用;又由于农业部门相对于制造业部门资本对利率变动不敏感,流入农村资本的幅度大于城市资本使用减少幅度,国际资本需求提升,外资流入增加。

上述影响可以通过图 8-2 来说明。纵轴的上半部分左边表示的是 K_R,右边表示的是 K_U,根据(8-12)式,两者变化量之和等于 K_F 变化量。利率与城市资本使用量、农村资本使用量为反向关系,分别用曲线 aa、bb 表示。工资补贴引致的利率上升使得城市资本使用量下降。另一方面,由于补贴使得环境改善、劳动力成本下降,因此资本的边际产出上升,bb 曲线向外移动:当 bb 曲线外移超过 bb^0,上述边际产出上升对资本使用的正向效果大于利率上升对资本使用的反向作用,农业部门资本使用量增加;当 bb 曲线外移超过 bb^{00},农业部门资本使用量增加幅度大于制造业部门资本使用量减少幅度,外资流入上升。

通过命题 2 可以知道,对农业的工资进行补贴能够使得外资流入增加与环境改善并存。希望读者注意的是,本章中工资补贴对环境的影响机制是通过其补贴来源

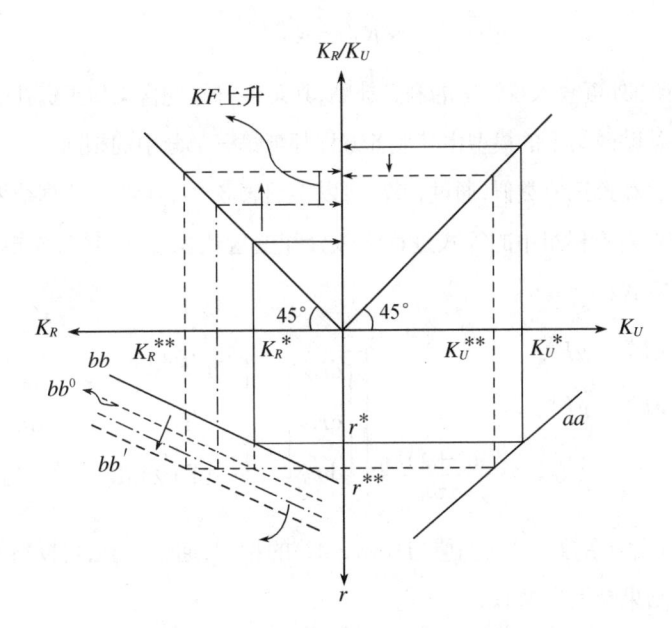

图 8-2 工资补贴的短期效应分析

即外资收入税影响国际资本市场来实现的,而不是通过对环境敏感部门的补贴影响要素收入差距、改变要素的流动方向、减少污染部门的生产来实现的。可以说,本章中环境改善的直接要因是外资收入税。如果外资流入是增加的,这个税源就会进一步充实,补贴的力度就会更大,那么环境质量就会得到更大程度的改善。

第四节 农业利息补贴效果分析

以下主要分析用外资收入税向农业部门提供利息补贴的政策效应,尤其是对于环境质量、外资流向和失业情况的影响。无论是在短期还是在长期,农业利息补贴(以下称为"利息补贴")仅影响到(8-6)式、(8-7)式和(8-10)式。对这些方程进行改写如下:

$$g(E)F_L^R(L_R,K_R)=w_R \qquad (8-25)$$

$$g(E)F_K^R(L_R,K_R)=r_R-s_r \qquad (8-26)$$

$$s_r K_R = t K_F \quad (8-27)$$

其中，s_r 表示由外资收入税筹集的利息补贴，其余各符号的含义与工资补贴模型中的相同。利息补贴政策下的模型中其他各方程都与第三部分中的相同。

短期计算和第三节类似，通过计算，可以得到表 8-4，详细的计算结果参见附录 B.1。在长期，对方程组中的等式进行全微分和变量代换处理，并写成矩阵形式，可以得到以下等式：

$$\begin{bmatrix} gF_{LL}^R & gF_{LK}^R & -1 \\ gF_{KL}^R & gF_{KK}^R & 0 \\ 1 & 0 & -\dfrac{(1+\lambda)L_U}{w_R} \end{bmatrix} \begin{bmatrix} \mathrm{d}L_R \\ \mathrm{d}K_R \\ \mathrm{d}w_R \end{bmatrix} = \begin{bmatrix} -g'F_L^R \mathrm{d}E \\ -g'F_K^R \mathrm{d}E + \mathrm{d}r_R - \mathrm{d}s_r \\ -(1+\lambda)\mathrm{d}L_U \end{bmatrix} \quad (8-28)$$

(8-28)式中系数行列式的值与式(8-22)的相同，通过计算，可以得到表 8-4，详细的计算结果参见附录 B.2。

表 8-4 短期时利息补贴政策的环境、经济效果

	E	K_F	L_U	L_R	r_U	r_R	w_R	t	λ	X_U	X_R
s_w	＋	－	－	＋	＋	＋	＋[1]	＋	－[1]	－	＋

注："＋"和"－"分别表示 s_r 的变化使得对应的内生变量向相同或相反方向变化；"[1]"表示对应的变化方向只有在假设 1 成立时才能确定。

表 8-5 长期时利息补贴政策的环境、经济效果

	E	K_F	K_U	K_R	L_U	L_R	w_R	t	λ	X_U	X_R	r
s_w	＋	－[2]	－	＋[2]	－	＋[2]	＋[2]	＋	－[2]	－	＋[2]	＋

注："＋"和"－"分别表示 s_r 的变化使得对应的内生变量向相同或相反方向变化；"[2]"表示对应的变化方向只有在假设 2 成立时才能确定。

由上述计算结果可看出，改变对农业部门的补贴方式以后，短期和长期模型中各内生变量值的变化方向均没有发生改变。造成这种结果的数学上的原因在于：补贴方式的改变对于模型中方程组的形式影响有限，发生变化的方程式数量很少，因此难以使得计算结果发生方向性的改变。

在利息补贴政策下,当其补贴总额和补贴变化率与工资补贴的相同时,对环境的影响程度也相同。而对于外资流动、失业以及农业生产的影响,则需分长短期来进行讨论。在短期,由于国内资本部门间专有,利息补贴与工资补贴对外资存量的影响程度相同;而工资补贴对劳动力影响更直接,因此对农业生产以及城市失业的影响更大。对于长期的效果,当 $-F_{KK}^R K_R < L_R F_{LK}^R$ 时,利息补贴对城市失业的影响更大;当 $\dfrac{L_R}{(1+\lambda)L_U} > \varepsilon_{KL}^R - \varepsilon_{LL}^R$ 时,利息补贴对外资流入影响更大;当 $0 < F_K^R + g\dfrac{(1+\lambda)L_U}{w_R}\left[F_L^R\left((F_{LK}^R + \dfrac{K_R}{L_R}F_{KK}^R)\right) + F_K^R\left(-F_{LL}^R - \dfrac{K_R}{L_R}F_{KL}^R\right)\right]$ 时,利息补贴对农业部门的产出影响更大①。

综上所述,可以得到如下命题3:

命题3: 在长期中利息补贴政策和工资补贴政策对环境的影响效果相同,但对于外资流动的影响效果有所不同,即当

(1) $\dfrac{L_R}{(1+\lambda)L_U} < \varepsilon_{KL}^R - \varepsilon_{LL}^R$ 时,工资补贴政策对外资流入的影响大于利息补贴政策;

(2) $\dfrac{L_R}{(1+\lambda)L_U} > \varepsilon_{KL}^R - \varepsilon_{LL}^R$ 时,利息补贴政策对外资流入的影响大于工资补贴政策;

(3) $\dfrac{L_R}{(1+\lambda)L_U} = \varepsilon_{KL}^R - \varepsilon_{LL}^R$ 时,两种补贴政策对外资流入的影响相同。

命题3中的条件,实际上是农村与城市劳动力数量比与一个特定值 $(\varepsilon_{KL}^R - \varepsilon_{LL}^R)$ 之间的大小关系。在命题3的(1)、(3)两种情况下,为保证 $(\varepsilon_{KL}^R - \varepsilon_{LL}^R)$ 为非负值,要求农业部门利率对劳动的弹性大于工资对劳动的弹性。

第五节 社会福利

接下来讨论农业补贴政策的福利效应。经济的需求侧可以用一个支出函数来表

---

① 具体计算,请查看附录A2和B2。

达：在拟凹的效用函数 $u(C_U,C_R) \geqslant u$ 条件下，$E(p,1,u) = \min(pC_U + C_R)$，其中 C_U，C_R 分别是城市部门和农村部门产品的消费量。以外资收入税作为农业补贴的资金来源时，经济的预算平衡的表达式由下式给出：

$$E(p,1,u) = \overline{w}_U L_U + (w_R - s)L_R + r_U K_U + r_R \overline{K}_R - (r_U - t)K_F \quad (8-29)$$

利用(8-8)和(8-9)式，可以得到 $\overline{w}_U L_U + w_R L_R = w_R \overline{L}$。利用(8-10)和(8-11)式，(8-29)式可以写作

$$E(p,1,u) = w_R \overline{L} + r_U \overline{K}_U + r_R \overline{K}_R \quad (8-30)$$

通过全微分(8-30)式，可以得到福利的变化

$$E_u du = \overline{L} dw_R + \overline{K}_U dr_U + \overline{K}_R dr_R \quad (8-31)$$

其中，$E_u = \partial E/\partial u > 0$。在短期，当 $\varepsilon_E > \dfrac{p_U E}{X_R \mu}$ 时，$du/ds_w > 0$，$du/ds_r > 0$，且 $du/\widehat{s_w} - du/\widehat{s_r} > 0$；在长期，当假设2成立且 $\varepsilon_E > \dfrac{p_U E}{X_R \mu}$ 时，$du/ds_w > 0$，$du/ds_r > 0$。因此，当环境的外部性弹性 ε_E 足够大时，不论在短期和长期，对农业的工资补贴和利息补贴都可以提升社会福利。

在短期中，相对利息补贴，工资补贴对社会福利的效果更好。在长期中，增加农业补贴可以加大引进外资数量、改善环境，还可以提高社会福利，是一条可持续发展之路。

第六节 结 论

本章研究以外资收入税作为资金来源的农业补贴政策对于外资流入和环境的影响，对发展中国家有丰富的现实意义。我们的研究发现，在长期中，在环境改善的同时，满足相应的条件可以实现外资流入增加。另外，我们还发现其也可以有条件地改善失业和社会福利。

但要指出的是，我们不能保证这项政策是一个只赢不输的万全之策，主要原因是

本章中实施外资收入税的农业补贴政策有城市部门的产出下降、农村部门的产出上升的经济效果,如果农业产出上升的价值能够抵消工业产值的下降,那么这项政策就具有更加重要的实践意义。对发展中国家而言,这样的政策可以突破环境库兹涅茨曲线(EKC)的约束,是一条环境友好的经济发展之路。

同样地,我们也并不因为有了本章的结论而否认引进外资有影响环境的问题,也不是说有了这种对策就可以对外资的污染效果放松警惕。我们也有理由相信,外资税补贴农业的经济政策并非唯一能够同时实现引进外资和环境保护的政策,探寻类似的经济机制和路径是我们今后的研究方向。

参考文献

[1] 黄健. 我国外商投资企业的实证分析[J]. 管理世界,1994(1):145-151.

[2] 刘英骥,邓良. 外资企业在中国环境责任的实证研究——基于对污染产业进入程度研究的视角[J]. 经济与管理研究,2012(1):112-116.

[3] 张成. 内资和外资:谁更有利于环境保护——来自我国工业部门面板数据的经验分析[J]. 国际贸易问题,2011(2):98-106.

[4] BASU K C. Optimal policies in dual economies[J]. The Quarterly Journal of Economics, 1980, 95(1):187-196.

[5] SRINIVASAN T N, BHAGWATI J N. On reanalyzing the Harris-Todaro model: policy rankings in the case of sector-specific sticky wages[J]. American Econmie Review, 1974, 64: 502.

[6] CHAO C C, YU E S H. Foreign-investment tax and tariff policies in developing countries[J]. Review of International Economics, 1997, 5(1):47-62.

[7] COLE M A, ELLIOTT R J R, ZHANG J. Growth, foreign direct investment, and the environment: evidence from Chinese cities[J]. Journal of Regional Science, 2011, 51(1):121-138.

[8] COPELAND B R, TAYLOR M S. Trade, spatial separation, and the environment[J]. Journal of International Economics, 1999, 47(1):137-168.

[9] DEMENA B A, AFESORGBOR S K. The effect of FDI on environmental emissions: evidence from a meta-analysis[J]. Energy Policy, 2020, 138: 111 - 192.

[10] DORWARD A, CHIRWA E. The Malawi agricultural input subsidy programme: 2005/06 to 2008/09[J]. Sustainable Intensification, 2012: 232 - 247.

[11] DWIBEDI J K, CHAUDHURI S. Agricultural subsidy policies fail to deal with child labour under agricultural dualism: what could be the alternative policies? [J]. Research in Economics, 2014, 68(3): 277 - 291.

[12] GROSSMAN G M, KRUEGER A B. Environmental impacts of a North American free trade agreement[EB/OL]. Working paper NO. 3914, November 1991. https://www.nber.org/papers/w3914.

[13] GROSSMAN G M, KRUEGER A B. Economic growth and the environment [J]. The Quarterly Journal of Economics, 1995, 110(2): 353 - 377.

[14] GUPTA M R. Tax on foreign capital income and wage subsidy to the urban sector in the Harris-Todaro model[J]. Journal of Development Economics, 1995, 47(2): 469 - 479.

[15] HARRIGAN J. U-turns and full circles: two decades of agricultural reform in Malawi 1981 - 2000[J]. World Development, 2003, 31(5): 847 - 863.

[16] HARRIS J R, TODARO M P. Migration, unemployment and development: a two-sector analysis[J]. American Economic Review, 1970, 60(1), 126 - 142.

[17] HAUFLER A, WOOTON I. Country size and tax competition for foreign direct investment[J]. Journal of Public Economics, 1999, 71(1): 121 - 139.

[18] HAUFLER A, WOOTON I. The effects of regional tax and subsidy coordination on foreign direct investment[J]. European Economic Review, 2006, 50(2): 285 - 305.

[19] HUANG J. An empirical analysis of China's foreign-invested enterprises (in

Chinese) [J]. Management World,1994, 1: 145 - 151.

[20] JORGENSON A K. The transnational organization of production and environmental degradation: a cross-national study of the effects of foreign capital penetration on water pollution intensity, 1980 - 1995[J]. Social Science Quarterly, 2006,87(3), 711 - 730.

[21] JORGENSON A K. Foreign direct investment and the environment, the mitigating influence of institutional and civil society factors, and relationships between industrial pollution and human health: a panel study of less-developed countries[J]. Organization & Environment, 2009,22(2), 135 - 157.

[22] LI X C, WANG D S. The impacts of rural-urban migrants' remittances on the urban economy[J]. Annals of Regional Science, 2015,54(2), 591 - 603.

[23] LI X C, ZHOU J. Environmental effects of remittance of rural-urban migrant [J]. Economic Modeling, 2015, 47, 174 - 179.

[24] SHAHBAZ M, NASREEN S, ABBAS F, et al. Does foreign direct investment impede environmental quality in high, middle and low-income countries? [J]. Energy Economics, 2015,51: 275 - 287.

[25] VITALIS V. Agricultural subsidy reform and its implications for sustainable development: the New Zealand experience[J]. Environmental Sciences, 2007, 4 (1): 21 - 40.

附录

1. 附录 A

A.1 短期情况下的工资补贴政策效果

$$\frac{\mathrm{d}r_U}{\mathrm{d}s_w} = \frac{\mathrm{d}t}{\mathrm{d}s_w} = \frac{L_R}{K_F} > 0,$$

$$\frac{\mathrm{d}K_F}{\mathrm{d}s_w} = \frac{\mathrm{d}K_U}{\mathrm{d}s_w} = \frac{L_R F_{LL}^U}{K_F p_U (F_{KK}^U F_{LL}^U - F_{KL}^U F_{LK}^U)} < 0,$$

$$\frac{\mathrm{d}L_U}{\mathrm{d}s_w}=-\frac{L_R F_{LK}^U}{K_F p_U(F_{KK}^U F_{LL}^U-F_{KL}^U F_{LK}^U)}<0,$$

$$\frac{\mathrm{d}X_U}{\mathrm{d}s_w}=\frac{L_R(F_K^U F_{LL}^U-F_L^U F_{LK}^U)}{K_F p_U(F_{KK}^U F_{LL}^U-F_{KL}^U F_{LK}^U)}<0,$$

$$\frac{\mathrm{d}E}{\mathrm{d}s_w}=-\frac{\mu L_R(F_K^U F_{LL}^U-F_L^U F_{LK}^U)}{K_F p_U(F_{KK}^U F_{LL}^U-F_{KL}^U F_{LK}^U)}>0,$$

$$\frac{\mathrm{d}L_R}{\mathrm{d}s_w}=\frac{-(1+\lambda)w_R}{w_R-(1+\lambda)L_U g F_{LL}^R}\frac{\mathrm{d}L_U}{\mathrm{d}s_w}+\frac{(1+\lambda)L_U g' F_L^R}{w_R-(1+\lambda)L_U g F_{LL}^R}\frac{\mathrm{d}E}{\mathrm{d}s_w}+\frac{(1+\lambda)L_U}{w_R-(1+\lambda)L_U g F_{LL}^R}$$
$$>0,$$

$$\frac{\mathrm{d}X_R}{\mathrm{d}s_w}=g'F^R\frac{\mathrm{d}E}{\mathrm{d}s_w}+gF_L^R\frac{\mathrm{d}L_R}{\mathrm{d}s_w}>0,$$

$$\frac{\mathrm{d}r_R}{\mathrm{d}s_w}=g'F_K^R\frac{\mathrm{d}E}{\mathrm{d}s_w}+gF_{KL}^R\frac{\mathrm{d}L_R}{\mathrm{d}s_w}>0,$$

$$\frac{\mathrm{d}w_R}{\mathrm{d}s_w}=\frac{w_R L_R[F_{LK}^U(1+\lambda)gF_{LL}^R-\mu(F_K^U F_{LL}^U-F_L^U F_{LK}^U)g'F_L^R]}{[w_R-(1+\lambda)L_U g F_{LL}^R]K_F p_U(F_{KK}^U F_{LL}^U-F_{KL}^U F_{LK}^U)}+\frac{w_R g}{w_R-(1+\lambda)L_U g F_{LL}^R},$$

$$\frac{\mathrm{d}\lambda}{\mathrm{d}s_w}=-\frac{1+\lambda}{w_R}\frac{\mathrm{d}w_R}{\mathrm{d}s_w}。$$

A.2 短期情况下的利息补贴政策效果

$$\frac{\mathrm{d}r_U}{\mathrm{d}s_r}=\frac{\mathrm{d}t}{\mathrm{d}s_r}=\frac{K_R}{K_F}>0,$$

$$\frac{\mathrm{d}K_F}{\mathrm{d}s_r}=\frac{\mathrm{d}K_U}{\mathrm{d}s_r}=\frac{K_R F_{LL}^U}{K_F p_U(F_{KK}^U F_{LL}^U-F_{KL}^U F_{LK}^U)}<0,$$

$$\frac{\mathrm{d}L_U}{\mathrm{d}s_r}=-\frac{K_R F_{LK}^U}{K_F p_U(F_{KK}^U F_{LL}^U-F_{KL}^U F_{LK}^U)}<0,$$

$$\frac{\mathrm{d}X_U}{\mathrm{d}s_r}=\frac{K_R(F_K^U F_{LL}^U-F_L^U F_{LK}^U)}{K_F p_U(F_{KK}^U F_{LL}^U-F_{KL}^U F_{LK}^U)}<0,$$

$$\frac{\mathrm{d}E}{\mathrm{d}s_r}=-\frac{\mu K_R(F_K^U F_{LL}^U-F_L^U F_{LK}^U)}{K_F p_U(F_{KK}^U F_{LL}^U-F_{KL}^U F_{LK}^U)}>0,$$

$$\frac{\mathrm{d}L_R}{\mathrm{d}s_r} = \frac{-(1+\lambda)w_R}{w_R - (1+\lambda)L_U g F_{LL}^R} \frac{\mathrm{d}L_U}{\mathrm{d}s_r} + \frac{(1+\lambda)L_U g' F_L^R}{w_R - (1+\lambda)L_U g F_{LL}^R} \frac{\mathrm{d}E}{\mathrm{d}s_r} > 0,$$

$$\frac{\mathrm{d}X_R}{\mathrm{d}s_r} = g' F^R \frac{\mathrm{d}E}{\mathrm{d}s_r} + g F_L^R \frac{\mathrm{d}L_R}{\mathrm{d}s_r} > 0,$$

$$\frac{\mathrm{d}r_R}{\mathrm{d}s_r} = g' F_K^R \frac{\mathrm{d}E}{\mathrm{d}s_r} + g F_{KL}^R \frac{\mathrm{d}L_R}{\mathrm{d}s_r} + 1 > 0,$$

$$\frac{\mathrm{d}w_R}{\mathrm{d}s_r} = \frac{w_R K_R [(1+\lambda)g F_{LL}^R F_{LK}^U - g' F_L^R \mu K_R (F_K^U F_{LL}^U - F_L^U F_{LK}^U)]}{K_F p_U (F_{KK}^U F_{LL}^U - F_{KL}^U F_{LK}^U)[w_R - (1+\lambda)L_U g F_{LL}^R]},$$

$$\frac{\mathrm{d}\lambda}{\mathrm{d}s_r} = -\frac{1+\lambda}{w_R} \frac{\mathrm{d}w_R}{\mathrm{d}s_r}。$$

在短期,工资补贴与利息补贴对环境、外资以及经济其他影响方向都相同。当工资补贴与利息补贴的金额相同时,补贴变化率有以下关系:$\frac{\hat{s}_w}{\hat{s}_r} = \frac{\mathrm{d}s_w/s_w}{\mathrm{d}s_r/s_r} = \frac{\mathrm{d}s_w}{\mathrm{d}s_r} \frac{L_R}{K_R}$,因此在补贴变动1%时,利息补贴和工资补贴对环境与外资的影响程度相同,同时,r_U,t,L_U,K_U和X_U的影响程度也相同,而工资补贴对农业部门的劳动力使用量、产出、工资率以及城市失业的影响更大,利息补贴对农业部门的利率影响更大。

2. 附录B

B.1 长期情况下的工资补贴政策效果

$$\frac{\mathrm{d}r}{\mathrm{d}s_w} = \frac{\mathrm{d}t}{\mathrm{d}s_w} = \frac{L_R}{K_F} > 0,$$

$$\frac{\mathrm{d}K_U}{\mathrm{d}s_w} = \frac{L_R F_{LL}^U}{K_F p_U (F_{KK}^U F_{LL}^U - F_{KL}^U F_{LK}^U)} < 0,$$

$$\frac{\mathrm{d}L_U}{\mathrm{d}s_w} = -\frac{L_R F_{LK}^U}{K_F p_U (F_{KK}^U F_{LL}^U - F_{KL}^U F_{LK}^U)} < 0,$$

$$\frac{\mathrm{d}X_U}{\mathrm{d}s_w} = \frac{L_R (F_K^U F_{LL}^U - F_L^U F_{LK}^U)}{K_F p_U (F_{KK}^U F_{LL}^U - F_{KL}^U F_{LK}^U)} < 0,$$

$$\frac{\mathrm{d}E}{\mathrm{d}s_w} = -\frac{\mu L_R (F_K^U F_{LL}^U - F_L^U F_{LK}^U)}{K_F p_U (F_{KK}^U F_{LL}^U - F_{KL}^U F_{LK}^U)} > 0,$$

$$\frac{\mathrm{d}L_R}{\mathrm{d}s_w} = \frac{-g}{\Delta} \left\{ -\frac{(1+\lambda)L_U}{w_R} F_{LK}^R \left(-g'F_K^R \frac{\mathrm{d}E}{\mathrm{d}s_w} + \frac{\mathrm{d}r}{\mathrm{d}s_w} \right) + F_{KK}^R (1+\lambda) \frac{\mathrm{d}L_U}{\mathrm{d}s_w} - \frac{(1+\lambda)L_U}{w_R} \right.$$

$$\left. F_{KK}^R g'F_L^R \frac{\mathrm{d}E}{\mathrm{d}s_w} - \frac{(1+\lambda)L_U}{w_R} F_{KK}^R \right\},$$

$$\frac{\mathrm{d}K_R}{\mathrm{d}s_w} = \frac{1}{\Delta} \left\{ \left[1 - \frac{(1+\lambda)L_U}{w_R} g F_{LL}^R \right] \left(-g'F_K^R \frac{\mathrm{d}E}{\mathrm{d}s_w} + \frac{\mathrm{d}r}{\mathrm{d}s_w} \right) + (1+\lambda) g F_{KL}^R \frac{\mathrm{d}L_U}{\mathrm{d}s_w} + \right.$$

$$\left. \frac{(1+\lambda)L_U}{w_R} g F_{KL}^R \left(-g'F_L^R \frac{\mathrm{d}E}{\mathrm{d}s_w} - 1 \right) \right\},$$

$$\frac{\mathrm{d}X_R}{\mathrm{d}s_w} = g'F^R \frac{\mathrm{d}E}{\mathrm{d}s_w} + gF_L^R \frac{\mathrm{d}L_R}{\mathrm{d}s_w} + gF_K^R \frac{\mathrm{d}K_R}{\mathrm{d}s_w} = g'F^R \frac{\mathrm{d}E}{\mathrm{d}s_w} + \frac{g}{\Delta} \left\{ \left[F_K^R + \frac{(1+\lambda)L_U}{w_R} \right.\right.$$

$$\left. g F_L^R F_{LK}^R - \frac{(1+\lambda)L_U}{w_R} g F_K^R F_{LL}^R \right] \left(-g'F_K^R \frac{\mathrm{d}E}{\mathrm{d}s_w} + \frac{\mathrm{d}r}{\mathrm{d}s_w} \right) + (1+\lambda) g (F_K^R F_{KL}^R - F_L^R F_{KK}^R) \frac{\mathrm{d}L_U}{\mathrm{d}s_w} -$$

$$\frac{(1+\lambda)L_U}{w_R} gg'F_L^R (F_K^R F_{KL}^R - F_L^R F_{KK}^R) \frac{\mathrm{d}E}{\mathrm{d}s_w} + g F_L^R \frac{(1+\lambda)L_U}{w_R} F_{KK}^R - \frac{(1+\lambda)L_U}{w_R} F_K^R g F_{KL}^R \right\},$$

$$\frac{\mathrm{d}w_R}{\mathrm{d}s_w} = \frac{g}{\Delta} \left\{ \frac{1}{F_{LL}^U} \left[(1+\lambda) g F_{LK}^U (F_{KK}^R F_{LL}^R - F_{LK}^R F_{KL}^R) + g'\mu F_L^R F_{KK} (F_L^U F_{LK}^U - F_K^U F_{LL}^U) \right] \right.$$

$$\left. \frac{\mathrm{d}K_U}{\mathrm{d}s_w} + F_{LK}^R \left(-g'F_K^R \frac{\mathrm{d}E}{\mathrm{d}s_w} + \frac{\mathrm{d}r}{\mathrm{d}s_w} \right) + F_{KK}^R \right\},$$

$$\frac{\mathrm{d}\lambda}{\mathrm{d}s_w} = -\frac{1+\lambda}{w_R} \frac{\mathrm{d}w_R}{\mathrm{d}s_w},$$

$$\frac{\mathrm{d}K_F}{\mathrm{d}s_w} = \frac{1}{\Delta} \left\{ \left[1 - \frac{(1+\lambda)L_U}{w_R} g F_{LL}^R \right] \left(-g'F_K^R \frac{\mathrm{d}E}{\mathrm{d}s_w} + \frac{\mathrm{d}r}{\mathrm{d}s_w} \right) - \frac{(1+\lambda)L_U}{w_R} g F_{KL}^R + \right.$$

$$\left. \frac{L_R g \left[F_{LL}^U F_{KK}^R - (1+\lambda) F_{KL}^R F_{LK}^U + \frac{(1+\lambda)L_U}{w_R} [F_{KL}^R g'F_L^R \mu (F_K^U F_{LL}^U - F_L^U F_{LK}^U) - F_{LL}^U g (F_{LL}^R F_{KK}^R - F_{KL}^R F_{LK}^R)] \right]}{K_F p_U (F_{KK}^U F_{LL}^U - F_{KL}^U F_{LK}^U)} \right\}。$$

B.2 长期情况下的利息补贴政策效果

$$\frac{\mathrm{d}r}{\mathrm{d}s_r} = \frac{\mathrm{d}t}{\mathrm{d}s_r} = \frac{K_R}{K_F} > 0,$$

$$\frac{\mathrm{d}K_U}{\mathrm{d}s_r} = \frac{K_R F_{LL}^U}{K_F p_U (F_{KK}^U F_{LL}^U - F_{KL}^U F_{LK}^U)} < 0,$$

$$\frac{dL_U}{ds_r} = -\frac{K_R F_{LK}^U}{K_F p_U (F_{KK}^U F_{LL}^U - F_{KL}^U F_{LK}^U)} < 0,$$

$$\frac{dX_U}{ds_r} = \frac{K_R (F_K^U F_{LL}^U - F_L^U F_{LK}^U)}{K_F p_U (F_{KK}^U F_{LL}^U - F_{KL}^U F_{LK}^U)} < 0,$$

$$\frac{dE}{ds_r} = -\frac{\mu K_R (F_K^U F_{LL}^U - F_L^U F_{LK}^U)}{K_F p_U (F_{KK}^U F_{LL}^U - F_{KL}^U F_{LK}^U)} > 0,$$

$$\frac{dL_R}{ds_r} = \frac{-g}{\Delta}\left\{-\frac{(1+\lambda)L_U}{w_R}F_{LK}^R\left(-g'F_K^R\frac{dE}{ds_r}+\frac{dr}{ds_r}\right)+(1+\lambda)F_{KK}^R\frac{dL_U}{ds_r}-\frac{(1+\lambda)L_U}{w_R}\right.$$
$$\left. F_{KK}^R g'F_L^R\frac{dE}{ds_r}+\frac{(1+\lambda)L_U}{w_R}F_{LK}^R\right\},$$

$$\frac{dK_R}{ds_r}=\frac{1}{\Delta}\left\{\left[1-\frac{(1+\lambda)L_U}{w_R}gF_{LL}^R\right]\left(-g'F_K^R\frac{dE}{ds_r}+\frac{dr}{ds_r}\right)+(1+\lambda)gF_{KL}^R\frac{dL_U}{ds_r}-\right.$$
$$\left. \frac{(1+\lambda)L_U}{w_R}gF_{KL}^R g'F_L^R\frac{dE}{ds_r}-\left[1-\frac{(1+\lambda)L_U}{w_R}gF_{LL}^R\right]\right\},$$

$$\frac{dw_R}{ds_r}=\frac{g}{\Delta}\left[\frac{1}{F_{LL}^U}\left[(1+\lambda)gF_{LK}^U(F_{KK}^R F_{LL}^R - F_{LK}^R F_{KL}^R)+g'\mu F_L^R F_{KK}^R(F_L^U F_{LK}^U - F_K^U F_{LL}^U)\right]\right.$$
$$\left. \frac{dK_U}{ds_r}+F_{LK}^R\left(-g'F_K^R\frac{dE}{ds_r}+\frac{dr}{ds_r}\right)-F_{LK}^R\right],$$

$$\frac{dX_R}{ds_r}=g'F^R\frac{dE}{ds_r}+gF_L^R\frac{dL_R}{ds_r}+gF_K^R\frac{dK_R}{ds_r}=g'F^R\frac{dE}{ds_r}+\frac{g}{\Delta}\left\{\left[F_K^R-\frac{(1+\lambda)L_U}{w_R}gF_K^R F_{LL}^R\right.\right.$$
$$\left.+g\frac{(1+\lambda)L_U}{w_R}F_L^R F_{LK}^R\right]\left(-g'F_K^R\frac{dE}{ds_r}+\frac{dr}{ds_r}\right)+(F_K^R F_{KL}^R - F_L^R F_{KK}^R)(1+\lambda)g\frac{dL_U}{ds_r}+$$
$$(F_L^R F_{KK}^R - F_K^R F_{KL}^R)\frac{(1+\lambda)L_U}{w_R}gg'F_L^R\frac{dE}{ds_r}-F_K^R\left[1-\frac{(1+\lambda)L_U}{w_R}gF_{LL}^R\right]-gF_L^R\frac{(1+\lambda)L_U}{w_R}$$
$$F_{LK}^R\right\},$$

$$\frac{d\lambda}{ds_r}=-\frac{1+\lambda}{w_R}\frac{dw_R}{ds_r},$$

$$\frac{dK_F}{ds_r}=\frac{1}{\Delta}\left\{\left[1-\frac{(1+\lambda)L_U}{w_R}gF_{LL}^R\right]\left(-g'F_K^R\frac{dE}{ds_r}+\frac{dr}{ds_r}\right)-\left(1-\frac{(1+\lambda)L_U}{w_R}gF_{LL}^R\right)\right.$$

$$\left. \frac{K_R g\left[\left[F_{LL}^U F_{KK}^R-(1+\lambda)F_{LK}^U F_{KL}^R\right]+\frac{(1+\lambda)L_U}{w_R}\left[F_{KL}^R g' F_{L}^R \mu(F_K^U F_{LL}^U-F_L^U F_{LK}^U)-F_{LL}^U g(F_{LL}^R F_{KK}^R-F_{KL}^R F_{LK}^R)\right]\right]}{K_F p_U(F_{KK}^U F_{LL}^U-F_{KL}^U F_{LK}^U)}\right\}。$$

在长期，工资补贴与利息补贴对环境、外资以及经济其他影响方向都相同。当工资补贴与利息补贴的金额相同时，在补贴变动1%时，利息补贴和工资补贴对环境的影响程度相同，同时，r, t, L_U, K_U 和 X_U 的影响程度也相同，而当 $-F_{KK}^R K_R < L_R F_{LK}^R$ 时，利息补贴对农业部门的劳动力使用量、工资率以及城市失业的影响更大，当 $1-\frac{(1+\lambda)L_U}{w_R}g\left(\frac{K_R F_{KL}^R}{L_R}+F_{LL}^R\right)>0$ 时，利息补贴对农业部门的资本使用量、外资影响更大，$0<F_K^R+g\frac{(1+\lambda)L_U}{w_R}\left[F_L^R\left(F_{LK}^R+\frac{K_R}{L_R}F_{KK}^R\right)+F_K^R\left(-F_{LL}^R-\frac{K_R}{L_R}F_{KL}^R\right)\right]$ 利息补贴对农业部门的产出影响更大。

第九章　二元农业视角下农业技术进步的环境影响研究

本章提要：农业技术进步和环境污染都与农业生产密切相关，立足乡村振兴战略，现代农业发展、农业技术进步和环境问题都是当前我国经济的重点工作，二元农业视角下农业技术进步的环境影响值得探究。本章建立了包含农业技术进步和环境因素的三部门一般均衡模型，探究农业技术进步如何影响环境质量水平。研究发现，与一体化参数相反，技术进步参数增加会促进生产要素从城市部门流向现代农业部门，从而改善环境。本章基于中国宏观经济数据，运用数值模拟分析方法，进一步发现，一体化参数的环境负效应会在长期中减弱，而技术进步参数的环境正效应不会在长期中弱化，长期中农业技术进步的叠加效应能够改善环境；一体化参数的福利正效应是以环境恶化为代价的，并且在长期中逐渐减小，技术进步参数的福利正效应与环境改善同步，并具有可持续性。

第一节　序　言

发展现代农业是推进乡村振兴的重要方式。现代农业是以现代发展理念为指导、以现代科学技术和物质装备为支撑、运用现代经营形式和管理手段的产业体系。我国农业发展正处于传统农业向现代农业转型、现代农业逐渐普及的重要阶段，经济中同时存在现代农业与传统农业两种农业形态，是典型的二元农业结构。农业现代化建设已经取得了很大成就，以棉花为例，单产已经由1978年的445公斤/公顷提升至2019年的1 764公斤/公顷。2004—2017年，我国农业现代化综合指数由46.62提高到65.23(安晓宁等，2020)，我国农业机械总动力由6亿多千瓦增加到近10亿千瓦，农业装备大中型拖拉机数量由100多万台增加到670多万台，配套农具由近

200万套增加到1 000多万套，联合收割机数量由40多万台增加到近200万台，农业生产机械的推广普及标志着现代农业发展不断深入。发展现代农业的关键在于农业技术进步。农业技术进步的转化与应用需要依靠农业劳动力实现，农业技术进步在实际农业生产过程中通常表现为农业劳动力生产效率的提升，而高素质农业劳动力无疑能够提高农业技术的应用水平。因此，现代农业发展需要有技术、高素质的劳动者，农民现代化是促进农业技术进步、实现农业现代化的内在条件。国内外对农业技术进步的实证研究主要集中于以下三个领域：第一，证实农业技术进步对农业生产率和经济效益提升的有效性(Minten 和 Barrett，2008；Kassie 等，2011；孙广生，2012；曾雅婷等，2018；唐行，2020)；第二，推动农业技术进步的相关政策效果(林毅夫，1991；辜胜阻等，2000；满明俊等，2010；乔金杰等，2015；Manda 等，2020；Porteous，2020)；第三，分析农业技术进步的内涵因素(Wallace 等，1997)。

除了劳动力、资本等生产要素，农业生产依赖于自然环境资源，现代农业发展需要良好的生态环境。中国与许多发展中国家一样，经历了经济高速增长，同时面临着工业化造成的严重环境问题。图9-1反映了我国2013~2017年废气、废水中的主要污染物的排放量。《第二次全国污染源普查公报》显示，2017年工业源排放废气中有二氧化硫529.08万吨、氮氧化物645.90万吨、颗粒物1 270.50万吨，工业废水中化学需氧量排放90.96万吨，倾倒丢弃工业固体废物158.98万吨。工业生产消耗着自然环境，工业生产排放的废水、废气、废渣等有毒有害物质通过空气、水源、土壤等媒介污染环境，对农业生产带来显著的负外部性影响。据世界银行统计，环境污染造成全国农业生产损失超过300亿元。有学者基于现代农业发展的二元农业视角，开辟了环境污染问题研究的新思路：Li和Wu (2018)讨论了资本自由流动和土地自由流动情况下现代农业部门要素补贴政策的影响，研究表明，现代农业部门利息补贴的环境效应优于其他要素价格补贴政策的环境效应；李晓春和伍云云(2020)对要素国际流动和环境污染之间的关系进行研究，他们发现在现代农业发展初期劳动力要素流入会使得环境恶化，在现代农业发展普及期资本要素流入会使环境改善。

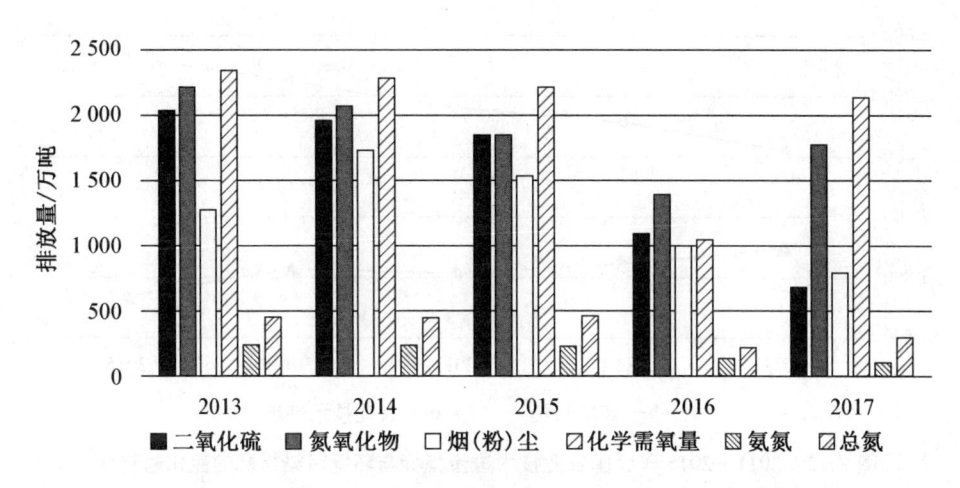

图 9-1　2013—2017 年我国废气、废水中主要污染物排放量

数据来源：2014—2018 年中国统计年鉴。

综合以上文献回顾可知，虽然针对现代农业发展、农业技术进步和环境污染三个方面的研究已有很多，但目前少有研究将三个话题联系在一起考虑。近年来，环境问题备受关注，党的十八大做出"大力推进生态文明建设"战略决策，要求推进绿色发展、着力解决突出环境问题，做到经济与生态协调发展。在全面推进乡村振兴的当下，发展现代农业、促进农业技术进步和环境保护都是当前我国经济中的重点问题，我们有理由相信三者之间存在着联系。从劳动经济学角度出发，农业技术进步势必会影响农业生产要素的配置情况，引起劳动力转移，导致环境质量水平变动。请参照图 9-2。上述逻辑猜想符合理论基础，也具有一定的现实意义，因此，本章将基于 Harris-Todaro 模型构建理论模型，在发展现代农业视角下研究体现在劳动力生产效率提升上的农业技术进步如何影响环境。

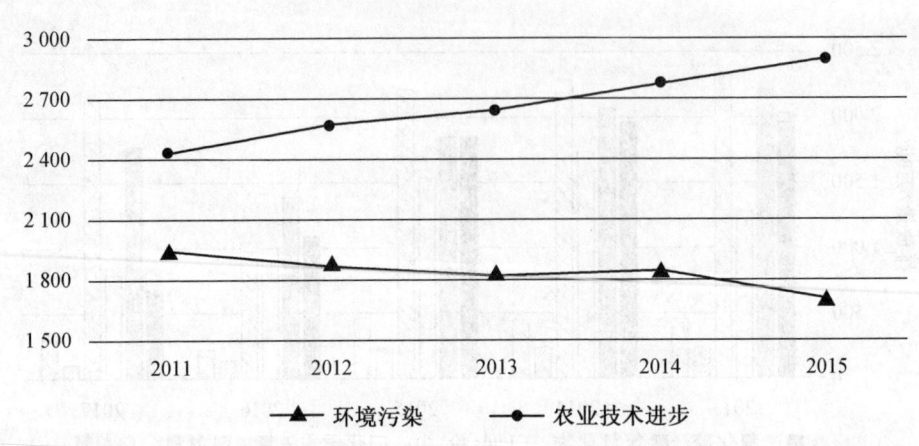

图9-2 2011—2015年我国农业技术进步指标与环境污染指标的变化趋势图

数据来源:根据2012—2016年中国统计年鉴中数据赋权计算得到[①]。

第二节 理论模型的建立与分析

本节建立了包含农业技术进步和环境因素的三部门一般均衡模型,运用比较静态分析的分析方法,探究二元农业经济结构中农业技术进步对环境产生的影响,并解释农业技术进步对环境影响的具体作用机制。

一、理论模型的建立基础

考虑一个小型、开放的经济体。这一经济体中,城市部门生产工业产品,农村部门生产农业产品,工业产品和农业产品均可贸易,同时,根据农业发展水平和产出产品等不同,农村部门可以进一步划分为现代农业部门和传统农业部门,因此该经济体

[①] 参考有代表性的指标体系,对农业技术进步和环境污染两个指标的赋权计算方法如下:(1)农业技术进步指标按照农业机械总动力、农用大中型拖拉机数量、大型拖拉机配套农具数量、联合收割机数量分别赋予0.01、0.4、0.4、0.19的权重计算得到;(2)环境污染指标按照工业二氧化硫排放量、工业氮氧化物排放量、工业烟(粉)尘排放量、工业废水中化学需氧量、工业废水中氨氮量、工业废水中总氮量分别赋予0.25、0.25、0.2、0.2、0.05、0.05的权重计算得到。

具体表示为一个三部门模型。

经济中存在劳动力 L、资本 K 两种生产要素,具体而言,城市部门使用劳动力 L_1 和资本 K_1 两种要素进行生产,现代农业部门使用劳动力 L_2 和资本 K_2 两种要素进行生产,而传统农业部门仅使用单一生产要素劳动力 L_3 进行生产。本章设定要素禀赋 $\bar{L}$ 和 $\bar{K}$ 均由外生给定,所有市场均是完全竞争的,劳动力要素由农村部门向城市部门转移,资本要素在城市部门和现代农业部门间自由流动。

关于农业技术进步,设定传统农业部门中不存在技术进步,参考 Restuccia 等 (2008)的设定,引入技术进步参数 $A(A>1)$ 作为同时影响城市部门和现代农业部门的整体技术进步因素,它受到社会科学知识水平、市场参与者构成、产权机制、公共基础设施情况和政府政策等因素的影响。技术进步参数 A 在城市部门和现代农业部门中发生作用的机制不同,在城市部门中,技术进步可以直接提升总产出水平,因此得到城市部门生产函数如下:

$$Y_1 = AF^1(L_1, K_1) \quad (9-1)$$

其中,Y_1 表示城市部门的产出;$F^1(\cdot)$ 为严格拟凹的一阶齐次函数,对每一个生产要素都是增函数①,对生产要素的一阶导数记为 $F_L^1 = \partial F^1/\partial L_1$、$F_K^1 = \partial F^1/\partial K_1$,二阶导数记为 F_{LL}^1、F_{LK}^1、F_{KL}^1、F_{KK}^1;L_1 表示城市部门的雇佣劳动力数量;K_1 表示城市部门的资本投资数量。

农业技术进步需要通过参与农业生产的劳动力进行转化、应用,因此作用在现代农业部门劳动力要素 L_2 上,主要体现为从事现代农业生产的劳动力生产效率提升。引入一体化参数 θ 将农业技术进步与整体技术进步联系起来,一体化参数 θ 表示现代农业发展与整体经济发展的联系程度,θ 越大,表示现代农业发展与整体经济发展的一体化程度越高,现代农业与整体经济的联系更加紧密,技术进步传导到现代农业部门的速度更快。因此,农业技术进步具体可表示为 θA,一般情况下我们认为农业技术进步会滞后于经济整体技术进步,故有 $0<\theta<1$。现代农业部门中,考虑了技

---

① 为简化下文中理论模型的计算,设定生产函数 $F^1(\cdot)$ 的生产要素替代弹性满足 $F_L^1 F_K^1 - F_{KL}^1 F^1 \geq 0$ 条件。

进步因素的劳动力要素投入可整体表示为 θAL_2。

根据 Copeland 和 Taylor(1999) 的设定，现代农业部门和传统农业部门的生产依赖于生态环境，使环境水平下降的污染物从城市部门的生产过程中产生。衡量经济中环境质量水平 E 如下：

$$E = \frac{\overline{E} - \delta Y_1}{\overline{E}} = 1 - \lambda Y_1 \tag{9-2}$$

其中，$\overline{E}$ 表示环境质量的最优水平，即城市部门没有产出污染物时的环境质量水平，是外生给定的；δ 表示城市部门生产单位工业产品所排放的污染物数量，也是外生给定的；$\lambda = \delta/\overline{E}$，表示污染系数。$0 < E \leqslant 1$，$E$ 数值越大代表环境质量水平越好，$E = 1$ 代表环境质量处于最佳水平，反之，E 数值越小则代表环境质量水平越低。

现代农业部门和传统农业部门的生产函数如下：

$$Y_2 = E^{\varepsilon_2} F^2(\theta AL_2, K_2) \tag{9-3}$$

$$Y_3 = E^{\varepsilon_3} F^3(L_3) \tag{9-4}$$

其中，Y_2 和 Y_3 分别表示现代农业部门和传统农业部门的产出；$F^2(\cdot)$ 为严格拟凹的一阶齐次函数，对每一个生产要素都是增函数①，对生产要素的一阶导数记为 $F_L^2 = \partial F^2/\partial(\theta AL_2)$、$F_K^2 = \partial F^2/\partial K_2$，二阶导数记为 F_{LL}^2、F_{LK}^2、F_{KL}^2、F_{KK}^2；$F^3(\cdot)$ 满足 $F_L^3 = \partial F^3/\partial L_3 > 0$，$F_{LL}^3 < 0$；$L_2$ 和 L_3 分别表示现代农业部门和传统农业部门的雇佣劳动力数量；K_2 表示现代农业部门的资本投资数量；E^{ε_2} 和 E^{ε_3} 分别表示现代农业部门和传统农业部门中环境质量水平对生产的影响，ε_2 和 ε_3 分别表示两个农业部门产出的环境影响系数，同等条件下，环境质量水平越高，农业部门产出越多，即 $0 < \varepsilon_2, \varepsilon_3 < 1$。

根据利润最大化原则，各部门生产要素价格需满足式(9-5)至(9-9)：

$$p_1 A F_L^1 = \overline{w}_1 \tag{9-5}$$

$$p_1 A F_K^1 = r_1 \tag{9-6}$$

---

① 为简化下文中理论模型的计算，设定生产函数 $F^2(\cdot)$ 的生产要素替代弹性满足 $F_L^2 F_K^2 - F_{KL}^2 F^2 \geqslant 0$ 条件。

式(9-5)和(9-6)中,p_1 表示城市部门产品对传统农业部门产品的相对价格,p_1 由国际市场外生给定;$\overline{w}_1$ 表示城市部门雇佣劳动力的工资,由于工会和最低工资标准等制度的存在,城市部门工资具有向下刚性特征,因此 $\overline{w}_1$ 外生给定;r_1 表示城市部门资本要素的投资收益率。

$$p_2 E^{\varepsilon_2} F_L^2 \theta A = w_2 \qquad (9-7)$$

$$p_2 E^{\varepsilon_2} F_K^2 = r_2 \qquad (9-8)$$

式(9-7)和(9-8)中,p_2 表示现代农业部门产品对传统农业部门产品的相对价格,p_2 也由国际市场外生给定;w_2 表示现代农业部门雇佣劳动力的工资;r_2 表示现代农业部门资本要素的投资收益率。

$$E^{\varepsilon_3} F_L^3 = w_3 \qquad (9-9)$$

式(9-9)中,w_3 表示传统农业部门雇佣劳动力的工资。

资本市场上,设定经济中资本禀赋 $\overline{K}$ 在城市部门和现代农业部门得到充分使用,则有

$$K_1 + K_2 = \overline{K} \qquad (9-10)$$

由于资本在两个部门间自由流动,可以得到 $r_1 = r_2 = r$,则式(9-6)和式(9-8)改写为:

$$p_1 A F_K^1 = p_2 E^{\varepsilon_2} F_K^2 = r \qquad (9-11)$$

劳动力市场上,设定城市存在失业人员 L_U,令 $\mu = L_U / L_1$,μ 表示城市部门失业率,则劳动力的充分就业条件可以表示为:

$$(1+\mu) L_1 + L_2 + L_3 = \overline{L} \qquad (9-12)$$

除此之外,还要考虑劳动力转移机制,根据 Harris 和 Todaro(1970),劳动力转移需比较本部门实际工资与转移出该部门可能获得的期望工资,如果期望工资高于本部门实际工资,劳动力就会出现转移。当劳动力转移达到均衡时,三部门的工资率和劳动力数量应满足下式:

$$w_3 = \frac{L_1}{(1+\mu)L_1+L_2}\overline{w}_1 + \frac{L_2}{(1+\mu)L_1+L_2}w_2 \qquad (9-13)$$

结合式(9-12),式(9-13)可变形为式(9-14):

$$\overline{w}_1 L_1 + w_2 L_2 = w_3(\overline{L}-L_3) \qquad (9-14)$$

一般认为,现代农业大多先从城市周边或其他交通便利地区发展起来,再逐渐深入到广大偏远的农村地区(李晓春和伍云云,2020),根据现实中现代农业发展的初始阶段和普及阶段的不同经济特征,本章将研究划分为短期、长期两个阶段,接下来将具体阐述短期、长期两个阶段现代农业发展的不同经济特征,以此分别构建短期和长期的一般均衡模型,再基于模型进行农业技术进步环境效果的比较静态分析。

二、短期农业技术进步环境效果的比较静态分析

短期阶段即现代农业发展的初始阶段,这一时期现代农业先从城市周边或其他交通便利地区发展起来,受城市部门影响较大,也比较符合本章中农业技术进步因素 θA 与城市部门技术进步参数 A 联系密切的设定。除了技术进步因素有联系外,本章设定短期中城市部门和现代农业部门面对相同的生产要素市场,前文中已经设定资本要素 K 在两个部门间自由流动且两部门资本要素的投资收益率均为 r,这里进一步设定两个部门间劳动力要素价格相等,即现代农业部门雇佣劳动力工资为 $\overline{w}_1$,也具有向下刚性特征,且由外生给定。根据这一设定可改写式(9-7)与式(9-14)为:

$$p_1 A F_L^1 = p_2 E_\varepsilon^* F_L^2 \theta A = \overline{w}_1 \qquad (9-7')$$

$$\overline{w}_1(L_1+L_2) = w_3(\overline{L}-L_3) \qquad (9-14')$$

至此,上文中式(9-1)至式(9-4)、式(9-9)至式(9-12),以及式(9-7′)、式(9-14′)共同构成短期一般均衡模型,该模型包括以上12个方程,这一组方程决定了12个内生变量,分别为 Y_1、Y_2、Y_3、E、L_1、L_2、L_3、K_1、K_2、w_3、r、μ,同时有 A、θ、λ、$\overline{E}$、$\overline{L}$、$\overline{K}$、$\overline{w}_1$、p_1、p_2、ε_2、ε_3 这11个外生变量。

为探讨农业技术进步对环境的影响效果,对式(9-2)进行全微分可得:

第九章 二元农业视角下农业技术进步的环境影响研究

$$dE = -\lambda dY_1 = -\lambda F^1 dA - \lambda AF_L^1 dL_1 - \lambda AF_K^1 dK_1 \quad (9-15)$$

可知环境质量水平主要受城市部门产出水平影响，技术进步参数 A、雇佣劳动力数量 L_1、资本投资数量 K_1 变化都会影响环境质量水平。下文中将详细说明短期中代表农业技术进步的两个参数 θ 和 A 如何对经济中各部门的生产要素配置产生影响，从而影响环境质量水平。

对上文中式(9-1)至式(9-4)、式(9-9)至式(9-12)，以及式(9-7′)、式(9-14′)共同构成的短期一般均衡模型进行全微分，并进行整理，可得到联立方程组式(9-16)。

$$\begin{bmatrix} 1 & 0 & 0 & 0 & -AF_L^1 & 0 & 0 & -AF_K^1 & 0 & 0 & 0 \\ 0 & 1 & 0 & -\varepsilon_2 E^{\varepsilon_2-1} F^2 & 0 & -E^{\varepsilon_2} F_L^2 \theta A & 0 & 0 & -E^{\varepsilon_2} F_K^2 & 0 & 0 \\ 0 & 0 & 1 & -\varepsilon_3 E^{\varepsilon_3-1} F^3 & 0 & 0 & -E^{\varepsilon_3} F_L^3 & 0 & 0 & 0 & 0 \\ 0 & 0 & 0 & 1 & \lambda AF_L^1 & 0 & 0 & \lambda AF_K^1 & 0 & 0 & 0 \\ 0 & 0 & 0 & 0 & p_1 AF_{LL}^1 & 0 & 0 & p_1 AF_{LK}^1 & 0 & 0 & 0 \\ 0 & 0 & 0 & p_2\varepsilon_2 E^{\varepsilon_2-1} F_L^2 \theta A & 0 & p_2 E^{\varepsilon_2} F_{LL}^2 \theta^2 A^2 & 0 & 0 & p_2 E^{\varepsilon_2} F_{LK}^2 \theta A & 0 & 0 \\ 0 & 0 & 0 & \varepsilon_3 E^{\varepsilon_3-1} F_L^3 & 0 & 0 & E^{\varepsilon_3} F_{LL}^3 & 0 & 0 & -1 & 0 & 0 \\ 0 & 0 & 0 & 0 & 1+\mu & 1 & 1 & 0 & 0 & 0 & L_1 \\ 0 & 0 & 0 & 0 & \overline{w} & \overline{w} & w_3 & 0 & 0 & -(\overline{L}-L_3) & 0 \\ 0 & 0 & 0 & 0 & p_1 AF_{KL}^1 & 0 & 0 & p_1 AF_{KK}^1 & 0 & 0 & -1 & 0 \\ 0 & 0 & 0 & p_2\varepsilon_2 E^{\varepsilon_2-1} F_K^2 & 0 & p_2 E^{\varepsilon_2} F_{KL}^2 \theta A & 0 & 0 & p_2 E^{\varepsilon_2} F_{KK}^2 & 0 & -1 & 0 \\ 0 & 0 & 0 & 0 & 0 & 0 & 1 & 1 & 0 & 0 & 0 \end{bmatrix} \begin{bmatrix} dY_1 \\ dY_2 \\ dY_3 \\ dE \\ dL_1 \\ dL_2 \\ dL_3 \\ dK_1 \\ dK_2 \\ dw_3 \\ dr \\ d\mu \end{bmatrix}$$

$$=\begin{bmatrix} F^1 \\ E^{\varepsilon_2} F_L^2 \theta L_2 \\ 0 \\ -\lambda F^1 \\ -p_1 F_L^1 \\ -p_2 E^{\varepsilon_2} F_L^2 \theta - p_2 E^{\varepsilon_2} F_{LL}^2 \theta^2 AL_2 \\ 0 \\ 0 \\ 0 \\ -p_1 F_K^1 \\ -p_2 E^{\varepsilon_2} F_{KL}^2 \theta L_2 \\ 0 \end{bmatrix} dA + \begin{bmatrix} 0 \\ E^{\varepsilon_2} F_L^2 AL_2 \\ 0 \\ 0 \\ 0 \\ -p_2 E^{\varepsilon_2} F_L^2 A - p_2 E^{\varepsilon_2} F_{LL}^2 \theta A^2 L_2 \\ 0 \\ 0 \\ 0 \\ 0 \\ -p_2 E^{\varepsilon_2} F_{KL}^2 AL_2 \\ 0 \end{bmatrix} d\theta \quad (9-16)$$

令 Δ_1 为(9-16)式矩阵的行列式，可以得到：

$$\Delta_1 = [w_3 - (\overline{L} - L_3) E^{\varepsilon_2} F_{LL}^3] \lambda p_1 A^2 F_{LK}^1 F^1 \varepsilon_2 p_2^2 E^{2\varepsilon_2 - 1} \theta^2 A^2 F_{KL}^2 \frac{F^2}{\theta AL_2} > 0$$

为简化运算，本节对以下各式简化表示如下：$M_1 = w_3 - (\overline{L} - L_3) E^{\varepsilon_2} F_{LL}^3 > 0$，$N_1 = \lambda p_1 A^2 F_{LK}^1 F^1 > 0$，$Z_1 = p_2 E^{\varepsilon_2} \theta A F_{KL}^2 > 0$，即可得到

$$\Delta_1 = M_1 N_1 Z_1 \varepsilon_2 p_2 E^{\varepsilon_2 - 1} \frac{F^2}{L_2} > 0 。$$

1. 短期中一体化参数的环境效果

根据 Gramer 法则解(9-16)式，可以将短期中一体化参数 θ 的环境效果 dE 表示为如下等式：

$$dE = \underbrace{\frac{-M_1 B^*}{\Delta_1} p_2 E^{\varepsilon_2} F_L^2 A d\theta}_{(1-1)} + \underbrace{\frac{M_1 B^*}{\Delta_1} p_2 E^{\varepsilon_2} F_{LL}^2 \theta A^2 L_2 p d\theta}_{(1-2)} + \underbrace{\frac{-M_1 C^*}{\Delta_1} p_2 E^{\varepsilon_2} F_{KL}^2 AL_2 d\theta}_{(1-3)}$$

$$= -\frac{M_1 N_1 Z_1}{\Delta_1} p_2 E^{\varepsilon_2} F_L^2 A d\theta$$

上式中，(1-1)表示现代农业部门劳动力流出的环境负效应，(1-2)表示现代农

业部门劳动力规模化的环境负效应,(1-3)表示现代农业部门劳动力替代资本的环境正效应。其中有 $B^* = N_1 p_2 E^{\varepsilon_\varepsilon}_{\ } F^2_{KL} \theta A = N_1 Z_1 > 0$,$C^* = N_1 p_2 E^{\varepsilon_\varepsilon}_{\ } F^2_{LL} \theta^2 A^2 < 0$。(1-2)表示的现代农业部门劳动力规模化的环境负效应与(1-3)表示的现代农业部门劳动力替代资本的环境正效应相抵消,仅有(1-1)表示的现代农业部门劳动力流出的环境负效应发挥作用,即一体化参数 θ 增加会使得环境恶化,具体如式(9-17)所示:

$$\frac{dE}{d\theta} = -\frac{M_1 N_1}{\Delta_1} p_2 E^{\varepsilon_\varepsilon}_{\ } A F^2_{KL} \overline{w} < 0 \qquad (9-17)$$

为了进一步分析短期中一体化参数 θ 对环境产生负效应的具体影响机制,同理计算出一体化参数 θ 对经济中其他内生变量的影响效果,如表9-1所示。

表9-1 短期中一体化参数的影响效果

变量	dE	dL_1	dL_2	dL_3	dK_1	dK_2	dw_3	dr	dμ	dY_1	dY_2	dY_3
dθ	−	+	−	−[1]	+	−	/	0	/	+	−	−[1]

注:"+"表示一体化参数 θ 的增加使得对应的内生变量产生相同方向的变化;"−"则表示产生相反方向的变化;"/"表示内生变量的变化方向不能确定;上角标"[1]"表示,在假设1条件成立情况下,对应的内生变量变化方向才能成立,下文中的标记同理;详细计算结果在附录中展示。

为判断 dL_3 和 dY_3 产生变化的方向,需要做出如下假设:

假设1:$K_1/L_1 > K_2/L_2$,可以表示城市部门的资本要素与劳动力要素投入比率高于现代农业部门,城市部门的资本劳动比更高与现实情况较为相符。

根据表9-1可知,当一体化参数 θ 增加时,同样生产条件下现代农业部门单位劳动力生产效率提升,使得现代农业部门对雇佣劳动力数量 L_2 的需求减少,这是农业技术进步对现代农业部门劳动力要素的替代效应;由于现代农业部门劳动力工资具有向下刚性特征且高于传统农业部门工资,即 $w_2 = \overline{w}_1 > w_3$,因此农业技术进步挤出的劳动力流向城市部门,即城市部门雇佣劳动力数量 L_1 增加,从而使得城市部门产出 Y_1 增加,环境质量水平下降,以上即为上文中(1-1)所表示的现代农业部门劳动力流出的环境负效应。上文已经提到,(1-2)表示的现代农业部门劳动力规模化的环境负效应与(1-3)表示的现代农业部门劳动力替代资本的环境正效应相抵消,因此这里不探讨资本要素变化产生的环境影响。

图 9-3 将现代农业部门劳动力流出的环境负效应更直观地表现出来。首先,根据式(9-3),一体化参数 θ 与现代农业部门雇佣劳动力数量 L_2 负相关,可由 θL 线表示,农业技术进步意味着参数 θ 从 θ^* 位置提升至 θ^{**} 位置,从而现代农业部门雇佣劳动力数量 L_2 减少,由 L_2^* 位置左移至 L_2^{**} 位置;其次,根据式(9-7′)和(9-14′),城市部门与现代农业部门面对相同的劳动力市场,因此两个部门的雇佣劳动力数量负相关,可由线 LL 表示,L_2 的减少引起城市部门雇佣劳动力数量 L_1 的增加,由 L_1^* 位置上升到 L_1^{**} 位置;接着,根据式(9-1),城市部门总产出 Y_1 与雇佣劳动力数量 L_1 正相关,可由线 LY 表示,L_1 的增加促使城市部门总产出 Y_1 提升,由 Y_1^* 位置左移至 Y_1^{**} 位置;最后,根据式(9-2),环境质量水平 E 与城市部门总产出 Y_1 负相关,可由线 YE 表示,城市部门总产出 Y_1 的增加导致环境质量水平 E 下降,由 E^* 位置下降至 E^{**} 位置。

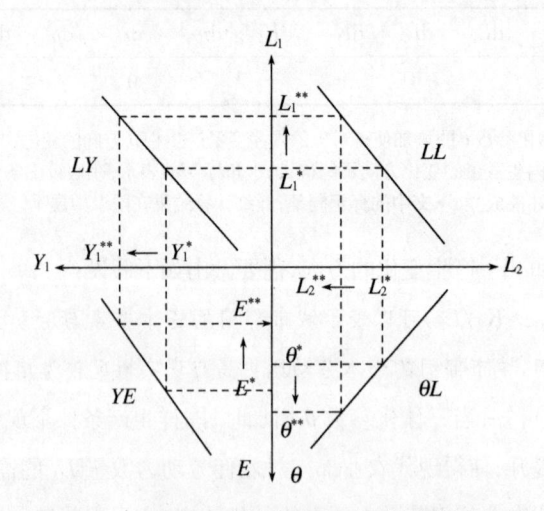

图 9-3 短期中一体化参数 θ 对环境的影响机制

综合上述结果,可以归纳得到如下命题 1:

命题 1:短期中,一体化参数 θ 的提升,使得劳动力要素由现代农业部门流向城市部门,即 L_2 减少、L_1 增加,提升了城市部门产出 Y_1,使得环境质量水平 E 下降。

2. 短期中技术进步参数的环境效果

接下来,要分析短期中技术进步参数 A 的环境影响。同理,根据 Gramer 法则解

(9-16)式，可以将短期中技术进步参数 A 的环境效果 $\mathrm{d}E$ 表示为如下等式：

$$\mathrm{d}E = \underbrace{\frac{M_1 B^* L_1 K_2}{\Delta_1 K_1 L_2} p_1 F_L^1 \mathrm{d}A}_{(2\text{-}1)} + \underbrace{\frac{-M_1 Z_1 C^*}{\Delta_1} p_1 F_K^1 \mathrm{d}A}_{(2\text{-}2)} + \underbrace{\frac{-M_1 B^*}{\Delta_1} p_2 E^{\varepsilon_2} F_L^2 \theta \mathrm{d}A}_{(2\text{-}3)} +$$

$$\underbrace{\frac{-M_1 B^*}{\Delta_1} p_2 E^{\varepsilon_2} F_{LL}^2 \theta A^2 L_2 p \mathrm{d}\theta}_{(2\text{-}4)} + \underbrace{\frac{M_1 C^*}{\Delta_1} p_2 E^{\varepsilon_2} F_{KL}^2 A L_2 \mathrm{d}\theta}_{(2\text{-}5)}$$

$$= \frac{M_1 N_1 Z_1}{\Delta_1} \frac{p_1}{K_1 L_2} (F_L^1 K_1 L_2 - K_2 F^1) \mathrm{d}A$$

可得：

$$\frac{\mathrm{d}E}{\mathrm{d}A} = \frac{M_1 N_1 Z_1}{\Delta_1} \frac{p_1}{K_1 L_2} (F_L^1 K_1 L_2 - K_2 F^1) \qquad (9\text{-}18)$$

上式中，(2-1)表示城市部门劳动力流出的环境正效应，(2-2)表示城市部门资本流出的环境正效应，(2-3)表示现代农业部门劳动力流出的环境负效应，(2-4)表示现代农业部门劳动力规模化的环境正效应，(2-5)表示现代农业部门劳动力替代资本的环境负效应。其中有 $B^* = N_1 p_2 E^{\varepsilon_2} F_{KL}^2 \theta A = N_1 Z_1 > 0$，$C^* = N_1 p_2 E^{\varepsilon_2} F_{LL}^2 \theta^2 A^2 < 0$。计算可知，(2-4)表示的现代农业部门劳动力规模化的环境正效应与(2-5)表示的现代农业部门劳动力替代资本的环境负效应相抵消，因此，短期中技术进步参数 A 的环境效果由城市部门劳动力、资本流出的环境正效应与现代农业部门劳动力流出的环境负效应共同决定，需要比较三种效应的大小方可判断短期中 $\mathrm{d}E/\mathrm{d}A$ 产生变化的方向。

技术进步参数 A 如何通过各要素流动影响环境质量水平。计算结果如表9-2所示。

表9-2 短期中技术进步参数的影响效果

变量	$\mathrm{d}E$	$\mathrm{d}L_1$	$\mathrm{d}L_2$	$\mathrm{d}L_3$	$\mathrm{d}K_1$	$\mathrm{d}K_2$	$\mathrm{d}w_3$	$\mathrm{d}r$	$\mathrm{d}\mu$	$\mathrm{d}Y_1$	$\mathrm{d}Y_2$	$\mathrm{d}Y_3$
$\mathrm{d}A$	+[2]	−	+[2]	+[1]	−	+	/	+	/	−	+[2]	+[1]

注："+"表示一体化参数 θ 的增加使得对应的内生变量产生相同方向的变化；"−"则表示产生相反方向的变化；"/"表示内生变量的变化方向不能确定；上角标[2]表示，在假设2条件成立情况下，对应的内生变量变化方向才能成立，下文中的标记同理；详细计算结果在附录中展示。

为判断 dE、dL_2 和 dY_2 产生变化的方向,需要增加如下假设:

假设 2:$K_1/(L_1+S^*)>K_2/L_2$,其中 $S^*=K_1F_K^1/F_L^1$,则有 $F_L^1K_1L_2-K_2F^1>0$,这一假设与判断式(9-18)正负符号所要做的假设相同,与技术进步参数 A 产生环境影响的具体作用机制有关,将在下文中说明。

技术进步参数 A 与一体化参数 θ 产生环境影响的路径有所不同,一体化参数 θ 仅通过影响现代农业部门雇佣劳动力数量 L_2 实现环境影响,而技术进步参数 A 对环境产生影响的路径有两条:

其一,与一体化参数 θ 的影响类似,技术进步参数 A 的增加对现代农业部门劳动力要素有替代效应,即上文中(2-3)所表示的现代农业部门劳动力流出的环境负效应;

其二,技术进步参数 A 的增加,意味着同样生产条件下城市部门生产力水平整体提升,使得城市部门对生产要素 L_1、K_1 的需求减少,因此技术进步对城市部门生产要素有替代效应,即上文中(2-1)和(2-2)所表示的城市部门劳动力、资本流出的环境正效应。

一般而言,现代农业与整体经济的一体化程度小于1,技术进步传导到现代农业部门存在滞后、弱化的情况,因此技术进步参数 A 对城市部门生产要素的替代效应应该比现代农业部门更强。此外,这也能够解释(2-4)与(1-2)、(2-5)与(1-3)中现代农业部门劳动力规模化环境效应、现代农业部门劳动力替代资本环境效应可能存在不同。

根据表9-2可知,技术进步参数 A 增加对城市部门劳动力的替代效应强于现代农业部门,由于两部门面对相同的劳动力市场且 $\overline{w}_1>w_3$,劳动力由城市部门流向现代农业部门,城市部门雇佣劳动力数量 L_1 减少、现代农业部门雇佣劳动力数量 L_2 增加;资本的流动情况需要由资本的投资收益率 r 决定,一般而言,城市部门相对于现代农业部门发展更成熟稳定、投资风险更低,当技术进步参数 A 增加时,资本的投资收益率 r 上升,意味着资本投资的风险偏好提升,因此资本也由城市部门流向现代农业部门以追求更高收益,城市部门资本投资数量 K_1 减少、现代农业部门资本投资数量 K_2 增加。

综合以上可知,在短期内,技术进步参数 A 增加对城市部门生产要素有替代效应,雇佣劳动力数量 L_1 和资本投资数量 K_1 都减少,使得城市部门产出 Y_1 减少,环境质量水平 E 提升。

图 9-4 将技术进步参数 A 增加对城市部门生产要素替代效应更直观地表现出来。首先,根据式(9-1)和(9-3),技术进步参数 A 与城市部门雇佣劳动力数量 L_1 负相关,可由 AL 线表示,技术进步意味着参数 A 从 A^* 位置提升至 A^{**} 位置,故城市部门雇佣劳动力数量 L_1 减少,均衡点由 L_1^* 位置左移至 L_1^{**} 位置。其次,根据式(9-1)和(9-11),A 与城市部门资本投资数量 K_1 负相关,可由 AK_{10} 线表示,技术进步使得资本的投资收益率 r 上升、资本倾向于投资现代农业部门,故直线由 AK_{10} 位置向右上方平移至 AK_{11} 位置,均衡点由 K_1^* 位置右移至 K_1^{**} 位置,城市部门资本投资数量 K_1 减少。以上两种影响汇总至第一、二象限,城市部门总产出 Y_1 与生产要素正相关,可由 LY、KY 线表示,生产要素的减少,使得产出的均衡点由 Y_1^* 位置下移到 Y_1^{**} 位置,城市部门总产出 Y_1 减少。

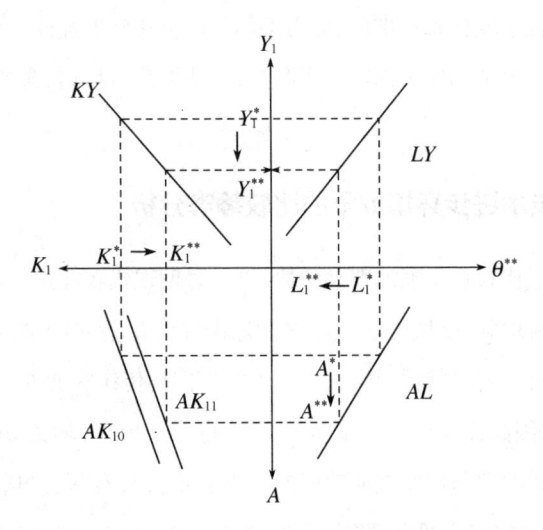

图 9-4　短期中技术进步参数 A 对城市部门产出的影响机制

通过技术进步参数 A 环境影响的机制梳理,可知技术进步对城市部门劳动力的替代效应更强,现代农业部门劳动力流入存在环境正效应,同时城市部门劳动力和资本流出也产生环境正效应,可判断式(9-18)的符号为正,同时可知假设 2 成立。

$$\frac{dE}{dA} = \frac{M_1 N_1 Z_1}{\Delta_1} \frac{p_1}{K_1 L_2}(F_L^1 K_1 L_2 - K_2 F^1) > 0 \qquad (9-18')$$

综合上述结果,可以归纳得到如下命题 2:

命题 2:短期中,技术进步参数 A 的提升对城市部门生产要素的替代效应更强,由于城市部门与现代农业部门面对相同的要素市场,因此劳动力和资本两个要素由城市部门流向现代农业部门,即 L_2 和 K_2 增加、L_1 和 K_1 减少,要素流出降低了城市部门产出 Y_1,使得环境质量水平 E 上升。

由命题 1 和命题 2 可知,在现代农业发展的初始阶段,由于城市部门和现代农业部门面对相同的生产要素市场,一体化参数 θ 增加,使得劳动力和资本要素流向城市部门,生产要素在城市部门聚集引发更严重的环境污染,对于现代农业部门而言,农业技术进步仅仅能抵御环境污染,因而发展缓慢;而技术进步参数 A 增加同时对城市部门和现代农业部门的生产产生影响,由于技术进步参数 A 增加对城市部门生产要素的替代效应强于现代农业部门,城市部门生产要素转而流向现代农业部门,使得现代农业部门产出增加而城市部门产出减少,既能够改善环境,又能够促进现代农业部门发展。

三、长期农业技术进步环境效果的比较静态分析

长期阶段即现代农业发展的普及阶段,这一时期现代农业进一步发展,逐渐深入到相对偏远的农村地区,受城市部门影响逐渐减弱,同时逐步吸纳传统农业部门。这一阶段农村部门具有两个特性,其一,现代农业部门与传统农业部门面对相同的劳动力生产要素市场,因此设定两部门雇佣劳动力的工资相同,均为 w_3,且具有完全弹性;其二,现代农业部门与传统农业部门的产成品不再具有区分度,因此设定产品价格相同,即 $p_2 = 1$。根据这两个设定可改写式(9-7)、式(9-11)与式(9-14)为:

$$E^{\epsilon_e} F_L^2 \theta A = E^{\epsilon_e} F_L^3 = w_3 \qquad (9-7'')$$

$$p_1 A F_K^1 = E^{\epsilon_e} F_K^2 = r \qquad (9-11')$$

$$\overline{w}_1 L_1 + w_3 L_2 = w_3 (\overline{L} - L_3) \qquad (9-14'')$$

至此，上文中式(9-1)至式(9-4)、式(9-9)、式(9-10)、式(9-12)，以及式(9-7″)、式(9-11′)、式(9-14″)共同构成长期一般均衡模型，该模型包括以上12个方程，这一组方程决定了12个内生变量，分别为 Y_1、Y_2、Y_3、E、L_1、L_2、L_3、K_1、K_2、w_3、r、μ，同时有 A、θ、λ、$\overline{E}$、$\overline{L}$、$\overline{K}$、$\overline{w}_1$、p_1、ε_2、ε_3 这10个外生变量。

与短期中一样，长期中环境质量水平依然受城市部门产出水平影响。对上文中式(9-1)至式(9-4)、式(9-9)、式(9-10)、式(9-12)，以及式(9-7″)、式(9-11′)、式(9-14″)共同构成的长期一般均衡模型进行全微分，并进行整理，可得到联立方程组式(9-19)。

$$\begin{bmatrix} 1 & 0 & 0 & 0 & -AF_L^1 & 0 & 0 & -AF_K^1 & 0 & 0 & 0 & 0 \\ 0 & 1 & 0 & -\varepsilon_2 E^{\varepsilon_2-1} F^2 & 0 & -E^{\varepsilon_2} F_L^2 \theta A & 0 & 0 & -E^{\varepsilon_2} F_K^2 & 0 & 0 & 0 \\ 0 & 0 & 1 & -\varepsilon_3 E^{\varepsilon_3-1} F^3 & 0 & 0 & -E^{\varepsilon_3} F_L^3 & 0 & 0 & 0 & 0 & 0 \\ 0 & 0 & 0 & 1 & \lambda AF_L^1 & 0 & 0 & \lambda AF_K^1 & 0 & 0 & 0 & 0 \\ 0 & 0 & 0 & 0 & p_1 AF_{LL}^1 & 0 & 0 & p_1 AF_{LK}^1 & 0 & 0 & 0 & 0 \\ 0 & 0 & 0 & \varepsilon_2 E^{\varepsilon_2-1} F_L^2 \theta A & 0 & E^{\varepsilon_2} F_{LL}^2 \theta^2 A^2 & 0 & 0 & E^{\varepsilon_2} F_{LK}^2 \theta A & -1 & 0 & 0 \\ 0 & 0 & 0 & \varepsilon_3 E^{\varepsilon_3-1} F_L^3 & 0 & 0 & E^{\varepsilon_3} F_{LL}^3 & 0 & 0 & -1 & 0 & 0 \\ 0 & 0 & 0 & 0 & 1+\mu & 1 & 1 & 0 & 0 & 0 & 0 & L_1 \\ 0 & 0 & 0 & 0 & \overline{w} & w_3 & w_3 & 0 & 0 & -(1+\mu)L_1 & 0 & 0 \\ 0 & 0 & 0 & 0 & p_1 AF_{KL}^1 & 0 & 0 & p_1 AF_{KK}^1 & 0 & 0 & -1 & 0 \\ 0 & 0 & 0 & \varepsilon_2 E^{\varepsilon_2-1} F_K^2 & 0 & E^{\varepsilon_2} F_{KL}^2 \theta A & 0 & 0 & E^{\varepsilon_2} F_{KK}^2 & 0 & -1 & 0 \\ 0 & 0 & 0 & 0 & 0 & 0 & 0 & 1 & 1 & 0 & 0 & 0 \end{bmatrix} \begin{bmatrix} dY_1 \\ dY_2 \\ dY_3 \\ dE \\ dL_1 \\ dL_2 \\ dL_3 \\ dK_1 \\ dK_2 \\ dw_3 \\ dr \\ d\mu \end{bmatrix}$$

$$=\begin{bmatrix} F^1 \\ E^{\varepsilon_2}F_L^2\theta L_2 \\ 0 \\ -\lambda F^1 \\ -p_1F_L^1 \\ -E^{\varepsilon_2}F_L^2\theta - E^{\varepsilon_2}F_{LL}^2\theta^2 AL_2 \\ 0 \\ 0 \\ 0 \\ -p_1F_K^1 \\ -E^{\varepsilon_2}F_{KL}^2\theta L_2 \\ 0 \end{bmatrix}\mathrm{d}A + \begin{bmatrix} 0 \\ E^{\varepsilon_2}F_L^2 AL_2 \\ 0 \\ 0 \\ 0 \\ -E^{\varepsilon_2}F_L^2 A - E^{\varepsilon_2}F_{LL}^2\theta A^2 L_2 \\ 0 \\ 0 \\ 0 \\ 0 \\ -E^{\varepsilon_2}F_{KL}^2 AL_2 \\ 0 \end{bmatrix}\mathrm{d}\theta \qquad (9-19)$$

令 Δ_2 为(9-19)式矩阵的行列式，可以得到：

$$\Delta_2 = -\lambda p_1 A^2 F_{LK}^1 F^1 w_3 E^{\varepsilon_2} F_{LL}^3 \varepsilon_2 E^{\varepsilon_2-1}[F_K^2 + (1+\mu)L_1\theta AF_{KL}^2] +$$

$$\lambda p_1 A^2 F_{LK}^1 F^1 [w_3 - (1+\mu)L_1 E^{\varepsilon_2} F_{LL}^3]\varepsilon_2 E^{2\varepsilon_2-1}\theta AF_{KL}^2 \frac{K_2 F_K^2}{L_2} +$$

$$\frac{\lambda p_1 A^2 F_{LK}^1 F^1}{E}E^{\varepsilon_2}F_{KL}^2\theta Aw_3^2(\varepsilon_2-\varepsilon_3) + L_1 p_1 AF_{LK}^1 E^{\varepsilon_2} F_{LL}^3 E^{\varepsilon_2}F_{KL}^2 A\left(\frac{K_1 L_2}{L_1 K_2}w_3 - \overline{w}\right)$$

为简化运算，本节对以下各式简化表示如下：$M_2 = w_3 - (1+\mu)L_1 E^{\varepsilon_2} F_{LL}^3 > 0$，$N_2 = \lambda p_1 A^2 F_{LK}^1 F^1 > 0$，$Z_2 = E^{\varepsilon_2}\theta AF_{KL}^2 > 0$。同时，为了判断 Δ_2 符号，需要做出如下假设：

假设 3：$\dfrac{rK_2}{w_3 L_2} > \dfrac{rK_1}{\overline{w}_1 L_1}$。

本节分析都将基于该假设条件展开。令 $G = \overline{w}_1 L_1 K_2 - w_3 L_2 K_1$，根据假设 3 可知 $G > 0$。化简得到：

$$\Delta_2 = -N_2 w_3 E^{\varepsilon_2} F_{LL}^3 \varepsilon_2 E^{\varepsilon_2-1}[F_K^2 + (1+\mu)L_1\theta AF_{KL}^2] + M_2 N_2 Z_2 \varepsilon_2 E^{\varepsilon_2-1}\frac{K_2 F_K^2}{L_2} +$$

$$\frac{N_2 Z_2}{E} w_3^2 (\varepsilon_2 - \varepsilon_3) + L_1 p_1 A F_{LK}^1 E^{\varepsilon_3} F_{LL}^3 E^{\varepsilon_2} F_{KL}^2 \theta A \frac{G}{L_1 K_2} > 0$$

1. 长期中一体化参数的环境效果

根据Gramer法则解(9-19)式,可以将长期中一体化参数 θ 的环境效果 dE 表示为如下等式:

$$dE = \underbrace{\frac{-M_2 H^*}{\Delta_2} E^{\varepsilon_3} F_L^2 A d\theta}_{(3-1)} + \underbrace{\frac{-M_2 H^*}{\Delta_2} E^{\varepsilon_3} F_{LL}^2 \theta A^2 L_2 p d\theta}_{(3-2)} +$$

$$\underbrace{\frac{M_2 I^* + N_2 w_3 E^{\varepsilon_3} F_{LL}^3}{\Delta_2} E^{\varepsilon_3} F_{KL}^2 A L_2 d\theta}_{(3-3)}$$

$$= -\frac{M_2 N_2 Z_2}{\Delta_2 \theta} E^{\varepsilon_3} F_L^2 A d\theta + \frac{N_2 Z_2 w_3 E^{\varepsilon_3} F_{LL}^3}{\Delta_2 \theta} L_2 d\theta$$

$$= -\frac{M_1 N_2}{\Delta_2} E^{\varepsilon_3} F_{KL}^2 A w_3 d\theta$$

上式中,(3-1)表示现代农业部门劳动力流出的环境负效应,(3-2)表示现代农业部门劳动力规模化的环境正效应,(3-3)表示现代农业部门劳动力替代资本的环境负效应。其中有 $H^* = N_2 E^{\varepsilon_3} F_{KL}^2 \theta A = N_2 Z_2 > 0, I^* = N_2 E^{\varepsilon_3} F_{LL}^2 \theta^2 A^2 < 0$。(3-3)表示的现代农业部门劳动力替代资本的环境负效应大于(3-2)表示的劳动力规模化的环境正效应,再结合(3-1)中现代农业部门劳动力流出的环境负效应,可得长期中一体化参数 θ 对环境产生负效应,即一体化参数 θ 的增加会使得环境恶化,该结果与短期中相同,具体如下式所示:

$$\frac{dE}{d\theta} = -\frac{M_1 N_2}{\Delta_2} E^{\varepsilon_3} F_{KL}^2 A w_3 < 0 \qquad (9-20)$$

为了进一步分析长期中一体化参数 θ 对环境产生负效应的具体影响机制,同理计算出一体化参数 θ 对经济中其他内生变量的影响效果,如表9-3所示。

表 9-3 长期中一体化参数的影响效果

变量	dE	dL_1	dL_2	dL_3	dK_1	dK_2	dw_3	dr	$d\mu$	dY_1	dY_2	dY_3
$d\theta$	−	+	−[4]	−	+	−	−	0	/	+	−[4]	−

注:"+"表示一体化参数 θ 的增加使得对应的内生变量产生相同方向的变化;"−"则表示产生相反方向的变化;"/"表示内生变量的变化方向不能确定;上角标"[4]"表示,在假设 4 条件成立情况下,对应的内生变量变化方向才能成立,下文中的标记同理;详细计算结果在附录中展示。

为判断 dL_2 和 dY_2 产生变化的方向,需要增加如下假设:

假设 4:$\varepsilon_3 \overline{E}/E < \overline{w}_1 L_1 T^*/K_2$,其中 $T^* = -F_{LL}^1/F_L^1$,设定该条件成立。

根据表 9-3 可知,与短期中产生的环境影响类似,当一体化参数 θ 增加时,单位劳动力生产效率提升使得现代农业部门对雇佣劳动力数量 L_2 的需求减少,同时,一体化参数 θ 增加使得农村部门雇佣劳动力工资 w_3 下降,因此农村部门劳动力流向城市部门,即农村部门雇佣劳动力数量 L_2 和 L_3 减少,城市部门雇佣劳动力数量 L_1 增加。另一方面,一体化参数 θ 增加引起现代农业部门中劳动力要素替代资本要素,资本要素也由现代农业部门流向城市部门,即现代农业部门资本投资数量 K_2 减少,城市部门资本投资数量 K_1 增加。劳动力、资本两种生产要素的流入使得城市部门产出 Y_1 增加,导致环境质量水平 E 下降。长期中一体化参数 θ 增加,引起的劳动力和资本两种生产要素从农村部门流向城市部门,最终导致环境恶化,即为上文中(3-1)所表示的现代农业部门劳动力流出的环境负效应和(3-3)所表示的现代农业部门劳动力替代资本的环境负效应。

图 9-5 中,第一和第四象限展示了一体化参数 θ 的变化如何影响传统农业部门雇佣劳动力数量,第二和第三象限展示了一体化参数 θ 的变化如何影响城市部门资本投资数量。首先,根据式(9-3),一体化参数 θ 由 θ^* 位置提升至 θ^{**} 位置将使现代农业部门雇佣劳动力数量 L_2 由 L_2^* 位置左移至 L_2^{**} 位置;根据式(9-7″)和(9-14″)有线 LL_{30},农业技术进步使得雇佣劳动力工资 w_3 下降,故直线由 LL_{30} 位置向左下方平移至 LL_{31} 位置,因此传统农业部门雇佣劳动力数量 L_3 减少,由 L_3^* 位置下降到 L_3^{**} 位置。然后分析一体化参数 θ 增加对资本要素配置的影响,根据式(9-3),θ 与现代农业部门资本投资数量 K_2 负相关,可由 θK 线表示,农业技术进步使得现代农

业部门资本投资数量 K_2 减少,由 K_2^* 位置右移至 K_2^{**} 位置;然后,根据式(9-11″)有线 KK,K_2 减少使得城市部门资本投资数量 K_1 增加,由 K_1^* 位置上升至 K_1^{**} 位置。

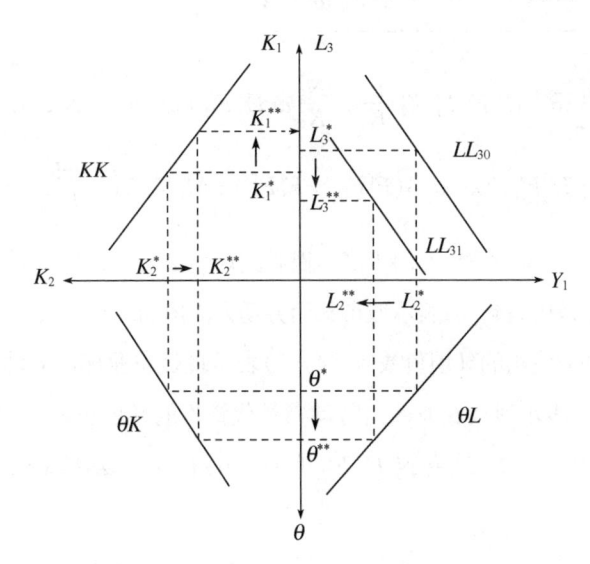

图 9-5　长期中一体化参数对劳动力和资本要素配置的影响机制

综合上述结果,可以归纳得到如下命题 3:

命题 3:长期中,一体化参数 θ 的提升使得劳动力要素由农村部门流向城市部门、资本要素由现代农业部门流向城市部门,即 L_2、L_3 和 K_2 减少、L_1 和 K_1 增加,L_1 和 K_1 增加共同提升了城市部门产出 Y_1,使得环境质量水平 E 下降。

2. 长期中技术进步参数的环境效果

接下来,要分析长期中技术进步参数 A 的环境影响。同理,根据 Gramer 法则解 (9-19)式,可以将长期中技术进步参数 A 的环境效果 dE 表示为如下等式:

$$dE = \underbrace{\frac{M_2 N_2 Z_2 G E^{\varepsilon_3} F_{LL}^3}{\Delta_2 K_2} dA}_{(4\text{-}1)} + \underbrace{\frac{M_2 I^* - N_2 w_3 E^{\varepsilon_3} F_{LL}^3}{\Delta_2} p_1 F_K^1 dA}_{(4\text{-}2)} +$$

$$\underbrace{\frac{-L_1 (M_2 N_2 E^{\varepsilon_3} F_{LL}^2 \theta^2 A^2 + N_2 w_3 E^{\varepsilon_3} F_{LL}^3 + J^*)}{\Delta_2 K_1} p_1 F_L^1 dA}_{(4\text{-}3)} +$$

$$\underbrace{\frac{-M_2 H^*}{\Delta_2} E^{\varepsilon_3} F_L^2 \theta \mathrm{d}A}_{(4-4)} + \underbrace{\frac{M_2 H^*}{\Delta_2} E^{\varepsilon_3} F_{LL}^2 \theta^2 AL_2 \mathrm{d}A}_{(4-5)} +$$

$$\underbrace{\frac{-M_2 I^* + N_2 w_3 E^{\varepsilon_3} F_{LL}^3}{\Delta_2} E^{\varepsilon_3} F_{KL}^2 \theta L_2 \mathrm{d}A}_{(4-6)}$$

$$= \frac{L_1 \mathrm{d}A}{\Delta_2} \Big[\overline{w} w_3 \lambda F_L^1 E^{\varepsilon_3} F_{LL}^3 \frac{L_2}{K_2} Z_2 - \frac{N_2}{K_1} w_3 E^{\varepsilon_3} F_{LL}^3 (\overline{w}+r) + N_2 Z_2 E^{\varepsilon_3} F_{LL}^3 \frac{w_3 L_2}{L_1} \Big(1 - \frac{K_1}{K_2}\Big) + E^{\varepsilon_3} F_{LL}^3 Z_2 \lambda \overline{w} p_1 A(F^1 F_{LK}^1 - F_L^1 F_K^1) + M_2 N_2 Z_2 \Big(-\frac{rK_2}{L_1 L_2} - \frac{G}{L_1 K_1 L_2}\Big) \Big]$$

上式中,(4-1)表示城市部门生产力提升的环境负效应,(4-2)表示城市部门资本流出的环境正效应,(4-3)表示城市部门劳动力流出的环境正效应,(4-4)表示现代农业部门劳动力流出的环境负效应,(4-5)表示现代农业部门劳动力规模化的环境负效应,(4-6)表示现代农业部门劳动力替代资本的环境正效应。其中有 $H^* = N_2 E^{\varepsilon_3} F_{KL}^2 \theta A = N_2 Z_2 > 0$, $I^* = N_1 E^{\varepsilon_3} F_{LL}^2 \theta^2 A^2 < 0$, $J^* = -Z_2 K_1 \lambda A E^{\varepsilon_3} F_{LL}^3 (\overline{w}_1 F_K^1 + L_2 w_3 F_L^1 / K_2) > 0$。

计算可得式(9-21):

$$\frac{\mathrm{d}E}{\mathrm{d}A} = \frac{L_1}{\Delta_2} \Big[-\overline{w} w_3 \lambda F_L^1 E^{\varepsilon_3} F_{LL}^3 \frac{L_2 Z_2}{K_2} - \frac{N_2}{K_1} w_3 E^{\varepsilon_3} F_{LL}^3 (\overline{w}+r) +$$

$$\frac{M_2 N_2 Z_2 (rK_1 K_2 + G)}{L_1 L_2} - E^{\varepsilon_3} F_{LL}^3 Z_2 \lambda \overline{w} p_1 A(F_L^1 F_K^1 - F^1 F_{LK}^1) -$$

$$N_2 Z_2 E^{\varepsilon_3} F_{LL}^3 \frac{w_3 L_2 (K_1 - K_2)}{L_1 K_2} \Big] > 0 \qquad (9-21)$$

计算可知,(4-5)所表示的现代农业部门劳动力规模化的环境负效应小于(4-6)所表示的现代农业部门劳动力替代资本的环境正效应;(4-2)与(4-3)所表示城市部门劳动力、资本流出的环境正效应之和,大于(4-1)所表示城市部门生产能力提升与(4-4)所表示现代农业部门劳动力流出的环境负效应之和,因此可得长期中技术进步参数 A 对环境产生正效应,即技术进步参数 A 的提升可以使得环境质量水平改善。

为了进一步分析长期中技术进步参数 A 产生环境正效应的具体机制,同理计算

出技术进步参数 A 对经济中其他内生变量的影响效果,如表9-4所示。

表9-4　长期中技术进步参数的影响效果

变量	dE	dL_1	dL_2	dL_3	dK_1	dK_2	dw_3	dr	$d\mu$	dY_1	dY_2	dY_3
dA	+	−	+[5][6]	/	−[5]	+[5]	/	+[6]	/	−	+[5][6]	/

注:"+"表示技术进步参数的增加使得对应的内生变量产生相同方向的变化;"−"则表示产生相反方向的变化;"/"表示内生变量的变化方向不能确定;上角标"[5]"等表示,在相应假设条件成立情况下,对应的内生变量变化方向才能成立;详细计算结果在附录中展示。

为判断 dL_2、dK_1、dK_2、dr 和 dY_2 产生变化的方向,需要增加如下两个假设:

假设5:$w_3 L_2 < \overline{w}_1 / T^*$,**假设6**:$\dfrac{K_1^2}{w_3 L_1^{\,2}} < \dfrac{K_2}{w_3 L_2}$,要求经济体中的生产要素配置满足以上两个条件。

前文中已经提到,技术进步参数 A 对环境产生影响的传导路径有两条,其一通过现代农业部门发生作用,即(4-4)所表示的现代农业部门劳动力流出的环境负效应、(4-5)所表示的劳动力规模化的环境负效应以及(4-6)所表示的劳动力替代资本的环境正效应;其二通过城市部门发生作用,即(4-2)和(4-3)所表示的城市部门劳动力、资本流出的环境正效应,一般而言,第二条路径的影响作用更强。除此之外,技术进步参数 A 的增加还能够直接增加城市部门产出,导致环境恶化,即上文中(4-1)所表示的城市部门生产力提升的环境负效应。

根据表9-4可知,第一,技术进步参数 A 增加对城市部门劳动力的替代效应强于现代农业部门,同时,现代农业部门中劳动力替代资本的环境正效应大于劳动力规模化的环境负效应,在以上效应的共同作用下,劳动力要素由城市部门流向现代农业部门,即现代农业部门雇佣劳动力数量 L_2 增加、城市部门雇佣劳动力数量 L_1 减少;第二,资本的流动情况需要由资本的投资收益率 r 决定,当技术进步参数 A 增加时,资本的投资收益率 r 上升,资本倾向于投资风险更大但发展前景更为广阔的现代农业部门,以取得较高的长期收益,因此资本也由城市部门流向现代农业部门,现代农业部门资本投资数量 K_2 增加、城市部门资本投资数量 K_1 减少;第三,技术进步参数 A 带来产出水平的增加小于劳动力要素 L_1 和资本要素 K_1 流失引起的产出水平下降,综合以上可知,长期中,技术进步参数 A 增加将挤出城市部门的生产要素,雇佣劳动力数量 L_1、资本投资数量 K_1 都减少,使得城市部门产出 Y_1 下降,环境质量水平 E 提升。

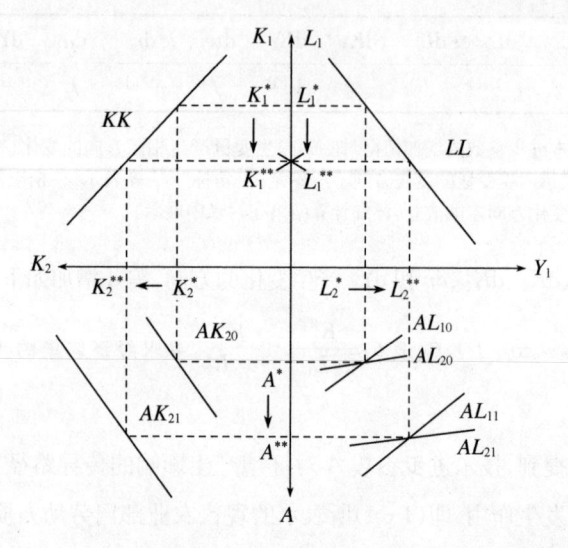

图 9-6　长期中技术进步参数对城市部门生产要素的影响机制

图 9-6 将技术进步参数 A 增加对城市部门生产要素的替代效应更直观地表现出来。首先分析技术进步参数 A 增加对劳动力要素配置的影响,根据式(9-1)和(9-3),技术进步参数 A 与城市部门、现代农业部门雇佣劳动力数量 L_1、L_2 负相关,可由 AL_{10}、AL_{20} 线表示,均衡由这两条直线的交点决定,技术进步意味着参数 A 从 A^* 位置提升至 A^{**} 位置,由于长期中现代农业部门的雇佣劳动力工资具有弹性,故两条直线向右下方平移至 AL_{11}、AL_{21} 位置,均衡点由 L_2^* 位置右移至 L_2^{**} 位置,现代农业部门雇佣劳动力数量 L_2 增加;进而 L_1^* 同时下降到 L_1^{**} 位置,城市部门雇佣劳动力数量 L_1 减少。其次分析技术进步参数 A 增加对资本要素配置的影响,根据式(9-1)和(9-11′),A 与现代农业部门资本投资数量 K_2 负相关,可由 AK_{20} 线表示,技术进步使得资本的投资收益率 r 上升,资本在长期中倾向于投资现代农业部门,故直线由 AK_{20} 位置向左下方平移至 AK_{21} 位置,均衡点由 K_2^* 位置左移至 K_2^{**} 位置,现代农业部门资本投资数量 K_2 增加;进而根据式(9-11″)有线 KK,K_2 增加使得城市

部门资本投资数量 K_1 减少，均衡点的转移使得 K_1^* 同时下降到 K_1^{**} 位置。

综合上述结果，可以归纳得到如下命题 4：

命题 4：长期中，技术进步参数 A 的提升推动劳动力和资本两个要素由城市部门流向现代农业部门，即 L_1 和 K_1 减少，L_2 和 K_2 增加，L_1 和 K_1 流出带来的产出损失大于生产力提升带来的产出收益，最终导致城市部门产出 Y_1 下降，从而提升环境质量水平 E。

由命题 3 和命题 4 可知，在现代农业发展的普及阶段，一体化参数 θ 增加会使得生产要素在城市部门聚集，导致环境的恶化，而技术进步参数 A 增加，将引导生产要素流向现代农业部门，既促进了现代农业部门的蓬勃发展又能够使环境水平得以改善。

综合命题 1 至命题 4 可知，一体化参数 θ 提升往往引起生产要素流向城市部门，导致环境进一步恶化，农业技术进步只能抵御环境污染对产出的不利影响。而技术进步参数 A 提升对城市部门生产要素有更强的替代效应，推动要素在现代农业部门聚集，同时改善环境，进一步提升现代农业部门产出，助推现代农业部门发展。

可以看到，经济发展中的环境污染问题严峻且复杂，单纯的现代农业部门技术进步并不能改善资源的配置情况、改善经济中的环境质量水平，只有促进整体技术进步，全面推进经济中的产业升级和产业结构调整，才能改变资源配置不均衡的情况，引导生产要素高效且"洁净"地发挥作用，从而提升环境质量水平。

除此之外，可以进一步推断现代农业部门的发展条件：第一，农业技术进步不能单纯依靠现代农业部门的技术水平提升，更需要社会知识水平整体提升、社会制度整体发展、社会各类资源配置优化等，这些优化提升更多地反映在社会整体层面的技术水平提升上，再传导向现代农业部门；第二，农业技术进步的传导可能有一定滞后性，现代农业部门蓬勃发展的前提是城市部门产业发展成熟且要素饱和，在此基础上，技术、劳动力、资本等要素才能更多地配置到现代农业部门，农业技术进步才能引导现代农业部门的发展。

另外，基于理论模型较难计算两个代表农业技术进步参数同时变化对环境影响的叠加效应，较难衡量农业技术进步带来的社会整体福利水平变化情况，也较难直观地展示和比较长短期农业技术进步的环境及经济效果差异，这些缺失将在下一节中通过数值模拟的方式进行补充分析和讨论。

第三节 数值模拟分析

一、参数校准

本节将采用数值模拟的分析方法,运用我国宏观经济数据,分析代表农业技术进步的外生政策变量 θ 和 A 对内生变量的影响,检验上一节理论分析所得命题的数值特性,并对理论模型中较难计算的分析缺失进行补充。

采取 Cobb-Douglass 形式的生产函数,将上一节中式(9-1)、式(9-3)和式(9-4)改写成以下具体函数形式:

$$Y_1 = AL_1^{\alpha} K_1^{1-\alpha} \tag{9-22}$$

$$Y_2 = E^{\varepsilon_2}(\theta A L_2)^{\beta} K_2^{1-\beta} \tag{9-23}$$

$$Y_3 = E^{\varepsilon_3} L_3^{\gamma} \tag{9-24}$$

其中,外生参数 $\alpha、\beta、\gamma$ 分别表示对应生产要素的产出弹性,且满足 $0<\alpha,\beta,\gamma<1$。

本节以 2018 年《中国统计年鉴》中的宏观经济数据作为数值模拟的基准数据,进行参数校准。首先,以城镇单位就业人员平均工资[1]表示城市部门雇佣劳动力工资 $\overline{w}_1 = 743.18$ 百元[2],以第二、三产业的就业人数之和 566.96 百万人表示城市部门雇佣劳动力数量 L_1,第二、三产业的增加值之和 7 699.364 百亿元表示城市部门总产值 $Q_1 = p_1 Y_1$,可以计算出城市部门劳动力要素产出弹性参数 $\alpha = 0.547\ 257$、资本要素产出弹性参数 $1-\alpha = 0.452\ 743$;以中国人民银行公布的 2017 年五年以上贷款基准利率上浮两个点[3]表示资本的投资收益率 $r = 6.9\%$,城市部门资本投资数量 $K_1 =$

---

[1] 根据统计年鉴中的说明,城镇单位就业人员包括国有单位、城镇集体单位、其他单位就业人员等,该平均工资运用各类就业人员的平均工资按各类就业人员的就业人数为权重估算。

[2] 为了更好地呈现数值模拟结果,本节数量单位为百、百万、百亿。

[3] 2017 年五年以上贷款基准利率为 4.9%,而现实中企业贷款利率一般略高于基准利率,农业贷款利率一般也较高,因此考虑上浮两个点进行数值模拟。

505.192 851 百万元。

关于农业技术进步相关参数的初始值设定,本节参考了科技部在全国科技工作会议上的报告,2017 年我国科技进步贡献率达 57.5%,赋值技术进步参数 $A=1.575$;参考周京奎(2019)一文中生产率对农业劳动力要素的平均贡献率约为 24.51%,赋值现代农业部门的农业技术进步 $\theta A=1.245$,可得 $\theta=0.79$。根据上文中提及的参数,可计算城市部门总产出 $Y_1=847.53$ 百亿元和产品价格 $p_1=9.084\,523$ 元。

根据统计年鉴,可得第一产业的就业人数为 209.44 百万人、增加值为 654.676 0 百亿元、农村居民人均可支配收入为 134.32 百元,分别表示农村部门的总产值 $(Q_2+Q_3=p_2Y_2+p_3Y_3)$、总就业人数 (L_2+L_3)、平均工资 $(\frac{w_2+w_3}{2})$;以城镇登记失业人数表示失业劳动力数量 $L_u=9.72$ 百万人,加总各产业就业人数和失业人数得到劳动力禀赋 $\overline{L}=786.12$ 百万人。

为推算农村部门中现代农业部门和传统农业部门可能的分布情况,本章参考了较为权威的蒋和平等(2005)、辛岭和蒋和平(2010)测算的各省市农业现代化综合发展指数,以农业现代化发展水平较高的八省(市)北京、上海、浙江、福建、天津、江苏、广东、山东代表现代农业部门,全国其他省(市)代表传统农业部门。以八省(市)的第一产业就业人数表示现代农业部门雇佣劳动力数量 $L_2=52.260\,9$ 百万人,第一产业增加值 170.385 2 百亿元表示现代农业部门总产值 $Q_2=p_2Y_2$,农村居民人均可支配收入表示现代农业部门雇佣劳动力工资 $w_2=171.608\,1$ 百元,可以计算出现代农业部门劳动力要素产出弹性参数 $\beta=0.526\,36$、资本要素产出弹性参数 $1-\beta=0.473\,64$,资本投资数量 $K_2=11.695\,843$ 百万元。以其他省(市)的第一产业就业人数表示传统农业部门雇佣劳动力数量 $L_3=157.179\,1$ 百万人,第一产业增加值 484.290 8 百亿元表示传统农业部门总产值 $Q_3=p_3Y_3$,农村居民人均可支配收入表示传统农业部门雇佣劳动力工资 $w_3=121.922\,0$ 百元,传统部门劳动力要素产出弹性参数 $\gamma=0.395\,704$。

为计算污染参数 λ,本章参考了生态环境部发布的《2017 年第二次全国污染源普查公报》中统计的工业源污染物排放量,如表 9-5 所示。加总计算得到城市部门工业生产污染物排放总量 $\lambda Y_1 = 31.987$ 百万吨,根据其与城市部门总产出之比,算得污染系数 $\lambda = 0.0000415$,同时算得当前环境质量水平 $E = 0.9648277$。

表 9-5 环境污染物总量

	工业污染物	排放量/百万吨
大气污染物	二氧化硫	5.290 8
	氮氧化物	6.459
	颗粒物	12.705
	挥发性有机物	4.816 6
水污染物	化学需氧量	0.909 6
	氨氮	0.044 5
	总氮	0.155 7
	总磷	0.007 9
	石油类	0.007 7
	发酚	0.000 244 1
	氰化物	0.000 005 473
	重金属	0.000 176 4
固体废物	一般工业物体废物倾倒丢弃量	1.589 8
	总计	31.987 025 973

数据来源:2017 年第二次全国污染源普查公报。

为计算现代农业部门和传统农业部门生产的环境(污染)外部性参数 ε_2、ε_3,本章参考了 2007 年世界银行《中国污染损失》报告,如表 9-6 所示。根据两个农业部门总产值与农业污染总损失之比,得到 $E_2^* = 0.983619$、$E_3^* = 0.976873$,环境(污染)外部性参数 $\varepsilon_2 = 0.461285$、$\varepsilon_3 = 0.653488$。进一步计算出现代农业部门总产出 $Y_2 = 28.380774$ 百亿元、产品价格 $p_2 = 6.003543$ 元。

表 9-6　农村部门污染总损失

	现代农业部门/百亿元	传统农业部门/百亿元
水污染造成农业损失	0.276 50	0.391 29
空气污染造成农业损失	0.619 05	2.382 07
环境污染的农业总损失	0.895 55	2.773 36
当年第一产业产值	53.774 20	117.146 80
污染损失占比	1.665 38%	2.367 42%
2017 年第一产业产值	170.385 20	484.290 80
预测 2017 年环境污染的农业总损失	2.837 56	11.465 21

数据来源：世界银行《中国污染损失》报告、中国统计年鉴。

本章的理论模型设定传统农业部门仅有劳动力一个生产要素投入，为更好地贴近现实情况，数值模拟中考虑外生土地要素的影响，采用前文中划分现代农业部门和传统农业部门的方法，计算出代表传统农业部门省（市）的年末耕地面积①为 100.912 2 百万公顷，得到传统农业部门产出的影响系数 $a=16.254\,543$，进而计算出传统农业部门总产出 $Y_3=117.472\,307$ 亿元、产品价格 $p_3=4.122\,595$ 元。

实际中我国现代农业发展正处于由初始阶段向普及阶段过渡的时期，因此该部门工资比城市部门低、比传统农业部门高。为了更好地考虑现实情况，在短期模拟中加入现代农业部门工资的影响系数 $b_1=\overline{w}_1/w_2\approx4.33$，在长期模拟中加入影响系数 $b_2=w_2/w_3\approx1.41$。同样的，现阶段我国现代农业部门产出产品价格略高于传统农业部门，因此在长期模拟中加入现代农业部门产品价格的影响系数 $c=p_2/p_3\approx1.46$。

另外，理论模型中劳动力转移仅考虑了工资与失业因素，现实情况则更为复杂，根据上文所得参数值可推算转移方程的初始均衡位置，基于此，将其他可能影响劳动力转移的因素用影响系数 $d=5.611\,789$ 来表示。

汇总以上计算结果，可得参数校准值如表 9-7 所示。

---

① 部门省（市）没有统计年末耕地面积的，以总播种面积代替。

表 9-7 参数校准值表

变量名称	表示符号	校准值	单位
城市部门劳动力产出弹性参数	α	0.547 257	
城市部门资本产出弹性参数	$1-\alpha$	0.452 743	
现代农业部门劳动力产出弹性参数	β	0.526 360	
现代农业部门资本产出弹性参数	$1-\beta$	0.473 640	
传统农业部门劳动力产出弹性参数	γ	0.395 704	
现代农业部门环境外部性参数	ε_2	0.461 285	
传统农业部门环境外部性参数	ε_3	0.653 488	
城市部门工业产品价格	p_1	9.084 523	元
现代农业部门农业产品价格	p_2	6.003 543	元
传统农业部门农业产品价格	p_3	4.122 595	元
劳动力禀赋	$\overline{L}$	786.12	百万人
城市部门雇佣劳动力工资	$\overline{w}_1$	743.18	百元
资本禀赋	$\overline{K}$	516.888 694	百万元
当前环境质量水平	E	0.964 827 7	
污染系数	λ	0.000 041 5	
技术进步参数初始值	A	1.575	
一体化参数初始值	θ	0.79	

下文将基于以上参数校准结果，对短期和长期中农业技术进步的环境、经济效果进行模拟分析。

二、数值模拟

1. 短期技术进步的环境、经济效果模拟分析

在参数校准的基础上，对短期中农业技术进步的环境、经济效果进行数值模拟分析。除此之外，还对农业技术进步环境影响叠加效应以及社会整体福利水平进行分析。

(a) 一体化参数的环境、经济效果

为检验命题 1 的数值特性,在一体化参数 θ 的初始值 0.79 附近取区间范围 [0.789 95, 0.790 05],可得图 9-7 和图 9-8。根据图 9-7、9-8 可知,短期中一体化参数 θ 变化的数值模拟结果与理论研究中得到的命题 1 结论一致。

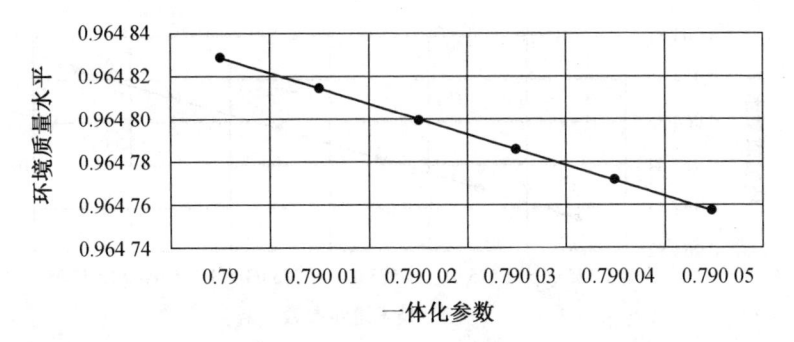

图 9-7 短期中一体化参数对环境质量水平的影响

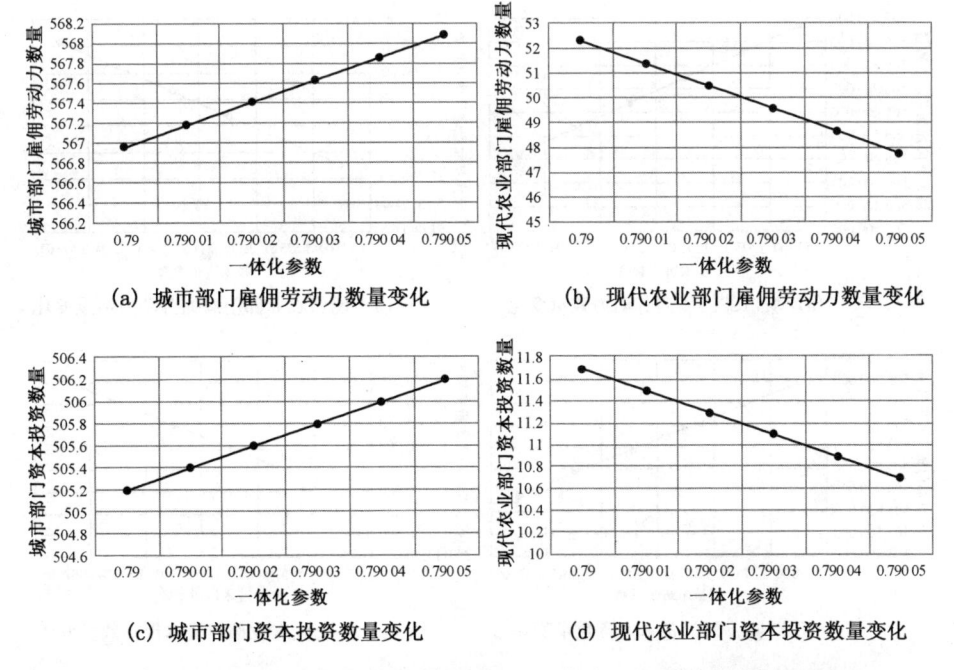

(a) 城市部门雇佣劳动力数量变化

(b) 现代农业部门雇佣劳动力数量变化

(c) 城市部门资本投资数量变化

(d) 现代农业部门资本投资数量变化

图 9-8 短期中一体化参数对城市部门、现代农业部门生产要素的影响

(b) 技术进步参数的环境、经济效果

与上文类似,在技术进步参数 A 的初始值 1.575 附近取区间范围[1.574 95, 1.575 05],可得图 9-9、图 9-10。根据图 9-9、9-10 可知,短期中技术进步参数 A 变化的数值模拟结果与理论研究中得到的命题 2 结论一致。

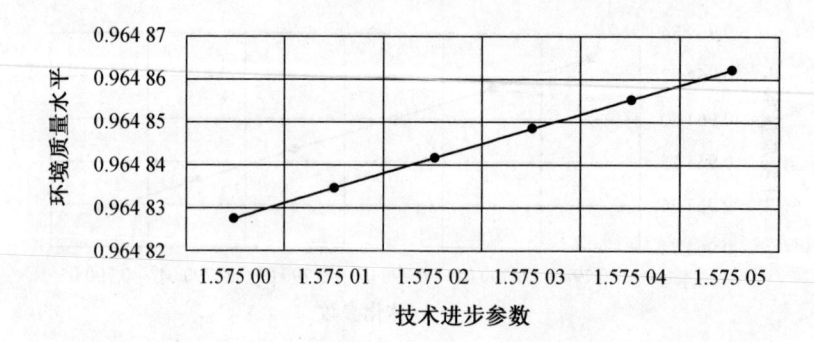

图 9-9 短期中技术进步参数对环境质量水平的影响

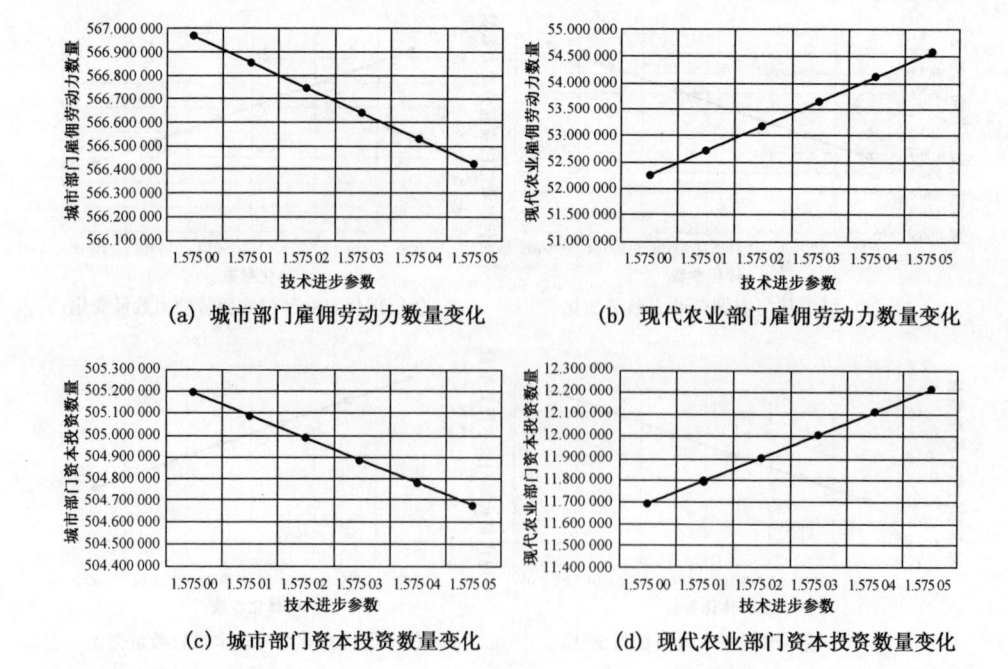

(a) 城市部门雇佣劳动力数量变化

(b) 现代农业部门雇佣劳动力数量变化

(c) 城市部门资本投资数量变化

(d) 现代农业部门资本投资数量变化

(e) 资本投资收益率变化

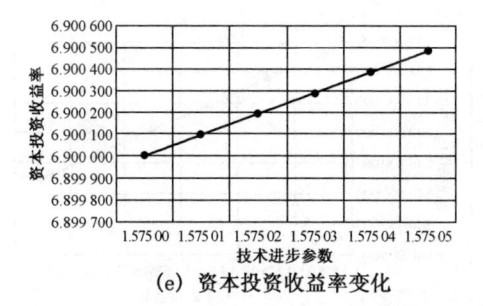

图 9-10　短期中技术进步参数对城市和现代农业部门生产要素及资本投资收益率的影响

(c) 短期中技术进步对经济整体福利的影响

经济中总福利(即总消费)等于总产出,记 Eu 为社会整体福利水平,可以得到式(9-25):

$$Eu = p_1Y_1 + p_2Y_2 + p_3Y_3 \tag{9-25}$$

绘制短期中一体化参数 θ 和技术进步参数 A 增加引起社会整体福利水平、城市部门总产出、现代农业部门总产出、传统农业部门总产出变化的趋势图 9-11、9-12。

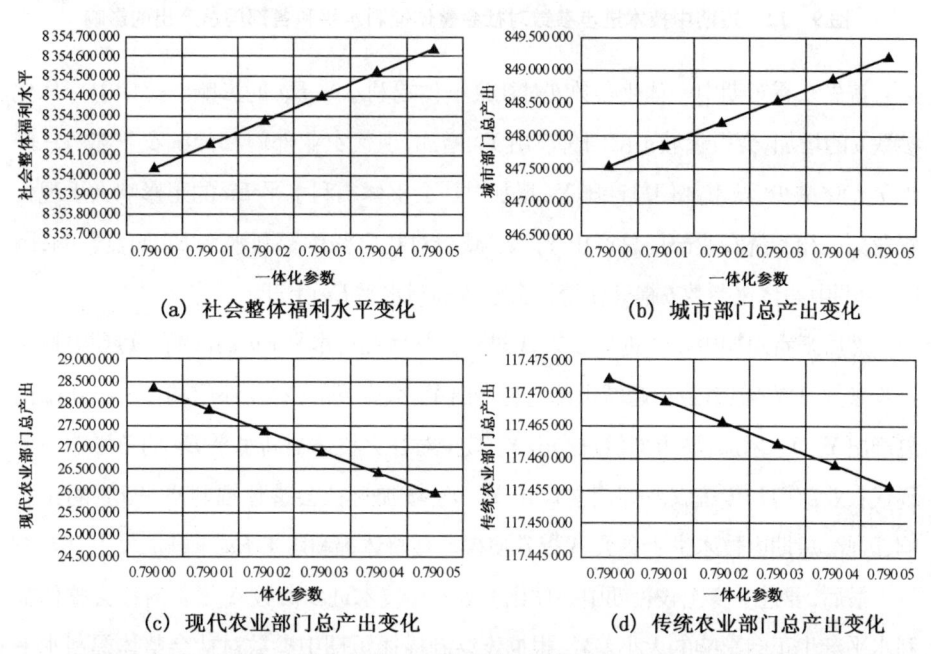

(a) 社会整体福利水平变化

(b) 城市部门总产出变化

(c) 现代农业部门总产出变化

(d) 传统农业部门总产出变化

图 9-11　短期中一体化参数对社会整体福利水平和各部门总产出的影响

(a) 社会整体福利水平变化

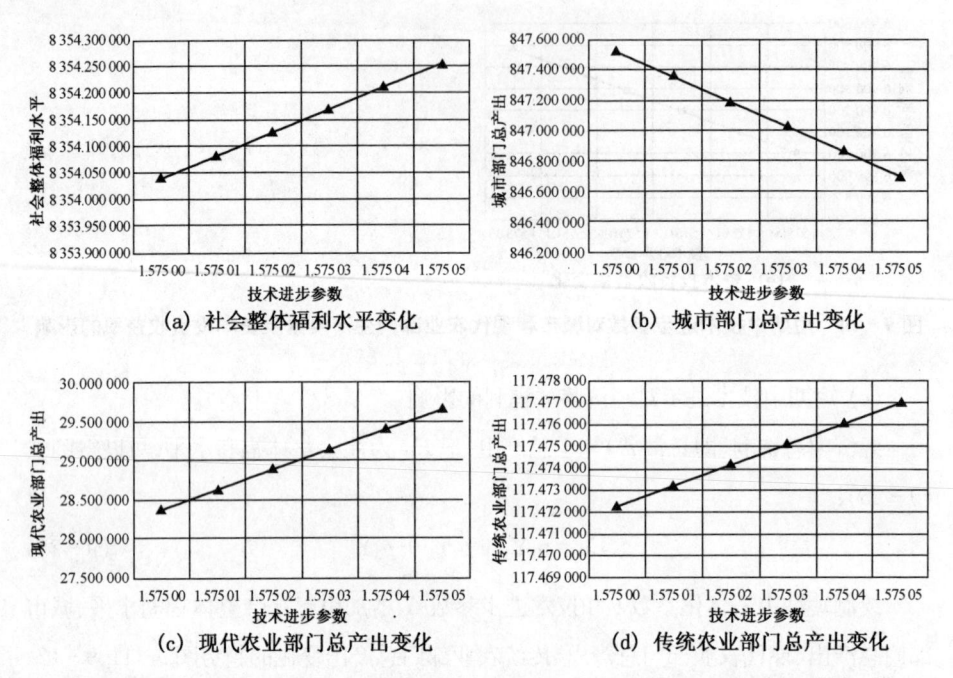

(b) 城市部门总产出变化

(c) 现代农业部门总产出变化

(d) 传统农业部门总产出变化

图 9-12　短期中技术进步参数对社会整体福利水平和各部门总产出的影响

首先来看短期中一体化参数 θ 对社会整体福利水平 Eu 的影响。短期中一体化参数 θ 的增加，会引起城市部门总产出 Y_1 增加，现代农业部门和传统农业部门总产出 Y_2、Y_3 减少，城市部门总产出 Y_1 增加对社会整体福利水平 Eu 的正影响大于现代农业部门和传统农业部门总产出 Y_2、Y_3 减少对社会整体福利水平 Eu 的负影响，因此，短期中一体化参数 θ 提升使得社会整体福利水平 Eu 上升。

然后来看短期中技术进步参数 A 对社会整体福利水平 Eu 的影响。短期中技术进步参数 A 的增加，会引起城市部门总产出 Y_1 减少，现代农业部门和传统农业部门总产出 Y_2、Y_3 增加，城市部门总产出 Y_1 减少对社会整体福利水平 Eu 的负影响小于现代农业部门和传统农业部门总产出 Y_2、Y_3 增加对社会整体福利水平 Eu 的正影响，因此，短期中技术进步参数 A 提升使得社会整体福利水平 Eu 上升。

最后，要进一步比较短期中一体化参数 θ 和技术进步参数 A 增加对社会整体福利水平产生正向影响的大小差异，根据表绘制描述短期中参数对社会整体福利水平影响比较的图9-13。图9-13直观体现了短期中参数增加相同数值的情况下,相对于技术进步参数 A,一体化参数 θ 增加引起的社会整体福利水平提升更明显。

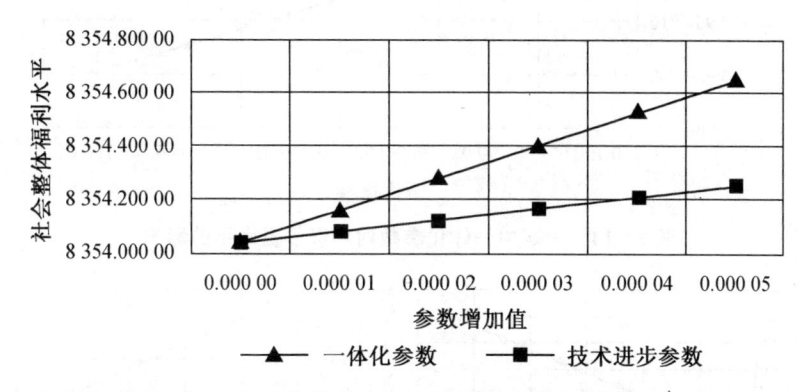

图9-13 短期中一体化参数和技术进步参数对社会整体福利水平影响的比较

综合数值模拟检验结果可知,理论分析中得到的命题1和命题2结论是可信的,即短期中一体化参数 θ 增加会使得环境质量水平 E 下降,而技术进步参数 A 增加会使得环境质量水平 E 上升;同时,短期中一体化参数 θ 增加的环境负效应略强于技术进步参数 A 增加的环境正效应,短期中一体化参数 θ 增加对社会整体福利水平的提升效果更加明显。

2. 长期技术进步的环境、经济效果模拟分析

(a) 一体化参数的环境、经济效果

不同的 θ 取值下经济中各内生变量的变化情况,得到环境质量水平变化趋势图9-14,以及分别描绘城市部门雇佣劳动力数量 L_1、城市部门资本投资数量 K_1、现代农业部门雇佣劳动力数量 L_2、现代农业部门资本投资数量 K_2、传统农业部门雇佣劳动力数量 L_3、传统农业部门雇佣劳动力工资 w_3 变化情况的图9-15。根据图9-14、9-15可知,长期中一体化参数 θ 变化的数值模拟结果与理论研究中得到的命题3结论一致。

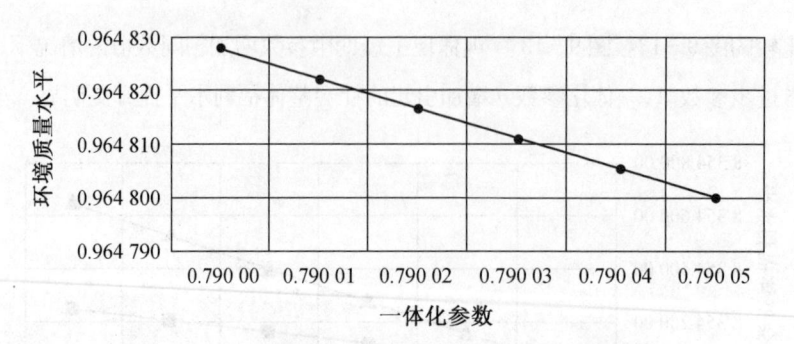

图 9‑14 长期中一体化参数对环境质量水平的影响

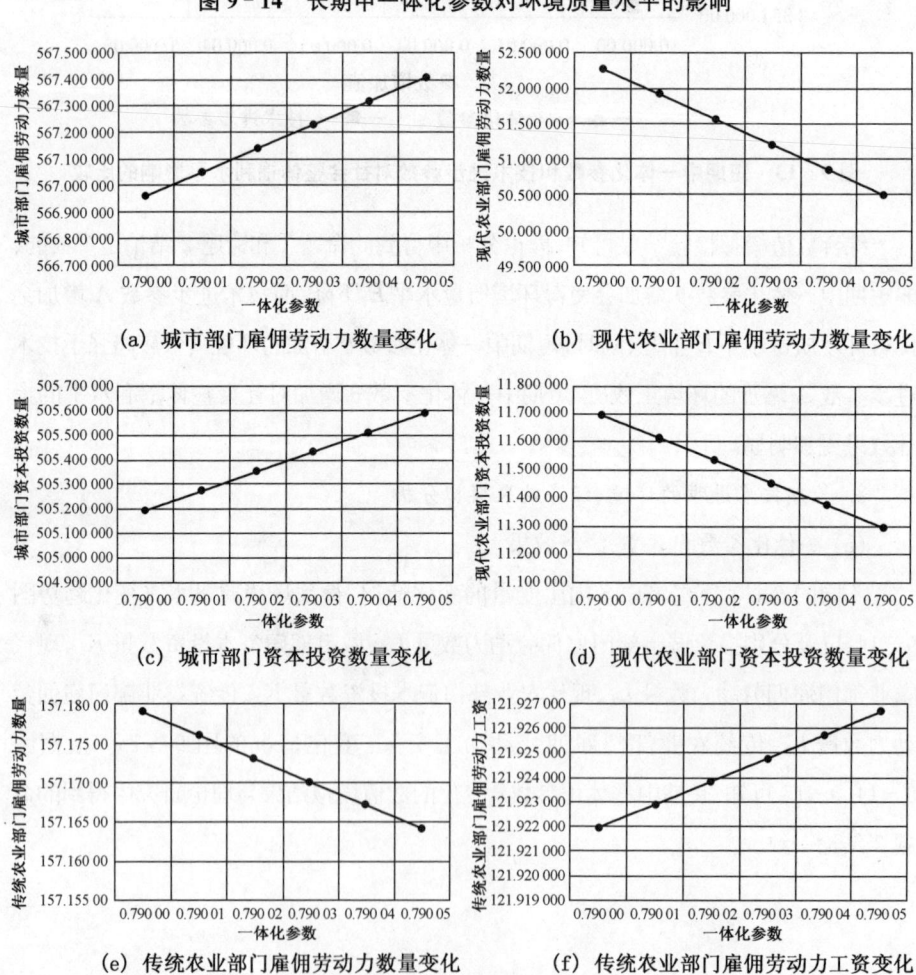

(a) 城市部门雇佣劳动力数量变化

(b) 现代农业部门雇佣劳动力数量变化

(c) 城市部门资本投资数量变化

(d) 现代农业部门资本投资数量变化

(e) 传统农业部门雇佣劳动力数量变化

(f) 传统农业部门雇佣劳动力工资变化

图 9‑15 长期中一体化参数对三部门生产要素及农村部门雇佣劳动力工资的影响

(b) 技术进步参数的环境、经济效果

在技术进步参数 A 的初始值 1.575 附近取区间范围[1.574 95,1.575 05],可得图 9-16、图 9-17。根据图 9-16、9-17 可知,长期中技术进步参数 A 变化的数值模拟结果与理论研究中得到的命题 4 结论一致。

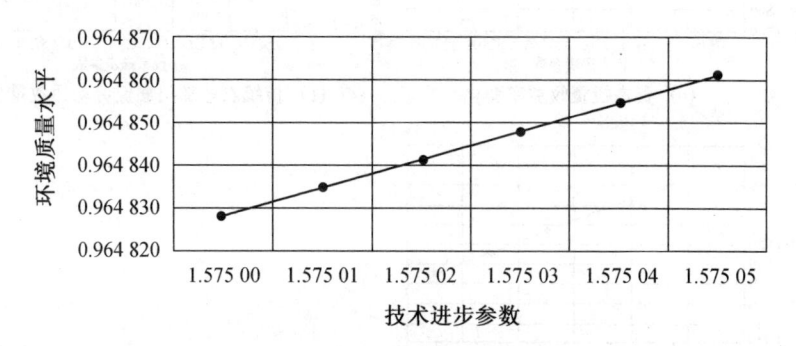

图 9-16　长期中技术进步参数对环境质量水平的影响

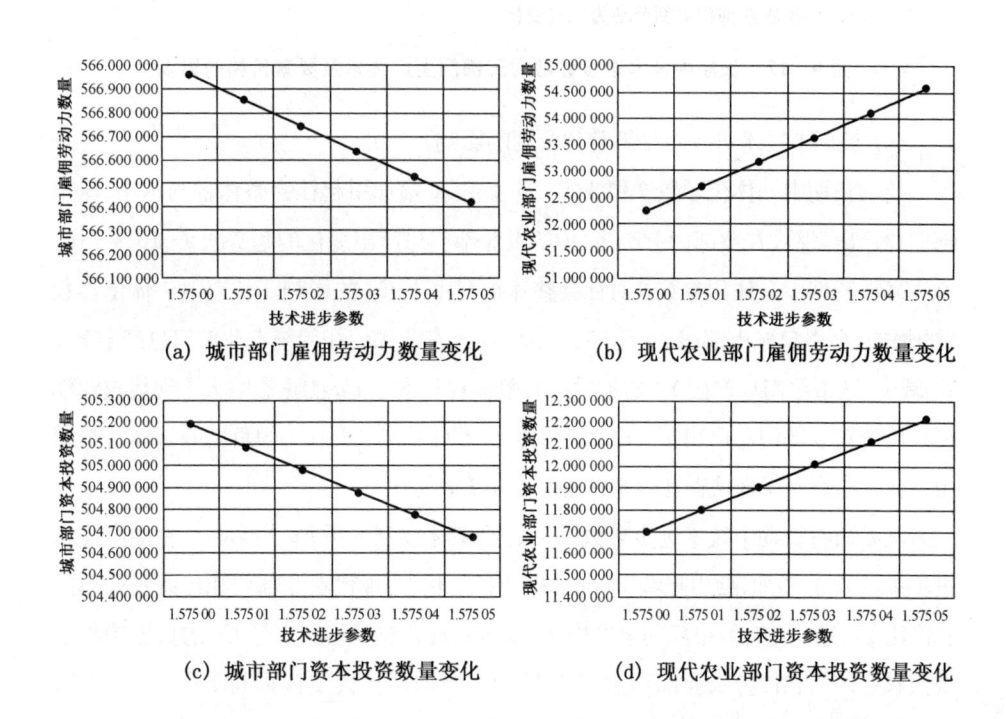

(a) 城市部门雇佣劳动力数量变化

(b) 现代农业部门雇佣劳动力数量变化

(c) 城市部门资本投资数量变化

(d) 现代农业部门资本投资数量变化

(e) 资本投资收益率变化　　　　(f) 传统农业部门雇佣劳动力数量变化

(g) 传统农业部门雇佣劳动力工资变化

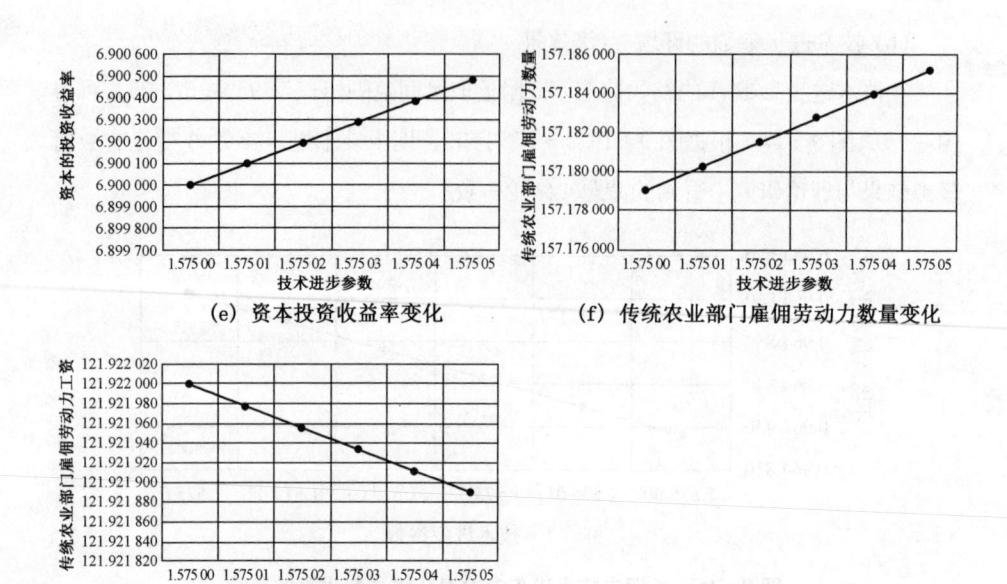

图 9-17　长期中技术进步参数对三部门生产要素及要素价格的影响

(c) 长期中技术进步对经济整体福利的影响

绘制长期中一体化参数 θ 和技术进步参数 A 增加引起社会整体福利水平、城市部门总产出、现代农业部门总产出、传统农业部门总产出变化的趋势图 9-18、9-19。首先来看长期中一体化参数 θ 对社会整体福利水平 Eu 的影响。长期中一体化参数 θ 的增加，会引起城市部门总产出 Y_1 增加，现代农业部门和传统农业部门总产出 Y_2、Y_3 减少，城市部门总产出 Y_1 增加对社会整体福利水平 Eu 的正影响大于现代农业部门和传统农业部门总产出 Y_2、Y_3 减少对社会整体福利水平 Eu 的负影响，因此，长期中一体化参数 θ 提升使得社会整体福利水平 Eu 上升。

然后来看长期中技术进步参数 A 对社会整体福利水平 Eu 的影响。长期中技术进步参数 A 的增加，会引起城市部门总产出 Y_1 减少，现代农业部门和传统农业部门总产出 Y_2、Y_3 增加，城市部门总产出 Y_1 减少对社会整体福利水平 Eu 的负影响小于现代农业部门和传统农业部门总产出 Y_2、Y_3 增加对社会整体福利水平 Eu 的正影响，因此，长期中技术进步参数 A 提升使得社会整体福利水平 Eu 上升。

第九章 二元农业视角下农业技术进步的环境影响研究

(a) 社会整体福利水平变化

(b) 城市部门总产出变化

(c) 现代农业部门总产出变化

(d) 传统农业部门总产出变化

图 9-18 长期中一体化参数对社会整体福利水平和各部门总产出的影响

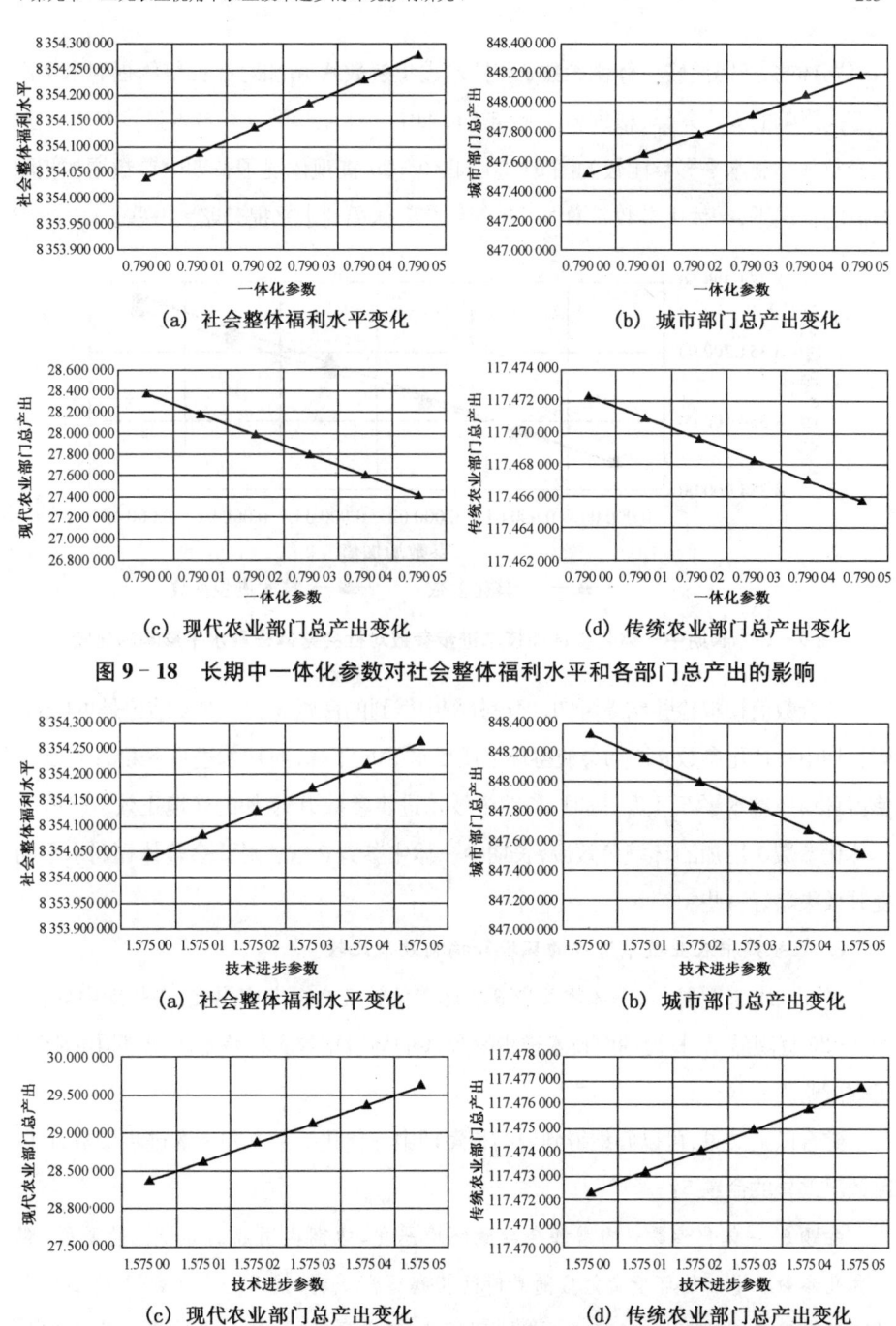

(a) 社会整体福利水平变化

(b) 城市部门总产出变化

(c) 现代农业部门总产出变化

(d) 传统农业部门总产出变化

图 9-19 长期中技术进步参数对社会整体福利水平和各部门总产出的影响

同样的,还需比较一体化参数 θ 和技术进步参数 A 增加对社会整体福利水平产生正向影响的大小差异,根据表绘制描述长期中一体化参数 θ 和技术进步参数 A 对社会整体福利水平影响比较的图 9-20。图 9-20 直观体现了长期中参数增加相同数值的情况下,一体化参数 θ 增加引起的社会整体福利水平提升略大一些。

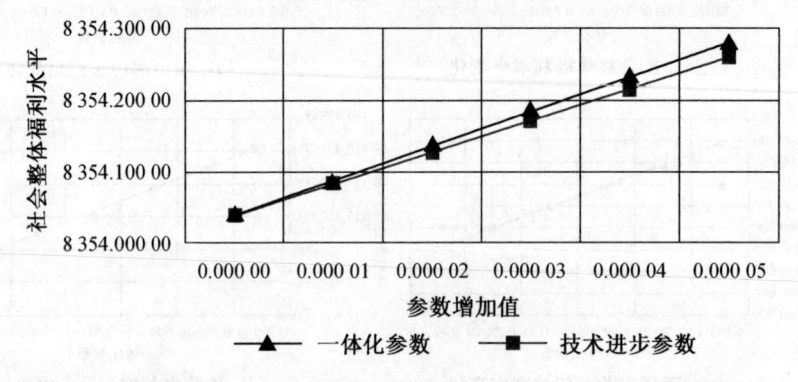

图 9-20 长期中一体化参数和技术进步参数对社会整体福利水平影响的比较

综合数值模拟检验结果可知,理论分析中得到的命题 3 和命题 4 结论是可信的,即长期中一体化参数 θ 增加会使得环境质量水平 E 下降,而技术进步参数 A 增加会使得环境质量水平 E 上升;同时,长期中技术进步参数 A 增加的环境正效应略强于一体化参数 θ 增加的环境负效应,长期中一体化参数 θ 增加对社会整体福利水平的提升效果略好一些。

3. 长短期中农业技术进步的环境和福利效果比较

图 9-21 直观显示,一体化参数 θ 的环境负效应在短期中更强,在长期中减弱。图 9-22 直观显示,长短期中技术进步参数 A 的环境正效应相差无几,短期中的环境正效应略强一些。

综合以上结果,可以归纳得到说明长短期中一体化参数 θ 和技术进步参数 A 环境效果差异的命题 5:

命题 5:一体化参数 θ 的增加会导致环境恶化,短期内引起的环境恶化更强,即一体化参数 θ 增加的环境负效应随着时间推移逐渐减弱;技术进步参数 A 的增加会使得环境改善,短期引起的环境改善略强一些,但差异不大,即技术进步参数 A 增加

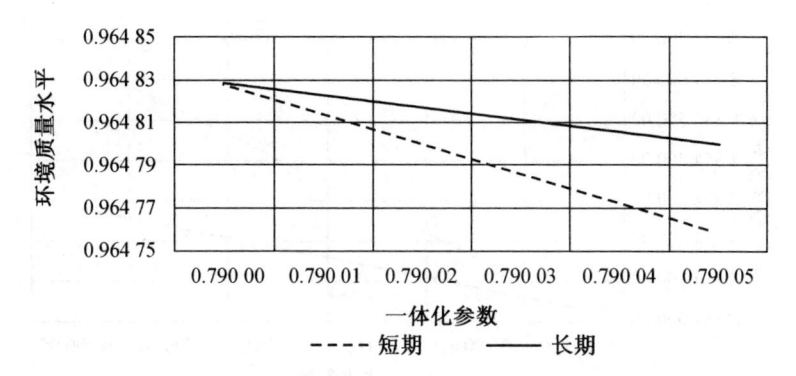

图 9‑21　长短期中一体化参数的环境效果比较

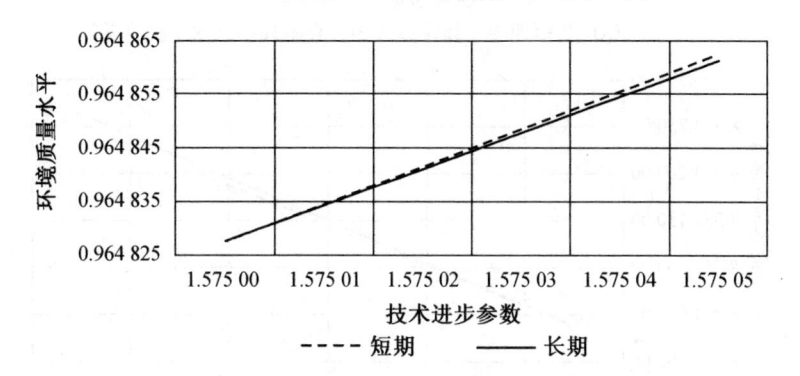

图 9‑22　长短期中技术进步参数的环境效果比较

的环境正效应不会随着时间推移发生很大变化。

根据上文可知,长短期中一体化参数 θ 和技术进步参数 A 的增加都会提升社会整体福利水平,此前仅对比了同一时期不同参数对社会整体福利水平提升效果的不同,没有比较同一参数不同时期对社会整体福利水平影响效果的不同,在此进行补充。将上文表中的数据以同一参数、不同时期维度进行整理,可以得到图 9‑23。

观察图 9‑23 可知,一体化参数 θ 增加的福利正效应在短期中更加明显,将随着时间推移逐渐减小;技术进步参数 A 增加的福利正效应在长期中略大一些,将随着时间推移略有提升。

归纳数值模拟分析中农业技术进步对社会整体福利水平影响的有关结论,可以

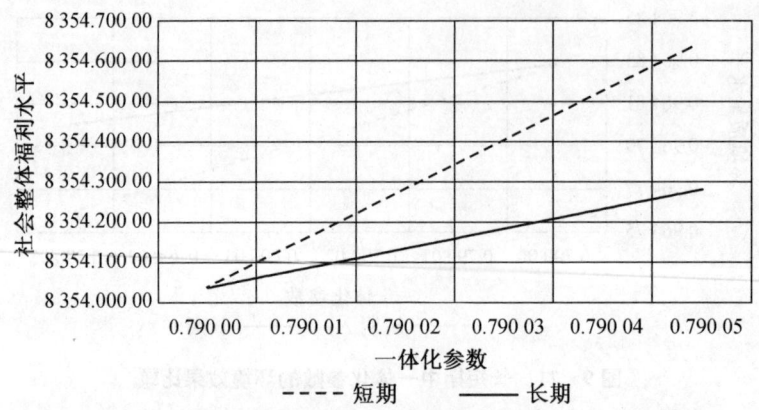

(a) 长短期中一体化参数的社会整体福利水平提升差异

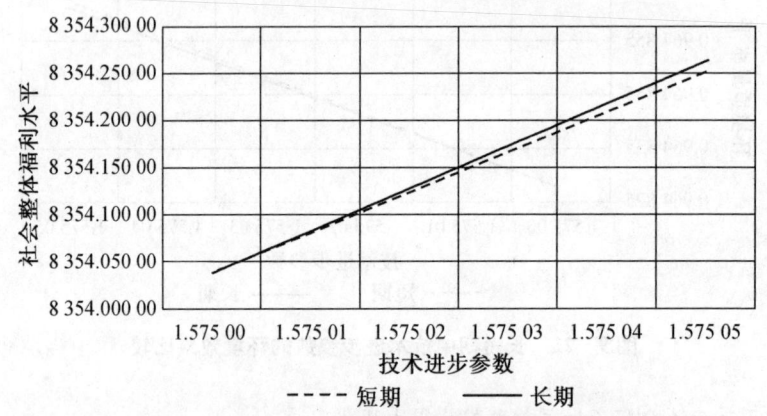

(b) 长短期中技术进步参数的社会整体福利水平提升差异

图 9-23 同一参数在不同时期的福利效果比较

得到如下命题 7：

命题 7：代表农业技术进步的一体化参数 θ 和技术进步参数 A 增加会使得社会整体福利水平 Eu 提升；对比同一时期不同参数的影响可知，一体化参数 θ 增加的福利正效应大于技术进步参数 A 增加的福利正效应，两者差距随着时间推移逐渐缩小；对比同一参数不同时期的影响可知，一体化参数 θ 增加的福利正效应随着时间推移逐渐减小，而技术进步参数 A 增加的福利正效应随着时间推移略有提升。

三、敏感性检验

上文分析中,污染参数 λ 是根据生态环境部发布的《2017 年第二次全国污染源普查公报》中工业源污染物排放量之和与城市部门总产出之比校准得到的,校准中的指标选取、计算都存在一定的主观性,考虑到污染参数 λ 是一个比较重要的参数,本节将选取不同的污染参数 λ 值重新进行模拟,检验不同的污染参数 λ 取值是否会影响数值模拟结果。在此,重新选择两个污染参数值 $\lambda=0.00002$ 和 $\lambda=0.00008$,重新对当前环境质量水平 E 以及两个农业部门生产的环境(污染)外部性参数 ε_2、ε_3 进行参数校准。当 $\lambda=0.00002$ 时,当前环境质量水平 $E=0.983049$,两个农业部门生产的环境(污染)外部性参数 $\varepsilon_2=0.966123$,$\varepsilon_3=1.368676$。当 $\lambda=0.00008$ 时,当前环境质量水平 $E=0.932198$,两个农业部门生产的环境(污染)外部性参数 $\varepsilon_2=0.235246$,$\varepsilon_3=0.333266$。

基于以上两组参数,重新计算长短期中一体化参数 θ 和技术进步参数 A 变化对环境质量水平 E 产生的影响。与第二节中一样,一体化参数 θ 的取值区间为 $[0.78995, 0.79005]$,技术进步参数 A 的取值区间为 $[1.57495, 1.57505]$,可以得到结果如表 9-8 和 9-9 所示。

表 9-8　不同污染系数下一体化参数变化的环境影响

θ	$\lambda=0.00002$ 短期 E	长期 E	$\lambda=0.00008$ 短期 E	长期 E
0.78995	0.983083	0.983063	0.932330	0.932251
0.78996	0.983077	0.983060	0.932304	0.932240
0.78997	0.983070	0.983057	0.932277	0.932230
0.78998	0.983063	0.983055	0.932251	0.932219
0.78999	0.983056	0.983052	0.932224	0.932209
0.79000	0.983049	0.983049	0.932198	0.932198
0.79001	0.983043	0.983047	0.932172	0.932187

(续表)

θ	$\lambda=0.00002$ 短期E	长期E	$\lambda=0.00008$ 短期E	长期E
0.790 02	0.983 036	0.983 044	0.932 145	0.932 177
0.790 03	0.983 029	0.983 042	0.932 119	0.932 166
0.790 04	0.983 022	0.983 039	0.932 092	0.932 156
0.790 05	0.983 016	0.983 036	0.932 066	0.932 145

表9-9 不同污染系数下技术进步参数变化的环境影响

A	$\lambda=0.00002$ 短期E	长期E	$\lambda=0.00008$ 短期E	长期E
1.574 95	0.983 033	0.983 033	0.932 133	0.932 134
1.574 96	0.983 036	0.983 037	0.932 146	0.932 147
1.574 97	0.983 039	0.983 040	0.932 159	0.932 159
1.574 98	0.983 043	0.983 043	0.932 172	0.932 172
1.574 99	0.983 046	0.983 046	0.932 185	0.932 185
1.575 00	0.983 049	0.983 049	0.932 198	0.932 198
1.575 01	0.983 053	0.983 053	0.932 211	0.932 211
1.575 02	0.983 056	0.983 056	0.932 224	0.932 224
1.575 03	0.983 060	0.983 059	0.932 237	0.932 237
1.575 04	0.983 063	0.983 062	0.932 250	0.932 249
1.575 05	0.983 066	0.983 066	0.932 263	0.932 262

观察表9-8和9-9中数值可知,长短期中一体化参数θ的增加会导致环境质量水平E下降,而技术进步参数A的增加会使得环境质量水平E上升。可见,不同污染参数λ取值下,数值模拟分析结果是一致的,可以说明本章数值模拟结果是稳健的。

综上所述,敏感性检验可以说明,本章数值模拟部分的参数选择是稳健的,本章的理论模型可以解释二元农业视角下农业技术进步的环境影响问题。

第四节 结 论

本章主要讨论了在二元农业视角下农业技术进步对环境的影响。本章在理论分析部分讨论了具有不同经济特征的短期阶段(现代农业发展的初始阶段)和长期阶段(现代农业发展的普及阶段)两种情况中,代表农业技术进步的两个参数变化对环境质量水平 E 产生何种影响,并对其具体作用机制进行了分析。在数值模拟分析中,本章对理论分析部分的结论进行数值检验,进一步分析讨论农业技术进步对环境影响的叠加效应、社会整体福利水平变化、短期和长期的环境与经济效果差异这三个问题,得出第 3 节和第 4 节中所示命题 1—7。对命题进行总结,可以得到以下三点结论:

第一,一体化参数 θ 提升通常导致要素流向城市部门、环境污染加剧,而技术进步参数 A 提升往往能够引导要素在现代农业部门聚集,推进现代农业部门发展的同时改善环境。全社会层面的整体技术进步更有助于优化产业结构、调整资源配置、改善环境质量水平,因此,在发展现代农业、治理环境污染的过程中要积极配套相应的政策措施,动员全社会的力量推进乡村振兴和环境治理。

第二,一体化参数 θ 的环境负效应会在长期中减弱,而技术进步参数 A 的环境正效应不会在长期中弱化,长期中农业技术进步 θA 的叠加效应能够改善环境。技术进步传导到现代农业部门可能有一定滞后性,农业技术进步的长期环境效果比短期环境效果要好,资源配置和环境污染的复杂性可能造成农业技术进步的环境效果无法在短期中迅速显现,我们要以长远的眼光看待现代农业发展和环境治理问题,做到既要金山银山、更要绿水青山。

第三,一体化参数 θ 和技术进步参数 A 增加都会使得社会整体福利水平 Eu 提升,但一体化参数 θ 增加的福利正效应是以环境质量水平下降为代价的,并且会在长期中逐渐缩小,技术进步参数 A 增加的福利正效应与改善环境同步,并具有可持续性。农业技术进步虽然总能够带来社会整体福利水平的提升,但有些增长是以环境为代价的,要始终坚持生态文明建设,积极向可持续发展的经济增长模式转变,做到经济与生态环境协调发展。

立足当下,全面推进乡村振兴需要汇聚更强大的力量,也需要学术研究更多关注。二元农业视角下农业技术进步的环境影响这一话题具有理论意义和现实意义,还可以深入探讨,本章的研究仍有许多不足,希望能为今后的相关研究提供思路。

参考文献

[1] 辜胜阻,黄永明.加快农业技术创新与制度创新的对策思考[J].经济评论,2000(6):25-28.

[2] 蒋和平,黄德林.中国农业现代化发展水平的定量综合评价[J].农业现代化研究,2006(2):87-91.

[3] 李晓春,伍云云.乡村振兴战略下要素国际流动的环境效果[J].审计与经济研究,2020,35(1):100-110.。

[4] 林毅夫,沈明高.我国农业科技投入选择的探析[J].农业经济问题,1991(7):9-13.

[5] 毛盛勇,叶植材.中国统计年鉴2018[M].北京:中国统计出版社,2019.

[6] 满明俊,李同昇.农户采用新技术的行为差异、决策依据、获取途径分析——基于陕西、甘肃、宁夏的调查[J].科技进步与对策,2010,27(15):58-63.

[7] 乔金杰,穆月英.测土配方施肥补贴效果及补贴地区优先序——基于农业技术效率视角[J].科技管理研究,2015,35(23):223-227+233.

[8] 孙广生,黄祎,田海峰,等.全要素生产率、投入替代与地区间的能源效率[J].经济研究,2012,47(9):99-112.

[9] 辛岭,蒋和平.我国农业现代化发展水平评价指标体系的构建和测算[J].农业现代化研究,2010,31(6):646-650.

[10] 曾雅婷,吕亚荣,刘文勇.农地流转提升了粮食生产技术效率吗——来自农户的视角[J].农业技术经济,2018(3):41-55.

[11] 周京奎,王贵东,黄征学.生产率进步影响农村人力资本积累吗?——基于微观数据的研究[J].经济研究,2019,54(1):100-115.

[12] COPELAND B R, TAYLOR M S. Trade, spatial separation, and the environment[J]. Journal of International Economics, 1999, 47: 137-168.

[13] HARRIS J R, TODARO M P. Migration, unemployment, and development: a two-sector analysis[J]. The American Economic Review, 1970, 1: 126-142.

[14] KASSIE M, SHIFERAW B, MURICHO G. Agricultural technology, crop income, and poverty alleviation in Uganda[J]. World Development, 2011, 39(10): 1784-1795.

[15] LI X C, ZHOU Y. Development policies, transfer of pollution abatement technology and trans-boundary pollution[J]. Economic Modelling, 2013, 31: 183-188.

[16] LI X C, ZHOU Y. Economic and environmental effects of rural-urban migrants training[J]. Prague Economic Papers, 2013b, 9: 385-402.

[17] LI X C, WU Y Y. Environment and economy in the modern agricultural development[J]. Asia-Pacific Journal of Accounting & Economics, 2018, 25(1-2): 163-176.

[18] MANDA J, KHONJE M G, ALENE A D, et al. Does cooperative membership increase and accelerate agricultural technology adoption? Empirical evidence from Zambia[J]. Technological Forecasting and Social Change, 2020, 158: 120-160.

[19] MINTEN B, BARRETT C B. Agricultural technology, productivity, and poverty in Madagascar[J]. World Development, 2008, 36(5): 797-822.

[20] PORTEOUS O. Trade and agricultural technology adoption: evidence from Africa[J]. Journal of Development Economics, 2020, 144, 102440.

[21] RESTUCCIA D, YANG D T, ZHU X. Agriculture and aggregate productivity: a quantitative cross-country analysis[J]. Journal of Monetary Economics, 2008, 55(2): 234-250.

[22] TAWADA M, SUN S. Urban pollution, unemployment and national welfare in

a dualistic economy[J]. Review of Development Economics, 2010, 14(2): 311-322.

[23] WALLACE I. Agricultural education at the crossroads: present dilemmas and possible options for the future in sub-Saharan Africa[J]. International Journal of Educational Development, 1997, 17(1): 27-39.

[24] The World Bankinformation[EB/OL]. [2023-09-30]. http://data.worldbank.org.cn/indicator/EN.ATM.CO2E.PC/countries/A5-CN?display=graph.

附录

1. 短期理论模型中要素变化情况计算结果

(a) 一体化参数的影响

$$\frac{\mathrm{d}L_1}{\mathrm{d}\theta} = \frac{M_1 Z_1 L_1}{\Omega} \overline{w}_1 p_1 A F_{LK}^1 > 0,$$

$$\frac{\mathrm{d}L_2}{\mathrm{d}\theta} = -\frac{M_1}{\Omega} \left[\frac{Z_1 L_2 \overline{w}_1}{K_2 \theta L_1} p_1 A F_{LL}^1 + N_1 \varepsilon_2 p_2^2 E^{2\varepsilon_2 - 1} A (F_L^2 F_K^2 - F_{KL}^2 F^2) \right] < 0,$$

$$\frac{\mathrm{d}L_3}{\mathrm{d}\theta} = -\frac{1}{\Omega} \left[\frac{N_1 Z_1 \overline{w}_1}{\theta E} (\overline{L} - L_3) \varepsilon_3 w_3 + N_1 \varepsilon_2 p_2^2 E^{2\varepsilon_2 - 1} \overline{w}_1 A (F_K^2 F_L^2 - F_{KL}^2 F^2) - \overline{w}_1^2 p_1 A F_{LK}^1 \frac{Z_1 K_1}{\theta} \left(\frac{L_2}{K_2} - \frac{L_1}{K_1} \right) \right] < 0,$$

$$\frac{\mathrm{d}K_1}{\mathrm{d}\theta} = -\frac{\mathrm{d}K_2}{\mathrm{d}\theta} = -\frac{L_1 M_1 Z_1}{\Omega \theta} p_1 A F_{LL}^1 \overline{w} > 0,$$

$$\frac{\mathrm{d}r}{\mathrm{d}\theta} = 0,$$

$$\frac{\mathrm{d}Y_1}{\mathrm{d}\theta} = A F_L^1 \frac{\mathrm{d}L_1}{\mathrm{d}\theta} + A F_K^1 \frac{\mathrm{d}K_1}{\mathrm{d}\theta} > 0,$$

$$\frac{\mathrm{d}Y_2}{\mathrm{d}\theta} = \varepsilon_2 E^{\varepsilon_2 - 1} F^2 \frac{\mathrm{d}E}{\mathrm{d}\theta} + E^{\varepsilon_2} F^2 \theta A \frac{\mathrm{d}L_2}{\mathrm{d}\theta} + E^{\varepsilon_2} F_K^2 \frac{\mathrm{d}K_2}{\mathrm{d}\theta} + E^{\varepsilon_2} F_L^2 A L_2 < 0,$$

$$\frac{\mathrm{d}Y_3}{\mathrm{d}\theta} = \varepsilon_3 E^{\varepsilon_3 - 1} F^3 \frac{\mathrm{d}E}{\mathrm{d}\theta} + E^{\varepsilon_3} F_L^3 \frac{\mathrm{d}L_3}{\mathrm{d}\theta} < 0。$$

(b) 技术进步参数的影响

$$\frac{dL_1}{dA} = -\frac{L_1 M_1 Z_1}{\Omega}\left\{\frac{\overline{w}_1 N_1}{\lambda A^2}\left[1-\frac{K_2(S^*+L_1)}{K_1 L_2}\right]+\frac{\varepsilon_2 p_2 E^{\varepsilon_2-1} F^2}{L_2}\lambda p_1 A\left(F_L^1 F_K^1 - F^1 F_{LK}^1\right)\right\} < 0,$$

$$\frac{dL_2}{dA} = \frac{L_1 M_1}{\Omega}\left\{\lambda p_1 A L_1 Z_1 \frac{\varepsilon_2 p_2 E^{\varepsilon_2-1} F^2}{K_2}(L_1 F_L^1 F_L^1 + K_1 F^1 F_{KL}^1) + \frac{N_1 p_1 F^1}{L_1 K_1 E}\overline{w}_1 \varepsilon_2 + \frac{N_1}{L_1}\varepsilon_2 p_2^2 E^{2\varepsilon_2-1}\theta(F_L^2 F_K^2 - F_{KL}^2 F^2) + Z_1 p_1 F_{LK}^1 \frac{\overline{w}_1 L_2}{L_1 K_2}\left[1-\frac{K_2(S^*+L_1)}{L_2 K_1}\right]\right\} > 0,$$

$$\frac{dL_3}{dA} = \frac{L_1}{\Omega}\left\{\overline{w}\lambda p_1 A \frac{Z_1}{L_2}\varepsilon_2 p_2 E^{\varepsilon_2-1} F(F_L^1 F_K^1 - F_{LK}^1 F^1) + \overline{w}_1 \lambda p_1 A \varepsilon_2 p_2 E^{\varepsilon_2-1} F^2 \frac{Z_1}{K_2}(F_L^1 F_L^1 - F_{LL}^1 F^1) + \frac{N_1}{L_1}\varepsilon_2 p_2^2 E^{2\varepsilon_2-1}\overline{w}\theta(F_K^2 F_L^2 - F_{KL}^2 F^2) + \frac{N_1 Z_1}{EL_1 A}(\overline{L}-L_3)\varepsilon_3 w_3\left(\frac{p_1 A F^1 K_2}{K_1 L_2}+\overline{w}_1\right) + \frac{N_1 p_1 F^1}{EL_1 K_1}\overline{w}^2\varepsilon_2 + \frac{Z_1}{L_1 L_2 K_1 K_2}\overline{w}_1 p_1 F_{LK}^1\left[\overline{w}_1(K_1 L_2 - L_1 K_2)^2 - r(K_1 L_2 - L_1 K_2)\right]\right\} > 0,$$

$$\frac{dK_1}{dA} = -\frac{dK_2}{dA} = -\frac{L_1 M_1 Z_1}{\Omega}\left\{\lambda p_1 A \varepsilon_2 p_2 E^{\varepsilon_2-1}\frac{F^2}{L_2}(F_L^1 F_L^1 - F^1 F_{LL}^1) + p_1^2 A F_{KL}^1 \frac{F_L^1}{L_1}\left[1-\frac{K_2(S^*+L_1)}{L_2 K_1}\right]\right\} < 0,$$

$$\frac{dr}{dA} = \frac{M_1 N_1 Z_1}{\Omega K_1 L_2} p_1 F^1 \varepsilon_2 p_2 E^{\varepsilon_2-1} F^2 > 0,$$

$$\frac{dY_1}{dA} = A F_L^1 \frac{dL_1}{dA} + A F_K^1 \frac{dK_1}{dA} + F^1 < 0,$$

$$\frac{dY_2}{dA} = \varepsilon_2 E^{\varepsilon_2-1} F^2 \frac{dE}{dA} + E^{\varepsilon_2} F^2 \theta A \frac{dL_2}{dA} + E^{\varepsilon_2} F_K^2 \frac{dK_2}{dA} + E^{\varepsilon_2} F_L^2 \theta L_2 > 0,$$

$$\frac{dY_3}{dA} = \varepsilon_3 E^{\varepsilon_3-1} F^3 \frac{dE}{dA} + E^{\varepsilon_3} F_L^3 \frac{dL_3}{dA} > 0。$$

2. 长期理论模型中要素变化情况计算结果

(a) 一体化参数的影响

$$\frac{dL_1}{d\theta} = \frac{L_1 M_1 Z_2}{\Omega\theta} w_3 p_1 A F_{LK}^1 > 0,$$

$$\frac{dL_2}{d\theta} = \frac{L_1}{\Omega}\left\{\frac{N_2 Z_2}{L_1}\varepsilon_2 E^{2\varepsilon_2-1}A(F_{KL}^2 F^2 - F_L^2 F_K^2) + \frac{Z_2}{\theta}L_2 p_1 AF_{LK}^1 \overline{w}_1 E^{\varepsilon_3} F_{LL}^3 - \frac{Z_2 L_2}{\theta L_1}\right.$$

$$p_1 AF_{LK}^1 \varepsilon_3 w_3^2 + (p_1 AF_{LK}^1)^2(w_3 - M_2)w_3 \frac{Z_2 L_2 K_1}{\theta L_1 K_2} + \frac{Z_2 L_2}{\theta L_1}p_1 AF_{LK}^1 w_3^2 \left(\varepsilon_3 \frac{\overline{E}}{E} - \right.$$

$$\left.\left.\frac{\overline{w}_1 L_1 T^*}{K_2}\right)\right\} < 0,$$

$$\frac{dL_3}{d\theta} = -\frac{1}{\Omega\theta}\left\{\frac{N_2^2}{E}w_3\left[\varepsilon_2 rK_2 + w_3 L_2(\varepsilon_3 - \varepsilon_2)\right] + \frac{Z_2 G^*}{K_2}p_1 AF_{LK}^1 w_3 + \frac{N_2}{E}w_3^2\left[\varepsilon_3(1 + \mu)L_1 Z_2 + \varepsilon_2 r\right]\right\} < 0,$$

$$\frac{dK_1}{d\theta} = -\frac{dK_2}{d\theta} = -\frac{L_1 M_1 Z_2}{\Omega\theta}p_1 AF_{LL}^1 w_3 > 0,$$

$$\frac{dw_3}{d\theta} = -\frac{1}{\Omega\theta}\left\{-\frac{Z_2 G^*}{K_2}E^{\varepsilon_3}F_{LL}^3 p_1 AF_{LK}^1 w_3 + \frac{N_2}{E}w_3^2(\varepsilon_3 w_3 Z_2 + \varepsilon_2 E^{\varepsilon_3}F_{LL}^3 r) + \frac{N_2^2 K_2}{E}w_3\right.$$

$$\left.(\varepsilon_2 E^{\varepsilon_3}F_{LL}^3 rL_2 + \varepsilon_3 Z_2 w_3 K_2)\right\} < 0,$$

$$\frac{dr}{d\theta} = 0,$$

$$\frac{dY_1}{d\theta} = AF_L^1 \frac{dL_1}{d\theta} + AF_K^1 \frac{dK_1}{d\theta} < 0,$$

$$\frac{dY_2}{d\theta} = \varepsilon_2 E^{\varepsilon_2-1}F^2 \frac{dE}{d\theta} + E^{\varepsilon_2}F^2 \theta A\frac{dL_2}{d\theta} + E^{\varepsilon_2}F_K^2 \frac{dK_2}{d\theta} + E^{\varepsilon_2}F_L^2 AL_2 < 0,$$

$$\frac{dY_3}{d\theta} = \varepsilon_3 E^{\varepsilon_3-1}F^3 \frac{dE}{d\theta} + E^{\varepsilon_3}F_L^3 \frac{dL_3}{d\theta} < 0_\circ$$

(b) 技术进步参数 A 的影响

$$\frac{dL_1}{dA} = \frac{L_1}{\Omega}\left\{\frac{\lambda p_1 A}{E}(F^1 F_{LK}^1 - F_L^1 F_K^1)\left(\varepsilon_3 w_3^2 Z_2 - \varepsilon_2 rw_3 E^{\varepsilon_3}F_{LL}^3 + \varepsilon_2 \frac{Y_2 M_2 Z_2}{L_2}\right) + \frac{2p_1 N_2}{\lambda AK_1}\right.$$

$$w_3 E^{\varepsilon_3}F_{LL}^3 + p_1 F_{LK}^1 Z_2 M_2\left[-\frac{K_2 r}{L_2} + \left(w_3 - \frac{L_1 K_2}{K_1 L_2}\overline{w}\right)\right] - Z_2 w_3 p_1 E^{\varepsilon_3}F_{LL}^3 L_2 F_L^1 \left(\frac{T^* L_1 K_2}{K_1} - \right.$$

$$\left.\left.1\right)\right\} < 0,$$

| 第九章　二元农业视角下农业技术进步的环境影响研究 |

$$\frac{dL_2}{dA} = \frac{L_1}{\Omega}\left\{\frac{M_2 N_2}{L_1 AE}\varepsilon_2 w_3(3r+\overline{w}_1) + \frac{M_2 N_2 Z_2}{L_1 AE}\varepsilon_2 Y_2\left(\frac{K_1}{K_2}-1\right) + p_1 AF_{KL}^1 \frac{M_2 Z_2 K_1}{AL_1 K_2}(K_2 r\right.$$

$$-L_2 w_3) + \frac{M_2 Z_2}{AK_2 E}(\overline{w}_1 \lambda AF_L^1 \varepsilon_2 Y_2 - p_1 AF_{KL}^1 L_2 w_3 E) + \frac{\overline{w}_1^{\,2} E^{\varepsilon_3} F_{LL}^3}{AE}(\lambda AF_K^1 \varepsilon_2 r + p_1 AF_{LL}^1 E)$$

$$-r\overline{w}_1 E^{\varepsilon_3} F_{LL}^3\left(\frac{\varepsilon_2 N_2}{AE} + p_1 F_{LK}^1\right) + \overline{w}_1 p_1 F_{KL}^1 M_2 Z_2 + p_1 F_{LK}^1 \overline{w}_1 E^{\varepsilon_3} F_{LL}^3 (Z_2 L_2 - r) - \frac{L_2 Z_2}{AK_2}$$

$$\overline{w}_1^{\,2} E^{\varepsilon_3} F_{LL}^3 + \frac{\varepsilon_3 w_3^2}{L_1 AE}\left[N_2 Z_2 L_2 - N_2(r+\overline{w}_1) - \frac{L_2 Z_2}{K_2}(\lambda AF_L^1 L_1 \overline{w}_1 + K_1)\right]\right\} > 0,$$

$$\frac{dK_1}{dA} = -\frac{dK_2}{dA} = \frac{L_1}{\Omega}\left\{(F^1 F_{LL}^1 - F_L^1 F_L^1)\frac{\lambda p_1 AZ_2}{L_2 E}[(w_3 - M_2)\varepsilon_2 Y_2 + w_3^2 L_2(\varepsilon_2 - \varepsilon_3)] +\right.$$

$$(F^1 F_{LL}^1 - F_L^1 F_L^1)\frac{\lambda p_1 A w_3 r}{L_2 E}(Z_2 K_2 - E^{\varepsilon_3} F_{LL}^3 \varepsilon_2 L_2) + w_3 E^{\varepsilon_3} F_{LL}^3 \frac{N_2 p_1}{\lambda AL_1} - M_2 Z_2 p_1 F_{KL}^1$$

$$\frac{rK_1 K_2 + G}{L_1 L_2} + Z_2 p_1 E^{\varepsilon_3} F_{LL}^3 F_L^1 (\overline{w}_1 - w_3 L_2 T^*)\right\} < 0,$$

$$\frac{dr}{dA} = \frac{L_1}{\Omega}\left\{\frac{N_2 Z_2 p_1 F^1 w_3}{L_1 K_1 E}[\varepsilon_2 K_2(w_3 - M_2) + w_3(\varepsilon_2 K_2 - \varepsilon_3)] + \frac{N_2 p_1 F^1 \varepsilon_2 r}{L_2 L_1 K_1 E}(M_2 Z_2 K_2^2\right.$$

$$-w_3 L_2 E^{\varepsilon_3} F_{LL}^3) + \frac{p_1 N_2}{\lambda A}E^{\varepsilon_3} F_{LL}^3 Z_2\left(\frac{K_1 L_2}{L_1 K_2}w_3 - \frac{L_1}{K_1}\overline{w}\right)\right\} > 0,$$

$$\frac{dY_1}{dA} = AF_L^1 \frac{dL_1}{dA} + AF_K^1 \frac{dK_1}{dA} + F^1 < 0,$$

$$\frac{dY_2}{dA} = \varepsilon_2 E^{\varepsilon_2 - 1} F^2 \frac{dE}{dA} + E^{\varepsilon_2} F^2 \theta A \frac{dL_2}{dA} + E^{\varepsilon_2} F_K^2 \frac{dK_2}{dA} + E^{\varepsilon_2} F_L^2 \theta L_2 > 0_\circ$$

第十章　工业污染税补贴污染处理产业的环境效果分析

本章提要：本章通过建立包含工业部门、污染处理部门和农业部门的三部门一般均衡模型分析经济中补贴污染处理部门对环境的影响。主要结论：短期情况下，无论是对污染处理部门工资补贴、资本利率补贴还是产品价格补贴都会使环境品质提升；长期情况下，对污染处理部门的工资补贴与产品价格补贴环境效果不明，而资本利率补贴会使得环境品质下降。本章还利用2020年国家统计局相关数据对模型进行参数校准与数值模拟，得到与理论模型相呼应的结果并且补足部分理论模型不足之处。

第一节　序　言

中国自新中国成立以来大力扶持工业以促进经济发展，工业在经济发展初期确实对经济发展有重大促进作用，然而也造成严重环境污染问题。例如，工业废气排放影响农作物呼吸作用破坏植物体内结构、工业废气造成的酸雨改变土壤酸碱性而破坏土质营养、废水排放影响农作物灌溉生长，除了污染排放直接造成粮食与经济损失外，工业废渣侵占农田也造成农地因受占用而减少耕地。中国国家生态环境局历年来发布的《中国(生态)环境状况公报》中统计数据显示，1981年时中国受工业废气污染的农地与牧区面积达400万公顷，同时造成经济损失100多亿元，粮食损失10亿公斤。除了工业废气排放，工业废水排放也影响农业灌溉与渔业生态环境，1992年时工业废水排放达233.9亿吨，使得渔业生态环境遭受严重破坏，其中有2 800公里的河段因污染造成鱼类绝迹，淡水鱼因水污染造成死亡量达4 550万公斤，因污染引起的渔业经济损失达 4 亿元,污染同时还会影响养殖渔业发展。至 1993 年全中国受污染的农田面积达 1 000 万公顷,受大气(如酸雨、氟化物)污染的农田面积约 530 万公顷,污染造成的粮食损失已达 120 亿公斤。1995 年是污染排放高峰,工业烟尘排放量达 845 万吨,除此之外还有很多对农作物生长有极大影响的工业废气排放,如粉尘 630 万吨、二氧化硫 1 396 万吨等。1996 年是污染排放的转折点,工业烟尘排放减少到 758 万吨、粉尘排放减少到 562 万吨、二氧化硫排放 1 397 万吨(与上年基本持平)。由此可见工业污染废水排放直接污染灌溉水源、农地,废气排放造成酸雨也影响经济作物的生长,粮食若是短缺则不仅仅是经济问题,严重的话很可能造成社会动荡乃至于全世界的不安,且污染对环境的伤害是长久累积的,无法短时间内恢复。

经济学界已有许多学者投入研究环境与经济之间的关系。Copeland 和 Taylor(1999)首先设计工业部门产生污染的经济理论模型,探讨国际贸易情况下的环境情况,认为当国际收入在污染产品所占份额较低时,出口污染产品会造成环境恶化与实际收入减少。之后,Daitoh(2008),Chao 和 Kerkvliet(2000),Kondoh(2009),Chao 和 Laffargue(2012),Li 和 Wu(2018),钟婧瑶(2018),李晓春和伍云云(2020)在这基础上进行了研究。环境问题与经济发展之间的关系始终受到跨领域学者的重视,且因问题复杂还并未有一种能够放诸四海皆准的守则让后代遵循,而地球环境问题又已迫在眉睫,各国都渴望着找寻一种帮助国家永续发展的良方以解决目前困境,因此本章将致力于提出种经济方法,希望能提供此困境的新出路。过去著名学者对于环境与经济发展问题都先以经济体内相互制衡观念为主线发展,或者再加入政府角色做其中协调,例如,科斯定理将目标定位在经济体内的两个主体,借由两主体间的产权界定解决经济外部性;庇古税建立在产权界定清楚的情况下,当一方出现外部性时给予适时的补贴或课税以解决市场失灵;《京都议定书》中各国协议的碳权交易则是建立在产权界定后,制定各主体的污染排放限值,主体间污染物进行交易而达到污染物排放控制。但照目前各国经济发展情况来看,经济体内只有污染方与受污染方依然很难在经济发展与环境控制中取得平衡。

另一方面,目前世界上已发展许多减污、控污工程等环保产业。中国环保产业大约是从 20 世纪 60 年代开始萌芽,当时主要在治理"三废①"问题,2018 年中华人民共和国生态环境部正式成立,在"十三五"规划期间将环保列为重点发展方向。发展至今,目前中国环保产业更注重将低碳生产方式融入产线、智能化发展与多重科技整合,如大数据、云计算、人工智能等。目前环保产业发展已有一定规模,截至 2015 年,专营环保企业约有 4 万家,然而 95% 以上都是低于 50 人的小型企业,大多集中在水污染治理、大气污染治理、固废处理处置,且水污染治理装备科研相关专利数在全球发展属前列。关于环保相关产业的研究,多数学者主要以数据分析对环保相关产业的投入资金以及效果、环保产业发展的限制等进行研究,如 Zhai 和 An(2020),赵娟霞等(2021),耿成轩和尤继远(2021),苗永刚和朱娜(2021),Li 等(2020)等。

本章想要多增加污染处理部门,专门处理工业释放的污染物,与工业部门共同发展。即便中国环保意识上升,近年来经济急速发展,但环保产业规模与质量和其他领先国家差距依然较大,落后点包含高端检测仪器、装备标准化、管理制度设计等,国内环保产业状况是厂商家数多但规模小,大多数还缺乏产业技术整合能力、环保新技术研发能力、技术研发与设计应用整合能力等。对于污染处理产业来说,对比于工业部门,属于较落后需要政府政策扶持的产业,且相对于工业部门排放污染,污染处理产业对于环境来说属于提供正外部性的产业,因此本章希望根据此观念主线,借由提供污染处理部门补贴以解决经济体内市场失灵情况,分析不同情况下的补贴政策对环境与经济的影响。

本章首先以劳动经济学中哈里斯和托达罗理论模型为出发点,建立二元三部门经济体,在污染系数中加入内生变量,再以理论经济学中比较静态分析方法,研究三种不同补贴政策(包括工资补贴、资本利率补贴、产品价格补贴)在一般均衡经济体中长短期的政策效果;其次,借由数值模拟验证本章推算出来的理论结果,模拟不同补贴政策下的环境情况,并且弥补理论模型计算上的不足之处。

---

① "三废"治理:对工业生产排放的废气、废水、废渣进行处理和合理利用的系统工程。

第二节 短期理论模型

一、短期模型建立

本章设定一个二元经济,涵盖三个部门:农业部门、工业部门、污染处理部门。农业部门属于农村部门,因农业产出受到环境影响而为环境敏感部门,且劳动是农业部门的唯一生产要素;工业部门与污染处理部门皆属于城市部门,以劳动与资本为生产要素且产出不受环境影响。工业部门生产工业产品的同时排放污染,所排放的污染物会影响农业部门的产出,而污染处理部门负责处理工业部门制造工业品时排放的污染。假定模型中所有市场皆属于完全竞争市场,要素禀赋由外生给定,工业部门与污染处理部门生产函数为一阶齐次函数,三部门的生产函数分别如下:

$$X_1 = E^\varepsilon \cdot F^1(L_1) \tag{10-1}$$

$$X_2 = F^2(L_2, K_2) \tag{10-2}$$

$$X_3 = F^3(L_3, K_3) \tag{10-3}$$

其中 $X_i(i=1,2,3)$ 表示农业部门、工业部门、污染处理部门产出;$L_i(i=1,2,3)$ 表示农业部门、工业部门、污染处理部门劳动力;$K_i(i=2,3)$ 分别表示工业部门、污染处理部门的资本存量。E^ε 是农业部门所受环境的外部影响,$0<\varepsilon<1$。

$$Z = (a - \mu \cdot X_3)X_2 \tag{10-4}$$

$$E = \overline{E} - Z \tag{10-5}$$

E 表示为受污染后的环境品质,$\overline{E}$ 为受环境影响前的自然环境资本存量。Z 为此经济体中的总污染量,a 表示为工业部门未经过污染处理的污染排放总量,μ 表示污染处理部门处理工业部门污染物的效率,系数部分表示为一单位工业产品产生的污染量,此一关系式原型为 Kondoh(2009)研究,详情可见其文章。

将各部门利润最大化,得到以下方程式:

$$E^\varepsilon \cdot F_L^1(L_1) = w_1 \tag{10-6}$$

$$(P_2-t)\cdot F_L^2(L_2,K_2)=\overline{w} \qquad (10-7)$$

$$P_3\cdot F_L^3(L_3,K_3)=\overline{w} \qquad (10-8)$$

$$(P_2-t)\cdot F_K^2(L_2,K_2)=r_2 \qquad (10-9)$$

$$P_3\cdot F_K^3(L_3,K_3)=r_3 \qquad (10-10)$$

上述 F^i 表示为偏微分(举例说明,$F_L^1=\dfrac{\partial F^1}{\partial L_1}$),令农业部门产品为计价物,而 P_2 与 P_3 为工业部门和污染处理部门相对于农业部门商品的价格,属于外生变量,t 为因工业部门制造污染,因此政府对工业部门的商品课税之税额,属于内生变量,用以解决工业部门产生的外部性。w_1 为农业部门工资率,而工业部门与污染处理部门皆属于城市部门,城市部门由工会共同制定会员工资,因此工资率为外生给定 $\overline{w}$,r_2 与 r_3 是工业部门与污染处理部门的资本利率。

$$L_1+L_2+L_3+L_u=\overline{L},\frac{L_u}{L_2+L_3}=\lambda \qquad (10-11)$$

$\overline{L}$ 是整个经济体内所有的劳动禀赋,L_u 是城市部门的失业人数,本章将城市部门失业率表示为 $\dfrac{L_u}{L_2+L_3}=\lambda$,因此(10-11)可以改写成以下(10-11*):

$$L_1+(1+\lambda)L_2+(1+\lambda)L_3=\overline{L} \qquad (10-11^*)$$

农村部门劳动力因为期望到城市部门能有更高的工资,但农村部门劳动力不一定能在城市部门找到工作因而产生失业,因此农村部门与城市部门劳动力转移的平衡会在农业部门劳动力在农村部门能得到的工资等于农村部门劳动力在城市部门工作的工资期望值,此为哈里斯和托达罗的劳动力转移等式,(10-12)经过整理得到(10-12*)。

$$w_1=\frac{L_2+L_3}{(1+\lambda)L_2+(1+\lambda)L_3}\cdot\overline{w} \qquad (10-12)$$

$$(1+\lambda)w_1=\overline{w} \qquad (10-12^*)$$

本章考虑对工业部门污染产品课税是对污染处理部门的补贴来源,对污染处理部门补贴方式有三种,分别为对工资补贴、对资本利率补贴以及对污染处理部门产品价格补贴。

对工资补贴有以下等式成立:

$$P_3 \cdot F_L^3(L_3,K_3) = \overline{w} - s_1 \qquad (10-8^*)$$

$$t \cdot F^2 = s_1 \cdot L_3 \qquad (10-13)$$

对资本利率补贴有以下等式成立:

$$P_3 \cdot F_K^3(L_3,K_3) = r_2 - s_2 \qquad (10-10^*)$$

$$t \cdot F^2 = s_2 \cdot K_3 \qquad (10-13^*)$$

对污染处理产品价格补贴有以下等式成立:

$$(P_3+s_3) \cdot F_L^3(L_3,K_3) = \overline{w} \qquad (10-8^{**})$$

$$(P_3+s_3) \cdot F_K^3(L_3,K_3) = r_3 \qquad (10-10^{**})$$

$$t \cdot F^2 = s_3 \cdot F^3 \qquad (10-13^{**})$$

其中,s_1,s_2,s_3 分别为对污染处理部门工资补贴额、资本利率补贴额以及污染处理部门的产品价格补贴额,第(10-13),(10-13*),(10-13**)式左边是工业课征污染税额,等式右边分别是污染处理部门工资补贴额、资本利率补贴额以及产品价格补贴额,理想状态下工业课征的污染税用来补贴污染处理产业,因此等式成立。

此模型中,反映工资补贴的模型由(10-1)~(10-7),(10-8*),(10-9),(10-10),(10-11*),(10-12*),(10-13) 13个方程组成;反应资本利率补贴的模型由(10-1)~(10-9),(10-10*),(10-11*),(10-12*),(10-13*) 13个方程组成;反应污染处理产品价格补贴的模型由(10-1)~(10-7),(10-8**),(10-9),(10-10**),(10-11*),(10-12*),(10-13**) 13个方程组成。模型中可决定内生变量 $X_1,X_2,X_3,Z,E,L_1,L_2,L_3,w_1,r_2,r_3,\lambda,t$ 共13个,而在建模过程中分别可决定外生变量 $a,\mu,\overline{E},\overline{w},\overline{L},P_2,P_3,s_1,s_2,s_3$,本章基本模型到此已建立完毕。

二、短期理论模型分析

由第(10-2),(10-3),(10-5)式代入第(10-4)式可得

$$dE = -X_2 \cdot da + X_2 \cdot X_3 \cdot d\mu + X_2 \cdot \mu \cdot dX_3 - (a - \mu \cdot X_3) \cdot dX_2$$

$$= -X_2 \cdot da + X_2 \cdot X_3 \cdot d\mu + X_2 \cdot \mu \cdot F_L^3 \cdot dL_3 - (a - \mu \cdot X_3) \cdot F_L^2 \cdot dL_2$$

$$(10-14)$$

得到短期环境品质会受到四个因素影响,包括工业部门污染排放、污染处理部门污染处理效率、工业部门劳动要素及污染处理部门劳动要素,因此本章对工业部门课污染税补贴污染处理部门分析环境品质。

1. 短期对污染处理部门工资补贴分析

将式(10-1)~(10-7),(10-8*),(10-9),(10-10),(10-11*),(10-12*),(10-13)进行微分整理可得:

$$\begin{bmatrix} -1 & 0 & 0 & A_1 \\ \varepsilon E^{\varepsilon-1} \cdot F_L^1 & -E^{\varepsilon} \cdot |F_{LL}^1| & \dfrac{w_1}{1+\lambda} & 0 \\ 0 & 1 & (L_2 + L_3) & -|B_1| \\ 0 & 0 & 0 & C_1 \end{bmatrix} \cdot \begin{bmatrix} dE \\ dL_1 \\ d\lambda \\ dt \end{bmatrix}$$

$$= \begin{bmatrix} -\dfrac{\mu \cdot F^2}{P_3} \cdot \dfrac{F_L^3}{|F_{LL}^3|} \\ 0 \\ -\dfrac{(1+\lambda)}{P_3} \cdot \dfrac{1}{|F_{LL}^3|} \\ \left(L_3 + \dfrac{s_1}{P_3 \cdot |F_{LL}^3|} \right) \end{bmatrix} ds_1 \qquad (10-15^*)$$

令 Δ_1 为(10-15*)的矩阵行列式,可以得到

$$\Delta_1 = C_1 \cdot D_1$$

其中,$A_1 = \dfrac{(a - \mu \cdot F^3)}{(P_2 - t)} \cdot \dfrac{F_L^2 \cdot F_L^2}{|F_{LL}^2|} > 0$, $B_1 = -\dfrac{(1+\lambda)}{(P_2 - t)} \cdot \dfrac{F_L^2 \cdot F_L^2}{|F_{LL}^2|} < 0$, $C_1 = \left[F^2 - \dfrac{t}{(P_2 - t)} \cdot \dfrac{F_L^2 \cdot F_L^2}{|F_{LL}^2|} \right]$, $D_1 = \left[E^{\varepsilon} \cdot |F_{LL}^1| \cdot (L_2 + L_3) + \dfrac{w_1}{(1+\lambda)} \right] > 0$。

为简化计算,本章提出以下假设:

假设一:$C_1 = \left[F^2 - \dfrac{t}{(P_2 - t)} \cdot \dfrac{F_L^2 \cdot F_L^2}{|F_{LL}^2|} \right] > 0$。

根据假设一可以得到 $\Delta_1 > 0$。再根据 Gramer 法则,可以得到

$$\Delta_1 \dfrac{dE}{ds_1} = D_1 \cdot \left[C_1 \cdot \dfrac{\mu \cdot F^2}{P_3} \cdot \dfrac{F_L^3}{|F_{LL}^3|} + A_1 \cdot \left(L_3 + \dfrac{s_1}{P_3 \cdot |F_{LL}^3|} \right) \right] > 0$$

$$\Delta_1 \dfrac{dL_1}{ds_1} = \dfrac{C_1}{P_3} \cdot \dfrac{-1}{|F_{LL}^3|} \cdot [w_1 - (L_2 + L_3) \cdot \varepsilon E^{\varepsilon-1} \cdot F_L^1 \cdot \mu \cdot F^2 \cdot F_L^3] + \left(L_3 + \dfrac{s_1}{P_3 \cdot |F_{LL}^3|} \right) \left[|B_1| \cdot \dfrac{w_1}{1+\lambda} + A_1 \cdot (L_2 + L_3) \cdot \varepsilon E^{\varepsilon-1} \cdot F_L^1 \right]$$

$$\Delta_1 \dfrac{d\lambda}{ds_1} = \dfrac{C_1}{P_3} \cdot \dfrac{-1}{|F_{LL}^3|} \cdot [E^\varepsilon \cdot |F_{LL}^1| \cdot (1+\lambda) + \varepsilon E^{\varepsilon-1} \cdot F_L^1 \cdot \mu \cdot F^2 \cdot F_L^3] + \left(L_3 + \dfrac{s_1}{P_3 \cdot |F_{LL}^3|} \right) [|B_1| \cdot E^\varepsilon \cdot |F_{LL}^1| - A_1 \cdot \varepsilon E^{\varepsilon-1} \cdot F_L^1]$$

$$\Delta_1 \dfrac{dt}{ds_1} = D_1 \cdot \left(L_3 + \dfrac{s_1}{P_3 \cdot |F_{LL}^3|} \right) > 0$$

根据对经济模型数理分析得到,在短期情况下,对污染处理部门进行工资补贴能够使环境品质提升。污染处理部门的工资补贴对农业部门劳动力的影响没办法直接由计算得知,其中有一不确定因子 $[w_1 - (L_2 + L_3) \cdot \varepsilon E^{\varepsilon-1} \cdot F_L^1 \cdot \mu \cdot F^2 \cdot F_L^3]$,若 $[w_1 - (L_2 + L_3) \cdot \varepsilon E^{\varepsilon-1} \cdot F_L^1 \cdot \mu \cdot F^2 \cdot F_L^3] > 0$,则污染处理部门工资补贴对农业部门劳动力的影响是不明的,若 $[w_1 - (L_2 + L_3) \cdot \varepsilon E^{\varepsilon-1} \cdot F_L^1 \cdot \mu \cdot F^2 \cdot F_L^3] \leq 0$,则污染处理部门的工资补贴对农业部门劳动力有正向影响,因此本章设定假设二短期 $[w_1 - (L_2 + L_3) \cdot \varepsilon E^{\varepsilon-1} \cdot F_L^1 \cdot \mu \cdot F^2 \cdot F_L^3] \leq 0$,因此判定污染处理部门进行工资补贴对农业部门劳动力有正向影响。污染处理部门的工资补贴对城市部门失业率没办法直接从计算结果得知,本章认为短期对污染处理部门工资补贴的城市部门失业率效果无法判定。污染处理部门工资补贴与工业部门课征污染税税额有正向影响,当污染处理部门工资补贴额上升时,对工业部门的污染课税税额也会上升。

2. 短期对污染处理部门资本利率补贴分析

将式(10-1)~(10-9),(10-10*),(10-11*),(10-12*),(10-13*)进行微

分整理可得：

$$\begin{bmatrix} -1 & 0 & 0 & A_1 \\ \varepsilon E^{\varepsilon-1} \cdot F_L^1 & -E^{\varepsilon} \cdot |F_{LL}^1| & \dfrac{w_1}{1+\lambda} & 0 \\ 0 & 1 & (L_2+L_3) & -|B_1| \\ 0 & 0 & 0 & C_1 \end{bmatrix} \cdot \begin{bmatrix} dE \\ dL_1 \\ d\lambda \\ dt \end{bmatrix} = \begin{bmatrix} 0 \\ 0 \\ 0 \\ K_3 \end{bmatrix} ds_2$$

(10-16*)

令 Δ_2 为(10-16*)的矩阵行列式，可以得到

$$\Delta_2 = C_1 \cdot D_1 > 0$$

根据 Gramer 法则计算，得出以下结论：

$$\Delta_2 \frac{dE}{ds_2} = A_1 \cdot D_1 \cdot K_3 > 0$$

$$\Delta_2 \frac{dL_1}{ds_2} = K_3 \cdot \left[|B_1| \cdot \frac{w_1}{1+\lambda} + A_1 \cdot (L_2+L_3) \cdot \varepsilon E^{\varepsilon-1} \cdot F_L^1 \right] > 0$$

$$\Delta_2 \frac{d\lambda}{ds_2} = K_3 \cdot \left[|B_1| \cdot E^{\varepsilon} \cdot |F_{LL}^1| - A_1 \cdot \varepsilon E^{\varepsilon-1} \cdot F_L^1 \right]$$

$$\Delta_2 \frac{dt}{ds_2} = D_1 \cdot K_3 > 0$$

根据数理推算结果得到，短期情况下，污染处理部门进行资本利率补贴会使得环境品质变好，农业部门劳动力也会因资本利率补贴而增加。而污染处理部门资本利率补贴对城市部门失业率影响方向无法判定，其中 $[|B_1| \cdot E^{\varepsilon} \cdot |F_{LL}^1| - A_1 \cdot \varepsilon E^{\varepsilon-1} \cdot F_L^1]$ 分别在大于小于等于零时，资本利率补贴与城市部门失业率有不同效果，因此本章判定短期污染处理部门的资本利率补贴对城市部门失业率效果无法判定。对污染处理部门资本利率补贴对工业部门污染税税额有正向效果，表示当对污染处理部门资本利率补贴增加时，对工业部门课征的污染税税额会因此上升。

3. 短期对污染处理部门商品价格补贴分析

将式(10-1)~(10-7),(10-8**), (10-9), (10-10**), (10-11*), (10-

| 第十章　工业污染税补贴污染处理产业的环境效果分析 |

12^*),$(10-13^{**})$进行微分整理可得

$$\begin{bmatrix} -1 & 0 & 0 & A_1 \\ \varepsilon E^{\varepsilon-1} \cdot F_L^1 & -E^\varepsilon \cdot |F_{LL}^1| & \dfrac{w_1}{1+\lambda} & 0 \\ 0 & 1 & (L_2+L_3) & -|B_1| \\ 0 & 0 & 0 & C_1 \end{bmatrix} \cdot \begin{bmatrix} dE \\ dL_1 \\ d\lambda \\ dt \end{bmatrix}$$

$$= \begin{bmatrix} -\dfrac{\mu \cdot F^2}{(P_3+s_3)} \cdot \dfrac{F_L^3 \cdot F_L^3}{|F_{LL}^3|} \\ 0 \\ -\dfrac{(1+\lambda)}{(P_3+s_3)} \cdot \dfrac{F_L^3}{|F_{LL}^3|} \\ \left[F^3 + \dfrac{s_3}{(P_3+s_3)} \cdot \dfrac{F_L^3 \cdot F_L^3}{|F_{LL}^3|}\right] \end{bmatrix} ds_3 \qquad (10-17^*)$$

令 Δ_3 为 $(10-17^*)$ 的矩阵行列式,可以得到

$$\Delta_3 = C_1 \cdot D_1 > 0$$

$$\Delta_1 = \Delta_2 = \Delta_3$$

经过计算得到以下结论：

$$\Delta_3 \dfrac{dE}{ds_3} = D_1 \cdot \left\{ C_1 \cdot \dfrac{\mu \cdot F^2}{(P_3+s_3)} \cdot \dfrac{F_L^3 \cdot F_L^3}{|F_{LL}^3|} + A_1 \cdot \left[F^3 + \dfrac{s_3}{(P_3+s_3)} \cdot \dfrac{F_L^3 \cdot F_L^3}{|F_{LL}^3|}\right] \right\} > 0$$

$$\Delta_3 \dfrac{dL_1}{ds_3} = \dfrac{-C_1}{(P_3+s_3)} \cdot \dfrac{F_L^3}{|F_{LL}^3|} [w_1 - (L_2+L_3) \cdot \varepsilon E^{\varepsilon-1} \cdot F_L^1 \cdot \mu \cdot F^2 \cdot F_L^3] + \left[F^3 + \dfrac{s_3}{(P_3+s_3)} \cdot \dfrac{F_L^3 \cdot F_L^3}{|F_{LL}^3|}\right] \cdot \left[-|B_1| \cdot \dfrac{w_1}{1+\lambda} + A_1 \cdot (L_2+L_3) \cdot \varepsilon E^{\varepsilon-1} \cdot F_L^1\right]$$

$$\Delta_3 \dfrac{d\lambda}{ds_3} = \dfrac{-C_1}{(P_3+s_3)} \cdot \dfrac{F_L^3}{|F_{LL}^3|} [-E^\varepsilon \cdot |F_{LL}^1| \cdot (1+\lambda) + \varepsilon E^{\varepsilon-1} \cdot F_L^1 \cdot \mu \cdot F^2 \cdot F_L^3] + \left[F^3 + \dfrac{s_3}{(P_3+s_3)} \cdot \dfrac{F_L^3 \cdot F_L^3}{|F_{LL}^3|}\right] [|B_1| \cdot E^\varepsilon \cdot |F_{LL}^1| - A_1 \cdot \varepsilon E^{\varepsilon-1} \cdot F_L^1]$$

$$\Delta_3 \dfrac{dt}{ds_3} = D_1 \cdot \left[F^3 + \dfrac{s_3}{(P_3+s_3)} \cdot \dfrac{F_L^3 \cdot F_L^3}{|F_{LL}^3|}\right] > 0$$

根据计算结果,短期情况下污染处理部门对产品价格补贴会使得环境品质变好,而污染处理部门价格补贴的农业部门劳动力效果无法从计算结果中直接判定,本章根据假设二 $[w_1-(L_2+L_3)\cdot\varepsilon E^{\varepsilon-1}\cdot F_L^1\cdot\mu\cdot F^2\cdot F_L^3]\leqslant 0$,并且设定假设三 $\Big[-|B_1|\cdot\dfrac{w_1}{1+\lambda}+A_1\cdot(L_2+L_3)\cdot\varepsilon E^{\varepsilon-1}\cdot F_L^1\Big]>0$,可以得到对污染处理部门产品价格补贴会使得农业部门劳动人口增加。污染处理部门价格补贴对城市部门失业率的影响无法直接由计算结果判定,本章因此提出假设四 $[|B_1|\cdot E^\varepsilon\cdot|F_{LL}^1|-A_1\cdot\varepsilon E^{\varepsilon-1}\cdot F_L^1]\leqslant 0$,则污染处理部门价格补贴短期会使得城市部门失业率下降。经过计算结果得到短期对污染处理部门价格补贴会使得对工业部门课征的污染税税额增加。

三、短期污染处理部门补贴的市场机制分析

根据在降阶时得到的内生变量关系式①,可得下表10-1。

表10-1 短期计算结果

	dX_1	dX_2	dX_3	dZ	dE	dL_1	dL_2	dL_3	dw_1	dr_2	dr_3	$d\lambda$
ds_1	+	−	+	+	+	+	−	+	X	−	+	X
ds_2	+	−	0	−	+	+	−	0	X	−	+	X
ds_3	+	−	+	−	+	+	−	+	+	−	+	−

根据表10-1的结果,可以得到命题1。

命题1:在短期情况下,对污染处理部门无论是采取工资补贴、资本利率补贴还是产品价格补贴都能减少污染排放进而提升环境品质,但都会使得工业部门污染税额提高且工业部门劳动要素流向农业部门与污染处理部门。

短期情况下部门间不存在资本流动,因此环境变化的主要原因来源于工业部门与污染处理部门间的劳动要素流动。当污染处理部门补贴增加时,工业部门会增加生产成本,并且因为利润最大化原则而减少雇用劳动力,缩小生产规模,劳动力会从

---

① 参见附录A。

工业部门转移到农业部门与污染处理部门,工业部门缩小生产规模会减少因工业品制造产生的污染,使得环境品质提升;与此同时,污染处理部门因要素价格补贴而减少生产成本,因此扩大生产规模进而使环境品质提升。

第三节　长期理论模型

一、长期模型建立

长期因资本在城市部门间自由流动,城市的工业部门与污染处理部门享有一样的资本利率,以及工业部门与污染处理部门的资本禀赋固定。长期模型建立如下:

$$X_1 = E^\varepsilon \cdot F^1(L_1) \tag{10-1}$$

$$X_2 = F^2(L_2, K_2) \tag{10-2}$$

$$X_3 = F^3(L_3, K_3) \tag{10-28}$$

$$Z = (a - \mu \cdot X_3) X_2 \tag{10-29}$$

$$E = \overline{E} - Z \tag{10-30}$$

$$E^\varepsilon \cdot F^1_L(L_1) = w_1 \tag{10-31}$$

$$(P_2 - t) \cdot F^2_L(L_2, K_2) = \overline{w} \tag{10-32}$$

$$P_3 \cdot F^3_L(L_3, K_3) = \overline{w} \tag{10-33}$$

$$(P_2 - t) \cdot F^2_K(L_2, K_2) = r \tag{10-34}$$

$$P_3 \cdot F^3_K(L_3, K_3) = r \tag{10-35}$$

$$L_1 + L_2 + L_3 + L_u = \overline{L}, \frac{L_u}{L_2 + L_3} = \lambda \tag{10-36}$$

$$L_1 + (1+\lambda)L_2 + (1+\lambda)L_3 = \overline{L} \tag{10-37}$$

$$w_1 = \frac{L_2 + L_3}{(1+\lambda)L_2 + (1+\lambda)L_3} \cdot \overline{w} \tag{10-38}$$

$$(1+\lambda)w_1 = \overline{w} \tag{10-39}$$

$$K_2 + K_3 = \overline{K} \tag{10-40}$$

对工资补贴有以下等式成立:

$$P_3 \cdot F_L^3(L_3, K_3) = \overline{w} - s_1 \tag{10-41}$$

$$t \cdot F^2 = s_1 \cdot L_3 \tag{10-42}$$

对资本利率补贴有以下等式成立:

$$P_3 \cdot F_K^3(L_3, K_3) = r - s_2 \tag{10-43}$$

$$t \cdot F^2 = s_2 \cdot K_3 \tag{10-44}$$

对污染处理部门产品价格补贴有以下等式成立:

$$(P_3 + s_3) \cdot F_L^3(L_3, K_3) = \overline{w} \tag{10-45}$$

$$(P_3 + s_3) \cdot F_K^3(L_3, K_3) = r \tag{10-46}$$

$$t \cdot F^2 = s_3 \cdot F^3 \tag{10-47}$$

此模型中,反映工资补贴的模型由(10-1)~(10-2),(10-28)~(10-32),(10-41),(10-34),(10-35),(10-37),(10-39),(10-40),(10-42),14个方程组成;反应资本利率补贴的模型由(10-1)~(10-34),(10-43),(10-37),(10-39),(10-40),(10-42),14个方程组成;反应污染处理部门价格补贴的模型由(10-1)~(10-32),(10-45),(10-34),(10-46),(10-37),(10-39),(10-40),(10-47),14个方程组成。模型中可决定内生变量 $X_1, X_2, X_3, Z, E, L_1, L_2, L_3, w_1, r, \lambda, K_2, K_3, t$ 共14个,而在建模过程中分别可决定外生变量 $a, \mu, \overline{E}, \overline{w}, \overline{L}, P_2, P_3, \overline{K}, s_1, s_2, s_3$,本章长期基本模型到此已建立完毕。

二、长期理论模型分析

由第(10-2),(10-28),(10-30)式代入第(10-29)式可得

$$\begin{aligned}
\mathrm{d}E &= -X_2 \cdot \mathrm{d}a + X_2 \cdot X_3 \cdot \mathrm{d}\mu + X_2 \cdot \mu \cdot \mathrm{d}X_3 - (a - \mu \cdot X_3) \cdot \mathrm{d}X_2 \\
&= -X_2 \cdot \mathrm{d}a + X_2 \cdot X_3 \cdot \mathrm{d}\mu + X_2 \cdot \mu \cdot F_L^3 \cdot \mathrm{d}L_3 + X_2 \cdot \mu \cdot F_K^3 \cdot \mathrm{d}K_3 - \\
&\quad (a - \mu \cdot X_3) \cdot F_L^2 \cdot \mathrm{d}L_2 - (a - \mu \cdot X_3) \cdot F_K^2 \cdot \mathrm{d}K_2
\end{aligned} \tag{10-48}$$

由(10-48)式得知长期环境品质会受到六个因素影响,包括工业部门污染排放、污染处理部门的污染处理效率、工业部门劳动与资本要素及污染处理部门劳动与资本要素,与短期相比,环境会更多受到工业部门与污染处理部门资本要素影响,本章因此对工业部门课税补贴污染处理部门研究环境效果。

1. 长期对污染处理部门工资补贴分析

将式(10-1)~(10-32),(10-41),(10-34),(10-35),(10-37),(10-39),(10-40),(10-42)进行微分整理可得以下矩阵:

$$\begin{bmatrix} -1 & 0 & 0 & A_2 & E_2 \\ \varepsilon E^{\varepsilon-1} \cdot F_L^1 & -E^\varepsilon \cdot |F_{LL}^1| & \dfrac{w_1}{1+\lambda} & 0 & 0 \\ 0 & 0 & 0 & |B_2| & |F_2| \\ 0 & 1 & (L_2+L_3) & |C_2| & G_2 \\ 0 & 0 & 0 & D_2 & |H_2| \end{bmatrix} \cdot \begin{bmatrix} dE \\ dL_1 \\ d\lambda \\ dt \\ dK_3 \end{bmatrix}$$

$$= \begin{bmatrix} -\dfrac{\mu \cdot F^2}{P_3} \cdot \dfrac{F_L^3}{|F_{LL}^3|} \\ 0 \\ \dfrac{F_{KL}^3}{|F_{LL}^3|} \\ -\dfrac{(1+\lambda)}{P_3} \cdot \dfrac{1}{|F_{LL}^3|} \\ \left(L_3 + \dfrac{s_1}{P_3 \cdot |F_{LL}^3|}\right) \end{bmatrix} ds_1 \qquad (10-49)$$

令 Δ_4 为(10-49)的矩阵行列式,可以得到

$$\Delta_4 = -|I_2| \cdot (|B_2| \cdot |H_2| + D_2 \cdot |F_2|) < 0$$

其中,$A_2 = \dfrac{(a-\mu \cdot F^3)}{(P_2-t)} \cdot \dfrac{F_L^2 \cdot F_L^2}{|F_{LL}^2|} > 0$, $B_2 = \left(-\dfrac{F_L^2 \cdot F_{KL}^2}{|F_{LL}^2|} - F_K^2\right) < 0$, $C_2 = -\dfrac{(1+\lambda)}{(P_2-t)}$

$\cdot \dfrac{F_L^2 \cdot F_L^2}{|F_{LL}^2|} < 0$, $D_2 = \left[F^2 - \dfrac{t}{(P_2-t)} \cdot \dfrac{F_L^2 \cdot F_L^2}{|F_{LL}^2|}\right]$, $E_2 = \left[(a - \mu \cdot F^3) \cdot \right.$

$\left(F_K^2 + \dfrac{F_L^2 \cdot F_{LK}^2}{|F_{LL}^2|}\right) + \mu \cdot F^2 \cdot \left(F_K^3 + \dfrac{F_L^3 \cdot F_{LK}^3}{|F_{LL}^3|}\right)\right] > 0$, $F_2 = \left[(P_2 - t)(-F_{KK}^2 - \dfrac{F_{KL}^2 \cdot F_{LK}^2}{|F_{LL}^2|}) + P_3\left(-F_{KK}^3 - \dfrac{F_{KL}^3 \cdot F_{LK}^3}{|F_{LL}^3|}\right)\right] < 0$, $G_2 = (1+\lambda) \cdot \left(-\dfrac{F_{LK}^2}{|F_{LL}^2|} + \dfrac{F_{LK}^3}{|F_{LL}^3|}\right)$,

$H_2 = \left[t\left(F_K^2 + F_L^2 \cdot \dfrac{F_{LK}^2}{|F_{LL}^2|}\right) - s_1 \cdot \dfrac{F_{LK}^3}{|F_{LL}^3|}\right]$, $I_2 = \left[-E^\varepsilon \cdot |F_{LL}^1| \cdot (L_2 + L_3) - \dfrac{w_1}{(1+\lambda)}\right] < 0$。

为简化计算，本章提出以下假设：

假设五：$D_2 = \left[F^2 - \dfrac{t}{(P_2 - t)} \cdot \dfrac{F_L^2 \cdot F_L^2}{|F_{LL}^2|}\right] > 0$。

假设六：$G_2 = (1+\lambda) \cdot \left(-\dfrac{F_{LK}^2}{|F_{LL}^2|} + \dfrac{F_{LK}^3}{|F_{LL}^3|}\right) = 0$。

假设七：$H_2 = \left[t\left(F_K^2 + F_L^2 \cdot \dfrac{F_{LK}^2}{|F_{LL}^2|}\right) - s_1 \cdot \dfrac{F_{LK}^3}{|F_{LL}^3|}\right] < 0$。

根据假设五与假设七可以得到 $\Delta_4 < 0$。再根据 Gramer 法则，解得

$\Delta_4 \dfrac{dE}{ds_1} = |I_2| \left\{E_2 \cdot \left[-D_2 \cdot \dfrac{F_{KL}^3}{|F_{LL}^3|} + |B_2| \cdot \left(L_3 + \dfrac{s_1}{P_3 \cdot |F_{LL}^3|}\right)\right] - |F_2| \cdot \left[A_2 \cdot \left(L_3 + \dfrac{s_1}{P_3 \cdot |F_{LL}^3|}\right) + D_2 \cdot \dfrac{\mu \cdot F^2}{P_3} \cdot \dfrac{F_L^3}{|F_{LL}^3|}\right] + \dfrac{|H_2|}{|F_{LL}^3|} \cdot \left(\dfrac{|B_2|}{P_3} \cdot \mu \cdot F^2 \cdot F_L^3 + A_2 \cdot F_{KL}^3\right)\right\}$,

$\Delta_4 \dfrac{dL_1}{ds_1} = \dfrac{1}{P_3} \cdot \dfrac{1}{|F_{LL}^3|} \left[w_1 - (L_2 + L_3) \cdot \varepsilon E^{\varepsilon - 1} \cdot F_L^1 \cdot \mu \cdot F^2 \cdot F_L^3\right] + \left(L_3 + \dfrac{s_1}{P_3 \cdot |F_{LL}^3|}\right) \cdot \left[|C_2| \cdot \dfrac{w_1}{1+\lambda} + A_2 \cdot \varepsilon E^{\varepsilon - 1} \cdot (L_2 + L_3)\right] \cdot \left[|F_2| \cdot \left(L_3 + \dfrac{s_1}{P_3 \cdot |F_{LL}^3|}\right) - |H_2| \cdot \dfrac{F_{KL}^3}{|F_{LL}^3|}\right] + \left[|B_2| \cdot \left(L_3 + \dfrac{s_1}{P_3 \cdot |F_{LL}^3|}\right) + D_2 \cdot \dfrac{F_{KL}^3}{|F_{LL}^3|}\right] \cdot \left[E_2 \cdot \varepsilon E^{\varepsilon - 1} \cdot F^1 L \cdot (L_2 + L_3)\right]$,

$$\Delta_4 \frac{d\lambda}{ds_1} = [E^{\varepsilon} \cdot |F_{LL}^1| \cdot (1+\lambda) + \varepsilon E^{\varepsilon-1} \cdot F_L^1 \cdot (L_2+L_3) \cdot \mu \cdot F^2 \cdot F_L^3] \cdot$$

$$\left[\frac{|B_2| \cdot H_2 + D_2 \cdot |F_2|}{P_3 \cdot |F_{LL}^3|}\right] - [|C_2| \cdot E^{\varepsilon} \cdot |F_{LL}^1| - A_2 \cdot \varepsilon E^{\varepsilon-1} \cdot F_L^1] \cdot \left[F_2 \cdot \left(L_3\right.\right.$$

$$\left.\left.+ \frac{s_1}{P_3 \cdot |F_{LL}^3|}\right) - H_2 \cdot \frac{F_{KL}^3}{|F_{LL}^3|}\right] - \left[|B_2| \cdot \left(L_3 + \frac{s_1}{P_3 \cdot |F_{LL}^3|}\right) + D_2 \cdot \frac{F_{KL}^3}{|F_{LL}^3|}\right] \cdot$$

$$[G_2 \cdot E^{\varepsilon} \cdot |F_{LL}^1| + E_2 \cdot \varepsilon E^{\varepsilon-1} \cdot F_L^1],$$

$$\Delta_4 \frac{dt}{ds_1} = |I_2| \cdot \left[F_2 \cdot \left(L_3 + \frac{s_1}{P_3 \cdot |F_{LL}^3|}\right) - |H_2| \cdot \frac{F_{KL}^3}{|F_{LL}^3|}\right],$$

$$\Delta_4 \frac{dK_3}{ds_1} = |I_2| \cdot \left[|B_2| \cdot \left(L_3 + \frac{s_1}{P_3 \cdot |F_{LL}^3|}\right) + D_2 \cdot \frac{F_{KL}^3}{|F_{LL}^3|}\right] > 0_。$$

根据以上计算结果可以得出,在长期情况下,对污染处理部门的工资进行补贴时的环境效果无法直接从计算结果得出结论,且因不确定因素较多,本章判定对污染处理部门工资补贴的环境效果不明;对污染处理部门工资进行补贴时对农业部门的劳动力效果无法直接从计算结果得知,只有在两个不确定因子$[w_1 - \varepsilon E^{\varepsilon-1} \cdot F_L^1 \cdot$

$(L_2+L_3) \cdot \mu \cdot F^2 \cdot F_L^3] > 0$ 以及 $\left[|F_2| \cdot \left(L_3 + \frac{s_1}{P_3 \cdot |F_{LL}^3|}\right) - |H_2| \cdot \frac{F_{KL}^3}{|F_{LL}^3|}\right] > 0$

时可以得出结论,对于污染处理部门的工资补贴增加会增加农业部门劳动力,因此本章做出假设八长期$[w_1 - (L_2+L_3) \cdot \varepsilon E^{\varepsilon-1} \cdot F_L^1 \cdot \mu \cdot F^2 \cdot F_L^3] > 0$ 以及假设九

$\left[|F_2| \cdot \left(L_3 + \frac{s_1}{P_3 \cdot |F_{LL}^3|}\right) - |H_2| \cdot \frac{F_{KL}^3}{|F_{LL}^3|}\right] > 0$,得出结论污染处理部门的工资补贴增加会使得劳动要素流向农村部门;对污染处理部门工资补贴的城市部门失业率效果与污染税税额无法从理论模型计算中得知,本章判定长期对污染处理部门工资补贴的效果不明;对污染处理部门工资补贴的资本效果计算结果为负向,表示长期对污染处理部门工资补贴使得污染处理部门的资本减少。

2. 长期对污染处理部门资本利率补贴分析

反应资本利率补贴的模型为(10-1)~(10-2),(10-28)~(10-34),(10-43),(10-37),(10-39),(10-40),(10-42),将此14式进行微分整理可得以下矩阵:

$$\begin{bmatrix} -1 & 0 & 0 & A_2 & E_2 \\ \varepsilon E^{\varepsilon-1} \cdot F_L^1 & -E^{\varepsilon} \cdot |F_{LL}^1| & \dfrac{w_1}{1+\lambda} & 0 & 0 \\ 0 & 0 & 0 & -|B_2| & -|F_2| \\ 0 & 1 & (L_2+L_3) & -|C_2| & G_2 \\ 0 & 0 & 0 & D_2 & -|J_2| \end{bmatrix} \cdot \begin{bmatrix} dE \\ dL_1 \\ d\lambda \\ dt \\ dK_3 \end{bmatrix} = \begin{bmatrix} 0 \\ 0 \\ 1 \\ 0 \\ K_3 \end{bmatrix} ds_2$$

(10-50)

令 Δ_5 为(10-50)的矩阵行列式,可以得到

$$\Delta_5 = -|I_2|(|B_2| \cdot |J_2| + D_2 \cdot |F_2|) < 0$$

$$J_2 = \left[t\left(-\frac{F_L^2 \cdot F_{LK}^2}{|F_{LL}^2|} - F_K^2 \right) - s_2 \right] < 0$$

根据假设四可以得到 $\Delta_5 < 0$。再根据 Gramer 法则,解得

$$\Delta_5 \frac{dE}{ds_2} = |I_2| \cdot [-A_2(|F_2| \cdot K_3 - |J_2|) + E_2(D_2 + |B_2| \cdot K_3)],$$

$$\Delta_5 \frac{dL_1}{ds_2} = \left[(|F_2| \cdot K_3 - |J_2|)\left(-|C_2| \cdot \frac{w_1}{1+\lambda} + A_2 \cdot \varepsilon E^{\varepsilon-1} \cdot F_L^1 \right) + \varepsilon E^{\varepsilon-1} \cdot F_L^1 \cdot E_2 \cdot (D_2 + |B_2| \cdot K_3) \right],$$

$$\Delta_5 \frac{d\lambda}{ds_2} = \left[-(|F_2| \cdot K_3 + |J_2|) \cdot (|C_2| \cdot E^{\varepsilon} \cdot |F_{LL}^1| - A_2 \cdot \varepsilon E^{\varepsilon-1} \cdot F_L^1) \right] - \varepsilon E^{\varepsilon-1} \cdot F_L^1 \cdot E_2 \cdot (D_2 + |B_2| \cdot K_3),$$

$$\Delta_5 \frac{dt}{ds_2} = -|I_2| \cdot (|F_2| \cdot K_3 - |J_2|),$$

$$\Delta_5 \frac{dK_3}{ds_2} = |I_2| \cdot (D_2 + |B_2| \cdot K_3) > 0。$$

根据数理分析可以知道长期情况下,对污染处理部门资本利率补贴的环境效果无法直接计算出来,其中不确定因子 $(|F_2| \cdot K_3 - |J_2|) \leqslant 0$ 时可以得到对污染处理部门资本利率补贴的效果,否则结果不明。

因此本章做出假设十 $(|F_2| \cdot K_3 - |J_2|) \leqslant 0$,得到污染处理部门资本利率补贴

长期会使得环境品质下降;对污染处理部门资本利率补贴的农业部门劳动力效果无法直接从计算中得知,因为不能确定的因素较多,我们不能判定其结果;对污染处理部门资本利率补贴的城市部门失业率效果无法直接从计算结果得知,在假设十基础上依然无法判定对污染处理部门资本利率补贴的城市部门失业率效果,因此本章认为长期对污染处理部门资本利率补贴的城市部门失业率效果无法从理论模型中推算得知;污染处理部门的资本利率补贴对工业部门污染税税额的效果根据假设十可以得到为负向效果或者零效果,表示对污染处理部门长期资本利率补贴会使得工业部门污染税课税税额减少;对污染部门资本利率补贴的污染处理部门资本效果为负向,表示长期对污染处理部门资本利率补贴使得污染处理部门资本额减少。

3. 长期对污染处理部门商品价格补贴分析

反应污染处理部门产品价格补贴的模型为(10-1)~(10-32),(10-45),(10-34),(10-46),(10-37),(10-39),(10-40),(10-47),将此14式进行微分整理可得以下矩阵:

$$\begin{bmatrix} -1 & 0 & 0 & A_2 & E_2 \\ \varepsilon E^{\varepsilon-1} \cdot F_L^1 & -E^\varepsilon \cdot |F_{LL}^1| & \dfrac{w_1}{1+\lambda} & 0 & 0 \\ 0 & 0 & 0 & -|B_2| & -|K_2| \\ 0 & 1 & (L_2+L_3) & -|C_2| & G_2 \\ 0 & 0 & 0 & D_2 & -|L_2| \end{bmatrix} \cdot \begin{bmatrix} dE \\ dL_1 \\ d\lambda \\ dt \\ dK_3 \end{bmatrix}$$

$$= \begin{bmatrix} -\dfrac{\mu \cdot F^2}{(P_3+s_3)} \cdot \dfrac{F_L^3 \cdot F_L^3}{|F_{LL}^3|} \\ 0 \\ \left(F_K^3 + F_L^3 \cdot \dfrac{F_{KL}^3}{|F_{LL}^3|} \right) \\ -\dfrac{(1+\lambda)}{(P_3+s_3)} \cdot \dfrac{F_L^3}{|F_{LL}^3|} \\ \left[F^3 + \dfrac{s_3}{(P_3+s_3)} \cdot \dfrac{F_L^3 \cdot F_L^3}{|F_{LL}^3|} \right] \end{bmatrix} ds_3 \qquad (10-51)$$

令 Δ_6 为(10-51)的矩阵行列式，可以得到

$$\Delta_6 = -|I_2| \cdot (|B_2| \cdot |L_2| + D_2 \cdot |K_2|) < 0$$

其中，$K_2 = \left[(P_2 - t)\left(-F_{KK}^2 - \dfrac{F_{KL}^2 \cdot F_{LK}^2}{|F_{LL}^2|} \right) + (P_3 + s_3)\left(-F_{KK}^3 - \dfrac{F_{KL}^3 \cdot F_{LK}^3}{|F_{LL}^3|} \right) \right] < 0$,

$L_2 = \left[t\left(-\dfrac{F_L^2 \cdot F_{LK}^2}{|F_{LL}^2|} - F_K^2 \right) + s_3\left(-\dfrac{F_L^3 \cdot F_{LK}^3}{|F_{LL}^3|} - F_K^3 \right) \right] < 0$。

根据假设四可以得到 $\Delta_6 < 0$。再根据 Gramer 法则，解得以下结果：

$$\Delta_6 \dfrac{dE}{ds_3} = |I_2| \left\{ \dfrac{\mu \cdot F^2}{(P_3 + s_3)} \cdot \dfrac{-F_L^3 \cdot F_L^3}{|F_{LL}^3|} \cdot (|B_2| \cdot |L_2| + D_2 \cdot K_2) + \right.$$

$$\left[F^3 + \dfrac{s_3}{(P_3 + s_3)} \cdot \dfrac{F_L^3 \cdot F_L^3}{|F_{LL}^3|} \right](-A_2 \cdot |K_2| + |B_2| \cdot E_2) + (F_K^3 + F_L^3 \cdot \dfrac{F_{KL}^3}{|F_{LL}^3|})(D_2 \cdot$$

$$E_2 - A_2 \cdot |L_2|) \Big\},$$

$$\Delta_6 \dfrac{dL_1}{ds_3} = (|C_2| \cdot E^\varepsilon \cdot |F_{LL}^1| - A_2 \cdot \varepsilon E^{\varepsilon-1} \cdot F_L^1) \cdot \left\{ L_2 \cdot \left(F_K^3 + F_L^3 \cdot \dfrac{F_{KL}^3}{|F_{LL}^3|} \right) - \right.$$

$$K_2 \cdot \left[F^3 + \dfrac{s_3}{(P_3 + s_3)} \cdot \dfrac{F_L^3 \cdot F_L^3}{|F_{LL}^3|} \right] \Big\} + \dfrac{1}{(P_3 + s_3)} \cdot \dfrac{F_L^3}{|F_{LL}^3|} \cdot [E^\varepsilon \cdot |F_{LL}^1| \cdot (1+\lambda) +$$

$$\varepsilon E^{\varepsilon-1} \cdot F_L^1 \cdot \mu \cdot F^2 \cdot F_L^3] \cdot (|B_2| \cdot |L_2| + D_2 \cdot |K_2|) + (G_2 \cdot E^\varepsilon \cdot |F_{LL}^1| + E_2 \cdot$$

$$\varepsilon E^{\varepsilon-1} \cdot F_L^1) \Big\{ |B_2| \cdot \left[F^3 + \dfrac{s_3}{(P_3 + s_3)} \cdot \dfrac{F_L^3 \cdot F_L^3}{|F_{LL}^3|} \right] - D_2 \cdot \left(F_K^3 + F_L^3 \cdot \dfrac{F_{KL}^3}{|F_{LL}^3|} \right) \Big\},$$

$$\Delta_6 \dfrac{d\lambda}{ds_3} = \left[|C_2| \cdot \dfrac{w_1}{1+\lambda} + A_2 \cdot \varepsilon E^{\varepsilon-1} \cdot F_L^1 \cdot (L_2 + L_3) \right] \cdot \left\{ L_2 \cdot \left(F_K^3 + F_L^3 \cdot \right. \right.$$

$$\left. \dfrac{F_{KL}^3}{|F_{LL}^3|} \right) - K_2 \cdot \left[F^3 + \dfrac{s_3}{(P_3 + s_3)} \cdot \dfrac{F_L^3 \cdot F_L^3}{|F_{LL}^3|} \right] \Big\} + \dfrac{1}{(P_3 + s_3)} \cdot \dfrac{F_L^3}{|F_{LL}^3|} \cdot [w_1 - \varepsilon E^{\varepsilon-1} \cdot$$

$$F_L^1 \cdot (L_2 + L_3) \cdot \mu \cdot F^2 \cdot F_L^3] \cdot [|B_2| \cdot |L_2| + (1+\lambda) D_2 \cdot |K_2|] + \Big\{ -|B_2| \cdot$$

$$\left[F^3 + \dfrac{s_3}{(P_3 + s_3)} \cdot \dfrac{F_L^3 \cdot F_L^3}{|F_{LL}^3|} \right] - D_2 \cdot \left(F_K^3 + F_L^3 \cdot \dfrac{F_{KL}^3}{|F_{LL}^3|} \right) \Big\},$$

$$\Delta_6 \dfrac{dt}{ds_3} = |I_2| \Big\{ |L_2| \cdot \left(F_K^3 + F_L^3 \cdot \dfrac{F_{KL}^3}{|F_{LL}^3|} \right) - |K_2| \cdot \left[F^3 + \dfrac{s_3}{(P_3 + s_3)} \cdot \right. \right.$$

$$\left. \frac{F_L^3 \cdot F_L^3}{|F_{LL}^3|} \right] \right\},$$

$$\Delta_6 \frac{dK_3}{ds_3} = |I_2| \left\{ |B_2| \cdot \left[F^3 + \frac{s_3}{(P_3 + s_3)} \cdot \frac{F_L^3 \cdot F_L^3}{|F_{LL}^3|} \right] + D \cdot \left(F_K^3 + F_L^3 \cdot \frac{F_{KL}^3}{|F_{LL}^3|} \right) \right\}$$

>0。

根据以上数理分析结果可以得到长期情况下：对污染处理部门的产品价格补贴的环境效果有较多的不确定因子，本章因此判定影响效果方向不明；污染处理部门产品价格补贴的农业部门劳动力效果无法直接从计算结果得知，本章认为无法借由理论模型判定长期对污染处理部门价格补贴的农业部门劳动力效果；污染处理部门商品价格补贴的城市部门失业率效果无法直接从计算结果得知，由于不确定因子较多，本章判定影响结果为不明；污染处理部门长期价格补贴的工业部门污染税税额效果无法直接判定，因不能判定 $\left\{ |L_2| \cdot \left(F_K^3 + F_L^3 \cdot \frac{F_{KL}^3}{|F_{LL}^3|} \right) - |K_2| \cdot \left[F^3 + \frac{s_3}{(P_3 + s_3)} \cdot \right. \right.$

$\left. \left. \frac{F_L^3 \cdot F_L^3}{|F_{LL}^3|} \right] \right\}$ 的正负，因此本章认为污染处理部门的价格补贴对工业污染税效果不明；长期对污染处理部门价格补贴使得污染处理部门资本额减少。

三、长期污染处理部门补贴的市场机制分析

根据在降阶时得到的内生变量关系式①，可以得到下表10-2。

表10-2 长期计算结果

	dX_1	dX_2	dX_3	dZ	dE	dL_1	dL_2	dL_3	dw_1	dr	dλ	dt	dK_2	dK_3
ds_1	X	X	X	X	X	+	X	X	X	X	X	X	+	−
ds_2	X	+	−	+	−	X	+	−	X	+	X	−,0	+	−
ds_3	X	X	+	X	X	X	X	+	X	X	X	−	−	+

根据表10-2的结果，可以得到命题2。

---

① 参见附录 B。

命题 2：在长期情况下，工资补贴与产品价格补贴的污染物与环境品质效果不明；资本利率补贴会造成环境品质下降并且劳动力会从污染处理部门流向工业部门，使得工业部门产量增加，污染处理部门产量减少。

长期情况下，对污染处理部门的资本利率补贴使得污染处理部门使用资本的成本降低，因此多用资本要素少用劳动要素，污染处理部门的劳动要素因此流入工业部门，工业部门生产函数为一阶齐次，因此工业部门劳动要素增加带动资本要素增加，工业部门因此产出增加，使得污染排放增加，环境品质下降。

第四节　数值模拟

为考察本章理论模型的解释力，本节将分成两部分并参考中国经济数据与相关文献资料，对本章理论模型做数值模拟与参数校准。

一、参数校准

在参数校准中，本节将农村部门、工业部门、污染处理部门的生产函数设定为柯布—道格拉斯生产函数：

$$X_1 = E^\varepsilon \cdot L_1^\alpha \text{①}$$

$$X_2 = L_2^\beta \cdot K_2^{1-\beta}$$

$$X_3 = L_3^\gamma \cdot K_3^{1-\gamma}$$

本节采用国家统计局② 2020 年统计资料模拟本节设定的经济模型可能的发展。以 2020 年第一产业增加值、第二产业增加值作为本节农村部门与工业部门参考产值，因污染处理部门相关数据较不易取得，本节以第二产业增加值 383 562×10％≈38 356（亿元）作为污染处理部门的参考产值。2020 年第一、二产业就业人员数作为

---

① 因农村部门劳动为唯一生产要素，本章将其份额 α 设为 1。
② https://data.stats.gov.cn/easyquery.htm?cn=A01。

本节农村部门与工业部门参考劳动力人数,并以第二产业就业人员数 21 534×10%≈ 2 153(万人)作为污染处理部门劳动力人数,此外国家统计局公告失业率为 4.2%,可以推算失业人数。以 2020 年农、林、牧、渔业其他单位就业人员平均工资与城镇单位就业人员平均工资作为本节农村部门与城市部门(工业部门与污染处理部门)参考工资。利率方面,中国人民银行货币政策司[①] 2022 年 3 月 21 日公告全国银行间同业拆借中心授权公布贷款市场报价利率(LPR)5 年期以上利率为 4.6%,本节将其上调至 6.6%作为城市部门利率。根据以上数据资料,可得表 10-3。经由推算,可得以下数据 $\bar{E}=0.81, q_1=885\,750, \beta_1=0.55, \beta_2=0.45, K_2=26\,152, q_2=1\,262\,036, \gamma_1=0.62, \gamma_2=0.38, K_3=22\,084, q_3=188\,863$。

表 10-3 国家统计局基本数据

	产值(亿元)	劳动力(万人)	平均工资(元)	利率
农业部门	78 031	17 715	54 682	
工业部门	383 562	21 534	97 379	6.6%
污染处理部门	38 356	2 153	97 379	6.6%

假设环境禀赋为 100,未经处理的污染物排放为 0.165,污染处理部门效率为 0.000 006 9,根据以上数据对工资补贴、资本利率补贴、价格补贴模型分别做参数校准,得到表 10-4 与表 10-5 所示参数校准值。

表 10-4 短期模型参数校准值[②]

项目	β_1	β_2	γ_1	γ_2	ε
工资补贴校准值	0.171	0.829	0.113	0.887	0.282
资本利率补贴校准值	0.171	0.829	0.229	0.771	0.457
价格补贴校准值	0.171	0.829	0.114	0.886	0.279

---

① http://www.pbc.gov.cn/zhengcehuobisi/125207/125213/125440/3876551/4511720/index.html。

② $\bar{E}=100$ 时工资补贴与价格补贴的环境敏感系数为负值,与常理不符,因此设置短期工资补贴与价格补贴 $\bar{E}=1$。

表 10-5　长期模型参数校准值

项目	β_1	β_2	γ_1	γ_2	ε
工资补贴校准值	0.904	0.096	0.601	0.399	0.456
资本利率补贴校准值	0.171	0.829	0.229	0.771	0.455
价格补贴校准值	0.938	0.062	0.627	0.373	0.464

二、数值模拟

1. 短期数值模拟结果

短期情况下，城市部门的工业部门与污染处理部门间资本不能自由流动，因此两部门各自的资本使用量固定且资本利率不同，在此情况下数值模拟可以得出本章模型下经济发展可能情况，并且对数理分析结果做出验证与补充。

短期对污染处理部门工资补贴的数值模拟结果与数理分析计算结果一致，而在数理分析中无法直接计算得到结论的农业部门工资效果，经由数值模拟得到短期污染处理部门工资补贴的农业部门劳动力工资效果为正，当污染处理部门工资补贴增加时，农业部门劳动工资率会增加，模拟结果如表 10-6 所示。

短期污染处理部门的资本利率补贴模拟结果与理论模型计算基本一致，而在理论模型中无法判定的农业部门工资率效果经由模拟结果可以得到效果为零，表示短期对污染处理部门的资本利率补贴对农业部门工资率并不会产生任何效果，模拟结果如表 10-7 所示。短期对污染处理部门的价格补贴数值模拟与理论模型推算的影响方向一致，模拟结果如表 10-8 所示。

短期数值模拟结果与前述理论模型分析得到基本一致的结果，并且对模型分析有一定程度的补充，短期对污染处理部门补贴的数值模拟结果如表 10-9 所示。可以看出无论是工资补贴、资本利率补贴还是产品价格补贴，都能使环境中污染物减少及环境品质变好，同时因为对工业部门污染课税使得工业部门生产成本提高，造成工业部门产量减少，劳动要素因此从工业部门流出并流入农业部门与污染处理部门，使得农业部门与污染处理部门产量增加。

表 10-6　短期对污染处理部门工资补贴数值模拟

s_1	X_1	X_2	X_3	E	Z	L_1	L_2	L_3	w_1	r_2	r_3	L_u	t
0.05	78 031	112 802	19 178	0.474	0.526	17 715	21 534	2 153	5.000	6.600	6.600	948	0.000 95
0.1	78 138	112 800	19 190	0.475	0.525	17 725	21 532	2 165	5.004	6.599	6.604	928	0.001 92
0.15	78 246	112 798	19 203	0.476	0.524	17 735	21 529	2 178	5.008	6.599	6.609	908	0.002 90
0.2	78 354	112 796	19 215	0.478	0.522	177 44	21 527	2 190	5.012	6.598	6.613	888	0.003 88
0.25	78 461	112 794	19 228	0.479	0.521	17 754	21 525	2 203	5.017	6.597	6.617	868	0.004 88
0.3	78 569	112 791	19 241	0.481	0.520	17 764	21 523	2216	5.021	6.596	6.622	848	0.005 89
0.35	78 677	112 789	19 253	0.482	0.518	17 773	21 520	2 229	5.025	6.596	6.626	828	0.006 92
0.4	78 785	112 787	19 266	0.483	0.517	17 783	21 518	2242	5.029	6.595	6.630	808	0.007 95
0.45	78 893	112 785	19 279	0.485	0.515	17 792	21 515	2255	5.033	6.594	6.635	788	0.009 00
0.5	79 001	112 783	19 292	0.486	0.514	17 802	21 513	2 268	5.038	6.594	6.639	767	0.010 06
0.55	79 109	112 781	19 305	0.488	0.512	17 811	21 510	2 282	5.042	6.593	6.644	747	0.011 13

表 10-7　短期对污染处理部门资本利率补贴数值模拟

s_2	X_1	X_2	X_3	E	Z	L_1	L_2	L_3	w_1	r_2	r_3	L_u	t
0.05	635 725	112 802	2 701	97.641	2.359	14 429	21 534	5 320	5.001	6.600	8.118	1 067	0.000 98
0.1	635 829	112 800	2 701	97.641	2.359	14 431	21 532	5 320	5.001	6.599	8.123	1 067	0.001 96
0.15	635 934	112 798	2 701	97.641	2.359	14 434	21 529	5 320	5.001	6.599	8.128	1 067	0.002 94
0.2	636 038	112 798	2 701	97.642	2.358	14 436	21 527	5 320	5.001	6.598	8.133	1 067	0.003 92
0.25	636 142	112 794	2 701	97.642	2.358	14 438	21 525	5 320	5.001	6.597	8.138	1 067	0.004 90
0.3	636 247	112 792	2 701	97.642	2.358	14 441	21 523	5 320	5.001	6.597	8.143	1 067	0.005 87

(续表)

s_2	X_1	X_2	X_3	E	Z	L_1	L_2	L_3	w_1	r_2	r_3	L_u	t
0.35	636 351	112 789	2 701	97.642	2.358	14 443	21 520	5 320	5.001	6.596	8.148	1 067	0.006 85
0.4	636 456	112 787	2 701	97.642	2.358	14 445	21 518	5 320	5.001	6.595	8.153	1 067	0.007 83
0.45	636 560	112 785	2 701	97.642	2.358	14 448	21 516	5 320	5.001	6.594	8.158	1 067	0.008 81
0.5	636 665	112 783	2 701	97.642	2.358	14 450	21 514	5 320	5.001	6.594	8.163	1 067	0.009 79
0.55	636 769	112 781	2 701	97.642	2.358	14 452	21 511	5 320	5.001	6.593	8.168	1 066	0.010 77

表 10 – 8 短期对污染处理部门产品价格补贴数值模拟

s_3	X_1	X_2	X_3	E	Z	L_1	L_2	L_3	w_1	r_2	r_3	L_u	t
0.05	78 031	112 802	19 140	0.469	0.531	17 715	21 534	2153	5.000	6.600	6.600	948	0.008 48
0.1	78 227	112 784	19 153	0.471	0.529	17 744	21 514	2165	5.004	6.594	6.638	926	0.016 98
0.15	78 422	112 766	19 165	0.472	0.528	17 773	21 495	2178	5.009	6.588	6.676	905	0.025 49
0.2	78 616	112 749	19 177	0.474	0.526	17 802	21 475	2 190	5.013	6.582	6.713	883	0.034 02
0.25	78 810	112 731	19 190	0.475	0.525	17 803	21 455	2 202	5.017	6.576	6.751	862	0.042 56
0.3	79 002	112 713	19 202	0.477	0.523	17 859	21 435	2 215	5.021	6.570	6.789	841	0.051 11
0.35	79 193	112 695	19 214	0.478	0.522	17 887	21 415	2 227	5.026	6.564	6.827	821	0.05 967
0.4	79 384	112 677	19 226	0.479	0.521	17 915	21 395	2 239	5.030	6.558	6.865	800	0.068 25
0.45	79 574	112 660	19 238	0.481	0.519	17 943	21 375	2 252	5.034	6.551	6.903	780	0.076 84
0.5	79 762	112 642	19 250	0.482	0.518	17 971	21 356	2 264	5.038	6.545	6.941	759	0.085 45
0.55	79 950	112 624	19 262	0.484	0.516	17 999	21 336	2277	5.042	6.539	6.979	739	0.094 07

表 10-9　短期对污染处理部门补贴数值模拟结果

	dX_1	dX_2	dX_3	dZ	dE	dL_1	dL_2	dL_3	dw_1	dr_2	dr_3	$d\lambda$	dt
ds_1	+	−	+	−	+	+	+	+	−	+	−	+	+
ds_2	+	−	0	−	+	+	−	0	0	−	+	0	+
ds_3	+	−	+	−	+	+	−	+	+	−	+	−	+

2. 长期数值模拟结果

长期情况下,资本在城市部门的工业部门与污染处理部门间自由流动,两部门享有相同资本利率,在此情况下以数值模拟本章的经济模型下发展情况,验证数理模型推算结果以及对模型推演结果做出补充。

长期对污染处理部门的工资补贴在模型分析时较多,结果无法判定,借由数值模拟补足一部分模型中不明的结果,如对污染处理部门工资补贴时,农业部门、工业部门以及污染处理部门产量的影响方向都得到了结论,得到对污染处理部门工资补贴长期会使得农业部门产量增加,工业部门与污染处理部门产量减少,另外在模型分析时得到结论的农业部门劳动力效果与工业部门及污染处理部门的资本影响也都在数值模拟中得到与模型推算时一致的结论,模拟结果如表 10-10 所示。

在理论模型计算时,长期资本利率补贴的农业部门劳动力、工资率与产量效果不明,经过数值模拟可以得到对污染处理部门资本利率补贴的农业部门劳动力与产量效果为正向,而工资率则不受资本利率补贴影响,表示长期对污染处理部门资本利率补贴会使得农业部门劳动力增加及产量增加,但农业部门工资率不会有变化。在长期对污染处理部门资本利率补贴的理论模型中推算得知的结果也同时在数值模拟中得到验证,数值模拟结果如表 10-11 所示。

在理论计算过程中,长期污染处理部门价格补贴的农业部门产量、劳动力以及工资效果无法判定,经过数值模拟结果补充可以得到长期对污染处理部门价格补贴会使得农业部门产量与劳动力增加而工资下降,其他在理论模型中推算得到的结论也在数值模拟中得到验证,模拟结果如表 10-12 所示。

表 10-10　长期对污染处理部门工资补贴数值模拟

s_1	X_1	X_2	X_3	E	Z	L_1	L_2	L_3	w_1	r	K_2	K_3	L_u	t
0.05	414 132	95 790	11 397	99.344	1.742	93 868	114 362	11 401	5.008	7.790	15 915	9 648	4 823	−0.052 14
0.1	414 332	95 789	11 393	97.898	1.352	93 897	114 309	11 447	5.009	7.405	15 403	10 159	4 801	0.056 38
0.15	414 534	95 787	11 390	104.11	1.311	93 955	114 170	11 516	5.008	7.356	15 363	10 199	4 815	0.082 40
0.2	422 754	95 721	11 218	98.329	1.677	95 444	113 356	11 389	5.028	7.612	15 834	9 728	4 266	0.078 95
0.25	422 954	95 719	11 216	99.179	1.345	95 562	113 082	11 445	5.024	7.278	15 390	10 172	4 365	0.196 48
0.3	423 156	95 717	11 214	104.388	1.341	95 716	112 724	11 513	5.018	7.260	15 390	10 172	4 501	0.237 19
0.35	423 212	95 716	11 214	85.754	2.422	95 770	112 593	11 540	5.016	7.086	15 095	10 467	4 553	0.300 47
0.4	444 301	95 550	10 923	98.290	1.731	98 378	113 012	11 321	5.127	7.513	15 965	9 579	1 744	0.097 48
0.45	444 499	95 548	10 923	99.172	1.375	98 497	112 701	11 380	5.123	7.175	15 513	10 048	1 878	0.220 40
0.5	444 699	95 545	10 923	104.458	1.371	98 652	112 338	11 450	5.117	7.518	15 514	10 047	2 015	0.261 49
0.55	444 755	95 545	10 923	85.458	2.473	98 706	112 204	11 478	5.115	6.981	15 213	10 349	2 067	0.325 93

表 10-11　长期对污染处理部门资本利率补贴数值模拟

s_2	X_1	X_2	X_3	E	Z	L_1	L_2	L_3	w_1	r	K_2	K_3	L_u	t
0.05	1 554 268	4.275	5 622	99.999 9	0.000 1	35 230	5.515	9 450	5.008	6.608	4.056	4 819	627	56.366
0.1	1 554 382	8.544	5 618	99.999 8	0.000 2	35 232	11.030	9 442	5.008	6.613	8.107	4 815	627	56.353
0.15	1 554 495	12.808	5 613	99.999 8	0.000 2	35 235	16.545	9 434	5.008	6.618	12.151	4 811	627	56.341
0.2	1 554 607	17.067	5 608	99.999 7	0.000 3	35 237	22.060	9 427	5.008	6.623	16.189	4 807	626	56.329
0.25	1 554 719	21.320	5 604	99.999 6	0.000 4	35 240	27.575	9 419	5.008	6.628	20.221	4 803	626	56.317
0.3	1 554 830	25.568	5 599	99.999 5	0.000 5	35 242	33.090	9 411	5.008	6.633	24.247	4 799	626	56.305

(续表)

s_2	X_1	X_2	X_3	E	Z	L_1	L_2	L_3	w_1	r	K_2	K_3	L_u	t
0.35	1 554 941	29.811	5 594	99.999 5	0.000 5	35 245	38.605	9 403	5.008	6.638	28.267	4 795	626	56.293
0.4	1 555 051	34.048	5 590	99.999 4	0.000 6	35 247	44.120	9 395	5.008	6.643	32.281	4 791	626	56.281
0.45	1 555 161	38.281	5 585	99.999 3	0.000 7	35 250	49.635	9 387	5.008	6.648	36.288	4 787	626	56.269
0.5	1 555 270	42.507	5 580	99.999 2	0.000 8	35 253	55.150	9 379	5.008	6.653	40.290	4 783	626	56.257
0.55	1 555 378	46.729	5 576	99.999 1	0.000 9	35 255	60.666	9 371	5.008	6.658	44.286	4 779	625	56.245

表 10-12 长期对污染处理部门产品价格补贴数值模拟

s_3	X_1	X_2	X_3	E	Z	L_1	L_2	L_3	w_1	r	K_2	K_3	L_u	t
0.05	429 756	102 750	11 408	92.677	8.738	97 807	117 725	11 860	4.987	5.517	13 749	12 777	5 532	0.198 99
0.1	429 928	102 750	11 414	95.303	8.579	97 983	117 343	11 905	4.981	5.502	13 669	12 857	5 695	0.237 97
0.15	430 130	102 750	11 421	95.357	8.596	98 186	116 898	11 947	4.973	5.505	13 630	12 897	5 894	0.280 97
0.2	430 333	102 749	11 428	95.297	8.589	98 424	116 376	11 990	4.963	5.501	13 574	12 952	6 134	0.33 208
0.25	430 535	102 748	11 435	95.163	8.583	98 704	115 763	12 034	4.951	5.495	13 513	13 013	6 425	0.392 28
0.3	430 738	102 746	11 442	95.098	8.578	99 032	115 043	12 077	4.937	5.487	13 446	13 080	6 773	0.463 17
0.35	430 941	102 744	11 450	95.017	8.572	99 420	114 195	12 121	4.920	5.476	13 371	13 155	7 189	0.546 68
0.4	431 145	102 741	11 458	94.923	8.565	99 877	113 199	12 166	4.900	5.461	13 287	13 240	7 683	0.644 97
0.45	431 348	102 737	11 467	94.811	8.558	100 418	112 030	12 211	4.876	5.442	13 192	13 335	8 266	0.760 46
0.5	431 552	102 733	11 476	94.680	8.551	101 056	110 661	12 256	4.847	5.419	13 084	13 443	8 952	0.895 84
0.55	431 752	102 727	11 485	94.526	8.543	101 810	109 064	12 302	4.814	5.390	12 960	13 566	9 750	1.053 99

长期数值模拟结果与前文理论模型结果基本一致,并且补充理论模型部分不足之处,长期对污染处理部门补贴的数值模拟结果如表 10-13 所示。其中理论模型中工资补贴与产品价格补贴的环境效果不明,在数值模拟中依然无法解释,得到与理论模型推算一致的结果,在不同情况下的环境效果不同;而资本利率补贴的环境效果为负值,表示长期对资本利率补贴并不能使得环境品质提升,反而会有反效果。长期无论是对污染处理部门何种补贴都会使农业部门劳动要素增加,农业部门劳动力增加使得农业部门产量增加。

表 10-13 长期对污染处理部门补贴数值模拟结果

	dK_3	dX_1	dX_2	dX_3	dZ	dE	dL_1	dL_2	dL_3	dw_1	dr	$d\lambda$	dt	dK_2
ds_1	+	−	−	X	X	+	X	X	X	X	X	X	X	+
ds_2	+	−	+	+	+	+	+	−	0	+	0	−,0	+
ds_3	+	+	−	+	X	X	−	+	−	+	+	+	+	−

第五节 结论与政策建议

本章在哈里斯和托达罗劳动力转移的理论框架下研究工业部门污染课税与污染处理部门补贴的环境发展,以及在以三种不同补贴方式的补贴污染处理产业的情况下研究劳动力转移的效果。本章理论模型中得出:在短期情况下三种补贴政策都能有效控制污染物排放进而提升环境品质,而在长期情况下补贴效果与短期有很大差异,长期情况下工资补贴与产品价格补贴的环境效果不明,而资本利率补贴会使得环境品质情况下降。发展中国家短期资本在工业部门与污染处理部门间不互通,此时对污染处理部门补贴,则补贴都将用于污染处理,因此环境品质能随着补贴增加而提升;在长期情况下发展中国家经济进到另一阶段,资本在工业部门与污染处理部门间流动,因此对污染处理部门补贴增加可能使得污染处理部门资金流出并且产出下降,因此环境品质无法随着补贴增加而提升。因此长期情况下,补贴对环境改善的效果不佳,经济体中需要有其他条件进入才有可能改变均衡情况。在数值模拟方面,得到无论是在何种补贴情况下长期或短期都会使农业部门劳动要素增加以及农业部门产量提升。

本章发现,短期对污染处理部门无论采用何种补贴政策都能有效改善环境品质,而长期工资补贴与产品价格补贴却不一定能提升环境品质,且资本利率补贴会使得环境品质下降,因此本章认为若要改善环境品质,应该要多方面加大对污染处理产业的补贴政策并适时检测环境情况以及调整政策,待到环境品质趋势逐渐不明确时酌情收手让产业自由发展或者补贴其他相关环保产业协助发展。

关于环境品质与补贴的研究至今虽已有一定发展,但未来中国甚至世界的环境情况与发展还是会随着产业经济发展情况而又波动,例如,在新能源、新技术或者人才培养的投入下,污染处理产业发展也会有一定影响。本章理论模型建立在理想情况下,因此切入点狭窄,以及作文时间及能力有限,许多不足之处尚未完善,因此亟望未来学者若有意愿可以对本章做出更深入、思虑更周全的研究。

参考文献

[1] 邓航舰.财税政策对节能环保产业研发投入的影响研究[D].南昌:江西财经大学,2021.

[2] 耿成轩,尤继远.节能环保产业融资环境的评价和提升路径研究[J].科技管理研究,2021,41(13):58-64.

[3] 高丽华,岳文俊,刘冬梅.中国农业污染防治立法的完善路径[J].世界农业,2017(9):45-49+244.

[4] 郭洪鹏,张维,宋文华等.农业非点源污染研究方法分析[J].环境科学与管理,2018,43(2):135-138.

[5] 何俊威.基于大数据的农业污染经济损失评估模型设计研究[J].环境科学与管理,2020,45(4):72-76.

[6] 胡继连.工业污染对我国农业的影响[J].生态经济,1998(5):6-8.

[7] 姜昊明.中国新能源汽车产业财政补贴绩效及优化策略研究[D].长春:吉林大学,2020.

[8] 姜红.促进我国新能源产业良性发展的价格补贴政策分析[J].价格月刊,2019(9):26-33.

[9] 李晓春,王诗玥.我国农业技术进步的环境效果研究[J].经济研究参考,2019(19):34-48.

[10] 李晓春,伍云云.乡村振兴战略下要素国际流动的环境效果[J].审计与经济研究,2020,35(1):100-110.

[11] 李晓春.我国劳动力转移的双重机制[J].南京社会科学,2005(7):15-22.

[12] 李晓春,曲兆鹏.劳动经济学[M].南京:南京大学出版社,2011.

[13] 李晓春.长三角地区全面建设小康社会中的绿色发展问题研究[M].北京:经济科学出版社,2020.

[14] 李晓春.江浙沪经济发展中的问题及差异研究[M].北京:经济科学出版社,2017.

[15] 马轶群,史安娜.经济增长—环境污染传导效应实证分析[J].城市问题,2011(6):55-60.

[16] 苗永刚,朱娜.基于层次分析的环保产业发展评价指标体系与方法研究[J].环境与可持续发展,2021,46(4):32-38.

[17] 潘永明,喻琦然,朱茂东.我国环保产业融资效率评价及影响因素研究[J].华东经济管理,2016,30(2):77-83.

[18] 逄琳.我国新能源汽车政府扶持补贴政策探析[D].北京:北京交通大学,2017.

[19] 任蕾.新能源汽车补贴政策实施研究[D].太原:山西大学,2021.

[20] 宋海清.新能源汽车补贴政策研究[D].北京:北京理工大学,2015.

[21] 王冠华.日本新能源汽车补贴政策研究[D].长春:吉林大学,2021.

[22] 王瑞红.我国清洁能源产业财税政策评价分析[D].北京:北方工业大学,2019.

[23] 杨福霞,聂华林,杨冕.中国经济发展的环境效应分析——基于广义脉冲响应函数的实证检验[J].财经研究,2010,36(5):133-143.

[24] 杨静舒.高原特色农业绿色发展问题探究——以云南省洱源县为例[J].中共云南省委党校学报,2020,21(3):101-106.

[25] 杨冕,晏兴红,李强谊.环境规制对中国工业污染治理效率的影响研究[J].中国人口·资源与环境,2020,30(9):54-61.

[26] 钟婧瑶.关于收入差距与环境污染的经济学分析[D].南京:南京大学,2018.

[27] 张国凤.中国环境规制对环境污染的影响研究[D].西安:西北大学,2020.

[28] 张焱.中国绿色能源产业发展研究[D].成都:西南财经大学,2020.

[29] 张军伟,费建翔,徐永辰.金融支持对绿色农业发展的激励效应[J].中南财经政法大学学报,2020(6):91-98.

[30] 赵娟霞,盛悦,王明浩.绿色信贷对商业银行盈利能力的影响研究——兼析绿色信贷比例与总资产报酬率的关系[J].价格理论与实践,2019(4):157-160.

[31] 赵海波.黑龙江省绿色农业发展研究[D].哈尔滨:中共黑龙江省委党校,2020.

[32] 朱宁,秦富.农业环保法规对畜禽养殖户粪污资源化利用投入意愿的影响——以蛋鸡为例[C]//中国环境科学学会(Chinese Society for Environmental Sciences).2018中国环境科学学会科学技术年会论文集(第三卷).2018中国环境科学学会科学技术年会论文集(第三卷),2018:129-135.

[33] ALONSO L, RUBIO E M, DE AGUSTINA B, et al. Latest clean manufacturing trends applied to a world class manufacturing management for improving logistics and environmental performance[J]. Procedia Manufacturing, 2017, 13: 1151-1158.

[34] BELADI H, FRASCA R. Pollution control under an urban binding minimum wage[J]. The Annals of Regional Science, 1999, 33(4), 523-533.

[35] BELADI H, RAPP J. Urban unemployment and the backward incidence of pollution control[J]. The Annals of Regional Science, 1993, 27(2): 153-163.

[36] BJERRUM O J. Excellence in education and training advances competitiveness of the pharmaceutical industry in Europe[J]. European Journal of Pharmaceutical Sciences, 2011, 44(1-2), 174-175.

[37] CHAO C C, KERKVLIET J R, YU E S. Environmental preservation, sectoral unemployment, and trade in resources[J]. Review of Development Economics,

2000, 4(1): 39-50.

[38] CHAO C C, LAFFARGUE J P, SGRO P M. Environmental control, wage inequality and national welfare in a tourism economy[J]. International Review of Economics & Finance, 2012, 22(1): 201-207.

[39] CHAUDHURI S. Foreign capital, welfare and urban unemployment in the presence of agricultural dualism[J]. Japan and the World Economy, 2007, 19(2), 149-165.

[40] CHAUDHURI S, GUPTA M R. International factor mobility, informal interest rate and capital market imperfection: a general equilibrium analysis[J]. Economic Modelling, 2014, 37: 184-192.

[41] CHEN J H, YANG C Y, SHIEH J Y, et al. Consumption aspirations in dirty and clean goods and economic growth[J]. Economic Modelling, 2020, 87: 254-266.

[42] COPELAND B R. International trade in waste products in the presence of illegal disposal[J]. Journal of Environmental Economics and Management, 1991, 20(2): 143-162.

[43] COPELAND B R, TAYLOR M S. Trade, spatial separation, and the environment[J]. Journal of International Economics, 1999, 47(1): 137-168.

[44] DAITOH I. Environmental protection and urban unemployment: environmental policy reform in a polluted dualistic economy[J]. Review of Development Economics, 2003, 7(3): 496-509.

[45] DAITOH I. Environmental protection and trade liberalization in a small open dual economy[J]. Review of Development Economics, 2008, 12(4): 728-736.

[46] DE MIGUEL C, PAZO C. Environmental protection, innovation and price-setting behavior in Spanish manufacturing firms[J]. Energy Economics, 2017, 68: 116-124.

[47] GROSSMAN G M, KRUEGER A B. Environmental impacts of a North

American free trade agreement[EB/OL]. Working paper No. 3914, November 1991. https://www.nber.org/papers/w3914.

[48] GUPTA M R. Informal sector and informal capital market in a small open less-developed economy[J]. Journal of Development Economics, 1997, 52(2): 409 - 428.

[49] HARRIS J R, TODARO M P. Migration, unemployment and development: a two-sector analysis[J]. The American Economic Review, 1970, 60(1): 126 - 142.

[50] HOTTE L, WINER S L. Environmental regulation and trade openness in the presence of private mitigation[J]. Journal of Development Economics, 2012, 97(1): 46 - 57.

[51] KAR S, BELADI H. Skill formation and international migration: welfare perspective of developing countries[J]. Japan and the World Economy, 2004, 16(1): 35 - 54.

[52] KHAN I, HOU F, LE H P, et al. Do natural resources, urbanization, and value-adding manufacturing affect environmental quality? Evidence from the top ten manufacturing countries[J]. Resources Policy, 2021, 72: 102 - 109.

[53] KONDOH K. Pollution abatement equipment and international migration[J]. Asia-Pacific Journal of Accounting & Economics, 2009, 16(3): 285 - 295.

[54] KONDOH K, YABUUCHI S. Unemployment, environmental policy, and international migration[J]. The Journal of International Trade & Economic Development, 2012, 21(5): 677 - 690.

[55] LAMICHANEY S, BARANWAL R, MAITY S K, et al. Quality of environment and clean manufacturing[J]. Encyclopedia of Renewable and Sustainable Materials, 2020 (3): 678 - 684.

[56] LEWIS W A. Economic development with unlimited supplies of labour[J]. The Manchester School 80th Anniversary Virtual Issue, 1954, 22(2): 139 - 191.

[57] LI F, ZHANG T, SHA Q, et al. Green reformation of Chinese traditional manufacturing industry: approach and potential for cooperation[J]. Procedia Manufacturing, 2020, 43: 285–292.

[58] LI X C, WU Y Y. Environment and economy in the modern agricultural development[J]. Asia-Pacific Journal of Accounting & Economics, 2018, 25(1–2): 163–176.

[59] LI X C, FU H N, WU Y Y. Pollution mitigation, unemployment rate and wage inequality in the presence of agricultural pollution[J]. China Economic Review, 2020, 61.

[60] LUKEN R A, NAVRATIL J. A programmatic review of UNIDO/UNEP national cleaner production centres[J]. Journal of Cleaner Production, 2004, 12(3): 195–205.

[61] MANJU S, SAGAR N. Progressing towards the development of sustainable energy: a critical review on the current status, applications, developmental barriers and prospects of solar photovoltaic systems in India[J]. Renewable and Sustainable Energy Reviews, 2017, 70: 298–313.

[62] MARTÍNEZ-ROS E, ORFILA-SINTES F. Training plans, manager's characteristics and innovation in the accommodation industry[J]. International Journal of Hospitality Management, 2012, 31(3): 686–694.

[63] MUSSA M. Tariffs and the distribution of income: the importance of factor specificity, substitutability, and intensity in the short and long run[J]. Journal of Political Economy, 1974, 82(6): 1191–1203.

[64] NORTH D C. Economic performance through time[J]. The American Economic Review, 1994, 84(3): 359–368.

[65] RANIS G, FEI J C. A theory of economic development[J]. The American Economic Review, 1961: 533–565.

[66] SHEN J F, YE C D, ZHU Y X. Research on externality economic evaluation of

China's education and training industry based on cognitive perspective[J]. Cognitive Systems Research, 2018, 52: 571-578.

[67] TAHERIPOUR F, KHANNA M, NELSON C H. Welfare impacts of alternative public policies for agricultural pollution control in an open economy: a general equilibrium framework [J]. American Journal of Agricultural Economics, 2008, 90(3): 701-718.

[68] TAWADA M, SUN S. Urban pollution, unemployment and national welfare in a dualistic economy[J]. Review of Development Economics, 2010, 14(2): 311-322.

[69] UNNIKRISHNAN S, HEGDE D S. Environmental training and cleaner production in Indian industry: a micro-level study[J]. Resources, Conservation and Recycling, 2007, 50(4): 427-441.

[70] VAN BERKEL R. Assessment of the impact of the DESIRE project on the uptake of waste minimization in small scale industries in India (1993-1997) [J]. Journal of Cleaner Production, 2004, 12(3): 269-281.

[71] ZHAI X Q, AN Y F. Analyzing influencing factors of green transformation in China's manufacturing industry under environmental regulation: a structural equation model[J]. Journal of Cleaner Production, 2020, 251.

附录

1. 附录 A 短期降阶

以工资补贴为例。反映工资补贴的模型为(10-1)~(10-7),(10-8*),(10-9),(10-10),(10-11*),(10-12*),(10-13),将此13式进行微分,可得以下关系式:

$$dZ = -\mu \cdot F^2 \cdot F_L^3 \cdot dL_3 + (a - \mu \cdot F^3) \cdot F_L^2 \cdot dL_2,$$

$$dZ + dE = 0,$$

$$\varepsilon E^{\varepsilon-1} \cdot F_L^1 \cdot dE + E^\varepsilon \cdot F_{LL}^1 \cdot dL_1 = dw_1,$$

$$(P_2-t) \cdot F_{LL}^2 \cdot dL_2 - F_L^2 \cdot dt = 0,$$

$$P_3 \cdot F_{LL}^3 \cdot dL_3 = -ds_1,$$

$$(P_2-t) \cdot F_{KL}^2 \cdot dL_2 - dr_2 - F_K^2 \cdot dt = 0,$$

$$P_3 \cdot F_{KL}^3 \cdot dL_3 - dr_3 = 0,$$

$$dL_1 + (1+\lambda) \cdot dL_2 + (1+\lambda) \cdot dL_3 + (L_2+L_3) \cdot d\lambda = 0,$$

$$(1+\lambda) \cdot dw_1 + w_1 \cdot d\lambda = 0,$$

$$t \cdot F_L^2 \cdot dL_2 - s_1 \cdot dL_3 + F^2 \cdot dt = L_3 \cdot ds_1。$$

其中

$$dE = -dZ,$$

$$dL_2 = \frac{-1}{(P_2-t)} \cdot \frac{F_L^2}{|F_{LL}^2|} \cdot dt,$$

$$dL_3 = \frac{1}{P_3 \cdot |F_{LL}^3|} \cdot ds_1,$$

$$dr_2 = (P_2-t) \cdot F_{KL}^2 \cdot dL_2 - F_K^2 \cdot dt,$$

$$dr_3 = P_3 \cdot F_{KL}^3 \cdot dL_3,$$

$$dw_1 = -\frac{w_1}{(1+\lambda)} \cdot d\lambda。$$

再将 $dE = -dZ$ 代入 $dZ = -\mu \cdot F^2 \cdot F_L^3 \cdot dL_3 + (a - \mu \cdot F^3) \cdot F_L^2 \cdot dL_2$；$dL_2 = \frac{-1}{(P_2-t)} \cdot \frac{F_L^2}{|F_{LL}^2|} \cdot dt$ 与 $dL_3 = \frac{1}{P_3 \cdot |F_{LL}^3|} \cdot ds_1$ 代入 $dZ = -\mu \cdot F^2 \cdot F_L^3 \cdot dL_3 + (a - \mu \cdot F^3) \cdot F_L^2 \cdot dL_2$、$dL_1 + (1+\lambda) \cdot dL_2 + (1+\lambda) \cdot dL_3 + (L_2+L_3) \cdot d\lambda = 0$、$t \cdot F_L^2 \cdot dL_2 - s_1 \cdot dL_3 + F^2 \cdot dt = L_3 \cdot ds_1$；$dw_1 = -\frac{w_1}{(1+\lambda)} \cdot d\lambda$ 代入 $\varepsilon E^{\varepsilon-1} \cdot F_L^1 \cdot dE + E^\varepsilon \cdot F_{LL}^1 \cdot dL_1 = dw_1$ 即可得以下四式：

$$-dE + \frac{(a-\mu \cdot F^3)}{(P_2-t)} \cdot \frac{F_L^2 \cdot F_L^2}{|F_{LL}^2|} \cdot dt = -\frac{\mu \cdot F^2}{P_3} \cdot \frac{F_L^3}{|F_{LL}^3|} \cdot ds_1,$$

$$\varepsilon E^{\varepsilon-1} \cdot F_L^1 \cdot dE - E^\varepsilon \cdot |F_{LL}^1| \cdot dL_1 + \frac{w_1}{(1+\lambda)} \cdot d\lambda = 0,$$

$$dL_1 + (L_2 + L_3) \cdot d\lambda - \frac{(1+\lambda)}{(P_2 - t)} \cdot \frac{F_L^2}{|F_{LL}^2|} \cdot dt = -\frac{(1+\lambda)}{P_3} \cdot \frac{1}{|F_{LL}^3|} \cdot ds_1,$$

$$\left[F^2 - \frac{t}{(P_2 - t)} \cdot \frac{F_L^2 \cdot F_L^2}{|F_{LL}^2|} \right] \cdot dt = \left(L_3 + \frac{s_1}{P_3 \cdot |F_{LL}^3|} \right) \cdot ds_1。$$

2. 附录 B 长期降阶

反应长期工资补贴的模型为(10-1)~(10-32),(10-41),(10-34),(10-35),(10-37),(10-39),(10-40),(10-42),将此 14 式进行微分,可得以下关系式:

$$dZ = (a - \mu \cdot F^3) \cdot F_L^2 \cdot dL_2 - \mu \cdot F^2 \cdot F_L^3 \cdot dL_3 +$$
$$(a - \mu \cdot F^3) \cdot F_K^2 \cdot dK_2 - \mu \cdot F^2 \cdot F_K^3 \cdot dK_3,$$
$$dZ + dE = 0,$$
$$\varepsilon E^{\varepsilon - 1} \cdot F_L^1 \cdot dE + E^\varepsilon \cdot F_{LL}^1 \cdot dL_1 = dw_1,$$
$$(P_2 - t) \cdot F_{LL}^2 \cdot dL_2 - F_L^2 \cdot dt + (P_2 - t) \cdot F_{LK}^2 \cdot dK_2 = 0,$$
$$P_3 \cdot F_{LL}^3 \cdot dL_3 + P_3 \cdot F_{LK}^3 \cdot dK_3 = -ds_1,$$
$$(P_2 - t) \cdot F_{KL}^2 \cdot dL_2 - F_K^2 \cdot dt + (P_2 - t) \cdot F_{KK}^2 \cdot dK_2 = dr,$$
$$P_3 \cdot F_{KL}^3 \cdot dL_3 + P_3 \cdot F_{KK}^3 \cdot dK_3 = dr,$$
$$dL_1 + (1+\lambda) \cdot dL_2 + (1+\lambda) \cdot dL_3 + (L_2 + L_3) \cdot d\lambda = 0,$$
$$(1+\lambda) \cdot dw_1 + w_1 \cdot d\lambda = 0,$$
$$t \cdot F_L^2 \cdot dL_2 - s_1 \cdot dL_3 + F^2 \cdot dt + t \cdot F_K^2 \cdot dK_2 = L_3 \cdot ds_1,$$
$$dK_2 + dK_3 = 0。$$

其中

$$dE = -dZ,$$
$$dL_2 = \frac{-F_L^2}{(P_2 - t) \cdot |F_{LL}^2|} \cdot dt + \frac{F_{LK}^2}{|F_{LL}^2|} \cdot dK_2,$$
$$dL_3 = \frac{1}{P_3 \cdot |F_{LL}^3|} \cdot ds_1 + \frac{F_{LK}^3}{|F_{LL}^3|} \cdot dK_3,$$
$$dr = (P_2 - t) \cdot F_{KL}^2 \cdot dL_2 - F_K^2 \cdot dt + (P_2 - t) \cdot F_{KK}^2 \cdot dK_2$$
$$= P_3 \cdot F_{KL}^3 \cdot dL_3 + P_3 \cdot F_{KK}^3 \cdot dK_3,$$

$$dw_1 = -\frac{w_1}{(1+\lambda)} \cdot d\lambda,$$

$$dK_2 = -dK_3。$$

再将 $dE = -dZ$ 代入 $dZ = (a - \mu \cdot F^3) \cdot F_L^2 \cdot dL_2 - \mu \cdot F^2 \cdot F_L^3 \cdot dL_3 + (a - \mu \cdot F^3) \cdot F_K^2 \cdot dK_2 - \mu \cdot F^2 \cdot F_K^3 \cdot dK_3$；$dL_2 = \frac{-F_L^2}{(P_2 - t) \cdot |F_{LL}^2|} \cdot dt + \frac{F_{LK}^2}{|F_{LL}^2|} \cdot dK_2$ 与

$dL_3 = \frac{F_L^3}{P_3 \cdot |F_{LL}^3|} \cdot ds_1 + \frac{F_{LK}^3}{|F_{LL}^3|} \cdot dK_3$ 代入 $dZ = (a - \mu \cdot F^3) \cdot F_L^2 \cdot dL_2 - \mu \cdot F^2 \cdot F_L^3 \cdot dL_3 + (a - \mu \cdot F^3) \cdot F_K^2 \cdot dK_2 - \mu \cdot F^2 \cdot F_K^3 \cdot dK_3$、$dL_1 + (1+\lambda) \cdot dL_2 + (1+\lambda) \cdot dL_3 + (L_2 + L_3) \cdot d\lambda = 0$，$t \cdot F_L^2 \cdot dL_2 - s_1 \cdot dL_3 + F^2 \cdot dt + t \cdot F_K^2 \cdot dK_2 = L_3 \cdot ds_1$；

$dw_1 = -\frac{w_1}{(1+\lambda)} \cdot d\lambda$ 代入 $\varepsilon E^{\varepsilon-1} \cdot F_L^1 \cdot dE + E^\varepsilon \cdot F_{LL}^1 \cdot dL_1 = dw_1$ 即可得以下五式：

$$-dE + \frac{(a - \mu \cdot F^3)}{(P_2 - t)} \cdot \frac{F_L^2 \cdot F_L^2}{|F_{LL}^2|} \cdot dt + \left[(a - \mu \cdot F^3) \cdot \left(F_K^2 + \frac{F_L^2 \cdot F_{LK}^2}{|F_{LL}^2|}\right) + \mu \cdot F^2 \cdot \right.$$

$$\left.\left(F_K^3 + \frac{F_L^3 \cdot F_{LK}^3}{|F_{LL}^3|}\right)\right] dK_3 = -\frac{\mu \cdot F^2}{P_3} \cdot \frac{F_L^3}{|F_{LL}^3|} \cdot ds_1,$$

$$\varepsilon E^{\varepsilon-1} \cdot F_L^1 \cdot dE - E^\varepsilon \cdot |F_{LL}^1| \cdot dL_1 + \frac{w_1}{(1+\lambda)} \cdot d\lambda = 0,$$

$$-\left(F_K^2 + \frac{F_L^2 \cdot F_{KL}^2}{|F_{LL}^2|}\right) \cdot dt + \left[(P_2 - t) \cdot \left(\frac{-F_{KL}^2 \cdot F_{LK}^2}{|F_{LL}^2|} - F_{KK}^2\right) + P_3 \cdot \right.$$

$$\left.\left(\frac{-F_{KL}^3 \cdot F_{LK}^3}{|F_{LL}^3|} - F_{KK}^3\right)\right] \cdot dK_3 = \frac{F_{KL}^3}{|F_{LL}^3|} \cdot ds_1,$$

$$dL_1 + (L_2 + L_3) \cdot d\lambda - \frac{(1+\lambda)}{(P_2 - t)} \cdot \frac{F_L^2}{|F_{LL}^2|} \cdot dt + (1+\lambda) \cdot \left(\frac{-F_{LK}^2}{|F_{LL}^2|} + \frac{F_{LK}^3}{|F_{LL}^3|}\right) \cdot dK_3$$

$$= -\frac{(1+\lambda)}{(P_3 + s_3) \cdot |F_{LL}^3|} \cdot ds_1,$$

$$\left[F^2 - \frac{t}{(P_2 - t)} \cdot \frac{F_L^2 \cdot F_L^2}{|F_{LL}^2|}\right] \cdot dt + \left[t\left(\frac{-F_L^2 \cdot F_{LK}^2}{|F_{LL}^2|} - F_K^2\right) + s_1 \cdot \frac{-F_{LK}^3}{|F_{LL}^3|}\right] \cdot dK_3 =$$

$$\left[L_3 + \frac{s_1}{P_3 \cdot |F_{LL}^3|}\right] \cdot ds_1。$$

第十一章 政府环境规制对城市土地利用效益的影响研究

本章提要:随着中国特色社会主义进入新时代,我国社会主要矛盾的转变要求政府重视美丽中国建设、优化国土空间利用,明确二者关系可有效促进中国经济高质量发展。在政府环境规制领域与土地利用效益领域,目前学术界已有较丰富的研究成果,但少有研究将二者进行关联。本章将理论分析与计量实证相结合,先通过逻辑演绎与数理模型推导得到理论结果,再通过对政府工作报告的大数据文本挖掘等获取2008—2017年中国省级面板数据,基于此进行多元线性与非线性回归等,以工具变量法证明二者存在因果关系后,对理论结果进行了验证与修正。本章发现,理论上城市土地利用效益与政府环境规制水平之间呈现"初期负相关、适中期正相关、过渡期负相关"的关系,但实际上在中国主要表现为由适中期与过渡期构成的倒 U 型曲线。教育水平能够使曲线形状发生形变,如拐点后移与后端扭转。该结论被中国的区域分异证实,西部地区倒 U 型显著,且目前暂时处于下降区间;东中部地区交叉效应显著,两者在区间内正相关且教育对正相关系数的边际效用递减。整体上需继续提升环境规制水平,把生态文明建设摆在更加突出的位置,尤其是东中部地区;同时优先发展教育事业,通过教育现代化改变曲线形状,尤其是西部地区。

第一节 序 言

党的十九大报告明确指出,中国特色社会主义进入新时代,我国社会主要矛盾已经转化为人民日益增长的美好生活需要和不平衡不充分的发展之间的矛盾;需要始终贯彻创新、协调、绿色、开放、共享的新发展理念,建设现代化经济体系,为实现中华民族伟大复兴的中国梦奠定坚实的基础。

一方面,"人民日益增长的美好生活需要"与全面小康的远景目标相辅相成,除了基本的物质文化需要,还囊括了社会民生、生态环境、法治安全等多个领域。"十四五"时期经济发展主要目标明确要求持续改善生态环境与城乡人居环境,实现生产生活方式绿色转型,持续减少主要污染物排放总量,充分说明了生态文明建设的突出地位。在"良好的生态环境应该成为全面建成小康社会的底色"的顶层设计下,"绿水青山就是金山银山"的理念逐渐成为社会共识,人与自然和谐共生的命运共同体意识亦成为新时代中国特色社会主义现代化的重要内涵。此外,传统的经济增长范式在过去的中国经济建设实践中选择性忽略生态环境保护与治理,Chan 等(2008)指出"中国的经济增长伴生着城市人口的扩张与超级城市的出现,其结果就是能源消费的大幅上涨、空气污染物的大量排放与相关城市群的低空气质量"。因此,在当前中国所处的高质量发展转型时期,政府环境规制有增强倾向,需不断推进资源节约与环境友好的绿色发展体系建设。

另一方面,"不平衡不充分的发展"制约着经济潜力的进一步发挥,加之中国自然地形复杂多元、空间资源环境承载力存在较大的东西差异,实际宜居面积仅占国土面积的 20%。在有限土地资源的客观条件约束下,更需高效利用国土空间,提升土地利用效益,构建国家空间开发保护新格局。国家统计局数据显示,2019 年末中国常住人口城镇化率达 60.6%,提供工业品与服务产品的城市化地区已成为人力资源、创新资源的高效集群,其土地利用效益提升将带来更大的边际价值。

综上所述,新时代中国特色社会主义社会的主要矛盾要求增强政府环境规制,强化城市地区生态保护与环境治理,转变粗放的扩张型发展方式,优化空间结构布局,实现土地利用效益提升。但二者属于不同目标集群,其关系存在不确定性与争议性,且学术界在此领域的相关研究较少。本章旨在通过理论研究揭示政府环境规制与城市土地利用效益之间的联动机制,并通过实证分析验证该机制的存在性与空间差异性;据此提出切实的政策建议,以期在重要战略机遇期为中国高质量经济发展建言献策。

2012 年以来,政府环境规制问题越来越受到国内学术界的重视。中国科学院公布的《2019研究前沿》中显示,经济学、心理学及其他社会科学领域Top 10热点前沿中有2个与资源环境经济相关,而政府环境规制是资源环境经济学领域的重要话题。从数量上看,1998年—2012年,CSSCI期刊上该话题的年均发文量仅3.91篇;2012年起此数据出现显著上升,2013年—2020年间年均发文量达27.38篇,2019年CSSCI期刊上共有43篇论文与政府环境规制直接相关。

从内容上,大量文献关注到了政府环境规制的影响,包括但不限于对经济发展、生态效率、技术创新等。李胜兰等(2014)在地方政府竞争的大框架下,探究了政府环境规制对区域生态效率的影响,发现政府绩效考核机制的转变能够有效促进地方政府由"逐底竞争"向"逐顶竞争"转变,环境规制对区域生态效率的效应亦随之由负转正。赵霄伟(2014)在此基础上细化了政府环境规制的竞争类型,发现其对经济增长效应的作用方向、显著程度存在空间差异。此外,王锋正等(2018)利用2001—2012年中国省级面板数据,通过回归分析发现政府环境规制强度对绿色产品与绿色工艺创新的影响相反,前者显著为负,后者显著为正;而张娟等(2019)指出,若不区分产品与工艺,绿色技术创新产出与环境规制强度之间呈"U"型关系,且具有一期滞后性。但这部分研究影响的文献对土地利用效益关注不多,且研究时将区域作为一个整体进行考量,未将城市与农村进行区分。

此外,部分国内文献还关注到了地方政府之间(潘峰等,2014;傅强等,2016)、地方政府与微观企业之间在环境规制上存在的博弈(张倩等,2013;马小明等,2005)。这部分文献充分考虑到了中国式分权制度下区域之间的交互效应,启示本章若采用省级面板数据,可能样本非独立同分布,在计量分析中需注意内生性问题。

国外文献对政府环境规制问题关注相对早于国内。以政府环境规制作为自变量,大量文献围绕波特假说进行了研究,但实证与理论研究结果均存在争议性(Ambec等,2013)。如Lanoie等(2008)以魁北克地区的制造部门数据为基础,认为政府环境规制降低了全要素生产率,而Rubashkina等(2015)通过工具变量法发现该结论在欧洲制造业中相反,Jaffe等(1997)则认为政府环境规制使企业创新投入显著增加,但对创新产出效应不明显。因创新、生产力与土地利用效益存在联动,上述文献佐证了政府环境规制与城市土地利用效益之间的不确定性,而这正是本章的研究价值所在。此外,部分文献关注到了政府环境规制对经济增长(Jorgenson 等,1990)、外商直接投资(List 等,2000)、能源利用效率(Bi 等,2014)等因素的影响,与国内文献所涉及研究领域差异不大,但也较少涉及城市土地利用效益问题。

土地利用效益指一定的时间与区域内,单位土地面积在土地利用过程中直接产生的社会、经济、生态与环境效益,其实质是单位面积土地投入与消耗在区域发展的社会、经济、生态与环境等方面所实现的物质产出或有效成果(彭建等,2005),一直以来是广泛研究的热点问题(朱珠等,2012)。对土地利用的综合效益评价将指出目标区域的土地利用效益现状,是土地利用总体规划的基础和出发点,是编制土地利用总体规划的重要依据,是区域经济发展规划的参考依据(朱瑜馨和张锦宗,2010),因而受到地理学、经济学等多个不同领域的学者重视。

目前的研究多集中于具体行政区域内的土地利用效益评价。如彭建等(2005)利用层次分析法构建了社会、经济、生态与环境的协调度评价模型,发现南京市江宁区总体土地利用效益适中,并分析了七大土地利用效益类型区的空间差异特征;叶敏婷等(2008)认为深圳市总体土地利用效益中等,但各行政区的土地利用效益均呈上升趋势;杨丽霞等(2015)则以浙江省 11 个城市为例,认为浙江省土地利用经济效益处于高水平,并呈显著的空间集聚形态。这部分研究普遍采用搭建综合评价指标体系的方法,聚焦其在微观行政区域内的空间差异,从土地利用效益本身出发提供相关政策建议;但综合评价指标体系法存在一定的主观性,也会制约变量相关性分析,所提出的政策建议的有效性与实践性相对有限。

部分研究意识到了这些不足,并作出改进。一是将研究对象在微观行政区划的基础上进行了扩延,如朱珠等(2012)使用变异系数法确定权重,基于 Topsis 方法定量评价我国土地利用效益,发现了其整体利用水平较低、东中西部地域差异显著的主要特征,但这类研究总量相对有限。二是深入挖掘了影响土地利用效益的因素,如陈伟和吴群(2014)利用 DEA 模型与 GIS 空间分析,赵伟等(2016)使用 DEA 模型与 Tobit 回归模型,认为经济发展水平、政府影响力、资本劳动比率、产业结构、自然保护区面积、地理位置等均会对中国建设用地利用效益造成影响;杨勇和郎永建(2011)将研究对象限定为开放条件下的内陆地区,以重庆市为例,并明确将城市化作为自变量。上述研究调整了土地利用效益的测度方法,更侧重经济效益维度,为本章提供了借鉴;他们亦说明土地利用效益是多元因素的复合影响结果,启发了本章计量实证部分控制变量的选择,但它们较少关注政府环境规制问题。三是部分研究将土地利用效益的测度范围限定在城市,为本章提供了思路启发。如Zitti等(2015)测度了长期城市扩张背景下,南欧地区城市土地利用效益的空间变化,张明斗和莫冬燕(2014)聚焦东北三省,探究了城市土地利用效益与城市化的耦合协调性。

综上所述,目前国内国外学术界在政府环境规制问题、城市土地利用效益问题两方面均有较充实的研究成果,但鲜有文献将二者进行关联,直接成果相对有限,属于较新的研究领域。间接成果如钟成林和胡雪萍(2019)使用超效率SBM模型与门限面板回归模型,将环境规制划分为激励性环境规制与非激励性环境规制,发现二者对城市建设用地生态效率存在显著的制度协同效应,且有总体抑制倾向;王镝和唐茂钢(2019)搭建的动态最优化模型显示,在土地城市化率较高时,政府趋向出台环境规制政策控制环境污染程度,使地均土地生态环境质量有所提高;Yang等(2019)则在土地利用碳排放框架的限制下,使用Bootstrapping方法和门槛面板回归,证明了政府环境规制对生态效率的非线性影响。上述研究所选择的因变量与城市土地利用效益有一定相关性,研究思路与研究方法也为本章提供了借鉴;但它们均未明确涉及政府环境规制与城市土地利用效益的关系,本章将重点在此领域内进行研究。

第二节 理论推导与假设

本章选择逻辑演绎与数理模型相结合的方法进行理论推导,并基于此提出本章的假设。

一、逻辑演绎

首先进行逻辑演绎。一方面,政府环境规制程度增强,如对造成高污染的工业(如造纸业、化学化工产业等)征收污染税,或限制此类工业过度扩张生产规模,或提升资质审批准入门槛等,进而引致生产成本的提升与利润的下降,导致经济生产规模被抑制，单位土地的经济产值下降，即土地利用效益下降。此外，政府环境规制程度的增强还会导致环保指标直接或间接地进入地方政府的绩效考核系统，如引入绿色GDP指标、规定城市绿化覆盖率红线、要求扩张城市公园绿地面积等，导致实际绿化面积在城市建成区面积中的占比上升；但公园、绿地等用地类型不属于生产型用地，除提供公共产品外无法直接产生经济价值，进而导致城市整体的土地利用效益下降。

但另一方面，政府环境规制程度的增强能够在一定程度上激励企业创新行为，这一结论已被众多学者认可。如曹霞和张路蓬（2015）发现，创新效率与环境规制强度呈"U"型关系，前期由于成本上升会抑制创新行为，后期由于环境优化，会促进创新效率的提升；他们还通过构建政府、企业与消费者之间的演化博弈模型，使用 Matlab 仿生工具进行推导赋值求解，发现高强度的污染税收、低强度的公众环保宣传与适度的创新激励补偿对企业绿色技术创新的促进效果最明显；许士春等（2012）认为"排污税率和排污许可价格与企业绿色技术创新的激励程度都呈正相关"。技术创新与技术扩散导致规模报酬递增与长期生产成本递减，生产效率的提升引致城市土地利用效益上升。

综上所述，城市土地利用效益与政府环境规制的关系存在不确定性，其最终效应方向取决于上述正效应与负效应的相对大小与综合结果。由于技术创新存在研发周期，具有明显的时滞效应，结合曹霞等（2015）的研究结果，推测政府环境规制前期负效应强于正效应，导致其对城市土地利用效益的综合效应方向为负；政府环境规制后期，创新的技术成果落地并作用于经济生产，正效应强于负效应，导致综合效应方向为正；若政府持续性增加环境规制程度，则导致环境规制过度，无法构成创新激励甚至直接抑制生产，综合效应方向为负。换言之，二者关系呈现从负相关到正相关再到负相关的过程。

二、数理模型

假定经济体生产的产品均同质，将总产量记为 Y，将总污染量记为 P。经济体可用土地面积为 L，划分为两种不同类型：一类为生产建设类用地，这类土地有直接经济产出，但同时有污染这一副产品；另一类为居住绿地类用地，这类土地能够吸收或无害化污染,但没有直接经济产出。记后者占比为 ε,则前者占比为 1−ε,满足 0<ε<1。生产建设类用地的产出效率为 λ,伴生的污染效率为 m;居住绿地类用地的污染处理效率为 n。科技水平越发达,污染处理效率越高,n 的值越大。

"执政为民"是中国政府重要的执政理念,其经济意义为:政府决策的原则是社会群体效用最大化。设社会群体的效用函数为

$$U=\ln(1+Y)-\mu\ln(1+P)^{①} \tag{11-1}$$

其中 U 为总效用。对数形式的效用函数的设定满足 $\frac{\partial U}{\partial Y}>0, \frac{\partial^2 U}{\partial Y^2}<0$ 且 $\frac{\partial U}{\partial P}<0, \frac{\partial^2 U}{\partial P^2}>0$ 的稻田条件,其经济意义为:社会群体效用与总产量正相关,但边际效用下降;社会群体效用与总污染负相关,但边际负效用下降。政府可选择 ε 的水平,ε 越大,政府环境规制程度越强。

由上述条件可知:

$$Y=L \cdot (1-\varepsilon) \cdot \lambda \tag{11-2}$$

$$P=L \cdot (1-\varepsilon) \cdot m - L \cdot \varepsilon \cdot n \tag{11-3}$$

故有

$$U=\ln(1+L \cdot (1-\varepsilon) \cdot \lambda)-\mu\ln(1+L \cdot (1-\varepsilon) \cdot m - L \cdot \varepsilon \cdot n) \tag{11-4}$$

政府决策时考虑最大化社会群体效用,满足 $\frac{dU}{d\varepsilon}=0$,故有

$$\frac{\lambda}{1+L \cdot (1-\varepsilon) \cdot \lambda}=\mu \cdot \frac{m+n}{1+L \cdot (1-\varepsilon) \cdot m - L \cdot \varepsilon \cdot n} \tag{11-5}$$

解得

$$\lambda=\frac{\mu \cdot (m+n)}{1+L \cdot (1-\varepsilon) \cdot m - L \cdot \varepsilon \cdot n - L \cdot (1-\varepsilon) \cdot \mu \cdot (m+n)} \tag{11-6}$$

---

① 原始效用函数实为 $U'=a\ln(1+Y)-b\ln(1+PO)$,因基数效用绝对值在约束条件下不影响最优化结果,为简化起见,记 $U=\frac{U'}{a}=\ln(1+Y)-\frac{b}{a}\ln(1+PO), \mu=\frac{b}{a}$。

城市土地利用效益用单位城市面积的经济产出[1]作为代理变量，故有

$$\text{landef} = \frac{Y}{L} = \lambda \cdot (1-\varepsilon) \tag{11-7}$$

解得

$$\text{landef}(\varepsilon) = \frac{\mu \cdot (m+n)}{\frac{1-L \cdot \varepsilon \cdot n}{1-\varepsilon} + L \cdot m - L \cdot \mu \cdot (m+n)} \tag{11-8}$$

其中，除 $\frac{1-L \cdot \varepsilon \cdot n}{1-\varepsilon}$ 外均为常数项，记为 $g(\varepsilon)$。求导可知 $\frac{dg}{d\varepsilon} = \frac{1-L \cdot n}{(1-\varepsilon)^2}$。

当 $L \cdot n < 1$ 时，$g(\varepsilon)$ 单调递增，landef(ε) 单调递减；$L \cdot n = 1$ 时，landef(ε) 为常数[2]；当 $L \cdot n > 1$ 时，$g(\varepsilon)$ 单调递减，landef(ε) 单调递增。

其经济意义为：当技术发展程度较低时，城市土地利用效益与政府环境规制程度负相关；当技术发展程度较高时，城市土地利用效益与政府环境规制程度正相关。技术发展具有渐进性，因此理论上城市土地效益与政府环境规制程度呈 U 型曲线。同时需注意到此时前提条件中包含 $0 < \varepsilon < 1$；当 $\varepsilon \rightarrow 1$ 时，意味着政府过度环境规制，有 $Y \rightarrow 0$，故 landef $\rightarrow 0$。故在过度环境规制阶段，城市土地利用效益与之负相关。

综上所述，本章提出假设如下：

城市土地利用效益与政府环境规制程度呈"由负到正再到负"的相关性。示意图如图 11-1 所示。

---

[1] 沿用参考文献的方法，该方法同时适用于后文的计量实证部分。
[2] 实际经济运行中满足 $L \cdot n = 1$ 的条件过于苛刻，因此忽略不做经济解释。

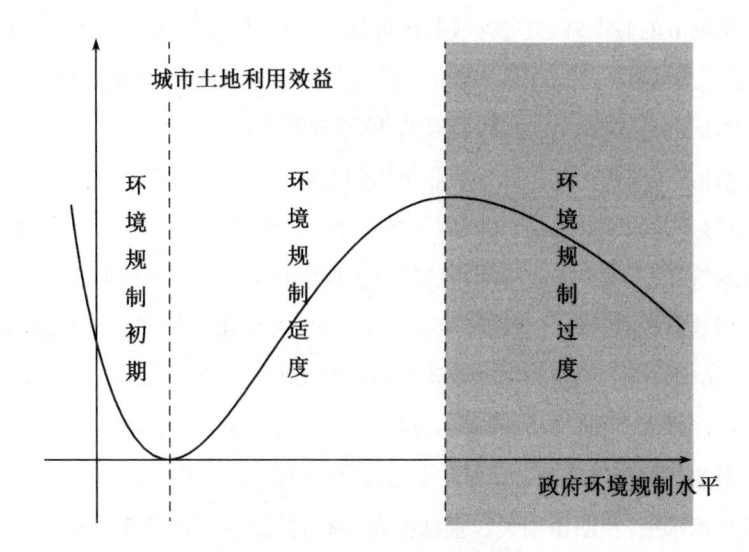

图 11-1 城市土地利用效益与政府环境规制关系假设示意图

第三节 变量选取与数据来源

一、变量选取

为验证第二部分所提出的假设在实际经济运行中的存在性,本章使用计量实证方法进行检验。面板数据兼具截面数据与时间序列数据的优点,多重共线性较低且估计效率更高,近年来被广泛应用于经济学实证研究,尤其是国家政策评估领域,故本章亦采用此类数据结构。基于数据的可得性、准确性与时效性原则,并确保所提出的结论与政策建议在中国具备适用性与有效性,本章最终选择 2008—2017 年中国 29 个省(市)级行政单位的面板数据作为计量实证分析的数据池。香港、澳门属于特别行政区,基本制度、经济形态与其他省级行政区存在较大差异,需单独进行考察;北京市、上海市城市建成区面积缺失严重,因变量时间序列不完整;台湾省数据截面缺失严重。因此在样本中舍去以上 5 个省(市)级行政单位,剩余样本包括东部地区 10 个,中部地区 9 个,西部地区 10 个,基本覆盖中国全区域,具备一定的代表性。

根据第二节的假设,自变量为政府环境规制程度,因变量为城市土地利用效益。为避免遗漏变量偏误,降低计量实证估计的有偏性与非一致性,还需在模型中加入控制变量。本章选择的控制变量及其预期影响方向如下:

产业结构:预期正相关。第二产业包括制造业、建筑业等感应力、影响力较强的行业,上下游产业关联效应明显,对城市整体经济发展起"龙头"作用;此外,第二产业具有重资本特征,土地纵向复合利用使其对土地横向延展依赖度较低,使得第二产业的土地利用效益较高。故产业结构越依赖第二产业,城市土地利用效益越高。在对自变量的影响上,第二产业的生产活动是城市的重要污染源,其占比越高,城市污染加剧的可能性越大,政府环境规制倾向越明显。综上,遗漏变量偏误预期为正,加入该变量后自变量系数降低。

科学技术水平:预期正相关。根据柯布-道格拉斯生产函数 $Y=A \cdot K^{\alpha} \cdot L^{\beta}$,$A$ 为科学技术水平,科学技术的进步能够在生产要素不变的情况下大大提升生产效率,进而引致城市土地利用效益上升。在对自变量的影响上,科学技术的进步能够增强政府环境规制的信心,降低环境规制的生产损失或成本,引致政府提升环境规制水平。综上,遗漏变量偏误预期为正,加入该变量后自变量系数降低。

人口密度:预期正相关。人口密度的实质是单位土地投入所能调度的劳动力存量水平,后者是重要的生产要素。人口密度上升,生产要素存量上升,有利于扩大生产规模;此外人口数量的上升伴随高质量人口的增长,有利于提高生产效率,二者均使得城市经济产出增加,促进城市土地利用效益的提升。在对自变量的影响上,更高的人口密度意味着"良好环境"这一公共产品具有更大的社会效益,促进政府提升环境规制水平。综上,遗漏变量偏误预期为正,加入该变量后自变量系数降低。

教育水平:预期正相关。地区的教育水平越高,城市人口质量综合水平越高,技术劳动力占比越高,越能提高经济生产效率,促进新技术的研发与落地,从而提升城市土地利用效益。在对自变量的影响上,更高的教育水平意味着地区居民环保素养与环保意识越强,且在人才地区竞争的背景下对居住环境有更高的需求,引致政府环境规制水平的提升。综上,遗漏变量偏误预期为正,加入该变量后自变量系数降低。

二、数据来源

本章所选择的数据来源共 2 类：一是国家权威公开数据，如国家统计局统计数据库、《中国环境统计年鉴》等；二是自取数据，如基于公开性的政府工作报告进行的大数据文本挖掘。具体变量及其详细数据来源如下：

1. 自变量

政府环境规制(envi)：沈艳等(2019)指出，文本大数据具有来源多样化、数据量增长快和高频等特征，为经济学研究提供了全新的分析视角。大数据文本挖掘的本质是将非结构化的中文原始文本，通过一定的映射方法输出为结构化的数据矩阵，并从数据矩阵中提取出目标信息序列。其中词典法是一种经典的文本大数据挖掘方法，在 Garcia (2013)、Tetlock (2008)等人的研究中均有采用。本章借鉴 Da 等(2014)自建词典的方法，通过随机抽样阅读与词频分析预检，自主构建政府环境规制相关词典(如表 11-1)，并以此为基础进行文本挖掘。

在文本库选择方面，大量研究地方政府财政经济问题的文献选择了政府工作报告(王印红等，2017；吴宾等，2019；詹新宇等，2020)。首先，政府工作报告是中国根本政治制度中的重要环节，每年各级政府均需在当地人民代表大会会议和政治协商会议上向大会主席团、与会人大代表和政协委员发布这一报告，具备较强的权威性和明显的中国特色；其次，政府工作报告内容丰富全面，内容涵盖一年内工作回顾、当年工作任务和政府自身建设的方方面面，包括经济发展、政府建设、文化事业、生态保护、民生安全等，报告中各部分篇幅占比能够相对客观地反映当年政府的工作重点与重视程度；最后，政府工作报告向全社会公开，能够通过 Python 等手段以较低成本获得完整性好、损耗小的原始文本。结合研究的时间区间，本章选择了报告年为 2008年—2017 年的省级政府工作报告。

因政府工作报告属于政府公文，用词规范精准，段落大意集中，相较于已有文献所使用的词典法的词频权重分析，以段落为考察单位不仅能够规避中文分词的误差和权重设置的主观性，而且能够更准确地反映篇幅占比。同时，政府工作报告的公开性和权威性保证了原始文本中标点符号使用的规范性，使得句号和分号均能很好地分割不同说明内容的语料。因此,本章以自建的政府环境规制相关词典(如表11-1)为基础,将上述政府工作报告分解为语料库,编写 Python 程序[①]识别并提取环境规制相关的语料,使用大数据文本分析方法计算这部分语料在全文中的篇幅占比,将其作为反映政府环境规制程度的代理变量。

表11-1 政府环境规制词典

一级分类	二级分类	明细
污染	大气污染	空气、二氧化、蓝天、青天、颗粒、尾气、扬尘、大气、第六阶段成品油、碳、燃煤、雾霾、PM2.5、PM10、黄标车、氮氧化物、秸秆
	水污染	污、碧水、绿水、黑臭、水源、水质、河流、国控断面、劣V类、湖泊
	固体废弃物污染	垃圾
绿化与保护区	—	绿化、修复、退耕还、绿地、草原、还绿、公园、绿道、绿心、湿地、森林/林[②]、保护区、生物多样性、水土保持
能源	—	节能、消耗、能耗、清洁、低排、用能权
资源	—	再生、节水、水耗
顶层设计	—	环保、可持续发展、减排、循环经济、最严格、河长、河(段)长、河(湖)长、青山、金山银山、海绵城市、联防联控、红线
其他 (单列联动词汇[③])	"生态"	生态文明、生态保护、生态补偿、生态修复、生态工程、生态治理、生态功能、生态环境、生态屏障、生态景观、生态涵养、生态资源
	"绿色"	绿色发展、绿色经济、绿色产业、绿色经济

---

① 详细 Python 代码可以向作者索要。
② 受省份名称干扰,吉林省词典使用"森林"替代"林"。
③ 联动词汇指:除导向政府环境规制相关语料外,还导向大量无关语料的词汇。若直接引入该词汇会稀释政府环境规制高相关性的语料,导致自变量数值偏高。以"环境"为例,"改善营商环境"与政府环境规制无关。需进行精细化靶向处理以降低误差,详见明细序列。

(续表)

一级分类	二级分类	明细
	"环境"	环境承载、环境友好、环境综合治理、环境质量、环境保护、环境治理、环境资源
	"资源"	水资源、资源现状、自然资源、资源节约、资源环境

政府工作报告原始文本通过Python编写与人工检索相结合的方式获取,来源于中经网-中国地区经济发展报告。政府环境规制的具体计算式为:

$$\frac{len(环境规制相关语料)}{len(政府工作报告全部语料)} \times 100\%$$

,其中len()为长度计算函数,单位为%。

2. 因变量

城市土地利用效益(landef):参考罗罡辉和吴次芳(2003)所提出的标准与搭建的指标,结合"城市"这一限定范围及其第一产业占比低、第二、第三产业占比高的经济结构,本章所选用的指标计算式为:

$$\frac{不变价第二产业增加值+不变价第三产业增加值}{城市建成区面积}$$

。第二产业包括采矿业、制造业、电力、煤气及水的生产和供应业与建筑业;第三产业是除第一产业(农、林、牧、渔业)、第二产业之外的其他产业;为剔除通货膨胀的影响,在分子加总时使用对应省份的城市居民消费价格指数(CPI)进行消胀处理,定基为2008年,数据均来源于国家统计局统计数据库。城市建成区指城市行政区内实际已成片开发建设、市政公用设施和公共设施基本具备的区域,其范围与城市建设用地实际达到的范围基本一致,数据来源于2008年—2017年的《中国环境统计年鉴》。该指标的单位为亿元/km^2。

3. 控制变量

产业结构(indstr):指标计算式为$\frac{第二产业增加值}{地区生产总值} \times 100\%$。地区生产总值(GDP),指按市场价格计算的一个国家(或地区)所有常住单位在一定时期内生产活动的最终成果,第二产业增加值在其中的占比能够客观反映产业结构。因该指标为相对指标,无需使用CPI消胀,故直接使用名义量计算。所涉数据均来源于国家统计局统计数据库,单位为%。

科学技术水平(tech):指标计算式为$\frac{地方财政科学技术支出}{地方财政一般预算支出}\times 100\%$。科技支出在一般预算支出中占比越大,地方政府对科学技术相关项目支持力度越大,通过产学研协同创新与深度融合,科学技术进步的内生动力基础越完整,科学技术水平越高。同理,该相对指标无需使用 CPI 消胀,数据来源为国家统计局统计数据库,单位为%。

人口密度(popu):该指标直接来源于国家统计局统计数据库,单位为人/km²。其计算式为:$\frac{城区人口+城区暂住人口}{城区面积}$。

教育水平(edu):学历作为教育分级门槛,能够客观反映个体的受教育时长,受教育时长越长,个体知识结构越完善,专业领域针对性越强,思维方式越全面;故群体中高学历个体占比越大,该地区人口质量越高。结合数据的可得性,本章选择的指标计算式为:$\frac{6岁及6岁以上大专及以上人口数}{6岁及6岁以上人口数}\times 100\%$。2008 年—2017 年的时间区间内,2010 年为全国人口普查年,数据来源于《中国 2010 年人口普查资料》;其余年份为人口抽样调查数据,除 2015 年抽样比为 1%外,抽样比均为 1‰,数据来源为《中国统计年鉴》。最终计算的指标单位为%。

第四节　计量实证分析

一、描述性统计

在进行计量回归之前,首先对因变量、自变量与控制变量进行描述性统计(表 11-2)。

第十一章 政府环境规制对城市土地利用效益的影响研究

表 11-2 基本描述性统计

变量	N	均值	标准差	最小值	p25	p50	p75	最大值
landef	290	867.7	281.3	330.1	627.5	873.6	1 035	1 738
envi	290	13.11	3.58	5	10.61	12.94	15.24	23.21
indstr	290	44.21	7.02	22.1	39.84	45.24	49.17	61.96
tech	290	1.65	1.01	0.3	1.04	1.23	1.98	5.53
popu	290	2 775	1 208	515	1 860	2 520	3 402	5 967
edu	290	10.33	4.08	1.68	7.76	9.64	12.53	28.85

数据来源：政府工作报告大数据文本挖掘结果、国家统计局统计数据库、《中国环境统计年鉴》《中国统计年鉴》《中国 2010 年人口普查资料》。

由表 11-2 可知，2008 年—2017 年时间区间内各省(市)级行政单位的平均城市土地利用效益为 867.7 亿元/km^2，最小值为 330.1 亿元/km^2，最大值为 1 738 亿元/km^2，标准差较大。政府环境规制水平平均值为 13.11%，最小值为 5%，最大值为 23.21%。

表 11-1 的基本描述性统计模糊了面板数据的时间维度和空间维度，故使用图 11-2 和图 11-3 分别对因变量土地利用效益和自变量政府环境规制程度进行时空维度的可视化。其中，由于样本省(市)级行政单位达 29 个，不进行数据重编码不具备经济学意义，故在空间维度上使用中经网-中国地区经济发展报告公布的东中西部划分标准，将天津、河北、辽宁、江苏、浙江、福建、山东、广东、广西与海南划分为东部地区，山西、内蒙古、吉林、黑龙江、安徽、江西、河南、湖北与海南为中部地区，重庆、四川、贵州、云南、西藏、陕西、甘肃、青海、宁夏与新疆为西部地区。

如图 11-2，2008 年—2017 年的时间区间内，全国平均城市土地利用效益呈平缓上升趋势，从 698.50 亿元/km^2 上升到 991.33 亿元/km^2，各地区趋势与总体趋势基本同步。在空间地域分异方面，维持着东部地区高于中部地区、中部地区高于西部地区的基本状态，但西部地区与东中部地区的土地利用效益差距有扩大化倾向。

图 11-3 显示政府环境规制程度总体上呈现明显的波动上升，具体是从 2008 年

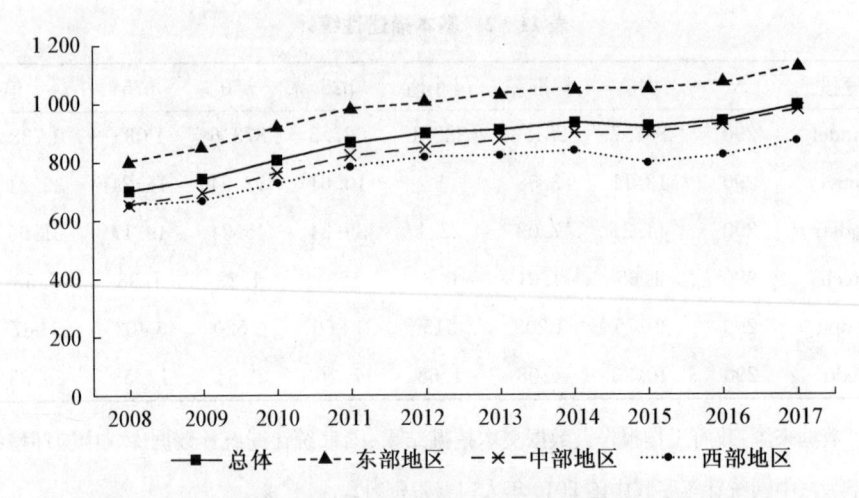

图 11-2 城市土地利用效益随时空变化折线图(单位:亿元/km^2)

数据来源:国家统计局统计数据库、《中国环境统计年鉴》。

的 10.50% 上升至 2017 年的 15.77%。东中西部地区的该指标变化趋势差异较大,虽都呈波动上升趋势,但与整体不同步;此外,中部地区政府环境规制程度整体上略低于西部地区与东部地区。

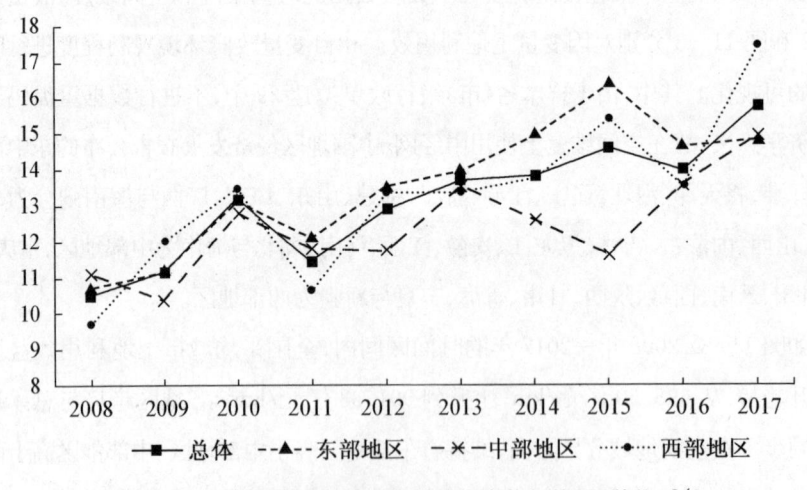

图 11-3 政府环境规制程度随时空变化折线图(单位:%)

数据来源:政府工作报告大数据文本挖掘结果。

结合图 11-2 与图 11-3,可知土地利用效益与政府环境规制程度在中国呈现一定的地域分异,启示本章在计量实证部分将总体计量分析与分区域计量分析结合使用。

二、一元线性回归

首先利用最小二乘法进行一元线性回归,建模如下:

$$\mathrm{landef}_{it} = \beta_0 + \beta_1 \mathrm{envi}_{it} + u_{it} \tag{11-9}$$

其中,landef_{it} 代表第 i 省在第 t 期的城市土地利用效益,envi_{it} 代表第 i 省在第 t 期的政府环境规制水平,β_0 为截距项,β_1 为自变量系数,u_{it} 为随机扰动项即误差,且满足 $E(u_{it})=0$。因本章选择的面板数据截面数量小,选择固定效应模型损耗的自由度小,且无需做个体效应与其他解释变量不相关的假设;在 2008 年—2017 年的时间区间内,各省级行政单位的个体经济特征突出且组间差距无异动,因此选择固定效应模型(该结论亦被 Hausman 检验验证)。此时不考虑其他控制变量的影响,回归结果见表 11-3 所示。

在不加入其他控制变量的情况下,截距项为 671.2,自变量系数为 14.99,二者的双侧检验 p 值均达 0.000,说明效应显著。其经济学意义是,政府环境规制程度每提高 1 个单位,城市土地利用效益增加 14.99 亿元/km²,二者呈正相关。但此时调整 $R^2=0.073$,说明一元线性回归的拟合较差,存在较大的遗漏变量偏误,故进行多元线性回归。

三、多元线性回归

多元线性回归仍采用最小二乘法,在一元线性回归模型的基础上加入控制变量,基础模型为:

$$\mathrm{landef}_{it} = \beta_0 + \beta_1 \mathrm{envi}_{it} + \sum_{n=2}^{m} \beta_n C_{nit} + u_{it} \tag{11-10}$$

其中 β_n 为控制变量系数,C_{nit} 表示第 i 省在第 t 期的第 $n-1$ 个控制变量,共 m 个;其余变量及假设不变。

根据第三部分，依次分步加入选定的控制变量。具体模型如下所示：

$$landef_{it} = \beta_0 + \beta_1 envi_{it} + \beta_2 indstr_{it} + u_{it}$$

$$landef_{it} = \beta_0 + \beta_1 envi_{it} + \beta_2 indstr_{it} + \beta_3 tech_{it} + u_{it}$$

$$landef_{it} = \beta_0 + \beta_1 envi_{it} + \beta_2 indstr_{it} + \beta_3 tech_{it} + \beta_4 popu_{it} + u_{it} \quad ① \quad (11-11)$$

$$landef_{it} = \beta_0 + \beta_1 envi_{it} + \beta_2 indstr_{it} + \beta_3 tech_{it} + \beta_4 edu_{it} + u_{it}$$

$$landef_{it} = \beta_0 + \beta_1 envi_{it} + \beta_2 indstr_{it} + \beta_3 tech_{it} + \beta_4 popu_{it} + \beta_5 edu_{it} + u_{it}$$

回归结果如表 11-3((2)~(6)) 所示。

表 11-3　一元与多元线性回归结果

	(1)	(2)	(3)	(4)	(5)	(6)
	landef	landef	landef	landef	landef	landef
envi	14.99*** (2.082)	13.48*** (2.059)	12.01*** (1.971)	11.80*** (1.981)	3.923** (1.757)	3.863** (1.763)
indstr		−7.023*** (1.752)	−5.696*** (1.679)	−5.686*** (1.678)	4.761*** (1.647)	4.732*** (1.650)
tech			89.56*** (16.36)	88.05*** (16.41)	64.46*** (13.53)	63.94*** (13.58)
popu				0.0156 (0.0146)		0.00622 (0.0120)
edu					28.18*** (2.466)	28.09*** (2.475)
cons	671.2*** (27.96)	1001.4*** (86.73)	814.4*** (89.07)	775.8*** (96.05)	208.5** (89.95)	195.0** (93.70)
N	290	290	290	290	290	290
调整 R^2	0.0730	0.124	0.212	0.213	0.476	0.474

在逐步加入控制变量以降低遗漏变量偏误的过程中，调整 R^2 由(1)中的 0.073

---

① 由于人口密度 popu 与教育水平 edu 是同一指标人口的数量维度与质量维度，分步回归时增加一组平行模型，方便进行人口维度内的效应比较。

上升至(5)中的 0.476 与(6)中的 0.474，说明多元线性回归模型拟合更佳。自变量 envi 的系数由(1)中的 14.99 逐步下降到(5)中的 3.923 与(6)中的 3.863，p 值保持在 0.026 与 0.029，均大于 95% 的置信水平，说明地区的城市土地利用效益与政府环境规制程度显著正相关。系数绝对值的逐步下降说明遗漏变量偏误在一元线性回归模型中造成正向误差，与第四部分中的预期一致；回归(5)与回归(6)显示，当政府环境规制水平上升 1 个单位，城市土地利用效益上升 3.923 或 3.863 亿元/km²。

除人口密度(popu)外，控制变量在回归(2)～(6)中全部显著，置信水平均在 99% 以上，且自变量系数如预期判断持续降低，说明产业结构(indstr)、科学技术水平(tech)和教育水平(edu)是有效的控制变量。

以回归(6)为例[①]，首先城市土地利用效益与第二产业占比显著正相关，与预期一致。当第二产业占比上升 1 个百分点，城市土地利用效益上升 4.732 亿元/km²。其次，城市土地利用效益与科学技术水平、教育水平显著正相关，也与预期一致。当科学技术水平上升 1 个百分点，城市土地利用效益上升 63.94 亿元/km²；当教育水平上升 1 个百分点，城市土地利用效益上升 28.09 亿元/km²。对比可知，科学技术水平与教育水平对单位变动对城市土地利用效益的影响更大。

最后，城市土地利用效益与人口密度并不显著相关，p 值为 0.604，无法拒绝原假设；0.00622 的系数说明其综合影响基本为正，与预期方向无差异。该结果说明人口维度、数量因素的影响弱于质量因素。原因可能是人口密度的增加具有双重效应：一方面，人口密度上升使得单位面积承载的劳动力存量上升，扩大技术劳动力与非技术劳动力基数，从而提高城市土地利用效益；但另一方面，更大的人口密度导致更高的污染排放与能量消耗，后者引致更高的经济成本，导致城市土地利用效益的下降。二者的不确定性与此消彼长使得人口密度变量 popu 不显著，作为控制变量的效用有限，在进行下一步的计量实证时可酌情考虑删去。

[①] 由表 11-3，无论是从各变量显著性水平，还是从调整 R^2 数值，回归(5)与回归(6)结果差异不大，均具备一定的经济解释力。出于第四部分的先验变量选择考虑，此处以回归(6)为例进行经济解释。

四、多元非线性回归及其区域分异结果

上述线性回归结果预先假定城市土地利用效益与政府环境规制程度呈线性关系,但该假定过于严格,实际经济运行过程中二者关系可能是非线性的。因此放松该假定,引入二次项、交叉项进行多元非线性回归,计量实证结果如表 11-4。由于多元线性回归结果中 popu 不显著,且加入 popu 前后模型差异不大,故在非线性回归中删去该变量。此外,描述性统计显示不同地区分异明显,故进行分区域面板回归。

引入二次项的非线性回归模型为:

$$\mathrm{landef}_{it} = \beta_0 + \beta_1 \mathrm{envi}_{it} + \beta_2 \mathrm{envi}_{it}^2 + \beta_3 \mathrm{indstr}_{it} + \beta_4 \mathrm{tech}_{it} + \beta_5 \mathrm{edu}_{it} + u_{it} \quad (11-12)$$

引入交叉项的非线性回归模型为:

$$\mathrm{landef}_{it} = \beta_0 + \beta_1 \mathrm{envi}_{it} + \beta_2 \mathrm{envi}_{it} \times \mathrm{edu}_{it} + \beta_3 \mathrm{indstr}_{it} + \beta_4 \mathrm{tech}_{it} + \beta_5 \mathrm{edu}_{it} + u_{it}$$

$$(11-13)$$

变量解释与假设同前。表 11-4 中,envi2 为自变量 envi 的二次项 envi^2,enedu 为自变量 envi 与控制变量 edu 的交叉项 envi×edu。(1)~(4)为引入二次项的非线性回归,(5)~(8)为引入交叉项的非线性回归。

表 11-4 多元非线性回归结果及其地域分异

	(1) total landef	(2) east landef	(3) central landef	(4) west landef	(5) total landef	(6) east landef	(7) central landef	(8) west landef
envi	18.82** (8.317)	16.72 (16.60)	22.97 (18.80)	18.81* (10.31)	12.19*** (3.833)	15.43** (6.869)	34.62*** (10.56)	4.095 (5.215)
envi2	−0.543* (0.296)	−0.420 (0.557)	−0.405 (0.720)	−0.741** (0.372)				
enedu					−0.781** (0.323)	−0.866* (0.482)	−2.177** (0.986)	−0.584 (0.513)
indstr	4.447*** (1.649)	−0.298 (3.825)	7.731*** (2.357)	2.925 (2.798)	4.314*** (1.642)	0.0861 (3.762)	7.275*** (2.300)	3.006 (2.901)

(续表)

	(1) total landef	(2) east landef	(3) central landef	(4) west landef	(5) total landef	(6) east landef	(7) central landef	(8) west landef
tech	62.99*** (13.49)	40.15* (23.77)	78.58*** (19.32)	−13.06 (37.12)	65.70*** (13.41)	45.46* (23.26)	73.71*** (18.91)	−6.916 (38.02)
edu	27.92*** (2.458)	26.02*** (5.267)	32.05*** (4.242)	24.68*** (3.441)	38.05*** (4.756)	37.43*** (8.150)	59.75*** (13.15)	32.89*** (7.192)
cons	132.5 (98.68)	455.4* (231.9)	−173.5 (172.3)	327.2** (147.1)	124.2 (95.67)	365 (227.7)	−357.9** (172.8)	371.4** (146.9)
N	290	100	90	100	290	100	90	100
调整 R^2	0.480	0.499	0.584	0.410	0.485	0.514	0.608	0.392

首先引入二次项。全样本回归中一次项、二次项系数均显著,调整 R^2 上升至 0.48,说明非线性模型拟合更好。二次项系数为−0.543,说明城市土地利用效益与政府环境规制程度呈倒 U 型;一次项系数 18.82,说明拐点所在位置为 17.33。当政府环境规制水平<17.33 时,城市土地利用效益与政府环境规制水平呈正相关;当政府环境规制水平>17.33 时,呈负相关。2017 年全国各省平均政府环境规制水平为 15.77,在拐点以左,此区间与前述多元线性回归的结论一致。

为呈现东中西部地区的分异,将因变量估计量与自变量可视化如图 11-4。

图 11-4 说明城市土地利用效益与政府环境规制程度基本均呈倒 U 型。但拐点位置存在较大的差异,西部地区的拐点为 12.96,东部地区拐点为 19.90,中部地区拐点为 28.36,呈现西部<全国<东部<中部的规律。从变量显著性的角度来看,西部地区的一次项系数与二次项系数均显著,说明倒 U 型曲线关系显著;此外,2015年—2017 年西部地区平均环境规制程度为 15.47,已越过 12.96 的临界值,进入负相关区间。但这并不意味着西部地区需降低内生的政府环境规制水平,因为西部地区是三大地区中唯一一个拐点临界值低于全国平均水平的地区,图 11-4 亦能直观说明其函数形状与其他地区存在较大差异;换言之,西部地区的政策方向应为改变函数形状,利用外生的教育因素等推动拐点右移。东部地区、中部地区的一次项系数与二

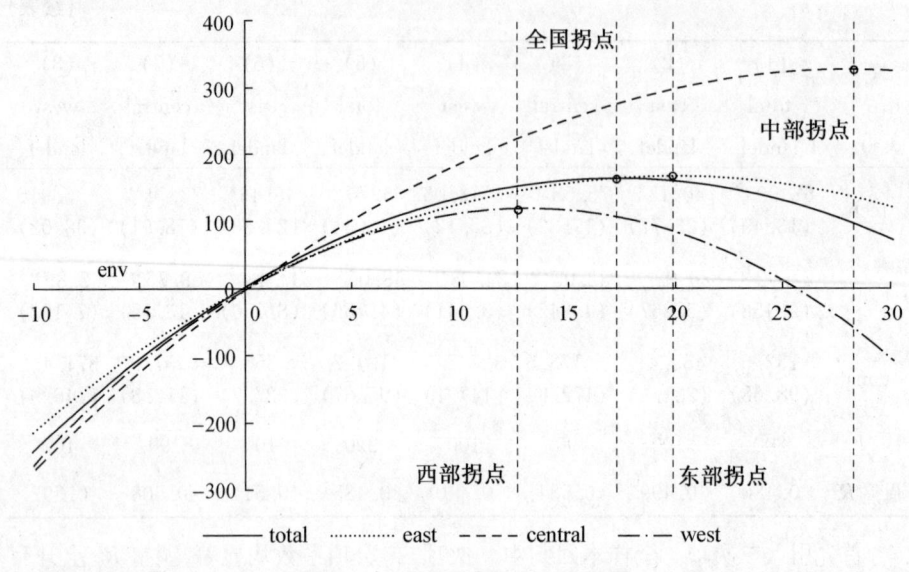

图 11-4 倒 U 型曲线的地域分异

次项系数不显著,倒 U 型关系可能不明显;但其 2015 年—2017 年的平均政府环境规制水平均在各自拐点左侧且有一定距离,仍处于正相关区间内,若继续提高政府环境规制水平,能够提升该省的城市土地利用效益。

由于引入二次项后,东部地区与中部地区系数不显著,因此考虑引入交叉项,回归结果如表 11-4 的 (5)~(8)。引入交叉项后的全样本回归自变量 p 值仅 0.002,交叉项 p 值 0.016,控制变量置信水平均在 99% 以上,结合上升至 0.485 的调整 R^2,说明效应显著。自变量系数为 12.19,交叉项系数为 -0.781,说明当政府环境规制程度上升 1 个单位,城市土地利用效益上升 $(12.19-0.781×edu)$ 亿元/km^2,二者正相关。

从区域分异角度,东部地区和中部地区的自变量系数与交叉项系数均显著。据表 11-4,东部地区政府环境规制程度上升 1 个单位,城市土地利用效益上升 $(15.43-0.866×edu)$ 亿元/km^2;中部地区政府环境规制程度上升 1 个单位,城市土地利用效益上升 $(34.62-2.177×edu)$ 亿元/km^2。参考各区域近 3 年的教育水平现状,上述系数始终为正,说明正相关关系在较长的时间区间内始终成立;交叉项系数为负,说

第十一章 政府环境规制对城市土地利用效益的影响研究

明其正相关程度随地区教育水平的上升而下降,换言之,政府环境规制程度的边际效用递减。二者始终正相关,加之东部地区对教育水平的敏感程度低,中部地区教育水平绝对量偏低使其落在高系数区间,故均可通过提升政府环境规制水平以提高城市土地利用效益。此外,西部地区的自变量系数与交叉项系数均不显著,说明西部地区交叉效应不显著。

对比引入二次项和交叉项的非线性回归模型及其区域分异结果,结合系数显著性与调整 R^2,本章发现了一个非常有意思的结论:在西部地区,城市土地利用效益与政府环境规制程度呈倒 U 型关系,教育水平对二者关系没有显著的直接影响;而在东部地区和中部地区,倒 U 型关系不显著,但教育水平的交叉效应显著。结合 2015 年—2017 年西部地区＜中部地区＜东部地区的平均教育水平现状,本章提出一个可能的机制解释:城市土地利用效益与政府环境规制程度的倒 U 型曲线的拐点后区间,会因为教育水平绝对量的上升而发生扭转或拐点后移。西部地区教育水平绝对量低,人口质量因素无法使倒 U 型曲线形变,因此在现有的政府环境规制水平下,落在负相关区间内;东中部地区教育水平绝对量高,倒 U 型曲线的正相关区间扩延并受人口质量因素的直接影响,在正相关区间内满足边际效用递减。具体如图 11-5 所示。由于篇幅限制,本章在此不做展开,期待学术界进行进一步的验证与探讨。

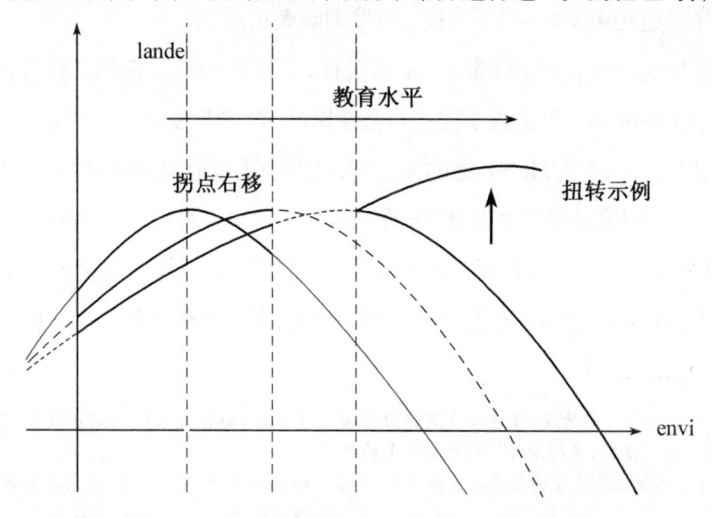

图 11-5 教育水平导致倒 U 型曲线的拐点右移或扭转

倒U型曲线的实际与第二节中所提出的假设略有差异：假设中所提出的环境规制初期的负相关部分在中国的实际经济运行中可能并不存在，故被截断为倒U型。本章在此提出两种解释：一是2008年—2017年的时间区间内，中国的科技水平已有了一定的存量积累，超越了基础阈值[①]；二是中国通过改革开放实现了经济的"起飞"，外向型经济的特征明显。通过吸引外资等资源置换手段促进技术的引进与复制，从而实现技术研发周期的跳跃与时滞性的缩减，导致环境规制初期阶段被压缩。

五、工具变量回归

上述回归方法能够证明城市土地利用效益与政府环境规制程度具有线性或非线性的相关性，结合变量说明与机制解释能够为政策建议提供有力支撑。但使用工具变量法，能够直接证明因变量与自变量之间存在因果关系，避免遗漏变量偏误与反向因果等，因此本章继续进行工具变量回归。

因变量同前，仍为城市土地利用效益；工具变量回归的内生变量同前，为政府环境规制程度；控制变量同前；工具变量（在回归结果表中记为BI）为2013年1月北京雾霾"beyond index"事件：2013年1月为北京59年来雾霾天气最多的一个月，美国驻华领事馆发布空气质量数据报告，PM2.5指数在常规测量方法下"beyond index"，易感人群呼吸道疾病发病率上升明显，引发国际舆论震动。

工具变量的选择有两个标准：一是相关性，二是外生性。在相关性方面[②]，该事件对外给中国的国际声誉造成了较大的恶性影响，对内激发环保意识造成社会舆论压力，大大提高了政府对环境问题的关注度，进而引致政府提升环境规制程度。事实上，2013年起顶层设计中多次提及"美丽中国"等，并且首次将生态文明建设纳入"五位一体"总布局。在外生性方面，连续性的高强度雾霾天气属于偶发的气象事件，与因变量城市土地利用效益不存在直接关联。综上，该工具变量符合有效标准。

[①] 理论上，如该解释为真，可通过放宽时间区间进行验证，如将时间区间起点放在1978年。当然，囿于数据可得性限制，实际操作可能存在一定的难度。

[②] 该结论亦被工具变量回归结果直接证实：在第一阶段回归中，工具变量BI系数显著为正，p值仅0.000。

工具变量回归采用两阶段回归,结果如表 11-5 所示。

表 11-5 工具变量回归结果

	(1) landef IV-2SLS	(2) landef Reduced-Form
envi	92.10*** (20.80)	
BI		81.44*** (13.07)
indstr	15.26*** (3.070)	8.613*** (1.640)
tech	130.5*** (23.24)	49.80*** (12.98)
edu	−16.97** (7.097)	22.39*** (2.482)
cons	−1054.3*** (310.7)	132.8 (85.65)
N	290	290
调整 R^2	.	0.536

表 11-5 中,(1) 为工具变量回归结果,内生变量 envi 系数为 92.10,方向同前显著为正;(2) 为简化式回归结果,其中 BI 系数显著为正,结合 BI 的外生性,说明工具变量通过内生变量政府环境规制水平,与因变量城市环境规制水平产生显著相关。此外,在第一阶段回归中有 $F=11.22>10$,符合拇指法则,因此工具变量有效。综上所述,城市土地利用效益与政府环境规制水平之间存在稳健的因果关系。

第五节 结论与政策建议

本章在文献回顾的基础上,通过逻辑演绎与数理模型推导相结合提出假设,基于大数据文本挖掘结果与国家权威公开数据构成的 2008—2017 年中国省级面板数据,通过线性、非线性的一元、多元回归计量实证方法对假说进行验证和修正,并使用工具变量法证实城市土地利用效益与政府环境规制水平之间存在因果关系。主要结论如下:

1. 理论上城市土地利用效益与政府环境规制水平之间呈现"初期负相关、适中期正相关、过渡期负相关"的关系,但实际上在中国主要表现为由适中期与过渡期构成的倒 U 型曲线。

2. 教育水平(即人口质量)具有能够改变城市土地利用效益-政府环境规制曲线的形状,使之发生拐点后移或后端扭转的作用。这说明当教育水平较低时,城市土地利用效益与政府环境规制水平呈现显著倒 U 关系;当教育水平较高时,倒 U 曲线形变为显著的交叉效应,两者在区间内正相关且教育对正相关系数的边际效用递减。

3. 该效应在中国存在区域空间分异。在西部地区倒 U 关系显著,拐点为 12.69,目前环境规制水平处于负相关区间;在东中部地区交叉效应显著,城市土地利用效益与政府环境规制水平保持在正相关区间。

基于上述结论,本章提出如下政策建议:

1. 继续提升整体政府环境规制水平,把生态文明建设摆在更加突出的位置,尤其是东中部地区。坚定"绿水青山就是金山银山"的基本意识,贯彻创新、协调、绿色、开放、共享的新发展理念,推进资源节约型与环境友好型社会的建设。提升环境规制水平的同时,也需注意适度原则,尤其是西部地区。

2. 优先发展教育事业,加快教育现代化进程,尤其是西部地区。教育水平能够改变城市土地利用效益与政府环境规制倾向的关系,西部地区尤需通过提升教育水平,优化人口质量,通过使倒 U 型曲线发生形变,走出目前所处的负相关区间。需加强政策扶持倾斜,完善教育资源配置,提升教育普及程度,加快推进义务教育均衡发展,努力建设教育强国。

参考文献

[1] 曹霞,于娟.绿色低碳视角下中国区域创新效率研究[J].中国人口·资源与环境,2015,25(5):10-19.

[2] 曹霞,张路蓬.企业绿色技术创新扩散的演化博弈分析[J].中国人口·资源与环境,2015,25(7):68-76.

[3] 陈伟,吴群.长三角地区城市建设用地经济效率及其影响因素[J].经济地理,2014,34(9):142-149.

[4] 傅强,马青,Sodnomdargia B.地方政府竞争与环境规制:基于区域开放的异质性研究[J].中国人口·资源与环境,2016,26(3):69-75.

[5] 李胜兰,初善冰,申晨.地方政府竞争、环境规制与区域生态效率[J].世界经济,2014,37(4):88-110.

[6] 李晓春,董哲昱.污染消费与污染治理技术水平的进步:环境、失业和福利[J].中国经济问题,2017(6):34-43.

[7] 罗罡辉,吴次芳.城市用地效益的比较研究[J].经济地理,2003(3):367-370+392.

[8] 马小明,赵月炜.环境管制政策的局限性与变革——自愿性环境政策的兴起[J].中国人口·资源与环境,2005(6):19-23.

[9] 潘峰,西宝,王琳.地方政府间环境规制策略的演化博弈分析[J].中国人口·资源与环境,2014,24(6):97-102.

[10] 彭建,蒋依依,李正国,等.快速城市化地区土地利用效益评价——以南京市江宁区为例[J].长江流域资源与环境,2005(3):304-309.

[11] 沈艳,陈赟,黄卓.文本大数据分析在经济学和金融学中的应用:一个文献综述[J].经济学(季刊),2019,18(4):1153-1186.

[12] 王镝,唐茂钢.土地城市化如何影响生态环境质量?——基于动态最优化和空间自适应半参数模型的分析[J].经济研究,2019,54(3):72-85.

[13] 王锋正,姜涛,郭晓川.政府质量、环境规制与企业绿色技术创新[J].科研管理,2018,39(1):26-33.

[14] 王印红,李萌竹.地方政府生态环境治理注意力研究——基于30个省市政府工作报告(2006—2015)文本分析[J].中国人口·资源与环境,2017,27(2):28-35.

[15] 吴宾,夏艳霞.地方政府对农业人口市民化注意力的时空差异及演变——基于18个省市政府工作报告的文本分析[J].地域研究与开发,2019,38(1):162-169.

[16] 许士春,何正霞,龙如银.环境规制对企业绿色技术创新的影响[J].科研管理,2012,33(6):67-74.

[17] 杨丽霞,夏浩,苑韶峰.基于耦合协调度的土地利用经济效益空间差异分析——以浙江省为例[J].中国土地科学,2015,29(11):83-88.

[18] 杨勇,郎永建.开放条件下内陆地区城镇化对土地利用效率的影响及区位差异[J].中国土地科学,2011,25(10):19-26.

[19] 叶敏婷,王仰麟,彭建,等.深圳市土地利用效益变化及其区域分异[J].资源科学,2008(3):401-408.

[20] 詹新宇,刘文彬.中国式财政分权与地方经济增长目标管理——来自省、市政府工作报告的经验证据[J].管理世界,2020,36(3):23-39+77.

[21] 张娟,耿弘,徐功文,等.环境规制对绿色技术创新的影响研究[J].中国人口·资源与环境,2019,29(1):168-176.

[22] 张明斗,莫冬燕.城市土地利用效益与城市化的耦合协调性分析——以东北三省34个地级市为例[J].资源科学,2014,36(1):8-16.

[23] 张倩,曲世友.环境规制下政府与企业环境行为的动态博弈与最优策略研究[J].预测,2013,32(4):35-40.

[24] 赵伟,罗亚兰,王丽强.中国建设用地利用效率的影响因素[J].城市问题,2016(2):4-13.

[25] 赵霄伟.地方政府间环境规制竞争策略及其地区增长效应——来自地级市以上城市面板的经验数据[J].财贸经济,2014(10):105-113.

[26] 钟成林,胡雪萍.异质性环境规制、制度协同与城市建设用地生态效率[J].深圳大学学报(人文社会科学版),2019,36(6):70-81.

[27] 朱瑜馨,张锦宗.对应分析在土地利用综合效益评价中的应用[J].地理科学进展,2010,29(4):478-482.

[28] 朱珠,张琳,叶晓雯,等.基于 TOPSIS 方法的土地利用综合效益评价[J].经济地理,2012,32(10):139-144.

[29] AMBEC S, COHEN M A, ELGIE S, et al. The Porter hypothesis at 20: can environmental regulation enhance innovation and competitiveness?[J]. Review of Environmental Economics and Policy, 2013 (7): 2-22.

[30] BI G B, SONG W, ZHOU P, et al. Does environmental regulation affect energy efficiency in China's thermal power generation? Empirical evidence from a slacks-based DEA model[J]. Energy Policy, 2014 (66): 537-546.

[31] CHAN C K, YAO X. Air pollution in mega cities in China[J]. Atmospheric Environment, 2008 (42): 1-42.

[32] DA Z, ENGELBERG J, GAO P. The sum of all FEARS investor sentiment and asset prices[J]. The Review of Financial Studies, 2014, 28(1): 1-32.

[33] GARCIA D. Sentiment during recessions[J]. The Journal of Finance, 2013, 68(3): 1267-1300.

[34] JAFFE A B, PALMER K. Environmental regulation and innovation: a panel data study[J]. Review of Economics and Statistics, 1997 (79): 610-619.

[35] JORGENSON D W, WILCOXEN P J. Environmental-regulation and United-States economic-growth[J]. Rand Journal of Economics, 1990 (21): 314-340.

[36] LANOIE P, PARTY M. LAJEUNESSE R. Environmental regulation and productivity: testing the Porter hypothesis[J]. Journal of Productivity Analysis, 2008 (30): 121-128.

[37] LIST J A, CO C Y. The effects of environmental regulations on foreign direct investment[J]. Journal of Environmental Economics and Management, 2000 (40): 1-20.

[38] RUBASHKINA Y, GALEOTTI M, VERDOLINI E. Environmental regulation and competitiveness: empirical evidence on the Porter hypothesis from European manufacturing sectors[J]. Energy Policy, 2015 (83): 288-300.

[39] TETLOCK P C, SAAR-TSECHANSKY M, MACSKASSY, S. More than words: quantifying language to measure firms' fundamentals[J]. The Journal of Finance, 2008, 63(3): 1437-1467.

[40] YANG H R, ZHENG H, LIU H G, et al. NonLinear effects of environmental regulation on eco-efficiency under the constraint of land use carbon emissions: evidence based on a bootstrapping approach and panel threshold model[J]. International Journal of Environmental Research and Public Health, 2019 (16): 20.

[41] ZITTI M, FERRARA C, PERINI L, et al. Long-term urban growth and land use efficiency in Southern Europe: implications for sustainable land management [J]. Sustainability, 2015 (7): 3359-3385.

第十二章　发展生产性服务业的环境效果研究

本章提要:生产性服务业既可以实现经济结构的重塑,有利于提高社会整体的环保水平,生产性服务业也可能从扩大生产的方面破坏环境。但学术界少有系统的理论分析发展生产性服务业对环境的影响及其影响机制。本章围绕生产性服务业的发展与环境问题,通过构建一个一般均衡模型,试图寻求中国生产性服务业发展同环境之间的绿色共享路径。

第一节　序　言

目前关于生产性服务业的界定,较为官方的来源来自《生产性服务业统计分类(2019)》。该文件指出,生产性服务业覆盖面较广,其中较为典型的生产性服务业为货物运输业、租赁服务业等其他一系列生产性支持行业。加快工业生产性服务业的发展既有利于工业生产的全过程,推动工业企业的优化与升级,又有利于刺激消费能力的提升,提高全民族的福利水平。近些年来,我国生产性服务业一直保持着良好的发展态势,并且对于整个社会的贡献率在稳步提升。然而,如表12-1所示,与美国等发达国家比较,中国的各个细分生产性服务业与传统制造业的融合程度仍然处于较低的水平,并且差距甚远(夏斐、肖宇,2020)。因此,发展生产性服务业是我国新时期实现经济腾飞的必然要求之一。

表 12-1　中美生产性服务业对传统制造业的融合度比较(2014 年)

细分行业	美国	中国	美国/中国
货物运输仓储和邮政快递服务	0.052 9	0.021 5	2.460 5
节能与环保服务和生产性支持服务	0.032 0	0.012 7	2.519 7
批发经纪代理服务	0.020 5	0.005 5	3.727 3
信息服务	0.019 2	0.006 4	3.000 0
研发设计与其他技术服务	0.017 6	0.007 9	2.227 8
商务服务	0.015 1	0.017 2	0.877 9
人力资源管理与培训服务	0.010 5	0.006 3	1.666 7
金融服务和生产性租赁服务	0.006 9	0.002 3	3.000 0

资料来源：夏杰长和肖宇(2019)。

另一方面，尽管"十三五"以来我国污染防治攻坚战已然取得了阶段性的成果，但是在国民经济迅速增长的同时，中国社会正面临的严重环境污染问题仍然制约着中国的进步。《中国污染代价 2007》这一报告中就曾指出：在中国每年的经济损失中，由于环境污染而引发的损失金额大约占国民生产总值的 5.8 个百分点。许多学者指出，服务业发展带来的对于环境的间接作用不容忽视。Rosenblum 等(2000)表明尽管美国服务业直接污染可能仅有工业生产部门的二分之一，但是如果计算上其所产生的间接效应之后，不难发现，其产生的污染量与工业部门其实位于同一水平。Salzman (2000)、Kander (2005)、Alcántara 和 Padilla (2009)和彭水军等(2015)表述了类似的学术观点。因此，在发展生产性服务业以促进经济增长的过程中必须考虑对环境的影响，这样才能促进经济与环境的协调发展。

关于生产性服务业的相关研究中，许多学者研究了其对经济的影响(Markusen, 1989；Francois, 1990；Hansen, 1990；杨开忠, 1997；Macpherson, 2009)。特别地，Anwar (2010)、Zhang (2012)和赵晓霞、孙晓霓(2014)通过建立一般均衡模型，考察了生产服务业与工资差距的关系。也有一些研究通过实证方法考察了生产性服务业与环境污染的关系。例如，余泳泽、刘凤娟(2017)根据中国的实体经济数据，研究生产性服务业集聚效应对于环境水平的作用方向及作用程度。结果显示：通过政府部门采取相应的鼓励措施加速生产性服务业集聚的进程，反而有利于减少污染产生的可能性，保护环境从而促使当地环境水平得到提升。纪祥裕（2019）表明：一方面，城市污染呈现出地域集聚的显著特点；另一方面，生产性服务业的集聚可以减少污染物，并且有利于环境的改善。若生产性服务业集聚效应与外商直接投资效应相互结合，将更有利于环境的优化，人民的幸福水平得以提高。陶良虎（2008）、王友军（2009）、彭光细和周少华（2009）等学者也纷纷表明了类似的观点：产业结构的更迭离不开生产性服务业的帮助，生产性服务业既可以实现经济结构的重塑，也有利于提高社会整体的环保水平，建立绿色环保型城市群。但是，学术界少有理论文章系统地分析发展生产性服务业对环境的影响及其影响机制。

综上，本章围绕生产性服务业的发展与环境问题，通过构建一个一般均衡模型，试图寻求中国生产性服务业发展同环境之间的绿色共享路径。本章将分成以下 4 个部分：首先是引言；随后分情况建立一般均衡理论模型，探求生产性服务业的发展对我国环境水平等因素产生的影响；再进行数值模拟验证理论模型的结果。

第二节　理论分析

一、理论模型构建

本章在资本专有以及资本移动情境中分别构建理论模型的基础，便是一个小型开放的经济体，该经济体由三个社会生产部门构成，它们分别是：工业部门、生产性服务业部门以及农业部门。工业部门投入三种生产要素：雇佣劳动力、使用资本以及生产性服务业的产品，生产可以出口的商品，服务价格由国际市场所决定。其中，生产性服务业是在垄断竞争的条件下，使用两种生产要素：雇佣劳动力、投入资本进行生产，生产的商品是可以进行贸易的。而工业部门和农业部门则处于完全竞争市场。农业部门通过投入劳动力和资本进行生产，生产出可以进口的商品。同时，我们考虑的是工业以及生产性服务业部门在生产过程中产生的污染对于整体环境水平产生的影响,并影响农业部门的生产,即环境的负外部性。在本章所设定的资本专有以及资本移动的分析中,关键的区别点便是在于资本要素是否具有可流动性,即城市资本能否自由的移动到农业部门中去。

工业部门和农业部门的生产函数可以分别设定为:

$$Y = g\left(K_y, L_y, \left(\sum_{i=1}^{n} s_i^\sigma\right)^{\frac{1}{\sigma}}\right) \qquad (12-1)$$

$$Z = E^{\varepsilon_1} h(L_z, K_z) \qquad (12-2)$$

其中,Y、Z分别代表工业部门和农业部门的产量;L_y、L_z分别代表工业部门和农业部门在生产过程中所耗用的劳动力;K_y、K_z分别代表工业部门和农业部门生产过程中所使用的资本;s_i代表工业生产性服务业部门第i种产品的需求量;替代参数$\sigma\in[0,1]$,$\sigma=0$代表产品之间互相独立,$\sigma=1$代表产品之间可以完全替代,不变替代弹性$\frac{1}{1-\sigma}\in[1,+\infty]$;$\left(\sum_{i=1}^{n} s_i^\sigma\right)^{\frac{1}{\sigma}}$代表生产性服务业的生产函数,由于生产性服务业的垄断竞争性质,所以用CES形式的生产函数表示;由于农业生产依赖于环境质量E,而工业以及生产性服务业部门在生产的过程中排放的污染物会影响到整个环境状况,进而影响农业部门,用E^{ε_1}表示农业部门的生产受到环境的影响。

假设生产性服务业每家企业都专业化生产单一产品。生产第i种产品的企业成本函数如下:

$$C^x(w_u, r, x_i) = (\mu + \lambda x_i)e^x(w_u, r) \qquad (12-3)$$

其中w_u、r和x_i分别指劳动力工资率、资本收益率和服务业部门的第i种产品的供给量,λ和μ是参数。由于固定成本的存在,各种生产性服务业的生产都受到内部规模经济的制约。本章考虑的是对称均衡情况,即所有产品价格是均等的,同时运用CES结构来说明市场具有垄断竞争的特点。

环境水平(E)在任一时点是给定的,但是随着时间推移,工业部门的产量以及生产性服务业部门的产量的变化,会使得环境状况也有所变化。换句话说,本章假定污染物产生于工业部门、生产性服务业部门的生产之中,即工业部门、生产性服务业部门在生产的过程中会排放废气、废水、废渣等一系列有害物质,同时这些有害物质通过大气、河流等介质使得农业用水、用地等受到污染,最终造成了农业部门的生产效率的下降。因此有关环境的模型可以假定为(Copeland 和 Taylor,1999):

$$E=\overline{E}-Y^{\alpha}X^{\beta} \qquad (12-4)$$

其中 α 和 β 分别代表单位工业部门生产污染物排放比率、单位生产性服务业部门生产污染物排放比率,$\overline{E}$ 表示为理想状态下,环境最优时的水平,E 越小表示环境状况越差,E 越大表示环境状况越好。

将工业部门产品作为计价商品,价格为 1,那么工业部门利润最大化有:

$$1=C^{y}\left(w_{u},r,\frac{p}{n^{\frac{1}{\sigma}}}\right) \qquad (12-5)$$

其中 p 和 n 分别代表生产性服务业的价格和数量。品种数量的增加降低了生产性服务业的有效价格,从而降低了工业产品的平均成本。

生产性服务业企业利润最大化有:

$$\sigma p=\lambda e^{x}(w_{u},r) \qquad (12-6)$$

完全竞争情况下农业部门利润最大化条件为:

$$q=E^{\varepsilon}C^{z}(w_{r},r_{z}) \qquad (12-7)$$

其中 q 是农产品的相对价格,w_r 和 r_z 是农业部门的工资率及收益率,参数 $\varepsilon\in[-1,0]$。

根据 Restuccia 等(2008),由于壁垒或劳动市场扭曲,实际上增加了劳动力从农业向非农业转移的成本劳动力,类似设定还可参考 Li 和 Wu(2018),我们考虑无套利情况下劳动力市场的条件:

$$w_{u}=(1+\theta)w_{r} \qquad (12-8)$$

其中 $\theta>0$ 代表非农业部门工资率的百分比。

那么,劳动力市场出清可得

$$YC_{w}^{y}\left(w_{u},r,\frac{p}{n^{\frac{1}{\sigma}}}\right)+n(\mu+\lambda x_{i})e_{w}^{x}(w_{u},r)+ZE^{\varepsilon}C_{w}^{z}(w_{r},r_{z})=\overline{L} \qquad (12-9)$$

1. 资本专有模型

在资本专有情境中,资本要素是可以在工业部门和生产性服务业部门中进行自由流动的,但是不可以流动进入到农业部门中去。根据谢泼德引理,不难发现,资本专有情境中资本以及劳动力的市场出清的条件为:

$$YC_r^y\left(w_u, r, \frac{p}{n^{\frac{1}{\sigma}}}\right) + n(\mu + \lambda x_i)e_r^x(w_u, r) = \overline{K}_u \qquad (12-10)$$

$$ZE^\varepsilon C_r^z(w_r, r_z) = \overline{K}_z \qquad (12-11)$$

其中 $C_w^y = \frac{\partial C^y}{\partial w_u}$, $e_w^x = \frac{\partial e^x}{\partial w_u}$, $C_w^z = \frac{\partial C^z}{\partial w_r}$, $C_r^y = \frac{\partial C^y}{\partial r}$, $e_r^x = \frac{\partial e^x}{\partial r}$, $C_r^z = \frac{\partial C^z}{\partial r}$。

根据式(12-4)至(12-11)组成资本专有一般均衡模型,共有 8 个内生变量:r、r_z、w_u、w_r、x_i、Y、Z、E。外生变量有 p、n、q、$\overline{L}$、$\overline{K}_u$ 及 $\overline{K}_z$。

2. 资本移动模型

资本移动模型中,资本在不同部门间是可以无障碍地自由移动,因此在均衡条件下,工业部门、生产性服务业部门以及农业部门之间享有相同的均衡资本利率。

式(12-4)至(12-11)在资本移动情境中对应如下:

$$E = \overline{E} - Y^\alpha X^\beta \qquad (12-12)$$

$$1 = C^y\left(w_u, r, \frac{p}{n^{\frac{1}{\sigma}}}\right) \qquad (12-13)$$

$$\sigma p = \lambda e^x(w_u, r) \qquad (12-14)$$

$$q = E^\varepsilon C^z(w_r, r) \qquad (12-15)$$

$$w_u = (1+\theta)w_r \qquad (12-16)$$

$$YC_w^y\left(w_u, r, \frac{p}{n^{\frac{1}{\sigma}}}\right) + n(\mu + \lambda x_i)e_w^x(w_u, r) + ZE^\varepsilon C_w^z(w_r, r) = \overline{L} \qquad (12-17)$$

$$YC_r^y\left(w_u, r, \frac{p}{n^{\frac{1}{\sigma}}}\right) + n(\mu + \lambda x_i)e_r^x(w_u, r) + ZE^\varepsilon C_r^z(w_r, r) = \overline{K} \qquad (12-18)$$

根据式(12-12)至(12-18)组成资本移动一般均衡模型,共有 7 个内生变量:r、w_u、w_r、x_i、Y、Z、E。外生变量有 p、n、q、$\overline{L}$、$\overline{K}_u$ 及 $\overline{K}_z$。

二、资本专有模型分析

设 $l_{w_u}^y = YC_w^y$、$l_{w_u}^x = n(\mu + \lambda x_i) e_w^x$、$l_{w_r}^z = ZE^\varepsilon C_w^z$、$l_r^y = YC_r^y$、$l_r^x = n(\mu + \lambda x_i) e_r^x$、$l_r^z = ZE^\varepsilon C_r^z$。

全微分式(12-4)至(12-11),整理可得

$$\begin{pmatrix} 0 & 0 & 0 & 0 & -\dfrac{\alpha}{E} & -\dfrac{\beta}{E} & 0 & \dfrac{1}{E-\overline{\overline{E}}} \\ \xi_r^y & 0 & \xi_{w_u}^y & 0 & 0 & 0 & 0 & 0 \\ \xi_r^x & 0 & \xi_{w_u}^x & 0 & 0 & 0 & 0 & 0 \\ 0 & \xi_{r_z}^z & 0 & \xi_{w_r}^z & 0 & 0 & 0 & \varepsilon \\ 0 & 0 & 1 & -1 & 0 & 0 & 0 & 0 \\ l_{w_u}^y \xi_r^{c_y} + l_{w_u}^x \xi_r^{e_w^x} & l_{w_r}^z \xi_{r_z}^{c_w^z} & l_{w_u}^y \xi_{w_u}^{c_y} + l_{w_u}^x \xi_{w_u}^{e_w^x} & l_{w_r}^z \xi_{w_r}^{c_w^z} & l_{w_u}^y & n\lambda e_w^x x_i & l_{w_r}^z & l_{w_r}^z \varepsilon \\ l_r^y \xi_r^{c_r^y} + l_r^x \xi_r^{e_r^x} & 0 & l_r^y \xi_{w_u}^{c_r^y} + l_r^x \xi_{w_u}^{e_r^x} & 0 & l_r^y & n\lambda e_r^x x_i & 0 & 0 \\ 0 & \xi_{r_z}^z & 0 & \xi_{w_r}^z & 0 & 0 & 1 & \varepsilon \end{pmatrix} \begin{pmatrix} \hat{r} \\ \hat{r}_z \\ \hat{w}_u \\ \hat{w}_r \\ \hat{Y} \\ \hat{x}_i \\ \hat{Z} \\ \hat{E} \end{pmatrix}$$

$$= \begin{pmatrix} 0 \\ -\xi_p^y \\ 1 \\ 0 \\ 0 \\ -\xi_p^y \\ -\xi_p^y \\ 0 \end{pmatrix} \hat{p} + \begin{pmatrix} \dfrac{\beta}{E} \\ \dfrac{1-\sigma}{\sigma} \xi_p^y \\ 0 \\ 0 \\ 0 \\ \dfrac{1-\sigma}{\sigma} \xi_p^{c_w^z} - l_{w_u}^x \\ \dfrac{1-\sigma}{\sigma} \xi_p^{c_r^y} - l_r^x \\ 0 \end{pmatrix} \hat{n} + \begin{pmatrix} 0 \\ 0 \\ 0 \\ 0 \\ 0 \\ 1 \\ 0 \\ 0 \\ 0 \end{pmatrix} \hat{q} \qquad (12-19)$$

其中 $\hat{r}$、$\hat{r}_z$、$\hat{w}_u$、$\hat{w}_r$、$\hat{x}_i$、$\hat{Y}$、$\hat{Z}$、$\hat{E}$ 是相关变量的百分比变化。

1. 资本专有模型结果

根据 Gramer 法则求解(12-19)得表 12-2。

表 12-2　资本专有模型计算结果

	$\hat{E}$	$\hat{N}$	$\hat{x}_i$	$\hat{Y}$	$\hat{Z}$	$\hat{w}_u$	$\hat{w}_r$	$\hat{r}$	$\hat{r}_z$
$\hat{n}$	−	/	−	+	−	−	−	+	−
$\hat{p}$	+	/	+	−	+	+	+	−	+

注:"−"和"+"表示外生变量的变化导致内生变量在相反或者相同方向的变化。"/"表示外生变量的变化导致内生变量的变化方向无法判断。具体计算结果见附录1(资本专有模型分析)。

2. 环境分析

资本专有情境中生产性服务业专业化程度及价格的变化对环境的影响可以表示为:

$$\frac{\hat{E}}{\hat{n}} = \frac{\frac{1-\sigma}{\sigma}\xi_p^y \xi_r^x (\xi_{r_z}^z \xi_{w_r}^z - \xi_{r_z}^z \xi_{w_r}^z)}{(\xi_{r_z}^z - \xi_{w_z}^z)(\xi_{w_u}^y \xi_r^x - \xi_r^y \xi_{w_u}^x)} (反向)$$

$$\frac{\hat{E}}{\hat{P}} = \frac{(-\xi_p^y \xi_r^x - \xi_r^y)(\xi_{r_z}^z \xi_{w_r}^z - \xi_{r_z}^z \xi_{w_r}^z)}{(\xi_{r_z}^z - \xi_{r_z}^z)(\xi_{w_u}^y \xi_r^x - \xi_r^y \xi_{w_u}^x)} (同向)$$

其中 $\xi_r^y = \left[\dfrac{\partial c^y}{\partial r}\right]\left[\dfrac{r}{c^y}\right] > 0$，代表资本要素在工业部门的成本占比;

$\xi_{w_u}^y = \left[\dfrac{\partial c^y}{\partial w_u}\right]\left[\dfrac{w_u}{c^y}\right] > 0$，代表劳动力要素在工业部门的成本占比;

$\xi_r^x = \left[\dfrac{\partial e^x}{\partial r}\right]\left[\dfrac{r}{e^x}\right] > 0$，代表资本要素在生产性服务业部门的成本占比;

$\xi_{w_u}^x = \left[\dfrac{\partial e^x}{\partial w_u}\right]\left[\dfrac{w_u}{e^x}\right] > 0$，代表劳动力要素在生产性服务业部门的成本占比;

若 $\xi_r^x < \xi_r^y \Rightarrow \xi_{w_u}^x > \xi_{w_u}^y$，相比于生产性服务业部门而言，工业部门更加资本密集，即资本在工业部门的成本占比高于资本在生产性服务业部门的成本占比，劳动力在工业部门的成本占比明显低于劳动力在生产性服务业部门的成本占比。

根据上表12-2,我们可以得到以下命题:

命题1:在资本专有情况下,生产性服务业的专业化水平提升会使得环境状况恶化,生产性服务业的价格下降也会使得环境状况恶化。

由于生产性服务业作为一种辅助型的中间生产要素投入工业部门的生产中去,根据前文的介绍不难看出,作为生产要素的生产性服务业专业化的程度和水平都较高,因此在资本专有情况下必然有助于提高生产的效率和能力,降低生产成本,这也会促使企业多使用服务要素,从而导致了工业部门的总产量有所上升。在此过程中,工业部门吸收了大量的生产要素,使得要素从生产性服务业部门流出,从而导致每个企业的规模下降、产出有所减少。作为企业而言,之所以用服务替代劳动,除了出于对成本的考虑之外,提高产量(即扩大市场份额,提高市场占有率)是首先需要考虑的,故而工业产品产量上升是大概率事件,因此整体环境状况恶化。

又因为生产性服务业相比于工业部门而言更加的劳动力密集,根据斯托珀-萨缪尔森定理,生产性服务业产品价格的下降,将会使得工资率有所下降,工业部门以及生产性服务业部门的资本收益率上升。作为构成工业生产全过程中必不可少的生产要素,多使用生产性服务便会对其他生产要素的分配产生一定程度的影响,在要素流动以及环境影响的双重作用下,农业部门产出有所下降,不利于农业部门的生产。

在资本专有情况下,以生产性服务业竞争加剧以及生产性服务业产品价格下降代表生产性服务业的发展,为了应对生产性服务业发展带来的对于劳动力的替代作用,由此工资率降低,同时又因为工业部门属于资本密集型产业,工业部门劳动力以及生产性服务产品对于资本要素的替代性有限,为了有适当的资本要素进行配比,也会大量投入资本,同时资本厂商可能会选择涨价,资本收益率有所上升。生产性服务业与工业使用相同的生产要素——劳动力和资本,当工业部门吸收了大批的生产要素后,生产性服务业产出自然会下降。因此随着 n_1 上升至 n_2(p_1 下降至 p_2),生产性服务业产量 xi_1 下降至 xi_2,工业部门产量 Y_1 上升至 Y_2。同时环境水平受到工业产量与生产性服务业产量的双重影响,工业产量的大幅上升明显超过各个生产性服务业厂商的产量下降,因此整体环境水平从 E_1 下降至 E_2。

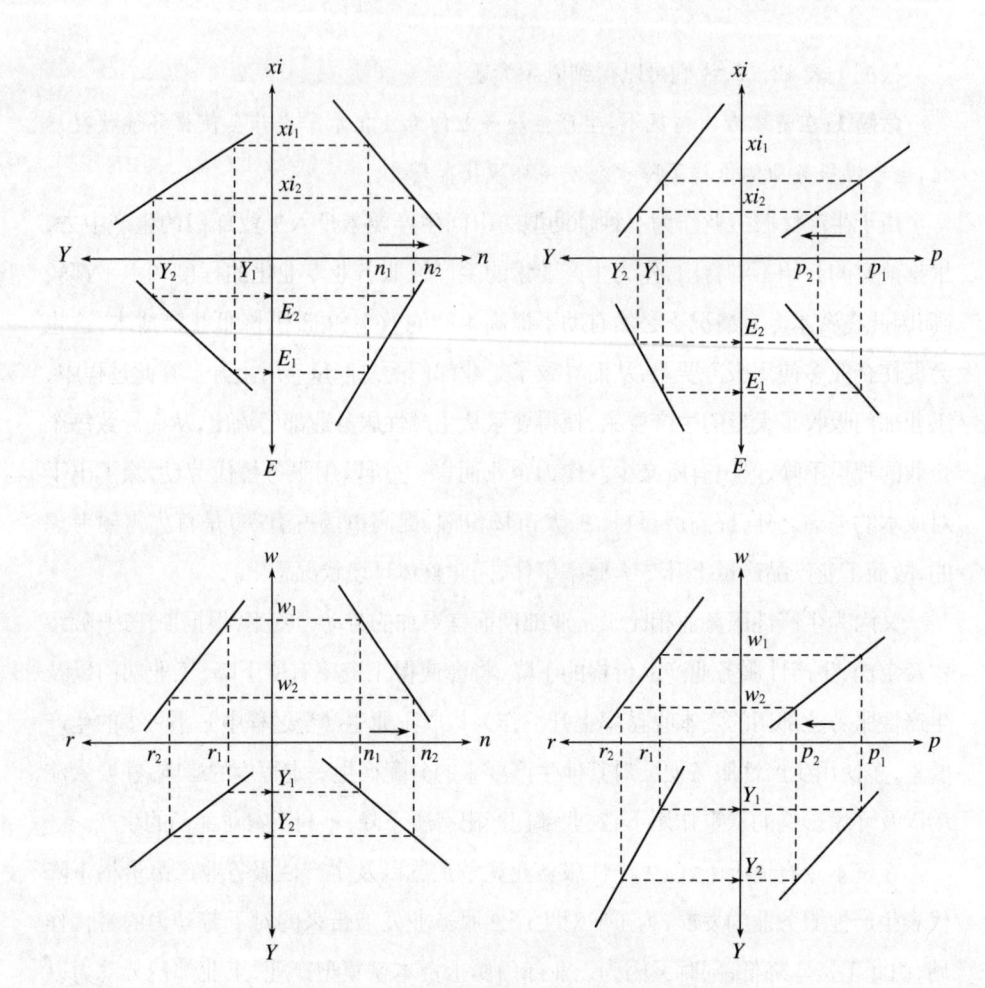

图 12-1 资本专有模型理论机制解释

3. 国民收入分析

国民收入 N 可以表示为：

$$N = w_u Y C_w^y \left(w_u, r, \frac{p}{n^{\frac{1-\sigma}{\sigma}}} \right) + r Y C_r^y \left(w_u, r, \frac{p}{n^{\frac{1-\sigma}{\sigma}}} \right) + qZ + npx_i \quad (12-20)$$

$$\frac{N\widehat{N}}{\widehat{n}} = w_u l_{w_u}^y \left(\xi_{w_u}^{c_w^y} \frac{\widehat{w_u}}{\widehat{n}} + \xi_r^{c_w^y} \frac{\widehat{r}}{\widehat{n}} - \frac{1-\sigma}{\sigma} \xi_p^{c_w^y} \right) + w_u l_r^y \frac{\widehat{Y}}{\widehat{n}} + w_u l_{w_u}^y \frac{\widehat{w_u}}{\widehat{n}} + r l_r^y \left(\xi_{w_u}^{c_r^y} \frac{\widehat{w_u}}{\widehat{n}} + \xi_r^{c_r^y} \frac{\widehat{r}}{\widehat{n}} - \frac{1-\sigma}{\sigma} \xi_p^{c_r^y} \right) + r l_r^y \frac{\widehat{Y}}{\widehat{n}} + r l_r^y \frac{\widehat{r}}{\widehat{n}} + qZ \frac{\widehat{Z}}{\widehat{n}} + npx_i \frac{\widehat{x_i}}{\widehat{n}} + npx_i$$

$$\frac{N\hat{N}}{\hat{p}} = w_u l_{w_u}^y \left(\xi_{w}^y \frac{\widehat{w_u}}{\hat{p}} + \xi_r^w \frac{\hat{r}}{\hat{p}} + \xi_p^y \right) + w_u l_{w_u}^y \frac{\hat{Y}}{\hat{p}} + w_u l_{w_u}^y \frac{\widehat{w_u}}{\hat{p}} + r l_r^y \left(\xi_{w_u}^{c_r^y} \frac{\widehat{w_u}}{\hat{p}} + \xi_r^{c_r^y} \frac{\widehat{r_u}}{\hat{p}} \right)$$

$$+ \xi_p^{c_r^y} \right) + r l_r^y \frac{\hat{Y}}{\hat{p}} + r l_r^y \frac{\hat{r}}{\hat{p}} + q Z \frac{\hat{Z}}{\hat{p}} + n p x_i \frac{\hat{x_i}}{\hat{p}} + n p x_i$$

在资本专有情况下,生产性服务业的专业化以及生产性服务业的价格下降对于国民收入的具体影响无法判断。

4. 其他分析

在资本专有情况下,生产性服务业对于劳动要素的工资率、资本要素的收益率以及工业产量、生产性服务业产量、农业产量的解析表达式详见附录1。

三、资本移动模型分析

全微分式(12-12)至(12-18),整理可得

$$\begin{pmatrix} 0 & 0 & 0 & -\frac{\alpha}{E} & -\frac{\beta}{E} & 0 & \frac{1}{E-\overline{E}} \\ \xi_r^y & \xi_{w_u}^y & 0 & 0 & 0 & 0 & 0 \\ \xi_r^x & \xi_{w_u}^x & 0 & 0 & 0 & 0 & 0 \\ \xi_{r_z}^z & 0 & \xi_{w_r}^z & 0 & 0 & 0 & \varepsilon \\ 0 & 1 & -1 & 0 & 0 & 0 & 0 \\ l_{w_u}^y \xi_r^{c_w^y} + l_{w_u}^x \xi_r^{e_w^x} + l_{w_r}^z \xi_r^{c_w^z} & l_{w_u}^y \xi_{w_u}^{c_w^y} + l_{w_u}^x \xi_{w_u}^{e_w^x} & l_{w_r}^z \xi_{w_r}^{c_w^z} & l_{w_u}^y & n\lambda e_w^x x_i & l_{w_r}^z & l_{w_r}^z \varepsilon \\ l_r^y \xi_r^{c_r^y} + l_r^x \xi_r^{e_r^x} + l_r^z \xi_r^{c_r^z} & l_r^y \xi_{w_u}^{c_r^y} + l_r^x \xi_{w_u}^{e_r^x} & l_r^z \xi_{w_r}^{c_r^z} & l_r^y & n\lambda e_r^x x_i & l_r^z & l_r^z \varepsilon \end{pmatrix} \begin{pmatrix} \hat{r} \\ \widehat{w_u} \\ \widehat{w_r} \\ \hat{Y} \\ \hat{x_i} \\ \hat{Z} \\ \hat{E} \end{pmatrix}$$

$$= \begin{pmatrix} 0 \\ -\xi_p^y \\ 1 \\ 0 \\ 0 \\ -\xi_p^{w^y} \\ -\xi_p^{r^y} \end{pmatrix} \hat{p} + \begin{pmatrix} \frac{\beta}{E} \\ \frac{1-\sigma}{\sigma} \xi_p^y \\ 0 \\ 0 \\ 0 \\ \frac{1-\sigma}{\sigma} \xi_p^{c_w^y} - l_{w_u}^x \\ \frac{1-\sigma}{\sigma} \xi_p^{c_r^y} - l_r^x \end{pmatrix} \hat{n} + \begin{pmatrix} 0 \\ 0 \\ 0 \\ 0 \\ 1 \\ 0 \\ 0 \end{pmatrix} \hat{q} \quad (12-21)$$

1. 资本移动模型结果

根据 Gramer 法则可以得到表 12-3。

表 12-3 资本移动模型计算结果

	$\widehat{E}$	$\widehat{N}$	$\widehat{x_i}$	$\widehat{Y}$	$\widehat{Z}$	$\widehat{w_u}$	$\widehat{w_r}$	$\widehat{r}$
$\widehat{n}$	−	+	−	+	/	+	+	−
$\widehat{p}$	+	−	+	−	/	−	−	+

注：" − "和" + "表示外生变量的变化导致内生变量在相反或者相同方向的变化。"/"表示外生变量的变化导致内生变量的变化方向无法判断。具体计算结果见附录 2（资本移动模型分析）。

2. 环境分析

资本移动情境中生产性服务业专业化程度及价格的变化对环境的影响可以表示为：

$$\frac{\widehat{E}}{\widehat{n}} = \frac{\frac{1-\sigma}{\sigma}\xi_p^y l_r^z(-\alpha ne_{w_u}^x x_i\lambda + \beta l_{w_u}^y)(\xi_r^z \xi_{w_u}^x - \xi_{w_r}^z \xi_r^x) + \frac{1-\sigma}{\sigma}\xi_p^y l_{w_r}^z(-\alpha ne_r^x x_i\lambda + \beta l_r^y)(\xi_{w_r}^z \xi_r^x - \xi_r^z \xi_{w_u}^x)}{-l_r^z\varepsilon(-\alpha ne_{w_u}^x x_i\lambda + \beta l_{w_u}^y)(-\xi_{w_u}^y \xi_r^x + \xi_{w_r}^x \xi_r^y) + l_{w_r}^z \varepsilon(-\alpha ne_r^x x_i\lambda + \beta l_r^y)(-\xi_{w_u}^y \xi_r^x + \xi_{w_u}^x \xi_r^y)}$$

（反向）

$$\frac{\widehat{E}}{\widehat{p}} = \frac{-l_r^z \xi_p^y(-\alpha ne_{w_u}^x x_i\lambda + \beta l_{w_u}^y)(\xi_r^z \xi_{w_u}^x - \xi_{w_r}^z \xi_r^x) + l_r^z(-\alpha ne_{w_u}^x x_i\lambda + \beta l_r^y)(\xi_{w_r}^z \xi_r^x - \xi_r^z \xi_{w_u}^y)}{-l_r^z\varepsilon(-\alpha ne_{w_u}^x x_i\lambda + \beta l_w^y)(-\xi_{w_u}^y \xi_r^x + \xi_{w_r}^x \xi_r^y) + l_{w_r}^z \varepsilon(-\alpha ne_r^x x_i\lambda + \beta l_r^y)(-\xi_{w_u}^y \xi_r^x + \xi_{w_u}^x \xi_r^y)}$$
$$+ \frac{-l_{w_r}^z \xi_p^y(-\alpha ne_r^x x_i\lambda + \beta l_r^y)(\xi_{w_r}^z \xi_r^x - \xi_r^z \xi_{w_u}^x) + l_{w_r}^z(-\alpha ne_r^x x_i\lambda + \beta l_r^y)(\xi_r^z \xi_{w_u}^y - \xi_{w_r}^z \xi_r^y)}{-l_r^z\varepsilon(-\alpha ne_{w_u}^x x_i\lambda + \beta l_{w_u}^y)(-\xi_{w_u}^y \xi_r^x + \xi_{w_r}^x \xi_r^y) + l_{w_r}^z \varepsilon(-\alpha ne_r^x x_i\lambda + \beta l_r^y)(-\xi_{w_u}^y \xi_r^x + \xi_{w_u}^x \xi_r^y)}$$

（同向）

若 $\xi_r^y < \xi_r^x \Rightarrow \xi_{w_u}^x > \xi_{w_u}^y$，相比于生产性服务业而言，工业部门更加资本密集，即资本在工业部门的成本占比高于资本在生产性服务业的成本占比，劳动在工业部门的成本占比明显低于劳动在生产性服务业的成本占比。

$-\alpha ne_{w_u}^x x_i\lambda + \beta l_{w_u}^y < 0 \Rightarrow \dfrac{L_y}{L_x^m} < \dfrac{\alpha}{\beta}$，即可变劳动投入量比小于环境弹性污染比。

$-\alpha ne_r^x x_i\lambda + \beta l_r^y > 0 \Rightarrow \dfrac{K_y}{K_x^m} > \dfrac{\alpha}{\beta}$，即可变资本投入量比大于环境弹性污染比。

根据表12-3,我们可以得到以下命题:

命题2:在资本移动情况下,生产性服务业的专业化水平提升会使得环境状况恶化,生产性服务业的价格下降也会使得环境状况恶化。

尽管生产性服务业数量有所增加,但是由于工业部门的生产过程也需要投入劳动力和资本要素,因此工业部门有动机放弃因为竞争加剧所导致的生产性服务业成本下降的优势,反而增加劳动力要素的投入,进而促使劳动力要素的价格有所上升,劳动力流入到工业部门的生产中去,从而使得各个生产性服务业厂商的产量大幅下降。

又由于工业部门是资本密集型部门,资本收益率的变动会使得工业部门产出有较大的变动,而生产性服务业价格的变动只会带来产出的小幅变动。随着市场竞争加剧以及生产性服务业价格的下降,生产性服务业部门释放出的资本要素,逐渐被工业部门不断吸收,从而使得工业部门整体的产出水平相较以往,有了较大幅度的上升。

环境水平除受到工业部门产量的影响外,还受到生产性服务业总产量的影响。虽然在发展过程中,由于专业化分工会使得各个细分生产性服务业领域产量有所下降,但是就其影响程度与工业部门整体的产出相比,微不足道。总而言之,生产性服务业发展对于工业产出的上升力度,明显大于由此带来的生产性服务业产出的下降,因此环境水平在资本移动情况下依然会出现恶化的趋势。

由于环境的恶化对于农业部门的产量没有办法判断。但是其内在传导机制大致如下:首先环境的恶化,对于农业部门的生产肯定是具有消极作用的,但是具有消极作用不代表农业产量会下降。农业的产量取决于农业部门劳动力、农业部门资本以及环境三种因素。生产性服务业产出下降释放的劳动力、资本移动情况下资本要素在三部门之间的自由转移、生产性服务业发展所导致的污染对于农业生产造成的损失,这三因素的平衡最终对农业部门产量有着鲜明的影响。

在资本移动情况下,以生产性服务业竞争加剧以及生产性服务业产品价格下降代表生产性服务业的发展,随着生产性服务业的发展,生产性服务业产品对于劳动力以及资本要素的替代性毕竟有限,工业部门有动机放弃因为该行业的发展所导致的生产性服务业成本下降的优势,反而更加需要劳动力要素的投入,劳动力的工资有所上涨,但是由于生产性服务业价格最终是下降的,同时又因为资本移动情况下资本具

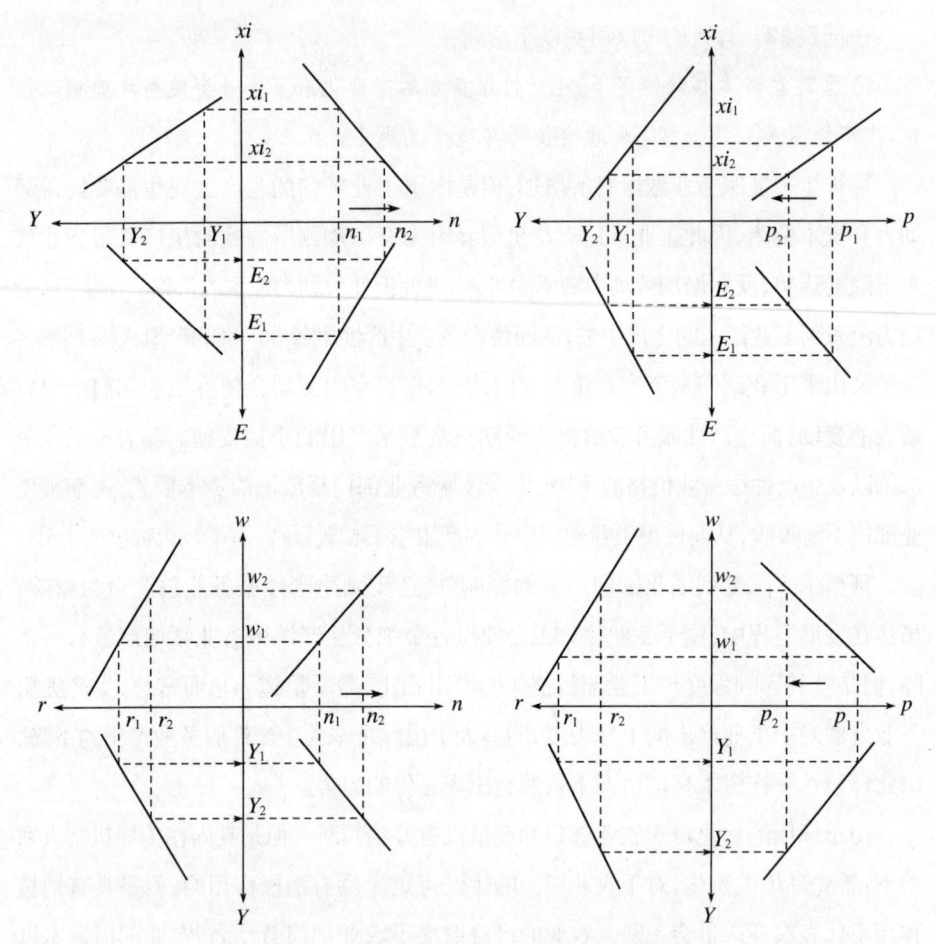

图 12-2　资本移动模型理论机制解释

有流动性,三个部门之间的资本相比于资本专有情况而言,可以自由地配比,资本富裕程度相对资本专有情况也会有所提高,因此资本收益率下降。工业部门由于是资本密集型,尽管资本收益率的较小变动,都可能带来整个工业产量的大幅变化,同时又因为工业部门与生产性服务业部门共享生产要素,最终导致工业产出上升,生产性服务业产出下降。因此随着 n_1 上升至 n_2(p_1 下降至 p_2),生产性服务业产量 xi_1 下降至 xi_2,工业部门产量 Y_1 上升至 Y_2。同时环境水平受到工业产量与生产性服务业产量的双重影响,工业产量的大幅上升明显超过各个生产性服务业厂商的产量下降,

因此环境水平从 E_1 下降至 E_2。

3. 国民收入分析

国民收入 N 可以表示为：

$$N = w_u Y C_w^y\left(w_u, r, \frac{p}{n^{\frac{1-\sigma}{\sigma}}}\right) + rY C_r^y\left(w_u, r, \frac{p}{n^{\frac{1-\sigma}{\sigma}}}\right) + qZ + npx_i \qquad (12-22)$$

根据假设 1：

$$(w_u l_{w_u}^y \xi_{w_u}^{c_w^y} + rl_r^y \xi_{w_u}^{c_r^y})\frac{\widehat{w_u}}{n} > 0$$

$$w_u l_{w_u}^y \left(\xi_r^{c_w^y}\frac{\hat{r}}{n} - \frac{1-\sigma}{\sigma}\xi_p^{c_w^y}\right) + rl_r^y\left(\xi_r^{c_r^y}\frac{\hat{r}}{n} - \frac{1-\sigma}{\sigma}\xi_p^{c_r^y}\right) + qZ\frac{\hat{Z}}{n} + npx_i\frac{\hat{x_i}}{n} + npx_i > 0$$

可得：

$$\frac{N\hat{N}}{n} = w_u l_{w_u}^y\left(\xi_{w_u}^{c_w^y}\frac{\widehat{w_u}}{n} + \xi_r^{c_w^y}\frac{\hat{r}}{n} - \frac{1-\sigma}{\sigma}\xi_p^{c_w^y}\right) + w_u l_{w_u}^y \frac{\hat{Y}}{n} + w_u l_{w_u}^y\frac{\widehat{w_u}}{n} + rl_r^y\left(\xi_{w_u}^{c_r^y}\frac{\widehat{w_u}}{n}+\right.$$

$$\left.\xi_r^{c_r^y}\frac{\hat{r}}{n} - \frac{1-\sigma}{\sigma}\xi_p^{c_w^y}\right) + rl_r^y\frac{\hat{Y}}{n} + rl_r^y\frac{\hat{r}}{n} + qZ\frac{\hat{Z}}{n} + npx_i\frac{\hat{x_i}}{n} + npx_i > 0$$

根据假设 2：

$$(w_u l_{w_u}^y \xi_{w_u}^{c_w^y} + rl_r^y \xi_{w_u}^{c_r^y})\frac{\widehat{w_u}}{\hat{p}} < 0$$

$$w_u l_{w_u}^y\left(\xi_r^{c_w^y}\frac{\hat{r}}{\hat{p}} + \xi_p^{c_w^y}\right) + rl_r^y\left(\xi_r^{c_r^y}\frac{\hat{r}}{\hat{p}} + \xi_p^{c_r^y}\right) + qZ\frac{\hat{Z}}{\hat{p}} + npx_i\frac{\hat{x_i}}{\hat{p}} + npx_i < 0$$

可得：

$$\frac{N\hat{N}}{\hat{p}} = w_u l_{w_u}^y\left(\xi_{w_u}^{c_w^y}\frac{\widehat{w_u}}{\hat{p}} + \xi_r^{c_w^y}\frac{\hat{r}}{\hat{p}} + \xi_p^{c_w^y}\right) + w_u l_{w_u}^y \frac{\hat{Y}}{\hat{p}} + w_u l_{w_u}^y\frac{\widehat{w_u}}{\hat{p}} + rl_r^y\left(\xi_{w_u}^{c_r^y}\frac{\widehat{w_u}}{\hat{p}} + \xi_r^{c_r^y}\frac{\hat{r}}{\hat{p}} + \xi_p^{c_r^y}\right) +$$

$$rl_r^y\frac{\hat{Y}}{\hat{p}} + rl_r^y\frac{\hat{r}}{\hat{p}} + qZ\frac{\hat{Z}}{\hat{p}} + npx_i\frac{\hat{x_i}}{\hat{p}} + npx_i < 0$$

命题 3： 在资本移动情况下，生产性服务业的专业化会使得国民收入上升，生产性服务业的价格下降也会使得国民收入上升。

生产性服务业的专业化，必然提高了生产服务效率，有利于服务价格的下降，使得其余部分生产要素的价格上升,工业部门的产量也会有所上升,尽管各个细分生产性服务业企业的产量有些许下降但是整体利润也会上升,并且对于整个经济社会而言国民收入也将会得到提高。

在资本移动情况下,生产性服务业对于劳动力工资率、资本收益率以及工业产量、生产性服务业产量、农业产量的解析表达式详见附录2。

第三节 数值模拟

一、模型设立与参数校准

为了方便进行后续的数值模拟,本节将上文的生产函数模型变形为如下的具体表达形式:$Y = L_y^{\alpha_1} K_y^{\alpha_2} S^{\alpha_3}$,$Z = E^{\varepsilon_1} L_z^{\alpha_4} K_z^{\alpha_5}$。

一方面通过借鉴与查阅现有的中国宏观经济数据,如《中国统计年鉴》、wind 数据库等,另一方面参考各篇论文中提到的相关数据,并进行直接引用或者间接变形,作为本章数值模拟的基础性数据。各个模拟参数的变量名、经济学中的具体含义以及校准值的具体情况如表 12-4 所示。

首先对于工业部门、农业部门以及生产性服务业部门的劳动力、资本等要素的各个参数进行具体的赋值与计算,根据 2020 年《中国统计年鉴》等相关资料的数据可以得出工业部门的相关参数 α_1、α_2 和 α_3。制造业就业人员平均工资 $w_u = 78\,147.00$ 元,城镇单位制造业就业人数 $L_y = 15\,328.12$ 万人,工业部门产值为 $317\,108.66$ 亿元,则可计算出 $\alpha_1 = 0.38$,设定 $\alpha_2 = 0.43$,则 $\alpha_3 = 1 - \alpha_1 - \alpha_2 = 0.19$。根据文献《农村金融发展、资本存量提升与农村经济增长》(王劲屹,2018)可得农业部门使用资本 $69\,095.07$ 亿元,农业部门全行业平均值生产要素资本的收益率 2.90%,对 α_4 和 α_5 分别进行赋值,计算可得 $\alpha_5 = 0.03$,则 $\alpha_4 = 1 - \alpha_5 = 0.97$。同理,可以将批发和零售业、交通运输、仓储及邮政业、租赁和商务服务业从业人员数量,作为本章所研究的生产性服务业劳动力人数,则生产性服务业就业人数 $L_x = 19\,829.05$ 万人,并且和工业部门享有同等的就业人员平均工资,即 $w_u = 78\,147.00$ 元,求得 $\delta = 0.90$,则 $1 - \delta = 0.10$。同时根

据公式计算可得 $\theta=\dfrac{w_u}{w_r}-1=0.99$。

表 12-4 中国各类经济数据的参数具体校准值

变量名	经济学中的具体含义	校准值
α_1	工业部门中生产要素劳动力的份额	0.38
α_2	工业部门中生产要素资本的份额	0.43
α_3	工业部门中生产要素生产性服务业的份额	0.19
α_4	农业部门中生产要素劳动力的份额	0.97
α_5	农业部门中生产要素资本的份额	0.03
σ	生产性服务业的参数	0.20
δ	生产性服务业部门中生产要素劳动力的份额	0.90
μ	生产性服务业中固定成本的参数	0.40
λ	生产性服务业中可变成本的参数	0.60
α	单位工业部门生产污染物排放比率	0.02
β	单位生产性服务业部门生产污染物排放比率	0.01
θ	生产要素劳动力的工资率参数	0.99
ε_1	环境的负外部性参数	0.008
r	工业部门、生产性服务业部门生产要素资本的收益率	6.50%
r_z	农业部门生产要素资本的收益率	2.90%
w_u	工业部门、生产性服务业部门生产要素劳动力工资率	78 147.00
w_r	农业部门生产要素劳动力工资率	39 340.00

资料来源：作者整理。

其次参照陈培培（2011）的研究，对 α 和 β 参数进行相应的赋值，其文章提到：生产一单位工业部门的产品，将会带来 0.02 个单位的整体污染排放量，因此可以得 $\alpha=0.02$；同时，又由于相对于工业部门而言，生产性服务业部门相对来说更加环境友好，因此设定生产一单位生产性服务业的产品则会带来 0.01 个单位的整体污染排放量，因此可以得 $\beta=0.01$。

最后再参考李晓春和伍云云（2020）对环境的外部性参数的赋值，$\varepsilon_1=0.008$。根据快递产业链跨行业的深度研究报告对可变成本与固定成本进行具体的划分，简单来说，即将运输成本、物料成本分类为可变成本，人力成本、租赁分类为固定成本，则

据此可以估算出 $\mu=0.4, \lambda=0.6$。

二、数值模拟

在前述赋值之后,便是运用软件进行运行数据的过程,根据对两个具体数据:生产性服务业的数量以及生产性服务业产品的价格,进行变动,得出环境水平等的具体数值,绘制图形,判断方向并与理论结果进行匹配,检验一致性。

1. 资本专有情况下的模拟

本章在资本专有情况下模拟的结果可以通过下图较为直观地反映出来:

图 12-3 中描绘了资本专有情况下生产性服务业竞争加剧以及生产性服务业产品价格下降对于环境水平的影响效果。横轴分别代表生产性服务业的个数和生产性

生产性服务业个数对于环境水平的影响
($\sigma=0.20$)

生产性服务业价格对于环境水平的影响
($\sigma=0.20$)

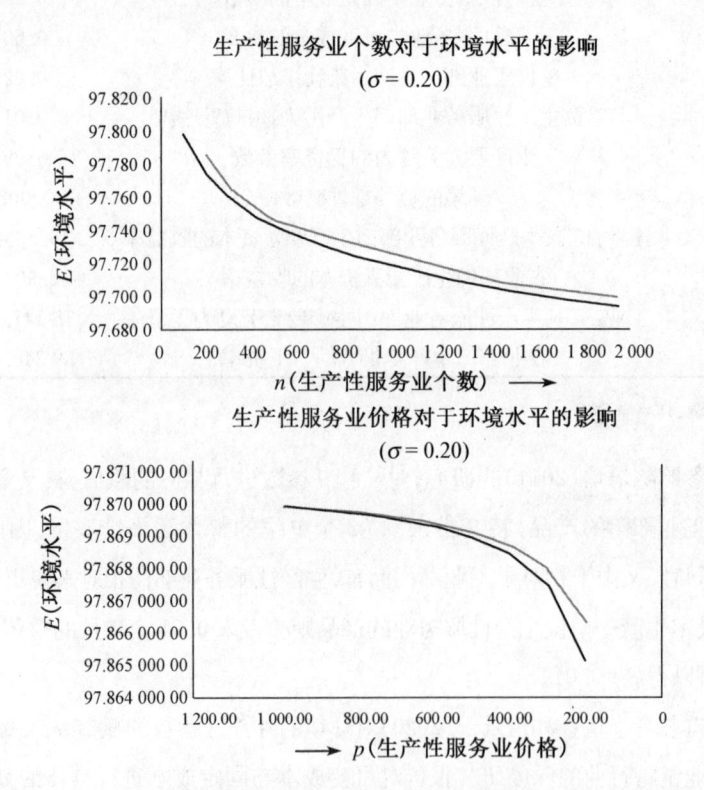

图 12-3 资本专有情况下生产性服务业的发展对于环境水平的影响

服务业产品的价格,纵轴代表环境水平。由图可以看出,随着生产性服务业竞争的加剧以及生产性服务业价格的下降,环境水平呈现下降趋势。这与理论模型中得到的命题 1 一致。

图 12-4 中描绘了资本专有情况下生产性服务业竞争加剧以及生产性服务业产品价格下降对于工业部门产量的影响效果。这与表 12-1 的结论相符合。图 12-5 中描绘了资本专有情况下生产性服务业竞争加剧以及生产性服务业产品价格下降对于农业部门产量的影响效果。这与表 12-2 的结论相符合。

生产性服务业个数对于工业部门产量的影响
($\sigma = 0.20$)

生产性服务业价格对于工业部门产量的影响
($\sigma = 0.20$)

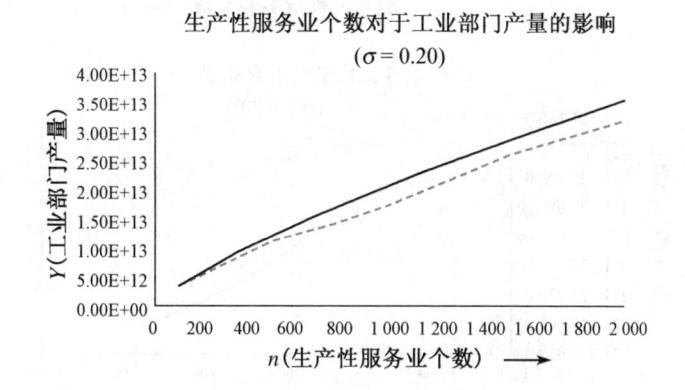

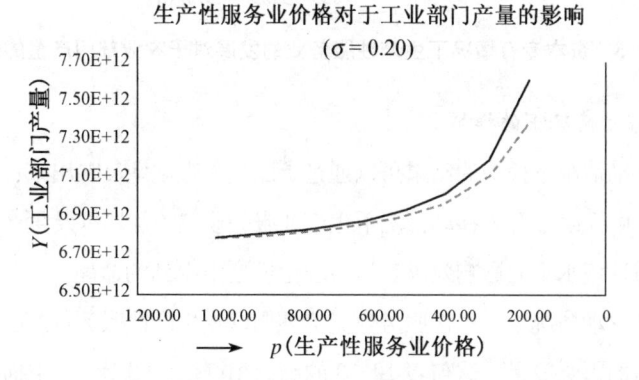

图 12-4　资本专有情况下生产性服务业的发展对于工业部门产量的影响

生产性服务业个数对于农业部门产量的影响
($\sigma = 0.20$)

生产性服务业价格对于农业部门产量的影响
($\sigma = 0.20$)

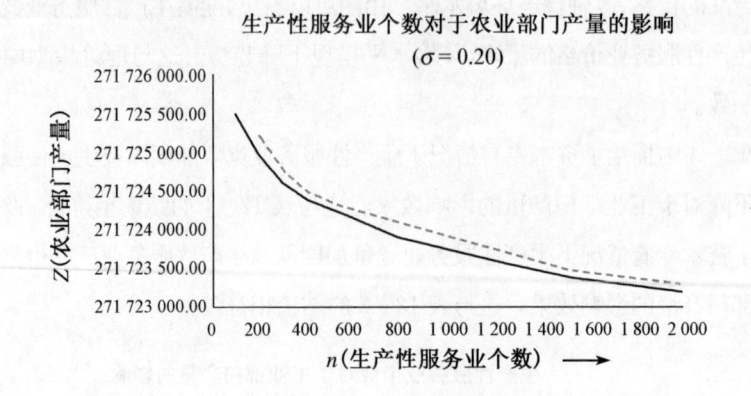

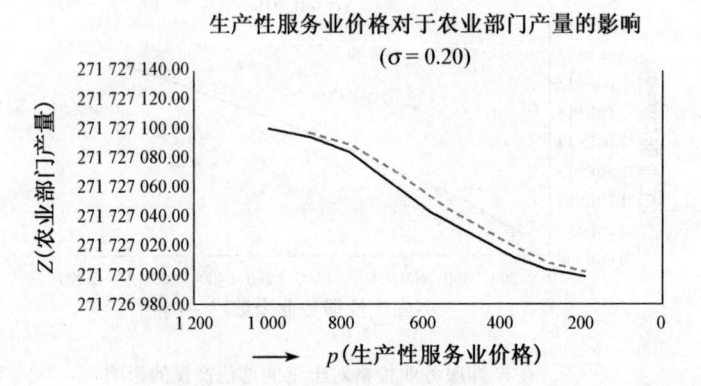

图 12-5　资本专有情况下生产性服务业的发展对于农业部门产量的影响

2. 资本移动情况下的模拟

在资本移动情况下模拟的结果可以通过下图较为直观地反映出来：

图 12-6 中描绘了资本移动情况下生产性服务业竞争加剧以及生产性服务业产品价格下降对环境水平的影响效果。这与理论模型中得到的命题 2 一致。图 12-7 中描绘了资本移动情况下生产性服务业竞争加剧以及生产性服务业产品价格下降对工业部门产量的影响效果。这与表 12-3 的结论相符合。图 12-8 中描绘了资本移动情况下生产性服务业竞争加剧以及生产性服务业产品价格下降对农业部门产量的影响效果。由图中可看出，随着生产性服务业竞争的加剧以及生产性服务业价格的下降，农业部门产品产量呈现出下降趋势。这补充了表 12-2 的结论。

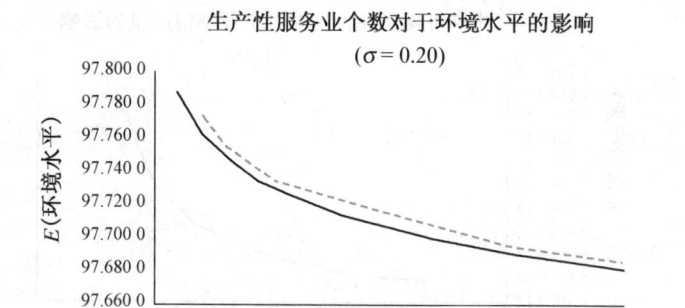

生产性服务业个数对于环境水平的影响
($\sigma = 0.20$)

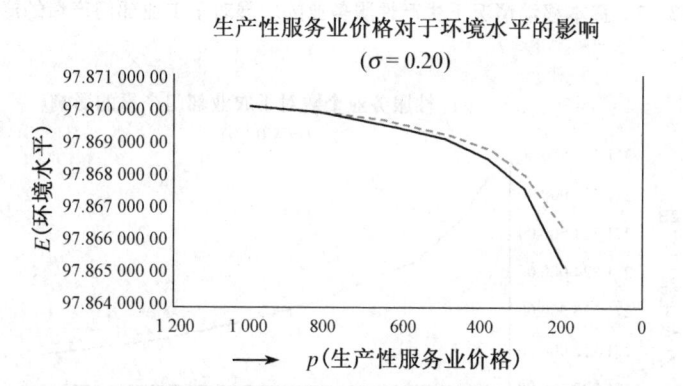

生产性服务业价格对于环境水平的影响
($\sigma = 0.20$)

图12-6 资本移动情况下生产性服务业的发展对于环境水平的影响

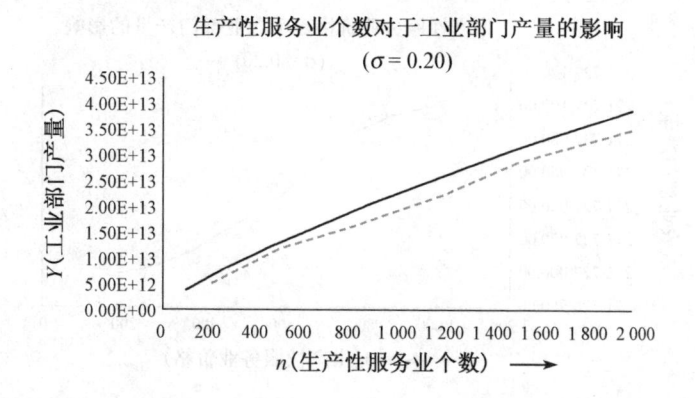

生产性服务业个数对于工业部门产量的影响
($\sigma = 0.20$)

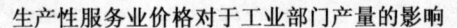

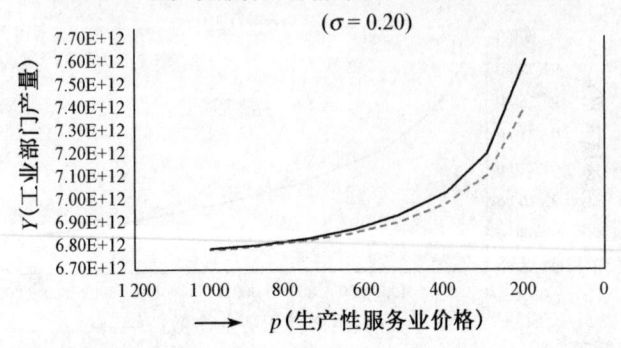

图 12-7 资本移动情况下生产性服务业的发展对于工业部门产量的影响

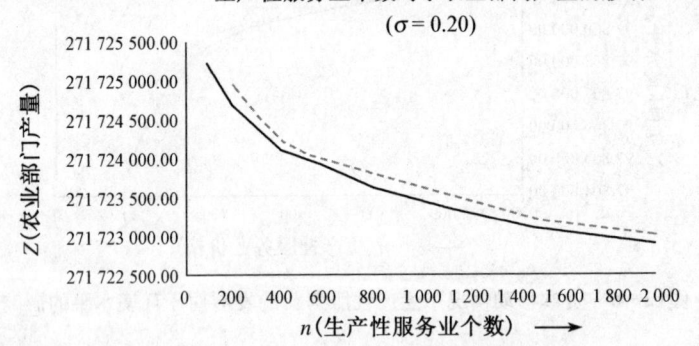

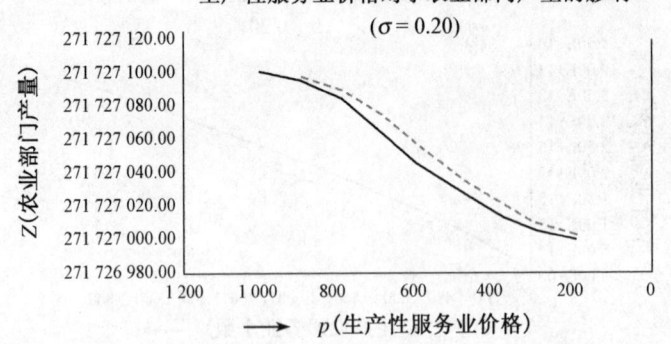

图 12-8 资本移动情况下生产性服务业的发展对于农业部门产量的影响

三、敏感性检验

由于在参数校准过程中,参数 σ 为主观设定,同时又因为 $\sigma \in [0,1]$,因此我们选择 $\sigma=0.50$、$\sigma=0.80$,并再次利用数值模拟的方法绘制环境效果图。

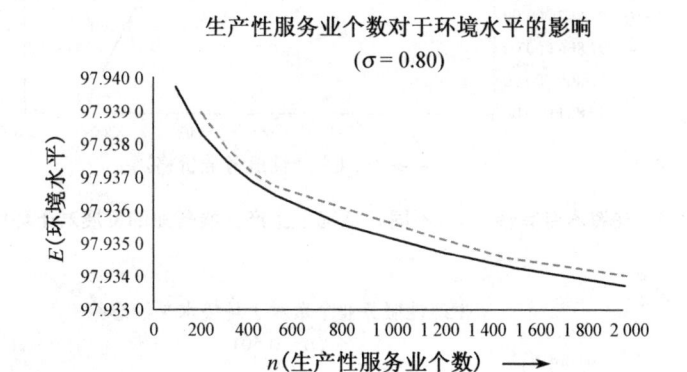

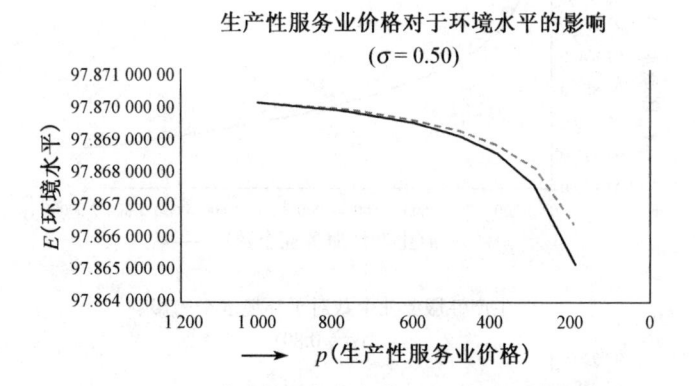

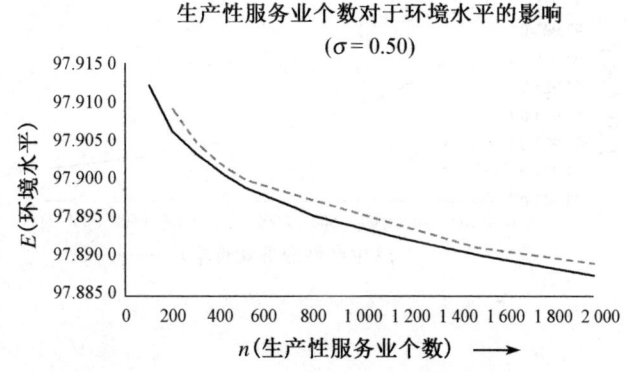

生产性服务业个数对于环境水平的影响
($\sigma = 0.80$)

生产性服务业价格对于环境水平的影响
($\sigma = 0.50$)

生产性服务业个数对于环境水平的影响
($\sigma = 0.50$)

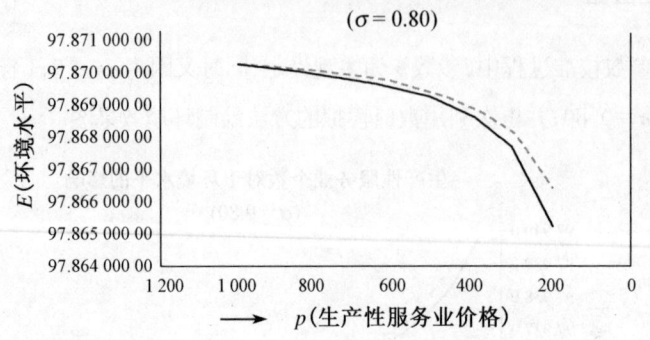

生产性服务业价格对于环境水平的影响
($\sigma = 0.80$)

图 12‑9　在资本专有情况下，不同 σ 情况下生产性服务业的发展对于环境的影响

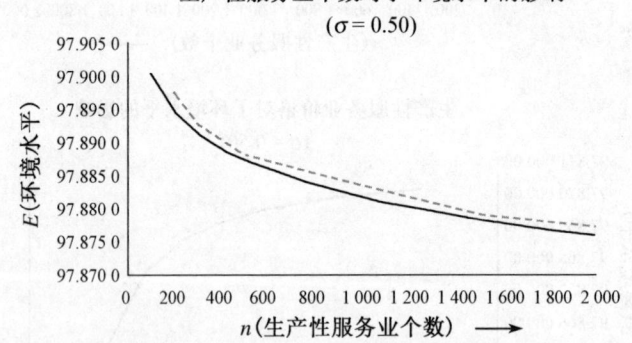

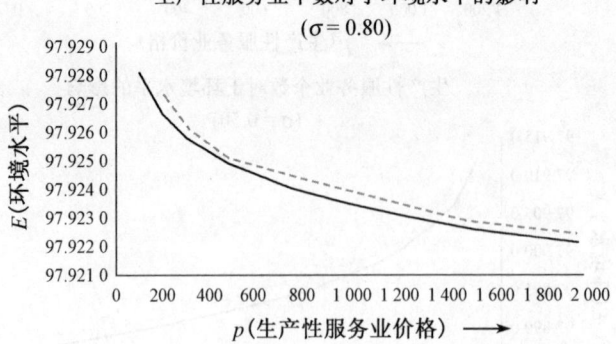

生产性服务业个数对于环境水平的影响
($\sigma = 0.50$)

生产性服务业个数对于环境水平的影响
($\sigma = 0.80$)

生产性服务业价格对于环境水平的影响
($\sigma = 0.50$)

生产性服务业价格对于环境水平的影响
($\sigma = 0.80$)

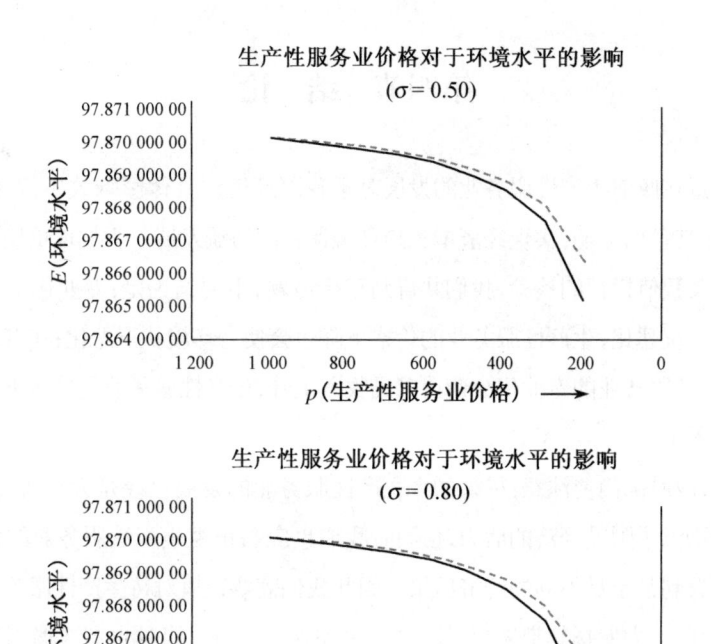

图 12-10 在资本移动情况下，不同 σ 情况下生产性服务业的发展对于环境的影响

通过以上图形对比不难发现，尽管在数值模拟的过程中有参量存在一定的主观性，但是通过改变主观参数的取值再次进行相同的步骤进行敏感性检验，结果表明：在各自不同的主观性参数值的影响下，生产性服务业竞争的加剧以及生产性服务业产品价格的下降对环境水平具有与前述一致的影响性，这与前文根据理论模型所得出的命题结果相互印证。

同时，通过研究还发现：环境水平对生产性服务业数量变动的敏感程度在不同阶段皆高于其对于生产性服务业的价格变动。

第四节 结 论

本章意在厘清生产性服务业的发展对于我国环境的具体影响效果,发挥其积极作用,排除其负面影响,实现经济增长与环境保护的协调发展。根据理论模型的构建与运算以及数值模拟的检验,我们共得到三个命题,主要结论是:专业化水平提升会使得环境状况恶化,生产性服务业的价格下降也会使得环境状况恶化;在资本移动情况下,生产性服务业的专业化会使得国民收入上升,生产性服务业的价格下降也会使得国民收入上升。

因此,政府部门要注意:尽管如今生产性服务业的发展已经是大势所趋,它的出现与发展增添了国民经济的活力,但同时我们也应当正视生产性服务业的发展所产生的各种有利甚至是不利的经济后果。因此我们需要谨慎对待生产性服务业发展这一普遍规律,大力发扬其带来的正面效应,增加社会福利,同时也需要遏制其带来的负面效应,防止环境恶化,农业产出锐减等,从而营造出有利于劳动者、资本家、生产性服务业厂商、工业厂商、农业厂商等各个社会活动的参与者的更好的局面。

本章研究还可以从以下两个方面进行拓展:

1. 生产性服务业的发展可以通过多种指标进行衡量,本章考虑的是生产性服务业的数量以及生产性服务业的价格水平,因此相信未来可以从别的角度对生产性服务业的发展进行研究,继续深化理论模型的建立。

2. 就本章的模拟结果而言,生产性服务业的发展在很大程度上不利于环境水平的提升与改善,因此可以通过修改模型的参数,引入其他变量,检验如果政府采取部分措施之后对环境水平造成的具体影响。

参考文献

[1] 陈培培. 我国生产性服务业发展的环境效应分析[J]. 企业导报,2011 (6):93 - 94.

[2] 纪祥裕. 外资和生产性服务业集聚对城市环境污染的影响[J]. 城市问题,2019

(6):52-62.

[3] 李晓春,伍云云.乡村振兴战略下要素国际流动的环境效果[J].审计与经济研究,2020,35(1):100-110.

[4] 彭光细,周少华.生产性服务业对两型社会城市群发展的驱动与提升[J].求索,2009(7):87-88.

[5] 彭水军,曹毅,张文城.国外有关服务业发展的资源环境效应研究述评[J].国外社会科学,2015(6):25-33.

[6] 陶良虎.在发展生产性服务业中打造"资源节约型、环境友好型产业"[J].党政干部论坛,2008(8):38-40.

[7] 王友军.关于加快发展生产性服务业的思考[J].山东理工大学学报(社会科学版),2009,25(1):20-23.

[8] 夏斐,肖宇.生产性服务业与传统制造业融合效应研究——基于劳动生产率的视角[J].财经问题研究,2020(4):27-37.

[9] 夏杰长,肖宇.生产性服务业:发展态势、存在的问题及高质量发展政策思路[J].北京工商大学学报(社会科学版),2019,34(4):21-34.

[10] 杨开忠.北京经济基础的基本特点与变化趋势[J].地理学报,1997(6):3-12.

[11] 余泳泽,刘凤娟.生产性服务业空间集聚对环境污染的影响[J].财经问题研究,2017(8):23-29.

[12] 赵晓霞,孙晓霓.贸易、生产性服务业与异质劳动工资差距[J].浙江社会科学,2014(10):25-33+155-156.

[13] ALCÁNTARA V, PADILLA E. Input-output subsystems and pollution: an application to the service sector and CO_2 emissions in Spain[J]. Ecological Economics, 2009, 68(3): 905-914.

[14] ANWAR S. Wage inequality increased competition, and trade liberalization: short run vs long run[J]. Review of International Economics, 2010, 18(3): 574-581.

[15] COPELAND B R, TAYLOR M S. Trade, spatial separation, and the

environment[J]. Journal of International Economics, 1999, 47: 137–168.

[16] FRANCOIS J F. Producer services, scale, and the division of labor[J]. Oxford Economic Papers, 1990, 42(4): 715–729.

[17] GREENFIELD H I. Manpower and the growth of producer services[M]. New York: Columbia University Press, 1966.

[18] HANSEN N. Do producer services induce regional economic development? [J]. Journal of Regional Science, 1990, 30(4): 465–476.

[19] KANDER A. Baumol's disease and dematerialization of the economy[J]. Ecological Economics, 2005, 55(1): 119–130.

[20] MACPHERSON A. Producer service linkages and industrial innovation: results of a twelve-year tracking study of New York State manufacturers[J]. Growth and Change, 2008, 39(1): 1–23.

[21] MARKUSEN J R. Trade in producer services and in other specialized intermediate inputs[J]. The American Economic Review, 1989, 79(1): 85–95.

[22] RESTUCCIA D, YANG D T, ZHU X. Agriculture and aggregate productivity: a quantitative cross-country analysis[J]. Journal of Monetary Economics, 2008, 55(2): 234–250.

[23] ROSENBLUM J, HORVATH A, HENDRICKSON C T. Environmental implications of service industries[J]. Environmental Science & Technology, 2000, 34(22): 4669–4676.

[24] SALZMAN J E. Beyond the smokestack: environmental protection in the service economy[J]. Ssrn Electronic Journal, 2000, 47(2): 125–141.

[25] ZHANG J. Inflow of labour, producer services and wage inequality[J]. Economics Letters, 2012, 117(3): 600–603.

附录

1. 附录1 资本专有模型分析

全微分式(12-4)至(12-11),可得:

$$\frac{1}{E-\overline{E}}\widehat{E}-\frac{\beta}{E}\widehat{x}_i-\frac{\alpha}{E}\widehat{Y}=\frac{\beta}{E}\widehat{n} \tag{12-23}$$

$$\xi_{w_u}^y \widehat{w}_u+\xi_r^y \widehat{r}=-\xi_p^y \widehat{p}+\frac{1-\sigma}{\sigma}\xi_p^y \widehat{n} \tag{12-24}$$

$$\xi_{w_u}^x \widehat{w}_u+\xi_r^x \widehat{r}=\widehat{p} \tag{12-25}$$

$$\xi_{w_r}^z \widehat{w}_r+\xi_{r_z}^z \widehat{r}_z+\varepsilon \widehat{E}=\widehat{q} \tag{12-26}$$

$$\widehat{w}_u-\widehat{w}_r=0 \tag{12-27}$$

$$(l_{w_u}^y \xi_{w}^{c_w^y}+l_{w_u}^x \xi_{w}^{c_w^x})\widehat{w}_u+(l_{r}^y \xi_{r}^{c_w^y}+l_{r}^x \xi_{r}^{c_w^x})\widehat{r}+l_{w_r}^z \xi_{w_r}^{c_w^z}\widehat{w}_r+l_{r_z}^z \xi_{r_z}^{c_w^z}\widehat{r}_z+l_{w_u}^y \widehat{Y}+n\lambda e_{w_u}^x x_i$$
$$\widehat{x}_i+l_{w_r}^z \widehat{Z}+l_{w_r}^z \varepsilon \widehat{E}=-\xi_p^y \widehat{p}+\left(\frac{1-\sigma}{\sigma}\xi_p^{c_w^y}-l_{w_u}^x\right)\widehat{n} \tag{12-28}$$

$$(l_{r}^y \xi_{w_r}^{c_r^y}+l_{r}^x \xi_{w_u}^{e_r^x})\widehat{w}_u+(l_{r}^y \xi_{r}^{c_r^y}+l_{r}^x \xi_{r}^{e_r^x})\widehat{r}+l_{r}^y \widehat{Y}+n\lambda e_{r}^x x_i \widehat{x}_i=-\xi_p^y \widehat{p}+\left(\frac{1-\sigma}{\sigma}\xi_p^{c_r^y}-l_{r}^x\right)\widehat{n}$$
$$\tag{12-29}$$

$$\varepsilon \widehat{E}+\xi_{r_z}^z \widehat{r}_z+\widehat{Z}+\xi_{w_r}^z \widehat{w}_r=0 \tag{12-30}$$

(a) 工资率分析

资本专有情境中生产性服务业专业化程度及价格的变化对工业部门工资率的影响可以表示为:

$$\frac{\widehat{w}_u}{\widehat{n}}=\frac{\frac{1-\sigma}{\sigma}\xi_p^y \xi_r^x}{\xi_{w_u}^y \xi_r^x-\xi_r^y \xi_{w_u}^x}$$

$$\frac{\widehat{w}_u}{\widehat{p}}=\frac{-\xi_p^y \xi_r^x-\xi_r^y}{\xi_{w_u}^y \xi_r^x-\xi_r^y \xi_{w_u}^x}$$

资本专有情境中生产性服务业专业化程度及价格的变化对农业部门工资率的影

响可以表示为：

$$\frac{\widehat{w_r}}{\widehat{n}}=\frac{\frac{1-\sigma}{\sigma}\xi_p^y\xi_r^x}{\xi_{w_u}^y\xi_r^x-\xi_r^y\xi_{w_u}^x}$$

$$\frac{\widehat{w_r}}{\widehat{p}}=\frac{-\xi_p^y\xi_r^x-\xi_r^y}{\xi_{w_u}^y\xi_r^x-\xi_r^y\xi_{w_u}^x}$$

(b) 收益率分析

资本专有情境中生产性服务业专业化程度及价格的变化对工业部门收益率的影响可以表示为：

$$\frac{\widehat{r}}{\widehat{n}}=-\frac{\frac{1-\sigma}{\sigma}\xi_{w_u}^x\xi_p^y}{\xi_{w_u}^y\xi_r^x-\xi_r^y\xi_{w_u}^x}$$

$$\frac{\widehat{r}}{\widehat{p}}=\frac{\xi_{w_u}^y+\xi_{w_u}^x\xi_p^y}{\xi_{w_u}^y\xi_r^x-\xi_r^y\xi_{w_u}^x}$$

资本专有情境中生产性服务业专业化程度及价格的变化对农业部门收益率的影响可以表示为：

$$\frac{\widehat{r_z}}{\widehat{n}}=-\frac{\frac{1-\sigma}{\sigma}\xi_p^y\xi_r^x(\xi_{w_r}^z-\xi_{w_r}^z)}{(\xi_{r_z}^z-\xi_{r_z}^z)(\xi_{w_u}^y\xi_r^x-\xi_r^y\xi_{w_u}^x)}$$

$$\frac{\widehat{r_z}}{\widehat{p}}=\frac{(\xi_p^y\xi_r^x+\xi_r^y)(\xi_{w_r}^z-\xi_{w_r}^z)}{(\xi_{r_z}^z-\xi_{r_z}^z)(\xi_{w_u}^y\xi_r^x-\xi_r^y\xi_{w_u}^x)}$$

(c) 产量分析

设 $A_1=l_{w_u}^y\xi_r^{c_w^y}+l_{w_u}^x\xi_r^{c_w^x}$、$A_2=l_r^y\xi_r^{c_r^y}+l_r^x\xi_r^{e_r^x}$、$B_1=l_{w_r}^z\xi_{r_z}^{c_w^z}$

$C_1=l_{w_u}^y\xi_{w_u}^{c_w^y}+l_{w_u}^x\xi_{w_u}^{c_w^x}$、$C_2=l_r^y\xi_{w_u}^{c_r^y}+l_r^x\xi_{w_u}^{e_r^x}$、$D_1=l_{w_r}^z\xi_{w_r}^{c_w^z}$

$E_1=ne_{w_u}^x x_i\lambda$、$E_2=ne_r^x x_i\lambda$、

$A=(-\xi_p^y\xi_{w_u}^x-\xi_{w_u}^y)(A_1E_2-E_1A_2)+(-\xi_p^y\xi_r^x-\xi_r^y)(C_2E_1-C_1E_2)+(\xi_{w_u}^y\xi_r^x-\xi_{w_u}^x$

$\xi_r^y)(-\xi_p^{c_w^y}E_2+\xi_p^yE_1)$

$B=(-\xi_p^y\xi_{w_u}^x-\xi_{w_u}^y)(A_1l_r^y-A_2l_{w_u}^y)+(-\xi_p^y\xi_r^x-\xi_r^y)(C_2l_{w_u}^y-C_1l_r^y)+(\xi_{w_u}^y\xi_r^x-\xi_{w_u}^x$

$\xi_r^y)(-\xi_p^{c_w^y}l_r^y+\xi_p^yl_{w_u}^y)$

$C=B_1\varepsilon(\xi_{w_r}^z-\xi_{w_r}^z)+\varepsilon D_1(\xi_{r_z}^z-\xi_{r_z}^z)+l_{w_r}^x\varepsilon(\xi_{r_z}^z\xi_{w_r}^z-\xi_{r_z}^z\xi_{w_r}^{c_r^z})$

$A'=\dfrac{1-\sigma}{\sigma}\xi_p^y\xi_{w_u}^x(A_1E_2-E_1A_2)+\dfrac{1-\sigma}{\sigma}\xi_p^y\xi_r^x(C_2E_1-C_1E_2)+(\xi_{w_u}^y\xi_r^x-\xi_{w_u}^x\xi_r^y)\Big(\dfrac{1-\sigma}{\sigma}$

$\xi_p^{c_w^y}-l_{w_u}^x\Big)E_2-(\xi_{w_u}^y\xi_r^x-\xi_{w_u}^x\xi_r^y)\Big(\dfrac{1-\sigma}{\sigma}\xi_p^{c_r^y}-l_r^x\Big)E_1$

$B'=\dfrac{1-\sigma}{\sigma}\xi_p^y\xi_{w_u}^x(A_1l_r^y-A_2l_{w_u}^y)+\dfrac{1-\sigma}{\sigma}\xi_p^y\xi_r^x(C_2l_{w_u}^y-C_1l_r^y)+(\xi_{w_u}^y\xi_r^x-\xi_{w_u}^x\xi_r^y)\Big(\dfrac{1-\sigma}{\sigma}$

$\xi_p^{c_w^y}-l_{w_u}^x\Big)l_r^y-(\xi_{w_u}^y\xi_r^x-\xi_{w_u}^x\xi_r^y)\Big(\dfrac{1-\sigma}{\sigma}\xi_p^{c_r^y}-l_r^x\Big)l_{w_u}^y$

工业产量分析

资本专有情境中生产性服务业专业化程度及价格的变化对工业部门产量的影响可以表示为：

$$\dfrac{\widehat{Y}}{\widehat{n}}=\dfrac{\beta(\xi_{r_z}^z-\xi_{r_z}^z)\Big[\dfrac{1-\sigma}{\sigma}\xi_p^y(A_2\xi_{w_u}^x-C_2\xi_r^x)+(\xi_{w_u}^y\xi_r^x-\xi_r^y\xi_{w_u}^x)\Big(\dfrac{1-\sigma}{\sigma}\xi_p^{c_r^y}-l_r^x\Big)\Big]}{[(-\alpha E_2+\beta l_r^y)(\xi_{r_z}^{c_r^z}-\xi_{r_z}^z)(\xi_{w_u}^y\xi_r^x-\xi_r^y\xi_{w_u}^x)]}+$$

$$\dfrac{\dfrac{E}{E-\overline{E}}E_2\dfrac{1-\sigma}{\sigma}\xi_p^y\xi_r^x(\xi_{r_z}^z\xi_{w_r}^z-\xi_{r_z}^z\xi_{w_r}^{c_r^z})}{-\varepsilon[(-\alpha E_2+\beta l_r^y)(\xi_{r_z}^z-\xi_{r_z}^z)(\xi_{w_u}^y\xi_r^x-\xi_r^y\xi_{w_u}^x)]}$$

$$\dfrac{\widehat{Y}}{\widehat{p}}=\dfrac{\beta(\xi_r^z-\xi_{r_z}^z)[C_2(\xi_p^y\xi_r^x+\xi_r^y)-\xi_p^y(\xi_{w_u}^y\xi_r^x-\xi_r^y\xi_{w_u}^x)-A_2(\xi_{w_u}^x\xi_p^y+\xi_{w_u}^y)]}{[(-\alpha E_2+\beta l_r^y)(\xi_{r_z}^z-\xi_{r_z}^z)(\xi_{w_u}^y\xi_r^x-\xi_r^y\xi_{w_u}^x)]}+$$

$$\dfrac{\dfrac{E}{E-\overline{E}}E_2[(\xi_{r_z}^z\xi_{w_r}^z-\xi_{r_z}^z\xi_{w_r}^{c_r^z})(-\xi_p^y\xi_r^x-\xi_r^y)]}{-\varepsilon[(-\alpha E_2+\beta l_r^y)(\xi_{r_z}^z-\xi_{r_z}^z)(\xi_{w_u}^y\xi_r^x-\xi_r^y\xi_{w_u}^x)]}$$

生产性服务业产量分析

资本专有情境中生产性服务业专业化程度及价格的变化对生产性服务业部门产量的影响可以表示为：

$$\frac{\widehat{x_i}}{\widehat{n}} = \frac{\alpha(\xi_{r_z}^z - \xi_{r_z}^z)\left[\frac{1-\sigma}{\sigma}\xi_p^y(-A_2\xi_{w_u}^x + C_2\xi_r^x) + (-\xi_{w_u}^y\xi_r^x + \xi_r^y\xi_{w_u}^x)\left(\frac{1-\sigma}{\sigma}\xi_p^{c_y} - l_r^x\right)\right]}{[(-\alpha E_2 + \beta l_r^y)(\xi_{r_z}^z - \xi_{r_z}^z)(\xi_{w_u}^y\xi_r^x - \xi_r^y\xi_{w_u}^x)]} +$$

$$\frac{\dfrac{E}{E-\overline{E}}l_r^y\dfrac{1-\sigma}{\sigma}\xi_p^y\xi_r^x(-\xi_{r_z}^z\xi_{w_r}^z + \xi_{r_z}^z\xi_{w_r}^{c_r})}{-\varepsilon[(-\alpha E_2 + \beta l_r^y)(\xi_{r_z}^z - \xi_{r_z}^z)(\xi_{w_u}^y\xi_r^x - \xi_r^y\xi_{w_u}^x)]}$$

$$\frac{\widehat{x_i}}{\widehat{p}} = \frac{\alpha(\xi_{r_z}^z - \xi_{r_z}^z)[-C_2(\xi_p^y\xi_r^x + \xi_r^y) + \xi_p^y(\xi_{w_u}^y\xi_r^x - \xi_r^y\xi_{w_u}^x) + A_2(\xi_{w_u}^x\xi_p^y + \xi_{w_u}^y)]}{[(-\alpha E_2 + \beta l_r^y)(\xi_{r_z}^z - \xi_{r_z}^z)(\xi_{w_u}^y\xi_r^x - \xi_r^y\xi_{w_u}^x)]} +$$

$$\frac{\dfrac{E}{E-\overline{E}}l_r^y[(-\xi_{r_z}^z\xi_{w_r}^z + \xi_{r_z}^z\xi_{w_r}^{c_r})(-\xi_p^y\xi_r^x - \xi_r^y)]}{-\varepsilon[(-\alpha E_2 + \beta l_r^y)(\xi_{r_z}^z - \xi_{r_z}^z)(\xi_{w_u}^y\xi_r^x - \xi_r^y\xi_{w_u}^x)]}$$

农业产量分析

资本专有情境中生产性服务业专业化程度及价格的变化对农业部门产量的影响可以表示为：

$$\frac{\widehat{Z}}{\widehat{n}} = \frac{\varepsilon(-\xi_{r_z}^z + \xi_{r_z}^r)(\alpha A' - \beta B') + \dfrac{E}{E-\overline{E}}\dfrac{1-\sigma}{\sigma}\xi_p^y\xi_r^x(\xi_{w_r}^r\xi_{r_z}^z - \xi_{r_z}^x\xi_{w_r}^z)(E_2 l_{w_u}^y - E_1 l_r^y)}{-l_{w_r}^z\varepsilon(-\alpha E_2 + \beta l_r^y)(\xi_{r_z}^z - \xi_{r_z}^z)(\xi_r^x\xi_{w_u}^y - \xi_r^y\xi_{w_u}^x)} +$$

$$\frac{\dfrac{1-\sigma}{\sigma}\xi_p^y\xi_r^x C(\alpha E_2 - \beta l_r^y)}{-l_{w_r}^z\varepsilon(-\alpha E_2 + \beta l_r^y)(\xi_{r_z}^z - \xi_{r_z}^z)(\xi_r^x\xi_{w_u}^y - \xi_r^y\xi_{w_u}^x)}$$

$$\frac{\widehat{Z}}{\widehat{p}} = \frac{\varepsilon(-\xi_{r_z}^z + \xi_{r_z}^r)(\alpha A - \beta B) + \dfrac{E}{E-\overline{E}}(\xi_p^y\xi_r^x + \xi_r^y)(\xi_{w_r}^r\xi_{r_z}^z - \xi_{r_z}^x\xi_{w_r}^z)(E_2 l_{w_u}^y - E_1 l_r^y)}{-l_{w_r}^z\varepsilon(-\alpha E_2 + \beta l_r^y)(\xi_{r_z}^z - \xi_{r_z}^z)(\xi_r^x\xi_{w_u}^y - \xi_r^y\xi_{w_u}^x)} -$$

$$\frac{C(\alpha E_2 - \beta l_r^y)(\xi_p^y\xi_r^x + \xi_r^y)}{-l_{w_r}^z\varepsilon(-\alpha E_2 + \beta l_r^y)(\xi_{r_z}^z - \xi_{r_z}^z)(\xi_r^x\xi_{w_u}^y - \xi_r^y\xi_{w_u}^x)}$$

2. 附录 2 资本移动模型分析

全微分式(12-12)至(12-18)可得：

$$\frac{1}{E-\overline{E}}\widehat{E} - \frac{\beta}{E}\widehat{x_i} - \frac{\alpha}{E}\widehat{Y} = \frac{\beta}{E}\widehat{n} \qquad (12-31)$$

$$\xi_{w_u}^y \hat{w}_u + \xi_r^y \hat{r} = -\xi_p^y \hat{p} + \frac{1-\sigma}{\sigma}\xi_p^y \hat{n} \qquad (12-32)$$

$$\xi_{w_u}^x \hat{w}_u + \xi_r^x \hat{r} = \hat{p} \qquad (12-33)$$

$$\xi_{w_r}^z \hat{w}_r + \xi_r^z \hat{r} + \varepsilon \hat{E} = \hat{q} \qquad (12-34)$$

$$\hat{w}_u - \hat{w}_r = 0 \qquad (12-35)$$

$$(l_{w_u}^y \xi_{w_u}^{c_w^y} + l_{w_u}^x \xi_{w_u}^{e_w^x})\hat{w}_u + (l_{w_u}^y \xi_r^{c_w^y} + l_{w_u}^x \xi_r^{e_w^x})\hat{r} + l_{w_r}^z \xi_{w_r}^{c_w^z} \hat{w}_r + l_{w_r}^z \xi_{r_z}^{c_w^z} \hat{r} + l_{w_u}^y \hat{Y} + n\lambda e_{w_u}^x x_i \hat{x}_i$$
$$+ l_{w_r}^z \hat{Z} + l_{w_r}^z \varepsilon \hat{E} = -\xi_p^y \hat{p} + \left(\frac{1-\sigma}{\sigma}\xi_p^{c_w^y} - l_{w_u}^x\right)\hat{n} \qquad (12-36)$$

$$(l_r^y \xi_{w_u}^{c_r^y} + l_r^x \xi_{w_u}^{e_r^x})\hat{w}_u + (l_r^y \xi_r^{c_r^y} + l_r^x \xi_r^{e_r^x})\hat{r} + l_r^z \xi_{w_r}^{c_r^z} \hat{w}_r + l_r^z \xi_r^{c_r^z} \hat{r} + l_r^y \hat{Y} + n\lambda e_r^x x_i \hat{x}_i + l_r^z \hat{Z} +$$
$$l_r^z \varepsilon \hat{E} = -\xi_p^y \hat{p} + \left(\frac{1-\sigma}{\sigma}\xi_p^{c_r^y} - l_r^x\right)\hat{n} \qquad (12-37)$$

(a) 工资率分析

资本移动情境中生产性服务业专业化程度及价格的变化对工业部门工资率的影响可以表示为：

$$\frac{\hat{w}_u}{\hat{n}} = \frac{\frac{1-\sigma}{\sigma}\xi_p^y \xi_r^x [l_r^z(\alpha n e_{w_u}^x x_i \lambda - \beta l_w^y) + l_{w_r}^z(-\alpha n e_r^x x_i \lambda + \beta l_r^y)]}{-l_r^z(-\alpha n e_{w_u}^x x_i \lambda + \beta l_{w_u}^y)(-\xi_{w_u}^y \xi_r^x + \xi_{w_u}^x \xi_r^y) + l_{w_r}^z(-\alpha n e_r^x x_i \lambda + \beta l_r^y)(-\xi_{w_u}^y \xi_r^x + \xi_{w_u}^x \xi_r^y)}$$

$$\frac{\hat{w}_u}{\hat{p}} = \frac{[l_r^z(\alpha n e_{w_u}^x x_i \lambda - \beta l_{w_u}^y) + l_{w_r}^z(-\alpha n e_r^x x_i \lambda + \beta l_r^y)](-\xi_r^x \xi_p^y - \xi_r^y)}{-l_r^z(-\alpha n e_{w_u}^x x_i \lambda + \beta l_{w_u}^y)(-\xi_{w_u}^y \xi_r^x + \xi_{w_u}^x \xi_r^y) + l_{w_r}^z(-\alpha n e_r^x x_i \lambda + \beta l_r^y)(-\xi_{w_u}^y \xi_r^x + \xi_{w_u}^x \xi_r^y)}$$

资本移动情境中生产性服务业专业化程度及价格的变化对农业部门工资率的影响可以表示为：

$$\frac{\hat{w}_r}{\hat{n}} = \frac{\frac{1-\sigma}{\sigma}\xi_p^y \xi_r^x [l_r^z(\alpha n e_{w_u}^x x_i \lambda - \beta l_w^y) + l_{w_r}^z(-\alpha n e_r^x x_i \lambda + \beta l_r^y)]}{-l_r^z(-\alpha n e_{w_u}^x x_i \lambda + \beta l_{w_u}^y)(-\xi_{w_u}^y \xi_r^x + \xi_{w_u}^x \xi_r^y) + l_{w_r}^z(-\alpha n e_r^x x_i \lambda + \beta l_r^y)(-\xi_{w_u}^y \xi_r^x + \xi_{w_u}^x \xi_r^y)}$$

$$\frac{\hat{w}_r}{\hat{p}} = \frac{[l_r^z(\alpha n e_{w_u}^x x_i \lambda - \beta l_{w_u}^y) + l_{w_r}^z(-\alpha n e_r^x x_i \lambda + \beta l_r^y)](-\xi_r^x \xi_p^y - \xi_r^y)}{-l_r^z(-\alpha n e_{w_u}^x x_i \lambda + \beta l_{w_u}^y)(-\xi_{w_u}^y \xi_r^x + \xi_{w_u}^x \xi_r^y) + l_{w_r}^z(-\alpha n e_r^x x_i \lambda + \beta l_r^y)(-\xi_{w_u}^y \xi_r^x + \xi_{w_u}^x \xi_r^y)}$$

(b) 收益率分析

资本移动情境中生产性服务业专业化程度及价格的变化对工业部门收益率的影响可以表示为:

$$\frac{\hat{r}}{\hat{n}}=-\frac{\frac{1-\sigma}{\sigma}\xi_p^y\xi_{w_u}^x[l_r^z(\alpha n e_{w_u}^x x_i\lambda-\beta l_w^y)+l_{w_r}^z(-\alpha n e_r^x x_i\lambda+\beta l_r^y)]}{-l_r^z(-\alpha n e_{w_u}^x x_i\lambda+\beta l_w^y)(-\xi_{w_u}^y\xi_r^x+\xi_{w_u}^x\xi_r^y)+l_{w_r}^z(-\alpha n e_r^x x_i\lambda+\beta l_r^y)(-\xi_{w_u}^y\xi_r^x+\xi_{w_u}^x\xi_r^y)}$$

$$\frac{\hat{r}}{\hat{p}}=-\frac{[l_r^z(\alpha n e_{w_u}^x x_i\lambda-\beta l_{w_u}^y)+l_{w_r}^z(-\alpha n e_r^x x_i\lambda+\beta l_r^y)](-\xi_{w_u}^x\xi_p^y-\xi_{w_u}^y)}{-l_r^z(-\alpha n e_{w_u}^x x_i\lambda+\beta l_w^y)(-\xi_{w_u}^y\xi_r^x+\xi_{w_u}^x\xi_r^y)+l_{w_r}^z(-\alpha n e_r^x x_i\lambda+\beta l_r^y)(-\xi_{w_u}^y\xi_r^x+\xi_{w_u}^x\xi_r^y)}$$

(c) 产量分析

设 $A_1'=l_{w_u}^y\xi_r^{c_w^y}+l_r^x\xi_r^{e_w^x}+l_{w_r}^z\xi_r^{c_r^z}$、$A_2'=l_r^y\xi_r^{c_r^y}+l_r^x\xi_r^{e_r^x}+l_r^z\xi_r^{c_r^z}$、$B_1'=l_{w_u}^y\xi_{w_u}^{c_w^y}+l_r^x\xi_{w_u}^{e_w^x}$、$B_2'=l_r^y\xi_{w_u}^{c_w^y}+l_r^x\xi_{w_u}^{e_r^x}$、$C_1'=l_{w_r}^z\xi_{w_r}^{c_w^z}$、$C_2'=l_r^z\xi_{w_r}^{c_r^z}$、$D_1'=n e_{w_u}^x x_i\lambda$、$D_2'=n e_r^x x_i\lambda$

工业产量分析

资本移动情境中生产性服务业专业化程度及价格的变化对工业部门产量的影响可以表示为:

$$\frac{\hat{Y}}{\hat{n}}=\frac{-l_{w_r}^z\beta\frac{1-\sigma}{\sigma}\xi_p^y(-B_2'\xi_r^x+A_2'\xi_{w_u}^x)+l_r^z\beta\frac{1-\sigma}{\sigma}\xi_p^y(-B_1'\xi_r^x+A_1'\xi_{w_u}^x)}{-l_r^z(-\alpha n e_{w_u}^x x_i\lambda+\beta l_{w_u}^y)(-\xi_{w_u}^y\xi_r^x+\xi_{w_u}^x\xi_r^y)+l_{w_r}^z(-\alpha n e_r^x x_i\lambda+\beta l_r^y)(-\xi_{w_u}^y\xi_r^x+\xi_{w_u}^x\xi_r^y)}+$$

$$\frac{l_{w_r}^z\beta\frac{1-\sigma}{\sigma}\xi_p^y\xi_r^x l_r^z(\xi_{w_r}^z-\xi_{w_r}^x)-l_r^z\beta\frac{1-\sigma}{\sigma}\xi_p^y\xi_r^x l_{w_r}^z(\xi_{w_u}^{z_w}-\xi_{w_r}^z)}{-l_r^z(-\alpha n e_{w_u}^x x_i\lambda+\beta l_{w_u}^y)(-\xi_{w_u}^y\xi_r^x+\xi_{w_u}^x\xi_r^y)+l_{w_r}^z(-\alpha n e_r^x x_i\lambda+\beta l_r^y)(-\xi_{w_u}^y\xi_r^x+\xi_{w_u}^x\xi_r^y)}+$$

$$\frac{\frac{E}{E-\overline{E}}\xi_r^x(l_r^z D_1'-l_{w_r}^z D_2')\frac{1-\sigma}{\sigma}\xi_p^y\xi_w^x+\frac{E}{E-\overline{E}}\xi_{w_r}^z\left(-\frac{1-\sigma}{\sigma}\xi_p^y\xi_r^x\right)}{l_r^z\varepsilon(-\alpha n e_{w_u}^x x_i\lambda+\beta l_{w_u}^y)(-\xi_{w_u}^y\xi_r^x+\xi_{w_u}^x\xi_r^y)-l_{w_r}^z\varepsilon(-\alpha n e_r^x x_i\lambda+\beta l_r^y)(-\xi_{w_u}^y\xi_r^x+\xi_{w_u}^x\xi_r^y)}+$$

$$\frac{-l_{w_r}^z\beta\left(\frac{1-\sigma}{\sigma}\xi_p^{c_p^y}-l_r^x\right)(-\xi_{w_u}^y\xi_r^x+\xi_{w_u}^x\xi_r^x)+l_r^z\beta\left(\frac{1-\sigma}{\sigma}\xi_p^{c_w^y}-l_{w_u}^x\right)(-\xi_{w_u}^y\xi_r^x+\xi_{w_u}^x\xi_r^x)}{-l_r^z(-\alpha n e_{w_u}^x x_i\lambda+\beta l_{w_u}^y)(-\xi_{w_u}^y\xi_r^x+\xi_{w_u}^x\xi_r^y)+l_{w_r}^z(-\alpha n e_r^x x_i\lambda+\beta l_r^y)(-\xi_{w_u}^y\xi_r^x+\xi_{w_u}^x\xi_r^y)}+$$

$$\frac{\hat{Y}}{\hat{p}}=\frac{l_{w_r}^z\beta\xi_p^y(-B_2'\xi_r^x+A_2\xi_{w_u}^x)-l_{w_r}^z\beta(B_2'\xi_r^y-A_2'\xi_{w_u}^y)}{-l_r^z(-\alpha n e_{w_u}^x x_i\lambda+\beta l_{w_u}^y)(-\xi_{w_u}^y\xi_r^x+\xi_{w_u}^x\xi_r^y)+l_{w_r}^z(-\alpha n e_r^x x_i\lambda+\beta l_r^y)(-\xi_{w_u}^y\xi_r^x+\xi_{w_u}^x\xi_r^y)}+$$

$$\frac{-l_r^z\beta\xi_p^y(-B_1'\xi_r^x+A_1'\xi_{w_u}^x)+l_r^z\beta(B_1'\xi_r^y-A_1'\xi_{w_u}^y)}{-l_r^z(-\alpha n e_{w_u}^x x_i\lambda+\beta l_{w_u}^y)(-\xi_{w_u}^y\xi_r^x+\xi_{w_u}^x\xi_r^y)+l_{w_r}^z(-\alpha n e_r^x x_i\lambda+\beta l_r^y)(-\xi_{w_u}^y\xi_r^x+\xi_{w_u}^x\xi_r^y)}+$$

$$\frac{-l_{w_r}^z \beta l_r^z (\xi_p^x \xi_r^x + \xi_r^y)(\xi_{w_r}^z - \xi_{w_r}^x) + l_r^z \beta l_{w_r}^z (\xi_p^y \xi_r^x + \xi_r^y)(\xi_{w_r}^{c_w} - \xi_{w_r}^z)}{-l_r^z(-\alpha n e_{w_u}^x x_i \lambda + \beta l_{w_u}^y)(-\xi_{w_u}^y \xi_r^x + \xi_{w_u}^x \xi_r^y) + l_{w_r}^z(-\alpha n e_r^x x_i \lambda + \beta l_r^y)(-\xi_{w_u}^y \xi_r^x + \xi_{w_u}^x \xi_r^y)} +$$

$$\frac{l_{w_r}^z \beta \xi_p^{c_r}(-\xi_{w_u}^y \xi_r^x + \xi_{w_u}^x \xi_r^y) - l_r^z \beta \xi_p^{c_w}(-\xi_{w_u}^y \xi_r^x + \xi_{w_u}^x \xi_r^y)}{-l_r^z(-\alpha n e_{w_u}^x x_i \lambda + \beta l_{w_u}^y)(-\xi_{w_u}^y \xi_r^x + \xi_{w_u}^x \xi_r^y) + l_{w_r}^z(-\alpha n e_r^x x_i \lambda + \beta l_r^y)(-\xi_{w_u}^y \xi_r^x + \xi_{w_u}^x \xi_r^y)} +$$

$$\frac{\dfrac{E}{E-\overline{\overline{E}}}\xi_r^z(l_{w_r}^z D_2' - l_r^z D_1')(-\xi_p^y \xi_r^x - \xi_r^y) + \dfrac{E}{E-\overline{\overline{E}}}\xi_{w_r}^z(l_{w_r}^z D_2' - l_r^z D_1')(\xi_p^y \xi_r^x + \xi_r^y)}{l_r^z \varepsilon(-\alpha n e_{w_u}^x x_i \lambda + \beta l_{w_u}^y)(-\xi_{w_u}^y \xi_r^x + \xi_{w_u}^x \xi_r^y) - l_{w_r}^z \varepsilon(-\alpha n e_r^x x_i \lambda + \beta l_r^y)(-\xi_{w_u}^y \xi_r^x + \xi_{w_u}^x \xi_r^y)}$$

生产性服务业产量分析

资本移动情境中生产性服务业专业化程度及价格的变化对生产性服务业部门产量的影响可以表示为：

$$\frac{\widehat{x_i}}{\widehat{n}} = \frac{\alpha\dfrac{1-\sigma}{\sigma}\xi_p^y \xi_r^x(B_1' l_r^z - B_2' l_{w_r}^z) + \alpha\dfrac{1-\sigma}{\sigma}\xi_p^y \xi_r^x(C_1' l_r^z - C_2' l_{w_r}^z)}{-l_r^z(-\alpha n e_{w_u}^x x_i \lambda + \beta l_{w_u}^y)(-\xi_{w_u}^y \xi_r^x + \xi_{w_u}^x \xi_r^y) + l_{w_r}^z(-\alpha n e_r^x x_i \lambda + \beta l_r^y)(-\xi_{w_u}^y \xi_r^x + \xi_{w_u}^x \xi_r^y)} +$$

$$\frac{\alpha\dfrac{1-\sigma}{\sigma}\xi_p^z \xi_{w_u}^x (A_2' l_{w_r}^z - A_1' l_r^z) + \alpha(-\xi_{w_u}^y \xi_r^x + \xi_{w_u}^x \xi_r^y)\left[\left(\dfrac{1-\sigma}{\sigma}\xi_p^{c_w} - l_{w_u}^z\right)l_r^z - \left(\dfrac{1-\sigma}{\sigma}\xi_r^{c_r} - l_r^x\right)l_{w_r}^z\right]}{-l_r^z(-\alpha n e_{w_u}^x x_i \lambda + \beta l_{w_u}^y)(-\xi_{w_u}^y \xi_r^x + \xi_{w_u}^x \xi_r^y) + l_{w_r}^z(-\alpha n e_r^x x_i \lambda + \beta l_r^y)(-\xi_{w_u}^y \xi_r^x + \xi_{w_u}^x \xi_r^y)} +$$

$$\frac{\dfrac{E}{E-\overline{\overline{E}}}\dfrac{1-\sigma}{\sigma}\xi_p^y(l_{w_u}^y l_r^z - l_r^y l_{w_r}^z)(\xi_{w_u}^x \xi_r^z - \xi_{w_r}^z \xi_r^x)}{l_r^z \varepsilon(-\alpha n e_{w_u}^x x_i \lambda + \beta l_{w_u}^y)(-\xi_{w_u}^y \xi_r^x + \xi_{w_u}^x \xi_r^y) - l_{w_r}^z \varepsilon(-\alpha n e_r^x x_i \lambda + \beta l_r^y)(-\xi_{w_u}^y \xi_r^x + \xi_{w_u}^x \xi_r^y)}$$

$$\frac{\widehat{x_i}}{\widehat{p}} = \frac{\alpha(\xi_r^y + \xi_p^y \xi_r^x)\xi_p^y \xi_r^x(B_2' l_{w_r}^z - B_1' l_r^z) + \alpha(\xi_r^y + \xi_p^y \xi_r^x)(C_2' l_{w_r}^z - C_1' l_r^z)}{-l_r^z(-\alpha n e_{w_u}^x x_i \lambda + \beta l_{w_u}^y)(-\xi_{w_u}^y \xi_r^x + \xi_{w_u}^x \xi_r^y) + l_{w_r}^z(-\alpha n e_r^x x_i \lambda + \beta l_r^y)(-\xi_{w_u}^y \xi_r^x + \xi_{w_u}^x \xi_r^y)} +$$

$$\frac{\alpha(\xi_{w_u}^y + \xi_p^y \xi_{w_u}^x)(A_1' l_r^z - A_2' l_{w_r}^z) + \alpha(-\xi_{w_u}^y \xi_r^x + \xi_{w_u}^x \xi_r^y)(-\xi_p^{c_w} l_r^z + \xi_p^{c_r} l_{w_r}^x)}{-l_r^z(-\alpha n e_{w_u}^x x_i \lambda + \beta l_{w_u}^y)(-\xi_{w_u}^y \xi_r^x + \xi_{w_u}^x \xi_r^y) + l_{w_r}^z(-\alpha n e_r^x x_i \lambda + \beta l_r^y)(-\xi_{w_u}^y \xi_r^x + \xi_{w_u}^x \xi_r^y)} +$$

$$\frac{-\dfrac{E}{E-\overline{\overline{E}}}\xi_p^y(l_{w_u}^y l_r^z - l_r^y l_{w_r}^z)(\xi_{w_u}^x \xi_r^z - \xi_{w_r}^z \xi_r^x)}{l_r^z \varepsilon(-\alpha n e_{w_u}^x x_i \lambda + \beta l_{w_u}^y)(-\xi_{w_u}^y \xi_r^x + \xi_{w_u}^x \xi_r^y) - l_{w_r}^z \varepsilon(-\alpha n e_r^x x_i \lambda + \beta l_r^y)(-\xi_{w_u}^y \xi_r^x + \xi_{w_u}^x \xi_r^y)}$$

农业产量分析

资本移动情境中生产性服务业专业化程度及价格的变化对农业部门产量的影响可以表示为：

$$\frac{\widehat{Z}}{\widehat{n}} = \frac{\dfrac{1-\sigma}{\sigma}\xi_p^y\alpha\xi_r^x(C_2'D_1'-C_1'D_2') + \dfrac{1-\sigma}{\sigma}\xi_p^y\beta\xi_r^x(C_1'l_r^y-C_2'l_w^y)}{-l_r^z(-\alpha n e_{w_u}^x x_i\lambda+\beta l_{w_u}^y)(-\xi_{w_u}^y\xi_r^x+\xi_{w_u}^x\xi_r^y) + l_{w_r}^z(-\alpha n e_r^x x_i\lambda+\beta l_r^y)(-\xi_{w_u}^y\xi_r^x+\xi_{w_u}^x\xi_r^y)} +$$

$$\frac{\alpha\xi_r^z\dfrac{1-\sigma}{\sigma}\xi_p^y\xi_{w_u}^x(D_1'l_r^z-D_2'l_{w_r}^z) - \beta\xi_r^z\dfrac{1-\sigma}{\sigma}\xi_p^y\xi_{w_u}^x(l_{w_u}^yl_r^z-l_r^yl_{w_r}^z)}{-l_r^z(-\alpha n e_{w_u}^x x_i\lambda+\beta l_{w_u}^y)(-\xi_{w_u}^y\xi_r^x+\xi_{w_u}^x\xi_r^y) + l_{w_r}^z(-\alpha n e_r^x x_i\lambda+\beta l_r^y)(-\xi_{w_u}^y\xi_r^x+\xi_{w_u}^x\xi_r^y)} +$$

$$\frac{\alpha\dfrac{1-\sigma}{\sigma}\xi_p^y\xi_r^x(B_2'D_1'-B_1'D_2') + \beta\dfrac{1-\sigma}{\sigma}\xi_p^y\xi_r^x(B_1'l_r^y-B_2'l_w^y)}{-l_r^z(-\alpha n e_{w_u}^x x_i\lambda+\beta l_{w_u}^y)(-\xi_{w_u}^y\xi_r^x+\xi_{w_u}^x\xi_r^y) + l_{w_r}^z(-\alpha n e_r^x x_i\lambda+\beta l_r^y)(-\xi_{w_u}^y\xi_r^x+\xi_{w_u}^x\xi_r^y)} +$$

$$\frac{\alpha\dfrac{1-\sigma}{\sigma}\xi_p^y\xi_{w_u}^x(-A_2'D_1'+A_1'D_2') + \beta\dfrac{1-\sigma}{\sigma}\xi_p^y\xi_{w_u}^x(-A_1'l_r^y+A_2'l_w^y)}{-l_r^z(-\alpha n e_{w_u}^x x_i\lambda+\beta l_{w_u}^y)(-\xi_{w_u}^y\xi_r^x+\xi_{w_u}^x\xi_r^y) + l_{w_r}^z(-\alpha n e_r^x x_i\lambda+\beta l_r^y)(-\xi_{w_u}^y\xi_r^x+\xi_{w_u}^x\xi_r^y)} +$$

$$\frac{\alpha\dfrac{1-\sigma}{\sigma}(\xi_{w_u}^x\xi_r^y-\xi_{w_u}^y\xi_r^x)(D_1'\xi_p^y-D_2'\xi_p^y) + \beta\dfrac{1-\sigma}{\sigma}(\xi_{w_u}^x\xi_r^y-\xi_{w_u}^y\xi_r^x)(l_r^y\xi_p^{cy}-l_{w_u}^y\xi_p^{yw})}{-l_r^z(-\alpha n e_{w_u}^x x_i\lambda+\beta l_{w_u}^y)(-\xi_{w_u}^y\xi_r^x+\xi_{w_u}^x\xi_r^y) + l_{w_r}^z(-\alpha n e_r^x x_i\lambda+\beta l_r^y)(-\xi_{w_u}^y\xi_r^x+\xi_{w_u}^x\xi_r^y)} +$$

$$\frac{\alpha(\xi_{w_u}^x\xi_r^y-\xi_{w_u}^y\xi_r^x)(-D_1'l_r^x+D_2'l_w^x) + \beta(\xi_{w_u}^x\xi_r^y-\xi_{w_u}^y\xi_r^x)(l_{w_u}^yl_r^x-l_r^yl_{w_u}^x)}{-l_r^z(-\alpha n e_{w_u}^x x_i\lambda+\beta l_{w_u}^y)(-\xi_{w_u}^y\xi_r^x+\xi_{w_u}^x\xi_r^y) + l_{w_r}^z(-\alpha n e_r^x x_i\lambda+\beta l_r^y)(-\xi_{w_u}^y\xi_r^x+\xi_{w_u}^x\xi_r^y)} +$$

$$\frac{\dfrac{1-\sigma}{\sigma}\xi_p^y\xi_r^x\xi_{w_r}^z\dfrac{E}{E-\overline{E}}(-D_1'l_r^y+D_2'l_{w_u}^y) + \dfrac{1-\sigma}{\sigma}\xi_p^y\xi_{w_u}^x\xi_r^z\dfrac{E}{E-\overline{E}}(D_1'l_r^y-D_2'l_w^y)}{l_r^z\varepsilon(-\alpha n e_{w_u}^x x_i\lambda+\beta l_{w_u}^y)(-\xi_{w_u}^y\xi_r^x+\xi_{w_u}^x\xi_r^y) - l_{w_r}^z\varepsilon(-\alpha n e_r^x x_i\lambda+\beta l_r^y)(-\xi_{w_u}^y\xi_r^x+\xi_{w_u}^x\xi_r^y)} +$$

$$\frac{\dfrac{1-\sigma}{\sigma}\xi_p^yl_r^z\xi_r^x\xi_{w_r}^z(\beta l_{w_u}^y-\alpha D_1') + \dfrac{1-\sigma}{\sigma}\xi_p^yl_{w_r}^z\xi_r^x\xi_{w_u}^z(\alpha D_2'-\beta l_r^y)}{-l_r^z(-\alpha n e_{w_u}^x x_i\lambda+\beta l_{w_u}^y)(-\xi_{w_u}^y\xi_r^x+\xi_{w_u}^x\xi_r^y) + l_{w_r}^z(-\alpha n e_r^x x_i\lambda+\beta l_r^y)(-\xi_{w_u}^y\xi_r^x+\xi_{w_u}^x\xi_r^y)}$$

$$\frac{\widehat{Z}}{\widehat{p}} = \frac{\alpha(C_2'D_1'-C_1'D_2')(-\xi_p^y\xi_r^x-\xi_r^y) + \beta(C_1'l_r^y-C_2'l_{w_u}^y)(-\xi_p^y\xi_r^x-\xi_r^y)}{-l_r^z(-\alpha n e_{w_u}^x x_i\lambda+\beta l_{w_u}^y)(-\xi_{w_u}^y\xi_r^x+\xi_{w_u}^x\xi_r^y) + l_{w_r}^z(-\alpha n e_r^x x_i\lambda+\beta l_r^y)(-\xi_{w_u}^y\xi_r^x+\xi_{w_u}^x\xi_r^y)} +$$

$$\frac{\alpha\xi_r^z(-\xi_p^y\xi_{w_u}^x-\xi_{w_u}^y)(D_1'l_r^z-D_2'l_{w_r}^z) - \beta\xi_r^z(-\xi_p^y\xi_{w_u}^x-\xi_{w_u}^y)(l_{w_u}^yl_r^z-l_r^yl_{w_r}^z)}{-l_r^z(-\alpha n e_{w_u}^x x_i\lambda+\beta l_{w_u}^y)(-\xi_{w_u}^y\xi_r^x+\xi_{w_u}^x\xi_r^y) + l_{w_r}^z(-\alpha n e_r^x x_i\lambda+\beta l_r^y)(-\xi_{w_u}^y\xi_r^x+\xi_{w_u}^x\xi_r^y)} +$$

$$\frac{\alpha(-\xi_p^y\xi_r^x-\xi_r^y)(B_2'D_1'-B_1'D_2') + \beta(-\xi_p^y\xi_r^x-\xi_r^y)(B_1'l_r^y-B_2'l_{w_u}^y)}{-l_r^z(-\alpha n e_{w_u}^x x_i\lambda+\beta l_{w_u}^y)(-\xi_{w_u}^y\xi_r^x+\xi_{w_u}^x\xi_r^y) + l_{w_r}^z(-\alpha n e_r^x x_i\lambda+\beta l_r^y)(-\xi_{w_u}^y\xi_r^x+\xi_{w_u}^x\xi_r^y)} +$$

$$\frac{\alpha(-\xi_p^y\xi_{w_u}^x-\xi_{w_u}^y)(-A_2'D_1'+A_1'D_2') + \beta(-\xi_p^y\xi_{w_u}^x-\xi_{w_u}^y)(-A_1'l_r^y+A_2'l_w^y)}{-l_r^z(-\alpha n e_{w_u}^x x_i\lambda+\beta l_{w_u}^y)(-\xi_{w_u}^y\xi_r^x+\xi_{w_u}^x\xi_r^y) + l_{w_r}^z(-\alpha n e_r^x x_i\lambda+\beta l_r^y)(-\xi_{w_u}^y\xi_r^x+\xi_{w_u}^x\xi_r^y)} +$$

$$\frac{\alpha(\xi_{w_u}^x\xi_r^y-\xi_{w_u}^y\xi_r^x)(D_2'\xi_p^y-D_1'\xi_p^y)+\beta(\xi_{w_u}^x\xi_r^y-\xi_{w_u}^y\xi_r^x)(l_{w_u}^y\xi_p^{c_r^y}-l_r^y\xi_p^{c_w^y})}{-l_r^z(-\alpha ne_{w_u}^x x_i\lambda+\beta l_{w_u}^y)(-\xi_{w_u}^y\xi_r^x+\xi_{w_u}^x\xi_r^y)+l_{w_r}^z(-\alpha ne_r^x x_i\lambda+\beta l_r^y)(-\xi_{w_u}^y\xi_r^x+\xi_{w_u}^x\xi_r^y)}+$$

$$\frac{\dfrac{E}{E-\overline{E}}(-D_1'l_r^y+D_2'l_{w_u}^y)\xi_{w_r}(-\xi_p^y\xi_r^x-\xi_r^y)+\dfrac{E}{E-\overline{E}}\xi_{w_r}^z(-\xi_p^y\xi_{w_u}^x-\xi_{w_u}^y)(D_1'l_r^y-D_2'l_{w_u}^y)}{l_r^z\varepsilon(-\alpha ne_{w_u}^x x_i\lambda+\beta l_{w_u}^y)(-\xi_{w_u}^y\xi_r^x+\xi_{w_u}^x\xi_r^y)-l_{w_r}^z\varepsilon(-\alpha ne_r^x x_i\lambda+\beta l_r^y)(-\xi_{w_u}^y\xi_r^x+\xi_{w_u}^x\xi_r^y)}+$$

$$\frac{l_r^z\xi_{w_r}^z(\beta l_{w_u}^y-\alpha D_1')(-\xi_p^y\xi_r^x-\xi_r^y)+l_{w_r}^z\xi_{w_r}^z(\alpha D_2'-\beta l_r^y)(-\xi_p^y\xi_r^x-\xi_r^y)}{-l_r^z(-\alpha ne_{w_u}^x x_i\lambda+\beta l_{w_u}^y)(-\xi_{w_u}^y\xi_r^x+\xi_{w_u}^x\xi_r^y)+l_{w_r}^z(-\alpha ne_r^x x_i\lambda+\beta l_r^y)(-\xi_{w_u}^y\xi_r^x+\xi_{w_u}^x\xi_r^y)}$$

第十三章　农业生产性服务业发展的环境效果研究

本章提要：目前，我国正处于全面推进乡村振兴，大力推动农业现代化建设的时期，农业生产性服务业总投入稳步上升。另一方面，以农业污染为主的环境污染还十分严峻。发展农业生产性服务业与环境的关系还不十分明确。本章的研究目的为厘清农业生产性服务业发展的环境效果，即明确农业生产性服务业不同发展方向对环境质量的影响以及机制，并据此探索农业生产性服务业在促进农业现代化的同时与环境质量协调发展的路径。

第一节　序　言

2021年的"中央一号文件"提到：在推进农业现代化的过程中，要着力推进现代农业经营体系建设，"发展壮大农业专业化社会化服务组织，将先进适用的品种、投入品、技术、装备导入小农户"。

关于农业生产性服务业，早期的研究大多使用"农业现代服务业"或"现代农业服务业"的概念(李桐山，2003；肖建中，2012)。现阶段我国学者对农业生产性服务业的概念已经基本达成共识(韩坚、尹国俊，2006；庄丽娟等，2011；姜长云，2011；郝爱民，2011)，认为农业生产性服务业是专门为农业整个生产过程提供中间服务的产业，且一般使用产前(如良种、化肥、农药、农机具等)、产中(如植保防疫、农业技术、农业信息、农用保险服务等)、产后(如农产品采后处理、保鲜储运、加工包装、营销服务等)的分类方式对其做详细的分类式界定。

从图13-1中可以看出，我国农业生产性服务业总投入经历了2002—2012年的高速发展，已经进入了一个中速发展、稳步提升的发展阶段。然而，从我国农业生产性服务业中间投入率来看,我国农业对生产性服务业的利用率情况不容乐观。我国农业生产性服务业中间投入率从2002年到2017年仅仅提高了1.4%左右,尤其在2012年还出现了下降的趋势。表13-1说明我国农业部门的服务化程度,即对生产性服务业的依赖程度在近15年来并未有很大的提升。根据OECD(Organization for Economic Cooperation and Development)数据库中投入产出表所示的数据进行计算,将我国农业生产性服务业中间投入率与美国、日本、澳大利亚、加拿大四个发达国家中的农业强国进行对比,结果如表13-1所示。可以看到,现阶段我国农业对生产性服务业的使用率和依赖程度都相对比较低,我国农业生产性服务业还有很大的发展空间。

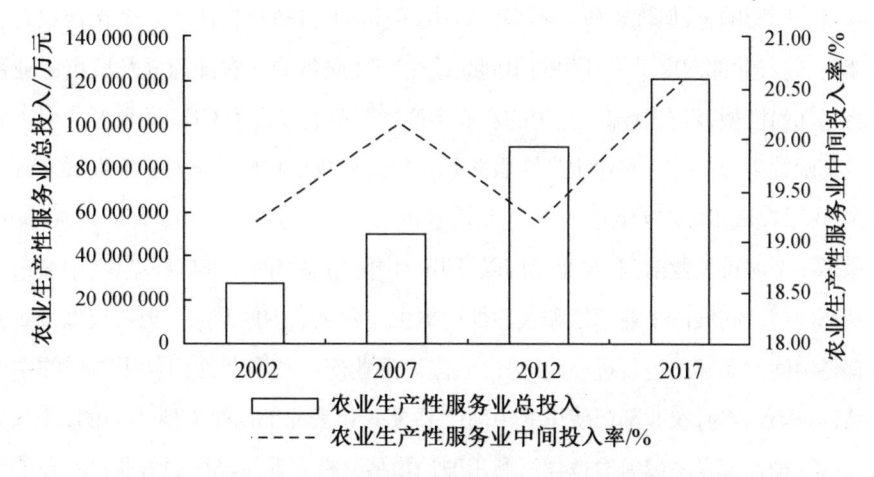

图13-1 我国农业生产性服务业的总投入及中间投入率变化情况

表13-1 中国、美国、日本、澳大利亚及加拿大农业生产性服务业中间投入率(2015年)

	美国	日本	澳大利亚	加拿大	中国
农业生产性服务业总投入(百万美元)	97 514	18 384	13 190	13 619	125 316
农业总投入(百万美元)	455 757	104 416	72 392	72 921	1 742 206
农业生产性服务业中间投入率(%)	21.40	17.61	18.22	18.68	7.19

注:表中数据均是基于OECD数据库中2015年投入产出表的数据计算而得。

但今后农业生产性服务业大发展对环境的影响如何,我们目前却不明确。农业生产性服务(例如,化肥、农药、农机具等农资服务)地提供和使用过程不可避免地又会带来农业污染,影响我国环境质量;而农业污染又将影响农业生产(Huang 和 Rozelle,1995;薛建良和李秉龙,2011;杜江,2014;叶初升和惠利,2016)。2020 年发布的《第二次全国污染源普查公报》中显示,我国农业污染源中化学需氧量、总氮、总磷等水污染物排放量分别占总排放量的 49.80%、46.52% 和 67.23%,占到总排放量的四成以上,且已经超过工业污染源,需要引起重视。基于此,本章认为探究农业生产性服务业与环境质量协调发展的路径刻不容缓。

国内外学者对于农业生产性服务业的研究大部分都聚焦在农业生产性服务业对农业发展的影响上,但理论研究不多。其中,Reinert(1998)构建了一个包含农村农业部门、向农业部门提供差异化的中间品或生产性服务的非农部门以及城市工业部门的三部门模型,将农业部门使用的农业生产性服务业设定为 CES 函数形式引入农业生产函数中,并认为,农业生产性服务业部门会在数量和质量上对农业发展发挥作用,并可以在政策和农业部门之间起到潜在的、强有力的中介作用。Murata(2002)构建了一个城市工业部门、农业部门以及城市中间品部门的三部门模型,其中城市中间品部门同时向城市工业部门和农业部门提供差异化的中间产品。但其模型设定并没有将中间产品部门进行进一步区分,他假设工业部门和农业部门使用同样的中间产品,但本章认为,农业部门使用的中间产品投入和工业部门是有所不同的,应该分开进行讨论。郝爱民(2013)也尝试利用理论模型分析农业生产性服务业对农业的外溢效应,将农业生产性服务业设定为一种生产要素引入农业部门生产函数中来表示这种外溢效应。然而,他们都忽视了农业生产性服务业部门在生产过程中产生污染的问题,缺乏对农业生产性服务业发展的环境效果的研究。

有一些学者专门将农业生产性服务业与环境质量水平之间联系起来进行了研究,但往往并不是将视角聚焦在农业生产性服务业自身发展方向上,而是更加关注其他因素通过对这一部门的影响,继而对环境以及社会福利的影响效果。例如,Li 和 Fu(2020)主要将视角聚焦在农民工汇款的环境效果上,认为农民工汇款率的变动会使得农民对农业生产性服务的使用情况造成影响,从而影响环境质量。

本章的研究目的为农业生产性服务业发展的环境效果,即农业生产性服务业不同发展方向对环境质量的具体影响以及影响机制,并据此探索农业生产性服务业在促进农业现代化的同时能与环境质量协调发展的方法。为此,本章建立了一个包含城市工业部门、农业生产性服务业部门和农业部门的三部门一般均衡模型,运用比较静态分析的方法,分别从资本部门专有和资本部门间可流动两种情况,考察了农业生产性服务价格以及可使用的农业生产性服务种类的变化对环境质量水平的具体影响及影响机制。模型分析的结果表明,在资本部门专有的情况下,农业生产性服务价格的提高会导致环境质量恶化,而可使用的农业生产性服务种类的增加会改善环境质量;在资本部门间可流动情况下,农业生产性服务价格的提高会改善环境质量,而可使用的农业生产性服务种类的增加则会导致环境质量恶化。此外,本章利用我国宏观数据和已有研究的结论对模型进行了参数校准,并进行了数值模拟分析,验证了本章的理论模型在解释农业生产性服务业发展的环境效果方面的有效性。另外,通过数值模拟分析,发现在资本部门专有的情况下,农业生产性服务价格的提高会带来国民收入的提高,而可使用的农业生产性服务种类的增加会带来国民收入的下降;在资本部门间可流动的情况下,农业生产性服务价格的提高会带来国民收入的下降,而可使用的农业生产性服务种类的增加会带来国民收入的提高。

第二节　理论模型构建

城市工业部门的生产函数如下所示:

$$Y = F^1(L_{SY}, K_{SY})$$

其中,Y是城市工业部门的总产出,L_{SY}是城市工业部门雇佣的技术劳动力,K_{SY}是城市工业部门所使用的资本,F^1为严格拟凹的一阶齐次函数。

根据Copeland和Taylor(1999),本章假设农业部门是一个环境敏感型部门,其生产会受到环境质量水平的影响,环境质量的降低会对农业部门的生产造成不利影响。考虑到这一因素,本章将农业部门生产函数设定如下:

$$Z = E^{\varepsilon}F^2(L_{UZ}, K_{UZ}, S)$$

其中，F^2 为严格拟凹的一阶齐次函数，Z 为农业部门的总产出，L_{UZ} 是农业部门雇佣的非技术劳动力，K_{UZ} 是农业部门使用的资本，S 是农业部门对农业生产性服务的总需求；E^{ε} 表示环境质量对农业部门产出的影响，$0<\varepsilon<1$。

接着，根据 Dixit 和 Stiglitz（1977）、Ethier（1982），我们将农业部门对农业生产性服务的总需求设定为 CES 形式，具体形式如下：

$$S = \left(\sum_{i=1}^{n} s_i^{\delta}\right)^{\frac{1}{\delta}}$$

其中，s_i 是农业部门对第 i 种农业生产性服务的需求。n 是可供使用的农业生产性服务种类，也可以说是农业生产性服务业的专业化程度。另外，δ 为参数，$0<\delta<1$：δ 越接近 1，农业生产性服务业部门提供的不同种类服务之间的替代性越大，趋向同质化；δ 越接近 0，农业生产性服务业部门提供的不同种类服务之间的替代性越小，趋向异质化。考虑对称均衡，各种类的农业生产性服务供给量都相同，即 $x_i = x_j = x$。由此可得下式：

$$X = nx_i = nx \tag{13-1}$$

其中，X 是农业生产性服务业部门提供的总服务，x_i 是第 i 种农业生产性服务的供给量。同时，本章考虑农业生产性服务业部门提供的第 i 种服务的成本由固定成本和可变成本两部分组成，所以成本函数可以写成如下形式：

$$c^x(w_s, r, x) = (\mu + \lambda x)e^x(w_s, r)$$

其中，w_s 为技术劳动力的工资率，r 为资本的利息率；μ 和 λ 为参数，$\mu>0, \lambda>0$。

接下来，对环境质量水平进行设定。首先，本章考虑经济体中存在农业污染，例如，本章认为农业部门使用的农药、化肥、农用机械等容易产生污染的农用物资是农业生产性服务中的一部分，故农业生产性服务的提供和使用过程会带来一定的农业污染；另外，将农业生产性服务投入农业生产中也会扩大农业生产规模，使得农药、化肥等污染要素的使用增多，进一步污染环境。与此同时，经济体中存在的工业污染也不容忽视。为了模型能够更加贴合现实，本章在考虑环境质量时也考虑了城市部门产生的工业污染。由此，将环境质量水平定义为下式：

$$E=\overline{E}-Y^{\alpha}X^{\beta} \qquad (13-2)$$

其中，E 为现有环境质量水平，$\overline{E}$ 为初始环境质量水平，即经济体中没有污染时的环境质量水平。Y 是城市工业部门的总产出，X 是农业生产性服务业部门提供的总服务。α,β 为参数，且 $0<\alpha,\beta<1$。

由三部门的利润最大化条件可得：

$$1=c^{y}(w_s,r) \qquad (13-3)$$

$$\delta p=\lambda e^{x}(w_s,r) \qquad (13-4)$$

$$q=E^{-\varepsilon}c^{z}\left(w_u,r_z,\frac{p}{n^{\frac{1-\delta}{\delta}}}\right) \qquad (13-5)$$

其中，工业部门和农业部门的单位成本函数分别为 $c^{y}(w_s,r)$ 和 $E^{-\varepsilon}c^{z}(w_u,r_z,p/n^{(1-\delta)/\delta})$，$w_u$ 为非技术劳动力的工资率，r 为工业部门和农业生产性服务业部门的资本利息率，r_z 为农业部门的资本利息率，$p/n^{(1-\delta)/\delta}$ 为农业部门使用的农业生产性服务的综合价格。由于工业部门和农业部门处在完全竞争市场中，所以(13-3)和(13-5)式等号左边代表单位价格，右边代表边际成本。由于农业生产性服务业部门处于垄断竞争市场中，所以(13-4)式等号左边代表边际收益[1]，右边代表边际成本。

接下来，考虑劳动力市场。根据 Restuccia 等(2008)，本章认为部门间壁垒或劳动力市场扭曲导致了劳动力从农业部门流向非农业部门的重新配置成本增加，同时将这一成本用农业部门的工资率的百分比 θ 表示：

$$w_s=(1+\theta)w_u \qquad (13-6)$$

其中，$\theta>0$。

劳动力的市场出清条件为：

$$Yc^{y}_{w_s}(w_s,r)+n(\mu+\lambda x)e^{x}_{w_s}(w_s,r)+Zc^{z}_{w_u}\left(w_u,r_z,\frac{p}{n^{\frac{1-\delta}{\delta}}}\right)E^{-\varepsilon}=\overline{L} \qquad (13-7)$$

---

[1] 根据 Rivera-Batiz 和 Rivera-Batiz (1991)，农业生产性服务业每种产品的需求价格弹性为 $1/(1-\delta)$，故边际收益为 δ_P。

最后,考虑资本市场。资本部门专有情况下资本市场的出清条件为:

$$Yc_r^y(w_s,r)+n(\mu+\lambda x)e_r^x(w_s,r)=\overline{K}_s \qquad (13-8)$$

$$Zc_{r_z}^z\left(w_u,r_z,\frac{p}{n^{\frac{1-\delta}{\delta}}}\right)E^{-\varepsilon}=\overline{K}_u \qquad (13-9)$$

其中,$c_i^j(i=w_s,w_u,r,r_z;j=x,y,z)$表示生产一单位的$j$部门的产品所使用的$i$要素,例如$c_{w_s}^y=\partial c^y/\partial w_s$,代表生产一单位的工业部门的产品所使用的技术劳动力。$\overline{L}$代表经济体中的劳动力禀赋,$\overline{K}_s$代表工业部门和农业生产性服务业部门中的资本禀赋,$\overline{K}_u$代表农业部门中的资本禀赋。考虑资本可以在部门间自由流动的情况,则$r=r_z$,资本市场出清条件可以写成:

$$Yc_r^y(w_s,r)+n(\mu+\lambda x)e_r^x(w_s,r)+Zc_r^z\left(w_u,r,\frac{p}{n^{\frac{1-\delta}{\delta}}}\right)E^{-\varepsilon}=\overline{K} \qquad (13-10)$$

其中,$\overline{K}$为经济体中资本禀赋。

至此,理论模型已经建立完成。资本部门专有情况下的模型由式(13-1)至(13-9)共9个方程组成,r,r_z,w_s,w_u,Y,x,X,Z,E为内生变量,$p,q,n,\delta,\mu,\lambda,\theta,\overline{K}$,$\overline{K}_s,\overline{K}_u$为外生变量。资本部门间可流动情况下的模型由式(13-1)至(13-7),(13-10)共8个方程组成,r,w_s,w_u,Y,x,X,Z,E为内生变量,$p,q,n,\delta,\mu,\lambda,\theta,\alpha,\beta$,$\overline{L},\overline{K}_s,\overline{K}_u$为外生变量。

后文将基于此模型,分别对农业生产性服务的相对价格p及可使用的农业生产性服务种类n的变动对环境质量水平的影响进行探索。这是因为:农业生产性服务价格的变动一方面会影响市场对其的需求,例如,其价格下降会刺激市场对其的需求,而在需求扩张的过程中农业生产性服务业也可以得到进一步发展,另一方面,服务价格的变动也可以从侧面体现出农业生产性服务内在质量的变动,例如,价格的上升意味着农业生产性服务内在质量有所提升,这同样也是产业得到发展的体现;可使用的农业生产性服务种类的增加在现实中意味着农业生产性服务业专业化程度的提高,专业分工的深化是农业生产性服务自身质量提升的标志,同时也是农业生产性服务业发展的一个重要标志。因此,这两个指标都是对农业生产性服务业发展进行理论分析时非常重要的指标。

第三节 比较静态分析

一、资本专有模型分析

本节在进行比较静态分析时，考虑以下三个假设：

假设1：农业生产性服务业部门比工业部门更加劳动力密集，工业部门比农业生产性服务业部门更加资本密集，即 $\theta_{LY}\theta_{KX}-\theta_{KY}\theta_{LX}<0$；

假设2：农业部门生产性服务业产品与资本的部分替代弹性大于或等于农业部门生产性服务业产品与非技术劳动力的部分替代弹性，即 $S_{KX}^z-S_{LX}^z\geqslant 0$。

假设3：$\min\left\{\dfrac{L_y^r}{L_x^r},\dfrac{L_y^{w_s}}{L_x^{w_s}}\right\}>\dfrac{\alpha}{\beta}\cdot\dfrac{\lambda x}{\mu+\lambda x}$。农业生产性服务业部门作为一个刚起步的部门，它的规模以及所使用的劳动力和资本的要素量相较于工业部门来说是很小的，故这一假设具有现实意义。

首先，对式(13-6)进行全微分，得到 $\hat{w}_s=\hat{w}_u$，式(13-1)代入式(13-2)并对式(13-2)至(13-9)进行全微分，得到以下矩阵：

$$\begin{pmatrix} \theta_{KY} & 0 & \theta_{LY} & 0 & 0 & 0 & 0 \\ \theta_{KX} & 0 & \theta_{LX} & 0 & 0 & 0 & 0 \\ 0 & \theta_{KZ} & \theta_{LZ} & 0 & 0 & 0 & -\varepsilon \\ 0 & 0 & 0 & \dfrac{\alpha}{E} & \dfrac{\beta}{E} & 0 & \dfrac{1}{E-E} \\ L_y^{w_s}S_{LK}^y+L_x^{w_s}S_{LK}^x & L_z^{w_u}S_{LK}^z & L_y^{w_s}S_{LL}^y+L_x^{w_s}S_{LL}^x+L_z^{w_u}S_{LL}^z & L_y^{w_s} & \dfrac{\lambda x}{\mu+\lambda x}L_x^{w_s} & L_z^{w_u} & -L_z^{w_u}\varepsilon \\ L_y^rS_{KK}^y+L_x^rS_{KK}^x & 0 & L_y^rS_{KL}^y+L_x^rS_{KL}^x & L_y^r & \dfrac{\lambda x}{\mu+\lambda x}L_x^r & 0 & 0 \\ 0 & S_{KK}^z & S_{KL}^z & 0 & 0 & 1 & -\varepsilon \end{pmatrix}\begin{pmatrix} \hat{r} \\ \hat{r}_z \\ \hat{w}_u \\ \hat{Y} \\ \hat{x} \\ \hat{Z} \\ \hat{E} \end{pmatrix}$$

$$=\begin{pmatrix} 0 \\ 1 \\ \theta_{XZ} \\ 0 \\ -L_z^{w_u}S_{LX}^z \\ 0 \\ -S_{KX}^z \end{pmatrix}\hat{p} + \begin{pmatrix} 0 \\ 0 \\ 1 \\ 0 \\ 0 \\ 0 \\ 0 \end{pmatrix}\hat{q} + \begin{pmatrix} 0 \\ 0 \\ \left(\frac{1-\delta}{\delta}\right)\theta_{XZ} \\ -\frac{\beta}{E} \\ \left(\frac{1-\delta}{\delta}\right)L_z^{w_u}S_{LX}^z - L_x^{w_s} \\ -L_x^r \\ \left(\frac{1-\delta}{\delta}\right)S_{KX}^z \end{pmatrix}\hat{n} \quad (13-11)$$

其中,θ_{ij} ($i=L,K,X;j=Y,X,Z$) 代表 j 部门中 i 要素的比例,例如 $\theta_{LY} = (\partial c^y/\partial w_s) \cdot (w_s/c^y)$,代表工业部门中技术劳动力的比例。$S_{ij}^h$ ($i=L,K,X;j=L,K,X;h=y,x,z$)代表 h 部门中,i 要素和 j 要素的部分替代弹性,$S_{ij}^h>0$,$S_{ii}^h<0$,例如 $S_{LL}^y = (\partial(\partial c^y/\partial w_s)/\partial w_s) \cdot (w_s/(\partial c^y/\partial w_s))$,代表工业部门中技术劳动力之间的部分替代弹性。$L_h^i$ ($i=w_s,w_u,r,r_z,p;h=y,x,z$),代表 h 部门生产产品所使用的 i 要素的总量,例如 $L_y^{w_s} = Y \cdot c_{w_s}^y = Y \cdot (\partial c^y/\partial w_s)$,代表工业部门生产的产品所使用的技术劳动力总量。

设 Δ_1 是式(13-11)矩阵的行列式的值。由于其符号不能判断,所以本节转向研究资本可移动的情况,具体计算结果参见附录 A。

$$\Delta_1 = \frac{(\theta_{LY}\theta_{KX} - \theta_{KY}\theta_{LX})[E^2\lambda x\theta_{KZ}(L_y^rL_x^{w_s} - L_y^{w_s}L_x^r) - \varepsilon L_z^{w_u}(\bar{E}-E)(S_{KK}^z - S_{LK}^z)(\alpha\lambda x L_x^r - \beta(\mu+\lambda x)L_y^r)]}{E^2(\bar{E}-E)(\mu+\lambda x)} < 0$$

二、资本移动模型分析

在对资本部门间可流动情况下农业生产性服务业发展对环境质量的影响进行分析时,在假设 1—3 的基础上,还需要考虑假设 4:

假设 4:工业部门比农业部门更加资本密集,农业部门比工业部门更加劳动力密集,即 $\theta_{LY}\theta_{KZ} - \theta_{KY}\theta_{LZ} < 0$。

第十三章 农业生产性服务业发展的环境效果研究

接下来考虑资本在部门间可流动的情况,在此情况下 $r=r_z$。结合式(13-10),对式(13-2)至(13-7)进行全微分,得到矩阵:

$$\begin{pmatrix} \theta_{KY} & \theta_{LY} & 0 & 0 & 0 & 0 \\ \theta_{KX} & \theta_{LX} & 0 & 0 & 0 & 0 \\ \theta_{KZ} & \theta_{LZ} & 0 & 0 & 0 & -\varepsilon \\ 0 & 0 & \dfrac{\alpha}{E} & \dfrac{\beta}{E} & 0 & \dfrac{1}{\overline{E}-E} \\ L_y^{w_s}S_{LK}^y + L_x^{w_s}S_{LK}^x + L_z^{w_u}S_{LK}^z & L_y^{w_s}S_{LL}^y + L_x^{w_s}S_{LL}^x + L_z^{w_u}S_{LL}^z & L_y^{w_s} & \dfrac{\lambda x}{\mu+\lambda x}L_x^{w_s} & L_z^{w_u} & -L_z^{w_u}\varepsilon \\ L_y^rS_{KK}^y + L_x^rS_{KK}^x + L_z^rS_{KK}^z & L_y^rS_{KL}^y + L_x^rS_{KL}^x + L_z^rS_{KL}^z & L_y^r & \dfrac{\lambda x}{\mu+\lambda x}L_x^r & L_z^r & -L_z^r\varepsilon \end{pmatrix} \begin{pmatrix} \hat{r} \\ \hat{w}_u \\ \hat{Y} \\ \hat{x} \\ \hat{Z} \\ \hat{E} \end{pmatrix}$$

$$= \begin{pmatrix} 0 \\ 1 \\ -\theta_{XZ} \\ 0 \\ -L_z^{w_u}S_{LX}^z \\ -L_z^rS_{KX}^z \end{pmatrix}\hat{p} + \begin{pmatrix} 0 \\ 0 \\ 0 \\ 1 \\ 0 \\ 0 \end{pmatrix}\hat{q} + \begin{pmatrix} 0 \\ 0 \\ \left(\dfrac{1-\delta}{\delta}\right)\theta_{XZ} \\ -\dfrac{\beta}{E} \\ \left(\dfrac{1-\delta}{\delta}\right)L_z^{w_u}S_{LX}^z - L_x^{w_s} \\ \left(\dfrac{1-\delta}{\delta}\right)L_z^rS_{KX}^z - L_x^r \end{pmatrix}\hat{n} \quad (13-12)$$

Δ_2 是式(13-12)矩阵的行列式的值。由于其符号难以直接判断,所以使用动态调整方法判断其符号应为正(判断过程具体见附录 B):

$$\Delta_2 = \dfrac{-(\theta_{LY}\theta_{KX} - \theta_{KY}\theta_{LX})\varepsilon\Omega_4}{E^2(\mu+\lambda x)} > 0,$$

那么,$\Omega_4 = L_z^r[\alpha L_x^{w_s}\lambda x - \beta L_y^{w_s}(\mu+\lambda x)] - L_z^{w_u}[\alpha L_x^r\lambda x - \beta L_y^r(\mu+\lambda x)] > 0$。

根据 Gramer 法则,解式(13-11)整理可得表 13-2。

表 13-2　资本部门间可流动时的农业生产性服务发展的经济和环境效果

	$\hat{E}$	$\hat{r}$	$\hat{w_u}$	$\hat{w_s}$	$\hat{Y}$	$\hat{x}$	$\hat{Z}$
$\hat{p}$	+	−	+	+	/	/	[+]
$\hat{n}$	−	0	0	0	[−]	[+]	[−]

注:"+"和"−"分别表示 p,n 的变化使得相应的内生变量发生同向或反向的变化;"[+]"和"[−]"分别表示在除了假设1—4以外还需进行其他假设才能得到这一结果;"0"表示 p,n 的变化对相应的内生变量没有影响。"/"表示 p,n 的变化使得相应的内生变量发生变化的方向无法判断。具体判断过程见附录C。

综上所述,我们可以得到命题1:

命题1: 在资本部门间可流动的情况下,农业生产性服务价格的提高,会使环境质量改善;可使用的农业生产性服务种类增加,会导致农业生产性服务供给增加,工业部门产出减少,最终使环境质量恶化。

随着农业生产性服务价格的提高,技术劳动力和非技术劳动力的工资都会上升,资本利息率会下降。非技术劳动力工资的上升以及农业生产性服务价格的提高会使得农业部门平均生产成本上升。与资本部门专有情况不同的是,在资本部门间可流动的情况下,资本可以在三部门间自由流动,此时,农业生产性服务价格的提高带来的经济和环境效果就与资本部门专有时产生了差异。由于农业部门平均生产成本的上升,农业部门为了降低成本将会更多地使用资本。同样,工业部门也因为这一原因,会更多地使用资本进行生产。那么,农业生产性服务业部门的资本便会向这两个部门流动,所以农业生产性服务业部门使用的资本减少,随之生产规模有缩小的趋势,劳动力从农业生产性服务业部门流向工业部门和农业部门。因此,最终工业部门和农业部门的产出都会上升。由于我国当前农业污染对环境质量的威胁更大,且农业生产性服务作用在农业生产第一线,是农业污染的主要来源,环境对其产生的污染会更加敏感,所以农业生产性服务业提供的总服务 X 下降带来的环境质量改善幅度要大于工业部门产出 Y 增加带来的环境质量恶化幅度,导致最终环境质量改善。值得说明的是,在此种情况下,理论模型分析无法确定农业生产性服务业部门和工业部门的产出变化情况,但后文第四节的数值模拟分析验证了本部分推导出的农业生产性服务业提

供的总服务 X 下降以及工业部门产出 Y 增加的结论。

与资本部门专有情况不同的是,在资本部门间可流动情况下,资本可以在三部门间自由流动,这就使此时可使用的农业生产性服务种类的增加带来的经济和环境效果与资本部门专有时产生了差异。在资本部门间可流动时,本章认为可使用的农业生产性服务种类的增加会带来其提供的总服务 X 的上升,即该部门整体开始扩张,所以其使用的劳动力和资本均会增加。这就使得工业部门和农业部门的劳动力和资本开始向农业生产性服务业部门流动,经过要素在三部门间的自由流动,最终降低了农业部门和工业部门的产出。同资本部门专有时考虑的相似,本章认为我国当前农业污染对环境质量的威胁更大,且农业生产性服务作用在农业生产第一线,是农业污染的主要来源,环境对其产生的污染会更加敏感,所以农业生产性服务业提供的总服务 X 增加带来的环境质量恶化幅度,要大于工业部门产出 Y 降低带来的环境质量改善幅度,导致最终环境质量恶化。

第四节 数值模拟

本章利用中国宏观经济数据和已有研究的结论对模型进行参数校准,并基于参数校准的结果对模型进行数值模拟,从而得到理论分析的一些数值特征。同时,本章也尝试运用数值模拟分析的方法对农业生产性服务业发展对社会福利的影响进行了探究。另外,本节最后还使用了敏感性检验的方法来检验模型的稳健性。

一、模型设立与参数校准

首先对模型中的参数进行校准。本章将工业部门和农业部门的生产函数设定为柯布—道格拉斯生产函数的形式,将农业生产性服务业部门的成本函数设定为柯布—道格拉斯成本函数的形式:

$$Y = L_{SY}^{\gamma_1} K_{SY}^{\gamma_2}, Z = E^{\epsilon} L_{UZ}^{\rho_1} K_{UZ}^{\rho_2} S^{\rho_3}, c^x(w_s, r, x) = (\mu + \lambda x) w_s^{\sigma_1} r^{\sigma_2}$$

其中,γ_1, γ_2 分别表示工业部门技术劳动力和资本的产出弹性,且 $\gamma_1 + \gamma_2 = 1$;ρ_1, ρ_2, ρ_3

分别表示农业部门非技术劳动力、资本和农业生产性服务业产品的产出弹性,且 $\rho_1+\rho_2+\rho_3=1$;σ_1,σ_2 分别表示农业生产性服务业部门技术劳动力和资本的弹性,且 $\sigma_1+\sigma_2=1$。

首先对农业部门的 ρ_1,ρ_2,ρ_3 进行参数校准。本章以我国第一产业的相关数据作为农业部门的数据来源,根据《中国统计年鉴(2020)》的数据,中国 2019 年第一产业的增加值为 70 466.7 亿元,第一产业的就业人员人数为 19 445 万人。另外,本章将 2019 年农村居民人均可支配收入 16 202.7 元作为农业部门非技术劳动力的工资。参考王劲屹(2018)对农村实际资本存量的测算,本章将测算结果 42 902.6 亿元作为农业部门资本存量。由此,可以计算出参数 ρ_1,ρ_2,ρ_3 的值。

接下来,对农业生产性服务业部门相关数据进行说明。本章选取该部门中具有代表性的农、林、牧、渔专用机械产业对该部门相关指标数据进行推算。根据 2017 年中国投入产出表,农、林、牧、渔专用机械产业劳动者报酬为 3 000 511 万元,增加值合计为 6 175 993 万元,由此可以计算出 $\sigma_1=0.485\ 834\ 7,\sigma_2=0.514\ 16\ 53$。

再对工业部门进行参数校准。根据《中国统计年鉴(2020)》的数据,本章以 2019 年城镇就业人员平均工资[①] 73 570.63 元表示城市工业部门的工资水平 w_s,以 2019 年我国第二、第三产业的就业人员人数 58 026 万人剔除之前计算得出的农业生产服务业部门雇佣的技术劳动力数量,得到工业部门雇佣的技术劳动力数量。由此,可以计算出参数 $\gamma_1=0.454\ 8,\gamma_2=0.545\ 2$。并可以计算出城市工业部门使用的资本量。

对于利率的选择,本章参考了中国人民银行 2019 年第 30 号公告[②],选择 2021 年 2 月的"五年期贷款市场报价利率(LPR)"4.65% 作为基准利率。按照央行公布的 2020 年 1—12 月金融机构人民币贷款利率区间[③],平均有 53.32% 的贷款 LPR 加点在 0.5%~3% 之间,所以本章取其中间值,对基准利率上调 1.5%,将 $r=6.15\%$ 作为

[①] 城镇就业人员平均工资包括城镇国有单位、集体单位、股份合作单位、联营单位、有限责任公司、股份有限公司、港澳台商投资单位、外商投资单位以及城镇私营单位的就业人员平均工资,然后根据各单位就业人数加权平均计算得出。

[②] 根据中国人民银行的规定,自 2020 年 1 月 1 日起,金融机构签订贷款合同时不能再以基准利率作为参考,所以本章选择当前贷款利率的主要定价基础 LPR 作为计算本章利率初始值的基础。

[③] 数据来源:《2020 年第四季度中国货币政策执行报告》,中国人民银行,2021。

本章选取的工业部门和农业生产性服务业部门的利率初始值。考虑到农业部门相较于其他两部门融资成本较高的现实情况,本章将 r 的 2 倍,即 $r_z=12.30\%$ 作为农业部门的利率初始值。

下面,对环境质量进行设定。将式(13-2)中的初始环境质量水平 $\overline{E}$ 进行标准化处理,得到:$e=1-Y^{\alpha}X^{\beta}/\overline{E}$,其中,$e=E/\overline{E}$ 代表被标准化后的现有环境质量水平。根据世界银行 2011 年的统计数据,中国 2003 年由于污染水源灌溉以及酸雨和二氧化硫导致的农作物经济损失分别为 66.778 7 亿元和 300.111 7 亿元,合计给中国农作物带来了 366.890 4 亿元的经济损失。通过这一经济损失与农业部门产值的比例可以推算出参数 ε。对于参数 α,β,本章为了处理的简便性,假设 $\alpha+\beta=1$。另外,考虑到我国现阶段除了水污染外,大气污染、固体废物和危险废物大多还是来自工业源,所以本章认为,来自工业源的污染总量较之于来自农业源的污染总量更大,同时为了满足理论模型的假设条件,本章设定 $\alpha=0.85,\beta=0.15$。

最后,为了进行参数校准,本章对模型中的一些参数设定了初始值,分别为 $\mu=0.4,\lambda=0.6,n=1\,000$。另外,考虑到农业生产性服务业各种产品之间虽然具有差异化的特征,但仍旧具有较强的替代性,本章设定 $\delta=0.9$。

资本部门专有时模型参数校准值如表 13-3 所示。

表 13-3 资本部门专有时模型参数校准值

变量名	γ_1	γ_2	ρ_1	ρ_2	ρ_3	σ_1	σ_2	θ	ε
校准值	0.455 5	0.544 5	0.442 1	0.074 9	0.483 0	0.485 8	0.514 2	3.592 2	0.032 0

在资本部门间可流动的情况下,本章在模型参数校准时设定 $r=6.15\%$ 为利率初始值。资本部门间可流动时模型参数校准值如表 13-4 所示。

表 13-4 资本部门间可流动时模型参数校准值

变量名	γ_1	γ_2	ρ_1	ρ_2	ρ_3	σ_1	σ_2	θ	ε
校准值	0.454 8	0.545 2	0.442 1	0.037 4	0.520 5	0.485 8	0.514 2	3.592 2	0.031 6

二、数值模拟

1. 资本专有情况下的模拟

运用资本部门专有时模型参数校准的结果,本节将对资本部门专有情况中的农业生产性服务业发展的环境效果进行数值模拟分析。

首先,将农业生产性服务的价格在 36.779 4 元到 36.783 0 元的范围内按照每次提高 0.001‰ 的形式分 10 次进行调整,以观察内生变量的数值变化情况。结果如图 13-2 所示。

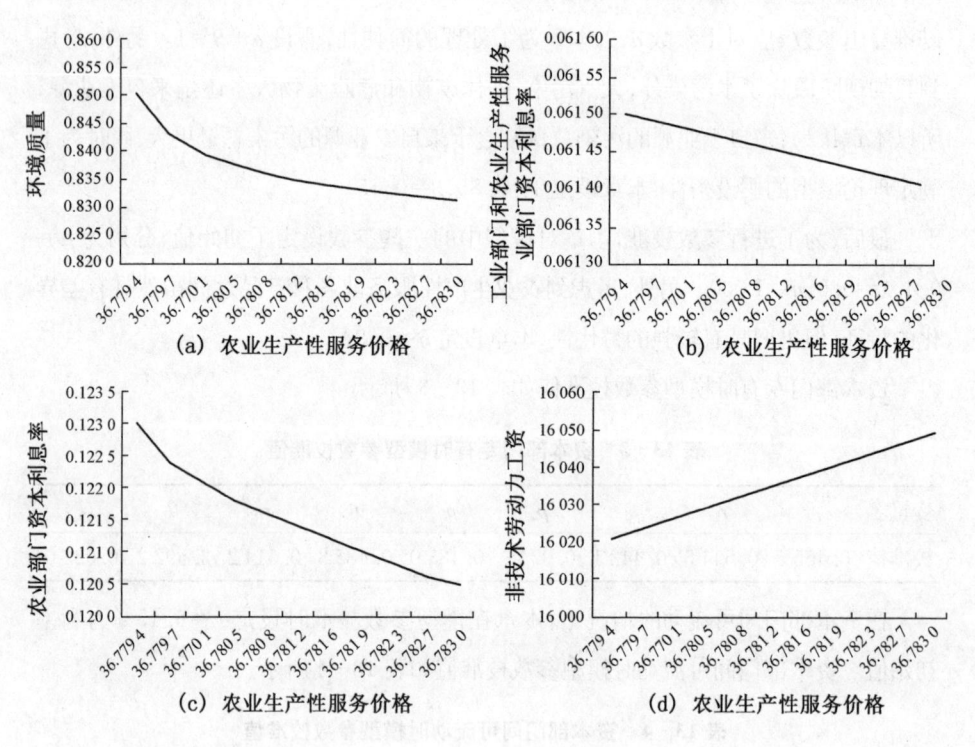

(a) 农业生产性服务价格

(b) 农业生产性服务价格

(c) 农业生产性服务价格

(d) 农业生产性服务价格

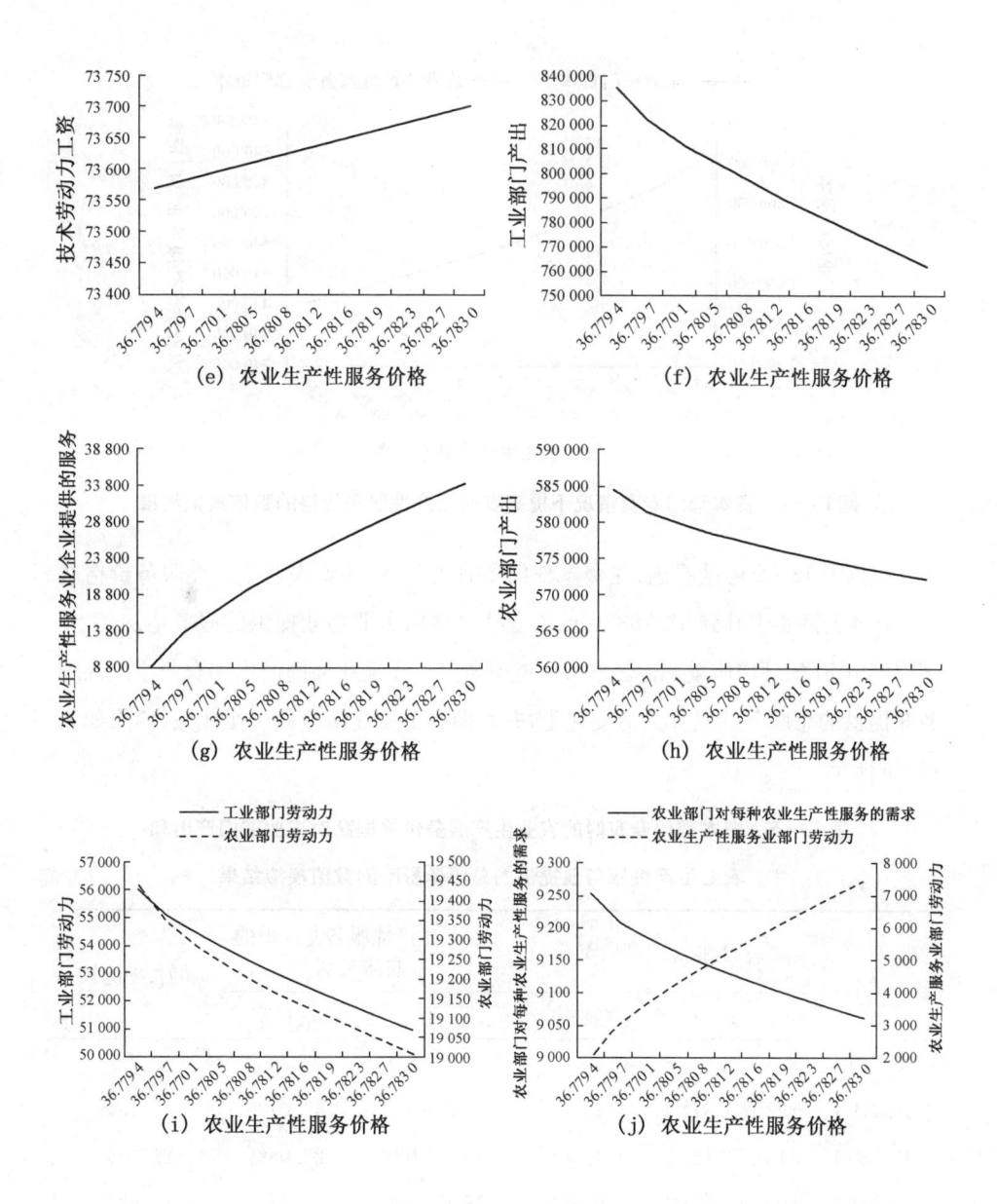

| 第十三章　农业生产性服务业发展的环境效果研究 |

(e) 农业生产性服务价格

(f) 农业生产性服务价格

(g) 农业生产性服务价格

(h) 农业生产性服务价格

(i) 农业生产性服务价格

(j) 农业生产性服务价格

—— 工业部门资本　　---- 农业生产性服务业部门资本

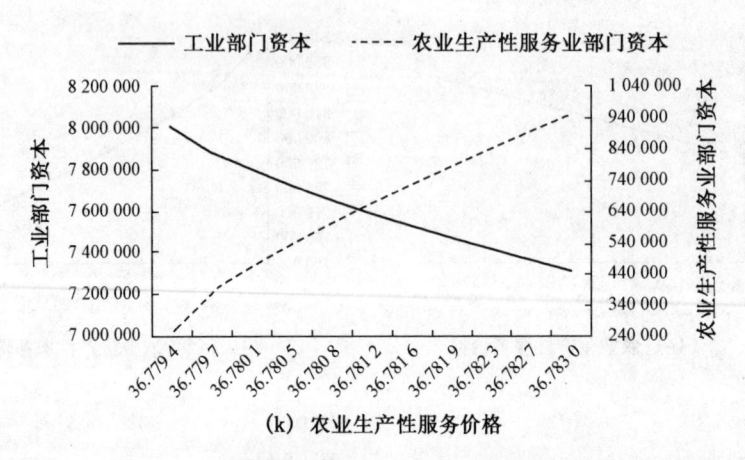

(k) 农业生产性服务价格

图 13-2　资本部门专有情况下提高农业生产性服务价格的数值模拟结果

根据图 13-2 可以看出，在资本部门专有情况下，随着农业生产性服务价格从 36.779 4 元逐步上升到 36.783 0 元，农业生产性服务业企业提供的服务增加，工业部门产出下降，环境质量恶化。本节还将视角聚焦在工业部门产出和农业生产性服务业提供的总服务的具体数值变化上，并将两者的变化幅度做一个比较，结果如表 13-5 所示。

表 13-5　资本部门专有时的农业生产服务价格提高对工业部门产出和农业生产性服务业提供的总服务影响的数值模拟结果

p	工业部门产出 Y		农业生产性服务业提供的总服务 X		增长率比较
	Y	增长率	X	增长率	
36.779 4	835 390.328 8	/	9 254 490	/	/
36.779 7	822 169.314 4	−1.58%	13 789 972	49.01%	47.43%
36.780 1	813 250.122 2	−1.08%	16 835 036	22.08%	21.00%
36.780 5	805 550.901 4	−0.95%	19 457 400	15.58%	14.63%
36.780 8	798 505.094 1	−0.87%	21 853 352	12.31%	11.44%

(续表)

p	工业部门产出 Y		农业生产性服务业提供的总服务 X		增长率比较
	Y	增长率	X	增长率	
36.781 2	791 882.327 7	−0.83%	24 102 709	10.29%	9.46%
36.781 6	785 561.949 7	−0.80%	26 247 272	8.90%	8.10%
36.781 9	779 471.476 2	−0.78%	28 312 155	7.87%	7.09%
36.782 3	773 563.365 4	−0.76%	30 313 829	7.07%	6.31%
36.782 7	767 804.459 0	−0.74%	32 263 783	6.43%	5.69%
36.783 0	762 170.552 8	−0.73%	34 170 403	5.91%	5.18%
合计	/	−8.76%	/	269.23%	260.47%

注：1."增长率比较"主要是对工业部门产出和农业生产性服务业提供的总服务的增长率的绝对值进行比较；2.表中所示工业部门产出 Y 与农业生产性服务业提供的总服务 X 的绝对数量级不同，不能直接进行比较。

从表13-5中可以发现，随着农业生产性服务价格的提升，农业生产性服务业提供的总服务的增长幅度均大于工业部门产出的下降幅度。从总体上来看，农业生产性服务价格从36.779 4元上升到36.783 0元，农业生产性服务业提供的总服务增加了269.23%，而工业部门产出仅下降了8.76%，两者变化幅度相差非常大。这些数据也从数值的角度解释了农业生产性服务业提供的总服务增加，所带来的环境质量恶化幅度大于工业部门产出降低所带来的环境质量改善幅度的原因。

接着，将可使用的农业生产性服务种类在990到1 000的范围内按照每次提高0.1%的形式分10次进行调整，以观察内生变量的数值变化情况。结果如图13-3所示。

根据图13-3可以看出，在资本部门专有情况下，随着可使用的农业生产性服务种类从990逐步上升到1 000，农业生产性服务业企业提供的服务减少，工业部门产出增加，环境质量改善。此外，本节还将视角聚焦在工业部门产出和农业生产性服务业提供的总服务的具体数值变化上，并将两者的变化幅度做一个比较，结果如表13-6所示。

402 | 劳动力转移中的收入差距与环境 |

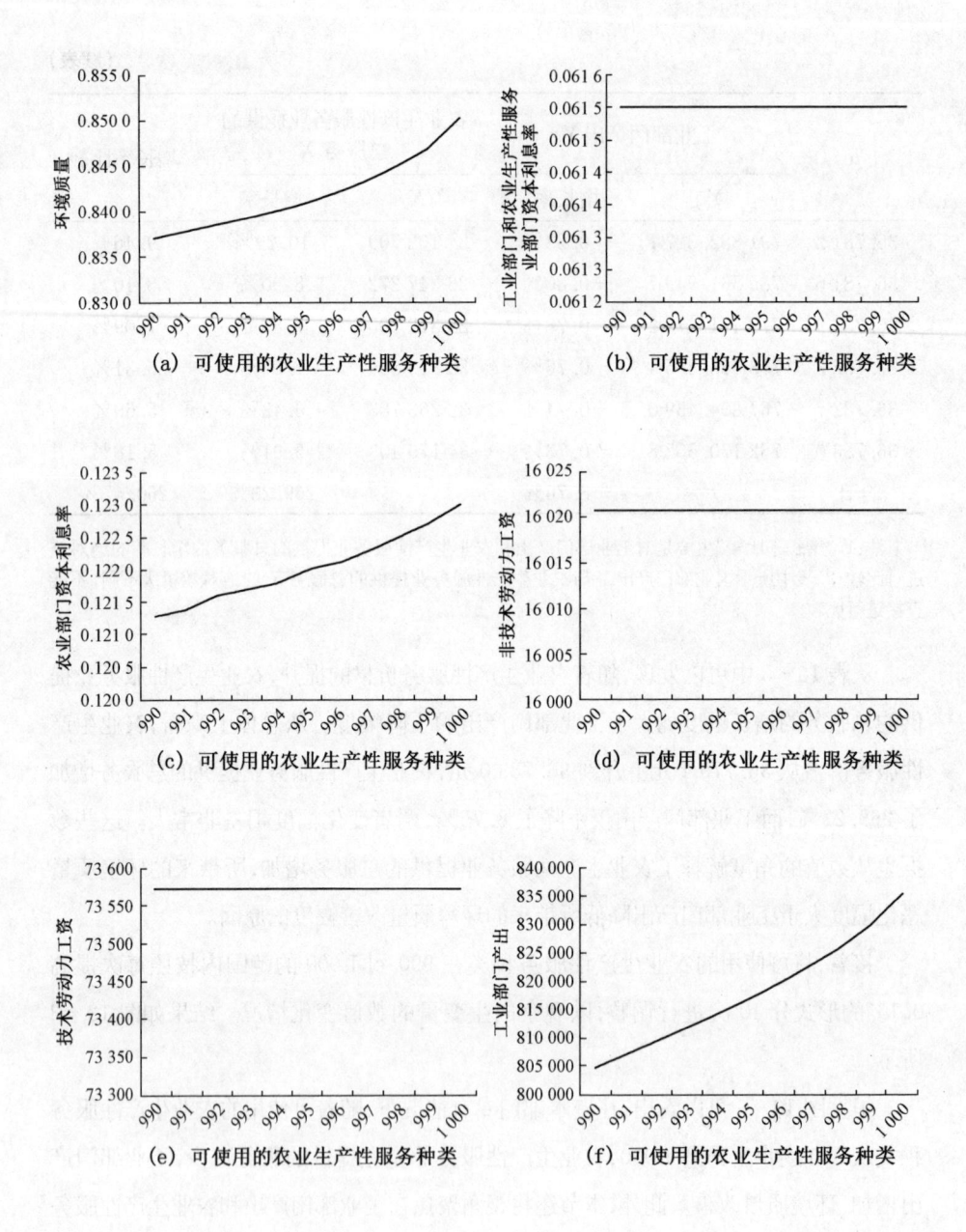

(a) 可使用的农业生产性服务种类 — 环境质量

(b) 可使用的农业生产性服务种类 — 工业部门和农业生产性服务业部门资本利息率

(c) 可使用的农业生产性服务种类 — 农业部门资本利息率

(d) 可使用的农业生产性服务种类 — 非技术劳动力工资

(e) 可使用的农业生产性服务种类 — 技术劳动力工资

(f) 可使用的农业生产性服务种类 — 工业部门产出

(g) 可使用的农业生产性服务种类

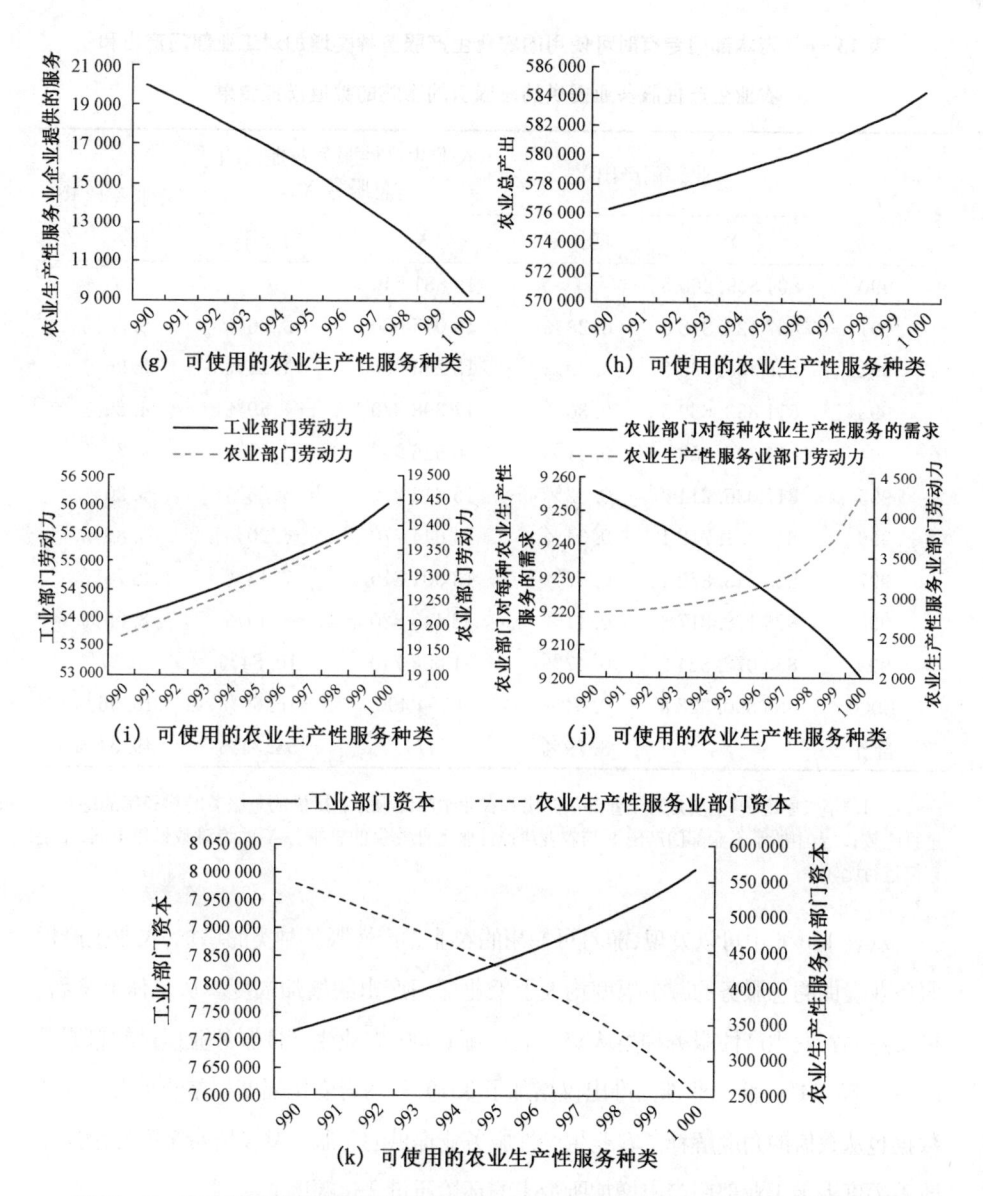

(h) 可使用的农业生产性服务种类

(i) 可使用的农业生产性服务种类

(j) 可使用的农业生产性服务种类

(k) 可使用的农业生产性服务种类

图 13-3 资本部门专有情况下增加可使用的农业生产性服务种类的数值模拟结果

表 13-6 资本部门专有时可使用的农业生产服务种类增加对工业部门产出和农业生产性服务业提供的总服务的影响的数值模拟结果

n	工业部门产出 Y		农业生产性服务业提供的总服务 X		增长率比较
	Y	增长率	X	增长率	
990	804 859.360 5	/	19 831 940	/	/
991	807 128.848 9	0.28%	19 045 680	−3.96%	3.68%
992	809 466.035 3	0.29%	18 235 960	−4.25%	3.96%
993	811 883.659 5	0.30%	17 398 370	−4.59%	4.29%
994	814 398.953 4	0.31%	16 526 950	−5.01%	4.70%
995	817 036.214 7	0.32%	15 613 270	−5.53%	5.20%
996	819 831.712 1	0.34%	14 644 770	−6.20%	5.86%
997	822 843.872 1	0.37%	13 601 210	−7.13%	6.76%
998	826 178.817 6	0.41%	12 445 820	−8.49%	8.09%
999	830 072.824 2	0.47%	11 096 740	−10.84%	10.37%
1 000	835 390.328 8	0.64%	9 254 490	−16.60%	15.96%
合计	/	3.79%	/	−53.34%	49.54%

注:1."增长率比较"主要是对工业部门产出和农业生产性服务业提供的总服务的增长率的绝对值进行比较;2. 表中所示工业部门产出 Y 与农业生产性服务业提供的总服务 X 的绝对数量级不同,不能直接进行比较。

从表 13-6 中可以发现,随着可使用的农业生产性服务种类的增加,农业生产性服务业提供的总服务的减少幅度均大于工业部门产出的增加幅度。从总体上来看,可使用的农业生产性服务种类从 990 上升到 1 000,农业生产性服务业提供的总服务减少了 53.34%,而工业部门产出仅增加了 3.79%,两者变化幅度相差非常大。这些数据也从数值的角度解释了农业生产性服务业提供的总服务减少所带来的环境质量改善幅度大于工业部门产出增加所带来的环境质量恶化幅度的原因。

2. 资本移动情况下的模拟

运用资本部门间可流动时模型参数校准的结果,本节将对资本部门间可流动情况中的农业生产性服务业发展的环境效果进行数值模拟分析。

首先，将农业生产性服务的价格在 36.779 4 元到 36.783 0 元的范围内按照每次提高 0.001% 的形式分 10 次进行调整，以观察内生变量的数值变化情况。结果如图 13-4 所示。

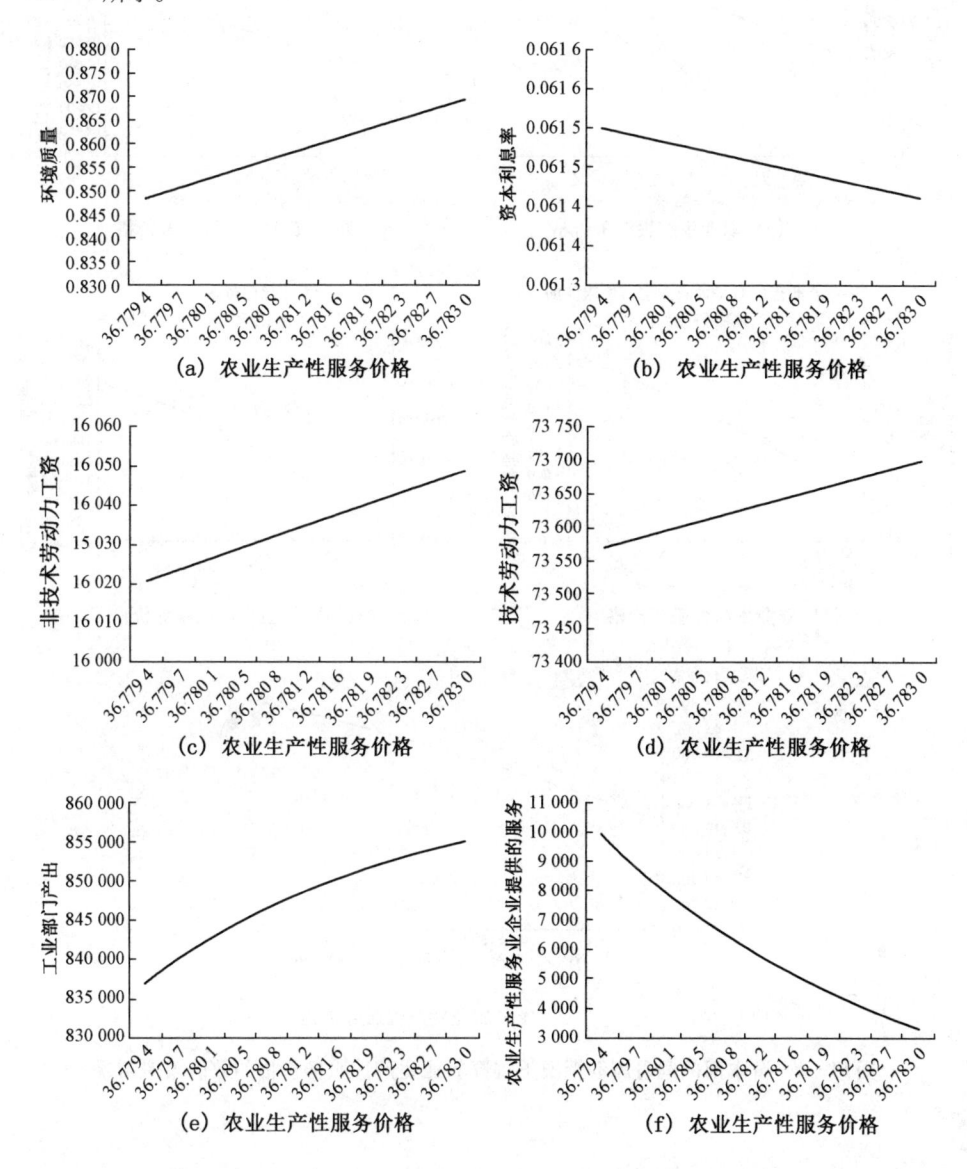

(a) 农业生产性服务价格

(b) 农业生产性服务价格

(c) 农业生产性服务价格

(d) 农业生产性服务价格

(e) 农业生产性服务价格

(f) 农业生产性服务价格

(g) 农业生产性服务价格

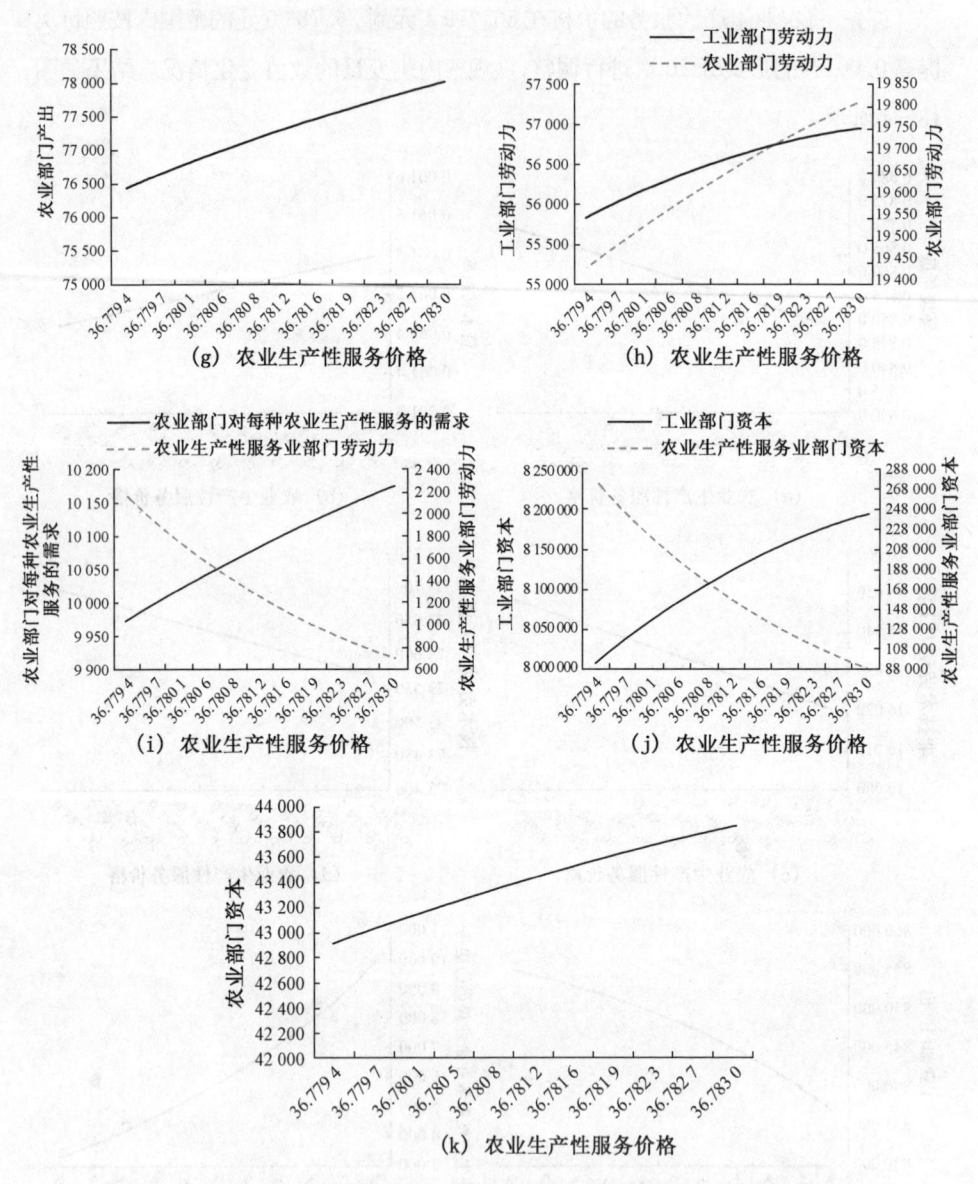

(h) 农业生产性服务价格

(i) 农业生产性服务价格

(j) 农业生产性服务价格

(k) 农业生产性服务价格

图 13-4　资本部门间可流动情况下提高农业生产性服务价格的数值模拟结果

由图 13-4 可以看出,模拟结果与命题 1 的结论相符。随着农业生产性服务价格的提升,农业生产性服务业提供的总服务的减少幅度均大于工业部门产出的增加幅度。从总体上来看,农业生产性服务价格从 36.779 4 元上升到 36.783 0 元,农业生产性服务业提供的总服务减少了 67.28%,而工业部门产出仅增加了 2.15%,两者变化幅度相差非常大。这些数据也从数值的角度解释了农业生产性服务业提供的总服务减少所带来的环境质量改善幅度大于工业部门产出增加所带来的环境质量恶化幅度的原因。同时,数值模拟的结果显示,随着农业生产性服务价格的上升,农业生产性服务业企业提供的服务减少,工业部门产出增加。因此可以得到以下命题:

命题 2:在中国经济特征下,在资本部门间可流动情况下,农业生产性服务价格的提高,会导致农业生产性服务供给减少,工业部门产出增加。

接着,将可使用的农业生产性服务种类在 1 000 到 1 010 的范围内按照每次提高 0.1% 的形式分 10 次进行调整,以观察内生变量的数值变化情况。结果如图 13-5 所示。

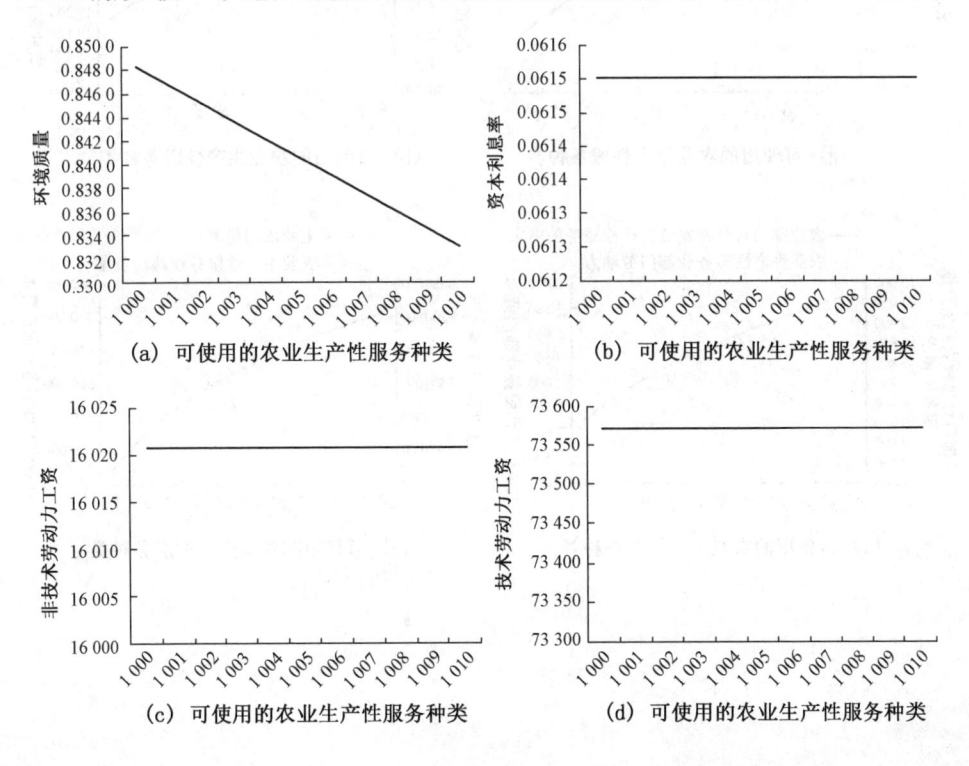

(e) 可使用的农业生产性服务种类

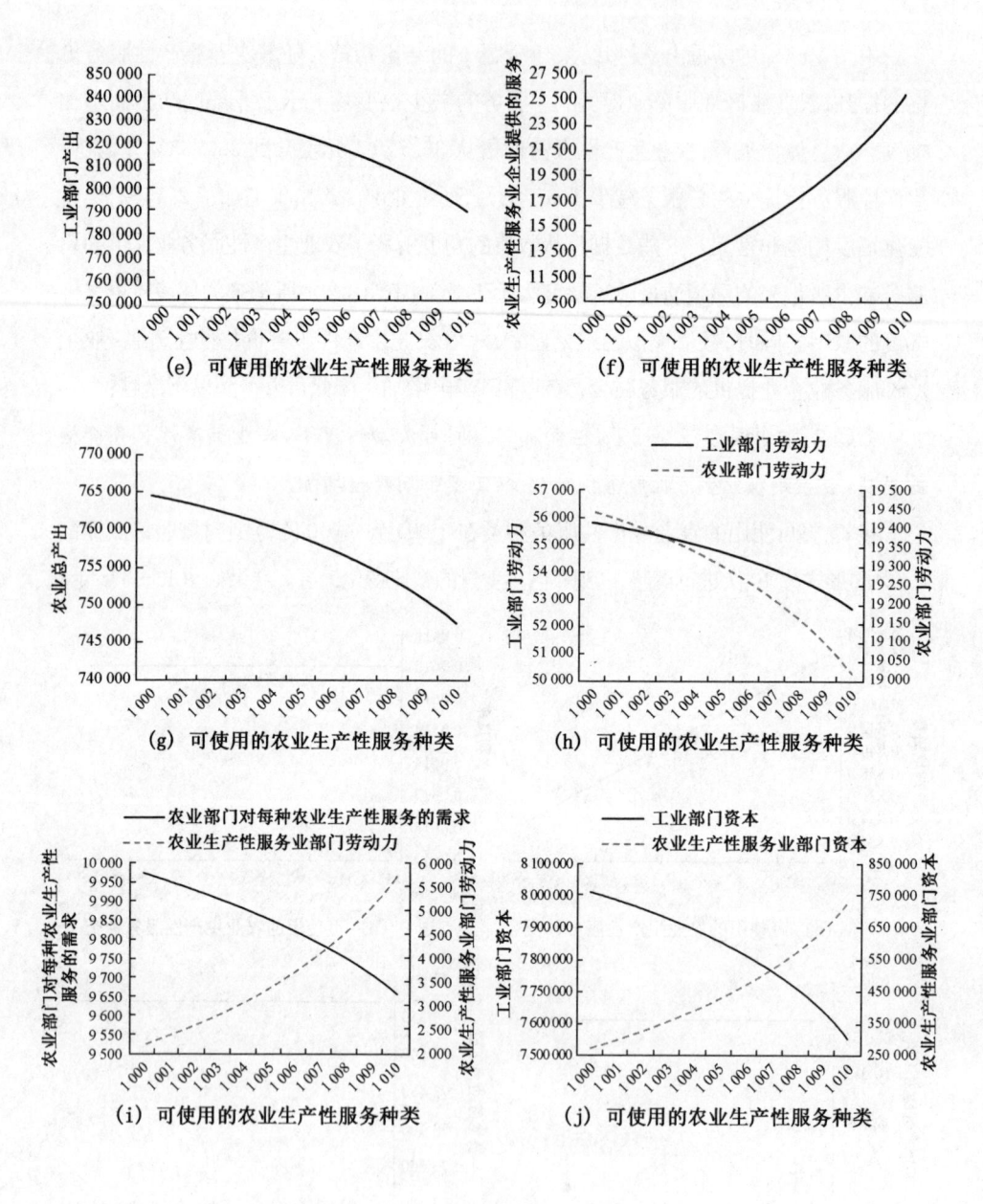

(f) 可使用的农业生产性服务种类

(g) 可使用的农业生产性服务种类

(h) 可使用的农业生产性服务种类

(i) 可使用的农业生产性服务种类

(j) 可使用的农业生产性服务种类

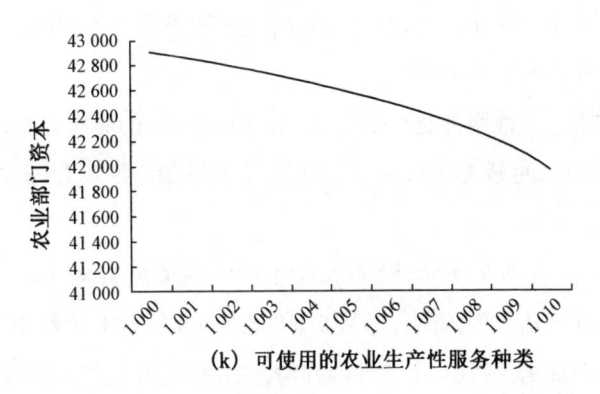

图 13 - 5 资本部门间可流动情况下增加可使用的农业生产性
服务种类的数值模拟结果

根据图 13-5 可以看出,模拟结果与命题 1 的结论相符。在资本部门间可流动情况下,随着可使用的农业生产性服务种类从 1 000 逐步上升到 1 010,农业生产性服务业企业提供的服务增加,工业部门产出减少,农业生产性服务业提供的总服务的增加幅度均大于工业部门产出的减少幅度,所以农业生产性服务业提供的总服务增加所带来的环境质量恶化幅度大于工业部门产出减少所带来的环境质量改善幅度,环境质量恶化。

三、社会福利模拟

在关注农业生产性服务业发展对环境质量影响的同时,本章认为其对社会福利的影响也是需要关注的,所以为了研究的全面性,本节将研究农业生产性服务发展对社会福利的影响情况。

本章将整个经济体的社会福利用该经济体的国民收入来进行表示,根据 Beladi 和 Chao (2006),本节将资本部门专有时的国民收入 I_1 写成式(13 - 13),将资本部门间可流动时的国民收入 I_2 写成式(13 - 14):

$$I_1 = w_s(L_{SY} + L_{SX}) + w_u L_{UZ} + r(K_{SY} + K_{SX}) + r_z K_{UZ} + \pi \quad (13-13)$$

$$I_2 = w_s(L_{SY} + L_{SX}) + w_u L_{UZ} + r(K_{SY} + K_{SX} + K_{UZ}) + \pi \quad (13-14)$$

其中，$\pi = npx - n(\mu + \lambda x)e^x(w_s, r)$，表示农业生产性服务业部门的利润。

1. 资本专有情况下的模拟

首先，将农业生产性服务业产品的价格在 36.779 4 元到 36.783 0 元的范围内按照每次提高 0.001% 的形式分 10 次进行调整，以观察国民收入 I_1 及其组成部分的数值变化情况。

根据表 13-7 中列 7 所示，随着农业生产性服务价格从 36.779 4 元提高到 36.783 0 元，整个经济体的国民收入从 975 066.324 9 亿元上升到 986 683.674 7 亿元，国民收入有所提高。其中，工业部门劳动力的减少、农业生产性服务业部门劳动力的增加以及技术劳动力工资的上升总体上带来了技术劳动力总报酬的上升(如列 2 所示)，农业部门劳动力的减少以及非技术劳动力工资的上升总体上带来了非技术劳动力总报酬的下降(如列 3 所示)，工业部门和农业生产性服务业部门资本之和不变以及这两个部门资本利息率的下降总体上带来了工业部门和农业生产性服务业部门资本总报酬的减少(如列 4 所示)，农业部门资本利息率的下降以及农业部门资本不变带来了农业部门资本总报酬的减少(如列 5 所示)，农业生产性服务企业提供的服务增加、技术劳动力工资上升、资本利息率下降以及农业生产性服务价格的提高总体上带来了农业生产性服务业部门利润的增加(如列 6 所示)。根据表 13-7 中"变化情况"一行的数据可以发现，技术劳动力总报酬和农业生产性服务业部门利润的增加量要远大于非技术劳动力总报酬、资本总报酬的减少量，故国民收入最终上升。

表 13-7　资本部门专有情况下提高农业生产性服务价格对国民收入及其组成部分影响情况(亿元)

1	2	3	4	5	6	7
p	技术劳动力总报酬	非技术劳动力总报酬	工业部门和农业生产性服务业部门资本总报酬	农业部门资本总报酬	农业生产性服务业部门利润	国民收入
36.779 4	426 900.937 6	31 152.251 1	508 334.580 2	5 277.019 8	3 401.536 1	975 066.324 9
36.779 7	427 674.398 9	31 006.081 1	508 258.339 3	5 252.259 4	5 069.708 5	977 260.787 2
36.780 1	428 172.764 5	30 919.819 5	508 182.110 5	5 237.647 2	6 189.736 7	978 702.078 4
36.780 5	428 593.122 9	30 850.548 5	508 105.894 0	5 225.913 0	7 154.316 4	979 929.794 8
36.780 8	428 971.706 1	30 790.378 1	508 029.689 6	5 215.720 5	8 035.639 5	981 043.133 8
36.781 2	429 323.246 8	30 736.100 4	507 953.497 4	5 206.526 1	8 863.060 5	982 082.431 2
36.781 6	429 655.460 9	30 686.034 9	507 877.317 5	5 198.045 3	9 651.953 1	983 068.811 7
36.781 9	429 972.983 8	30 639.172 4	507 801.149 7	5 190.107 1	10 411.553 6	984 014.966 4
36.782 3	430 278.855 9	30 594.850 7	507 724.994 1	5 182.599 2	11 147.919 6	984 929.219 4
36.782 7	430 575.197 6	30 552.608 1	507 648.850 6	5 175.443 6	11 865.276 3	985 817.376 2
36.783 0	430 863.557 0	30 512.107 5	507 572.719 4	5 168.583 0	12 566.707 9	986 683.674 7
变化情况	3 962.619 4	−640.143 6	−761.860 8	−108.436 8	9 165.171 8	11 617.349 8

接着,将可使用的农业生产性服务种类在990到1 000的范围内按照每次提高0.1%的形式分10次进行调整,以观察国民收入 I_1 及其组成部分的数值变化情况。结果如表13-8所示。

表 13-8　资本部门专有情况下增加可使用的农业生产性服务种类对国民
收入及其组成部分影响情况(亿元)

1	2	3	4	5	6	7
n	技术劳动力总报酬	非技术劳动力总报酬	工业部门和农业生产性服务业部门资本总报酬	农业部门资本总报酬	农业生产性服务业部门利润	国民收入
990	428 853.433 4	30 727.076 7	508 334.580 2	5 204.997 6	7 291.877 6	980 411.965 6
991	428 708.296 6	30 758.681 6	508 334.580 2	5 210.351 3	7 002.692 4	980 014.602 2
992	428 558.830 5	30 791.229 3	508 334.580 2	5 215.864 7	6 704.881 0	979 605.385 7
993	428 404.220 2	30 824.897 2	508 334.580 2	5 221.567 8	6 396.820 1	979 182.085 5
994	428 243.363 9	30 859.925 2	508 334.580 2	5 227.501 4	6 076.313 8	978 741.684 4
995	428 074.707 5	30 896.651 7	508 334.580 2	5 233.722 7	5 740.266 3	978 279.928 3
996	427 895.931 7	30 935.581 8	508 334.580 2	5 240.317 2	5 384.056 0	977 790.466 9
997	427 703.300 1	30 977.529 1	508 334.580 2	5 247.422 9	5 000.238 1	977 263.070 4
998	427 490.026 0	31 023.971 6	508 334.580 2	5 255.290 0	4 575.290 2	976 679.157 9
999	427 240.999 1	31 078.199 6	508 334.580 2	5 264.475 9	4 079.105 7	975 997.360 4
1000	426 900.937 6	31 152.251 1	508 334.580 2	5 277.019 8	3 401.536 1	975 066.324 9
变化情况	−1 952.495 8	425.174 4	0	72.022 2	−3 890.341 5	−5 345.640 7

根据表 13-8 中列 7 所示,随着可使用的农业生产性服务种类从 990 提高到 1 000,整个经济体的国民收入从 980 411.965 6 亿元下降到 975 066.324 9 亿元,国民收入有所下降。其中,技术劳动力工资不变、工业部门劳动力的增加、农业生产性服务业部门劳动力的减少总体上带来了技术劳动力总报酬的减少(如列 2 所示),农业部门劳动力的增加以及非技术劳动力工资不变总体上带来了非技术劳动力总报酬的增加(如列 3 所示),工业部门资本和农业生产性服务业部门资本之和不变以及这两个部门资本利息率也不变,导致工业部门和农业生产性服务业部门资本总报酬不变(如列 4 所示),农业部门资本利息率的上升以及农业资本不变带来了农业部门资本总报酬的增加(如列 5 所示),农业生产性服务企业提供的服务减少、技术劳动力工资不变、资本利息率不变以及可使用的农业生产性服务种类的增加总体上带来了农业

生产性服务业部门的利润减少(如列 6 所示)。根据表 13-8 中"变化情况"一行的数据可以发现,技术劳动力总报酬和农业生产性服务业部门利润的减少量要远大于非技术劳动力总报酬、资本总报酬的增加量,故国民收入最终下降。

由以上分析可以得到命题 3:

命题 3:在资本部门专有情况下,农业生产性服务价格的提高会带来国民收入的提高,而可使用的农业生产性服务种类的增加会带来国民收入的下降。

2. 资本移动情况下的模拟

首先,将农业生产性服务业产品的价格在 36.779 4 元到 36.783 0 元的范围内按照每次提高 0.001% 的形式分 10 次进行调整,以观察国民收入 I_2 及其组成部分的数值变化情况。

表 13-9 资本部门间可流动情况下提高农业生产性服务价格对国民收入及其组成部分的影响情况(亿元)

1 p	2 技术劳动力总报酬	3 非技术劳动力总报酬	4 资本总报酬	5 农业生产性服务业部门利润	6 国民收入
36.779 4	426 900.937 6	31 152.251 1	512 123.061 2	3 665.387 1	973 841.637 1
36.779 7	426 633.913 8	31 232.209 7	512 047.993 8	3 277.327 7	973 191.445 0
36.780 1	426 389.545 5	31 307.238 4	511 972.938 2	2 932.803 6	972 602.525 6
36.780 5	426 164.629 3	31 378.034 8	511 897.894 3	2 625.656 5	972 066.214 8
36.780 8	425 956.596 5	31 445.158 3	511 822.862 2	2 350.948 3	971 575.565 3
36.781 2	425 763.346 8	31 509.066 3	511 747.841 8	2 104.640 9	971 124.895 8
36.781 6	425 583.135 4	31 570.138 7	511 672.833 1	1 883.380 3	970 709.487 5
36.781 9	425 414.492 8	31 628.695 5	511 597.836 2	1 684.341 5	970 325.366 0
36.782 3	425 256.167 0	31 685.009 3	511 522.851 1	1 505.117 6	969 969.145 0
36.782 7	425 107.079 5	31 739.315 0	511 447.877 6	1 343.635 0	969 637.907 2
36.783 0	424 966.292 4	31 791.816 5	511 372.916 0	1 198.091 1	969 329.116 3
变化情况	−1 934.645 2	639.565 7	−750.145 2	−2 467.296 0	−4 512.520 8

根据表13-9中列6所示,随着农业生产性服务价格从36.779 4元提高到36.783 0元,整个经济体的国民收入从973 841.637 1亿元下降到969 329.116 3亿元,国民收入有所下降。根据表13-9中"变化情况"一行的数据可以发现,技术劳动力总报酬、资本总报酬和农业生产性服务业部门利润的减少量要远大于非技术劳动力总报酬,故国民收入最终下降。

接着,将可使用的农业生产性服务种类在1 000到1 010的范围内按照每次提高0.1%的形式分10次进行调整,以观察国民收入 I_2 及其组成部分的数值变化情况。结果如表13-10所示。

表13-10 资本部门间可流动情况下增加可使用的农业生产性服务种类对国民收入及其组成部分的影响情况(亿元)

1	2	3	4	5	6
p	技术劳动力总报酬	非技术劳动力总报酬	资本总报酬	农业生产性服务业部门利润	国民收入
1000	426 900.937 6	31 152.251 1	512 123.061 2	3 665.387 1	973 841.637 1
1001	427 070.633 4	31 115.298 3	512 123.061 2	3 991.615 4	974 300.608 3
1002	427 257.602 4	31 074.584 0	512 123.061 2	4 351.050 3	974 806.298 0
1003	427 464.529 5	31 029.523 7	512 123.061 2	4 748.853 5	975 365.967 9
1004	427 694.887 2	30 979.361 1	512 123.061 2	5 191.700 8	975 989.010 3
1005	427 953.204 2	30 923.110 2	512 123.061 2	5 688.298 5	976 687.674 1
1006	428 245.606 5	30 859.436 8	512 123.061 2	6 250.423 0	977 478.527 4
1007	428 580.975 8	30 786.407 0	512 123.061 2	6 895.149 2	978 385.593 1
1008	428 972.252 8	30 701.202 7	512 123.061 2	7 647.355 0	979 443.871 7
1009	429 440.913 2	30 599.147 3	512 123.061 2	8 548.327 1	980 711.449 5
1010	430 026.646 8	30 471.598 4	512 123.061 2	9 674.363 4	982 295.669 8
变化情况	3 125.709 2	−680.652 7	0	6 008.976 3	8 454.032 7

根据表13-10中列6所示,随着可使用的农业生产性服务种类从1 000提高到

1 010,整个经济体的国民收入从 973 841.637 1 亿元上升到 982 295.669 8 亿元,国民收入有所下上升。根据表 13－10 中"变化情况"一行的数据可以发现,技术劳动力总报酬和农业生产性服务业部门利润的增加量要远大于非技术劳动力总报酬减少量,故国民收入最终上升。

通过以上分析,由于资本部门间可流动情况与资本部门专有情况不同,资本可以在三部门间自由流动,所以此时,农业生产性服务业发展对社会福利的影响效果与资本部门专有情况截然相反。本章将资本部门间可流动情况下农业生产性服务业发展对社会福利的影响效果总结为命题 4：

命题 4: 资本部门间可流动情况下,农业生产性服务价格的提高会带来国民收入的下降,而可使用的农业生产性服务种类的增加会带来国民收入的提高。

四、敏感性检验

由于在参数校准时,本章认为农业生产性服务业各类产品之间虽然有差异化特征,但仍具有较强替代性,故将 δ 设定为 0.9。但是这一参数设定有一定主观性,所以本部分将尝试给 δ 设定不同的值,检验这一参数设定是否会影响本章的结论。本节考虑 $\delta=0.95$ 和 $\delta=0.8$ 两种情况,结果如表 13－11 和表 13－12 所示。

表 13－11 提高农业生产性服务价格的环境效果

| $\delta=0.95$ | | | | $\delta=0.8$ | | | |
| 资本部门专有 | | 资本部门间可流动 | | 资本部门专有 | | 资本部门间可流动 | |
p	E	p	E	p	E	p	E
34.843 6	0.852 0	34.843 6	0.850 4	41.376 8	0.849 6	41.376 8	0.847 4
34.843 9	0.844 4	34.843 9	0.852 6	41.377 2	0.842 0	41.377 2	0.849 3
34.844 3	0.841 2	34.844 3	0.854 9	41.377 6	0.838 5	41.377 6	0.851 2
34.844 6	0.839 1	34.844 6	0.857 2	41.378 0	0.836 2	41.378 0	0.853 1
34.845 0	0.837 7	34.845 0	0.859 5	41.378 5	0.834 5	41.378 5	0.855 1
34.845 3	0.836 6	34.845 3	0.861 8	41.378 9	0.833 1	41.378 9	0.857 0

(续表)

| $\delta=0.95$ |||| $\delta=0.8$ ||||
| 资本部门专有 || 资本部门间可流动 || 资本部门专有 || 资本部门间可流动 ||
p	E	p	E	p	E	p	E
34.845 7	0.835 7	34.845 7	0.864 1	41.379 3	0.831 9	41.379 3	0.859 0
34.846 0	0.835 1	34.846 0	0.866 4	41.379 7	0.831 0	41.379 7	0.860 9
34.846 4	0.834 7	34.846 4	0.868 7	41.380 1	0.830 2	41.380 1	0.862 8
34.846 7	0.834 4	34.846 7	0.871 0	41.380 5	0.829 6	41.380 5	0.864 8
34.847 1	0.834 1	34.847 1	0.873 4	41.380 9	0.829 1	41.380 9	0.866 8

表 13-12 增加可使用的农业生产性服务种类的环境效果

| $\delta=0.95$ |||| $\delta=0.8$ ||||
| 资本部门专有 || 资本部门间可流动 || 资本部门专有 || 资本部门间可流动 ||
p	E	p	E	p	E	p	E
990	0.843 1	1000	0.850 4	990	0.830 3	997	0.858 0
991	0.843 5	1001	0.849 6	991	0.830 9	998	0.854 4
992	0.844 1	1002	0.848 9	992	0.831 6	999	0.850 9
993	0.844 6	1003	0.848 2	993	0.832 5	1000	0.847 4
994	0.845 2	1004	0.847 5	994	0.833 4	1001	0.843 9
995	0.845 9	1005	0.846 7	995	0.834 6	1002	0.840 4
996	0.846 7	1006	0.846 0	996	0.836 0	1003	0.836 9
997	0.847 6	1007	0.845 3	997	0.837 7	1004	0.833 4
998	0.848 7	1008	0.844 6	998	0.839 9	1005	0.830 0
999	0.850 1	1009	0.843 9	999	0.843 0	1006	0.826 6
1000	0.852 0	1010	0.843 2	1000	0.849 6	1007	0.825 9

可以发现在 $\delta=0.95$ 和 $\delta=0.8$ 时,农业生产性服务价格提高及可使用的农业生产性服务种类增加的环境效果与 $\delta=0.9$ 时是一致的。所以,δ 取值的不同,并不会影响本章的模拟结果。综上所述,本节认为本章的模型结果是稳健的。

第五节 结 论

本章为考察农业生产性服务业发展的环境效果,建立了一个三部门的一般均衡模型,考虑了城市工业部门产生的工业污染和农业生产性服务业部门产生的农业污染对环境质量的影响。在研究中,本章主要将农业生产性服务业的发展方向分为服务价格提高和可使用的服务种类增加两个方向,探究了这两种不同的发展方向在资本部门专有和资本部门间可流动情况下对我国环境质量水平和社会福利的影响。本章认为农业生产性服务业不同的发展方向会对环境质量和社会福利产生完全不同的影响,尽管是同一种发展方向,在资本部门专有和资本部门间可流动情况下对社会福利会产生不同的影响。另外,通过以上总结,本章研究的两种生产性服务业发展方向在资本部门间可流动情况下无法兼顾环境质量水平和社会福利水平。因此,我国在制定政策时应当具体情况具体分析,需要首先确定政策是更加注重环境质量还是社会福利,再根据资本在部门间的流动状态是相对稳定还是相对活跃来选取适当的农业生产性服务业发展方向。

本章就将基于理论分析和数值模拟分析得到的结论,为我国农业生产性服务业与环境质量协调发展提出以下政策建议:

1. 资本在部门间流动相对稳定的情况下,如果我国政策目标更加关注环境质量水平,我国应当提高农业生产性服务业的专业化程度,继续细化其专业分工,增加可使用的农业生产性服务种类。

2. 资本在部门间流动相对活跃的情况下,从改善环境质量的角度,我国应当引导和扶持一些价格相对较高的农业生产性服务。

3. 资本在部门间流动相对活跃的情况下,如果我国政府主要关注社会福利的提升,那就需要在提高农业生产性服务业的专业化程度,继续细化其专业分工,增加可使用的农业生产性服务种类的同时,辅以相应的环境保护政策,尤其是要更加重视对农业污染的防治,才可以实现农业生产性服务业与环境质量协调发展的目标。

4. 当然,想要从根源上实现农业生产性服务业与环境的协调发展还是需要从根本上缓解农业生产性服务业发展产生农业污染的问题。这就需要多注重农业生产性服务业内部结构的调整。

参考文献

[1] 杜江. 中国农业增长的环境绩效研究[J]. 数量经济技术经济研究, 2014, 31(11): 53 - 69.

[2] 郝爱民. 农业生产性服务业对农业的影响——基于省级面板数据的研究[J]. 财贸经济, 2011 (7): 92 - 102 + 136.

[3] 郝爱民. 农业生产性服务业外溢效应和溢出渠道研究[J]. 中南财经政法大学学报, 2013 (6): 51 - 59.

[4] 韩坚, 尹国俊. 农业生产性服务业: 提高农业生产效率的新途径[J]. 学术交流, 2006 (11): 107 - 110.

[5] 姜长云. 农业生产性服务业发展的模式、机制与政策研究[J]. 经济研究参考, 2011 (51): 2 - 25.

[6] 李铜山. 论现代农业服务业的发展取向[J]. 中州学刊, 2003 (4): 41 - 44.

[7] 王劲屹. 农村金融发展、资本存量提升与农村经济增长[J]. 数量经济技术经济研究, 2018, 35(2): 64 - 81.

[8] 肖建中. 现代农业与服务业融合发展研究[D]. 武汉: 华中农业大学, 2012.

[9] 薛建良, 李秉龙. 基于环境修正的中国农业全要素生产率度量[J]. 中国人口·资源与环境, 2011, 21(5): 113 - 118.

[10] 叶初升, 惠利. 农业生产污染对经济增长绩效的影响程度研究——基于环境全要素生产率的分析[J]. 中国人口·资源与环境, 2016, 26(4): 116 - 125.

[11] 庄丽娟, 贺梅英, 张杰. 农业生产性服务需求意愿及影响因素分析——以广东省450户荔枝生产者的调查为例[J]. 中国农村经济, 2011 (3): 70 - 78.

[12] BELADI H, CHAO C C. Mixed ownership, unemployment, and welfare for a developing economy[J]. Review of Development Economics, 2006, 10(4): 604 - 611.

[13] COPELAND B R, TAYLOR M S. Trade, spatial separation, and the environment[J]. Journal of International Economics, 1999, 47: 137-168.

[14] DIXIT A K, STIGLITZ J E. Monopolistic competition and optimum product diversity[J]. The American Economic Review, 1977, 67: 297-308.

[15] ETHIER W J. National and international returns to scale in the modern theory of international trade[J]. The American Economic Review, 1982, 72: 389-405.

[16] HUANG J, ROZELLE S. Environmental stress and grain yields in China[J]. American Journal of Agricultural Economics, 1995, 4: 853-864.

[17] LI X C, FU H N. Migrant remittance, agricultural producer services, and environmental pollution[J]. Asia-Pacific Journal of Accounting & Economics, 2022, 29(5): 1267-1282.

[18] MURATA Y. Rural-urban interdependence and industrialization[J]. Journal of Development Economics, 2002, 68: 1-34.

[19] REINERT K A. Rural nonfarm development: a trade-theoretic rivew[J]. Journal of International trade and Economic Development, 1998, 4: 425-437.

[20] RESTUCCIA D, YANG D T, ZHU X. Agriculture and aggregate productivity: a quantitative cross-country analysis[J]. Journal of Monetary Economics, 2008, 55(2): 234-250.

[21] RIVERA-BATIZ F L, RIVERA-BATIZ L A. The effects of direct foreign investment in the presence of increasing returns due to specialization[J]. Journal of Development Economics, 1991, 34: 287-307.

[22] The World Bank. Cost of pollution in China: economic estimates of physical damages: report of State Environmental Protection Administration[R]. The World Bank, 2011.

附录

1. 附录 A

$$\frac{\hat{r}}{\hat{p}} = \frac{\theta_{LY}}{\theta_{LY}\theta_{KX} - \theta_{KY}\theta_{LX}} < 0,$$

$$\frac{\hat{r}}{\hat{n}} = 0,$$

$$\frac{\hat{r}_z}{\hat{p}} = \frac{1}{E^2(\mu+\lambda x)\Delta_1} \left\{ \varepsilon[\alpha\lambda x L_x^{w_s} - \beta(\mu+\lambda x) L_y^{w_s}][\theta_{LY}(L_x^r S_{KK}^y + L_x^r S_{KK}^x) - \theta_{KY}(L_y^r S_{KL}^y + L_x^r S_{KL}^x)] + \varepsilon[\alpha\lambda x L_x^r - \beta(\mu+\lambda x) L_y^r][(\theta_{LY}\theta_{KX} - \theta_{KY}\theta_{LX}) L_z^{w_u}(S_{KX}^z - S_{LX}^z) + \theta_{KY}(L_y^{w_s} S_{LL}^y + L_x^{w_s} S_{LL}^x + L_z^{w_u} S_{LL}^z) - \theta_{LY}(L_y^{w_s} S_{LK}^y + L_x^{w_s} S_{LK}^x) - \theta_{KY} L_z^{w_u} S_{KL}^z] + \frac{E^2 \lambda x}{\overline{E} - E}(L_x^{w_s} L_y^r - L_y^{w_s} L_x^r)[\theta_{KY}\theta_{LZ} - (\theta_{LY}\theta_{KX} - \theta_{KY}\theta_{LX})\theta_{XZ}] \right\} < 0,$$

$$\frac{\hat{r}_z}{\hat{n}} = -\frac{(\theta_{LY}\theta_{KX} - \theta_{KY}\theta_{LX})}{(\mu+\lambda x)\Delta_1} \left[-\frac{\varepsilon}{E} \left(\frac{\mu\beta}{E}(L_x^{w_s} L_y^r - L_x^r L_y^{w_s}) + \frac{1-\delta}{\delta E} L_z^{w_u}(S_{LX}^z - S_{KX}^z) \right) (\alpha\lambda x L_x^r - \beta(\mu+\lambda x) L_y^r) + \frac{1-\delta}{\delta} \cdot \frac{1}{\overline{E} - E} \theta_{XZ} \lambda x (L_x^r L_y^{w_s} - L_x^{w_s} L_y^r) \right],$$

$$\frac{\hat{w}_u}{\hat{p}} = \frac{\hat{w}_s}{\hat{p}} = \frac{\theta_{KY}}{\theta_{KY}\theta_{LX} - \theta_{LY}\theta_{KX}} > 0,$$

$$\frac{\hat{w}_u}{\hat{n}} = \frac{\hat{w}_s}{\hat{n}} = 0,$$

$$\frac{\hat{Y}}{\hat{p}} = \frac{1}{\Delta_1} \left\{ \frac{1}{\overline{E} - E} \cdot \frac{\lambda x}{\mu+\lambda x} L_z^{w_u} L_x^r (S_{LK}^z - S_{KK}^z)[(\theta_{KY}\theta_{LX} - \theta_{LY}\theta_{KX})\theta_{XZ} + \theta_{KY}\theta_{LZ}] + \frac{1}{\overline{E} - E} \cdot \frac{\lambda x}{\mu+\lambda x} \theta_{KZ} L_x^r [L_z^{w_u}(\theta_{LY}\theta_{KX} - \theta_{KY}\theta_{LX})(S_{LX}^z - S_{KX}^z) + \theta_{LY}(L_y^{w_s} S_{LK}^y + L_x^{w_s} S_{LK}^x) - \theta_{KY}(L_y^{w_s} S_{LL}^y + L_x^{w_s} S_{LL}^x + L_z^{w_u} S_{LL}^z) + \theta_{KY} L_z^{w_u} S_{KL}^z] + [\theta_{KY}(L_y^r S_{KL}^y + L_x^r S_{KL}^x) - \theta_{LY}(L_y^r S_{KK}^y + L_x^r S_{KK}^x)] \left[\frac{1}{\overline{E} - E} \cdot \frac{\lambda x}{\mu+\lambda x} \theta_{KZ} L_x^{w_s} - \frac{\varepsilon\beta}{E^2} L_z^{w_u}(S_{LK}^z - S_{KK}^z) \right] \right\},$$

$$\frac{\widehat{Y}}{\widehat{n}} = \frac{(\theta_{LY}\theta_{KX} - \theta_{KY}\theta_{LX})}{\Delta_1}\left[\frac{\varepsilon\beta}{E^2}L_x^r L_z^{w_u}\left(1 - \frac{\lambda x}{\mu + \lambda x}\right)(S_{LK}^z - S_{KK}^z) + \frac{1-\delta}{\delta}\cdot\frac{1}{\overline{E}-E}\cdot\right.$$

$$\left.\frac{\lambda x}{\mu + \lambda x}\theta_{XZ}L_x^r L_z^{w_u}(S_{LK}^z - S_{KK}^z) + \frac{1-\delta}{\delta}\cdot\frac{1}{\overline{E}-E}\theta_{KZ}L_x^r L_z^{w_u}(S_{KX}^z - S_{LX}^z)\right],$$

$$\frac{\widehat{x}}{\widehat{p}} = \frac{1}{\Delta_1}\left\{\frac{1}{\overline{E}-E}L_z^{w_u}L_y^r(S_{LK}^z - S_{KK}^z)[(\theta_{LY}\theta_{KX} - \theta_{KY}\theta_{LX})\theta_{XZ} - \theta_{KY}\theta_{LZ}] + \right.$$

$$\frac{1}{\overline{E}-E}\theta_{KZ}L_y^r[L_z^{w_u}(\theta_{LY}\theta_{KX} - \theta_{KY}\theta_{LX})(S_{KX}^z - S_{LX}^z) - \theta_{LY}(L_y^{w_s}S_{LK}^y + L_x^{w_s}S_{LK}^x) +$$

$$\theta_{KY}(L_y^{w_s}S_{LL}^y + L_x^{w_s}S_{LL}^x + L_z^{w_u}S_{LL}^z) - \theta_{KY}L_z^{w_u}S_{KL}^z] + [\theta_{LY}(L_y^r S_{KK}^y + L_x^r S_{KK}^x) -$$

$$\left.\theta_{KY}(L_y^r S_{KL}^y + L_x^r S_{KL}^x)]\left[\frac{1}{\overline{E}-E}\theta_{XZ}L_y^{w_s} - \frac{\varepsilon\alpha}{E^2}L_z^{w_u}(S_{LK}^z - S_{KK}^z)\right]\right\}$$

$$\frac{\widehat{x}}{\widehat{n}} = -\frac{(\theta_{LY}\theta_{KX} - \theta_{KY}\theta_{LX})}{\Delta_1}\left[\frac{1-\delta}{\delta}\cdot\frac{1}{\overline{E}-E}\theta_{XZ}L_y^r L_z^{w_u}(S_{LK}^z - S_{KK}^z) + \right.$$

$$\frac{\varepsilon}{E}L_z^{w_u}\left(\frac{\alpha}{E}L_x^r + \frac{\beta}{E}L_y^r\right)(S_{LK}^z - S_{KK}^z) + \frac{1}{\overline{E}-E}\theta_{KZ}\left((L_x^{w_s}L_y^r - L_x^r L_y^{w_s}) + \right.$$

$$\left.\left.\frac{1-\delta}{\delta}L_y^r L_z^{w_u}(S_{KX}^z - S_{LX}^z)\right)\right],$$

$$\frac{\widehat{Z}}{\widehat{p}} = \frac{1}{E(\mu + \lambda x)\Delta_1}\left\{\varepsilon\left(\theta_{KZ} - \frac{1}{E}S_{KK}^z\right)\left[(\beta(\mu + \lambda x)L_y^{w_s} - \alpha\lambda x L_x^{w_s})(\theta_{KY}(L_y^r S_{KL}^y + \right.\right.$$

$$L_x^r S_{KL}^x) - \theta_{LY}(L_y^r S_{KK}^y + L_x^r S_{KK}^x)) + (\alpha\lambda x L_x^r - \beta(\mu + \lambda x)L_y^r)(\theta_{KY}(L_y^{w_s}S_{LL}^y + $$

$$L_x^{w_s}S_{LL}^x + L_z^{w_u}S_{LL}^z) - \theta_{LY}(L_y^{w_s}S_{LK}^y + L_x^{w_s}S_{LK}^x))\right] + \left[\frac{\lambda x E}{\overline{E}-E}(L_x^{w_s}L_y^r - L_y^{w_s}L_x^r)\right]$$

$$\left[(\theta_{LY}\theta_{KX} - \theta_{KY}\theta_{LX})(\theta_{XZ}S_{KK}^z - \theta_{KZ}S_{KX}^z) - \theta_{KY}(\theta_{LZ}S_{KK}^z - \theta_{KZ}S_{KL}^z)\right] - L_z^{w_u}\varepsilon$$

$$\left[\alpha\lambda x L_x^r - \beta(\mu + \lambda x)L_y^r\right]\left[(\theta_{LY}\theta_{KX} - \theta_{KY}\theta_{LX}\left[S_{KK}^z\left(\theta_{XZ} - \frac{1}{E}S_{LX}^z\right) - S_{LK}^z\left(\theta_{XZ} - \right.\right.\right.$$

$$\left.\left.\left.\frac{1}{E}S_{KX}^z\right) - \theta_{KZ}(S_{KX}^z - S_{LX}^z)\right] - \theta_{KY}\left[\theta_{LZ}S_{KK}^z - S_{KL}^z\left(\theta_{KZ} + \frac{1}{E}S_{LK}^z\right)\right]\right]\right\},$$

$$\frac{\widehat{Z}}{\widehat{n}} = \frac{(\theta_{LY}\theta_{KX} - \theta_{KY}\theta_{LX})}{(\mu + \lambda x)\Delta_1}\left\{\frac{1-\delta}{\delta E}\varepsilon L_z^{w_u}S_{LK}^z\left(\theta_{XZ} - \frac{1}{E}S_{KX}^z\right)[\beta(\mu + \lambda x)L_y^r - \alpha\lambda x L_x^r] + \right.$$

$$\left.\varepsilon\left(\theta_{KZ} - \frac{1}{E}S_{KK}^z\right)\left[\frac{\mu\beta}{E}(L_y^{w_s}L_x^r - L_x^r L_y^{w_s}) + \frac{1-\delta}{\delta}\cdot\frac{\alpha\lambda x}{E}L_z^{w_u}L_x^r S_{LX}^z\right] + \right.$$

$$\frac{1-\delta}{\delta}(\theta_{KZ}S_{KX}^z - \theta_{XZ}S_{KK}^z)\left[\frac{\lambda x}{\overline{E}-E}(L_x^{w_s}L_y^r - L_x^r L_y^{w_s}) - \frac{L_z^{w_u}\varepsilon}{E}(\alpha\lambda x L_x^r - \beta(\mu+\lambda x)L_y^r)\right]\Big\}。$$

2. 附录 B

在资本部门间可流动的情况下，供给侧的动态调整过程如下：

$$\dot{x} = d_1[\delta p - \lambda e^x(w_s, r)] \tag{C1}$$

$$\dot{Y} = d_2[1 - c^y(w_s, r)] \tag{C2}$$

$$\dot{Z} = d_3\left[q - E^{-\varepsilon}c^z\left(w_u, r, \frac{p}{n^{\frac{1}{1-\delta}}}\right)\right] \tag{C3}$$

$$\dot{w}_u = d_4\left[Yc_{w_s}^y(w_s, r) + n(\mu+\lambda x)e_{w_s}^x(w_s, r) + Zc_{w_u}^z\left(w_u, r, \frac{p}{n^{\frac{1}{1-\delta}}}\right)E^{-\varepsilon} - \overline{L}\right] \tag{C4}$$

$$\dot{w}_s = d_5[(1+\theta)w_u - w_s] \tag{C5}$$

$$\dot{r} = d_5\left[Yc_r^y(w_s, r) + n(\mu+\lambda x)e_r^x(w_s, r) + Zc_r^z\left(w_u, r, \frac{p}{n^{\frac{1}{1-\delta}}}\right)E^{-\varepsilon} - \overline{K}\right] \tag{C6}$$

$$\dot{E} = d_7[(\overline{E}-E) - Y^\alpha(nx)^\beta] \tag{C7}$$

其中，"·"表示对时间求导，$d_j(j=1,2,3,4,5,6,7)$ 是衡量调整速度的系数，并且 $d_j > 0$。

式(C1)—(C7)的雅可比矩阵行列式为：

$$|J| = -\lambda q e^x c^y c^z E(\overline{E}-E) w_s d_1 d_2 d_3 d_4 d_5 d_6 d_7 \Delta_2。$$

根据劳斯-赫尔维茨(Routh-Hurwitz)稳定性判据，系统稳定的必要条件是雅可比矩阵行列式为负，即 $|J| < 0$，由此 $\Delta_2 > 0$。

3. 附录 C

$$\frac{\hat{r}}{\hat{p}} = \frac{\theta_{LY}}{\theta_{LY}\theta_{KX} - \theta_{KY}\theta_{LX}} < 0,$$

$$\frac{\hat{r}}{\hat{n}} = 0,$$

第十三章 农业生产性服务业发展的环境效果研究

$$\frac{\widehat{w_u}}{\widehat{p}} = \frac{\widehat{w_s}}{\widehat{p}} = \frac{\theta_{KY}}{\theta_{KY}\theta_{LX} - \theta_{LY}\theta_{KX}} > 0,$$

$$\frac{\widehat{w_u}}{\widehat{n}} = \frac{\widehat{w_s}}{\widehat{n}} = 0,$$

$$\frac{\widehat{Y}}{\widehat{p}} = \frac{1}{\Delta_2} \Big\{ -\frac{\varepsilon\beta}{E^2} \Big[L_z^{w_u}(\theta_{KY}(L_y^r S_{KL}^y + L_x^r S_{KL}^x + L_z^r S_{KL}^z) - \theta_{LY}(L_y^r S_{KK}^y + L_x^r S_{KK}^x + L_z^r S_{KK}^z)) + L_z^r(\theta_{LY}(L_y^{w_s} S_{LK}^y + L_x^{w_s} S_{LK}^x + L_z^{w_s} S_{LK}^z) - \theta_{KY}(L_y^{w_s} S_{LL}^y + L_x^{w_s} S_{LL}^x + L_z^{w_s} S_{LL}^z)) + L_z^r L_z^{w_u}(S_{LX}^z - S_{KX}^z)(\theta_{LY}\theta_{KX} - \theta_{KY}\theta_{LX}) \Big] + \frac{\lambda x}{(\overline{E}-E)(\mu+\lambda x)}(L_z^{w_u} L_x^r - L_x^{w_s} L_z^r)[(\theta_{KY}\theta_{LZ} - \theta_{LY}\theta_{KZ}) - \theta_{XZ}(\theta_{LY}\theta_{KX} - \theta_{KY}\theta_{LX})] \Big\},$$

$$\frac{\widehat{Y}}{\widehat{n}} = \frac{1}{\Delta_2}(\theta_{LY}\theta_{KX} - \theta_{KY}\theta_{LX}) \Big\{ -\frac{\varepsilon\beta}{E^2} \Big[\frac{1-\delta}{\delta} L_z^r L_z^{w_u}(S_{KX}^z - S_{LX}^z) - \frac{\mu}{\mu+\lambda x}(L_z^{w_u} L_x^r - L_x^{w_s} L_z^r) \Big] + \frac{1-\delta}{\delta} \cdot \frac{1}{\overline{E}-E} \theta_{KZ}(L_z^{w_u} L_x^r - L_x^{w_s} L_z^r) \Big\} < 0,$$

$$\frac{\widehat{x}}{\widehat{p}} = \frac{1}{\Delta_2} \Big\{ -\frac{\varepsilon\alpha}{E^2} \Big[L_z^{w_u}(\theta_{LY}(L_y^r S_{KK}^y + L_x^r S_{KK}^x + L_z^r S_{KK}^z) - \theta_{KY}(L_y^r S_{KL}^y + L_x^r S_{KL}^x + L_z^r S_{KL}^z)) + L_z^r(\theta_{KY}(L_y^{w_s} S_{LL}^y + L_x^{w_s} S_{LL}^x + L_z^{w_s} S_{LL}^z) - \theta_{LY}(L_y^{w_s} S_{LK}^y + L_x^{w_s} S_{LK}^x + L_z^{w_s} S_{LK}^z)) + L_z^r L_z^{w_u}(S_{KX}^z - S_{LX}^z)(\theta_{LY}\theta_{KX} - \theta_{KY}\theta_{LX}) \Big] + \frac{1}{\overline{E}-E}(L_z^{w_u} L_y^r - L_y^{w_s} L_z^r)[\theta_{XZ}(\theta_{LY}\theta_{KX} - \theta_{KY}\theta_{LX}) - (\theta_{KY}\theta_{LZ} - \theta_{LY}\theta_{KZ})] \Big\},$$

$$\frac{\widehat{x}}{\widehat{n}} = -\frac{1}{\Delta_2}(\theta_{LY}\theta_{KX} - \theta_{KY}\theta_{LX}) \Big\{ -\frac{\varepsilon\alpha}{E^2} \Big[\frac{1-\delta}{\delta} L_z^r L_z^{w_u}(S_{KX}^z - S_{LX}^z) - (L_z^{w_u} L_x^r - L_x^{w_s} L_z^r) \Big] + (L_z^{w_u} L_x^r - L_x^{w_s} L_z^r) \Big[\frac{1-\delta}{\delta} \cdot \frac{1}{\overline{E}-E} \theta_{KZ} - \frac{\varepsilon\beta}{E^2} \Big] \Big\} > 0,$$

$$\frac{\widehat{Z}}{\widehat{p}} = \frac{1}{E^2(\mu+\lambda x)\Delta_2} \Big\{ -\varepsilon(\beta(\mu+\lambda x)L_y^{w_s} - \alpha\lambda x L_x^{w_s})[\theta_{LY}(L_y^r S_{KK}^y + L_x^r S_{KK}^x + L_z^r S_{KK}^z) - \theta_{KY}(L_y^r S_{KL}^y + L_x^r S_{KL}^x + L_z^r S_{KL}^z)] - \varepsilon(\alpha\lambda x L_x^r - \beta(\mu+\lambda x)L_y^r)[\theta_{LY}(L_y^{w_s} S_{LK}^y + L_x^{w_s} S_{LK}^x + L_z^{w_s} S_{LK}^z) - \theta_{KY}(L_y^{w_s} S_{LL}^y + L_x^{w_s} S_{LL}^x + L_z^{w_u} S_{LL}^z)] + [\theta_{XZ}(\theta_{LY}\theta_{KX} - \theta_{KY}\theta_{LX})$$

$$-(\theta_{KY}\theta_{LZ}-\theta_{LY}\theta_{KZ})\Big]\Big[\frac{\lambda x E^2}{\overline{E}-E}(L_y^{w_s}L_x^r-L_x^{w_s}L_y^r)-\varepsilon E[\beta(\mu+\lambda x)(L_z^{w_u}L_y^r-$$

$$L_y^{w_s}L_z^r)+\alpha\lambda x(L_z^{w_u}L_x^r-L_x^{w_s}L_z^r)]]+\varepsilon(\theta_{LY}\theta_{KX}-\theta_{KY}\theta_{LX})[L_z^{w_u}S_{LX}^z(\beta(\mu+\lambda x)L_y^r$$

$$-\alpha\lambda x L_x^r)+L_z^r S_{KX}^z(\alpha\lambda x L_x^{w_s}-\beta(\mu+\lambda x)L_y^{w_s})]\Big\} > 0,$$

$$\frac{\widehat{Z}}{n}=-\frac{1}{\Delta_2}(\theta_{LY}\theta_{KX}-\theta_{KY}\theta_{LX})\Big\{-\frac{\varepsilon\beta\mu}{E^2(\mu+\lambda x)}(L_x^{w_s}L_y^r-L_y^{w_s}L_x^r)+\frac{1-\delta}{\delta}\cdot\frac{1}{\overline{E}-E}\cdot$$

$$\frac{\lambda x}{\mu+\lambda x}\theta_{XZ}(L_y^{w_s}L_x^r-L_x^{w_s}L_y^r)+\frac{1-\delta}{\delta}\varepsilon\Big(\frac{\beta}{E}L_y^{w_s}-\frac{\alpha}{E}\cdot\frac{\lambda x}{\mu+\lambda x}L_x^{w_s}\Big)\Big(\theta_{XZ}L_z^{w_u}-$$

$$\frac{1}{E}L_z^r S_{KX}^z\Big)+\frac{1-\delta}{\delta}\varepsilon\Big(\frac{\alpha}{E}\cdot\frac{\lambda x}{\mu+\lambda x}L_x^r-\frac{\beta}{E}L_y^r\Big)\Big(\theta_{XZ}-\frac{1}{E}S_{LX}^z\Big)\Big\} < 0。$$

第十四章　农业生产性服务业价格补贴对环境的影响

本章提要：本章构建了包含工业、农业生产性服务业、农业的三部门一般均衡模型，利用 Harris-Todaro 模型进行劳动力的转移设定，将资本是否流动设为短期长期的区分，通过比较静态分析得到了两个命题。短期当农业生产性服务业不能对农村劳动力进行有效替代时，补贴对环境可能造成破坏，当农业生产性服务业能够对农村劳动力进行替代时，补贴显著改善环境，长期中补贴可以有效改善环境。

第一节　序　言

2017 年印发的《关于加快发展农业生产性服务业的指导意见》首次提出了加快发展农业生产性服务业以发展现代化农业生产，明确指出了农业生产性服务业在我国农业发展中的重要地位。为更好扶持农业，我国从 2002 年起出台了一系列补贴政策，其中，农机购置补贴、农业保险补贴等对农业生产性服务业发展具有直接影响。如图 14-1，虽然 2012—2020 年中央拨付的"农机购置补贴总金额"每年有所波动，但都在 150 亿元以上，外加各地政府的专项补贴，我国的农机购置补贴数额庞大，体现了国家对该行业的扶持决心。另一方面，为了提高农业生产效率，化肥、农药、农膜等生产辅助性产品被大量使用，这些生产要素在投入后会残留在土地中，并渗入地下污染水源，对农业自身的生产产生影响。现代化的农业生产通过农业机械大规模精细化耕种，一定程度上可以减少这些污染要素的使用，可能会对环境产生正向效果。但同时农业作为环境敏感部门，工业污染往往通过空气、河流传播的方式对其造成影响，在考虑环境问题时不能忽视工业污染。因此，作为农业生产性服务业价格补贴的一种，农机购置补贴在有效降低农业机械价格的同时，农机需求是否会上升，进而现代化农业是否会因此减少污染要素的使用,从而改善环境,值得研究。还应当注意到,经济作为一个整体,农业生产性服务业价格补贴对工业生产会产生什么样的影响,环境污染中的工业污染又会怎样变动,值得思考。

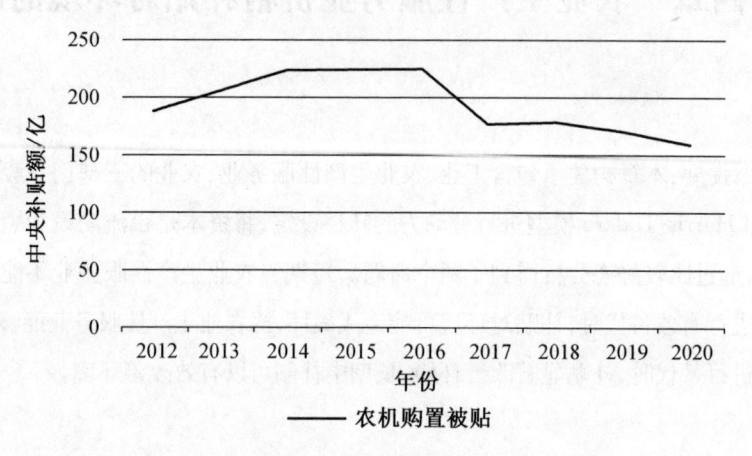

图 14-1 2012—2020 年中央农机购置补贴额

数据来源:各省补贴公开网站、农机专业网。

早期针对生产性服务业的研究主要集中在其与制造业的联动方面,可以称为工业生产性服务业(Browning 和 Singelman,1975;Riddle,1986;Illeris,1989;Eswaran 和 Kotwal,2002;Markusen,1989)。对于农业生产性服务业的研究,Harry(1977)通过分析加拿大十年经济数据,发现农业发展对农业生产性服务业的依赖程度呈上升趋势;Reinerk(1986)将生产性服务的投入纳入了模型,得出了其在农村劳动力的增长、农业的定价等一系列农村发展中发挥了重要的数量和质量作用。郝爱民(2011)、楚明钦(2021)对农业生产性服务业具体分项产生的经济效应进行了研究,结果证明了农业生产性服务业对提升农业生产效率、促进农民增收有积极作用。在农业全要素生产率方面,农业生产性服务业对其有正面作用,在不同的农业基础生产环境下产生的影响不同(郝一帆和王征兵,2018),也与农业生产性服务业本身的发展水平有关(顾晟景和周宏,2021)。而在农业技术效率问题上,不同学者得出的结论有所不同,郝一帆和王征兵(2018)研究表明农业生产性服务业的集聚和增长对农业技术效率产生了不同程度的抑制作用;孙顶强等(2016)通过实地考察的水稻投入产出数据发现农业生产性服务业能有效提升技术效率;王洋和许佳彬(2019)基于黑龙江省玉米种植户调查数据得到了农机服务能有效提升农业技术效率的结论。但是,以上研究主要针对实际数据进行实证分析,较少有研究通过建立模型进行机制解释。不少研究发现农业生产性服务业的价格补贴对农业生产效率的促进作用,有利于现代农业发展(Fan等,2008;Garrone等,2019)。农机购置补贴能有效提高农业生产效率(吕炜等,2015),通过要素替代效应与收入效应促使劳动力流出(陈径天等,2018),但其他相关补贴会阻碍劳动力流出。目前较少有研究提及在发展过程中对于化肥农药等这类生产要素的使用是否会造成更多的污染。

农业污染主要来源于农业生产过程中使用的化肥、农药、农膜等污染要素,这些要素会影响土地环境,加剧环境污染,导致水资源的污染与退化,这种现象在我国许多农村都较为普遍(唐丽霞和左停,2008)。随着农业的发展,污染要素的大量使用导致农业面源污染逐渐占据环境污染的主要地位。相较于工业污染,农业污染因其污染方式较为隐蔽,数据难以观测,研究也较少。但其影响同样是巨大的,农业环境污染会降低农业生产效率(Falavigna等,2013),也会对社会福利产生影响(Taheripour等,2008)。沈能和王艳(2016)、邓晴晴等(2020)、曾琳琳等(2022)、田晓晖等(2021)考察了农业污染的影响要素,但没有将农业生产性服务业补贴纳入考虑。

Copeland 和 Taylor(1999)认为农业作为环境敏感型产业,污染产生的负外部性对其发展具有抑制作用,工业污染通过空气、水流等传播途径对农业生产会产生影响。因此在考虑农业污染问题时,工业污染同样需要纳入考虑。基于以上背景,本章将考虑农业生产性服务业的价格补贴对环境的影响,并将农业污染与工业污染同时纳入环境体系构建理论模型进行分析,研究农业生产性服务业价格补贴对环境的影响。

第二节 模型构建

我国目前经济体量虽然庞大,但作为发展中国家仍然受到国际市场的诸多影响,定价权等话语权缺失，因此本章采用小国开放的设定。

在模型中存在三个部门：部门 1 是城市工业部门，部门 2 是农业生产性服务业部门，部门 3 是农村农业部门，三部门各自的生产函数如下：

$$X_1 = F^1(L_1, K_1) \qquad (14-1)$$

$$X_2 = F^2(L_2, K_2) \qquad (14-2)$$

$$X_3 = E^e F^3(L_3, X_2, Z) \qquad (14-3)$$

城市工业部门生产所需劳动力 L_1 和资本 K_1，产出为 X_1，这主要对应了现实经济中工业生产的一般投入。农业生产性服务业部门投入劳动力 L_2 和资本 K_2，产出为 X_2。农村农业部门投入劳动力 L_3、部门 2 的产出 X_2 和污染要素 Z，同时生产函数受到环境系数 E^e 的影响，产出为 X_3。

本章考虑的农业生产性服务业包括交通运输、农村金融、仓储、农机等类型的行业，这些行业特性更接近于工业，因此在此处投入劳动力和资本共同进行生产。而生产性服务业的特性决定了这个部门的产出是作为农业生产的中间投入品进入生产环节。

部门 3 在投入要素中增加了污染要素的投入，这些要素在参与生产过程后会有部分残留在土地中，或渗入地下水形成污染。

上述三个部门的生产函数都设定为满足"稻田条件"，即一阶导数 $F'>0$，二阶导数 $F''<0$，由于本章考虑的是小国的经济情况，因此假设三个部门的生产函数均满足规模报酬不变的假定。

环境情况由以下等式决定：

$$E = \frac{\overline{E} - \lambda_1 X_1 - \lambda_3 Z}{\overline{E}} \qquad (14-4)$$

其中，$\overline{E}$ 代表初始的环境水平，即没有环境污染时的基准环境。$\lambda_1(0<\lambda_1<1)$ 为部门 1 的污染系数，譬如工业废水、废气等污染排放，以一个固定的比例 λ_1 排放到环境中。$\lambda_3(0<\lambda_3<1)$ 是部门 3 的污染系数，同样伴随着污染要素的使用以一个固定的比例影响环境。

环境受到工业污染和农业污染共同影响,且对农业生产造成影响。考虑到农业是环境敏感型产业,城市工业造成的污染会经由空气、河流等途径影响农业生产的环境,而农业本身使用的化肥、农药、农膜等污染要素会残留在土地中或渗入地下水,反过来对农业本身的生产造成影响。因此在本章中同时考虑了工业污染与农业污染(Chua, 2003;Beladi 和 Chao, 2006),而农业生产性服务业部门一般认为是污染较小的部门,因此在本章中不考虑其产生的污染。$0<E<1, 0<\varepsilon<1, 0<E^{\varepsilon}<1$,环境对农业生产有负向的影响。

本章考虑对农业生产性服务业价格进行的补贴,设定补贴率为 s,补贴来源于对环境污染的征税,由于工业污染排放容易衡量,农业污染由于主要为面源污染,缺乏较好的监测手段,因此本章考虑只对城市工业部门的污染排放进行征税,税率为 τ,具体由下面的等式决定:

$$sP_2X_2 = \tau\lambda_1X_1 \quad (14-5)$$

P_2 是农业生产性服务业产品的价格。

根据利润最大化的原则,可以得到三部门在各自利润最大化时的条件:

$$P_1F_L^1 - \overline{w} - \tau\lambda_1F_L^1 = 0 \quad (14-6)$$

$$P_1F_K^1 - r_1 - \tau\lambda_1F_K^1 = 0 \quad (14-7)$$

$$P_2F_L^2 - \overline{w} = 0 \quad (14-8)$$

$$P_2F_K^2 - r_2 = 0 \quad (14-9)$$

$$E^{\varepsilon}F_L^3 - w_3 = 0 \quad (14-10)$$

$$E^{\varepsilon}F_{X_2}^3 - (1-s)P_2 = 0 \quad (14-11)$$

$$E^{\varepsilon}F_Z^3 - P_Z = 0 \quad (14-12)$$

其中,部门1和部门2的工资水平具有下方刚性,为 $\overline{w}$,这因为农业生产性服务业部门主要集中在城市,因此与城市一样拥有最低工资标准。农业部门的工资为 w_3。部门1和部门2的资本报酬率为 r_1 和 r_2。将部门3农业产品的价格单位化为1,得到部门1产品、部门2产品、污染要素价格分别为 P_1、P_2 和 P_Z,工业品生产价格由国际市场定价,因此部门1价格外生。

可以看到在对农业部门进行利润最大化求解时保留了环境系数,而前文中环境的设定是受到农业污染要素投入的影响的,在这里并没有进行求导。其主要原因是对于农业部门而言,环境是个外生的变量,虽然污染要素的排放会影响环境,但无法主动去进行选择,污染只是结果,因此本章在设定最优生产量时将环境系数作为外生参数。

污染要素作为农业生产的中间品投入,其使用量主要依靠人力施用,因此在本章中,将污染要素的生产用部门3使用的劳动力进行表示,即

$$Z = \alpha L_3^\beta \tag{14-13}$$

其中 α、β 均大于0且小于1,是为使要素投入量随劳动力的投入边际递减,更符合现实经济的运行。同时,污染要素 Z 也对劳动力具有替代作用,如化肥、农药、农膜的施用可以替代部分的劳动力,而由于本章考虑的农业生产性服务业与这些污染要素没有直接的替代关系,所以在本章中不考虑污染要素对部门2产品的替代。

在哈里斯-托达罗的劳动力转移模型下,部门1和部门2会因工资的下方刚性而存在失业,将失业率记为 μ,则可以得到如下的劳动力转移模型:

$$w_3 = \frac{\overline{w}}{1+\mu} \tag{14-14}$$

而劳动力总量等式表现如下:

$$\overline{L} = (1+\mu)(L_1 + L_2) + L_3 \tag{14-15}$$

在短期,由于部门间的差异,资本无法自由地在部门间流动,因此短期部门1与部门2使用的资本固定,且资本的回报率可能存在差异而并不相同。长期随着资本的自由流动,资本市场达到均衡,两部门的资本回报率相同,即

$$r_1 = r_2 = r$$

因此,长期利润最大化原则的资本投入条件变成:

$$P_1 F_K^1 - r - \tau \lambda_1 F_K^1 = 0 \tag{14-7'}$$

$$P_2 F_K^2 - r = 0 \qquad (14-9')$$

以及资本总量的表达式：

$$K_1 + K_2 = \overline{K} \qquad (14-16)$$

本章通过(14-1)—(14-15)的 15 个等式构建了短期理论模型。在模型中，存在 X_1、X_2、X_3、L_1、L_2、L_3、μ、r_1、r_2、w_3、E、τ、Z、P_2、P_Z 15 个内生变量，P_1、K_1、K_2、$\overline{L}$、$\overline{E}$、s 7 个外生变量。

长期模型由(14-1)—(14-6)、(14-7')、(14-8)、(14-9')、(14-10)—(14-16)16 个等式构成，包含了 X_1、X_2、X_3、L_1、L_2、L_3、μ、r、K_1、K_2、w_3、E、τ、Z、P_2、P_Z 16 个内生变量，以及 P_1、$\overline{K}$、$\overline{L}$、$\overline{E}$、s 5 个外生变量。

第三节 比较静态分析

一、资本专用情形

首先对短期模型进行全微分，为了简化运算，不妨令补贴率 s 从 0 开始变动，相应的 τ 也从 0 开始，则对(14-1)—(14-15)式的全微分结果进行整合，可得到：

$$\begin{pmatrix} 1 & -E^\varepsilon F_{X_2}^3 F_L^2 & -\left(E^\varepsilon F_L^3 + E^\varepsilon F_Z^3 \beta \dfrac{Z}{L_3}\right) & 0 & 0 & -\varepsilon E^{\varepsilon-1} F^3 & 0 & 0 \\ 0 & 0 & \lambda_3 \beta \dfrac{Z}{L_3} & 0 & 0 & \overline{E} & 0 & 0 \\ 0 & P_2 F_{LL}^2 & 0 & 0 & 0 & 0 & F_L^2 & 0 \\ 0 & P_2 F_{KL}^2 & 0 & 0 & -1 & 0 & F_K^2 & 0 \\ 0 & E^\varepsilon F_{LX_2}^3 F_L^2 & \left(E^\varepsilon F_{LL}^3 + E^\varepsilon F_{LZ}^3 \beta \dfrac{Z}{L_3}\right) & \dfrac{w_3}{1+\mu} & 0 & \varepsilon E^{\varepsilon-1} F_L^3 & 0 & 0 \\ 0 & E^\varepsilon F_{X_2 X_2}^3 F_L^2 & E^\varepsilon F_{X_2 L}^3 & 0 & 0 & \varepsilon E^{\varepsilon-1} F_{X_2}^3 & -1 & 0 \\ 0 & 0 & \left(E^\varepsilon F_{ZL}^3 + E^\varepsilon F_{ZZ}^3 \beta \dfrac{Z}{L_3}\right) & 0 & 0 & \varepsilon E^{\varepsilon-1} F_Z^3 & 0 & -1 \\ 0 & 1+\mu & 1 & L_1 + L_2 & 0 & 0 & 0 & 0 \end{pmatrix} \begin{pmatrix} dX_3 \\ dL_2 \\ dL_3 \\ d\mu \\ dr_2 \\ dE \\ dP_2 \\ dP_Z \end{pmatrix}$$

$$= \begin{pmatrix} 0 \\ -\dfrac{\lambda_1 F_L^1 P_2 X_2 F_L^1}{P_1 X_1 F_{LL}^1} \\ 0 \\ 0 \\ 0 \\ -P_2 \\ 0 \\ -(1+\mu)\dfrac{P_2 X_2 F_L^1}{P_1 X_1 F_{LL}^1} \end{pmatrix} \mathrm{d}s \qquad (14-17)$$

令上述方程组的行列式为 Δ_1，化简可得：

$$\Delta_1 = \overline{E} F_L^2 \begin{vmatrix} E^\epsilon F_{LX_2}^3 F_L^2 & E^\epsilon F_{LL}^3 + E^\epsilon F_{LZ}^3 \beta \dfrac{Z}{L_3} - \dfrac{\lambda_3 \beta \dfrac{Z}{L_3}}{\overline{E}} \epsilon E^{\epsilon-1} F_L^3 & \dfrac{w_3}{1+\mu} \\ E^\epsilon F_{X_2 X_2}^3 F_L^2 + \dfrac{P_2 F_{LL}^2}{F_L^2} & E^\epsilon F_{X_2 L}^3 - \dfrac{\lambda_3 \beta \dfrac{Z}{L_3}}{\overline{E}} \epsilon E^{\epsilon-1} F_{X_2}^3 & 0 \\ 1+\mu & 1 & L_1 + L_2 \end{vmatrix} < 0$$

接下来，运用 Gramer 法则对其余变量的结果进行计算。在此处将污染要素及环境的计算过程进行展示，其中污染要素由于和部门 3 劳动力之间的等式关系，由其进行计算，其余变量的计算过程详见附录。

$$\dfrac{\mathrm{d}L_3}{\mathrm{d}s} = -\dfrac{1}{\Delta_1} \lambda_1 P_2 F_L^2 X_2 F_L^1 \overline{E}(1+\mu) \begin{vmatrix} -\dfrac{\lambda_1 F_L^1}{\overline{E}} \epsilon E^{\epsilon-1} F_{X_2}^3 & E^\epsilon F_{LX_2}^3 F_L^2 & w_3 \\ \dfrac{X_1}{X_2} \dfrac{P_1 F_{LL}^1}{F_L^1} - \dfrac{\lambda_1 F_L^1}{\overline{E}} \epsilon E^{\epsilon-1} F_{X_2}^3 & \dfrac{P_2 F_{LL}^2}{F_L^2} + E^\epsilon F_{X_2 X_2}^3 F_L^2 & 0 \\ 1 & 1 & L_1 + L_2 \end{vmatrix}$$

当 $(L_1+L_2) F_{LX_2}^3 F_L^2 - F_L^3 > 0$ 时，$\dfrac{\mathrm{d}L_3}{\mathrm{d}s} > 0$；当 $(L_1+L_2) F_{LX_2}^3 F_L^2 - F_L^3 < 0$ 时，无法判断 $\dfrac{\mathrm{d}L_3}{\mathrm{d}s}$ 的正负性，即补贴上升可能导致部门 3 劳动力上升或下降。而因为 $\mathrm{d}Z = \dfrac{\beta Z}{L_3}$

$\mathrm{d}L_3$，因此污染要素的变动与部门3劳动力变动一致。

$$\frac{\mathrm{d}E}{\mathrm{d}s}=\frac{1}{\Delta_1}\beta\frac{Z}{L_3}\lambda_1 P_2 F_L^2 X_2 F_L^1 \bar{E}(1+\mu)\begin{vmatrix} E^\varepsilon F_{LX_2}^3 F_L^2 & E^\varepsilon F_{LL}^3 + E^\varepsilon F_{LZ}^3\beta\dfrac{Z}{L_3} & w_3 \\ \dfrac{P_2 F_L^2}{F_L^2}+E^\varepsilon F_{X_2 X_2}^3 F_L^2 & E^\varepsilon F_{X_2 L}^3 - \dfrac{\lambda_3\beta\dfrac{Z}{L_3}}{\lambda_1 F_L^1}\dfrac{X_1}{X_2}\dfrac{P_1 F_{LL}^1}{F_L^1} & 0 \\ 1+\mu & 1-(1+\mu)\dfrac{\lambda_3\beta\dfrac{Z}{L_3}}{\lambda_1 F_L^1} & \bar{L}-L_3 \end{vmatrix}$$

当 $(L_1+L_2)F_{LX_2}^3 F_L^2 - F_L^3 < 0$ 时，$\dfrac{\mathrm{d}E}{\mathrm{d}s} > 0$；当 $(L_1+L_2)F_{LX_2}^3 F_L^2 - F_L^3 > 0$ 时，无法判断补贴对环境的影响，此时补贴可能会破坏环境，也可能改善环境。

可以看到，影响污染要素和环境的判定式为同一个 $(L_1+L_2)F_{LX_2}^3 F_L^2 - F_L^3$，将之记为(＊)式，则可以得到以下结论：

1. 当(＊)>0时，提高农业生产性服务业价格补贴，会导致污染要素的使用上升，而工业污染下降，总体环境可能得到改善也可能遭到破坏。

2. 当(＊)<0时，提高农业生产性服务业价格补贴，可能导致污染要素投入上升或下降，同时工业污染下降，总体环境水平得到改善。

因此，着重对(＊)式进行说明。决定(＊)式正负的主要因素为 $F_{LX_2}^3$ 与 F_L^3，分别为农业生产性服务业产品对劳动力的替代率和农业部门劳动力的边际生产率。根据刘易斯二元经济理论可以得知，当农业生产处于落后水平时，农村劳动力存在大量隐性失业，其劳动力的边际生产率趋近于0，在这种情况下农业生产性服务业产品对劳动力的替代生产率会非常明显，因此(＊)式可以显著大于0。此时伴随着污染要素使用的上升，总体环境可能遭到破坏也可能得到改善。

当农业往现代农业进行发展，即不断投入农业生产性服务业产品进行劳动替代后，农村劳动力不再存在隐性失业，劳动力的边际生产率得到极大提升，而农业生产性服务业产品对劳动力的替代生产率也逐渐变小。农业生产性服务业部门由于不断发展，其投入劳动力的边际产出也会下降。此消彼长下(＊)式的值会不断减小，由正转负，最终导致整体环境的改善。

其余变量通过 Gramer 法则也可以得到求解判断,将所有变量的结果列于表 14-1。

表 14-1 短期模型计算结果①

变量	dX_1	dX_2	dX_3	dL_1	dL_2	dL_3	$d\mu$	dE
ds	—	[+]	[+]	—	[+]	[+]或[−]	[−]	[+]或[−]

变量	dr_1	dr_2	$d\tau$	dZ	dw_3	dP_2	dP_Z
ds	—	[+]	+	[+]或[−]	[+]	+	[+]

部门1短期资本固定不变,增加补贴意味着多征收污染税,因此部门1生产成本上升,为实现利润最大化会减少生产,雇佣劳动力减少,资本由于投入量不变,其利息报酬也会下降,伴随产出而产生的工业污染也会减少。

部门2的情况相对简单,农业生产性服务业价格补贴会引发部门3对其需求量上升,部门2得以吸纳更多劳动力,资本同样由于短期不发生改变,其利息报酬也会上涨。尽管农业生产性服务业价格受到了补贴,但仍存在供不应求价格上涨的趋势。

部门3情况较为复杂,价格补贴导致其购入更多农业生产性服务,农业产出增加。但对于劳动力和污染要素的投入存在不同的作用:当$(L_1+L_2)F_{LX_2}^3 F_L^2 - F_L^3 > 0$时,农业部门增收对劳动力带来的"收入效应"大于农业生产性服务业产品投入增加导致的"替代效应",因此反而导致劳动力回流入农业部门,从而导致更多污染要素的使用,此时环境情况可能得到改善也可能受到破坏;当$(L_1+L_2)F_{LX_2}^3 F_L^2 - F_L^3 < 0$时,农业生产性服务业对农村劳动力的"替代效应"显著大于"收入效应",农村劳动力流出农村部门,污染要素的使用也会减少,此时整体环境得到改善。

因此,根据短期比较静态分析的结果,提出以下命题:

命题1:在短期,当农业生产性服务业对农村劳动力替代效果不明显($(L_1+L_2)F_{LX_2}^3 F_L^2 - F_L^3 > 0$)时,农业生产性服务业价格补贴可能对环境造成破坏,当农业生产性服务业能有效替代农村劳动力($(L_1+L_2)F_{LX_2}^3 F_L^2 - F_L^3 < 0$)时,该补贴能显著改善环境。

---

① 表格中正负号代表提高补贴会造成该变量增加或减少,其中带"[]"的正负号代表需要通过假设条件才能进行判定,将在附录中进行详细的计算判断,此处不再赘述。

二、资本可移动情形

对模型中$(14-1)-(14-6)$、$(14-7')$、$(14-8)$、$(14-9')$、$(14-10)-(14-16)$这16个式子进行全微分,得到:

$$\begin{pmatrix}
1 & 0 & 0 & -F_L^1 & 0 & 0 & -F_K^1 & 0 & 0 & 0 & 0 & 0 & 0 & 0 \\
0 & 1 & 0 & 0 & -F_L^2 & 0 & 0 & -F_K^2 & 0 & 0 & 0 & 0 & 0 & 0 \\
0 & -E^\epsilon F_{X_2}^3 & 1 & 0 & 0 & -E^\epsilon F_L^3 & 0 & 0 & -E^\epsilon F_Z^3 & -\epsilon E^{\epsilon-1}F^3 & 0 & 0 & 0 & 0 \\
\lambda_1 & 0 & 0 & 0 & 0 & 0 & 0 & 0 & \lambda_3 & \overline{E} & 0 & 0 & 0 & 0 \\
0 & 0 & 0 & 0 & 0 & 0 & 0 & 0 & 0 & 0 & \lambda_1 X_1 & 0 & 0 & 0 \\
0 & 0 & 0 & P_1 F_{LL}^1 & 0 & 0 & P_1 F_{LK}^1 & 0 & 0 & 0 & 0 & -\lambda_1 F_L^1 & 0 & 0 \\
0 & 0 & 0 & P_1 F_{KL}^1 & 0 & 0 & P_1 F_{KK}^1 & 0 & 0 & 0 & -1 & 0 & -\lambda_1 F_K^1 & 0 \\
0 & 0 & 0 & 0 & P_2 F_{LL}^2 & 0 & 0 & P_2 F_{LK}^2 & 0 & 0 & 0 & 0 & F_L^2 & 0 \\
0 & 0 & 0 & 0 & P_2 F_{KL}^2 & 0 & 0 & P_2 F_{KK}^2 & 0 & 0 & 0 & -1 & F_K^2 & 0 \\
0 & E^\epsilon F_{LX_2}^3 & 0 & 0 & E^\epsilon F_{LL}^3 & 0 & 0 & E^\epsilon F_{LZ}^3 & \epsilon E^{\epsilon-1} F_L^3 & -1 & 0 & 0 & 0 & 0 \\
0 & E^\epsilon F_{X_2 X_2}^3 & 0 & 0 & E^\epsilon F_{X_2 L}^3 & 0 & 0 & 0 & \epsilon E^{\epsilon-1} F_{X_2}^3 & 0 & 0 & -1 & 0 & 0 \\
0 & 0 & 0 & 0 & E^\epsilon F_{ZL}^3 & 0 & 0 & E^\epsilon F_{ZZ}^3 & \epsilon E^{\epsilon-1} F_Z^3 & 0 & 0 & 0 & 0 & -1 \\
0 & 0 & 0 & 0 & -\dfrac{\beta Z}{L_3} & 0 & 0 & 0 & 1 & 0 & 0 & 0 & 0 & 0 \\
0 & 0 & 0 & 1+\mu & 1+\mu & 1 & 0 & 0 & 0 & 0 & 0 & 0 & L_1+L_2 & 0 \\
0 & 0 & 0 & 0 & 0 & 0 & 0 & 0 & 0 & 1+\mu & 0 & 0 & w_3 & 0 \\
0 & 0 & 0 & 0 & 0 & 1 & 1 & 0 & 0 & 0 & 0 & 0 & 0 & 0
\end{pmatrix}
\begin{pmatrix} dX_1 \\ dX_2 \\ dX_3 \\ dL_1 \\ dL_2 \\ dL_3 \\ dK_1 \\ dK_2 \\ dZ \\ dE \\ dw_3 \\ dr \\ dP_2 \\ d\tau \\ d\mu \\ dP_Z \end{pmatrix}$$

$$= \begin{pmatrix} 0 \\ 0 \\ 0 \\ 0 \\ P_2 X_2 \\ 0 \\ 0 \\ 0 \\ 0 \\ 0 \\ -P_2 \\ 0 \\ 0 \\ 0 \\ 0 \\ 0 \end{pmatrix} ds \qquad (14-18)$$

将上述方程组的行列式记为 Δ_2，通过计算化简可以得到：

$$\Delta_2 = \lambda_1 X_1 \frac{X_2}{K_2} P_1 F_{LL}^1 P_2 F_{LL}^2 \overline{E} \begin{vmatrix} E^\epsilon F_{LL}^3 + \frac{\beta Z}{L_3} E^\epsilon F_{LZ}^3 - \frac{\beta Z}{L_3} \frac{\lambda_3}{\overline{E}} \epsilon E^{\epsilon-1} F_L^3 & -\frac{X_2}{K_2} E^\epsilon F_{LX_2}^3 - \lambda_1 \frac{X_1}{K_1} \epsilon E^{\epsilon-1} F_L^3 & w_3 \\ E^\epsilon F_{X_2L}^3 - \frac{\beta Z}{L_3} \frac{\lambda_3}{\overline{E}} \epsilon E^{\epsilon-1} F_{X_2}^3 & -\frac{X_2}{K_2} E^\epsilon F_{X_2X_2}^3 - \lambda_1 \frac{X_1}{K_1} \epsilon E^{\epsilon-1} F_{X_2}^3 & 0 \\ 1 & (1+\mu)\left(\frac{L_1}{K_1} - \frac{L_2}{K_2}\right) & \overline{L} - L_3 \end{vmatrix} < 0$$

接下来利用 Gramer 法则计算农业生产性服务业价格补贴对环境的影响：

$$\frac{dE}{ds} = \frac{1}{\Delta_2} P_2 \lambda_1^2 \frac{X_2}{K_2}^2 P_1 F_{LL}^1 P_2 F_{LL}^2$$

$$\begin{vmatrix} -\frac{\lambda_3}{\lambda_1} \frac{\beta Z}{L_3} & -\frac{X_1}{K_1} & -F_L^1 \frac{L_1}{P_1(\alpha_1 - 1)} & 0 \\ E^\epsilon F_{LL}^3 + \frac{\beta Z}{L_3} E^\epsilon F_{LZ}^3 & -\frac{X_2}{K_2} E^\epsilon F_{LX_2}^3 & E^\epsilon F_{LX_1}^3 F_L^2 \frac{X_1 K_2}{X_2 K_1} \frac{L_2}{P_2(\alpha_2 - 1)} & w_3 \\ E^\epsilon F_{X_1L}^3 & -\frac{X_2}{K_2} E^\epsilon F_{X_2X_2}^3 & \frac{X_1}{X_2} \frac{\overline{K}}{K_1} + E^\epsilon F_{X_1X_2}^3 F_L^2 \frac{X_1 K_2}{X_2 K_1} \frac{L_2}{P_2(\alpha_2 - 1)} & 0 \\ 1 & (1+\mu)\left(\frac{L_1}{K_1} - \frac{L_2}{K_2}\right) & \left(\frac{L_1}{P_1(\alpha_1 - 1)} + \frac{L_2}{P_2(\alpha_2 - 1)}\right)(1+\mu) & \overline{L} - L_3 \end{vmatrix}$$

当 $\frac{\lambda_3}{\lambda_1} \frac{\beta Z}{K_2} - \frac{X_1}{K_1} < 0$ 时，有 $\frac{dE}{ds} > 0$，即增加农业生产性服务业价格补贴能改善环境。

其余变量均可通过 Gramer 法则求解，各变量计算结果如表 14-2 所示。

表 14-2 长期模型计算结果[①]

变量	dX_1	dX_2	dX_3	dL_1	dL_2	dL_3	dK_1	dK_2
ds	[−]	+	/	[−]	[+]	[−]	[−]	[+]

变量	dZ	dE	dw_3	dr	dP_2	$d\tau$	$d\mu$	dP_Z
ds	[−]	+	/	/	/	+	/	/

根据长期模型的计算结果，本章针对三个部门进行解释。

[①] 方括号表示正负判定需要条件，"/" 表示无法直接判断正负性，由于这些变量不是本章研究的重点，因此没有进行进一步计算。

部门1受到补贴上升额外征收的污染税影响,成本增加,产量减少,其雇佣劳动力和使用的资本都减少。产出下降导致产生的工业污染减少,有利于环境。

部门2受到补贴的影响,部门3对其产品需求量上升,部门2扩大生产,同时吸纳更多的劳动力与资本投入生产,整体呈现扩张的趋势。

部门3变动较为复杂。长期农业生产性服务业发展较为成熟,导致其对于农村劳动力的"替代效应"显著,农村劳动力流出农业部门,同时污染要素的投入也会降低。这对农业部门的产出影响不能确定,但对于环境是改善的,因此长期补贴有利于环境。

基于长期比较静态分析结果,提出以下命题:

命题2:长期提高对农业生产性服务业产品的价格补贴能有效改善环境。

第四节 结 论

本章通过对现实经济发展政策进行背景分析,提出了研究的问题——农业生产性服务业价格补贴对环境的影响。通过比较静态分析得出了两个命题:短期农业生产性服务业价格补贴上升对环境的影响不确定。在农业生产性服务业对农村劳动力的"收入效应"大于"替代效应",即无法进行有效替代的情况下,补贴可能对环境造成破坏,当替代效果显著时,补贴能显著改善环境。长期提高对农业生产性服务业产品的价格补贴能明显改善环境。

通过上述研究,本章对经济绿色发展提出以下几点政策建议供参考:

1. 农业生产性服务业价格补贴总体上看是一项环境友好型的补贴政策,其对经济绿色发展是有益的。但需要注意两点,一是要有效落实补贴政策,做到公开透明,确保补贴能对农民生产产生便利,二是补贴对象需要是实际参与农业生产、能够有效替代农村劳动力的产业,只有这些产业能够在促进农业生产的同时改善环境。

2. 针对部分省份当前产业结构导致的,补贴破坏环境的情况,政府可以有两点措施:一是进一步细化补贴内容,剔除不能有效替代劳动力的部分,开展精准补贴,使得农业生产性服务业逐步达到能有效替代劳动的水平;二是借助其他政府调控手段,通过提高科技研发投入、社会保障投入等一系列措施,抵消补贴对环境造成的破坏影响,使经济得以绿色发展。

经济作为一个整体,市场发挥着不可忽视的作用,政府单一的调控手段必然有限。因此政府更应当拓展政策"工具箱",充分利用各种调控手段进行联调联控,以确保经济健康稳定绿色发展。

参考文献

[1] 陈径天,温思美,张乐.农机购置补贴政策有助于农业劳动力转移吗?[J].广东社会科学,2018(5):31-40.

[2] 楚明钦.农业生产性服务嵌入对农业效率影响的实证[J].统计与决策,2021,37(24):75-79.

[3] 邓晴晴,李二玲,任世鑫.农业集聚对农业面源污染的影响——基于中国地级市面板数据门槛效应分析[J].地理研究,2020,39(4):970-989.

[4] 顾晟景,周宏.生产性服务业对农业全要素生产率的影响研究——基于中介效应的影响路径分析[J].中国农业资源与区划,2022,43(3):106-116.

[5] 郝爱民.农业生产性服务业对农业的影响——基于省级面板数据的研究[J].财贸经济,2011(7):97-102+136.

[6] 郝一帆,王征兵.生产性服务业能提升中国农业全要素生产率吗?[J].学习与实践,2018(9):39-50.

[7] 吕炜,张晓颖,王伟同.农机具购置补贴、农业生产效率与农村劳动力转移[J].中国农村经济,2015(8):22-32.

[8] 沈能,王艳.中国农业增长与污染排放的 EKC 曲线检验:以农药投入为例[J].数理统计与管理,2016,35(4):614-622.

[9] 孙顶强,卢宇桐,田旭.生产性服务对中国水稻生产技术效率的影响——基于吉、浙、湘、川4省微观调查数据的实证分析[J].中国农村经济,2016(8):70-81.

[10] 唐丽霞,左停.中国农村污染状况调查与分析——来自全国141个村的数据[J].中国农村观察,2008(1):31-38.

[11] 田晓晖,李薇,李戎. 农业机械化的环境效应——来自农机购置补贴政策的证据[J]. 中国农村经济,2021(9):95-109.

[12] 王洋,许佳彬. 农技服务采纳提高玉米生产技术效率了吗?——基于黑龙江省38个村279户玉米种植户的调查[J]. 农林经济管理学报,2019,18(4):481-491.

[13] 曾琳琳,李晓云,孙倩. 作物种植专业化程度对农业生态效率的影响[J]. 中国农业资源与区划,2022,43(8):10-21.

[14] BELADI H, CHAO C C. Environmental policy, comparative advantage, and welfare for a developing economy[J]. Environment & Development Economics, 2006, 11(5): 559-568.

[15] BROWNING C, SINGELMAN J. The emergence of a service society[R]. Springfield, 1975.

[16] CHUA S. Does tighter environmental policy lead to a comparative advantage in less polluting goods?[J]. Oxford Economic Papers, 2003, 55(1): 25-35.

[17] COPELAND B, TAYLOR M. Trade, spatial separation, and the environment[J]. Journal of International Economices, 1999 (47): 137-168.

[18] ESWARN M, KOTWAL A. The role of the service sector in the process of industrialization[J]. Journal of Development Economics, 2002, 68(2): 401-420.

[19] FALAVIGNA G, MANELLO A, PAVONE S. Environmental efficiency, productivity and public funds: the case of the Italian agricultural industry[J]. Agricultural Systems, 2013, 121: 73-80.

[20] FAN S G, GULATI A, THORAT S. Investment, subsidies, and pro-poor growth in rural India[J]. Agricultural Economics, 2008, 39(2): 163-170.

[21] GARRONE M, EMMERS D, LEE H, et al. Subsidies and agricultural productivity in the EU[J]. Agricultural Economics, 2019, 50(6): 803-817.

[22] HARRY H P. Factor content of canadian international trade: an input-output

analysis[J]. Journal of International Economics, 1977, 2: 209-211.

[23] ILLERIS S. Producer services: the key sector for future economic development [R]. Entrepreneurship and Regional Development, 1989.

[24] MA J, GUO J, LIU X. Water quality evaluation model based on principal component analysis and information entropy: application in Jinshui River[J]. Journal of Resources and Ecology, 2010, 1: 248-251.

[25] MARKUSEN J. Trade in producer services and in other specialized intermediate inputs[J]. The American Economic Review, 1989, 79(1): 85-95.

[26] RIDDLE D I. Service-led growth: the role of the service sector in world development[R]. Praeger, 1986.

[27] REINERT K A. The role of the service sector in world development[R]. Rural Nonfarm Development, 1986.

[28] TAHERIPOUR F, KHANNA M, NELSON C H. Welfare impacts of alternative public policies for agricultural pollution control in an open economy: a general equilibrium framework [J]. American Journal of Agricultural Economics, 2008, 90(3): 701-718.

附录

1. 附录1 短期模型剩余变量计算结果

$$\frac{dL_2}{ds} = \frac{1}{\Delta_1} F_L^2 \lambda_1 P_2 X_2 F_L^1 w_3 \begin{vmatrix} \lambda_1 F_L^1 & \lambda_3 \beta \dfrac{Z}{L_3} & \overline{E} \\ \dfrac{X_1}{X_2} \dfrac{P_1 F_{LL}^1}{F_L^1} & E^\epsilon F_{X,L}^3 & F_{X_2}^3 \epsilon E^{\epsilon-1} \\ 1+\mu & 1-\dfrac{\overline{L}-L_3}{w_3}\left(E^\epsilon F_{LL}^3 + E^\epsilon F_{LZ}^3 \beta \dfrac{Z}{L_3}\right) & -\dfrac{\overline{L}-L_3}{w_3} F_L^3 \epsilon E^{\epsilon-1} \end{vmatrix}$$

当 $-\dfrac{X_1}{X_2}\dfrac{P_1 F_{LL}^1}{F_L^1}\dfrac{L_1+L_2}{E^\epsilon} - F_{X_2}^3 > 0$ 时,行列式值为负,即 $\dfrac{dL_2}{ds} > 0$。由于 $dX_2 = F_L^2 dL_2$,所以 $\dfrac{dX_2}{ds} > 0$。

$$\frac{\mathrm{d}X_3}{\mathrm{d}s} = \frac{1}{\Delta_1} \lambda_1 P_2 X_2 F_L^1 F_L^2 \lambda_1 F_L^1 \cdot$$

$$\begin{vmatrix} -F_L^2 E^\varepsilon F_{X_2}^3 & -E^\varepsilon F_L^3 - E^\varepsilon F_{LZ}^3 \beta \dfrac{Z}{L_3} & 0 & -\dfrac{\varepsilon}{E} X_3 \\[6pt] F_L^2 E^\varepsilon F_{LX_2}^3 & E^\varepsilon F_{LL}^3 + E^\varepsilon F_{LZ}^3 \beta \dfrac{Z}{L_3} & w_3 & F_L^3 \varepsilon E^{\varepsilon-1} \\[6pt] \dfrac{P_2 F_{LL}^2}{F_L^2} + E^\varepsilon F_{X_2 X_2}^3 F_L^2 & E^\varepsilon F_{X_2 L}^3 - \dfrac{\lambda_3 \beta \dfrac{Z}{L_3}}{\lambda_1 F_L^1} \dfrac{X_1}{X_2} \dfrac{P_1 F_{LL}^1}{F_L^1} & 0 & F_{X_2}^3 \varepsilon E^{\varepsilon-1} - \dfrac{\overline{E}}{\lambda_1 F_L^1} \dfrac{X_1}{X_2} \dfrac{P_1 F_{LL}^1}{F_L^1} \\[6pt] 1+\mu & 1 - (1+\mu) \dfrac{\lambda_3 \beta \dfrac{Z}{L_3}}{\lambda_1 F_L^1} & \overline{L} - L_3 & -(1+\mu) \dfrac{\overline{E}}{\lambda_1 F_L^1} \end{vmatrix}$$

当 $F_{X_2 L}^3 - \dfrac{1}{L_3} F_{X_2}^3 E^\varepsilon > 0$,$E^\varepsilon \overline{E} - \dfrac{\varepsilon}{E} \lambda_3 \beta Z > 0$,$-F_{X_2}^3 F_L^3 \varepsilon E^{\varepsilon-1} + \dfrac{\varepsilon}{E} X_3 F_{LX_2}^3 < 0$ 时,$\dfrac{\mathrm{d}X_3}{\mathrm{d}s} > 0$。

$$\frac{\mathrm{d}\mu}{\mathrm{d}s} = \frac{1}{\Delta_1} (1+\mu) \lambda_1 P_2 F_L^2 X_2 F_L^1 \cdot$$

$$\begin{vmatrix} \lambda_1 F_L^1 - (1+\mu) \lambda_3 \beta \dfrac{Z}{L_3} & -(1+\mu) \lambda_3 \beta \dfrac{Z}{L_3} & \overline{E} \\[6pt] -(1+\mu)\left(E^\varepsilon F_{LL}^3 + E^\varepsilon F_{LZ}^3 \beta \dfrac{Z}{L_3}\right) & F_L^2 E^\varepsilon F_{LX_2}^3 - (1+\mu)\left(E^\varepsilon F_{LL}^3 + E^\varepsilon F_{LZ}^3 \beta \dfrac{Z}{L_3}\right) & F_L^3 \varepsilon E^{\varepsilon-1} \\[6pt] \dfrac{X_1}{X_2} \dfrac{P_1 F_{LL}^1}{F_L^1} - (1+\mu) E^\varepsilon F_{X_2 L}^3 & \dfrac{P_2 F_{LL}^2}{F_L^2} + F_L^2 E^\varepsilon F_{X_2 X_2}^3 - (1+\mu) E^\varepsilon F_{X_2 L}^3 & F_{X_2}^3 \varepsilon E^{\varepsilon-1} \end{vmatrix}$$

当 $\overline{E} F_{LZ}^3 - \lambda_3 F_L^3 \dfrac{\varepsilon}{E} > 0$,$\lambda_1 F_L^1 \dfrac{\varepsilon}{E} - \overline{E}(1+\mu) \dfrac{1-\alpha_3}{L_3} > 0$ 时,$\dfrac{\mathrm{d}\mu}{\mathrm{d}s} < 0$。由于 $\mathrm{d}w_3 = -\dfrac{w_3}{1+\mu} \mathrm{d}\mu$,因此 $\dfrac{\mathrm{d}w_3}{\mathrm{d}s} > 0$。

$$\frac{\mathrm{d}P_2}{\mathrm{d}s} = -\frac{1}{\Delta_1} P_2 F_{LL}^2 \lambda_1 P_2 X_2 F_L^1 (\overline{L} - L_3) \begin{vmatrix} \lambda_1 F_L^1 & \lambda_3 \beta \dfrac{Z}{L_3} & \overline{E} \\[6pt] -\dfrac{w_3}{L_1 + L_2} & E^\varepsilon F_{LL}^3 + E^\varepsilon F_{LZ}^3 \beta \dfrac{Z}{L_3} - \dfrac{w_3}{\overline{L} - L_3} & F_L^3 \varepsilon E^{\varepsilon-1} \\[6pt] \dfrac{X_1}{X_2} \dfrac{P_1 F_{LL}^1}{F_L^1} & E^\varepsilon F_{X_2 L}^3 & F_{X_2}^3 \varepsilon E^{\varepsilon-1} \end{vmatrix}$$

当 $\lambda_3\beta\dfrac{Z}{L_3}\dfrac{\varepsilon}{E}-\overline{E}\dfrac{\alpha_3}{L_3}<\lambda_3-\overline{E}\dfrac{\alpha_3}{L_3}<0$，$\dfrac{\mathrm{d}P_2}{\mathrm{d}s}>0$。由于 $\mathrm{d}r_2=P_2F_{KL}^2\mathrm{d}L_2+F_K^2\mathrm{d}P_2$，所以 $\dfrac{\mathrm{d}r_2}{\mathrm{d}s}>0$。

$$\dfrac{\mathrm{d}P_Z}{\mathrm{d}s}=-\dfrac{1}{\Delta_1}\lambda_1P_2X_2F_L^1F_L^2E^\varepsilon ZF_{ZZ}^3\dfrac{1}{\alpha_3}\dfrac{\varepsilon}{E}\cdot$$

$$\begin{vmatrix} \lambda_1F_L^1 & 0 & \lambda_3\beta\dfrac{Z}{L_3}-\dfrac{(1-\beta)\alpha_3E}{L_3\varepsilon}\overline{E} & 0 \\ 0 & F_L^2E^\varepsilon F_{LX_2}^3 & E^\varepsilon F_{LL}^3+E^\varepsilon F_{LZ}^3\beta\dfrac{Z}{L_3}-\dfrac{(1-\beta)\alpha_3E}{L_3\varepsilon}\varepsilon E^{\varepsilon-1}F_L^3 & w_3 \\ \dfrac{X_1}{X_2}\dfrac{P_1F_{LL}^1}{F_L^1} & \dfrac{P_2F_{LL}^2}{F_L^2}+E^\varepsilon F_{X_2X_2}^3F_L^2 & E^\varepsilon F_{X_2L}^3-\dfrac{(1-\beta)\alpha_3E}{L_3\varepsilon}\varepsilon E^{\varepsilon-1}F_{X_2}^3 & 0 \\ 1+\mu & 1+\mu & 1 & \overline{L}-L_3 \end{vmatrix}$$

当 $-\left(\dfrac{P_2F_{LL}^2}{F_L^2}+E^\varepsilon F_{X_2X_2}^3F_L^2\right)\left(E^\varepsilon F_{LL}^3+E^\varepsilon F_{LZ}^3\beta\dfrac{Z}{L_3}-\dfrac{(1-\beta)\alpha_3E}{L_3\varepsilon}\varepsilon E^{\varepsilon-1}F_L^3\right)<0$ 时，$\dfrac{\mathrm{d}P_Z}{\mathrm{d}s}>0$。

2. 附录2　长期模型剩余变量计算结果

$$\dfrac{\mathrm{d}X_1}{\mathrm{d}s}=\dfrac{1}{\Delta_2}P_2\lambda_1F_L^1\dfrac{X_2^2}{K_2}\overline{E}F_L^1P_2F_{LL}^2\cdot$$

$$\begin{vmatrix} E^\varepsilon F_{LL}^3+\dfrac{\beta Z}{L_3}E^\varepsilon F_{LZ}^3-\dfrac{\lambda_3\dfrac{\beta Z}{L_3}}{\overline{E}}\varepsilon E^{\varepsilon-1}F_L^2 & -E^\varepsilon F_{LX_2}^3A & w_3 \\ E^\varepsilon F_{X_2L}^3-\dfrac{\lambda_3\dfrac{\beta Z}{L_3}}{\overline{E}}\varepsilon E^{\varepsilon-1}F_{X_2}^2 & -\dfrac{1}{\alpha_1}\dfrac{L_1}{K_1}\dfrac{X_1}{X_2}\dfrac{\overline{K}}{K_1}\dfrac{P_1F_{LL}^1}{F_L^1}-E^\varepsilon F_{X_2X_2}^3A & 0 \\ 1 & -(1+\mu)\dfrac{F_K^1}{F_L^1}-(1+\mu)B & \overline{L}-L_3 \end{vmatrix}$$

其中 $B=\dfrac{\dfrac{L_2}{K_2}P_2F_{LL}^2+\dfrac{1}{\alpha_1}\dfrac{L_1}{K_1}\dfrac{X_1K_2}{X_2K_1}\dfrac{P_1F_{LL}^1}{F_L^1}F_L^2}{P_2F_{LL}^2}>0$，$A=F_K^2+F_L^2B>0$。

当 $-E^\varepsilon F_{LX_2}^3A(\overline{L}-L_3)+w_3\left[(1+\mu)\dfrac{F_K^1}{F_L^1}+(1+\mu)B\right]>0$ 时，$\dfrac{\mathrm{d}X_1}{\mathrm{d}s}<0$。

$$\frac{\mathrm{d}Z}{\mathrm{d}s} = \frac{1}{\Delta_2} \frac{\beta Z}{L_3} P_2 \lambda_1 X_2 (1+\mu) \frac{X_1}{K_1} \lambda_1 P_2 F_{LL}^2 P_1 F_{LL}^1 \varepsilon E^{\varepsilon-1} F_{X_2}^3 \cdot$$

$$\begin{vmatrix} -\dfrac{X_1}{K_1} + \dfrac{\frac{X_2}{K_2} E^\varepsilon F_{X_2 X_2}^3}{\varepsilon E^{\varepsilon-1} F_{X_2}^2} \dfrac{\overline{E}}{\lambda_1} & \dfrac{X_2 K_1}{X_1 K_2} F_L^1 - \dfrac{\frac{\overline{K}}{K_2} + \frac{F_L^2 F_L^2}{P_2 F_{LL}^2} E^\varepsilon F_{X_2 X_2}^3}{\varepsilon E^{\varepsilon-1} F_{X_2}^2} \dfrac{\overline{E}}{\lambda_1} & 0 \\ \dfrac{X_2}{K_2} E^\varepsilon F_{LX_2}^3 - \dfrac{\frac{X_2}{K_2} E^\varepsilon F_{X_2 X_2}^3}{\varepsilon E^{\varepsilon-1} F_{X_2}^2} \varepsilon E^{\varepsilon-1} F_L^3 & -\dfrac{F_L^2 F_L^2}{P_2 F_{LL}^2} E^\varepsilon F_{LX_2}^3 + \dfrac{\frac{\overline{K}}{K_2} + \frac{F_L^2 F_L^2}{P_2 F_{LL}^2} E^\varepsilon F_{X_2 X_2}^3}{\varepsilon E^{\varepsilon-1} F_{X_2}^2} \varepsilon E^{\varepsilon-1} F_L^3 & w_3 \\ \dfrac{L_1}{K_1} - \dfrac{L_2}{K_2} & -\dfrac{F_L^2}{P_2 F_{LL}^2} - \dfrac{X_2 K_1}{X_1 K_2} \dfrac{F_L^1}{P_1 F_{LL}^1} & \overline{L} - L_3 \end{vmatrix}$$

当 $\left(-\dfrac{F_L^2 F_L^2}{P_2 F_{LL}^2} E^\varepsilon F_{LX_2}^3 + \dfrac{\frac{\overline{K}}{K_2} + \frac{F_L^2 F_L^2}{P_2 F_{LL}^2} E^\varepsilon F_{X_2 X_2}^3}{\varepsilon E^{\varepsilon-1} F_{X_2}^2} \varepsilon E^{\varepsilon-1} F_L^3 \right)(\overline{L} - L_3) - \left(-\dfrac{F_L^2}{P_2 F_{LL}^2} - \dfrac{X_2 K_1}{X_1 K_2} \dfrac{F_L^1}{P_1 F_{LL}^1} \right)$

$w_3 < 0$ 时，则 $\dfrac{\mathrm{d}Z}{\mathrm{d}s} < 0$。又由于 $\mathrm{d}L_3 = \dfrac{L_3}{\beta Z} \mathrm{d}Z$，因此 $\dfrac{\mathrm{d}L_3}{\mathrm{d}s} < 0$。

$$\frac{\mathrm{d}X_2}{\mathrm{d}s} = -\frac{1}{\Delta_2} P_2 \lambda_1 X_2 F_L^2 \frac{X_1}{K_1} F_L^2 P_2 F_{LL}^2 \overline{E} \cdot$$

$$\begin{vmatrix} E^\varepsilon F_{LL}^3 + \dfrac{\beta Z}{L_3} E^\varepsilon F_{LZ}^3 - \dfrac{\lambda_3 \frac{\beta Z}{L_3}}{\overline{E}} \varepsilon E^{\varepsilon-1} F_L^3 & \lambda_1 (F_K^1 + F_L^1 C) \dfrac{\varepsilon E^{\varepsilon-1}}{\overline{E}} F_L^3 & w_3 \\ E^\varepsilon F_{X_2 L}^3 - \dfrac{\lambda_3 \frac{\beta Z}{L_3}}{\overline{E}} \varepsilon E^{\varepsilon-1} F_{X_2}^3 & -P_2 \dfrac{\alpha_2 - 1}{\alpha_2 K_2} \dfrac{\overline{K}}{K_2} + \lambda_1 (F_K^1 + F_L^1 C) \dfrac{\varepsilon E^{\varepsilon-1}}{\overline{E}} F_{X_2}^3 & 0 \\ 1 & -(1+\mu) \dfrac{F_K^2}{F_L^2} - (1+\mu) C & \overline{L} - L_3 \end{vmatrix}$$

其中，$C = \dfrac{\dfrac{L_1}{K_1} P_1 F_{LL}^1 + P_2 \dfrac{\alpha_2 - 1}{\alpha_2 K_2} \dfrac{X_2 K_1}{X_1 K_2} F_L^1}{P_1 F_{LL}^1} > 0, \dfrac{\mathrm{d}X_2}{\mathrm{d}s} > 0$。

$$\frac{\mathrm{d}X_3}{\mathrm{d}s} = \frac{1}{\Delta_2} P_2 \lambda_1 X_2 \frac{X_1}{K_1} E^\varepsilon w_3 P_1 F_{LL}^1 P_2 F_{LL}^2 \lambda_1 \varepsilon E^{\varepsilon-1} F_{X_2}^3 \cdot$$

$$\begin{vmatrix} -\dfrac{\beta Z}{L_3}\dfrac{\lambda_3}{\lambda_1}+\dfrac{E\alpha_3}{\varepsilon L_3}\dfrac{\overline{E}}{\lambda_1} & -\dfrac{X_1}{K_1}+\dfrac{E\alpha_3}{\varepsilon K_2}\dfrac{\overline{E}}{\lambda_1} & \dfrac{\dfrac{X_2 K_1}{X_1 K_2}F_L^1}{P_1 F_{LL}^1}F_L^1-\dfrac{\overline{E}}{\lambda_1}D \\[6pt] \dfrac{\beta Z}{L_3}F_Z^3 & -\dfrac{X_2}{K_2}F_{X_2}^3-\dfrac{\alpha_3}{K_2}F^3 & -\dfrac{F_L^2}{P_2 F_{LL}^2}F_{X_2}^3+\dfrac{\varepsilon}{E}D \\[6pt] 1-\dfrac{E^\varepsilon F_{LL}^3}{(1-\alpha_3)w_3}(\overline{L}-L_3) & (1+\mu)\left(\dfrac{L_1}{K_1}-\dfrac{L_2}{K_2}\right) & -(1+\mu)\left[\dfrac{\dfrac{X_2 K_1}{X_1 K_2}F_L^1}{P_1 F_{LL}^1}+\dfrac{F_L^2}{P_2 F_{LL}^2}\right] \end{vmatrix}$$

其中,$D=\dfrac{\dfrac{\overline{K}}{K_2}+\dfrac{F_L^2}{P_2 F_{LL}^2}F_L^2 E^\varepsilon F_{X_2 X_2}^3}{\varepsilon E^{\varepsilon-1}F_{X_2}^3}>0$,无法判断其正负性。

$$\dfrac{\mathrm{d}K_2}{\mathrm{d}s}=-\dfrac{1}{\Delta_2}P_2\lambda_1 X_2\dfrac{X_1}{K_1}P_2 F_{LL}^2 P_1 F_{LL}^1\overline{E}\cdot$$

$$\begin{vmatrix} E^\varepsilon F_{LL}^3+\dfrac{\beta Z}{L_3}E^\varepsilon F_{LZ}^3-\dfrac{\lambda_3\dfrac{\beta Z}{L_3}}{\overline{E}}\varepsilon E^{\varepsilon-1}F_L^3 & -E^\varepsilon F_{LX_2}^3 F_L^2\dfrac{F_L^2}{P_2 F_{LL}^2}+\dfrac{\lambda_1 F_L^1}{\overline{E}}\dfrac{\dfrac{X_2 K_1}{X_1 K_2}F_L^1}{P_1 F_{LL}^1}\varepsilon E^{\varepsilon-1}F_L^3 & w_3 \\[6pt] E^\varepsilon F_{X_1 L}^3-\dfrac{\lambda_3\dfrac{\beta Z}{L_3}}{\overline{E}}\varepsilon E^{\varepsilon-1}F_{X_2}^3 & -\dfrac{\overline{K}}{K_2}-E^\varepsilon F_{X_2 X_2}^3 F_L^2\dfrac{F_L^2}{P_2 F_{LL}^2}+\dfrac{\lambda_1 F_L^1}{\overline{E}}\dfrac{\dfrac{X_2 K_1}{X_1 K_2}F_L^1}{P_1 F_{LL}^1}\varepsilon E^{\varepsilon-1}F_{X_2}^3 & 0 \\[6pt] 1 & -(1+\mu)\left[\dfrac{\dfrac{X_2 K_1}{X_1 K_2}F_L^1}{P_1 F_{LL}^1}+\dfrac{F_L^2}{P_2 F_{LL}^2}\right] & \overline{L}-L_3 \end{vmatrix}$$

其中,当$-E^\varepsilon F_{LX_2}^3 F_L^2\dfrac{F_L^2}{P_2 F_{LL}^2}+\dfrac{\lambda_1 F_L^1}{\overline{E}}\dfrac{\dfrac{X_2 K_1}{X_1 K_2}F_L^1}{P_1 F_{LL}^1}\varepsilon E^{\varepsilon-1}F_L^3<0$时,有$\dfrac{\mathrm{d}K_2}{\mathrm{d}s}>0$。由于$\mathrm{d}K_1=-\mathrm{d}K_2$,因此$\dfrac{\mathrm{d}K_1}{\mathrm{d}s}<0$。

$$\dfrac{\mathrm{d}L_1}{\mathrm{d}s}=\dfrac{1}{\Delta_2}P_2\lambda_1 X_2\dfrac{X_2}{K_2}F_L^1 P_2 F_{LL}^2\overline{E}\cdot$$

第十四章 农业生产性服务业价格补贴对环境的影响

$$\begin{vmatrix} E^{\varepsilon}F_{LL}^3+\dfrac{\beta Z}{L_3}E^{\varepsilon}F_{LZ}^3-\dfrac{\lambda_3\dfrac{\beta Z}{L_3}}{\overline{E}}\varepsilon E^{\varepsilon-1}F_L^3 & -E^{\varepsilon}F_{LX_2}^3\left(\dfrac{X_2}{K_2}+\dfrac{X_2K_2}{X_1K_1}\dfrac{F_L^2}{F_L^1}\dfrac{L_1}{K_1}\dfrac{P_1F_{LL}^1}{P_2F_{LL}^2}F_L^2\right)-\dfrac{\lambda_1F_K^1}{\overline{E}}\varepsilon E^{\varepsilon-1}F_L^3 & w_3 \\ E^{\varepsilon}F_{X_2L}^3-\dfrac{\lambda_3\dfrac{\beta Z}{L_3}}{\overline{E}}\varepsilon E^{\varepsilon-1}F_{X_2}^3 & -\dfrac{X_1}{X_2}\dfrac{\overline{K}}{K_1}\dfrac{P_1F_{LL}^1}{F_L^1}\dfrac{L_1}{K_1}-E^{\varepsilon}F_{X_2X_2}^3\left(\dfrac{X_2}{K_2}+\dfrac{X_2K_2}{X_1K_1}\dfrac{F_L^2}{F_L^1}\dfrac{L_1}{K_1}\dfrac{P_1F_{LL}^1}{P_2F_{LL}^2}F_L^2\right)- \\ & \dfrac{\lambda_1F_K^1}{\overline{E}}\varepsilon E^{\varepsilon-1}F_{X_2}^3 & 0 \\ 1 & -(1+\mu)\left(\dfrac{L_2}{K_2}+\dfrac{X_2K_2}{X_1K_1}\dfrac{F_L^2}{F_L^1}\dfrac{L_1}{K_1}\dfrac{P_1F_{LL}^1}{P_2F_{LL}^2}\right) & \overline{L}-L_3 \end{vmatrix}$$

当 $\left[-E^{\varepsilon}F_{LX_2}^3\left(\dfrac{X_2}{K_2}+\dfrac{X_2K_2}{X_1K_1}\dfrac{F_L^2}{F_L^1}\dfrac{L_1}{K_1}\dfrac{P_1F_{LL}^1}{P_2F_{LL}^2}F_L^2\right)-\dfrac{\lambda_1F_K^1}{\overline{E}}\varepsilon E^{\varepsilon-1}F_L^3\right](\overline{L}-L_3)+w_3(1+$

$\mu)\left(\dfrac{L_2}{K_2}+\dfrac{X_2K_2}{X_1K_1}\dfrac{F_L^2}{F_L^1}\dfrac{L_1}{K_1}\dfrac{P_1F_{LL}^1}{P_2F_{LL}^2}\right)>0$ 时,$\dfrac{dL_1}{ds}<0$。

$\dfrac{dL_2}{ds}=\dfrac{1}{\Delta_2}P_2\lambda_1X_2\dfrac{X_1}{K_1}F_L^1P_1F_{LL}^1\overline{E}\cdot$

$$\begin{vmatrix} E^{\varepsilon}F_{LL}^3+\dfrac{\beta Z}{L_3}E^{\varepsilon}F_{LZ}^3-\dfrac{\lambda_3\dfrac{\beta Z}{L_3}}{\overline{E}}\varepsilon E^{\varepsilon-1}F_L^3 & -F_K^2E^{\varepsilon}F_{LX_2}^3-\dfrac{\left(\dfrac{X_1}{K_1}+\dfrac{L_2}{K_2}\dfrac{X_2K_1}{X_1K_2}\dfrac{F_L^1}{F_L^2}\dfrac{P_2F_{LL}^2}{P_1F_{LL}^1}F_L^2\right)\lambda_1}{\overline{E}}\varepsilon E^{\varepsilon-1}F_L^3 & w_3 \\ E^{\varepsilon}F_{X_2L}^3-\dfrac{\lambda_3\dfrac{\beta Z}{L_3}}{\overline{E}}\varepsilon E^{\varepsilon-1}F_{X_2}^3 & \dfrac{L_2}{K_2}\dfrac{\overline{K}}{K_2}\dfrac{P_2F_{LL}^2}{F_L^2}-F_K^2E^{\varepsilon}F_{X_2X_2}^3- \\ & \dfrac{\left(\dfrac{X_1}{K_1}+\dfrac{L_2}{K_2}\dfrac{X_2K_1}{X_1K_2}\dfrac{F_L^1}{F_L^2}\dfrac{P_2F_{LL}^2}{P_1F_{LL}^1}F_L^2\right)\lambda_1}{\overline{E}}\varepsilon E^{\varepsilon-1}F_{X_2}^3 & 0 \\ 1 & (1+\mu)\left(\dfrac{L_1}{K_1}+\dfrac{L_2}{K_2}\dfrac{X_2K_1}{X_1K_2}\dfrac{F_L^1}{F_L^2}\dfrac{P_2F_{LL}^2}{P_1F_{LL}^1}\right) & \overline{L}-L_3 \end{vmatrix}$$

当 $\dfrac{L_2}{K_2}\dfrac{\overline{K}}{K_2}\dfrac{P_2F_{LL}^2}{F_L^2}-F_K^2E^{\varepsilon}F_{X_2X_2}^3-\dfrac{\left(\dfrac{X_1}{K_1}+\dfrac{L_2}{K_2}\dfrac{X_2K_1}{X_1K_2}\dfrac{F_L^1}{F_L^2}\dfrac{P_2F_{LL}^2}{P_1F_{LL}^1}F_L^2\right)\lambda_1}{\overline{E}}\varepsilon E^{\varepsilon-1}F_{X_2}^3<0$ 时,有

$\dfrac{dL_2}{ds}>0$。

$\dfrac{dw_3}{ds}=-\dfrac{1}{\Delta_2}w_3P_2\lambda_1X_2\dfrac{X_1}{K_1}P_1F_{LL}^1P_2F_{LL}^2\lambda_1\varepsilon E^{\varepsilon-1}F_L^3\cdot$

$$\left|\begin{array}{cccc} \dfrac{\beta Z}{L_3}\dfrac{\lambda_3}{\lambda_1}-\dfrac{E\left(F_{LL}^3+\dfrac{\beta Z}{L_3}F_{LZ}^3\right)}{\varepsilon F_L^3}\dfrac{\overline{E}}{\lambda_1} & -\dfrac{X_1}{K_1}+\dfrac{X_2}{K_2}\dfrac{EF_{LX_2}^3}{\varepsilon F_L^3}\dfrac{\overline{E}}{\lambda_1} & \dfrac{\dfrac{X_2K_1}{X_1K_2}F_L^1}{P_1F_{LL}^1}F_L^1+\dfrac{EF_{LX_2}^3}{\varepsilon F_L^3}\dfrac{\overline{E}}{\lambda_1}\dfrac{F_L^2}{P_2F_{LL}^2}F_L^2 \\[6pt] E^{\varepsilon}F_{X_2L}^3-\dfrac{E^{\varepsilon}\left(F_{LL}^3+\dfrac{\beta Z}{L_3}F_{LZ}^3\right)}{F_L^3}F_{X_2}^3 & -\dfrac{X_2}{K_2}\left(E^{\varepsilon}F_{X_2X_2}^3-\dfrac{E^{\varepsilon}F_{LX_2}^3 F_{X_2}^3}{F_L^3}\right) & -\dfrac{\overline{K}}{K_2}-\dfrac{F_L^2}{P_2F_{LL}^2}F_L^2\left(E^{\varepsilon}F_{X_2X_2}^3-\dfrac{E^{\varepsilon}F_{LX_2}^3 F_{X_2}^3}{F_L^3}\right) \\[6pt] 1 & (1+\mu)\left(\dfrac{L_1}{K_1}-\dfrac{L_2}{K_2}\right) & -(1+\mu)\left(\dfrac{\dfrac{X_2K_1}{X_1K_2}F_L^1}{P_1F_{LL}^1}+\dfrac{F_L^2}{P_2F_{LL}^2}\right) \end{array}\right|$$

无法判断其正负。由于 $dw_3=-\dfrac{w_3}{1+\mu}d\mu$,因此也无法判断 $\dfrac{d\mu}{ds}$ 的正负性。

$$\frac{dr}{ds}=-\frac{1}{\Delta_2}P_2\lambda_1 X_2\frac{X_1}{K_1}\frac{X_2}{K_2}P_1F_{LL}^1 P_2F_{LL}^2\overline{E}\cdot$$

$$\left|\begin{array}{cccc} E^{\varepsilon}F_{LL}^3+\dfrac{\beta Z}{L_3}E^{\varepsilon}F_{LZ}^3-\dfrac{\lambda_3\dfrac{\beta Z}{L_3}}{\overline{E}}\varepsilon E^{\varepsilon-1}F_L^3 & -\dfrac{X_2}{K_2}E^{\varepsilon}F_{LX_2}^3-\dfrac{\dfrac{X_1}{K_1}\lambda_1}{\overline{E}}\varepsilon E^{\varepsilon-1}F_L^3 & w_3 \\[6pt] E^{\varepsilon}F_{X_2L}^3-\dfrac{\lambda_3\dfrac{\beta Z}{L_3}}{\overline{E}}\varepsilon E^{\varepsilon-1}F_{X_2}^3 & -\dfrac{X_2}{K_2}E^{\varepsilon}F_{X_2X_2}^3-\dfrac{\dfrac{X_1}{K_1}\lambda_1}{\overline{E}}\varepsilon E^{\varepsilon-1}F_{X_2}^3 & 0 \\[6pt] 1 & (1+\mu)\left(\dfrac{L_1}{K_1}-\dfrac{L_2}{K_2}\right) & \overline{L}-L_3 \end{array}\right|$$

将行列式中各项用正负号进行代替,并按第三列进行展开,可得:

$$\left|\begin{array}{ccc} - & - & + \\ + & + & 0 \\ + & - & + \end{array}\right|=+\left|\begin{array}{cc} + & + \\ + & - \end{array}\right|+\left|\begin{array}{cc} - & - \\ + & + \end{array}\right|=+(--+)+(---)\text{。}$$

当后一个括号内的式子小于 0 时,行列式为负,即 $\dfrac{dr}{ds}<0$。

第十五章 移民汇款、农业生产性服务业和环境污染

本章提要：本章建立了一个一般均衡模型，以研究城乡移民收入中汇款率的变化对环境污染的影响。我们发现，在资本专用的情况下，城乡移民汇款率的提高将增加农民工的汇款总额，增加农业部门对农业生产性服务的需求，降低环境水平，但对城市工业部门的产出水平没有影响；在流动资本情况下，城乡移民汇款率的提高将增加农民工的汇款总额，增加农业部门对农业生产性服务的需求，降低城市工业部门的产出水平，改善环境水平。

第一节 序 言

农民工汇款(Urban-rural Migrants Remittances,RUMs)[①]主要指跨地区就业的农民工利用其收入来补贴其农村家庭的经济行为，是具有城乡二元经济特征的发展中国家普遍存在的现象。在劳动经济学中，农民工汇款属于移民汇款范畴，在国际上研究发展中国家的移民汇款大多是指国际移民的汇款。根据 Stapper(2002)的数据，1999 年印度、菲律宾和墨西哥的移民汇款分别占其 GDP 的 2.6%、8.9%和 1.7%。根据世界银行的数据，2010 年全球移民汇款总额达到 3 250 亿美元，其中大部分汇款来自西方发达国家，流向亚洲、非洲和拉丁美洲的发展中国家。作为一个典型的二元经济体和世界上最大的发展中国家，中国自 1978 年改革开放以来形成了人类历史上规模最大的国内城乡劳动力转移，因此中国的农民工汇款主要来自国内农民工。

---

① 本章中的城乡移民特别是指为了在城市就业而不是为了在城市定居的移民，中国的农民工是这种移民的典型代表。

关于移民汇款的研究主要集中在移民汇款对城乡收入不平等、经济发展和劳务输出地区福利的影响上。Lundahl(1985)研究了移民汇款对原籍国不同群体实际收入的影响,采用"一对一"的模型,其中包括一种贸易商品和一种非贸易商品。研究表明:移民汇款并不一定能提高移民本身的实际收入。Kirwan 和 Holden(1986)分析了移民对来源国的福利影响,该来源国的产出包括部分非贸易商品,但移民向来源国汇款仅用于消费。他们发现,移民的福利效应是不确定的,取决于汇款的规模。特别是,如果汇款仅仅将来源国的名义收入维持在移民前的水平,福利就会下降。若汇款数额足够大,则足以弥补移民导致的国际非贸易商品在国内贸易的中断。Quibria(1997)探讨了各种情况下移民汇款对福利的影响。发现无论采用何种福利标准,只要有足够的汇款,那么纯粹的移民就可能对来源国的非移民有利。Djajic(1998)比较了汇款回流到来源国的福利影响,这些汇款被用于为消费融资以及为资本积累融资。Ball 等(2013)使用了数理分析和面板向量自回归模型来探索汇率制度在理解汇款影响方面发挥的作用。该分析考虑了七个拉丁美洲国家的年度和季度数据,并预测在固定汇率制度下,汇款会暂时增加通货膨胀,增加国内货币供应量,但在浮动汇率制度下,汇款会暂时降低通货膨胀,不会改变货币供应量。Li 和 Wang(2015)研究了汇款增加对城市地区工资、就业和福利水平的影响。他们发现,在资本专用的情况下,汇款的增加将减少非正规部门的产出,降低城市居民的福利,而在资本可流动的情况下,汇款的增加将增加非正规部门的产出,增加城市居民的福利。

到目前为止,有许多经济研究论文关注环境问题。例如,Beladi 和 Frasca(1999)使用了一个广义的 Harris-Todaro 模型,该模型包含了一个城市非污染部门以考察在最不发达国家的一些重要变量上污染控制的后向发生率。Chao 等(2000)开发了一个一般均衡模型以考察封闭经济和开放经济的最佳环境保护水平及其成本和收益。Chaudhuri 和 Mukhopadhyay(2006)在一个三部门一般均衡模型中研究了对正规制造业征收污染排放税的效率,该模型包括了非正规部门产生的污染效应。

然而,关于移民汇款的环境影响的研究很少。目前,我们只找到了 Li 和 Zhou(2015)的一篇研究文献,他们建立了一个两部门一般均衡模型并研究了移民汇款增加对环境的短期和长期影响。他们发现,移民汇款的增加在短期内会导致环境改善,但在长期内会恶化环境。笔者认为,尽管汇款会影响城市部门的生产规模进而对环境产生影响,但他们没有考虑汇款对农业生产服务和环境污染的影响。然而,许多具有二元经济特征的发展中国家将发展农业视为经济发展的重要途径,农业生产性服务业是农业发展不可或缺的部门。农业生产性服务业是指通过为农业提供生产性服务和中间投入,将科学信息技术、资本设备、人才等现代生产要素融入农业生产,提高农业生产效率,促进农产品市场供需平衡,提升农业价值。根据 Reinert(1998),农业生产性服务包括农业机械操作、农业物资配送、农业技术推广、农业信息服务、农产品质量安全服务、疫情防控服务、农产品营销服务、基础设施管理服务、劳动力转移服务和金融保险服务。农业生产性服务业的发展将对农业生产方式、要素投入结构、产业结构和规模、农产品生产结构、农民经营行为、农业劳动力转移等产生影响,可能会打破原有的生态平衡,进而影响环境。特别是随着农业生产性服务业的发展,农药、化肥和催化剂的使用将更加方便,进而对环境产生影响。此外,如农业机械作业、农业基础设施建设等也会对环境产生影响。

另一方面,移民汇款向农村地区注入资金,增加了农业部门对农业生产性服务的需求,从而促进了农业生产性服务的发展。Li 和 Zhou(2015)估计,2012 年中国的城乡移民汇款超过 10 000 亿元(约 1 600 亿美元),而 2012 年的农业财政支出也不过 11 903 亿元人民币[①]。随着中国经济的不断发展,农民工的收入不断增加,汇款数量也在逐年增加。毫无疑问,移民汇款已日益成为农村农业发展的重要资金来源。

为了探索在农业生产性服务业存在的背景下农民工汇款的环境影响,我们建立了一个包括农业生产性服务业在内的三部门一般均衡模型,分析了在资本专用情况下和资本可移动情况下,"汇款占城乡流动人口收入的比例"的变化(以下简称"RUMs 汇款率变化")对环境的影响。我们发现,如果考虑农业生产性服务业对环境的影响,本章得出的结论与之前的研究结果相反。

本章的其余部分组织如下:在第二节建立了一个基本模型。在第三节中,我们分

---

① 数据来源:2019 年 1 月 23 日,中华人民共和国财政部:2018 年财政收支,可以参考 http://gks.mof.gov.cn/zhengfuxinxi/tongjishuju/201301/t20130122_729462.html。

析了在资本专用和资本可移动情况下,汇款率的变化对环境污染的影响。在第四节中,使用了2017年中国的相关经济数据来校准模型的参数,然后,我们使用校准的参数进行数值模拟,以检验本章构建的模型是否正确解释了RUMs汇款率变化对农业污染和国家福利等的影响。最后,在第五节陈述了本章的结论。

第二节　模型构建

本章考虑一个小型开放的发展中经济体,有三个部门,即城市工业部门、农业部门和农业生产性服务部门。其中,工业部门使用劳动力L_M和资本K_M来生产可进口的竞争性工业产品M;农业部门使用劳动力L_A和农业生产性服务S来生产可出口的农产品A;农业生产性服务部门使用劳动力和资本K_X来生产用于农业生产的不同服务产品$x_i(i=1,2,\ldots,n)$。本章还假设农业生产性服务部门是一个垄断竞争的,S和x_i之间的关系满足CES的形式(Markusen,1989;Kenneth和Reinert,1998),即

$$S = \Big(\sum_{i=1}^{n}(x_i)^{\delta}\Big)^{\frac{1}{\delta}}, 0 < \delta < 1 \qquad (15-1)$$

在上式中,变量S代表农业部门使用的差异化生产性服务的标准化数量,参数δ反映了差异化农业生产性服务之间的替代性。除了Reinert(1998)的定义外,本章中的农业生产性服务还包括农药和化肥行业。

此外,劳动力在三个部门之间完全流动,在资本可移动的情况下资本也在城市工业部门和农业生产性服务部门之间完全流动。然而,城市工业部门和农业生产性服务部门的生产会产生环境污染,通过空气、水和土地等媒介对环境造成破坏。工业产品和农业产品的市场是完全竞争的,要素禀赋是外生的。

农业生产性服务部门的总产出为:

$$X = \sum_{i=1}^{n} x_i \qquad (15-2)$$

式(15-2)中,X代表农业生产性服务业的总产出;x_i代表农业生产性服务业生产第$i(i=1,2,\ldots,n)$类生产性服务产品的产出。本章考虑对称均衡,因此各类服务产出

和价格相等,即 $x_i=x_j=x$, $X=nx$。从而,由式(15-1)和(15-2),可以得到如下关系式:

$$X=n^{-\frac{1-\delta}{\delta}}S$$

如果定义生产性服务 x 的价格为 P,则综合性服务 S 的价格可表示为 $n^{-\frac{1-\delta}{\delta}}P$。

E 表示污染后的环境质量;E^ε(其中 $0<\varepsilon<1$)表示环境水平对农业生产力的影响。经济中的环境水平如下:

$$E=\overline{E}-M^\alpha S^\beta, 0<\alpha,\beta<1 \qquad (15-3)$$

其中,$\overline{E}$ 是经济中没有污染时的环境禀赋,被认为是给定的;参数 α、β 表示城市工业部门和农业生产性服务部门生产的环境污染效应。

在城市工业产品和农产品市场完全竞争的条件下以及资本专用情况下,通过零利润条件可以得到以下条件:

$$\overline{w}a_L^M+r_M a_K^M=P_M \qquad (15-4)$$

$$wa_L^A+n^{-\frac{1-\delta}{\delta}}Pa_S^A=E^\varepsilon \qquad (15-5)$$

其中 a_i^j 是要素价格的函数,表示第 j 部门生产一单位产出所使用的第 i 种要素的数量。当农产品价格标准化为 1 时,P_M 为城市工业部门对农产品价格的相对价格,P 为农业生产性服务业对农产品的相对价格;在资本专用情形下,城市工业部门的资本价格为 r_M;w 表示弹性的农业部门工资,$\overline{w}$ 表示制度设定的城市工业部门和农业生产性服务业部门工资。

由于我们考虑农业生产性服务业的对称均衡,所以农业生产性服务业的成本函数为

$$c(\overline{w},r_X,x)=xm(\overline{w},r_X)+f(\overline{w},r_X)$$

其中,$m(\overline{w},r_X)$ 和 $f(\overline{w},r_X)$ 分别表示农业生产性服务业部门的可变成本和固定成本,资本专用情形下农业生产性服务业部门的资本价格为 r_X。

假设农民工将其收入的一定比例 $\theta(0<\theta<1)$ 汇给老家,定义 k 为农民工汇款总额。不失一般性,为了简化分析,本章还假设所有在城市工业部门和农业生产性服务

业部门就业的工人都是农民工,农民工汇款全部用于购买农业生产性服务产品。由此,得到如下条件:

$$k=\theta\overline{w}\{Ma_L^M+n[xm_L(\overline{w},r_X)+f_L(\overline{w},r_X)]\} \qquad (15-6)$$

$$n^{-\frac{1-\delta}{\delta}}PS=k \qquad (15-7)$$

与城市工业部门和农业部门不同,农业生产性服务业部门是垄断竞争部门,$1/(1-\delta)$ 为农业生产性服务业各品种产品的需求价格弹性。市场主体按照边际收益等于边际成本的原则进行生产(即 MR=MC),由此可以得到如下条件:

$$\delta P=m(\overline{w},r_X) \qquad (15-8)$$

其中,L_U 表示城市工业部门和农业生产性服务业部门的失业劳动力,λ 表示这两个部门的劳动力失业率。因此,$\lambda=L_U/\{Ma_L^M+n[xm_L(\overline{w},r_X)+f_L(\overline{w},r_X)]\}$。劳动力城乡分配机制可以表示为

$$\overline{w}=(1+\lambda)w \qquad (15-9)$$

经济中的劳动力禀赋 L 为

$$E^{-\varepsilon}Aa_L^A+(1+\lambda)\{Ma_L^M+n[xm_L(\overline{w},r_X)+f_L(\overline{w},r_X)]\}=L \qquad (15-10)$$

资本专用情况下资本市场出清条件为

$$Ma_K^M=K_M \qquad (15-11)$$

$$n[xm_K(\overline{w},r_X)+f_K(\overline{w},r_X)]=K_X \qquad (15-12)$$

在资本可移动情形下,资本可以在城市工业部门和农业生产性服务业部门之间完全流动,因此方程在均衡时 $r_M=r_X=r$ 成立。(15-4),(15-6),(15-8)和(15-10)可以改写为:

$$\overline{w}a_L^M+ra_K^M=P_M \qquad (15-4^*)$$

$$k=\theta\overline{w}\{Ma_L^M+n[xm_L(\overline{w},r)+f_L(\overline{w},r)]\} \qquad (15-6^*)$$

$$\delta P=m(\overline{w},r) \qquad (15-8^*)$$

$$E^{-\varepsilon}Aa_L^A+(1+\lambda)\{Ma_L^M+n[xm_L(\overline{w},r)+f_L(\overline{w},r)]\}=L \qquad (15-10^*)$$

| 第十五章 移民汇款、农业生产性服务业和环境污染 | 453

此外,将 K 定义为经济体中的资本禀赋,从而得到资本可移动情形下的资本市场出清条件为

$$Ma_K^M+n[xm_K(\overline{w},r)+f_K(\overline{w},r)]=K \quad (15-13)$$

至此,本章的基本理论模型得以建立。其中,(15-3)-(15-12)描述了资本专用情形下经济主体的行为,其中有 10 个内生变量:M、A、S、k、r_M、r_X、w、E、P、λ 和 9 个外生变量:$\overline{w}$、δ、ε、P_M、μ、K_M、K_X、L、n;方程(15-3)、(15-4*)、(15-5)、(15-6*)、(15-7)、(15-8*)、(15-9)、(15-10*)和(15-13)描述了经济主体在移动具体情形下的行为,其中有 9 个内生变量:M、A、S、k、r、w、E、P、λ 和 8 个外生变量:$\overline{w}$、P_M、δ、ε、μ、K、L、n。

第三节 比较静态分析

一、资本专用情形

通过对方程(15-4)进行微分得到 $\hat{r}_M=0$,并将此结果代入方程(15-11)的全微分方程得到 $\hat{M}=0$。然后,对等式进行微分,将(15-3),(15-5)~(15-10),(15-12)代入 8 个全微分方程,得到如下矩阵方程:

$$\begin{pmatrix} 0 & \beta\varepsilon E^{\varepsilon}M^{\alpha}S^{\beta} & wa_L^A & n^{-\frac{1-\delta}{\delta}}a_S^A\dfrac{r_Xm_K}{\delta} & 0 \\ 0 & \theta\overline{w}n^{-\frac{1-\delta}{\delta}}Sm_L & 0 & \theta\overline{w}(n^{-\frac{1-\delta}{\delta}}Sm_LS_{LK}^m+nf_LS_{LK}^f) & -k \\ 0 & 1 & 0 & \dfrac{r_Xm_K}{\delta P} & -1 \\ E^{-\varepsilon}Aa_L^A & D & B_1 & C & 0 \\ 0 & n^{-\frac{1-\delta}{\delta}}Sm_K & 0 & n^{-\frac{1-\delta}{\delta}}Sm_KS_{KK}^m+nf_KS_{KK}^f & 0 \end{pmatrix} \begin{pmatrix} \hat{A} \\ \hat{S} \\ \hat{w} \\ \hat{r}_X \\ \hat{k} \end{pmatrix} = \begin{pmatrix} 0 \\ -k \\ 0 \\ 0 \\ 0 \end{pmatrix}\hat{\theta}$$

$$(15-14)$$

其中,"^"表示变量的变动,$S_{ij}^t=(\partial a_i^t/\partial P_j)(P_j/a_i^t)(t=M,A,m,f;i,j=L,K,S)$,且 $S_{ii}^t<0$,若 $i\neq j$,则 $S_{ij}^t>0$ 成立。如 $S_{LL}^A=(\partial a_L^A/\partial w)(w/a_L^A)<0$,$S_{LK}^M=$

$(\partial a_L^M/\partial r_M)(r_M/a_L^M) > 0$, $S_{LK}^m = (\partial m_L/\partial r_X)(r_X/m_L) > 0$, $S_{KK}^f = (\partial f_K/\partial r_X)(r_X/f_K) < 0$; $B_1 = E^{-\varepsilon}Aa_L^A S_{LL}^A - (1+\lambda)(Ma_L^M + n^{-\frac{1-\delta}{\delta}}Sm_L + nf_L) < 0$, $C = (1+\lambda)(n^{-\frac{1-\delta}{\delta}}m_L S_{LK}^m + nf_L S_{LK}^f) + E^{-\varepsilon}Aa_L^A S_{LS}^A (r_X m_K/\delta P) > 0$, $D = (1+\lambda)n^{-\frac{1-\delta}{\delta}}Sm_L + \varepsilon E^{-(1+\varepsilon)}\beta M^\alpha S^\beta Aa_L^A > 0$。

定义"Δ"为方程组(15-14)的系数矩阵的行列式。由于 $S_{ii}^t < 0$, 若 $i \ne j$, 则 $S_{ij}^t > 0$, 于是可以推出下面的不等式也是成立的：

$$\Delta = \theta \overline{w} E^{-\varepsilon} wA (a_L^A)^2 \cdot \{nxm_K[nxm_L(S_{LL}^m + \frac{r_X m_K}{m}) + nf_L(S_{LL}^f + \frac{r_X m_K}{m}) + Ma_L^M \frac{r_X m_K}{m}] - (Ma_L^M + nf_L)(nxm_K S_{KK}^m + nf_K S_{KK}^f)\}$$

若 $nxm_L(S_{LL}^m + \frac{r_X m_K}{m}) + nf_L(S_{LL}^f + \frac{r_X m_K}{m}) + Ma_L^M \frac{r_X m_K}{m} \ge 0$, 则 $\Delta > 0$。

根据 Gramer 法则，可以推导出 RUMs 汇款率 θ 的变化对相关变量的影响：

$$\frac{\widehat{A}}{\widehat{\theta}} = \frac{1}{\Delta}k\{wa_L^A[D(nxm_K S_{KK}^m + nf_K S_{KK}^f) - nxm_K C] - B_1[\varepsilon E^\varepsilon \beta M^\alpha S^\beta(nxm_K S_{KK}^m + nf_K S_{KK}^f) - n^{-\frac{(1-\delta)}{\delta}}nxa_S^A \frac{r_X m_K}{\delta}m_K]\} < 0 \quad (15-15)$$

$$\frac{\widehat{w}}{\widehat{\theta}} = \frac{1}{\Delta}E^{-\varepsilon}Aa_L^A k\left[\beta\varepsilon E^{\varepsilon-1}M^\alpha S^\beta(nxm_K S_{KK}^m + nf_K S_{KK}^f) - n^{-\frac{(1-\delta)}{\delta}}nxa_S^A \frac{r_X(m_K)^2}{\delta}\right] \quad (15-16)$$

$$\frac{\widehat{S}}{\widehat{\theta}} = -\frac{1}{\Delta}E^{-\varepsilon}wA (a_L^A)^2 k(nxm_K S_{KK}^m + nf_K S_{KK}^f) > 0 \quad (15-17)$$

$$\frac{\widehat{r_X}}{\widehat{\theta}} = \frac{1}{\Delta}E^{-\varepsilon}wA (a_L^A)^2 knxm_K > 0 \quad (15-18)$$

$$\frac{\widehat{k}}{\widehat{\theta}} = -\frac{1}{\Delta}E^{-\varepsilon}A (a_L^A)^2 k\left[(nxm_K S_{KK}^m + nf_K S_{KK}^f) - nx\frac{r_X(m_K)^2}{\delta P}\right] > 0 \quad (15-19)$$

式(15-15)~(15-19), 明确了 RUMs 汇款率 θ 的变化对农业部门和农业生产性服务业部门产出、农业部门的工资水平、RUMs 汇款总额和农业生产性服务业部门资本利率的影响。通过结合(15-16)和(15-17)与方程(15-3)和(15-9)的全微分,分别得到$\hat{\lambda}/\hat{\theta}>0$和$\hat{E}/\hat{\theta}<0$。因为$\hat{M}=0$和$\hat{r}_M=0$,可以得到$\hat{M}/\hat{\theta}=0$,$\hat{r}_M/\hat{\theta}=0$。

综上,在资本专用的情况下,RUMs汇款率变化对各变量的影响如表15-1所示。

表15-1 资本专用情形中计算结果的总结

	$\hat{M}$	$\hat{A}$	$\hat{S}$	$\hat{w}$	$\hat{r}_M$	$\hat{r}_X$	$\hat{E}$	$\hat{\lambda}$	$\hat{k}$
$\hat{\theta}$	0	−	+	0	0	+	−	+	+

注:符号"+"或"−"分别表示RUMs汇款率θ的变化对相应变量的影响相同或相反,而"0"表示RUMs汇款率θ的变化对相应变量没有影响。

由表15-1可知,汇款率θ的增加会提高RUMs汇款总量k、农业部门对农业生产性服务业的需求S、城镇失业率λ,降低环境水平。同时,RUMs汇款率θ的变化对城市工业部门的产出M和资本价格r_M没有影响。由此可以得到以下命题:

命题1:在资本专用情形下,RUMs汇款率θ的提高会增加农业部门对农业生产性服务业S的需求,但对城市工业部门M的产出没有影响,从而降低劳务输出地的环境水平E。

对于表15-1的结果和命题1的结论,我们认为,由于资本无法在城市工业部门和农业生产性服务业部门之间流动,城市工业部门的资本价格r_M仅由城市工业部门的资本供求状况决定,而城市工业部门的刚性工资决定了城市工业部门和农业生产性服务业部门的劳动力就业不变,因此城市工业部门的产出水平不受RUMs汇款率变化的影响。在城市工业部门和农业生产性服务业部门就业不变的条件下,农村剩余劳动力转移汇款率的提高必然会增加流入农村的农村剩余劳动力转移汇款总额,从而增强农业部门对农业生产性服务业的需求S,降低环境水平E。农业部门对农业生产性服务业需求的增加会使农业生产性服务业部门有增加要素投入、扩大服务产品供给的倾向,从而增加农业生产性服务业部门对资本的需求。但由于资本部门的不可流动性,在这种条件下资本要素需求的上升只会导致农业生产性服务业部门资本价格r_X的上升。此外,农业部门对农业生产性服务需求的增加替代了劳动力,对农业部门的工资形成下行压力,进而促使农村劳动力向城市转移,从而提高了城市失业率。

二、资本可移动情形

首先,为了简化分析,做出如下假设:

假设1:不等式 $\dfrac{m_K}{m_L} - \dfrac{Ma_K^M}{Ma_L^M} \geqslant 0$ 成立。[①]

可以通过对方程(15-4*)进行微分得到 $\hat{r}=0$,并将其代入方程(15-8*)的全微分方程,得到 $\hat{P}=0$。全微分并联立(15-3)、(15-5)、(15-6*)、(15-7)、(15-9)、(15-10*)、(15-13),利用 $\hat{r}=0$ 和 $\hat{P}=0$ 可得如下矩阵方程:

$$\begin{pmatrix} 0 & \alpha M^\alpha S^\beta & \beta M^\alpha S^\beta & \dfrac{wa_L^A}{\varepsilon E^{\varepsilon-1}} & 0 \\ 0 & -\theta \overline{w} Ma_L^M & -\theta \overline{w} n^{-\frac{1-\delta}{\delta}} Sm_L & 0 & k \\ 0 & 0 & 1 & 0 & -1 \\ E^{-\varepsilon} Aa_L^A & (1+\lambda) Ma_L^M & (1+\lambda) n^{-\frac{1-\delta}{\delta}} Sm_L & B_2 & 0 \\ 0 & Ma_K^M & n^{-\frac{1-\delta}{\delta}} Sm_K & 0 & 0 \end{pmatrix} \begin{pmatrix} \hat{A} \\ \hat{M} \\ \hat{S} \\ \hat{w} \\ \hat{k} \end{pmatrix} = \begin{pmatrix} 0 \\ k \\ 0 \\ 0 \\ 0 \end{pmatrix} \hat{\theta}$$

(15-20)

其中,$B_2 = E^{-\varepsilon} Aa_L^A S_{LL}^A - (1+\lambda)(Ma_L^M + n^{-\frac{1-\delta}{\delta}} Sm_L + nf_L) - \dfrac{wa_L^A Aa_L^A}{E^{2\varepsilon}} < 0$。

定义 Ω 为方程(15-20)系数矩阵的行列式。因此 Ω 的值为:

$$\Omega = \dfrac{wA(a_L^A)^2}{\varepsilon E^{2\varepsilon-1}} \{\theta \overline{w} Ma_L^M n^{-\frac{1-\delta}{\delta}} Sm_K - Ma_K^M (\theta \overline{w} n^{-\frac{1-\delta}{\delta}} Sm_L - k)\} > 0$$

根据 Cramer 法则,可以推导出 RUMs 汇款率 θ 的变化对相关变量的影响:

[①] 这一假设具有现实基础。例如,在中国,农业生产性服务业仍属于新兴产业,起步较晚但水平较高。许多技术密集型、知识密集型和资本密集型企业纷纷加入该行业,造成了资本密集度大于工业行业的现象。

第十五章 移民汇款、农业生产性服务业和环境污染

$$\frac{\widehat{A}}{\widehat{\theta}} = \frac{1}{\Omega} k \left\{ M^{\alpha} S^{\beta} B \beta n^{-\frac{1-\delta}{\delta}} Sm_K \left(\frac{Ma_K^M}{n^{-\frac{1-\delta}{\delta}} Sm_K} - \frac{\alpha}{\beta} \right) + (1+\lambda) \frac{wa_L^A}{\varepsilon E^{\varepsilon-1}} Ma_L^M n^{-\frac{1-\delta}{\delta}} Sm_L \left(\frac{m_K}{m_L} - \frac{a_K^M}{a_L^M} \right) \right\}$$

(15-21)

$$\frac{\widehat{w}}{\widehat{\theta}} = -\frac{1}{\Omega} k A a_L^A M^{\alpha} S^{\beta} \beta n^{-\frac{1-\delta}{\delta}} Sm_K \left(\frac{Ma_K^M}{n^{-\frac{1-\delta}{\delta}} Sm_K} - \frac{\alpha}{\beta} \right) \quad (15-22)$$

$$\frac{\widehat{M}}{\widehat{\theta}} = -\frac{1}{\Omega} k A a_L^A \frac{wa_L^A}{\varepsilon E^{2\varepsilon-1}} n^{-\frac{1-\delta}{\delta}} Sm_K < 0 \quad (15-23)$$

$$\frac{\widehat{S}}{\widehat{\theta}} = \frac{1}{\Omega} k A a_L^A \frac{wa_L^A}{\varepsilon E^{2\varepsilon-1}} Ma_K^M > 0 \quad (15-24)$$

$$\frac{\widehat{k}}{\widehat{\theta}} = \frac{1}{\Omega} k A a_L^A Ma_K^M \frac{wa_L^A}{\varepsilon E^{2\varepsilon-1}} > 0 \quad (15-25)$$

由(15-23)—(15-25)可知，城市工业和农业生产性服务业部门产出以及城市工业和农业生产性服务业部门 RUMs 汇款率 θ 的变化，对城市工业和农业生产性服务业部门产出以及城市工业和农业生产性服务业部门汇款总量的影响。然而，RUMs 汇款率 θ 的变化对农业部门产出和农业部门的工资水平的影响存在不确定性。如果 $\left(\frac{Ma_K^M}{n^{-\frac{1-\delta}{\delta}} Sm_K} - \frac{\alpha}{\beta} \right) \leq 0$，并结合假设1，可以得到 $\widehat{A}/\widehat{\theta} > 0$ 且 $\widehat{w}/\widehat{\theta} > 0$。通过结合等式(15-22)和(15-23)，并对(15-3)和(15-9)进行全微分，可以分别得到 $\widehat{\lambda}/\widehat{\theta} > 0, \widehat{E}/\widehat{\theta} > 0$。

综上所述，在资本可移动情形下，RUMs 汇款率 θ 的变化对各变量的影响如表15-2所示。

表15-2 资本可移动情形中计算结果的总结

	$\widehat{M}$	$\widehat{A}$	$\widehat{S}$	$\widehat{w}$	$\widehat{r_M}$	$\widehat{r_X}$	$\widehat{E}$	$\widehat{\lambda}$	$\widehat{k}$
$\widehat{\theta}$	−	＋	＋	＋	0	＋	−	＋	−

注：符号"＋"或"−"分别表示 RUMs 汇款率 θ 的变化对相应变量的影响相同或相反，而"0"表示 RUMs 汇款率 θ 的变化对相应变量没有影响。

由表15-2可知，RUMs 汇款率 θ 的增加会提升 RUMs 汇款总额 k、农业部门的

工资水平、农业部门对农业生产性服务的需求 S、降低城镇失业率 λ、城镇工业部门产出水平以及改善环境水平 E。同时，RUMs 汇款率 θ 的变化对资本价格 r 没有影响。由这些结论可以得到以下命题：

命题 2：在资本可移动情形下，若城市工业部门的资本密集度不超过农业生产性服务业部门的资本密集度，RUMs 汇款率 θ 的增加将提高 RUMs 汇款总量 k，增强农业部门对农业生产性服务业的需求 S，降低城市工业部门的产出水平 M，提高环境水平 E。

对比表 15-1、命题 1 和表 15-2、命题 2 不难发现，无论是在资本专用情形还是在资本可移动情形下，RUMs 汇款率 θ 的变化对城市工业部门产出、农业生产性服务需求和环境水平的影响都是相反的。这些结果表明，部门间资本流动性在汇款率变化对环境水平及其他相关经济变量的影响机制中发挥了非常重要的作用。基于以上分析，在资本专用情形和可移动情形中，汇款率变化对 RUMs 总汇款 k 和农业生产性服务需求的影响是一致的，但在资本专用和资本流动中，RUMs 汇款率变化对环境水平的影响是相反的。这是因为，无论是在资本专用性情形还是在资本可移动情形下，城市工业部门的就业都不受 RUMs 汇款率变化的影响。因此，RUMs 汇款的规模和速度是同向的。随着 RUMs 汇款率 θ 的增加和 RUMs 汇款总额 k 的增加，为农业部门注入了充足的资金，提升了农业部门对农业生产性服务产品 S 的需求，这种需求的增加使得农业生产性服务业部门倾向于扩大产品的供给规模。在资本专用情形下，由于资本在部门中的特殊用途和刚性工资，城市工业部门的要素投入以及城市工业部门的产出不变，RUMs 汇款总量 k 也随着 RUMs 汇款率的增加而增加，这将导致环境水平的下降。在资本可移动的情况下，由于资本在部门间的自由流动，农业生产性服务业部门的扩张倾向会导致资本在农业生产性服务业部门和城市工业部门之间的重新分配，从而导致农业生产性服务业部门资本投入的增加和城市工业部门资本投入的收缩。因此，城市工业部门的产出会减少，农业生产性服务业部门的产出会增加。当城市工业部门产出下降的环境改善效应大于农业生产性服务业产出增加的环境恶化效应时，环境水平会得到改善。

本节命题 1 和命题 2 的结论与 Li 和 Zhou（2015）的结论相反。这主要是因为我们的研究同时考虑了农业生产性服务业和工业生产活动对环境的作用,而非只考虑工业生产活动对环境的影响。此外,本节中移民汇款对城市工业部门的影响机制与 Li 和 Zhou(2015)不同。这些差异使得我们的研究结论与前人的研究结论有所不同。

二、社会福利分析

基于上一节的分析,我们现在将注意力转向 RUMs 汇款率变化的社会福利效应。由于本章考虑的是具有二元经济特征的小型经济体,农工产品价格外生给定。根据间接效应函数 $v(p,y)$ 的性质,代表性消费者的效用水平只与收入水平有关,即收入水平越高,效应水平越高。因此,为了考察 RUMs 汇款率的变化对国民福利的影响,我们只关注国民收入,记为 $Y = P_M M + A$。由此,我们可以得到

$$\frac{\hat{Y}}{\hat{\theta}} = P_M \frac{\hat{M}}{\hat{\theta}} + \frac{\hat{A}}{\hat{\theta}} \qquad (15-26)$$

根据(15-21)和(15-23)式可以发现,RUMs 汇款率变化的国民福利效应将由 RUMs 汇款率变化对部门 A 和 M 产出影响的相对大小决定。如果 RUMs 汇款率变化对部门 A 产出的影响足够大,那么 RUMs 汇款率的提高将增加国民收入,改善国民福利。否则,国民福利将下降。

第四节 参数校准、估计和数值模拟

一、参数校准与估计

上述理论模型分析给出了 RUMs 汇款率变化对农业部门的农业生产性服务需求、环境污染等的影响方向。本部分我们将考察在资本可移动情形下,RUMs 汇款率变化对相关变量影响的理论模型的数值特征,因此本部分首先用中国 2017 年的相关宏观经济数据对模型的参数进行校准,然后基于校准后的参数对模型进行模拟,最后进行敏感性分析以检验数值模拟结果的稳健性。

设定农业部门和城市工业部门的生产函数以及农业生产性服务业部门的成本函数如下：

$$A = E^{\varepsilon}(L_A)^{\gamma_1} \left(\sum_{i=1}^{n} x_i^{\delta} \right)^{\frac{1-\gamma_1}{\delta}} \quad (15-27)$$

$$M = (L_M)^{\gamma_2} K_M^{1-\gamma_2} \quad (15-28)$$

$$c(\overline{w}, r, x) = x\sqrt{\overline{w}r} + (\overline{w}L_f + rK_f) \quad (15-29)$$

其中，γ_1 和 γ_2 分别为农业部门和城市工业部门的劳动产出弹性。

根据国家统计局发布的《中国统计年鉴（2017）》中的三类产业，将第一产业作为农村农业部门，本章的农业生产性服务业部门为农药化肥业和农、林、牧、渔服务业，其余二、三产业部门为城市工业部门。根据中华人民共和国国家统计局官方网站公布的数据[①]，第一产业中，2017年增加值为6 209.95亿元，就业人数为209.44万人，农村居民家庭人均可支配收入为13 432元，定义为农村农业部门劳动力工资。然后我们可以计算出农村农业部门的产出弹性。

由于本章定义的农业生产性服务业包括《中国工业统计年鉴》中的农药和化肥行业，以及农、林、牧、渔服务业。根据《中国工业统计年鉴（2018）》的数据，我们以2017年农药和化肥行业的平均从业人数作为农药化肥行业的就业人数，分别为67.94万人和16.16万人。此外，我们将城镇农林牧渔业总就业视为农林牧渔服务业就业，因为该模型假定农业生产性服务业部门的工资与城镇制造业部门的工资相等。根据国家统计局官方网站公布的2017年数据，2017年全国城市农林牧渔业就业人员总量为284.6万人。因此，本章中农业生产性服务业就业总量为368.7万人。同时，根据《中国第三产业统计年鉴（2018）》，2017年中国农林牧渔服务业总产值为5 353.1亿元。而根据《中国工业统计年鉴（2018）》中的数据，农药化肥行业的总产值为886.15亿元和293.49亿元[②]。因此，农业生产性服务业总产值为1 665.26亿元。

---

① http://data.stats.gov.cn/easyquery.htm? cn=C01.
② 这两个数据是化肥和农药的总产值减去各自的出口交货值，因为本章的农业生产性服务业是不可贸易的。

根据国家统计局官方网站公布的 2017 年数据,我国第二、三产业增加值分别为 33 274.27 亿元和 42 591.21 亿元,第二、三产业就业劳动力人数分别为 218.24 万人和 348.72 万人。本章以第二、三产业增加值和就业劳动力人数分别减去农业生产性服务业增加值和就业劳动力人数作为城镇工业部门的基础数据,而 2017 年城镇单位就业人员平均工资为 74 318 元,定义为城镇工业部门和农业生产性服务业部门的劳动力工资水平,进而可以得到城镇工业部门的要素产出弹性。

资本价格方面,根据 2017 年中国央行公布的"一至五年期贷款基准利率",可以表示为 4.75%,银行贷款利率下限为基准利率的 0.9 倍,浮动系数最大值为贷款基准利率的 2.3 倍。这里,浮动系数的中间值为 1.6,即城市制造业和生产性服务业部门的利率水平为 7.6%。另外,沿用前文设定的模型,将 A 部门产品的价格设定为 1,将 M 部门和 Z 部门产品的相对价格分别与 A 部门产品的相对价格进行比较。根据式(15-3),我们将 $\overline{E}$ 赋值为 $M_0 \times X_0$,M_0 和 X_0 分别为制造业和农业生产性服务业的初始产出,而后假设 $\alpha + \beta = 1$。

基于上述经济数据,我们首先对资本可移动情形下的参数进行校准。结果如表 15-3 所示。

表 15-3 资本可移动情况下相关参数的校准结果

参数	γ_1	γ_2	K_M	K_X	θ	ε
校准值	0.564 5	0.453 0	4 255 118.00	183 059.28	0.039 7	0.338 0

表 15-3 中,K_M 和 K_X 分别为数值模拟模型估计的制造业和农业生产性服务业资本存量。为了满足假设 1,即 $\dfrac{Ma_K^M}{n^{-\frac{1-\delta}{\delta}} Sm_K} < \dfrac{\alpha}{\beta}$,我们对 α 和 β 分别赋值 0.96 和 0.04。根据 Reinert(1998)对农业生产性服务业覆盖率的定义,我们设定参数 $n=10$。同时,由于农业生产性服务业部门是垄断竞争部门,虽然各类服务产品 x_i 存在差异,但也具有较强的可替代性,我们对参数 δ 赋值 0.9。

二、数值模拟

本节将利用基于 2017 年中国宏观经济数据校准后的参数进行数值模拟,考察理论模型中关于 RUMs 汇款率变化对资本可移动情形下相关变量影响的数值特征。

基于 2017 年中国相关宏观经济数据的移动资本案例中模型的数值模拟结果如图 15-1(a)至(e)所示。

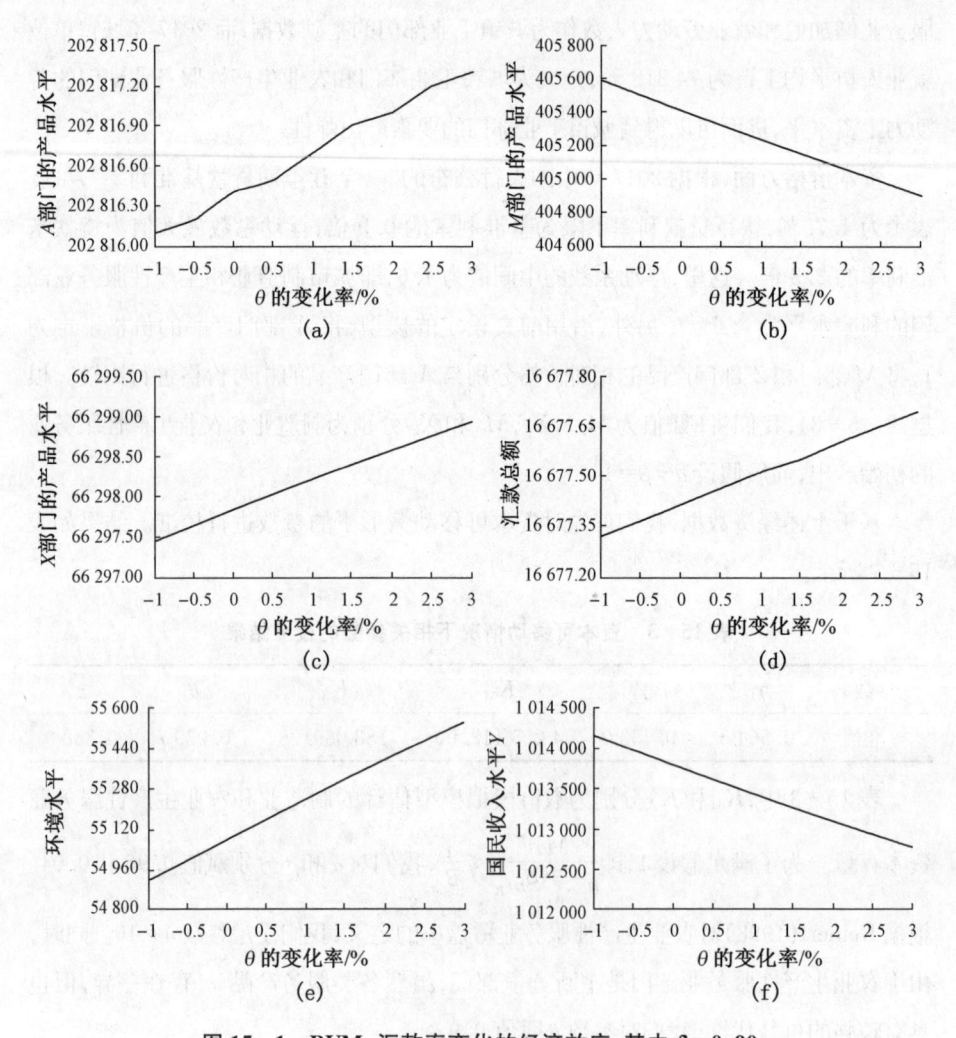

图 15-1　RUMs 汇款率变化的经济效应,其中 $\delta=0.90$

图 15-1 中的(a)~(e)分别反映了在资本可移动情形下,RUMs 汇款率的变化对各部门产出、RUMs 汇款总额以及环境水平的影响。各图的趋势特征与命题 2 的

结论一致,从而验证了本章的结论。从图 15-1 中(a)、(b)、(f)可以看出,在汇款率变动的(−1%,3%)范围内,RUMs 汇款率变动对 M 部门产出的负向影响大于对 A 部门产出的正向影响,国民收入呈下降趋势。因此,RUMs 汇款率的提高并不总是正效应。

三、稳健性检验

在该模型中,我们假设部门 A 和部门 M 是完全竞争的,而农业生产性服务业部门是垄断竞争的。根据垄断竞争市场中各类产品的可替代性,我们将反映农业生产者各类服务替代弹性的参数 δ 设定为 0.9,使得各类服务的替代弹性约为 10。在这一部分,我们分别设定 δ 为 0.95 和 0.80 来检验不同的赋值是否会对本章的结论产生影响。

图 15-2 和图 15-3 的(a)~(e)分别给出了模型在基于 $\delta=0.95$ 和 $\delta=0.8$ 的资本可移动情形下的数值模拟结果。

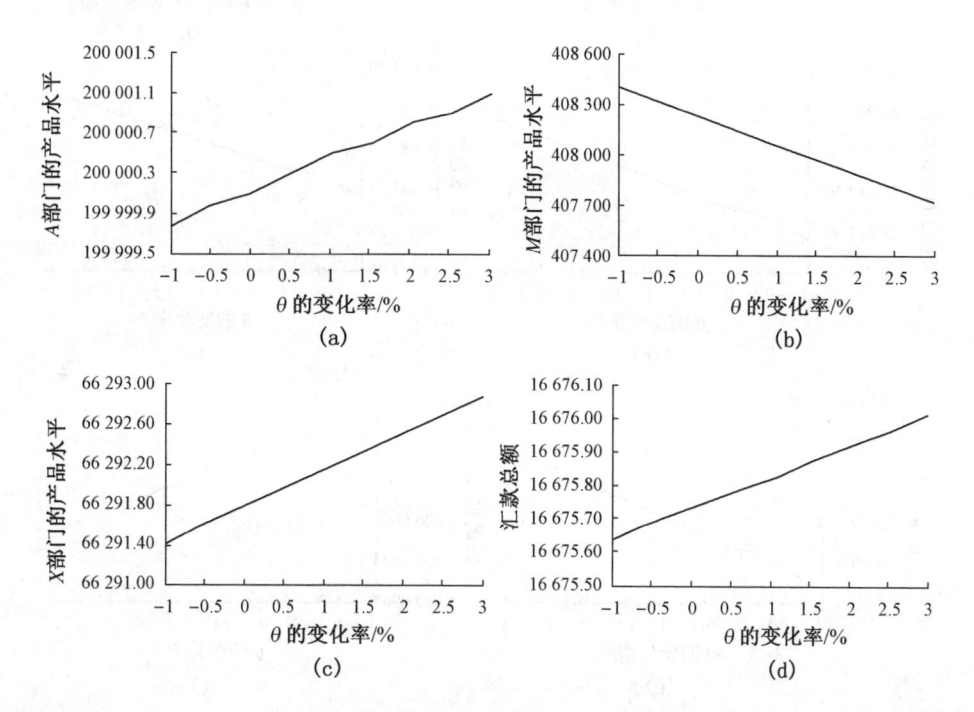

（e） （f）

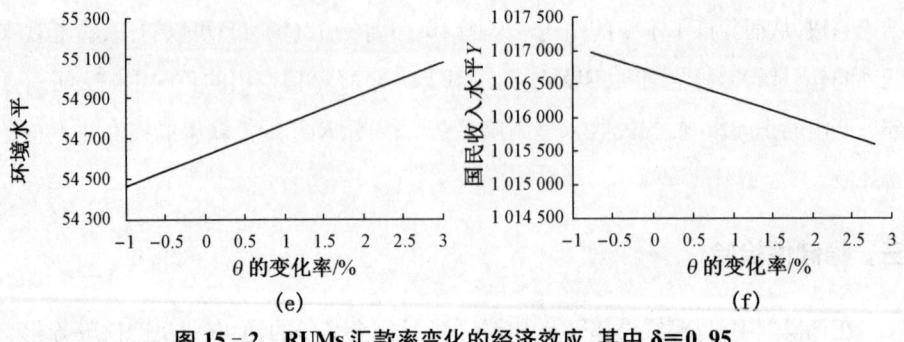

图 15-2 RUMs 汇款率变化的经济效应，其中 $\delta=0.95$

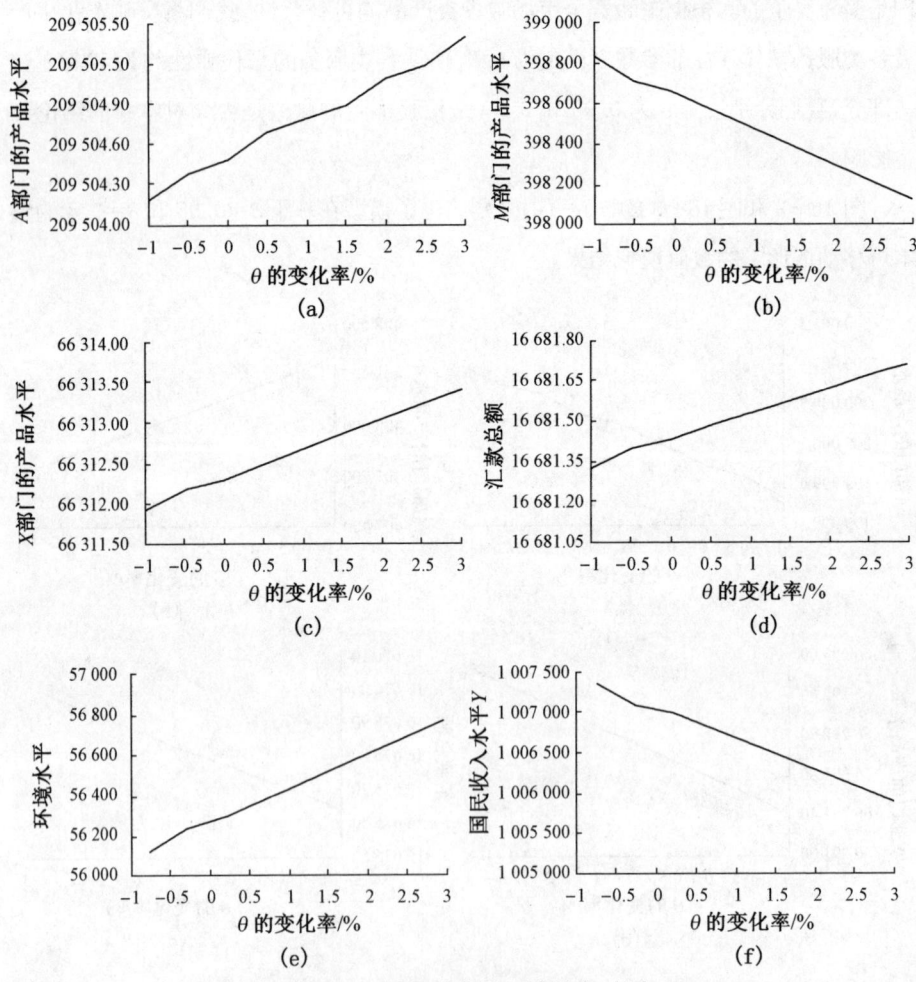

(a) (b)

(c) (d)

(e) (f)

图 15-3 RUMs 汇款率变化的经济效应，其中 $\delta=0.80$

从图 15-2 和图 15-3 的数值模拟结果可以发现,参数初值的不同不会对本章的结论和数值特征产生实质性的影响,这充分说明命题 2 的数值模拟结果和模型结论是稳健的。

第五节 结 论

本章在一个包含三个部门的一般均衡框架下探讨了 RUMs 汇款率变化对环境污染的影响。已有研究的一个不同之处在于考虑了农业生产性服务业在环境污染中的作用。我们认为农业生产性服务业的发展也会对环境产生影响,因此本章在构建环境模型时同时考虑了城市工业部门和农业生产性服务业部门对环境的影响。这样的考虑更符合发展中国家的实际情况。可以预见,随着这些国家经济的发展,农业生产性服务业在这些国家的农业生产中将发挥越来越大的作用,对经济和环境的影响也将越来越大。这一观点也可以从本章的结论中得到验证。通过前面的理论分析,我们可以得出以下结论:第一,在资本专用情形下,汇款率的提高会增加农村剩余劳动力的汇款总量,增加农业部门对农业生产性服务业的需求,降低环境水平,但对城市工业部门的产出水平没有影响;其次,在资本可移动情形下,汇款率的提高会增加汇款总量,增加农业部门对农业生产性服务业的需求,降低城市工业部门的产出水平,提高环境水平。上述两个结论与 Li 和 Zhou(2015)的结论相反。我们还考察了 RUMs 汇款率变化对农业部门产出、城市工业部门产出、RUMs 总汇款以及环境水平等影响的数值特征,数值模拟的结果也验证了本章的相关结论。

鉴于农业生产性服务业是发展中国家农业发展中不可或缺的产业,因此本章的研究结论更贴近发展中国家的经济现实。从而对发展中国家制定农业发展和环境保护的相关政策具有参考价值。此外,在资本可移动情形下,农民汇款率的提高具有改善环境和增加农业部门产出的双向积极作用。同时,如果 RUMs 汇款率的变化对 A 部门产出的影响足够大,那么 RUMs 汇款率的提高会增加国民收入,提高国民福利。否则,国民福利将下降。

在本章的理论分析过程中,我们没有将"乡—城"迁移成本纳入理论模型。"乡—

城"迁移成本包括寻找工作的时间成本、交通成本、离开熟悉环境适应新环境的心理成本等。这些"乡—城"迁移成本或多或少会对劳动力迁移产生影响。因此,我们可以在未来的研究中将"乡—城"迁移成本纳入理论模型,以探讨这些成本的潜在经济效应。

参考文献

[1] BALL C P, LOPE Z, CLAUD E, et al. Remittance, inflation and exchange rate regimes in small open economies[J]. World Economic, 2013, 36(4): 487-507.

[2] BELAD H, FRASCA R. Pollution control under an urban binding minimum wage[J]. Annals of Regional Science, 1999 (33): 523-533.

[3] CHAUDHURI S, MUKHOPADHYAY U. Pollution and informal sector: a theoretical analysis[J]. Journal of Economic Integration, 2006, 21(2): 363-378.

[4] CHAO C C, JOE R K, YU E S H. Environmental preservation, sectoral unemployment, and trade in resources[J]. Review of Development Economics, 2000, 4(1): 39-50.

[5] DJAJIC S. International migration, remittances and welfare in a dependent economy[J]. Journal of Development Economics, 1986, 21(2): 229-234.

[6] DJAJIC S. Emigration and welfare in an economy with foreign capital[J]. Journal of Development Economics, 1998, 56(2): 433-445.

[7] KENNETH A, REINERT K A. Rural non-farm development: a trade-theoretic view[J]. Journal of International Trade & Economic Development, 1998, 7: 425-437.

[8] KIRWAN F, HOLDEN D. Emigrants' remittances, non-traded goods and economic welfare in the source country[J]. Journal of Economic Studies, 1986, 13(2): 52-58.

[9] LI X C, WANG D S. The impacts of rural-urban migrants' remittances on the

urban economy[J]. Annals of Regional Science, 2015, 54(2): 591-603.

[10] LI X C, ZHOU J. Environmental effects of remittance of rural-urban migrant [J]. Economic Modelling, 2015, 47(6): 174-179.

[11] LUNDAHL M. International migration, remittances and real incomes: effects on the source country[J]. The Scandinavian Journal of Economics, 1985, 87(4): 647-657.

[12] MARKUSEN J R. Trade in producer services and in other specialized intermediate inputs[J]. The American Economic Review, 1989, 79(1): 85-95.

[13] MCCORMICK B, WAHBA J. Overseas employment and remittance to a dual economy[J]. Economic Journal, 2000, 110(463): 509-534.

[14] QUIBRIA M G. International migration, remittances and income distribution in the source country: a synthesis[J]. Bulletin of Economic Research, 1997, 49(1): 29-46.

[15] REINERT K A. Rural nonfarm development: a trade theoretic view [J]. Journal of International Trade and Economic Development, 1998, 7: 425-437.

[16] STALKER P. Migration trends and migration policy in Europe [J]. International Migration, 2002, 40(5): 151-179.

[17] TAYLOR J, WYATT T J. The shadow value of migrant remittance, income and inequality in a household farm economy [J]. Journal of Development Studies, 1996, 32(6): 899-912.

第三部分

农业污染

第十六章 农业生产性服务补贴政策对农业污染的影响效应研究

本章提要:发展农业生产性服务业是发展中国家推进农业现代化进程中不可或缺的一环,而农业污染已经成为许多发展中国家最大的污染源。本章通过构建一个包含农业生产性服务部门的四部门一般均衡模型,研究了政府对农业生产性服务业进行价格补贴、利息补贴和工资补贴对农业污染等经济变量的影响效应。研究主要结论是:上述各类补贴都有降低农业污染和失业率作用;在降低农业污染和失业率方面,价格补贴最优;各补贴政策对国民福利的影响效应呈现先促进后抑制的倒 U 形特征。因此,我们认为在促进农业生产性服务业发展的补贴政策中对于农业生产性服务的价格补贴优于利息补贴和工资补贴,应该成为政府政策选择的优先项。

第一节 序 言

农业生产性服务是指通过将科学信息技术、资本设备、人才等现代生产要素融入农业生产,以提高农业生产效率的一系列服务,其对于实现农业现代化起到至关重要的作用。农业生产性服务业的发展将对农业生产方式、要素投入结构、农业结构和规模、农产品生产结构、农村劳动力转移等产生影响,从而农业生产性服务业的发展可能会打破原有的生态平衡进而影响环境。发展农业生产性服务业是发展中国推进农业现代化工作中不可或缺的一环,而且发展中国家工业基础比较薄弱,生产性服务体系不够健全,农业生产性服务业发展更加滞后,这成为发展中国家农业现代化一个无法回避的阻碍。随着发展中国家经济的发展,许多国家也开始重视农业生产性服务业的发展。以中国为例,2017 年党的十九大报告强调了农业生产性服务对于促进农业绿色发展和推进农业现代化的必要性和重要性,提出要"构建现代农业产业体系、生产体系、经营体系,完善农业支持保护制度,发展多种形式适度规模经营,培育新型农业经营主体,健全农业社会化服务体系,实现小农户和现代农业发展有机衔接"。可以预见农业生产性服务在发展中国家将会得到重视并获得越来越多的政策支持,其中包含了政府对农业生产性服务的补贴政策。2017 年中国农业部、国家发展改革委、财政部联合印发《关于加快发展农业生产性服务业的指导意见》,提出大力推进农业生产性服务业发展,带动更多农户进入现代农业发展轨道,全面推进现代农业建设。

另一方面,长期以来农药、化肥等石油化学要素已经成为世界各国农业生产不可或缺的投入要素,但农药、化肥等污染要素(以下简称"污染要素")在农业生产中的过量使用也导致了日趋严重的农业污染问题。农业污染是指在农业生产过程中由于过度使用农药、化肥、农膜等会产生污染的化学要素而导致的污染。当前,许多发展中国家农业污染已经超越工业污染成为最大的污染源。以中国的水污染为例,根据中国 2020 年发布的《第二次全国污染源普查公报》数据显示,2017 年中国主要水污染物工业源排放量为化学需氧量 90.96 万吨,氨氮 4.45 万吨,总氮 15.57 万吨,总磷 0.79 万吨;而农业源排放量分别为化学需氧量 1 067.13 万吨,氨氮 21.62 万吨,总氮 141.49 万吨,总磷 21.20 万吨。可以发现,中国水污染物的农业源排放量远远大于工业源排放量。而严重的农业污染也逐渐成为许多发展中国家农业进一步发展和推进农业现代化的障碍。

环境污染问题长期以来已经引起学术界广泛关注,并产生一系列理论与实证研究成果。例如,Dean 和 Gangopadhyay(1997)研究了对造成环境损害的中间产品实行出口禁令的情况,发现在短期内出口限制加剧了失业从而削弱了禁令;从长远来看结果是相反的。Batabyal 和 Amitrajee(1998)构建了一个典型发展中国家环境政策制定过程的动态模型,分析了三种污染控制政策的就业和产出效应。Manfred(2014)研究了环境税和环境税改革(ETR)如何在欧盟的各种经济和环境政策战略中发挥作用,并用一组指标量化了此类税收在欧盟各个成员国中所起的作用。Dogan 和 Turkekul(2016)研究了 1960—2010 年间美国二氧化碳($CO2$)排放、能源消耗、实际产出(GDP)、贸易开放、城市化和金融发展之间的关系,研究结果不支持美国环境库兹涅茨曲线(EKC)假说的有效性。Degirmenci 和 Aydin(2021)对喀麦隆、科特迪瓦、马里、南非和乌干达等国 1994—2017 年期间双重红利假说的有效性进行了检验,研究发现双重红利假说对非洲国家无效,认为税收应该作为一种财政激励而不是一种命令和控制政策以应对失业和环境恶化。

关于环境污染问题的经济学理论研究,Copeland 和 Taylor(1999)提出一个工业污染影响农业生产的传导机制,即工业生产过程中产生的废水、废气和废渣等污染物通过空气、水流等媒介破坏自然环境,进而影响高度依赖自然环境条件的农业生产。因此,这是一个工业污染给农业生产造成负外部性的污染路径。之后,不少学者在 C-T 框架下研究了工业污染对经济的影响。例如,Daitoh(2003)探讨了哈里斯-托达罗经济中环境政策改革促进福利的充分条件,认为城市制造业污染税率的上升对两种劳动力市场扭曲产生溢出效应:制造业就业不佳和城市失业,而如果两者都被削弱,福利就会改善;Beladi 和 Chao(2006)研究了污染税对存在独立减排部门的二元发展中经济体的影响,发现由于城市工资的实际刚性,污染税提高了城市商品的成本,从而提高了其相对价格,对污染征收的最优税收低于对经济造成的边际环境损害;Tawada 和 Sun(2010)在一个城乡二元经济背景下研究了工业污染对失业率和国民福利的影响效应;Kondoh 和 Yabuuchi(2012)在工业污染背景下研究了碳排放税对就业、最低工资和国民福利的影响;Li 和 Wu(2018)在一个存在工业污染外部性背景下的三部门一般均衡模型框架下研究了促进现代农业的政策对环境和经济的影响。

以上都是 C-T 框架下工业污染问题的有关研究。目前,学术界关于农业污染问题的研究有 Braden 等(1991)、Hammer(1992)、Martinez 和 Albiac(2004)、Taheripour 等(2008)和 Chen 等(2017)等。Braden 等(1991)、Hammer(1992)。Martinez 和 Albiac(2004)分析了西班牙和欧盟的农业非点源污染控制和减排措施效率的结果,并质疑了《水框架指令》作为一种污染工具对水定价的依赖性以使所有水域达到良好状态的作用。Taheripour 等(2008)利用一般均衡方法评估了开放经济中减少农业氮污染的替代政策对福利的影响,该经济中存在由所得税和农业补贴造成的扭曲。发现消除扭曲、实施氮减排补贴和/或产出税可以减少氮污染、提高福利。

Chen 等(2017)研究了中国农业产量补贴和创新补贴对农业污染的影响,发现减排创新补贴优于数量补贴。但是以上研究没有反映出农业污染路径的特点,从而难以把握住农业污染中具有一般性的规律进而影响研究适用性。而农业污染路径与工业污染路径不同,具有面源污染源性质,影响范围广,加之诸如农药、化肥等污染要素会残留在农产品中,作为食物直接进入人体,从而损害人体健康,因此农业污染更倾向于对劳动者人力资本水平的直接破坏。由于农产品是劳动力的生活必需品,所以这样的破坏不仅会损害农业劳动力的健康,也会损害经济中其他行业劳动力的健康。特别是在当今许多发展中国家的农业污染已经超越工业污染成为最大的污染源的现实背景下,C-T 模型对于同工业污染路径完全不同的农业污染问题的研究鞭长莫及,因此关于农业污染的理论研究便显得十分迫切和必要。基于农业污染的特点,Li 等(2020)将农业污染与劳动者人力资本水平联系起来,提出了一个不同于 C-T 路径的反映农业污染路径的内生化模型。

关于生产性服务业发展对经济影响的研究,有一些关于生产性服务业发展与经济发展关系的研究,例如,Marrewijk 等(1997)结合要素丰度理论和垄断竞争理论分析了生产性服务贸易、规模经济和要素市场之间的一般均衡关系。Liu 等(2017)构建了一个外生变量通过生产性服务业集聚影响制造业升级的理论分析框架,对生产性服务业集聚与制造业耦合过程中各要素间的链条联系和传导路径进行了实证检验。Xi 等(2015)构建了关于生产性服务业模式选择与工业效率提升的一个分析框架,实证研究了工业效率提升导向下中国城市生产性服务业的模式选择。Li 和 Jia(2021)研究了在包含生产性服务业的经济中混合制企业民营化对经济的影响。以上均是关于工业生产性服务业的相关研究,本章关注的是农业生产性服务发展与农业污染的关系,而目前关于农业生产性服务这方面的研究很少。Li 和 Fu(2020)分析了存在农业生产性服务业背景下农民工汇款对经济及环境的影响,发现在资本专用情况下,城乡移民汇款率的提高会增加农业部门对农业生产性服务业的需求,但也会降低环境水平,而对城市工业部门的产出水平没有影响;在资本可移动的情况下,城乡移民汇款率的提高将增加农业部门对农业生产性服务业的需求,降低城市工业部门的产出水平,改善环境水平。但他们没有将农业生产性服务业发展与农业污染之间的关系纳入研究框架。我们认为发展农业生产性服务是一种具有隐蔽性污染[①]的经济活动,即看似与农业污染没有关系的农业生产性服务通过改变农业生产过程、生产结构和要素投入结构等方面,可以与农业污染形成一条如下的关系链:

发展农业生产性服务→改变农业生产过程和要素投入结构→改变污染要素使用量→影响农业污染

考虑到在现有技术条件下农业生产中的污染要素还不能被其他要素完全替代,所以农业污染目前还不能完全解决。

本章将农业生产性服务业发展与农业污染之间的关系作为研究对象,并参考 Li 等(2020)的农业污染路径设定,分别研究旨在促进农业生产性服务发展的价格补贴、资本利息补贴和工资补贴等政策对农业污染等的影响效应。本章的主要贡献在于首次运用经济学理论研究方法考察了政府关于农业生产性服务业的各项补贴对农业污染的影响效果,发现上述三种补贴都有利于降低农业污染,并且价格补贴优于利息补贴和工资补贴。

本章余下部分结构安排如下:第二节构建了一个包含农业生产性服务部门的四部门一般均衡模型框架;第三节基于第二节的模型框架分别研究了农业生产性服务价格补贴、利息补贴和工资补贴对农业污染等经济变量的影响,并对其影响机制进行分析;第四节分析和比较了三类补贴政策对农业污染等经济变量的影响大小;第五节是分析三类补贴政策对国民福利的影响效应;最后为本章的结论。

第二节　模型构建

本节构建一个包含农业部门(A)、制造业部门(M)、农业污染要素部门(Z)和农业生产性服务部门(X)的四部门发展中二元经济体。其中,农业部门使用劳动 L_A、农业生产性服务 X 和农业污染要素 Z 生产可出口的农产品;制造业部门使用劳动

[①] 所谓"隐蔽性污染",是指由表面与环境污染不相关联的经济活动或政策选择通过某些中间环节传导而最终引起的环境污染。

L_M 和资本 K_M 要素生产可进口的工业产品;农业污染要素部门和农业生产性服务部门使用劳动和资本两种生产要素为农业部门提供中间投入品。我们假定经济中劳动和资本两种要素禀赋是外生给定的,劳动要素在上述四部门之间自由流动,资本要素在制造业部门、农业污染要素部门和农业生产性服务部门间自由流动。同时,假定所有产品市场都是完全竞争的,且制造业产品价格 P_M 和农产品价格由世界市场决定,农业污染要素价格 P_Z 和农业生产性服务市场价格 P_X 分别由这两个部门与农业部门的供求关系决定。此外,我们将农产品的价格标准化为 1,从而其他产品和要素的价格表现为相对于农产品价格的相对价格。

我们认为农业污染要素 Z 作为中间品进入农业生产时虽然会促进农业生产,但也会产生农业污染,这反过来也会对农业生产产生不利影响。不过,农业污染的路径与工业污染不同,诸如农药、化肥等污染要素会残留在农作物及农产品中,从而作为食物进入人体损害人们的健康,因此农业污染更倾向于对人力健康资本的直接破坏。显然,C-T 模型对于具有这样路径的农业污染问题的研究是鞭长莫及的。基于农业污染的特点,Li 等(2020)将农业污染路径进行了内生化处理,提出了一个与 C-T 模型路径完全不同的能够反映农业污染路径的模型。因此,本章借鉴 Li 等(2020)的研究,将农业污染对经济的影响进行内生化。本章将 h 定义为农业生产中农业污染因素对人力资本的影响效应,其具体形式为

$$h=(1+Z)^\varepsilon, -1<\varepsilon<0$$

其中,参数 ε 表示农业污染要素对人们健康的影响系数。因此,经济中四个部门的生产函数具体如下:

$$A=\alpha_1^{\alpha_1}\alpha_2^{\alpha_2}(1-\alpha_1-\alpha_2)^{1-\alpha_1-\alpha_2}(hL_A)^{\alpha_1}Z^{\alpha_2}X^{1-\alpha_1-\alpha_2}$$

$$M=\beta^\beta(1-\beta)^{1-\beta}(hL_M)^\beta K_M^{1-\beta}$$

$$Z=\gamma^\gamma(1-\gamma)^{1-\gamma}(hL_Z)^\gamma K_Z^{1-\gamma}$$

$$X=\sigma^\sigma(1-\sigma)^{1-\sigma}(hL_X)^\sigma K_X^{1-\sigma}$$

其中,参数 $\alpha_i(i=1,2),\beta,\gamma$ 和 σ 等分别表示相关部门对应生产要素的产出弹性。

在完全竞争市场背景下,根据农业部门、制造业部门、农业污染要素部门和农业

生产性服务部门零利润条件我们可以得到下列等式

$$(1+Z)^{-\varepsilon\alpha_1}w^{\alpha_1}P_Z^{\alpha_2}P^{(1-\alpha_1-\alpha_2)}=1 \qquad (16-1)$$

$$(1+Z)^{-\varepsilon\beta}\overline{w}^{\beta}r^{1-\beta}=P_M \qquad (16-2)$$

$$(1+Z)^{-\varepsilon\gamma}\overline{w}^{\gamma}r^{1-\gamma}=P_Z \qquad (16-3)$$

$$(1+Z)^{-\varepsilon\sigma}\overline{w}^{\sigma}r^{1-\sigma}=P_X \qquad (16-4)$$

在上述三个等式中,变量 w 和 $\overline{w}$ 分别表示农业部门和农业生产性服务部门、农业污染要素部门及制造业部门的名义工资水平,且农业部门劳动力工资 w 是弹性的,而农业生产性服务部门、农业污染要素部门和制造业部门工资向下刚性;变量 r 为对应部门资本要素价格,P_M、P_Z 和 P_X 分别表示制造业部门产品价格、农业污染要素价格和农业生产性服务价格。

根据 Harris 和 Todaro(1970)的研究,城乡劳动力分配机制为

$$\overline{w}=(1+\lambda)w \qquad (16-5)$$

其中,$\lambda=\dfrac{L_U}{L_M+L_Z+L_S}$ 表示城市地区失业人数与就业人数的比率,本章将其定义为城市失业率。

定义 L 和 K 分别为经济中的劳动力和资本禀赋。由于农业污染要素、农业生产性服务是农业部门的中间投入品,因此农业污染要素、农业生产性服务和劳动、资本等生产要素的市场出清条件分别为

$$\alpha_2 A=P_Z Z \qquad (16-6)$$

$$(1-\alpha_1-\alpha_2)A=P_X X \qquad (16-7)$$

$$\frac{\alpha_1 A}{w}+(1+\lambda)\frac{1}{w}(\beta P_M M+\gamma P_Z Z+\sigma PX)=L \qquad (16-8)$$

$$(1-\beta)P_M M+(1-\gamma)P_Z Z+(1-\sigma)PX=rK \qquad (16-9)$$

至此,模型框架构建完毕。方程(16-1)—(16-9)描述了经济中各市场主体的经济行为,包含 9 个内生变量:$A,M,Z,X,w,r,P_X,P_Z,\lambda$ 和 4 个外生变量:$P_M,\overline{w},L,K$。

第三节　比较静态分析

为了简化模型分析，本章首先做出如下假设：

假设1：农业生产性服务部门的人均资本量大于制造业部门，但二者充分接近，从而 $\gamma-\beta$ 充分小。

一、农业生产性服务价格补贴政策的经济与环境效应

我们首先分析政府对农业部门购买农业生产性服务 X 进行价格补贴的经济与环境效应。假定政府对农业部门购买农业生产性服务的价格补贴率为 θ_1，则农业部门的零利润条件等式(16-1)和农业生产性服务市场出清条件等式(16-7)分别变化为如下形式

$$(1+Z)^{-\varepsilon\alpha_1} w^{\alpha_1} P_Z^{\alpha_2} P^{(1-\alpha_1-\alpha_2)} (1-\theta_1)^{1-\alpha_1-\alpha_2} = 1 \qquad (16-1^*)$$

$$(1-\alpha_1-\alpha_2)A = (1-\theta_1)PX \qquad (16-7^*)$$

同时，政府为了实现预算收支平衡对国民收入征收所得税，其税率为 θ_{1I}，从而政府预算平衡条件为

$$\theta_1 PX = \theta_{1I}(A + P_M M) \qquad (16-10)$$

此时，方程(16-1*)、(16-2)~(16-6)、(16-7*)和(16-8)~(16-10)构成一个含有农业生产性服务价格补贴政策的完整经济系统。通过对式(16-2)和式(16-5)求全微分可以得到如下关系式

$$\widehat{r} = \varepsilon \frac{Z}{1+Z} \frac{\beta}{(1-\beta)} \widehat{Z} \qquad (16-11)$$

$$\widehat{\lambda} = -\frac{(1+\lambda)}{\lambda} \widehat{w} \qquad (16-12)$$

然后，对另外8个等式求全微分，将式(16-11)和式(16-12)代入上述六个等式的全微分方程并整理，可以得到如下矩阵方程(详细推导过程请见附录 A.1)：

第十六章 农业生产性服务补贴政策对农业污染的影响效应研究

$$\begin{bmatrix} B_1 & 0 \\ B_2 & (\theta_{1I}A + \theta_{1I}P_MM) \end{bmatrix} \begin{pmatrix} \widehat{Z} \\ \widehat{\theta}_{1I} \end{pmatrix} =$$

$$\left\{ \begin{aligned} & \frac{\theta_1}{1-\theta_1} \left(\frac{(1-\alpha_1-\alpha_2)}{\alpha_1} \left[\frac{\alpha_1 A}{w} + (1+\lambda) \frac{1}{w} (\beta P_M M + \gamma P_Z Z + \sigma PX) \right] + \frac{\beta-\sigma}{(1-\beta)} (1+\lambda) \frac{1}{w} PX \right) \\ & \frac{1}{1-\theta_1} (\theta_{1I} A + \theta_{1I} P_M M) + \frac{\theta_1}{1-\theta_1} \frac{1}{(1-\beta)} \theta_{1I} (1-\sigma) PX \end{aligned} \right\} \widehat{\theta}_1.$$

(16-13)

定义式(16-13)①系数矩阵的行列式为 Δ_1，如果经济系统是稳定的，则我们可以得到 $\Delta_1 < 0$（详细推导过程请见附录 A.2）。运用 Gramer 法则求解矩阵方程(16-11)可以得到农业生产性服务价格补贴对经济和农业污染的影响效应，如表 16-1 所示（详细推理过程请见附录 A.3）。

表 16-1　农业生产性服务价格补贴的经济及农业污染效应

	$\widehat{A}$	$\widehat{M}$	$\widehat{Z}$	$\widehat{X}$	$\widehat{w}$	$\widehat{r}$	$\widehat{P}_Z$	$\widehat{P}_X$	$\widehat{\lambda}$	$\widehat{\theta}_{1I}$
$\widehat{\theta}_1$	+	\	−	[+]	+	+	−	[+]	−	\

注：符号"+"和"−"分别表示农业生产性服务价格补贴政策对相关变量产生正向或反向影响，"[ ]"表示该结论的成立需要一定的条件，即有条件成立。

综合表 16-1 的结果，我们可以得到本章的第一个命题：

命题 1：农业生产性服务的价格补贴能够降低农业污染，提高农业生产性服务业产出和价格水平，提高农业部门劳动力工资水平、降低城市失业率。

命题 1 和表 16-1 的结果表明，政府对农业部门使用农业生产性服务进行价格补贴会降低农业污染水平，改善农业环境并在一定条件下提高农业部门产出水平。具体经济机制如下：农业生产性服务价格补贴降低了农业部门对农业生产性服务的使用成本，农业部门会用更多的农业生产性服务替代其他要素，并减少对污染要素 M 的需求、改善农业环境，同时减少农业劳动需求，劳动力向其他部门转移，农业部

---

① B_1 和 B_2 的具体表达形式请见附录 A.1。

门工资 w 上升。当 $\theta_1 < G\dfrac{\widehat{M}}{\theta_1} / \left(1 + G\dfrac{\widehat{M}}{\theta_1}\right)$ 时①,农业生产性服务补贴率上升会提高农业部门产出水平。所以,价格补贴率在这一区间时,农业部门产出增加和服务使用成本降低双重利好会促进市场对农业生产性服务需求上升,从而使得农业生产性服务部门产出 X 增加和价格 P_X 上升。农业生产性服务市场需求的上升又使得生产性服务部门增加对劳动和资本的需求,并推动资本利息上升和失业率降低。

二、农业生产性服务部门利息补贴政策的经济与环境效应

由于农业生产性服务发展是促进农业现代化的重要条件,因此发展中国家有动力对农业生产性服务部门进行补贴以扶持农业生产性服务业发展,进而促进农业现代化发展。假定政府对农业生产性服务部门的资本利息进行补贴,补贴率为 θ_2。与此同时,政府征收税率为 θ_{2I} 的国民收入税以为农业生产性服务部门的资本利息补贴融资,进而维持政府预算平衡。则农业生产性服务部门的零利润条件等式(16-4)、资本要素出清条件等式(16-9)和政府的预算平衡条件分别变为

$$(1+Z)^{-\varepsilon\sigma}\overline{w}^{\sigma}(1-\theta_2)^{1-\sigma}r^{1-\sigma} = P_X \quad (16\text{-}4^*)$$

$$(1-\beta)P_M M + (1-\gamma)P_Z Z + (1-\sigma)\dfrac{PX}{(1-\theta_r)} = rK \quad (16\text{-}9^*)$$

$$\theta_2(1-\sigma)PX = \theta_{2I}(A + P_M M) \quad (16\text{-}14)$$

此时,方程(16-1)~(16-3)、(16-4*)、(16-5)~(16-8)、(16-9*)和(16-14)构成含有农业生产性服务部门资本利息补贴政策的完整经济系统。对方程(16-1)(16-3)(16-4*)(16-6)~(16-8)、(16-9*)和(16-14)求全微分并将式(16-11)和式(16-12)代入上述六个等式的全微分方程并整理可以得到矩阵方程(16-15)(详细推导过程请见附录 B.1):

---

① $G = \dfrac{\gamma-\beta}{(1-\gamma)}\varepsilon\dfrac{\eta M}{(1+\eta M)} - \dfrac{1}{Xa_K^X}\left[Ma_k^M + \dfrac{1}{(1-\gamma)}\varepsilon\dfrac{\eta M}{(1+\eta M)}(Xa_K^X S_{KK}^X + Ma_K^M S_{KK}^M)\right] < 0.$

第十六章 农业生产性服务补贴政策对农业污染的影响效应研究

$$\begin{bmatrix} C_1 & 0 \\ C_2 & \theta_{2I}(A+P_M M) \end{bmatrix} \begin{pmatrix} \widehat{Z} \\ \widehat{\theta}_{2I} \end{pmatrix} =$$

$$\begin{bmatrix} \dfrac{\theta_r}{1-\theta_r} \left[\dfrac{(1-\alpha_1-\alpha_2)}{\alpha_1}(1-\sigma)\left[\dfrac{\alpha_1 A}{w}+(1+\lambda)\dfrac{1}{w}(\beta P_M M+\gamma P_Z Z+\sigma PX)\right] \\ +\dfrac{\beta}{(1-\beta)}(1-\sigma)(1+\lambda)\dfrac{1}{w}\dfrac{PX}{1-\theta_2} \right] \\ (\theta_I A+\theta_I P_M M)+\dfrac{\theta_{2I}}{(1-\beta)}\dfrac{\theta_2}{1-\theta_2}(1-\sigma)\dfrac{PX}{1-\theta_2} \end{bmatrix} \widehat{\theta}_2$$

(16-15)

定义式(16-15)①系数矩阵的行列式为 Δ_2,如果经济系统是稳定的,则我们可以得到 $\Delta_2<0$(详细推导过程请见附录 B.2)。运用 Gramer 法则求解矩阵方程(16-13),可以得到政府对农业生产性服务部门资本利息补贴政策对相关经济变量和农业污染的影响效应,如表 16-2 所示(详细推导过程请见附录 B.3)。

表 16-2 农业生产性服务部门资本利息补贴政策经济及农业污染效应

	$\widehat{A}$	$\widehat{M}$	$\widehat{Z}$	$\widehat{X}$	$\widehat{w}$	$\widehat{r}$	$\widehat{P}_Z$	$\widehat{P}_X$	$\widehat{\lambda}$	$\widehat{\theta}_{2I}$
$\widehat{\theta}_2$	[+]	—	—	[+]	+	+	—	—	—	\

注:符号"+"和"—"分别表示农业生产性服务部门资本利息补贴政策对相关变量产生正向或反向影响,"[ ]"表示该结论的成立需要一定的条件,即有条件成立。

综合表 16-2 的结果,我们可以得到本章的第二个命题:

命题 2: 对农业生产性服务部门的利息补贴能够降低农业污染,提高农业部门工资水平并降低城市失业率,在一定条件下提高农业生产性服务业产出但降低农业生产性服务价格,同时会增加农业部门产出。

三、农业生产性服务部门工资补贴政策的经济与环境效应

接下来分析政府对农业生产性服务部门工资补贴政策的经济和农业污染效应。

---

① C_1 和 C_2 的具体形式请见附录 B.1。

假定政府对农业生产性服务部门的工资补贴率为 θ_3。同时，为了维持政府财政收支平衡，政府征收税率为 θ_{3I} 的国民收入税以为农业生产性服务部门的工资补贴融资。则农业生产性服务部门的零利润条件等式(16-4)、(16-8)和政府的预算平衡条件分别变为

$$(1-\theta_3)^\sigma (1+Z)^{-\varepsilon\sigma}\overline{w}^\sigma r^{1-\sigma}=P_X \quad (16-4^{**})$$

$$\frac{\alpha_1 A}{w}+(1+\lambda)\frac{1}{w}\left(\beta P_M M+\gamma P_Z Z+\frac{1}{(1-\theta_3)}\sigma PX\right)=L \quad (16-8^*)$$

$$\theta_3 \sigma PX=\theta_{3I}(A+P_M M) \quad (16-16^*)$$

此时，方程(16-1)~(16-3)、(16-4**)、(16-5)、(16-6*)、(16-7*)、(16-8*)、(16-9)和(16-16*)构成农业生产性服务部门工资补贴政策的经济系统。对方程(16-1)、(16-3)、(16-4**)、(16-6)、(16-8*)、(16-9)和(16-16)求全微分并将式(16-11)和式(16-12)代入上述六个等式的全微分方程并整理，可以得到矩阵方程(16-17)(详细推导过程请见附录C.1)：

$$\begin{pmatrix} D_1 & 0 \\ D & \theta_{3I}(A+P_M M) \end{pmatrix} \begin{pmatrix} \hat{Z} \\ \hat{\theta}_{3I} \end{pmatrix} =$$

$$\begin{pmatrix} \frac{\theta_w}{1-\theta_w}\left[\frac{(1-\alpha_1-\alpha_2)}{\alpha_1}\sigma\left[\frac{\alpha_1 A}{w}+(1+\lambda)\frac{1}{w}\left(\beta P_M M+\gamma P_Z Z+\frac{1}{(1-\theta_w)}\sigma PX\right)\right] \\ -(1+\lambda)\frac{1}{w}\frac{1}{(1-\theta_w)}\sigma PX \end{pmatrix} \hat{\theta}_3 \\ \theta_I(A+P_M M) \end{pmatrix}$$

$$(16-17^*)$$

定义式(16-17*)①系数矩阵的行列式为 Δ_3，如果经济系统是稳定的，则我们可以得到 $\Delta_3<0$(详细推导过程请见附录C.2)。运用 Gramer 法则求解矩阵方程(16-15)，我们可以得到政府对农业生产性服务部门资本利息补贴政策对相关经济变量和农业污染的影响效应，如表16-3所示(详细推导过程请见附录C.3)。

---

① B表达形式与(16-11)式中一样，C_3 的具体形式请见附录C.1。

表 16-3 农业生产性服务部门资本利息补贴政策经济及农业污染效应

	$\hat{A}$	$\hat{M}$	$\hat{Z}$	$\hat{X}$	$\hat{w}$	$\hat{r}$	$\hat{P}_Z$	$\hat{P}_X$	$\hat{\lambda}$	$\hat{\theta}_{3I}$
$\hat{\theta}_3$	[+]	−	−	[+]	+	+	−	−	−	\

注：符号"+"和"−"分别表示农业生产性服务部门资本利息补贴政策对相关变量产生正向或反向影响，括号表示条件。

综合表 16-3 的结果，我们可以得到本章的第三个命题：

命题 3：对农业生产性服务部门的工资补贴能够降低农业污染，提高农业生产性服务部门产出水平，在一定条件下提高农业部门工资水平并降低城市失业率，降低农业生产性服务价格水平，提高农业部门产出。

比较表 16-3 和表 16-2 的结果可以发现，农业生产性服务部门的工资补贴政策对经济中相关变量和农业污染的影响效应与农业生产性服务部门资本利息补贴政策对经济和农业污染的相关影响效应基本一致。这可能是因为农业生产性服务部门工资补贴与资本利息补贴均是对农业生产性服务部门的生产要素进行补贴，两类补贴均会降低农业生产性服务部门的要素使用成本，从而两类补贴对农业生产性服务部门乃至对整个经济系统形成相似的影响机制与路径，进而使得政府对农业生产性服务部门的工资补贴与资本利息补贴和对经济中的相关变量及对农业污染的影响效应基本一致。

该结论的成立需要一定的条件，即有条件成立。

第四节　三类补贴政策经济和农业污染效应比较分析

根据前文表 16-1、表 16-2 和表 16-3 的结果可以发现，农业生产性服务价格补贴、农业生产性服务部门资本利息补贴和工资补贴对农业污染、农业部门产出、农业生产性服务部门产出以及城市失业率等变量的影响方向相同。接下来，我们对三类补贴对于经济及农业污染的影响效应进行比较分析，为此首先假设三类补贴政策的补贴率相等，即 $\theta_1 = \theta_2 = \theta_3$。

根据矩阵方程组(16-11)、(16-13)和(16-15)可知,三个矩阵方程组的系数行列式相等,即 $\Delta_1=\Delta_2=\Delta_3=B[\theta_{3I}A+\theta_{3I}P_M(1-\eta)M]$。根据 Gramer 法则,可知

$$\frac{\hat{M}}{\theta_1}-\frac{\hat{M}}{\theta_2}=\frac{1}{B}\frac{\theta_1}{(1-\theta_1)}\begin{bmatrix}\beta Aa_L^A S_{LS}^A+(\beta+S_{KK}^X)Aa_L^A+(1+\lambda)Xa_L^X(S_{LL}^X+S_{KK}^X)\\-\beta\frac{(1-\alpha_1-\alpha_2)}{\alpha_1}[Aa_L^A S_{LL}^A-(1+\lambda)(Xa_L^X+Ma_L^M)]\end{bmatrix}$$

(16-16)

$$\frac{\hat{M}}{\theta_1}-\frac{\hat{M}}{\theta_3}=\frac{1}{B}\frac{\theta_1}{(1-\theta_1)}\begin{Bmatrix}(1-\beta)(Aa_L^A S_{LS}^A+Aa_L^A)-(1+\lambda)Xa_L^X(S_{LL}^X+S_{KK}^X)-Aa_L^A S_{KK}^X\\-(1-\beta)\frac{(1-\alpha_1-\alpha_2)}{\alpha_1}[Aa_L^A S_{LL}^A-(1+\lambda)(Xa_L^X+Ma_L^M)]\end{Bmatrix}<0$$

(16-17)

$$\frac{\hat{M}}{\theta_2}-\frac{\hat{M}}{\theta_3}=\frac{1}{B}\frac{\theta_1}{(1-\theta_1)}\begin{pmatrix}(1-2\beta)Aa_L^A S_{LS}^A+(1-2\beta)Aa_L^A-2Aa_L^A S_{KK}^X-2(1+\lambda)Xa_L^X(S_{LL}^X+S_{KK}^X)\\-(1-2\beta)\frac{(1-\alpha_1-\alpha_2)}{\alpha_1}[Aa_L^A S_{LL}^A-(1+\lambda)(Xa_L^X+Ma_L^M)]\end{pmatrix}$$

(16-18)

根据式(16-17)可知,补贴率相等条件下,农业生产性服务价格补贴政策相对于农业生产性服务部门的工资补贴来说,更能促进农业污染的降低。根据式(16-16)和式(16-18),当 $\beta+S_{KK}^X>0$ 且 $\frac{Ma_L^M}{Xa_L^X}>-\left(1+\frac{\alpha_1}{(1-\alpha_1-\alpha_2)}\frac{(S_{LL}^X+S_{KK}^X)}{\beta}\right)$ 时,有 $\frac{\hat{M}}{\theta_1}-\frac{\hat{M}}{\theta_2}<0$;当 $\beta<\frac{1}{2}$ 时,有 $\frac{\hat{M}}{\theta_2}-\frac{\hat{M}}{\theta_3}<0$。因此,在一定条件下,农业生产性服务价格补贴对农业污染的降低效应最大,资本利息补贴对农业污染的降低效应次之,而工资补贴对农业污染的降低效应最小。

此外,将式(16-16)、(16-17)和(16-18)的结果分别代入附录(A.3.1)、(A.3.3)、(A.3.5)、(B.3.1)、(B.3.3)、(B.3.5)和(C.3.1)、(C.3.3)、(C.3.5)以及式(16-10),并整理可知 $\frac{\hat{w}}{\theta_1}>\frac{\hat{w}}{\theta_2}>\frac{\hat{w}}{\theta_3}>0, \frac{\hat{\lambda}}{\theta_1}<\frac{\hat{\lambda}}{\theta_2}<\frac{\hat{\lambda}}{\theta_3}<0, \frac{\hat{r}}{\theta_1}>\frac{\hat{r}}{\theta_2}>\frac{\hat{r}}{\theta_3}>0, \frac{\hat{X}}{\theta_1}>\frac{\hat{X}}{\theta_2}$ & $\frac{\hat{X}}{\theta_3}>0$。由此,我们可知,农业生产性服务三类补贴政策对降低城市失业率的影响效

应从大到小依次是价格补贴、资本利息补贴和工资补贴;农业生产性服务价格补贴政策对经济农业部门工资水平、资本利息水平和农业生产性服务部门产出等的影响幅度均大于资本利息补贴和工资补贴政策。

综上分析,我们得到本章的第四个命题。

命题 4:在一定条件下,农业生产性服务三类补贴对降低农业污染和降低城市失业率的影响效应从大到小依次是价格补贴、资本利息补贴和工资补贴。

第五节 国民福利分析

在前一节分析的基础上,我们现在将注意力转向农业生产性服务三类补贴政策的国民福利效应分析。我们首先假定社会福利函数为 C-D 形式,具体为:$U=D_A^\rho D_M^{1-\rho}$,$0<\rho<1$,其中 D_A 和 D_M 分别表示社会对农业产品和制造业产品的需求量,预算约束为:$I=A+(1-\eta)P_M M$。此外,由贸易平衡条件可以得到 $D_A+P_M D_M=A+(1-\eta)P_M M$。其中,参数 η 表示经济体对制造部门产品总需求中进口部分的占比。

首先,对该式求全微分可以得到如下关系式

$$D_A \widehat{D}_A + P_M D_M \widehat{D}_M = A\widehat{A} + (1-\eta)P_M M \widehat{M} \qquad (16-19)$$

然后,对社会福利函数求全微分并运用 C-D 函数性质①可以得到式(16-20)

$$\widehat{U} = \rho \widehat{D}_A + (1-\rho)\widehat{D}_M = \frac{D_A}{\phi U}\widehat{D}_A + \frac{P_M D_M}{\phi U}\widehat{D}_M \qquad (16-20)$$

将式(16-19)代入式(16-20)并整理可得到:

$$\frac{\widehat{U}}{\theta_i} = \frac{1}{\phi U}\left(A\frac{\widehat{A}}{\theta_i} + (1-\eta)P_M M \frac{\widehat{M}}{\theta_i}\right), i=1,2,3 \qquad (16-21)$$

由式(16-21)可以发现,农业生产性服务三类补贴政策对国民福利水平的影响

---

① 此处,假定 ϕ 为单位福利的价格,则根据 C-D 福利函数性质,可以得到 $\rho = \frac{D_A}{\phi U}$,$1-\rho = \frac{P_M D_M}{\phi U}\lambda$。

效应取决于相关补贴政策对农业部门产出和制造业部门产出的影响效应。下面,根据式(16-21),具体分析农业生产性服务三类补贴政策的国民福利效应。

首先,将附录中式(A.3.4)、(B.3.4)、(C.3.4)分别代入式(16-21),则有

$$\frac{\widehat{U}}{\widehat{\theta}_1} = \frac{A}{\phi U}\left[\frac{(1-\eta)P_M M}{A} + G\right]\frac{\widehat{M}}{\widehat{\theta}_1} - \frac{\theta_1}{(1-\theta_1)}\frac{A}{\phi U} \quad (16-22)$$

$$\frac{\widehat{U}}{\widehat{\theta}_2} = \frac{A}{\phi U}\left[\frac{(1-\eta)P_M M}{A} + G\right]\frac{\widehat{M}}{\widehat{\theta}_2} - (1-(\beta+S_{KK}^X))\frac{\theta_2}{1-\theta_2}\frac{A}{\phi U} \quad (16-23)$$

$$\frac{\widehat{U}}{\widehat{\theta}_3} = \frac{A}{\phi U}\left[\frac{(1-\eta)P_M M}{A} + G\right]\frac{\widehat{M}}{\widehat{\theta}_3} - (\beta+S_{KK}^X)\frac{\theta_3}{(1-\theta_3)}\frac{A}{\phi U} \quad (16-24)$$

由式(16-22)、(16-23)和(16-24)可知,农业生产性服务三类补贴对国民福利的影响效应是不确定的。根据上述三式的含义与性质,分别令其等于零,可以得出三类补贴政策补贴率变化对国民福利水平的影响效应,即

$$\theta_1 <(>) \frac{\left(\frac{(1-\eta)P_M M}{A} + G\right)\frac{\widehat{M}}{\widehat{\theta}_1}}{1+\left(\frac{(1-\eta)P_M M}{A} + G\right)\frac{\widehat{M}}{\widehat{\theta}_1}} \Rightarrow \frac{\widehat{U}}{\widehat{\theta}_1} > (<) 0 \quad (16-25)$$

$$\theta_2 <(>) \frac{\left(G+\frac{(1-\eta)P_M M}{A}\right)\frac{\widehat{M}}{\widehat{\theta}_2}}{\left(G+\frac{(1-\eta)P_M M}{A}\right)\frac{\widehat{M}}{\widehat{\theta}_2} + (1-(\beta+S_{KK}^X))} \Rightarrow \frac{\widehat{M}}{\widehat{\theta}_2} > (<) 0 \quad (16-26)$$

$$\theta_3 <(>) \frac{(\beta+S_{KK}^X)}{(\beta+S_{KK}^X)+\left(\frac{(1-\eta)P_M M}{A} + G\right)\frac{\widehat{M}}{\widehat{\theta}_3}} \Rightarrow \frac{\widehat{U}}{\widehat{\theta}_3} > (<) 0 \quad (16-27)$$

从不等式(16-25)、(16-26)和(16-27)可知,三类补贴政策对国民福利的影响效应均存在一个使国民福利达到最大的最优补贴率,即

$$\theta_1^{**} = \left(\frac{(1-\eta)P_M M}{A} + G\right)\frac{\widehat{M}}{\widehat{\theta}_1} \Big/ \left[1+\left(\frac{(1-\eta)P_M M}{A} + G\right)\frac{\widehat{M}}{\widehat{\theta}_1}\right],$$

$$\theta_2^{**} = \left(\frac{(1-\eta)P_M M}{A} + G\right)\frac{\widehat{M}}{\widehat{\theta_2}} \bigg/ \left[(1-(\beta+S_{KK}^X)) + \left(\frac{(1-\eta)P_M M}{A} + G\right)\frac{\widehat{M}}{\widehat{\theta_2}}\right],$$

$$\theta_3^{**} = (\beta+S_{KK}^X) \bigg/ \left[(\beta+S_{KK}^X) + \left(\frac{(1-\eta)P_M M}{A} + G\right)\frac{\widehat{M}}{\widehat{\theta_3}}\right]。$$

当各补贴率低于上述三个相应的最优补贴率时,该补贴率的上升会促进国民福利增加,而如果各种补贴率高于最优补贴率则会降低国民福利水平,即农业生产性服务的三种补贴对国民福利的影响效应均呈现倒 U 形特征(如图 16-1)。

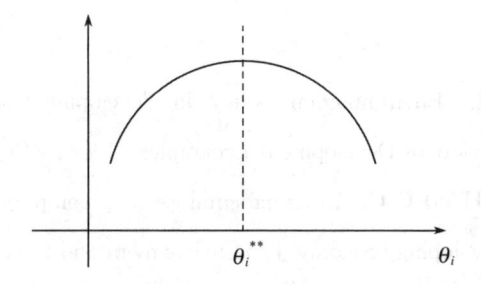

图 16-1　农业生产性服务三种补贴与国民福利水平的变化关系($i=1,2,3$)

综上分析,可以得到本章的第五个命题。

命题 5:农业生产性服务的三类补贴对国民福利的影响效应均呈现倒 U 形特征,即三类补贴政策均存在一个使国民福利水平达到最大的最优补贴率。

第六节　结　论

在农业现代化过程中农业生产性服务业必然有一个从小到大的发展过程,对于农业生产性服务业进行补贴不仅有助于农业生产性服务业的发展,也会促进农业现代化进程,是许多国家政府常用的经济政策。目前学术界还缺少关于农业生产性服务发展与农业污染之间关系的研究,但是我们认为这些表面看来与农业污染没有直接关联的补贴政策,本质上却与农业污染存在密切的联系。本章通过构建一个包含农业生产性服务部门的四部门一般均衡模型,首次研究了政府对农业生产性服务业实行价格补贴、资本利息补贴和工资补贴对农业污染等经济变量的影响效应。研究发现,(1) 上述三类补贴率的上升都有降低农业污染和失业率作用,在一定条件下都能够提高农业部门和农业生产性服务部门产出水平;(2) 各补贴政策对降低农业污染和失业率的效应影响从大到小依次是价格补贴、资本利息补贴和工资补贴;(3) 各补贴政策对国民福利的影响效应呈现先促进后抑制的倒 U 形特征,同时给出了三类补贴政策各自的最优补贴率。因此,我们认为在促进农业生产性服务业发展的补贴政策中,对于农业生产性服务的价格补贴应该成为政府政策选择的优先项。

参考文献

[1] BATABYAL A. Environmental policy in developing countries: a dynamic analysis[J]. Review of Development Economics, 1998, 2(3): 293–304.

[2] BELADI H, CHAO C C. Environmental policy, comparative advantage, and welfare for a developing economy[J]. Environment and Development Economics, 2006, 11(5): 559–568.

[3] BRADEN J B, LARSON R S, HERRICKS E E. Impact targets versus discharge standards in agricultural pollution management [J]. American Journal of Agricultural Economics, 1991, 73(2): 388–397.

[4] CHARLESV M, JOACHIM S, ALBERT D V, et al. Producer services, comparative advantage, and international trade patterns [J]. Journal of International Economics, 1997 (42): 195–220.

[5] CHEN Y H, WEN X W, WANG B, et al. Agricultural pollution and regulation: how to subsidize agriculture? [J]. Journal of Cleaner Production, 2017 (164): 258–264.

[6] COPELAND B R, TAYLOR S. Trade, spatial separation and the environment[J]. Journal of International Economics, 1999 (47): 137–168.

[7] DAITOH I. Environmental protection and urban unemployment: enrironmental policy reform in a polluted dualistic economy[J]. Review of Development Econmics, 2003, 7

(3): 496-509.

[8] DEAN J M, GANGOPADHYAY S. Export bans, environmental protection, and unemployment[J]. Review of Development Economics, 1997 (1): 324 - 336.

[9] DEGIRMENCI T, AYDIN M. The effects of environmental taxes on environmental pollution and unemployment: a panel co-integration analysis on the validity of double dividend hypothesis for selected African countries[J]. International Journal of Finance & Economics, 2021, 28(3): 2231 - 2238.

[10] DOGAN E, TURKEKUL B. CO_2 emissions, real output, energy consumption, trade, urbanization and financial development: testing the EKC hypothesis for the USA[J]. Environmental Science and Pollution Research, 2016, 23(2): 1203 - 1213.

[11] HAMID B, CHI-CHUR C. Environmental policy, comparative advantage, and welfare for a developing economy[J]. Environment and Development Economics, 2006 (5): 559 - 568.

[12] HAMMER D A. Designing constructed wetlands systems to treat agricultural nonpoint source pollution[J]. Ecological Engineering, 1992, 1(1 - 2): 49 - 82.

[13] HARRIS J R, TODARO M P. Migration, unemployment and development: a two-sector analysis[J]. American Economic Review, 1970, 60(1): 126 - 142.

[14] KONDOH K, YABUUCHI S. Unemployment, environmental policy, and international migration[J]. The Journal of International Trade & Economic Development, 2012, 21(5): 677 - 690.

[15] ICHIROH D. Environmental protection and urban unemployment: environmental policy reform in a polluted dualistic economy[J]. Review of Development Economics, 2003, 7(3): 496 - 509.

[16] LI X C, WU Y Y. Environment and economy in the modern agricultural development[J]. Asia-Pacific Journal of Accounting & Economics, 2018,

25(1-2): 163-176.

[17] LI X C, FU H N, WU Y Y. Pollution mitigation, unemployment rate and wage inequality in the presence of agricultural pollution[J]. China Economic Review, 2020 (61): 1-14.

[18] LI X C, JIA T T. Partial privatization, producer services and unemployment in developing countries[J]. Review of Development Economics, 2021, 26(1): 423-441.

[19] LI X C, FU H N. Migrant remittance, agricultural producer service, and environmental pollution[J]. Asia-Pacific Journal of Accounting & Economics, 2020, 29(5): 1267-1282.

[20] LI X C, FU H N. Migrant remittance, agricultural producer services, and environmental pollution[J]. Asia-Pacific Journal of Accounting & Economics, 2020, 29(5): 1-16.

[21] LI X C, FU H N, WU Y Y. Pollution mitigation, unemployment rate and wage inequality in the presence of agricultural pollution[J]. China Economic Review, 2020, 61: 1-14.

[22] LI X C, JIA T T. Partial privatization, producer services, and unemployment in developing countries[J]. Review of Development Economics, 2021, 26(1): 423-441.

[23] LIU Y, XIA J C, LI Y. Producer services agglomeration and manufacturing upgrading[J]. China Industrial Economics, 2017 (7): 24-42 (in Chinese).

[24] MANFRED R. Environmental taxation within the European Union[J]. Cyprus Economic Policy Review, 2014, 8(2): 113-123.

[25] MARTINEZ Y, ALBIAC J. Agricultural pollution control under Spanish and European environmental policies[J]. Water Resources Research, 2004, 40 (10): 1-12.

[26] TAHERIPOUR F, KHANNA M, NELSON C H. Welfare impacts of

alternative public policies for agricultural pollution control in an open economy: a general equilibrium framework[J]. American Journal of Agricultural Economics, 2008, 90(3): 701-718.

[27] TAWADA M, SUN S Q. Urban pollution, unemployment and national welfare in a dualistic economy[J]. Review of Development Economics, 2010, 14(2): 311-322.

[28] TUNAHAN D, MEHMET A. The effects of environmental taxes on environmental pollution and unemployment: a panel co-integration analysis on the validity of double dividend hypothesis for selected African countries[J]. International Journal of Finance & Economics, 2021, 28(3): 2231-2238.

[29] XI Q M, CHEN X, LI G P. Study on the pattern selection of Chinese urban producer services: oriented by the improvement of industrial efficiency[J]. China Industrial Economics, 2015 (2): 18-30 (in Chinese).

附录

1. 附录 A

(a) 附录 A.1

对方程(16-1*)、(16-2)、(16-5*)和(16-7)求全微分并将正文式(16-9)代入以上全微分方程,整理可以得到如下关系式:

$$\widehat{w} = \frac{\theta_1}{(1-\theta_1)} \frac{(1-\alpha_1-\alpha_2)}{\alpha_1} \widehat{\theta_1} - \left[\frac{(1-\alpha_1-\alpha_2)}{\alpha_1} \frac{\gamma-\beta}{(1-\gamma)} - 1\right] \varepsilon \frac{\eta M}{(1+\eta M)} \widehat{M_1}$$

(A.1.1)

$$\widehat{P_S} = \frac{\gamma-\beta}{(1-\gamma)} \varepsilon \frac{\eta M}{(1+\eta M)} \widehat{M}$$

(A.1.2)

$$\widehat{A} = \left(\frac{\gamma-\beta}{(1-\gamma)} \varepsilon \frac{\eta M}{(1+\eta M)} - \frac{1}{Xa_K^X}\left[Ma_K^M + \frac{1}{(1-\gamma)} \varepsilon \frac{\eta M}{(1+\eta M)} (Xa_K^X S_{KK}^X + \right.\right.$$

$$Ma_K^M S_{KK}^M \big)\Big]\Big)\widehat{M} - \frac{\theta_1}{(1-\theta_1)}\widehat{\theta} \tag{A.1.3}$$

$$\widehat{X} = -\frac{1}{Xa_K^X}\Big[Ma_K^M + \frac{1}{(1-\gamma)}\varepsilon\,\frac{\eta M}{(1+\eta M)}(Xa_K^X S_{KK}^X + Ma_K^M S_{KK}^M)\Big]\widehat{M}. \tag{A.1.4}$$

再将等式(16-9)、(16-10)以及式(A.1.1)—(A.1.4)分别代入式(16-6)和(16-8)的全微分方程并整理到如下矩阵方程组:

$$\begin{bmatrix} B & 0 \\ C_1 & \theta_{NI}A + \theta_{NI}P_M(1-\eta)M \end{bmatrix}\begin{bmatrix}\widehat{M}\\ \widehat{\theta}_{1I}\end{bmatrix}$$

$$= \Big\{\frac{\theta_1}{(1-\theta_1)}\Big(Aa_L^A S_{LX}^A + Aa_L^A - \frac{(1-\alpha_1-\alpha_2)}{\alpha_1}Aa_L^A S_{LL}^A + \frac{(1-\alpha_1-\alpha_2)}{\alpha_1}(1+\lambda)(Xa_L^X$$

$$+Ma_L^M)\Big)\Big(\frac{1}{(1-\theta_1)}\theta_{NI}A + \theta_{NI}P_M(1-\eta)M\Big)\Big\}\widehat{\theta}_1 \tag{A.1.5}$$

其中,

$$B = \Big[(1+\lambda)Ma_L^M\,\frac{Xa_L^X}{Xa_K^X}\Big(\frac{Xa_K^X}{Xa_L^X} - \frac{Ma_K^M}{Ma_L^M}\Big) - \frac{Ma_K^M Aa_L^A}{Xa_K^X} + \Big(1 + S_{LX}^A - \frac{(1-\alpha_1-\alpha_2)}{\alpha_1}S_{LL}^A\Big)\varepsilon$$

$$\frac{\eta M}{(1+\eta M)}\frac{\gamma-\beta}{(1-\gamma)}Aa_L^A - (1+\lambda)(Xa_L^X S_{LL}^X + Ma_L^M S_{LL}^M)\frac{1}{(1-\gamma)}\varepsilon\,\frac{\eta M}{(1+\eta M)} - \Big[(1+\lambda)$$

$$\frac{Xa_L^X}{Xa_K^X} + \frac{Aa_L^A}{Xa_K^X}\Big](Xa_K^X S_{KK}^X + Ma_K^M S_{KK}^M)\frac{1}{(1-\gamma)}\varepsilon\,\frac{\eta M}{(1+\eta M)} + \Big[\frac{(1-\alpha_1-\alpha_2)}{\alpha_1}\frac{\gamma-\beta}{(1-\gamma)} - 1\Big]\varepsilon$$

$$\frac{\eta M}{(1+\eta M)}(1+\lambda)(Xa_L^X + Ma_L^M)\Big],$$

$$C_1 = \Big[\Big(1 - \frac{\gamma-\beta}{(1-\gamma)}\varepsilon\,\frac{\eta M}{(1+\eta M)}\Big)\theta_{NI}P_M(1-\eta)M + \frac{\theta_{NI}P_M(1-\eta)M}{Xa_K^X}\Big[Ma_K^M + $$

$$\frac{1}{(1-\gamma)}\varepsilon\,\frac{\eta M}{(1+\eta M)}(Xa_K^X S_{KK}^X + Ma_K^M S_{KK}^M)\Big]\Big]。$$

矩阵方程组(A.1.5)即为正文中的矩阵方程组(16-11)。

(b) 附录 A.2

定义正文矩阵方程(16-11)系数矩阵行列式为 Δ_1,则有

$$\Delta_1 = [\theta_{NI}A + \theta_{NI}P_M(1-\eta)M]\left[(1+\lambda)Ma_L^M \frac{Xa_L^X}{Xa_K^X}\left(\frac{Xa_K^X}{Xa_L^X} - \frac{Ma_K^M}{Ma_L^M}\right) - \frac{Ma_K^M Aa_L^A}{Xa_K^X} + \right.$$

$$\left(1 + S_{LX}^A - \frac{(1-\alpha_1-\alpha_2)}{\alpha_1}S_{LL}^A\right)\varepsilon \frac{\eta M}{(1+\eta M)}\frac{\gamma-\beta}{(1-\gamma)}Aa_L^A - (1+\lambda)(Xa_L^X S_{LL}^X + Ma_L^M S_{LL}^M)$$

$$\frac{1}{(1-\gamma)}\varepsilon \frac{\eta M}{(1+\eta M)} - \left[(1+\lambda)\frac{Xa_L^X}{Xa_K^X} + \frac{Aa_L^A}{Xa_K^X}\right](Xa_K^X S_{KK}^X + Ma_K^M S_{KK}^M)\frac{1}{(1-\gamma)}\varepsilon \frac{\eta M}{(1+\eta M)}$$

$$\left.+ \left[\frac{(1-\alpha_1-\alpha_2)}{\alpha_1}\frac{\gamma-\beta}{(1-\gamma)} - 1\right]\varepsilon \frac{\eta M}{(1+\eta M)}(1+\lambda)(Xa_L^X + Ma_L^M)\right] = B[\theta_{NI}A + \theta_{NI}P_M$$

$$(1-\eta)M]。$$

由于 Δ_1 的符号无法直接确定,我们将使用动态调整来确定其符号。在建立的模型中,模型的动态调整过程如下:

$$\dot{M} = d_1\left(P_M - \frac{\overline{w}}{h}a_L^M - ra_K^M\right) \quad (A.2.1)$$

$$\hat{\theta}_{1I} = d_2(\theta_1 P_X X - \theta_{NI}(A + P_M(1-\eta)M)) \quad (A.2.2)$$

其中,"·"表示变量对时间的微分,d_1 和 d_2 是测度对应变量调整速度的系数,且有 $d_1, d_2 > 0$。对方程组(A.2.1)和(A.2.2)求全微分并令之等于零,则该方程组的雅可比矩阵的行列式为 $J_1 = d_1 d_2 \frac{(1-\gamma)}{(1+\lambda)(Xa_L^X S_{LL}^X + Ma_L^M S_{LL}^M)}\Delta_1$。根据经济系统稳定的条件,则有 $J_1 > 0$,从而可知 $\Delta_1 < 0$ 和 $B < 0$。

(c) 附录 A.3

根据附录 A.1 中矩阵方程组(A.1.5),运用 Gramer 法则并结合正文假设 1 和附录 A.2 中 $B<0$ 的结论及稳定条件,得出农业生产性服务价格补贴政策会减少制造业部门产出水平,从而降低农业污染水平和国民收入税率的影响效应,即 $\frac{\hat{M}}{\hat{\theta}_1} = \frac{\Delta_{1M}}{\Delta_1} < 0, \frac{\hat{\theta}_{1I}}{\hat{\theta}_1} = \frac{\Delta_{1\theta_I}}{\Delta_1} > 0$。将不等式 $\frac{\hat{M}}{\hat{\theta}_1} < 0$ 分别代入附录 A.1 中的关系式(A.1.1)~(A.1.4),并结合正文中的假设 1,可得到农业生产性服务价格补贴政策对其他相关变量的影响效应,即

$$\frac{\widehat{w}}{\widehat{\theta_1}} = \frac{\theta_1}{(1-\theta_1)} \frac{(1-\alpha_1-\alpha_2)}{\alpha_1} - \left[\frac{(1-\alpha_1-\alpha_2)}{\alpha_1} \frac{\gamma-\beta}{(1-\gamma)} - 1\right]\varepsilon \frac{\eta M}{(1+\eta M)} \frac{\widehat{M}}{\widehat{\theta_1}} > 0 \tag{A.3.1}$$

$$\frac{\widehat{P_X}}{\widehat{\theta_1}} = \frac{\gamma-\beta}{(1-\gamma)}\varepsilon \frac{\eta M}{(1+\eta M)} \frac{\widehat{M}}{\widehat{\theta_1}} > 0 \tag{A.3.2}$$

$$\frac{\widehat{r}}{\widehat{\theta_1}} = \frac{\gamma}{(1-\gamma)}\varepsilon \frac{\eta M}{(1+\eta M)} \frac{\widehat{M}}{\widehat{\theta_1}} > 0 \tag{A.3.3}$$

$$\frac{\widehat{A}}{\widehat{\theta_1}} = \left\{ \begin{aligned} & \frac{\gamma-\beta}{(1-\gamma)}\varepsilon \frac{\eta M}{(1+\eta M)} - \frac{Ma_K^M}{Xa_K^X} \\ & -\frac{1}{(1-\gamma)}\frac{1}{Xa_K^X}\varepsilon \frac{\eta M}{(1+\eta M)}(Xa_K^X S_{KK}^X + Ma_K^M S_{KK}^M) \end{aligned} \right\} \frac{\widehat{M}}{\widehat{\theta_1}} - \frac{\theta_1}{(1-\theta_1)} \tag{A.3.4}$$

$$\frac{\widehat{X}}{\widehat{\theta_1}} = -\frac{1}{Xa_K^X}\left[Ma_K^M + \frac{1}{(1-\gamma)}\varepsilon \frac{\eta M}{(1+\eta M)}(Xa_K^X S_{KK}^X + Ma_K^M S_{KK}^M)\right]\frac{\widehat{M}}{\widehat{\theta_1}} > 0 \tag{A.3.5}$$

由(A.3.1)、(A.3.2)、(A.3.3)、(A.3.5)可知,农业生产性服务价格补贴率上升变化会提高农业部门工资水平、农业生产性服务价格水平、资本价格和农业生产性服务产出水平,但对农业部门产出的影响效应不确定。根据式(A.3.6)的性质与含义,令其等于零,则有

$$\frac{\widehat{A}}{\widehat{\theta_1}} = \left(\frac{\gamma-\beta}{(1-\gamma)}\varepsilon \frac{\eta M}{(1+\eta M)} - \frac{1}{Xa_K^X}\left[Ma_K^M + \frac{1}{(1-\gamma)}\varepsilon \frac{\eta M}{(1+\eta M)}(Xa_K^X S_{KK}^X + Ma_K^M S_{KK}^M)\right]\right)\frac{\widehat{M}}{\widehat{\theta_1}} - \frac{\theta_1}{(1-\theta_1)} = 0,$$

从而可知当 $\theta_1 < (>) G\frac{\widehat{M}}{\widehat{\theta_1}} / \left(1 + G\frac{\widehat{M}}{\widehat{\theta_1}}\right)$ 时,有 $\frac{\widehat{A}}{\widehat{\theta_1}} > (<) 0$。且由此可知农业生产性服务价格补贴率上升对农业部门产出存在一个倒U形的影响效应,即当政府对农业生产性服务价格补贴率低于阈值 $\theta_1^* = G\frac{\widehat{M}}{\widehat{\theta_1}} / \left(1 + G\frac{\widehat{M}}{\widehat{\theta_1}}\right)$ 时,会促进农业部门产出增加,当补贴率超过这一阈值时,则会引起农业

第十六章 农业生产性服务补贴政策对农业污染的影响效应研究

部门产出下降。

2. 附录 B

(a) 附录 B.1

将正文式(16-3)代入方程组(16-1)、(16-2*)、(16-5)、(16-7)的全微分方程并整理可以得到如下关系式：

$$\widehat{w} = \frac{\theta_2}{1-\theta_2}(1-\beta)\frac{(1-\alpha_1-\alpha_2)}{\alpha_1}\widehat{\theta}_2 + \varepsilon\frac{\eta M}{(1+\eta M)}\left[1-\frac{(1-\alpha_1-\alpha_2)}{\alpha_1}\frac{\gamma-\beta}{(1-\gamma)}\right]\widehat{M} \tag{B.1.1}$$

$$\widehat{P}_X = \frac{\gamma-\beta}{(1-\gamma)}\varepsilon\frac{M}{(1+\eta M)}\widehat{M} - \frac{\theta_2}{1-\theta_2}(1-\beta)\widehat{\theta}_2 \tag{B.1.2}$$

$$\widehat{A} = \frac{\theta_2}{1-\theta_2}(S_{KK}^X - (1-\beta))\widehat{\theta}_2 + \left(\frac{\gamma-\beta}{(1-\gamma)}\varepsilon\frac{M}{(1+\eta M)} - \frac{1}{Xa_K^X}\left[Ma_K^M + \frac{1}{(1-\gamma)}\varepsilon\frac{M}{(1+\eta M)}(Xa_K^X S_{KK}^X + Ma_K^M S_{KK}^M)\right]\right)\widehat{M} \tag{B.1.3}$$

$$\widehat{X} = \frac{\theta_2}{1-\theta_2}S_{KK}^X\widehat{\theta}_2 - \frac{1}{Xa_K^X}\left[Ma_K^M + \varepsilon\frac{M}{(1+\eta M)}(Xa_K^X S_{KK}^X + Ma_K^M S_{KK}^M)\frac{1}{(1-\gamma)}\right]\widehat{M} \tag{B.1.4}$$

再将等式(16-9)、(16-10)以及式(B.1.1)-(B.1.4)分别代入式(16-6)和(16-12)的全微分方程、并整理到如下矩阵方程组：

$$\begin{bmatrix} B & 0 \\ C_2 & \theta_{2I}A + \theta_{2I}P_M(1-\eta)M \end{bmatrix}\begin{pmatrix} \widehat{M} \\ \widehat{\theta}_{2I} \end{pmatrix} = \left(\frac{\theta_2}{1-\theta_2}((1+\lambda)Xa_L^X(S_{LK}^X - S_{KK}^X) + (1-\beta)\right.$$

$$Aa_L^A S_{LX}^A + ((1-\beta) - S_{KK}^X)Aa_L^A - (1-\beta)\frac{(1-\alpha_1-\alpha_2)}{\alpha_1}Aa_L^A S_{LL}^A + (1-\beta)\frac{(1-\alpha_1-\alpha_2)}{\alpha_1}$$

$$\left.(1+\lambda)(Xa_L^X + Ma_L^M)\theta_{2I}(A+(1-\eta)P_M M) + \frac{\theta_2}{1-\theta_2}((1-\beta) - S_{KK}^X)\theta_{2I}A\right)\widehat{\theta}_2 \tag{B.1.5}$$

其中，$C_2 = \left(\theta_{NI}(1-\eta)P_M M - \frac{1}{(1-\gamma)}\varepsilon\frac{M}{(1+\eta M)}\left(\gamma + \frac{\theta_{NI}(A+(1-\eta)P_M M)}{\theta_{NI}(1-\eta)P_M M}S_{KK}^X\right)\theta_{NI}\right.$

$$(1-\eta)P_M M + \frac{\theta_{NI}(1-\eta)P_M M}{Xa_K^X}\left[Ma_K^M + \frac{1}{(1-\gamma)}\varepsilon\frac{M}{(1+\eta M)}(Xa_K^X S_{KK}^X + Ma_K^M S_{KK}^M)\right]).$$

矩阵方程组(B.1.5)即为正文中的矩阵方程组(16-13)。

(b) 附录 B.2

定义正文矩阵方程(16-13)的系数矩阵行列式为 Δ_2,则有 $\Delta_2 = B[\theta_{NI}A + \theta_{NI}P_M(1-\eta)M]$。

由于 Δ_2 的符号无法直接确定,我们将使用动态调整来确定其符号。在建立的模型中,模型的动态调整过程如下:

$$\dot{M} = d_3\left(P_M - \frac{\overline{w}}{h}a_L^M - ra_K^M\right) \tag{B.2.1}$$

$$\dot{\theta}_{2I} = d_4(\theta_2 r Xa_K^X - \theta_{NI}(A+(1-\eta)P_M M)) \tag{B.2.2}$$

其中,"·"表示变量对时间的微分,d_3 和 d_4 是测度对应变量调整速度的系数,且有 $d_3, d_4 > 0$。对方程组(B.2.1)和(B.2.2)求全微分并令之等于零,则该方程组的雅可比矩阵的行列式为 $J_2 = d_3 d_4 \frac{(1-\gamma)}{(1+\lambda)(Xa_L^X S_{LL}^X + Ma_L^M S_{LL}^M)}\Delta_2$。根据经济系统稳定的条件,则有 $J_2 > 0$,从而可知 $\Delta_2 < 0$ 和 $B < 0$。

(c) 附录 B.3

根据附录 B.1 中矩阵方程组(B.1.5),运用 Gramer 法则并结合正文假设 1 和附录 B.2 中 $B<0$ 的结论及稳定条件,得出农业生产性服务价格补贴政策会减少制造业部门产出水平,从而降低农业污染水平,即 $\frac{\widehat{M}}{\widehat{\theta}_2} = \frac{\Delta_{2M}}{\Delta_2} < 0$,进一步,如果 $\gamma + \frac{\theta_{NI}(A+(1-\eta)P_M M)}{\theta_{NI}(1-\eta)P_M M}S_{KK}^X > 0$,则 $\frac{\widehat{\theta}_{2I}}{\widehat{\theta}_2} = \frac{\Delta_{2\theta_{2I}}}{\Delta_2} > 0$。将不等式 $\frac{\widehat{M}}{\widehat{\theta}_1} < 0$ 分别代入附录 B.1 中的关系式(B.1.1)—(B.1.4),并结合正文中的假设 1 可得到农业生产性服务价格补贴政策对其他相关变量的影响效应,即

$$\frac{\widehat{w}}{\widehat{\theta}_2} = \frac{\theta_2}{1-\theta_2}(1-\beta)\frac{(1-\alpha_1-\alpha_2)}{\alpha_1} - \varepsilon\frac{\eta M}{(1+\eta M)}\left[1 - \frac{(1-\alpha_1-\alpha_2)}{\alpha_1}\frac{\gamma-\beta}{(1-\gamma)}\right]\frac{\widehat{M}}{\widehat{\theta}_2} > 0$$

$$\tag{B.3.1}$$

$$\frac{\widehat{P_X}}{\widehat{\theta_2}}=\frac{\gamma-\beta}{(1-\gamma)}\varepsilon\frac{M}{(1+\eta M)}\frac{\widehat{M}}{\widehat{\theta_2}}-\frac{\theta_2}{1-\theta_2}(1-\beta)<0 \qquad (B.3.2)$$

$$\frac{\widehat{r}}{\widehat{\theta_2}}=\varepsilon\frac{M}{(1+\eta M)}\frac{\gamma}{(1-\gamma)}\frac{\widehat{M}}{\widehat{\theta_2}}>0 \qquad (B.3.3)$$

$$\frac{\widehat{A}}{\widehat{\theta_2}}=\left(\frac{\gamma-\beta}{(1-\gamma)}\varepsilon\frac{M}{(1+\eta M)}-\frac{1}{Xa_K^X}\left[Ma_K^M+\frac{1}{(1-\gamma)}\varepsilon\frac{M}{(1+\eta M)}(Xa_K^X S_{KK}^X+\right.\right.$$
$$\left.\left.Ma_K^M S_{KK}^M)\right]\right)\frac{\widehat{M}}{\widehat{\theta_2}}-\frac{\theta_2}{1-\theta_2}((1-\beta)-S_{KK}^X) \qquad (B.3.4)$$

$$\frac{\widehat{X}}{\widehat{\theta_2}}=\frac{\theta_2}{1-\theta_2}S_{KK}^X-\frac{1}{Xa_K^X}\left[Ma_K^M+\frac{1}{(1-\gamma)}(Xa_K^X S_{KK}^X+Ma_K^M S_{KK}^M)\varepsilon\frac{M}{(1+\eta M)}\right]\frac{\widehat{M}}{\widehat{\theta_2}}$$
$$(B.3.5)$$

由(B.3.1)、(B.3.2)、(B.3.3)、(B.3.5)可知,农业生产性服务价格补贴率上升变化会提高农业部门工资水平和利息水平,但降低农业生产性服务价格水平对农业部门和农业生产性服务部门产出的影响效应不确定。根据式(B.3.4)和(B.3.5)的性质与含义,令其等于零,则有

$$\frac{\widehat{A}}{\widehat{\theta_2}}=\left(\frac{\gamma-\beta}{(1-\gamma)}\varepsilon\frac{\eta M}{(1+\eta M)}-\frac{1}{Xa_K^X}\left[Ma_K^M+\frac{1}{(1-\gamma)}\varepsilon\frac{\eta M}{(1+\eta M)}(Xa_K^X S_{KK}^X+\right.\right.$$
$$\left.\left.Ma_K^M S_{KK}^M)\right]\right)\frac{\widehat{M}}{\widehat{\theta_2}}-\frac{\theta_2}{1-\theta_2}((1-\beta)-S_{KK}^X)=0,$$

$$\frac{\widehat{S}}{\widehat{\theta_2}}=\frac{\theta_2}{1-\theta_2}S_{KK}^X-\frac{1}{Xa_K^X}\left[Ma_K^M+\frac{1}{(1-\gamma)}(Xa_K^X S_{KK}^X+Ma_K^M S_{KK}^M)\varepsilon\frac{M}{(1+\eta M)}\right]\frac{\widehat{M}}{\widehat{\theta_2}}=0$$

从而可知当 $\theta_2<\min\left\{\dfrac{G\dfrac{\widehat{M}}{\widehat{\theta_2}}}{G\dfrac{\widehat{M}}{\widehat{\theta_2}}+((1-\beta)-S_{KK}^X)},\dfrac{Xa_K^X S_{KK}^X}{Xa_K^X S_{KK}^X+Q\dfrac{\widehat{M}}{\widehat{\theta_2}}}\right\}$ 时[①],可得出

---

① $Q=Ma_K^M+\dfrac{1}{1-\gamma}\varepsilon\dfrac{M}{1+\eta M}(Xa_K^X S_{KK}^X+Ma_K^M S_{KK}^M)>0$。

$\frac{\hat{A}}{\theta_2} > 0$ 和 $\frac{\hat{X}}{\theta_2} > 0$。且由此可知农业生产性服务部门利息补贴率低于这一阈值时,农业生产性服务部门利息补贴率上升会提高农业部门产出和农业生产性服务部门产出。

3. 附录C

(a) 附录C.1

将正文式(16-9)代入式(16-1)、(16-2**)、(16-5)、(16-6)全微分方程并整理可以得到如下关系式:

$$\hat{w} = \beta \frac{(1-\alpha_1-\alpha_2)}{\alpha_1} \frac{\theta_3}{1-\theta_3} \hat{\theta}_3 - \left[\frac{(1-\alpha_1-\alpha_2)}{\alpha_1} \frac{\gamma-\beta}{(1-\gamma)} - 1 \right] \varepsilon \frac{\eta M}{(1+\eta M)} \hat{M} \tag{C.1.1}$$

$$\hat{P}_X = \frac{\gamma-\beta}{(1-\gamma)} \varepsilon \frac{\eta M}{(1+\eta M)} \hat{M} - \frac{\theta_3}{1-\theta_3} \beta \hat{\theta}_3 \tag{C.1.2}$$

$$\hat{A} = \frac{\theta_3}{(1-\theta_3)} (S_{KL}^X - \beta) \hat{\theta}_3 + \left(\frac{\gamma-\beta}{(1-\gamma)} \varepsilon \frac{\eta M}{(1+\eta M)} - \frac{1}{Xa_K^X} \left[Ma_K^M + \frac{1}{(1-\gamma)} (Xa_K^X S_{KK}^X + Ma_K^M S_{KK}^M) \varepsilon \frac{\eta M}{(1+\eta M)} \right] \right) \hat{M} \tag{C.1.3}$$

$$\hat{X} = \frac{\theta_3}{(1-\theta_3)} S_{KL}^X \hat{\theta}_3 - \frac{1}{Xa_K^X} \left[Ma_K^M + \frac{1}{(1-\gamma)} (Xa_K^X S_{KK}^X + Ma_K^M S_{KK}^M) \varepsilon \frac{\eta M}{(1+\eta M)} \right] \hat{M} \tag{C.1.4}$$

再将等式(16-9)、(16-10)以及式(C.1.1)-(C.1.4)分别代入式(16-6)和(16-14)的全微分方程,并整理得到如下矩阵方程组:

$$\begin{pmatrix} B & 0 \\ C_3 & \theta_{3I} A + \theta_{3I} P_M (1-\eta) M \end{pmatrix} \begin{pmatrix} \hat{M} \\ \hat{\theta}_3 \end{pmatrix} = \left\{ \frac{\theta_3}{(1-\theta_3)} \left((1+\lambda) Xa_L^X S_{LL}^X - (1+\lambda) Xa_L^X S_{KL}^X \right. \right.$$

$$- Aa_L^A S_{KL}^X + \beta (Aa_L^A S_{LX}^A + Aa_L^A) - \frac{(1-\alpha_1-\alpha_2)}{\alpha_1} \beta \left[Aa_L^A S_{LL}^A - (1+\lambda)(Xa_L^X + Ma_L^M) \right] \right)$$

$$\left(\left(1 - \frac{\theta_3}{1-\theta_3} S_{LL}^X \right) \theta_{3I} (A + (1-\eta) P_M M) + \frac{\theta_3}{(1-\theta_3)} \beta \theta_{3I} A + \frac{\theta_3}{(1-\theta_3)} \theta_{3I} (1-\eta) \right.$$

$$\left. P_M M S_{KL}^X \right) \right\} \hat{\theta}_3 \tag{C.1.5}$$

其中，$C_3 = \left\{ \theta_{NI}(1-\eta)P_M M + \dfrac{\gamma-\beta}{(1-\gamma)}\varepsilon \dfrac{\eta M}{(1+\eta M)}\theta_{NI} A + \dfrac{1}{(1-\gamma)}\theta_{NI}(A+(1-\eta)P_M M)\varepsilon \dfrac{\eta M}{(1+\eta M)} S_{LL}^X + \dfrac{\theta_{NI}(1-\eta)P_M M}{X a_K^X}\left[M a_K^M + \dfrac{1}{(1-\gamma)}(X a_K^X S_{KK}^X + M a_K^M S_{KK}^M)\varepsilon \dfrac{\eta M}{(1+\eta M)}\right]\right\}$。矩阵方程组(C.1.5)即为正文中的矩阵方程组(16-15)。

(b) 附录 C.2

定义正文矩阵方程(16-15)的系数矩阵行列式为 Δ_3，则有 $\Delta_3 = B[\theta_{NI} A + \theta_{NI} P_M(1-\eta)M]$。

由于 Δ_3 的符号无法直接确定，我们将使用动态调整来确定其符号。在建立的模型中，模型的动态调整过程如下：

$$\dot{M} = d_5\left(P_M - \dfrac{\overline{w}}{h}a_L^M - r a_K^M\right) \quad (\text{C.2.1})$$

$$\dot{\theta}_{3I} = d_6\left(\theta_3 \dfrac{\overline{w}}{h} X a_L^X - \theta_{NI}(A+(1-\eta)P_M M)\right) \quad (\text{C.2.2})$$

其中，"·"表示变量对时间的微分，d_5 和 d_6 是测度对应变量调整速度的系数，且有 $d_5, d_6 > 0$。对方程组(C.2.1)和(C.2.2)求全微分并令之等于零，则该方程组的雅可比矩阵的行列式为 $J_3 = d_5 d_6 \dfrac{(1-\gamma)}{(1+\lambda)(X a_L^X S_{LL}^X + M a_L^M S_{LL}^M)} \Delta_3$。根据经济系统稳定的条件，则有 $J_3 > 0$，从而可知 $\Delta_3 < 0$ 和 $B < 0$。

(c) 附录 C.3

根据附录 C.1 中矩阵方程组(C.1.5)，运用 Gramer 法则并结合正文假设 1 和附录 C.2 中 $B<0$ 的结论及稳定条件，得出农业生产性服务价格补贴政策会减少制造业部门产出从而降低农业污染，即 $\dfrac{\widehat{M}}{\widehat{\theta_3}} < 0$。将不等式 $\dfrac{\widehat{M}}{\widehat{\theta_3}} < 0$ 分别代入附录 C.1 中的关系式 (C.1.1)~(C.1.4)等，并结合正文中的假设 1 可得到农业生产性服务价格补贴政策对其他相关变量的影响效应，即

$$\dfrac{\widehat{w}}{\widehat{\theta_3}} = \beta\dfrac{\theta_3}{1-\theta_3}\dfrac{(1-\alpha_1-\alpha_2)}{\alpha_1} - \left[\dfrac{(1-\alpha_1-\alpha_2)}{\alpha_1}\dfrac{\gamma-\beta}{(1-\gamma)} - 1\right]\varepsilon\dfrac{\eta M}{(1+\eta M)}\dfrac{\widehat{M}}{\widehat{\theta_3}} > 0$$

(C.3.1)

$$\frac{\widehat{P}_X}{\widehat{\theta}_3} = \frac{\gamma-\beta}{(1-\gamma)}\varepsilon\frac{\eta M}{(1+\eta M)}\frac{\widehat{M}}{\widehat{\theta}_3} - \frac{\theta_3}{1-\theta_3}\beta < 0 \qquad (C.3.2)$$

$$\frac{\widehat{r}}{\widehat{\theta}_1} = \frac{\gamma}{(1-\gamma)}\varepsilon\frac{\eta M}{(1+\eta M)}\frac{\widehat{M}}{\widehat{\theta}_1} > 0 \qquad (C.3.3)$$

$$\frac{\widehat{A}}{\widehat{\theta}_3} = \frac{\theta_3}{(1-\theta_3)}(X^X_{KL}-\beta) + \left\{\frac{\gamma-\beta}{(1-\gamma)}\varepsilon\frac{\eta M}{(1+\eta M)} - \frac{1}{Xa^X_K}\left[Ma^M_K + \right.\right.$$

$$\left.\left.\frac{1}{(1-\gamma)}(Xa^X_K S^X_{KK} + Ma^M_K S^M_{KK})\varepsilon\frac{\eta M}{(1+\eta M)}\right]\right\}\frac{\widehat{M}}{\widehat{\theta}_3} \qquad (C.3.4)$$

$$\frac{\widehat{X}}{\widehat{\theta}_3} = \frac{\theta_3}{(1-\theta_3)}S^X_{KL} - \frac{1}{Xa^X_K}\left[Ma^M_K + \frac{1}{(1-\gamma)}(Xa^X_K S^X_{KK} + Ma^M_K S^M_{KK})\varepsilon\frac{\eta M}{(1+\eta M)}\right]\frac{\widehat{M}}{\widehat{\theta}_3} > 0$$
$$(C.3.5)$$

由(C.3.1)、(C.3.2)、(C.3.3)、(C.3.5)可知，农业生产性服务价格补贴率上升变化会提高农业部门工资水平、资本价格和农业生产性服务产出水平，降低农业生产性服务价格水平，但对农业部门产出的影响效应不确定。根据式(C.3.4)的性质与含义，令其等于零，则有

$$\frac{\widehat{A}}{\widehat{\theta}_3} = \frac{\theta_3}{(1-\theta_3)}(S^X_{KL}-\beta) + \left\{\frac{\gamma-\beta}{(1-\gamma)}\varepsilon\frac{\eta M}{(1+\eta M)} - \frac{1}{Xa^X_K}\left[Ma^M_K + \frac{1}{(1-\gamma)}(Xa^X_K S^X_{KK} \right.\right.$$

$$\left.\left. + Ma^M_K S^M_{KK})\varepsilon\frac{\eta M}{(1+\eta M)}\right]\right\}\frac{\widehat{M}}{\widehat{\theta}_3} = 0，从而可知当 \theta_3 < (>)(\beta+S^X_{KK})/\left[(\beta+S^X_{KK})+ \right.$$

$$\left. G\frac{\widehat{M}}{\widehat{\theta}_3}\right]$$ 时，可得出 $\frac{\widehat{A}}{\widehat{\theta}_3} > (<)0$。由此可知农业生产性服务价格补贴率上升对农业部门产出存在一个倒 U 形的影响效应，即当政府对农业生产性服务价格补贴率低于阈值 $\theta_3^* = (\beta+S^X_{KK})/\left[(\beta+S^X_{KK})+G\frac{\widehat{M}}{\widehat{\theta}_3}\right]$ 时，会促进农业部门产出增加，当补贴率超过这一阈值时，则会引起农业部门产出下降。

第十七章 农业污染下的污染缓解对失业和城乡工资差距的效应研究

本章提要:本章在小型开放一般均衡模型中,分别研究了资本专用和资本可移动两种情形下劳动力污染缓解支出的变化对城乡工资差距和城市失业的影响。研究发现:如果农业污染系数的污染要素投入的弹性足够小,(1) 在资本专用条件下,劳动力污染缓解支出增加不仅会扩大城乡工资差距,亦会提高城市失业率;(2) 在资本可移动条件下,当污染要素生产部门的资本密集度低于工业部门时,结论与(1)相反,即劳动力污染缓解支出增加不仅会缩小城乡工资差距,亦会降低城市失业率。

第一节 序 言

发展中国家农业污染有逐渐取代工业污染成为首要污染源的趋势。以环境污染中水污染为例,根据 2016 年《中国环境统计年鉴》数据,2015 年中国废水中主要污染物化学需氧量(COD)排放量达 2 223.5 万吨,其中农业污染源和工业污染源排放分别为 1 068.58 万吨和 293.45 万吨,农业污染源排放量是工业污染源排放量的 3.64 倍;废水中氨氮排放量达 229.9 万吨,其中农业污染源和工业污染源排放分别为 72.61 万吨和 21.74 万吨,农业污染源排放量是工业污染源排放量的 3.34 倍。农业污染主要产生于生产过程中能够产生污染的要素(以下简称为"污染要素"),例如,化肥、农药、农膜和催化剂等。值得注意的是,农业污染的传导路径与工业污染不同,Copland 和 Taylor(1999)指出工业污染通过大气、河流等媒介污染土地和水源,从而给农业生产造成不利影响。此后,不少学者在此框架下研究了工业污染对经济产生的种种影响,例如 Beladi 和 Chao(2006),Tawada 和 Sun(2010),Chao 等(2012),

Kondoh 和 Yabuuchi(2012),Li 和 Wu 等(2018)。根据 2016 年《中国环境统计年鉴》数据,2015 年中国农药、地膜和化肥使用量分别达 178.29 万吨、145.48 万吨和 6 022.6 万吨,按农业播种总面积计算,2015 年中国化肥施用强度为 361 千克/公顷,远远高于发达国家公认的环境安全施用上限的 225 千克/公顷,是美国的 2.6 倍,欧盟的 2.5 倍[①],农药、地膜等石化要素的施用强度也远高于发达国家。农产品中的有害残留又会直接危害人体健康,对城乡居民的健康人力资本水平造成损失,这不仅影响农业,同时还影响工业等其他行业。人们面对农业污染的自然反应是通过污染缓解支出来修复农业污染对自身健康的损害,这一行为必然会对城乡工资差距产生影响。因为当农业劳动力健康受到农业污染影响后,其污染缓解的支出会影响污染要素的投入,从而会影响其创造的价值和获得的工资水平,使得城乡工资差距发生变化。

目前,关于环境污染的经济学理论研究主要是从公共政策视角分析:诸如污染税、污染排放许可证等污染减排或控制政策的国民福利效应。例如,Chiroleu 等(2011)分析了环境污染税对异质劳动力收入差距的影响;Taheripour 等(2008)在一般均衡模型框架下评估了开放经济体中减少农业污染的替代政策对福利的影响,认为消除由所得税和农业补贴造成的扭曲,并实施减少氮补贴或对排污征税可以提高福利并减少氮污染。但是,从劳动力视角分析劳动力应对环境污染的个人行为变化,对城乡工资差距和失业率等经济效应的理论研究则很难找到。本章的研究目的正是在一般均衡框架下考察劳动力单位污染缓解支出变化对城乡工资差距和城市失业率的影响效应和机制。

为了探究农业污染下劳动力污染缓解支出变化对工资差距的影响路径,厘清污染缓解对城乡工资差距的影响,我们建立一个包含农业污染的三部门一般均衡模型,分别在资本专用和资本可移动条件下分析单位污染缓解支出发生变化时对城乡工资差距和城市失业的影响。本章余下部分结构如下:第二节构建本章基本模型;第三节

---

① 2015 年 3 月 18 日,农业部关于印发《到 2020 年化肥使用量零增长行动方案》和《到 2020 年农药使用量零增长行动方案》的通知,http://www.moa.gov.cn/govpublic。

对资本部门专用和资本部门间自由移动两种情形下的数理模型进行比较静态分析，以探讨劳动力单位污染缓解支出变化对城乡工资差距和城市失业率的经济效用；第四节则运用中国 2017 年相关宏观经济数据对本章模型进行参数校准和数值模拟分析，以验证本章研究结论对现实经济的解释力；同时对模型进行关于参数的敏感性检验，以验证本章研究结论的稳定性。最后一节为本章的结论和评述。

第二节　模型构建

本章考虑一个小型开放的三部门经济：农业部门、工业部门和农业污染要素生产部门。其中，农业部门使用劳动 L_A 和污染要素 Z 生产可出口的农产品 A；工业部门使用劳动 L_M 和资本 K_M 生产可进口的工业产品 M，污染要素生产部门使用劳动 L_Z 和资本 K_Z 生产农业部门所需的污染要素 Z。使用污染要素既能够提高农业部门的产量，又会通过农产品的有害残留对劳动力健康带来不利影响。本章假设劳动力部门间自由流动，产品市场完全竞争，要素禀赋外生给定，各部门生产函数为严格拟凹、一次齐次的函数。

此外，本章定义：

$$h = Z^{\varepsilon} \tag{17-1}$$

表示农业生产中农业污染要素使用量对人力资本的影响效应，其中 $-1 < \varepsilon < 0$。

根据零利润条件有：

$$hwa_L^A + P_Z a_Z^A = 1 \tag{17-2}$$

$$h\overline{w}a_L^M + r_M a_K^M = P_M \tag{17-3}$$

$$h\overline{w}a_L^Z + r_Z a_K^Z = P_Z \tag{17-4}$$

其中，$a_i^j(\cdot)$ ($i=L、K、Z$；$j=A、M、Z$) 表示部门 j 生产一单位产品所需要的要素 i 的投入数量，即 $a_L^A = hL_A/A$，$a_Z^A = Z/A$，$a_L^M = hL_M/M$，$a_K^M = K_M/M$，$a_L^Z = hL_Z/Z$，$a_K^Z = K_Z/Z$；P_M 和 P_Z 分别为工业部门和污染要素生产部门的产品对农产品的相对价格，为外生给定；$\overline{w}$ 为工业部门和污染要素生产部门单位劳动力的工资，由于最低工资法等原因外生给定，w 是农业部门单位劳动力的工资，为完全弹性；r_M 和 r_Z 分别为工业部门和污染要素生产部门资本价格。

农业污染损害人们的健康，$[1-h(Z)]L_A$ 表示农业部门劳动力遭受农业污染后损失的劳动能力，μ 表示劳动力的单位污染缓解支出，则 $\mu[1-h(Z)]L_A$ 为农业部门劳动力污染缓解的总支出。如果使用污染要素的收益 $P_Z Z$ 大于农业部门劳动力污染缓解支出，那么农业部门会继续增加污染要素使用；如果使用污染要素的收益 $P_Z Z$ 小于农业部门劳动力污染缓解支出，那么农业部门会减少污染要素使用；均衡时有如下条件成立：

$$P_Z Z = \mu[1-h(Z)]A a_L^A \tag{17-5}$$

城乡劳动力转移机制为：

$$\overline{w} = (1+\lambda)w \tag{17-6}$$

其中，$\lambda = L_U/(L_M + L_Z)$ 表示城市失业率。考虑农业污染情况下，农村和城市部门实际有效工资分别为 hw 和 $h\overline{w}$。由于农村和城市部门 h 的大小是相同的，因此单位劳动工资水平仍然是劳动力转移的依据。

令 L 表示经济中的劳动力禀赋，则劳动市场出清条件为：

$$(Ma_L^M + Za_L^Z)(1+\lambda) + Aa_L^A = hL \tag{17-7}$$

对于资本部门专用情形，此时工业部门和农业污染要素生产部门的资本投入量外生给定，分别记为 K_M 和 K_Z，故资本市场出清条件为：

$$Ma_K^M = K_M \tag{17-8}$$

$$Za_K^Z = K_Z \tag{17-9}$$

对于资本部门间可移动情形，由于资本在工业部门和污染要素生产部门间自由流动，所以有 $r_M = r_Z = r$ 成立，从而模型(17-3)和(17-4)变为：

$$ha_L^M \overline{w} + ra_L^M = P_M \tag{17-3*}$$

$$ha_L^Z \overline{w} + ra_K^Z = P_Z \tag{17-4*}$$

资本市场出清条件为：

$$Ma_K^M + Za_K^Z = K \qquad (17-10)$$

至此，本章模型构建完成。其中，方程(17-1)~(17-9)式是资本专用情形的模型，有9个内生变量：$h, w, \lambda, P_Z, A, M, Z, r_M, r_Z$ 和6个外生变量：$\overline{w}, P_M, \mu, K_M, K_Z, L$。方程组(17-1)，(17-2)，(17-3*)，(17-4*)，(17-5)，(17-6)，(17-7)和(17-10)为资本可移动情形的模型，有8个内生变量：$h, w, \lambda, P_Z, A, M, Z, r$ 和5个外生变量：$\overline{w}$、P_M、μ、K、L。

第三节 比较静态分析

为了便于分析，本章做出如下假设：

假设1：城市工业部门 M 的人均资本量不低于污染要素生产部门 Z 的人均资本量，即 $K_M/L_M \geq K_Z/L_Z$。

一般来说，农产品附加值相对工业产品而言一般较低，因此从资本逐利性的角度来看，农业污染要素投入部门的综合投资前景要低于工业部门；另外相对于其他制造业部门而言，农业污染要素生产部门一般规模相对较小，资本相对稀缺，农业污染要素部门融资条件较工业部门来说相对困难，从而使得工业部门的人均资本量更可能大于农业污染要素部门的人均资本量。

一、资本专用情形

方程(17-2)—(17-9)完整描述了经济主体的短期行为，全微分方程(17-2)—(17-9)并整理可得如下矩阵方程组：

$$\begin{pmatrix} 0 & 0 & \varepsilon\theta_{LA} & \theta_{LA} & 0 & 0 & \theta_{ZA} & 0 \\ 0 & 0 & \varepsilon\theta_{LM} & 0 & \theta_{KM} & 0 & 0 & 0 \\ 0 & 0 & \varepsilon\theta_{LZ} & 0 & 0 & \theta_{KZ} & -1 & 0 \\ -1 & 0 & 1-\varepsilon S_{LL}^A+\dfrac{\varepsilon}{1-h} & -S_{LL}^A & 0 & 0 & 1-S_{LZ}^A & 0 \\ 0 & 0 & 0 & 1+\lambda & 0 & 0 & 0 & \lambda \\ L_A & (1+\lambda)L_M & B & L_A S_{LL}^A & (1+\lambda)L_M S_{LK}^M & (1+\lambda)L_Z S_{LK}^Z & L_A S_{LZ}^A & \lambda(L_M+L_Z) \\ 0 & 1 & \varepsilon S_{KL}^M & 0 & S_{KK}^M & 0 & 0 & 0 \\ 0 & 0 & 1+\varepsilon S_{KL}^Z & 0 & 0 & S_{KK}^Z & 0 & 0 \end{pmatrix} \begin{pmatrix} \hat{A} \\ \hat{M} \\ \hat{Z} \\ \hat{w} \\ \hat{r}_M \\ \hat{r}_Z \\ \hat{P}_Z \\ \hat{\lambda} \end{pmatrix}$$

$$= \begin{pmatrix} 0 \\ 0 \\ 0 \\ 1 \\ 0 \\ 0 \\ 0 \\ 0 \end{pmatrix} \hat{\mu} \qquad (17-11)$$

通过计算可知矩阵方程组(17-11)的系数行列式的值为:

$$\Delta = \lambda(1+\lambda)\varepsilon\theta_{LA}S_{KK}^M S_{KK}^Z L_M + \lambda\theta_{LA}\theta_{KM}[BS_{KK}^Z - (1+\lambda)S_{LK}^Z L_Z(1+\varepsilon S_{KL}^Z)] -$$
$$\lambda(1+\lambda)\varepsilon\theta_{LA}\theta_{LM}S_{LK}^M S_{KK}^Z L_M + \lambda(1+\lambda)\theta_{KM}(L_M+L_Z)(\varepsilon S_{KK}^Z - \theta_{ZA}\theta_{KZ}) +$$
$$\lambda\theta_{LA}\theta_{KM}L_A(\varepsilon S_{KK}^Z - \theta_{KZ}) + \lambda\theta_{LA}\theta_{KM}S_{KK}^Z L_A\left(1-\varepsilon S_{LL}^A + \dfrac{\varepsilon}{1-h}\right)$$

其中,$B=(1+\lambda)L_Z+(1+\lambda)\varepsilon L_M S_{LL}^M+(1+\lambda)\varepsilon L_Z S_{LL}^Z+\varepsilon L_A S_{LL}^A-\varepsilon[(1+\lambda)(L_M+L_Z) +L_A]>0$;"^"表示变化率,故 $\hat{w}, \hat{P}_Z, \hat{r}_M, \hat{r}_Z, \hat{A}, \hat{M}, \hat{Z}, \hat{\lambda}, \hat{\mu}$ 为相关变量的变化率;θ_{ij} $(i=L,K,Z;j=A,M,Z)$表示部门 j 中要素 i 收入占该部门总产值的份额,具体有: $\theta_{LA}=hwhL_A/A$; $\theta_{LZ}=h\overline{w}hL_Z/p_Z Z$; $\theta_{LM}=h\overline{w}hL_M/P_M M$; $\theta_{KM}=r_M K_M/P_M M$; $\theta_{LZ}=h\overline{w}hL_Z/P_Z Z$; $\theta_{KZ}=r_Z K_Z/P_Z Z$; $S_{ij}(i=L,K,Z;j=A,M,Z)$ 衡量了部门 j 中要素 i 之

间的替代程度,例如,$S_{LL}^A=(\partial a_L^A/\partial hw)(hw/a_L^A)<0, S_{LK}^M=(\partial a_L^M/\partial r_M)(r_M/a_L^M)>0$, 类似的有 $S_{KK}^M<0, S_{KK}^Z<0, S_{LZ}^A>0, S_{LK}^Z>0$ 成立。

一般来说,农业污染通过农产品的有害残留等对劳动力健康的影响是一个长期而缓慢的累积过程,因此本章认为农业污染要素对劳动力健康的影响系数的绝对值 $|\varepsilon|$ 足够小,从而可知 $\Delta<0$。再由 Gramer 法则可以得到

$$\Delta_A = \lambda(1+\lambda)\varepsilon\theta_{ZA}\theta_{LM}S_{LK}^M S_{KK}^Z L_M - \lambda\theta_{ZA}\theta_{LM}\{[BS_{KK}^Z-(1+\lambda)(1+\varepsilon S_{KL}^Z)S_{LK}^Z L_Z]+$$
$$S_{LZ}^A(\varepsilon_{LZ}S_{KK}^Z-\theta_{KZ})\}+[\lambda\theta_{KM}S_{LL}^A L_A-\lambda\theta_{KM}(1+\lambda)(L_M+L_Z)](\varepsilon S_{KK}^Z-$$
$$\theta_{ZA}\theta_{KZ})-\lambda(1+\lambda)\varepsilon\theta_{LA}S_{KK}^M S_{KK}^Z L_M,$$

不难发现,当 $|\varepsilon|$ 足够小时有 $\Delta_A>0$,从而可知 $\widehat{A}/\widehat{\mu}<0$。同理,可以得到资本部门间专用情形下劳动力单位污染缓解支出变化对城市失业率等变量的经济效应,具体结果如表 17-1 所示。

表 17-1 资本部门专用条件下的结果汇总

	$\widehat{A}$	$\widehat{M}$	$\widehat{Z}$	$\widehat{r_M}$	$\widehat{r_Z}$	$\widehat{P_Z}$	$\widehat{w}$	$\widehat{\lambda}$	$\overline{w}-w$
$\widehat{\mu}$	$-$	$+$	$+$	$+$	$+$	$+$	$-$	$+$	$+$

注:符号"$+$"和"$-$"表示劳动力单位污染缓解支出 μ 的变化对相应变量分别产生同向和反向影响。

由此,得到命题1:

命题1:在资本专用条件下,如果农业污染系数的污染要素弹性足够小,单位污染缓解支出 μ 增加不仅会扩大城乡工资差距 $\overline{w}-w$ 亦会提高城市失业率 λ。

μ 的上升反映出污染缓解单位成本提高,使得农业部门更愿意使用更多污染要素 Z 并减少对劳动的需求,农业部门的劳动需求曲线有向左移动的倾向,从而导致农业部门的工资 w 下降且城乡工资差距有扩大的趋势。污染要素 Z 使用量的增加使得 h 降低,从而农业部门产出下降。另外,农业部门对污染要素 Z 需求的增加会促进部门 Z 生产规模的扩大,从而增加部门 Z 对劳动和资本两种要素的需求,所以 r_Z 上升;由于城乡工资差距扩大,因此城市部门对农村劳动力吸引力增强,部门 A 劳

动力有向部门 M 和部门 Z 转移的趋势,这种趋势的结果是部门 M 和部门 Z 有增加劳动力雇佣和产出上升的态势。此外,农业部门流向城市部门劳动力的一部分加入失业者队伍,λ 上升。

二、资本可移动情形

方程(17-2),(17-3*),(17-4*),(17-5),(17-6),(17-7)和(17-10)完整描述了经济主体的长期行为,故全微分上述 7 个方程并整理可得到如下矩阵方程组:

$$\begin{bmatrix} 0 & 0 & \varepsilon\theta_{LA} & \theta_{LA} & 0 & \theta_{ZA} & 0 \\ 0 & 0 & \varepsilon\theta_{LM} & 0 & \theta_{KM} & 0 & 0 \\ 0 & 0 & \varepsilon\theta_{LZ} & 0 & \theta_{KZ} & -1 & 0 \\ -1 & 0 & 1-\varepsilon S_{LL}^A + \dfrac{\varepsilon}{1-h} & -S_{LL}^A & 0 & 1-S_{LZ}^A & 0 \\ 0 & 0 & 0 & 1+\lambda & 0 & 0 & \lambda \\ L_A & (1+\lambda)L_M & B & L_A S_{LL}^A & C & L_A S_{LZ}^A & \lambda(L_M+L_Z) \\ 0 & K_M & F & 0 & G & 0 & 0 \end{bmatrix} \begin{bmatrix} \widehat{A} \\ \widehat{M} \\ \widehat{Z} \\ \widehat{w} \\ \widehat{r} \\ \widehat{P}_Z \\ \widehat{\lambda} \end{bmatrix} = \begin{bmatrix} 0 \\ 0 \\ 0 \\ -1 \\ 0 \\ 0 \\ 0 \end{bmatrix} \widehat{\mu}$$

(17-12)

其中,$C=(1+\lambda)(L_M S_{LK}^M + L_Z S_{LK}^Z)$,$F=K_Z+\varepsilon(S_{KL}^M K_M + S_{KL}^Z K_Z)$,$G=K_M S_{KK}^M + K_Z S_{KK}^Z$。

通过计算可得到矩阵方程组(17-12)系数行列式的值为:

$$\Omega = \lambda(1+\lambda)\varepsilon\theta_{LA}L_M(K_M S_{KK}^M + K_Z S_{KK}^Z) + \lambda(1+\lambda)\varepsilon\theta_{LA}K_M(L_M S_{LL}^M + L_Z S_{LL}^Z) +$$
$$\lambda(1+\lambda)\theta_{LA}\theta_{KM}(L_Z K_M - L_M K_Z) + \lambda\theta_{LA}\theta_{KM}L_A K_M\left(1-\varepsilon+\dfrac{\varepsilon}{1-h}\right) -$$
$$(\theta_{LM}\theta_{KZ} - \theta_{LZ}\theta_{KM})[\lambda(1+\lambda)(K_M L_M + K_M L_Z) + \lambda\varepsilon\theta_{LA}L_A K_M]$$

根据假设 1 可得到 $(\theta_{LM}\theta_{KZ} - \theta_{LZ}\theta_{KM}) < 0$,同时因为 $|\varepsilon|$ 足够小,从而 $\Omega > 0$。由 Gramer 法则可得

$$\Omega_A = \lambda(1+\lambda)\theta_{LA}\theta_{KM}(L_M K_Z - K_M L_Z) - \lambda(1+\lambda)\varepsilon\theta_{LA}L_M(S_{KK}^M K_M + S_{KK}^Z K_Z) +$$
$$\lambda(1+\lambda)\varepsilon\theta_{ZA}(L_M + L_Z)K_M(\theta_{LM}\theta_{KZ} - \theta_{LZ}\theta_{KM}) + \lambda\varepsilon S_{LZ}^A L_A K_M(\theta_{LM}\theta_{KZ} -$$
$$\theta_{LZ}\theta_{KM}) + \lambda\varepsilon\theta_{LA}\theta_{KM}K_M L_A + \lambda(1+\lambda)\varepsilon\theta_{LA}K_M(S_{LK}^M L_M + S_{LK}^Z L_Z)$$

由上式可知,当$|\epsilon|$足够小时$\Omega_A<0$,从而$\widehat{A}/\widehat{\mu}<0$。同理,可以得到资本部门间自由移动情形下劳动力单位污染缓解支出变化对城市失业率等变量的经济效应,具体结果如表17-2所示。

表17-2 资本部门间可移动条件下的结果汇总

	$\widehat{A}$	$\widehat{M}$	$\widehat{Z}$	$\widehat{r}$	$\widehat{P_Z}$	$\widehat{w}$	$\widehat{\lambda}$	$\overline{w}-w$
$\widehat{\mu}$	−	−	+	+	−	+	−	−

注:符号"+"和"−"表示汇款率μ的变化对相应变量分别产生同向和反向影响。

由此,得到如下命题:

命题2:在资本可移动条件下,如果农业污染系数的污染要素弹性足够小且$K_M/L_M>K_Z/L_Z$,那么单位污染缓解支出μ增加既会缩小城乡工资差距又会降低城市失业率λ。

关于城乡工资差距和失业率的变化,命题2的结论与命题1的结论相反,其原因在于命题2是在资本可移动条件下得到,而命题1则相反。μ的上升导致农业部门对污染要素Z的需求量上升;当$K_M/L_M>K_Z/L_Z$,即工业部门的人均资本密集度高于污染要素生产部门时,在资本可移动条件下,污染要素生产部门可以雇佣更多的资本进行生产,利息率r上升,一部分资本从部门M流向部门Z,部门M产出减少,部门Z供给增加,从而导致其价格P_Z下降。由于农业部门使用成本更为低廉的Z替代劳动,使得农业部门劳动力减少、工资w上升,城乡工资差距缩小。在城市劳动市场上,农业部门释放出的劳动力会增加失业,但城市劳动市场的工资不变,资本相对劳动的价格上升又使部门Z有用劳动替代资本的倾向,而生产扩大又会进一步增加劳动雇佣、减少失业,所以经济中有较大的可能使λ下降。

第四节 参数的校准、估计与数值模拟

上面的理论分析给出了污染缓解支出变化对城市失业率和城乡工资差距的影响方向,本节将考察理论模型关于劳动力单位污染缓解支出变化对城乡工资差距和城

市失业率效应的数值特征,因此本节首先以 2017 年相关经济数据对模型参数进行校准,然后基于校准的参数对模型进行数值模拟,最后进行敏感性分析以检验数值模拟结果的稳健性。

一、参数校准、估计

本章假设模型中三个部门生产函数满足 C-D 形式,具体如下:

$$A=[hL_A]^{\alpha_1} Z^{\alpha_2}$$

$$M=[hL_M]^{\beta_1} K_M^{\beta_2}$$

$$Z=[hL_Z]^{\gamma_1} K_Z^{\gamma_2}$$

其中,α_1、α_2、β_1、β_2、γ_1 和 γ_2 分别为各部门对应要素的产出弹性,上述参数满足性质 $\alpha_1+\alpha_2=1$,$\beta_1+\beta_2=1$,$\gamma_1+\gamma_2=1$,h 为农业污染要素使用劳动力的外部效应函数,根据前文中模型假定其具体形式为 $h=Z^\varepsilon$,$\varepsilon\in(-1,0)$ 表示污染要素的外部性参数。其中,本章对 h 的初始赋值为 0.85。

本章以《中国统计年鉴(2017)》中三次产业数据和就业及工资等数据为原始基础数据,将第一产业表示为本章中的农业部门 A,农药、化肥等行业表示为本章中的农业污染要素生产部门 Z,第二、三产业中除去农药、化肥等行业,剩下的部门为本章中的城市工业部门 M。

中国 2017 年第一产业增加值为 62 099.5 亿元,就业人数为 20 944 万人,农村居民人均可支配收入为 13 432 元,定义本章部门 A 为有效劳动工资水平 hw,从而部门 A 单位劳动的名义工资 w 为 15 802.352 94 元,进而根据 C-D 函数性质可得到农业部门两种投入要素的产出弹性。

本章定义的农业污染要素生产部门主要包含农业生产过程中投入的且会对土壤、水源以及人体健康造成不利影响的要素,即农药、化肥、农膜等生产部门。鉴于数据可得性,本章以《中国统计年鉴(2017)》各产业增加值、就业和相关部门工资等数据以及《中国工业统计年鉴(2017)》农药、化肥行业相关数据为原始数据,估算出农业污染要素 Z 部门的要素产出弹性。其计算逻辑为:以 2017 年农药化肥行业销售产值与工业部门总销售产值的比值乘以2017年工业部门的就业人数作为农药化肥行业的就业人数的估算数据,约为194.8万人。同时,以工业增加值与工业销售产值的比值乘以农药化肥行业销售产值估算出农药化肥行业的增加值,约为2 970.08亿元。上述两个数据结合2017年城镇单位就业人员平均工资74 318元,从而可估算出污染要素部门Z的要素产出弹性。此外,根据农业部门的要素产出弹性和2017年第一产业增加值和就业人数可以计算出部门A的污染要素Z的使用量,并根据估算的部门Z的要素产出弹性可以估算出Z部门的劳动力投入量。

2017年中国第二、三产业的增加值分别为332 742.7亿元和425 912.1亿元,二、三产业就业人数分别为21 824万人和34 872万人,本章以第二、三产业的增加值和就业人数分别减去Z部门的增加值和就业人数作为M部门的基础数据,而2017年城镇单位就业平均工资为74 318元,即为本章部门M的有效劳动工资水平,从而部门A单位劳动的名义工资w为87 432.941 2元,进而可以得到M部门的要素产出弹性。

关于资本价格,本章用2017年中国人民银行1~5年贷款基准利率上浮2个百分点即6.75%来表示。一般来说,农产品附加值相对工业产品而言较低,因此从资本逐利的角度来看,农业污染要素投入部门的综合投资前景要低于工业部门,另外相对于工业部门而言,农业污染要素生产部门一般规模较小,资本相对稀缺,农业污染要素部门融资条件较工业部门来说相对困难,从而农业污染要素部门Z资本价格要高于工业部门M,这也比较符合中国现实情况。因此,本章设定Z部门资本价格为$1.5\times6.75\%$,即为10.125%。

此外,遵从前文中模型设定,部门A产品价格设定为1,部门M和部门Z的产品价格分别为与部门A产品相比较的相对价格。

根据以上相关数据,本章首先对资本专用模型中各部门生产技术特征参数(要素产出弹性)进行校准(估计),具体校准结果如表17-3所示。

表17-3 资本专用情形下各部门生产技术特征参数校准、估计值

参数名	α_1	α_2	β_1	β_2	γ_2	γ_1	μ	ε
校准值	0.385	0.615	0.559	0.441	0.487	0.513	12.155	−0.014

对于资本部门间可自由流动情形,与资本专用情形主要不同在于资本市场出清时各部门资本均衡价格相等,因此对于资本部门间可自由流动情形进行参数校准时的部门 M 和部门 Z 资本价格(利率),均采用 2017 年中国人民银行 1~5 年贷款基准利率上浮 2 个百分点即 6.75% 来表示。此时,各部门生产技术特征参数校准、估计值如表 17-4 所示。

表 17-4 资本自由流动情形下各部门生产技术特征参数校准、估计值

参数名	α_1	α_2	β_1	β_2	γ_2	γ_1	μ	ε
校准值	0.385	0.615	0.559	0.441	0.487	0.513	11.155	−0.014

二、数值模拟

本节我们在 2017 年中国相关宏观经济数据进行参数校准的基础上进行数值模拟,以考察本章理论模型关于劳动力单位污染缓解支出 μ 变化对城乡工资差距和城市失业率效应的数值特征。

1. 资本专用情形

资本专用情形下模型数值模拟结果如表 17-5 所示。

表 17-5 资本部门专用情形下 μ 依次增加 1% 的数值模拟结果

	λ	$\Delta\lambda$	$\Delta\lambda(\%)$	w	Δw	$\overline{w}-w$	$\Delta(\overline{w}-w)(\%)$
1.00μ	5.494 7	0	0	15 788.375	0	72 685.435	0
1.01μ	5.495 0	0.000 29	0.000 053	15 788.344	−0.031	72 685.466	0.000 000 43
1.02μ	5.495 3	0.000 29	0.000 052	15 788.314	−0.03	72 685.496	0.000 000 41
1.03μ	5.495 6	0.000 28	0.000 051	15 788.285	−0.029	72 685.525	0.000 000 40
1.04μ	5.495 8	0.000 28	0.000 050	15 788.256	−0.029	72 685.554	0.000 000 40
1.05μ	5.496 1	0.000 27	0.000 050	15 788.228	−0.028	72 685.582	0.000 000 39
1.06μ	5.496 4	0.000 27	0.000 049	15 788.2	−0.028	72 685.61	0.000 000 39
1.07μ	5.496 6	0.000 26	0.000 047	15 788.173	−0.027	72 685.637	0.000 000 37
1.08μ	5.496 9	0.000 26	0.000 047	15 788.146	−0.027	72 685.664	0.000 000 37
1.09μ	5.497 2	0.000 25	0.000 046	15 788.12	−0.026	72 685.69	0.000 000 36
1.1μ	5.497 4	0.000 25	0.000 045	15 788.095	−0.025	72 685.715	0.000 000 34

表 17-5 显示了我们在前文理论模型的基础上采用中国 2017 年相关宏观经济数据校准模拟出劳动者单位污染缓解支出变化 μ，对城市失业率 λ 和城乡工资差距 w 的影响效果。从表中变量变化趋势不难发现，劳动力单位污染缓解支出 μ 增加不仅会提高城市失业率、恶化城市地区劳动者的就业环境，而且会降低农业部门的工资水平，从而扩大城乡工资差距，这一变化趋势与前文中命题 1 的结论相吻合。从表 17-5 第 3 列数据可以发现，资本部门间专用情形下劳动者单位污染缓解支出 μ 每增加 1% 将导致城镇失业率大概增加 0.000 45 至 0.000 53 个百分点，表 17-5 第 8 列数据表明资本部门间专用情形下劳动者单位污染缓支出 μ 每增加 1% 将导致城乡工资差距扩大约 0.000 000 34% 至 0.000 000 43%。此外，表 17-5 中第 4 列和第 8 列数据同时表明，劳动者单位污染缓解支出 μ 变化对城乡工资收入差距的影响效应小于其对城市失业率的影响效应。

2. 资本可流动情形

资本部门间自由流动情形下模型数值模拟结果如表 17-6 所示。

表 17-6 资本部门间自由流动情形下 μ 依次增加 1% 的数值模拟结果

	λ	$\Delta\lambda$	$\Delta\lambda(\%)$	w	Δw	$\overline{w}-w$	$\Delta(\overline{w}-w)(\%)$
1.00μ	4.705 4	0	0	15 767.175	0	72 706.635	0
1.01μ	4.598 1	−0.107 33	−0.022 809 7	15 767.18	0.005	72 706.63	−0.000 000 07
1.02μ	4.488 8	−0.109 29	−0.023 769 5	15 767.184	0.004	72 706.626	−0.000 000 06
1.03μ	4.377 5	−0.111 31	−0.024 797 3	15 767.189	0.005	72 706.621	−0.000 000 07
1.04μ	4.264 1	−0.113 38	−0.025 900 6	15 767.194	0.005	72 706.616	−0.000 000 07
1.05μ	4.148 6	−0.115 51	−0.027 088 8	15 767.2	0.006	72 706.61	−0.000 000 08
1.06μ	4.030 9	−0.117 70	−0.028 369 8	15 767.205	0.005	72 706.605	−0.000 000 07
1.07μ	3.911 0	−0.119 94	−0.029 755 7	15 767.21	0.005	72 706.6	−0.000 000 07
1.08μ	3.788 7	−0.122 25	−0.031 257 6	15 767.216	0.006	72 706.594	−0.000 000 08
1.09μ	3.664 1	−0.124 63	−0.032 894 6	15 767.222	0.006	72 706.588	−0.000 000 08
1.1μ	3.537 0	−0.127 07	−0.034 679 4	15 767.227	0.005	72 706.583	−0.000 000 07

表 17-6 显示了我们在前文理论模型的基础上采用中国 2017 年相关宏观经济数据校准和模拟出劳动者单位污染缓解支出变化 μ 对城市失业率 λ 和城乡工资差距 w 的影响效果。表中城市失业率 λ 和农业部门的工资 w 随外生变量 μ 的变化趋势表明,资本部门间自由流动情形下劳动力单位污染缓解支出 μ 增加既会降低城市失业率,又会提高农业部门的工资水平,从而会缩小城乡工资差距,这一变化趋势正好与资本部门间专用情形相反,也与前文命题 2 的结论相一致。从表 17-6 第 3 列数据可以发现,资本部门间可移动形下劳动者单位污染缓解支出 μ 每增加 1% 将导致城镇失业率大概降低 0.107 至 0.127 个百分点,表 17-6 第 8 列数据表明资本部门间可移动情形下劳动者单位污染缓解支出 μ 每增加 1% 将导致城乡工资差距缩小约 0.000 000 06% 至 0.000 000 08%。第 4 列和第 8 列数据表明,与资本部门间专用情形相同,在资本部门间自由流动情形下劳动力单位污染缓解支出 μ 变化对城乡工资收入差距的影响效应也小于其对城市失业率的影响效应。

一般说来,资本部门间专用模型比较符合经济短期情形,资本部门间自由移动模型比较符合长期情形。分别比较表 17-5 和表 17-6 中第 4 和第 8 列数值模拟结果,我们可以得到命题 3 和命题 4。

命题 3: 基于中国 2017 年相关宏观数据进行的参数校准和数值模拟结果表明,劳动者单位污染缓解支出变化对失业率的影响效应大于对工资差距的影响效应。

命题 4: 基于中国 2017 年相关宏观数据进行的参数校准和数值模拟结果表明,劳动者单位污染缓解支出变化对失业率的长期影响效应大于短期,但劳动者单位污染缓解支出变化对城乡工资差距的长期影响效应小于短期。

3. *敏感性检验*

本章关于农业污染对人力资本的影响效应 $h(Z)$ 初始赋值以及参数 ε 的校准值具有一定的主观性,本节将检验参数 ε 值的变化是否会影响本章的结论以及污染缓解支出变化对城市失业率和城乡工资差距影响效果的数值特征,从而检验本章结论的稳定性。在基准模型中,我们选择的农业污染对人力资本效应的初始值为 $h(Z_0) = 0.84$,从而参数 ε 的校准值为 -0.014,本节将分别选取 $\varepsilon = -0.012$ 和 $\varepsilon = -0.016$,运用相同的方法进行数值模拟以考察污染缓解支出变化对城市失业率及城乡工资差距影响效果的数值特征。资本部门间两种流动性下的模型重新进行数值模拟的结果如下。

表 17-7　$\varepsilon=-0.016$ 时资本部门间专用情形下 μ 依次增加 1% 的数值模拟结果

	λ	$\Delta\lambda$	$\Delta\lambda(\%)$	w	Δw	$\overline{w}-w$	$\Delta(\overline{w}-w)(\%)$
1.00μ	5.492 5	0	0	16 072.225	−0.029	72 931.368	0
1.01μ	5.492 8	0.000 28	0.000 050 7	16 072.196	−0.029	72 931.397	0.000 000 40
1.02μ	5.493 1	0.000 27	0.000 049 6	16 072.167	−0.028	72 931.426	0.000 000 40
1.03μ	5.493 3	0.000 27	0.000 049 0	16 072.139	−0.028	72 931.454	0.000 000 38
1.04μ	5.493 6	0.000 26	0.000 047 3	16 072.111	−0.026	72 931.482	0.000 000 38
1.05μ	5.493 9	0.000 26	0.000 046 9	16 072.085	−0.027	72 931.508	0.000 000 36
1.06μ	5.494 1	0.000 25	0.000 045 6	16 072.058	−0.027	72 931.535	0.000 000 37
1.07μ	5.494 4	0.000 24	0.000 044 6	16 072.033	−0.025	72 931.56	0.000 000 34
1.08μ	5.494 6	0.000 24	0.000 043 9	16 072.008	−0.025	72 931.585	0.000 000 34
1.09μ	5.494 8	0.000 23	0.000 042 5	16 071.983	−0.024	72 931.61	0.000 000 34
1.1μ	5.495 1	0.000 23	0.000 042 2	16 071.959	−0.029	72 931.634	0.000 000 33

表 17-8　$\varepsilon=-0.016$ 时资本部门间可流动情形下 μ 依次增加 1% 的数值模拟结果

	λ	$\Delta\lambda$	$\Delta\lambda(\%)$	w	Δw	$\overline{w}-w$	$\Delta(\overline{w}-w)(\%)$
1.00μ	4.837 3	0	0	16 051.372	0	72 952.221	0
1.01μ	4.732 2	−0.105 10	−0.021 726 6	16 051.373	0.001	72 952.22	−0.000 000 01
1.02μ	4.625 2	−0.106 99	−0.022 608 2	16 051.375	0.002	72 952.218	−0.000 000 03
1.03μ	4.516 3	−0.108 93	−0.023 551 5	16 051.377	0.002	72 952.216	−0.000 000 03
1.04μ	4.405 4	−0.110 92	−0.024 558 8	16 051.379	0.002	72 952.214	−0.000 000 03
1.05μ	4.292 4	−0.112 95	−0.025 640 2	16 051.381	0.002	72 952.212	−0.000 000 03
1.06μ	4.177 4	−0.115 06	−0.026 804 6	16 051.383	0.002	72 952.21	−0.000 000 03
1.07μ	4.060 2	−0.117 21	−0.028 058 2	16 051.385	0.002	72 952.208	−0.000 000 03
1.08μ	3.940 7	−0.119 42	−0.029 412 9	16 051.388	0.003	72 952.205	−0.000 000 04
1.09μ	3.819 0	−0.121 70	−0.030 881 8	16 051.39	0.002	72 952.203	−0.000 000 03
1.1μ	3.695 0	−0.124 04	−0.032 478 3	16 051.393	0.003	72 952.2	−0.000 000 04

表17-9　$\varepsilon=-0.012$ 时资本部门间专用情形下 μ 依次增加1%的数值模拟结果

	λ	$\Delta\lambda$	$\Delta\lambda(\%)$	w	Δw	$\overline{w}-w$	$\Delta(\overline{w}-w)(\%)$
1.00μ	5.498 1	0	0	15 372.082	0	69 757.357	0
1.01μ	5.498 4	0.000 31	0.000 057	15 372.05	−0.032	69 757.389	0.000 000 46
1.02μ	5.498 7	0.000 31	0.000 056	15 372.018	−0.032	69 757.421	0.000 000 46
1.03μ	5.499 0	0.000 30	0.000 055	15 371.987	−0.031	69 757.452	0.000 000 44
1.04μ	5.499 3	0.000 30	0.000 054	15 371.957	−0.03	69 757.482	0.000 000 43
1.05μ	5.499 6	0.000 29	0.000 053	15 371.927	−0.03	69 757.512	0.000 000 43
1.06μ	5.499 9	0.000 29	0.000 052	15 371.898	−0.029	69 757.541	0.000 000 42
1.07μ	5.500 2	0.000 28	0.000 051	15 371.869	−0.029	69 757.57	0.000 000 42
1.08μ	5.500 4	0.000 27	0.000 050	15 371.84	−0.029	69 757.599	0.000 000 42
1.09μ	5.500 7	0.000 27	0.000 050	15 371.813	−0.027	69 757.626	0.000 000 39
1.1μ	5.501 0	0.000 27	0.000 049	15 371.785	−0.028	69 757.654	0.000 000 40

表17-10　$\varepsilon=-0.012$ 时资本部门间可流动情形下 μ 依次增加1%的数值模拟结果

	λ	$\Delta\lambda$	$\Delta\lambda(\%)$	w	Δw	$\overline{w}-w$	$\Delta(\overline{w}-w)(\%)$
1.00μ	4.508 9	0	0	15 350.432	0	69 779.007	0
1.01μ	4.398 1	−0.110 80	−0.024 574	15 350.441	0.009	69 778.998	−0.000 000 13
1.02μ	4.285 2	−0.112 89	−0.025 667	15 350.45	0.009	69 778.989	−0.000 000 13
1.03μ	4.170 2	−0.115 03	−0.026 844	15 350.459	0.009	69 778.98	−0.000 000 13
1.04μ	4.053 0	−0.117 24	−0.028 113	15 350.468	0.009	69 778.971	−0.000 000 13
1.05μ	3.933 5	−0.119 50	−0.029 485	15 350.478	0.01	69 778.961	−0.000 000 14
1.06μ	3.811 6	−0.121 83	−0.030 974	15 350.487	0.009	69 778.952	−0.000 000 13
1.07μ	3.687 4	−0.124 23	−0.032 592	15 350.497	0.01	69 778.942	−0.000 000 14
1.08μ	3.560 7	−0.126 70	−0.034 359	15 350.507	0.01	69 778.932	−0.000 000 14
1.09μ	3.431 5	−0.129 24	−0.036 295	15 350.516	0.009	69 778.923	−0.000 000 13
1.1μ	3.299 6	−0.131 85	−0.038 423	15 350.526	0.01	69 778.913	−0.000 000 14

从表 17-7 至表 17-10 的检验结果可以发现,农业污染对人力资本影响效应的参数初始值的不同不会对本章结论产生实质性影响,劳动力污染缓解支出变化对失业率的影响效应大于其对城乡工资差距的影响效应。这充分说明本章数值模拟结果以及命题 3 和命题 4 的结论是稳定的。

第五节 结 论

污染缓解是人们面对环境污染时的本能反应,劳动力单位污染缓解支出的高低既受经济发展水平进而劳动力收入水平的制约同时也会对经济发展产生影响。与既往研究环境污染与失业及工资差距的理论文章不同的是,本章将关注的重点放在农业污染而非工业污染上。另外,本章用中国 2017 年宏观经济数据对理论模型进行了参数校准和估计,并在此基础上进行了数值模拟和敏感性检验,其结果检验了本章理论模型有效性的同时也测度了命题 1 及命题 2 的数值特征。与以往研究相比,本章主要有以下三点不同:(1) 以农业污染对劳动力健康即人力资本的影响为着眼点来分析研究农业污染对城市失业和城乡工资差距的经济效应;(2) 在研究失业和收入差距的问题中考虑了污染缓解的作用,第一次得到了污染缓解对失业和城乡工资差距影响效应的命题;(3) 在理论分析的基础上,运用相关经济数据对模型参数进行了校准和数值模拟,从而不仅得到关于污染缓解支出变化对失业和城乡工资差距的影响方向,也测度了相应影响效应的数值特征。本章做出这三个视角的探索并不仅仅出于学术考虑,更是来源发展中国家在经济发展中所面临的实际问题,即在农业污染背景下的污染缓解已经成为发展中国家一般劳动力不可避免的消费支出。本章研究是在这种新的经济运行环境中寻求环境污染、污染缓解和国民福利之间机制的一种有益尝试。

本章首次提出在资本可移动情况下劳动力单位污染缓解支出的增加可以缩小城乡工资差距和降低失业率的观点,这意味着发展中国家鼓励个人增加污染缓解支出的政策可以获得缩小城乡工资差距和降低失业率两面利好的效果。

参考文献

[1] BAUMGÄRTNER S, DRUPP M A, MEYA J N, et al. Income inequality and willingness to pay for environmental public goods[J]. Journal of Environmental Economics & Management, 2017, 85: 35-61.

[2] BELADI H, CHAO C C. Environmental policy, comparative advantage, and welfare for a developing economy[J]. Environment and Development Economics, 2006, 11(5): 559-568.

[3] CHAO C C, JOE R K, YU E S H. Environmental preservation, sectoral unemployment, and trade in resources[J]. Review of Development Economics, 2000, 4(1): 39-50.

[4] CHAO C C, LAFFARGUE J P, SGRO P M. Environmental control, wage inequality and national welfare in a tourism economy[J]. International Review of Economics and Finance, 2012, 22: 201-207.

[5] CHIROLEU-ASSOULINE M, FODHA M. Environmental tax and the distribution of income among heterogeneous workers[J]. Annals of Economics and Statistics, 2011, 103/104: 71-92.

[6] COPELAND B R, TAYLOR M S. Trade, spatial separation, and the environment[J]. Journal of International Economics, 1999, 47: 137-168.

[7] FARZED T, MADHU K, CARL H, et al. Welfare impacts of alternative public policies for agricultural pollution control in an open economy: a general equilibrium framework[J]. American Journal of Agricultural Economics, 2008, 90(3): 701-718.

[8] HARRIS J R, TODARO M P. Migration, unemployment and development: a two-sector analysis[J]. The American Economic Review, 1970, 1: 126-142.

[9] HOTTE L, WINER S L. The demands for environmental regulation and for trade in the presence of private mitigation[EB/OL]. Working Papers, August

2008. https://ruor.uottawa.ca/server/api/core/bitstreams/dc5cf664-5bc9-40a1-8e92-1b8558ea6e41/content.

[10] HOTTE L, WINER S L. Environmental regulation and trade openness in the presence of private mitigation[J]. Journal of Development Economics, 2012, 97(1): 1-57.

[11] KONDOH K, YABUUCHI S. Unemployment, environmental policy, and international migration [J]. Journal of International Trade & Economic Development, 2012, 21(5): 677-690.

[12] LI X, WU Y. Environment and economy in the modern agricultural development[J]. Asia-Pacific Journal of Accounting & Economics, 2018, 25(1-2): 163-176.

[13] MARTÍNEZ Y, ALBIAC J. Agricultural pollution control under Spanish and European environmental policies[J]. Water Resources Research, 2004, 40(10).

[14] SUN B, ZHANG L, YANG L, et al. Agricultural non-point source pollution in China: causes and mitigation measures[J]. AMBIO, 2012, 41(4): 370-379.

[15] TAHERIPOVR F, KHANNA M, NELSON C H. Welfare impacts of alternative public policies for agricultural pollution control in an open economy: a general equilibrium framework [J]. American Journal of Agricultural Economics, 2008, 90(3): 701-718.

[16] TAWADA M, SUN S. Urban pollution, unemployment and national welfare in a dualistic economy[J]. Review of Development Economics, 2010, 14(2): 311-322.

第十八章　二元农业中的农民工汇款和农业污染

本章提要：本章建立一般均衡模型以研究农民工汇款率变化对农业污染的影响。研究发现,在资本部门专用情况下,汇款率的提高不会影响农业污染要素生产部门的产出或农业污染;而在资本可移动的情况下,汇款率的提高会降低农业污染要素生产部门的产出,进而降低农业污染。此外,我们研究了农民工汇款率变化对相关变量影响的数值特征,发现无论是在资本专用情况下还是在资本可移动的情况下,汇款率的提高都会在一定条件下增加国民收入并提高国民福利水平。

第一节　序　言

农民工汇款(以下简称"RUM 汇款")是指在家乡以外地区就业的农民工为补贴家庭消费而寄回家乡的工资收入部分。这在中国等具有典型城乡二元经济特征的发展中国家是一种普遍现象。本章中提到的 RUM 汇款是一个国家内跨地区就业的移民工人的收入转移,这与跨国就业导致的跨国移民汇款不同。已经有许多关于跨国移民汇款的经济影响的研究,例如,Lundahl(1985)、Djajic(1986)、Kirwan 和 Holden (1986)、Taylor 和 Wyatt(1996)、Quibria(1997)、Djic(1998)、Kar 和 Beladi(2004)、Pradhan 等(2008)、Ball 等(2013)、Mauricio 和 Jose(2016)等主要考虑了移民汇款对劳动力来源国收入分配、减贫、国家福利、投资、农业生产和经济发展的经济影响。

然而,作为一种典型的城乡二元经济,自 20 世纪 80 年代末以来,中国各省之间的经济和社会不平衡引发了大量移民潮(Thomas 等,2015),这一现象意味着中国的移民汇款主要来自城乡农民工,而非跨国农民工。据一些学者估计,2016 年中国 RUM 汇款达到 3 674.1 亿美元,高于同年中央财政对农业、农村和农民的支出(即

2 776.5亿美元或18 442亿元人民币)。这是农村地区的巨额资金流入,无疑将对农业生产、农业污染和农村经济产生重要影响。RUM汇款对经济的影响引起了人们的关注,并产生了一系列研究,如Li和Shen(2012)、Li和Zhou(2015)、Li和Wang(2015)以及Wu和Li(2020)等,并构建了一个一般均衡模型,以考察农民工RUM汇款率的变化对农业污染和其他变量的影响。

尽管已经有许多关于移民汇款的研究,但除了Li和Zhou(2015)之外没有一项研究调查移民汇款对环境污染的可能影响。与本章不同的是,他们研究的是具有农业单一结构的城乡二元封闭经济,并分析了农民工汇款对工业污染的影响,而不是对农业污染的影响。然而,农业污染已逐渐取代工业污染,成为许多发展中国家(如中国)的主要污染源,图18-1的(b)显示了2011—2015年废水中氨氮的工业污染源和农业污染源的排放情况。从图18-1的(a)和(b)中,我们可以发现,无论废水中COD还是氨氮的排放量,农业源的排放量都远远大于工业源排放。农业污染问题也引起了中国政府的重视,为了减少农业污染,确保农业生态环境安全,中国农业和林业部于2015年制定并发布了两份文件,分别为"2020年化肥使用量零增长行动计划"和"2020年农药使用量零增加行动计划"。经济发展中的农业污染是一个令人关注的话题,如Braden等(1991)、Hammer(1992)、Martinez和Albiac(2004)、Taheripour等(2008)。其中,Tahripour等(2008)使用一般均衡方法评估了开放经济

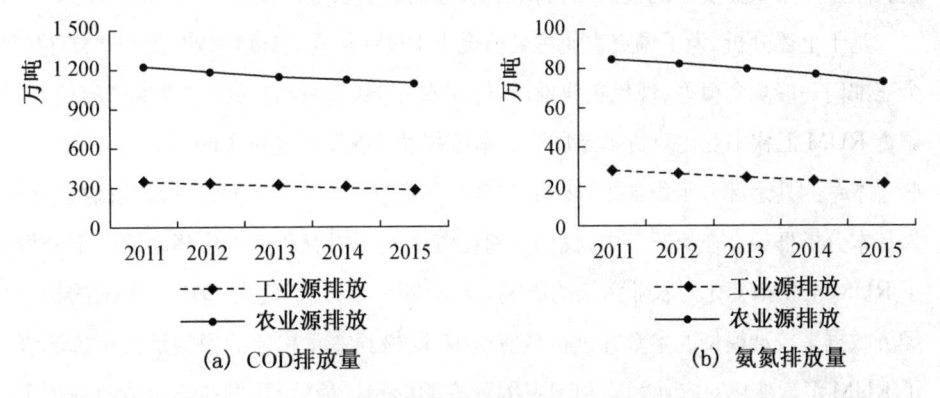

(a) COD排放量　　　　　　　(b) 氨氮排放量

图18-1　废水中化学需氧量(COD)和氨氮的工业污染源以及农业污染源的排放

数据来源:《2012—2016年中国环境统计年鉴》。

中减少农业氮污染的替代政策的福利影响。他们发现,消除扭曲现象并征收氮减排补贴或输出税可以减少氮污染,提高国家福利。

农业污染主要由农业生产过程中可能造成污染的投入要素(以下简称"Z")造成,如农药、化肥、农膜和催化剂等。值得注意的是,农业污染的传播路径不同于 C-T 模式下的工业污染(Copland 和 Taylor,1999),他们指出,工业污染通过土地、大气和水等媒介直接损害农业生产。许多学者,如 Tawada 和 Sun(2010)、Chao 等(2012)、Kondoh 和 Yabuuchi(2012)等,在 C-T 框架中研究了工业污染对经济的影响。农业污染要素作为投入要素,不仅会直接影响农业生产,还会通过农产品有害残留物、水污染等农业污染影响农业劳动者的健康资本,进而间接影响农业生产。因此,农业污染对生产的影响体现在农业污染对农业生产过程中内生因素的影响上,这也是本章研究农业污染的路径与 C-T 模型的主要区别。

此外,农业单一结构的设置越来越不能充分反映许多发展中国家农业发展的现实。例如,中国、印度、巴西等新兴经济体近年来正在大力推动现代农业的发展,其农业已从过去的单一传统农业转变为现代农业和传统农业的二元农业结构。因此,传统农业与现代农业的长期共存是许多发展中国家农业发展的必然阶段。一些研究采用了这种农业二元结构,典型的研究包括 Gupta(1997a,1997b)、Chaudhuri 等(2006,2007)。而且农民工汇款还为农业生产和农村经济发展提供了可观的资金,这也将影响农业生产中农业要素的投入结构和数量,进而影响农业污染。

基于上述分析,为了调查农业污染情况下 RUM 汇款的环境影响,我们建立了一个三部门一般均衡模型,现代农业部门、传统农业部门和农业污染要素生产部门,以调查 RUM 汇款率变化对资本专用和资本可移动情况下农业污染的影响。

本章的其余部分组织如下:在第二节中,我们建立了一个开放的一般均衡模型作为基本分析框架。在第三节中,我们分别在资本专用情况和资本可移动情况下分析了 RUM 汇款率变化对农业污染的影响。在第四节中,我们使用 2017 年中国的相关经济数据来校准模型的参数并进行数值模拟,以检验本章构建的模型是否正确解释了 RUM 汇款变化对农业污染和国家福利等的影响。最后,我们在第六节中陈述了结论。

第二节 模 型

我们认为,一个小型开放发展中经济体有三个部门,即现代农业部门(部门1)、传统农业部门(行业2)和农业污染要素生产部门(部门Z),其中农业污染要素的生产部门位于城市地区,其他两个部门位于农村地区。其中,现代农业部门利用劳动力、资本和农业污染要素生产出口竞争产品 X_1;传统农业部门利用劳动力和农业污染要素生产出口竞争产品 X_2;农业污染要素生产部门投入劳动力和资本,为现代农业部门和传统农业部门生产中间投入要素。所有的市场都是完全竞争的,要素禀赋都是外生的。我们假设劳动力可以在上述三个部门之间自由流动,而在资本可移动的情况下,资本也可以在现代农业部门和农业污染因素生产部门之间完美流动,但在资本专用情况下资本特定于现代农业部门和农业污染要素生产部门。

此外,我们将 h 定义为农业污染要素对工人健康资本(即劳动生产率)的影响,具体形式为 $h=(1+Z)^\varepsilon$,其中参数 ε 在 $[-1,0]$ 的范围内。我们还将 k 定义为城乡移民的汇款总额。由于城乡移民的汇款相当于一种从城市地区到农村地区的转移支付,它将对现代农业部门和传统农业部门产生积极的外部性。然后,我们使用函数 $g_1(k)=(1+k)^{\sigma_1}$ 和 $g_2(k)=(1+k)^{\sigma_2}$ 来表示由 k 在部门1和部门2上产生的外部性,其中参数 σ_1 和 σ_2(假设 $\sigma_1 > \sigma_2$)在范围 $[0,1)$ 内,并且具有属性 $g_i \geqslant 1, g_i' > 0$ 和 $g_i'' < 0$。

因此,上述三个部门的生产函数如下:

$$Z=F^Z(hL_Z,K_Z),$$
$$X_1=g_1(k)F^1(hL_1,K_1,Z_1),$$
$$X_2=g_2(k)F^2(hL_2,Z_2).$$

其中,F^Z,F^1 和 F^2 是各部门生产函数,满足线性齐次和拟凹条件(Copeland 和 Taylor,1999)。变量 $X_i(i=1,2)$ 和 Z 分别表示现代农业部门、传统农业部门和农业污染要素部门的产出;$L(i=1,2,Z)$ 表示各自的劳动量;K_1 和 K_Z 分别是部门1和部门Z投入的资本。

我们首先考虑资本特定于部门 1 和部门 Z 的经济体。在市场完全竞争的条件下,在资本专用情况下,根据零利润条件获得以下条件:

$$hw_1a_L^1 + r_1a_K^1 + P_Z a_Z^1 = g_1 P_1 \qquad (18-1)$$

$$hw_2a_L^2 + P_Z a_Z^2 = g_2 \qquad (18-2)$$

$$h\overline{w}a_L^Z + r_Z a_K^Z = P_Z \qquad (18-3)$$

其中,$a_i^j(i=L, K, Z; j=1, 2, Z)$ 是要素价格的函数,其表示第 j 个部门使用的第 i 个要素的数量,以产生一个单位的产出,而不包括经济中的城乡移民汇款 k。我们将产品 X_2 的价格设置为一单位,并将其作为基准。因此,P_Z 和 P_1 分别是产品 Z 和产品 X_1 相对于产品 X_2 的价格,这些价格由世界市场决定,是外生的。变量 r_1 和 r_Z 分别是部门 1 和部门 Z 的资本回报率,w_1 和 w_2 表示灵活的现代农业部门和传统农业部门的工资。由于最低工资法和其他原因,农业污染要素生产部门的单位劳动力工资为 $\overline{w}$。

我们假设农村-城市移民将其收入的一部分 $\mu(0 \leqslant \mu \leqslant 1)$ 送到家乡以补贴其家庭成员,然后将 k 定义为农村-城市移徙者的汇款总额。因此,可以得到以下等式

$$k = \mu h \overline{w} Z a_L^Z \qquad (18-4)$$

目前,对绝大多数发展中国家来说,农业现代化进程仍处于起步阶段。与传统农业部门相比,现代农业部门的规模仍然相对较小,因此现代农业部门无法充分吸收从传统农业部门转移的劳动力。此外,与传统农业相比,现代农业部门更依赖资本投入。根据 Li 和 Wu(2018)的观点,我们假设现代农业部门对劳动力的吸收受到该部门资本的约束。因此,我们设定了部门 2 中雇佣劳动力和资本之间的关系如下

$$Y_1 a_L^1 = Y_1 a_K^1 \qquad (18-5)$$

因此,现代农业部门的工资率超过了传统部门,并且由以下因素决定(类似设置请参考 Gupta (1994),Li 和 Wu(2018):$w_1 = w_1(w_2, K_1)$)。如果 $K_1 = 0$,现代农业将退化为传统农业部门,然后工资相等。如果 $K_2 > 0$,我们假设 $w_1 > w_2$,因为资本使

用提高了劳动效率,导致了更高的劳动边际生产率。

我们使用 L_U 表示城市部门的失业劳动力,并将 λ 定义为城市部门的失业率,因此,$\lambda = hL_U/Za_L^Z$。考虑到农业污染,三个部门的实际有效工资分别为 hw_1、hw_2 和 $h\overline{w}$。因此,基于 Harris 和 Todaro(1970)的劳动力分配机制如下所示①

$$w_2[(1+\lambda)Za_L^Z + Y_1 a_L^1] = \overline{w}Za_L^Z + w_1 Y_1 a_L^1 \qquad (18-6)$$

将 L 定义为经济中的劳动力禀赋,那么劳动力的市场出清条件如下

$$(1+\lambda)Za_L^Z + Y_1 a_L^1 + Y_2 a_L^2 = hL \qquad (18-7)$$

资本专用情况下的资本市场出清条件为

$$Y_1 a_K^1 = K_1 \qquad (18-8)$$

$$Za_K^Z = K_Z \qquad (18-9)$$

在上述两个等式中,K_1 和 K_Z 分别表示部门 1 和部门 Z 的资本投入,在资本专用情况下此二变量是外生的。

在资本可移动的情况下,资本在部门 1 和部门 Z 之间完全流动。因此,式(18-1)和(18-3)可以改写为

$$hw_1 a_L^1 + ra_K^1 + P_Z a_Z^1 = g_1 P_1 \qquad (18-10)$$

$$h\overline{w}a_L^Z + ra_K^Z = P_Z \qquad (18-11)$$

此外,我们将 K 定义为经济中的资本禀赋,因此资本可移动情况下的资本市场出清条件为

$$Y_1 a_K^1 + Za_K^Z = K \qquad (18-12)$$

至此,本章的基本理论模型已经建立完成。其中,等式(18-1)至(18-9)描述了经济实体在资本专用情况下的行为,其具有九个内生变量:$X_1, X_2, Z, k, r_1, r_Z, w_1, w_2, \lambda$ 和七个外生变量:$\overline{w}, P_1, P_Z, \theta, K_1, K_Z$ 和 L;式(18-10),(18-2),(18-11),

---

① 关于工资不平等的三个部门之间的 H-T 劳动力转移均衡的研究,请参阅 Grinols(1991),Gupta(1993,1997);Li 和 Shen(2013);Li 和 Wu 等(2018)。

(18-4)~(18-7),(18-12)描述了经济实体在资本可移动情况下的行为,该情况有八个内生变量:$X_1, X_2, Z, k, r, w_1, w_2, \lambda$ 和六个外生变量:$\overline{w}, P_1, P_Z, \theta, K$ 和 L。

第三节 比较静态分析

一、资本部门专用情形

通过对式(18-3)和(18-9)进行全微分,并根据Gramer法则得到$\widehat{Z}/\widehat{\mu}=0, \widehat{r_Z}/\widehat{\mu}=0$,符号"^"表示相关变量的变化百分比。

然后,我们通过对剩余的七个方程进行全微分,并将方程 $\widehat{k}/\widehat{\mu}>0, \widehat{w_2}/\widehat{\mu}=\frac{\sigma_2}{\theta_{L2}}\frac{k}{1+k}\frac{\widehat{k}}{\widehat{\mu}}>0$ 代入七个全微分方程,得出以下矩阵方程

$$\begin{pmatrix} 0 & 0 & \theta_{L1} & \theta_{K1} & 0 \\ 1 & 0 & S_{KL}^1 & S_{KK}^1 & 0 \\ 0 & 0 & (S_{LL}^1 - S_{KL}^1) & (S_{LK}^1 - S_{KK}^1) & 0 \\ -(w_1-w_2)X_1 a_L^1 & 0 & -[(w_1-w_2)S_{LL}^1 + w_1]X_1 a_L^1 & -(w_1-w_2)X_1 a_L^1 S_{LK}^1 & w_2 \lambda Z a_L^Z \\ X_1 a_L^1 & X_2 a_L^2 & X_1 a_L^1 S_{LL}^1 & X_1 a_L^1 S_{LK}^1 & \lambda Z a_L^Z \end{pmatrix} \begin{pmatrix} \widehat{X_1} \\ \widehat{X_2} \\ \widehat{w_1} \\ \widehat{r_1} \\ \widehat{\lambda} \end{pmatrix}$$

$$= \begin{pmatrix} \sigma_1 \dfrac{k}{1+k} \\ 0 \\ 0 \\ -\dfrac{1}{\theta_{L2}}\sigma_2 \dfrac{k}{1+k}[(1+\lambda)w_2 Z a_L^Z + w_2 Y_1 a_L^1] \\ -\dfrac{1}{\theta_{L2}}\sigma_2 \dfrac{k}{1+k} Y_2 a_L^2 S_{LL}^2 \end{pmatrix} \widehat{\mu} \quad (18-13)$$

其中符号"^"表示相关变量的变化百分比,$\theta_{ij}(i=L,K,Z; j=1,2,Z)$表示第$j$个部门中第$i$个投入要素的分配份额,$S_{ij}^t = (\partial a_i^t/\partial P_j)(P_j/a_i^t), (t=1,2,Z; i,j=L,K,Z)$,且满足$S_{ii}^t < 0$,而如果$i \neq j$,则$S_{ij}^t > 0$。

我们将"Δ"定义为方程组(18-13)的系数矩阵的行列式,因此,可以得出以下不等式:

$$\Delta = w_2 \lambda Z a_L^Z Y_2 a_L^2 [\theta_{L1}(S_{LK}^1 - S_{KK}^1) + \theta_{K1}(S_{KL}^1 - S_{LL}^1)] > 0 \quad (18-14)$$

通过使用 Gramer 法则求解方程(18-13),可以获得表 18-1(有关计算程序的详细信息,请参考附录 A)。

表 18-1 资本专用情形下农民工汇款率变化对相关变量的影响效应

	$\widehat{X_1}$	$\widehat{X_2}$	$\widehat{Z}$	$\widehat{k}$	$\widehat{w_1}$	$\widehat{w_2}$	$\widehat{r_1}$	$\widehat{r_Z}$	$\widehat{\lambda}$
$\widehat{\mu}$	+	\	0	+	+	+	+	0	\

注:"+"和"−"表示 RUM 汇款率的变化分别导致内生变量在相同方向和相反方向上的变化,"0"表示的变化对内生变量没有影响,"\"表示内生变量变化是不确定的。

总结表 18-1 中的结果,我们得出以下结论。

命题 1:在资本专用的情况下,农民工汇款率的变化对农业污染没有影响,农民工汇款率的增加将提高现代农业的产出水平。

命题 1 表明,RUM 汇款率的增加不会影响资本专用情况下的农业污染,这与 Li 和 Zhou(2015)的结论不同,后者认为农民工 RUM 汇款率的增加会在短期内恶化环境污染。表 18-1 和命题 1 中的结果的经济机制如下:因为 Z 部门的名义工资是刚性的,所以 Z 部门的劳动力需求也不变,在资本专用情况下,Z 部门的资本投入也不变,然后 Z 部门的产出水平和资本回报率 r_Z 不变。因此,RUM 汇款率的上升增加了农村-城市移民的汇款总额。汇款总额的增加将成为农村劳动力继续向城市部门转移的动力,从而使农村部门的劳动力供应呈下降趋势,然后将提高现代农业部门和传统农业部门劳动力的工资(即 w_1 和 w_2)。尽管农业部门劳动力供应的下降将对农业生产产生负面影响,但农村-城市移民汇款增加了农村劳动力向现代农业部门和传统农业部门汇款的积极外部性。因此 RUM 汇款率的提高对现代农业部门和传统农业部门的产出水平的具体影响,取决于汇款 k 增加对现代农业行业和传统农业行业生产的积极外部性是否大于农村汇款 k 对两个农业部门生产的劳动力的负面影响。由于城乡移民向现代农业部门汇款的正外部性大于向传统农业部门汇款($\sigma_1 > \sigma_2$),农村移民汇款率的提高更有可能提高现代农业部门的产出水平,而在现有条件下,对传统农业部门产出水平的影响是模糊的。如果汇款 k 增加对传统农业部门生产的积极外部性大于农村劳动力减少对传统农业行业生产的负面影响,RUM 汇款率的增加也将提高传统农业部门的产出水平。

二、资本部门可移动情形

全微分式(18-11)和(18-4),我们可以得到如下关系式

$$\hat{r}=-\varepsilon\frac{Z}{1+Z}\frac{\theta_{LZ}}{\theta_{KZ}}\hat{Z} \tag{18-15}$$

$$\hat{k}=\frac{1}{\theta_{KZ}}\left(\theta_{KZ}+\varepsilon\frac{Z}{1+Z}\theta_{KZ}+\varepsilon\frac{Z}{1+Z}S_{LL}^{Z}\right)\hat{Z}+\hat{\mu} \tag{18-16}$$

全微分式(18-10),(18-2),(18-5)—(18-7),(18-12),并代入式(18-15)和(18-16)可得

$$\begin{pmatrix} C_1 & 0 & 0 & \theta_{L1} & 0 & 0 \\ C_2 & 0 & 0 & 0 & \theta_{L2} & 0 \\ C_3 & Y_1 a_K^1 & 0 & Y_1 a_K^1 S_{KL}^1 & 0 & 0 \\ C_4 & 0 & 0 & (S_{LL}^1-\delta S_{KL}^1) & 0 & 0 \\ C_5 & -(w_1-w_2)Y_1 a_L^1 & 0 & -[(w_1-w_2)S_{LL}^1+w_1]Y_1 a_L^1 & (w_1-w_2)Y_1 a_L^1 & \lambda w_2 Z a_L^Z \\ C_6 & Y_1 a_L^1 & Y_2 a_L^2 & Y_1 a_L^1 S_{LL}^1 & Y_2 a_L^2 S_{LL}^2 & \lambda Z a_L^Z \end{pmatrix} \begin{pmatrix} \hat{Z} \\ \hat{Y}_1 \\ \hat{Y}_2 \\ \hat{w}_1 \\ \hat{w}_2 \\ \hat{\lambda} \end{pmatrix}$$

$$= \begin{pmatrix} \sigma_1 \dfrac{k}{1+k} \\ \sigma_2 \dfrac{k}{1+k} \\ 0 \\ 0 \\ 0 \\ 0 \end{pmatrix} \hat{\mu} \tag{18-17}$$

其中，$C_1 = \varepsilon \dfrac{Z}{1+Z} \dfrac{(\theta_{L1}\theta_{KZ} - \theta_{LZ}\theta_{K1})}{\theta_{KZ}} - \sigma_1 \dfrac{k}{1+k} \dfrac{1}{\theta_{KZ}} \left(\theta_{KZ} + \varepsilon \dfrac{Z}{1+Z}\theta_{KZ} + \varepsilon \dfrac{Z}{1+Z}S_{LL}^Z\right)$，$C_2 = \varepsilon \dfrac{Z}{1+Z}\theta_{L2} - \sigma_2 \dfrac{k}{1+k} \dfrac{1}{\theta_{KZ}} \left(\theta_{KZ} + \varepsilon \dfrac{Z}{1+Z}\theta_{KZ} + \varepsilon \dfrac{Z}{1+Z}S_{LL}^Z\right)$，$C_3 = Za_K^Z + \varepsilon \dfrac{Z}{1+Z} \dfrac{1}{\theta_{KZ}} [Y_1 a_K^1 (\theta_{KZ} S_{KL}^1 - \theta_{LZ} S_{KK}^1) - Za_K^Z S_{KK}^Z]$，$C_4 = \varepsilon \dfrac{Z}{1+Z} \dfrac{1}{\theta_{KZ}} [\theta_{KZ}(S_{LL}^1 - S_{KL}^1) - \theta_{LZ}(S_{LK}^1 - S_{KK}^1)]$，$C_5 = (w_1 - w_2)Y_1 a_L^1 + \varepsilon \dfrac{Z}{1+Z} \dfrac{1}{\theta_{KZ}} (w_1 - w_2)Y_1 a_L^1 [(\theta_{LZ}S_{LK}^1 - \theta_{KZ}S_{LL}^1) + S_{LL}^Z]$，$C_6 = (1+\lambda)Za_L^Z - \varepsilon \dfrac{Z}{1+Z} [(1+\lambda)Za_L^Z(1 - S_{LL}^Z) + Y_1 a_L^1(1 - S_{LL}^1) + Y_2 a_L^2(1 - S_{LL}^2)] - \varepsilon \dfrac{Z}{1+Z} \dfrac{\theta_{LZ}}{\theta_{KZ}} ((1+\lambda)Za_L^Z S_{LK}^Z + Y_1 a_L^1 S_{LK}^1)$。

根据 Gramer 法则求解方程(18-17)，可以获得表 18-2(有关计算程序的详细信息，请参考附录 B)。

表 18-2　资本部门可移动情形下农民工汇款率变化对相关变量的影响效应

	$\widehat{X_1}$	$\widehat{X_2}$	$\widehat{Z}$	$\widehat{k}$	$\widehat{w_1}$	$\widehat{w_2}$	$\widehat{r}$	$\widehat{\lambda}$
$\widehat{\mu}$	(+)	\	−	\	(−)	(−)	−	(+)

注："+"和"−"表示 RUM 汇款率的变化分别导致内生变量在相同和相反方向上的变化；"\"表示内生变量的变化是不确定的，括号表示结论的成立需要一定的条件，即条件成立。

总结表 18-2 中的结果，我们得出以下结论。

命题 2：在资本可移动的情况下，如果参数 ε 的绝对值足够小，RUM 汇款率的提高将减少农业污染，并提高现代农业部门的产出水平。

命题 2 表明，在资本可移动案例中，RUM 汇款率的提高将减少农业污染，进而提高环境水平，这与 Li 和 Zhou(2015)的长期结论一致。表 18-2 的结果表明，在资本可移动情况下，RUM 汇款率的提高将减少部门 Z 的产出，从而减少农业污染，提高现代农业部门的产出水平，但对传统农业部门产出的影响是不确定的。经济机制如下：RUM 汇款率的提高改善了农业生产的外部环境，也将进一步发挥资本在生产中的作用。因此，与 RUM 汇款率上升之前相比，资本变得相对充裕，然后 r 降低。因为资本价格 r 下降，而部门 Z 的名义工资是刚性的，Z 部门将用资本取代劳动力，部门 Z 的就业将减少。如果部门 Z 资本投入增加对生产的积极影响小于 Z 部门劳动力就业减少对生产的消极影响,则部门 Z 的产出将减少。部门 Z 劳动力需求的下降将增加城市失业率,降低城市的预期工资水平,导致劳动力从城市返回农村,进而降低现代农业部门和传统农业部门的工资水平。由于部门 Z 的劳动力就业减少,RUM 汇款率的增加对城乡移民汇款总额的影响是不确定的。RUM 汇款对现代农业部门和传统农业部门具有正外部性,并且对现代农业行业的正外部性足够大,现代农业部门的产出水平将提高。

第四节 参数校准、估计和数值模拟

一、参数的校准和估计

上述理论模型分析提供了 RUM 汇款率变化对农业污染的影响方向。本节我们将研究 RUM 汇款率变化对农业污染、上述三个部门的产出水平和国家福利的影响的数值特征,无论是在资本专用情况下还是在资本可移动情况下。我们首先基于中国的宏观经济数据对模型的参数进行校准,然后基于校准的参数对模型进行模拟,最后进行敏感性分析,以测试数值模拟结果的稳健性。

我们将现代农业部门、传统农业部门和农业污染要素生产部门的生产函数设置为 Cobb Douglas 形式,具体形式如下:

$$X_1 = (1+k)^{\sigma_1}(1+Z)^{\varepsilon\alpha_1}L_1^{\alpha_1}Z_1^{\alpha_2}K_2^{1-\alpha_1-\alpha_2},$$
$$X_2 = (1+k)^{\sigma_2}(1+Z)^{\varepsilon\beta}L_2^{\beta}Z_2^{1-\beta},$$
$$Z = (1+Z)^{\varepsilon\gamma}L_Z^{\gamma}K_Z^{1-\gamma}.$$

其中,参数 α_1 是现代农业部门劳动力的产出弹性,α_2 是现代农业部门农业污染要素的产出弹性;参数 β 和 γ 分别是传统农业部门和农业污染要素生产部门的劳动力产出弹性。参数 σ_1 和 σ_2 分别代表农村—城市移民汇款对现代和传统农业部门生产的外部性,RUM 汇款对现代农业和传统农业的农业生产影响的初始值分别设定为 g_1=1.2 和 g_2=1.1。该参数是农业污染要素对农业生产工人健康资本的影响系数。

根据《中国统计年鉴》和《省级统计年鉴》，由于数据的可用性，我们将2017年的数据作为基准数据。根据中国国家统计局对中国经济四个地区的划分标准，东部地区10个省份的第一产业表示为部门1，而其他23个省份表示为部门2，我们将农药和化肥行业等作为农业污染要素生产部门。然后根据2017年中国各省统计年鉴数据，我们估计部门1和部门2的增值分别为20 991.6亿元和4 110.79亿元，部门1和部门2的员工人数分别为5 471万和15 473万，而部门1和部门2的有效工资水平分别为16 778.24元和13 429.53元。

本章所定义的农业污染要素生产部门主要包括农业生产过程中对人类健康、水资源和土壤产生不利影响的要素，即农药、化肥、农膜等，《中国统计年鉴》(2017)中相关部门的就业和工资以及《中国工业统计年鉴》中农药和化肥行业的数据作为原始数据。我们计算农药化肥行业的就业人数约为194.8万人，农药化肥行业增加值约为2 970.8亿元。将上述两个估计数据与2017年城市雇员的平均工资相结合，我们可以估计部门Z的要素产出弹性。

关于利率，中国央行2017年公布的一至五年期贷款基准利率为4.75%。由于银行贷款利率的下限和最大浮动系数分别为基准利率的0.9倍和2.3倍，我们假设农业污染要素生产部门的利率水平是基准利率的1.6倍，即7.6%。一般来说，农村部门的融资条件比城市部门更困难，因此农村部门的利率高于城市部门。因此，有理由认为部门1的利率高于部门Z的利率，在资本专用情况下，该利率设定为9.6%。此外，根据上一节中设置的模型，将部门2的价格设置为1，并将部门1和部门Z的相对价格分别与部门1的价格进行比较。

基于上述经济数据，我们首先校准了移动资本案例中的参数。结果如表18-3所示。

表18-3 参数校准结果

参数	α_1	α_2	β	γ	σ_1	σ_2	ε
校准值	0.507	0.189	0.811	0.397	0.025	0.013	−0.025

二、数值模拟

在本节中,我们将根据上一节中校准的参数进行数值模拟,并调查 RUM 汇款率变化对农业污染和上述三个部门产出水平的影响的数值特征,包括资本专用情况和资本可移动情况。

1. 资本部门专用情形

资本专用情况下模型的数值模拟结果如图 18-2(a)至(d)所示。根据图 18-2,RUM 汇款率 μ 的增加不会影响部门 Z 的产出水平,进而影响资本专用情况下的农业污染水平,这与命题 1 的结论一致。同时,RUM 汇款率 μ 的增加将提高部门 1 的产出水平和 RUM 汇款总额,这也与命题 1 的结论一致。此外,尽管我们无法根据先前的理论分析确定 RUM 汇款率的变化对部门 2 的产出水平的影响,但根据 2017 年中国宏观经济数据的数值模拟结果,我们发现 RUM 汇款利率的增加也将提高部门

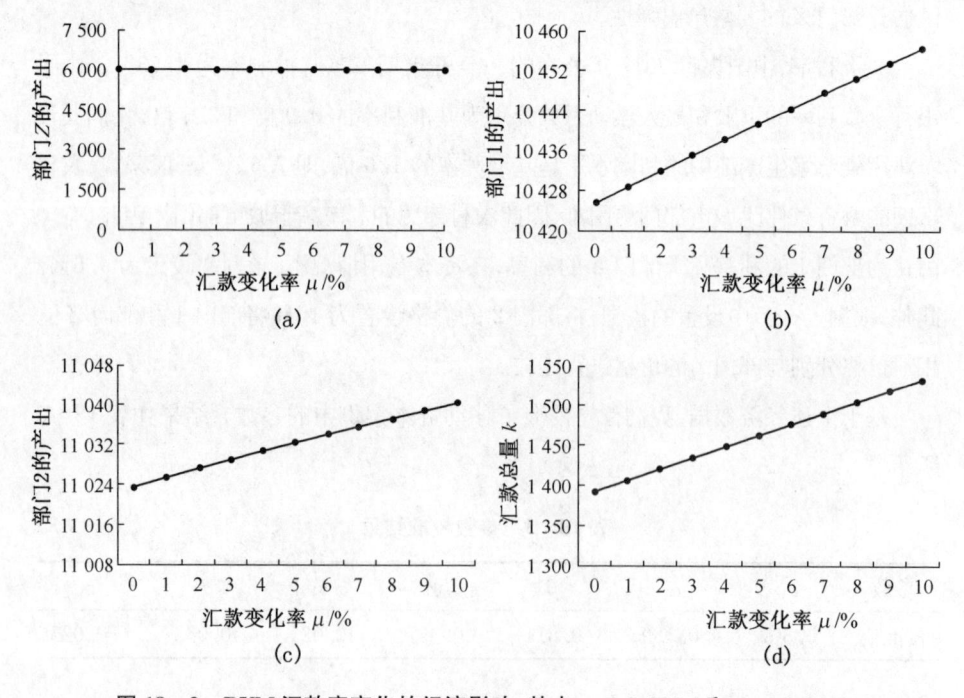

图 18-2 RUM 汇款率变化的经济影响,其中 $\sigma_1 = 0.025\,1$ 和 $\sigma_2 = 0.013\,1$

2 的产出水平。这意味着汇款 k 增加对传统农业部门生产的积极外部性确实大于农村劳动力减少对中国传统农业部门的生产的负面影响。

2. 资本部分可移动情形

资本可移动情况下模型的数值模拟结果如图 18-3 的(a)至(d)所示。根据图 18-3，RUM 汇款率 μ 的增加将降低 Z 部门的产出水平，然后降低移动资本情况下的农业污染水平，这与命题 2 的结论一致。同时，RUM 汇款率 μ 的增加将提高部门 1 的产出水平。此外，尽管根据先前的理论分析，我们无法确定 RUM 汇款率的变化对部门 2 的产出水平或汇款总额的影响，根据基于 2017 年中国宏观经济数据的数值模拟结果，我们可以发现，RUM 汇款率的提高也将提高部门 2 的产出水平和汇款总额。这一数值模拟结果表明，部门 Z 产出下降对汇款总额的负面影响小于 RUM 汇款率提高对城乡移民汇款总额的正面影响。

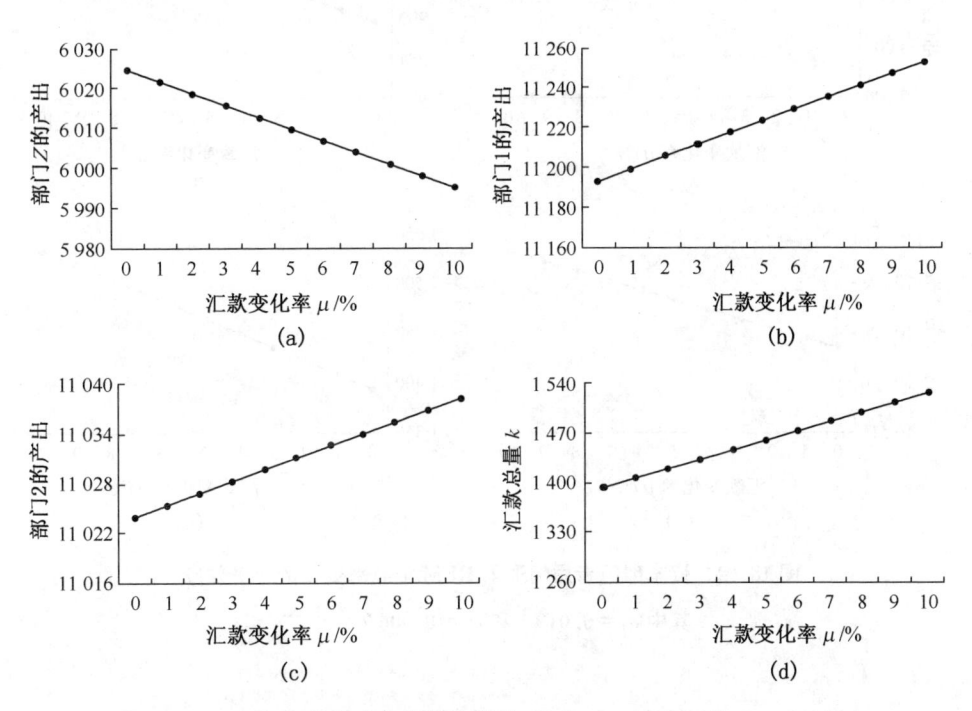

图 18-3　RUM 汇款率变化的经济影响，其中 $\sigma_1 = 0.025\ 1$ 和 $\sigma_2 = 0.013\ 1$

3. 稳健性检验

在基准模型中，RUM 汇款对现代农业和传统农业的农业生产影响的初始值分别设置为 $g_1=1.2$ 和 $g_2=1.1$，然后参数 σ_1 和 σ_2 的校准值分别为 0.025 1 和 0.013 1。由于上述初始分配具有一定的主观性，我们将研究 $g_i(i=1,2)$ 的不同初始值是否会改变先前的结论以及城乡移民汇款对农业污染和三个部门产出水平影响的数值特征。我们分别选择 $g_1=1.15, g_2=1.05$（即 $\sigma_1=0.019\ 3$ 和 $\sigma_2=0.006\ 7$）和 $g_1=1.25$，$g_2=1.15$（即 $\sigma_1=0.030\ 8$ 和 $\sigma_2=0.019\ 3$）。图 18-4 至图 18-7 显示了资本专用情况和资本可移动情况下模型的重新模拟结果。

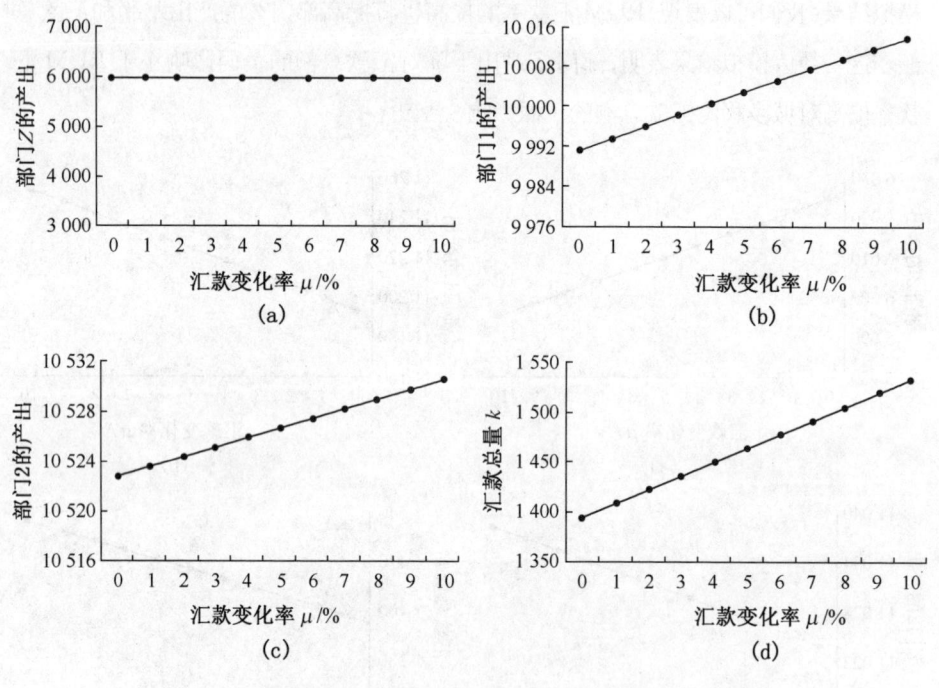

图 18-4 资本部门专用情形下 RUM 汇款率变化的经济效应，其中 $\sigma_1=0.019\ 3$ 和 $\sigma_2=0.006\ 7$

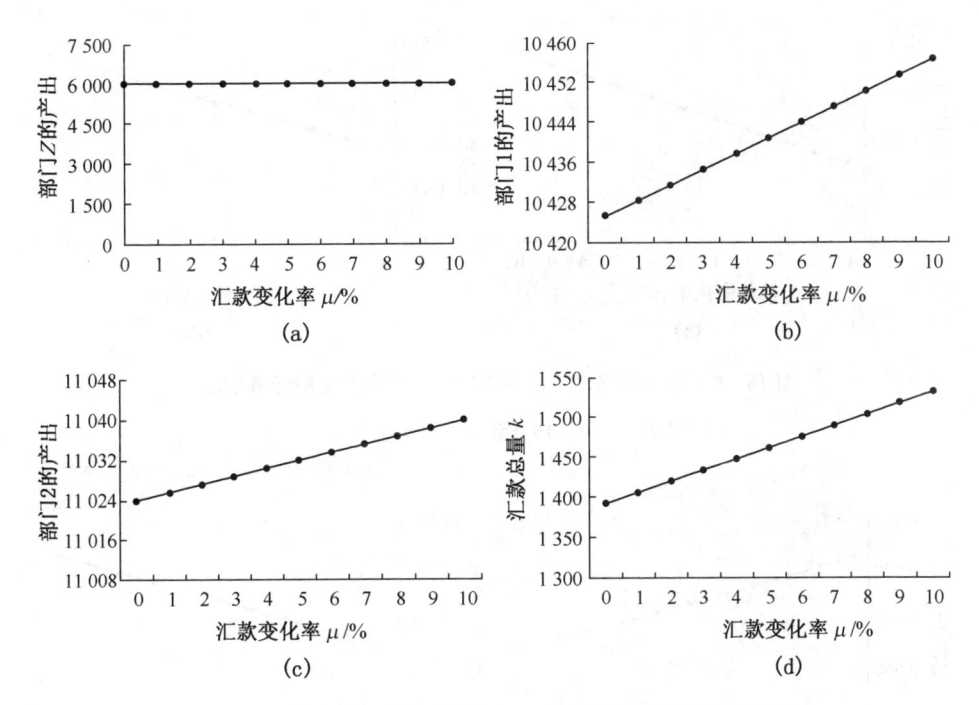

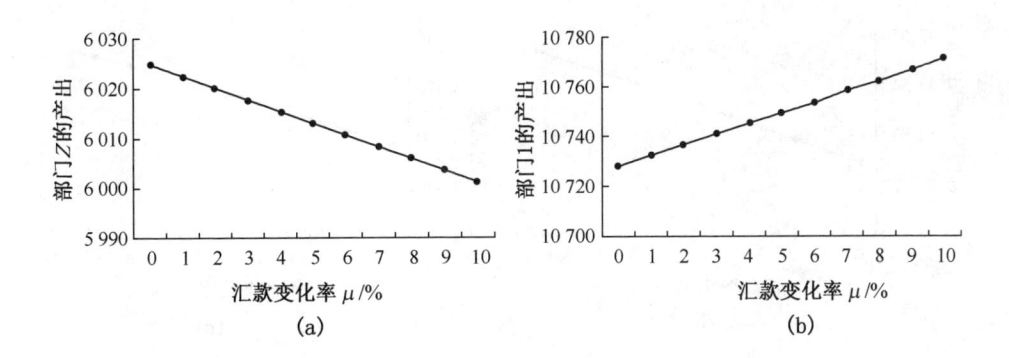

图 18‑5　资本部门专用情形下 RUM 汇款率变化的经济效应，其中 $\sigma_1 = 0.0308$ 和 $\sigma_2 = 0.0193$

(c) (d)

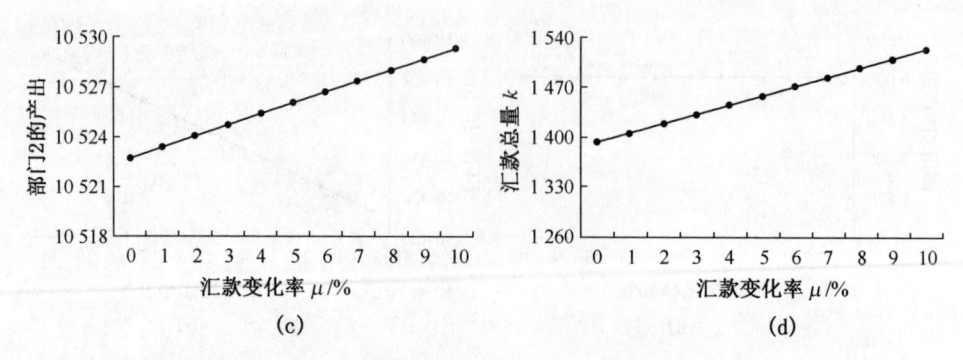

图 18-6 资本可移动情形下 RUM 汇款率变化的经济效应，
其中 $\sigma_1 = 0.0193$ 和 $\sigma_2 = 0.0067$

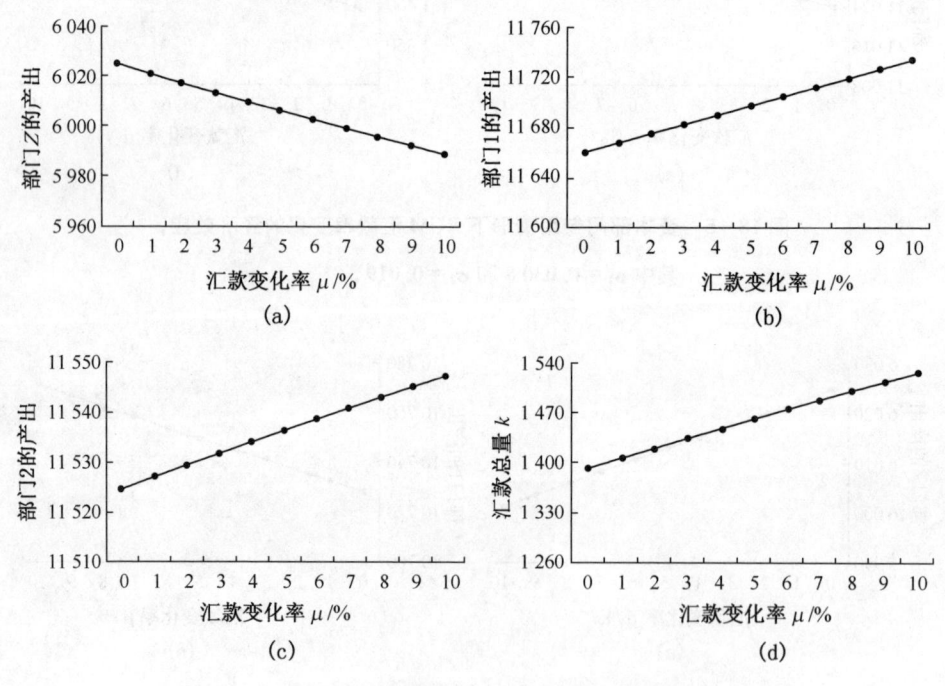

(a) (b)

(c) (d)

图 18-7 资本可移动情形下 RUM 汇款率变化的经济效应，
其中 $\sigma_1 = 0.0308$ 和 $\sigma_2 = 0.0193$

根据图 18-4 至图 18-7 的数值模拟结果，我们可以发现，参数 σ_1 和 σ_2 的不同初始值不会对本章的结论和数值特性产生实质性影响,这充分表明了数值模拟结果是稳健的。

第五节 福利分析

我们现在根据上一节的分析,关注 RUM 汇款率变化对国家福利的影响。根据间接效应函数 $v(p,y)$ 的性质,代表性消费者的效应水平仅与收入水平 y 和产品价格 p 相关。由于本章考虑了具有双重经济特征的小经济体,这三个部门的产品价格是外生的。即代表性消费者的效用水平仅与模型中的收入水平 y 相关,然后收入水平越高,效应水平越高。因此,为了调查 RUM 汇款率变化对国家福利的影响,我们只关注国民收入,其表示为 $Y = P_1 X_1 + X_2$。图 18-8 显示了资本专用情况和资本可移动情况下 RUM 汇款率变化对国民收入影响的数值特征。

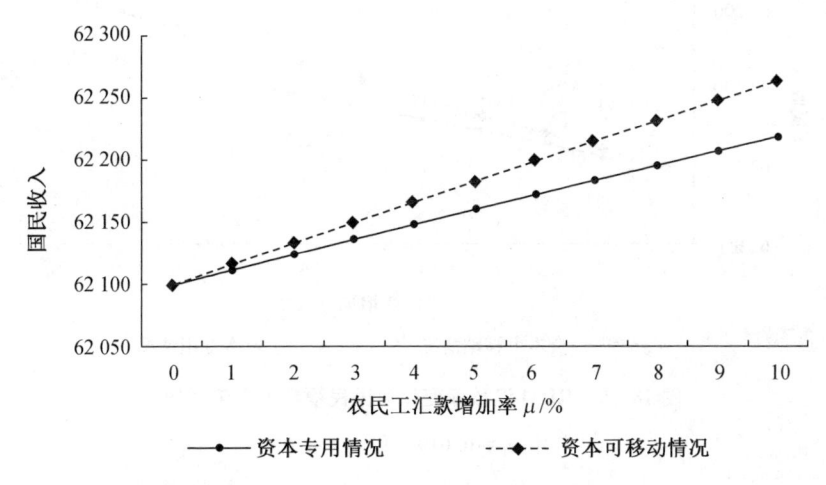

图 18-8 RUM 汇款率变化的福利效应,其中 $\sigma_1 = 0.025\ 1$ 和 $\sigma_2 = 0.013\ 1$

图 18-8 中的数值模拟结果表明,无论是在资本专用情况下还是在资本可移动情况下,RUM 汇款率的提高都会在一定条件下增加国民收入。此外,通过比较图 18-8 中两条国民收入曲线的斜率,我们发现在资本可移动情况下,RUM 汇款率的变化对国民收入的影响大于资本专用情况下的影响。因此,可以得到如下命题。

命题 3:(1) 根据 2017 年中国的相关宏观经济数据,无论是在资本部门专用情况下还是在资本可流动情况下,一定条件内,RUM 汇款率的提高都将提高国民收入,进而提高国民福利水平。

(2) 在资本可移动情况下,RUM 汇款率的变化对国民收入的影响大于资本专用情况下的影响。

此外,我们还分别选择了 $g_1=1.15, g_2=1.05$(即 $\sigma_1=0.0193$ 和 $\sigma_2=0.0067$)和 $g_1=1.25, g_2=1.15$(即 $\sigma_1=0.0308$ 和 $\sigma_2=0.0193$)。图 18-9 和图 18-10 显示了资本专用情况和资本可移动情况下模型的重新模拟结果。比较图 18-8 和图 18-10 中的结果,我们发现参数的不同初始值不会对本章的数值特征产生实质性影响,这充分表明 RUM 汇款率的变化对国民收入和国民福利的影响也是稳定的。

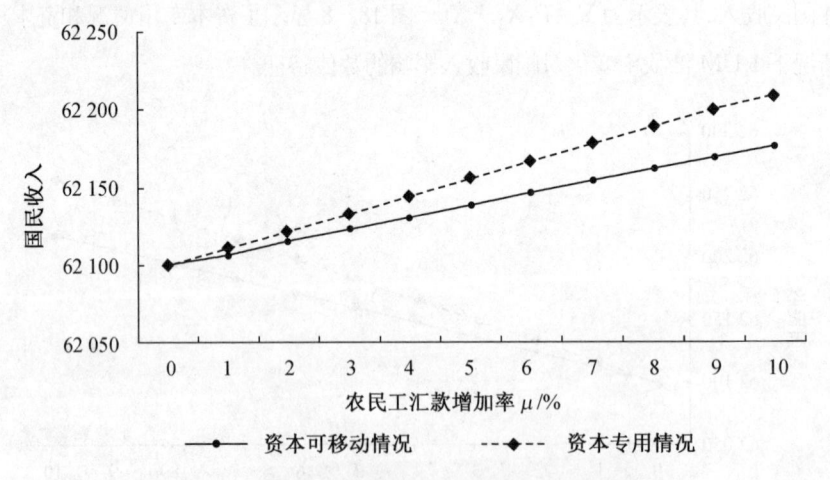

图 18-9 RUM 汇款率变化对国民福利的影响效应,其中 $\sigma_1=0.0193$ 和 $\sigma_2=0.0067$

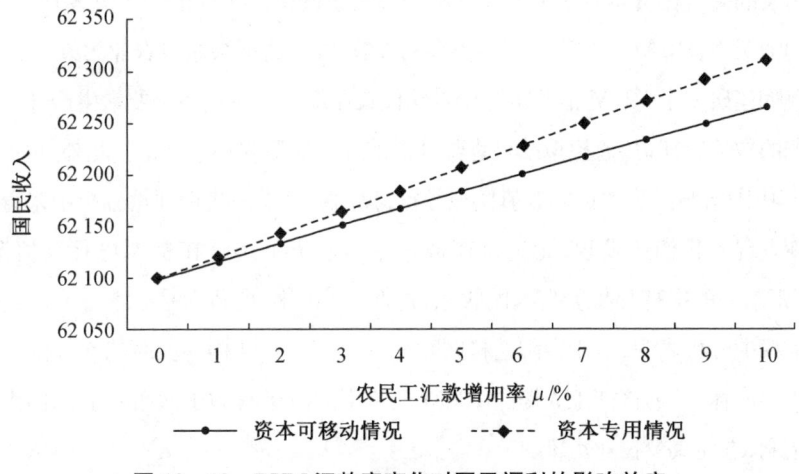

图 18-10　RUM 汇款率变化对国民福利的影响效应，其中 $\sigma_1=0.030\,8$ 和 $\sigma_2=0.019\,3$

第六节　结　论

农业污染的路径不同于工业污染，我们在包含三个部门的开放一般均衡框架中探讨了 RUM 汇款率的变化对农业污染的影响。本章与现有研究有两个不同之处：(1) 我们调查了汇款率的变化对农业污染的影响，而不是工业污染，然后本章中的农业污染传播路径与对工业污染传播的路径不同；(2) 与现有研究将农业部门设定为单一结构不同，我们的模型将农业部门设置为传统农业和现代农业并存的二元农业结构，这一设定更符合许多发展中经济体的农业结构。

通过前面的理论分析，我们可以得出以下结论：首先，在资本专用的情况下，RUM 汇款率的增加对农业污染要素生产部门的产出水平以及农业污染没有影响。其次，在资本可移动情况下，RUM 汇款率的提高将降低农业污染要素生产部门的产出水平，进而降低农业污染。我们关于 RUM 汇款率变化对环境污染的影响的研究结论与 Li 和 Zhou(2015)的研究结论也存在一些差异。他们认为，RUM 汇款率的提高将在短期内加剧环境污染，而在长期内会减少环境污染，即 RUM 的汇款率变化对工业污染的影响在资本专用情况和资本可移动情况下是不同的。本章发现,在资本专用的情况下,RUM汇款率的提高不会增加农业污染,而会减少农业污染。

我们还研究了RUM汇款率变化对现代农业部门和农业污染要素生产部门产出的影响的数值特征,数值模拟结果也验证了前几节模型的相关结论。此外,根据基于2017年中国宏观经济数据的数值模拟分析,我们获得了一些在理论分析中未得到证实的新发现。我们还发现,无论是在资本专用情况下还是在资本可移动情况下,RUM汇款率的提高都将提高国民收入,进而提高国民福利水平。本章的理论分析和数值模拟分析表明,对于中国这样同时具有农业二元结构和城乡二元经济特征的发展中经济体,鼓励移徙工人提高RUM汇款率的政策有利于改善农业部门生产和国家福利,进而减少农业污染。

农村地区城乡移民汇款的消费不仅会对农业部门的生产产生外部性,还会促进劳动力人力资本的提高,从而影响农业经济和农业污染。因此,从农民工汇款对农业部门劳动力人力资本的作用的角度分析农民工汇款的经济和环境影响,可能也是未来研究的一个重要方向。

参考文献

[1] BALL P, LOPEZ C, REYES J. Remittance, inflation and exchange rate regimes in small open ecohomies[J]. The World Economic, 2013, 36 (4), 487-507.

[2] BRADENJ B, LARSON R S, HERRICKS E E. Impact targets versus discharge standards in agricultural pollution management [J]. American Journal of Agricultural Economics, 1991, 73(2): 388.

[3] CHAO C C, LAFFARGUE J P, SGRO P M. Environmental control, wage inequality and national welfare in a tourism economy[J]. International Review of Economics and Finance, 2012, 22: 201-207.

[4] CHAUDHURI S. Labour market reform, welfare and unemployment in a small open economy[J]. Keio Economics Studies, 2006, 43: 1-17.

[5] CHAUDHURI S. Foreign capital, welfare and urban unemployment in the

presence of agricultural dualism[J]. Japan and the World Economy, 2007, 19: 149 - 165.

[6] DJAJIC S. International migration, remittances and welfare in a dependent economy[J]. Journal of Development Economics, 1986, 21(2): 229 - 234.

[7] DJAJIC S. Emigration and welfare in an economy with foreign capital[J]. Journal of Development Economics, 1998, 56: 433 - 445.

[8] GRINOLS E unemployment and foreign capital: the relative opportunity costs of domestic labour and welfare[J]. Economica, 1991, 58(229): 107 - 121.

[9] GUPTA M. Rural-urban migation, informal sector and development policies[J]. Journal of Development Economics, 1993, 41: 137 - 151.

[10] GUPTA M. Foreign capital, income inequality and welfare in a Harris-Todaro model[J]. Journal of Development Economics, 1994, 45: 407 - 414.

[11] GUPTA M. Informal sector and informal capital market in a small open less-developed economy[J]. Journal of Development Economics, 1997a, 52: 409 - 428.

[12] GUPTA M. Foreign capital and the informal sector: comments on Chandra and Khan[J]. Economica, 1997b, 64: 353 - 363.

[13] HAMMER D A. Designing constructed wetlands systems to treat agricultural nonpoint source pollution[J]. Ecological Engineering, 1992, 1(1 - 2): 49 - 82.

[14] KAR S, BELADI H. Skill formation and international migration: welfare perspective of developing countries[J]. Japan and the World Economy, 2004, 16: 35 - 54.

[15] KIRWAN F, HOLDEN D. Emigrants' remittances, non-traded goods and economic welfare in the source country[J]. Journal Economics Studies, 1986, 13(2): 52 - 58

[16] KONDOH K, YABUUCHI S. Unemployment, environmental policy, and international migration[J]. Journal of International Trade & Economic

Development, 2012, 21(5): 677-690.

[17] LI X C, WANG D S. The impacts of rural-urban migrants' remittances on the urban economy[J]. Annals of Regional Science, 2015, 54: 591-603.

[18] LI X C, FU H N, WU Y Y. Pollution mitigation, unemployment rate and wage inequality in the presence of agricultural pollution[J]. China Economic Review, 2020, 61: 101-425.

[19] LI X C, ZHOU J. Environmental effects of remittance of rural-urban migrant [J]. Economic Modelling, 2015, 47: 174-179.

[20] LI X C, SHEN Q. A study on urban private capital and the transfer of labor in the modern agriculture sector[J]. Journal of Economic Policy Reform, 2012, 15(2): 135-152.

[21] LI X C, WU Y Y. Environment and economy in the modern agricultural development[J]. Asia-Pacific Journal of Accounting & Economics, 2018, 25(1-2), 163-176.

[22] LUNDAHL M. International migration, remittances and real incomes: effects on the source country[J]. The Scandinavian Journal of Economics, 1985, 87(4): 647-657.

[23] MARTINEZ Y, ALBIAC J. Agricultural pollution control under Spanish and European environmental policies[J]. Water Resources Research, 2004, 40(10).

[24] MAURICIO G, JOSE G. Remittances: a key factor for economic change and the reduction of poverty in Latin America[J]. The Case of Guatemala, 2016.

[25] PRADHAN G, UPADHYAY M, UPADHYAYA K. Remittances and economic growth in developing countries [J]. The European Journal of Development Research, 2008, 20: 497-506.

[26] QUIBRIA M G. International migration, remittances and income distribution in the source country: a synthesis[J]. Bulletin of Economic Research, 1997, 49

(1): 29-46.

[27] TAHERIPOUR F, KHANNA M, NELSON C H. Welfare impacts of alternative public policies for agricultural pollution control in an open economy: a general equilibrium framework [J]. American Journal of Agricultural Economics, 2008, 90(3): 701-718.

[28] TAWADA M, SUN S Q. Urban pollution, unemployment and national welfare in a dualistic economy[J]. Review of Development Economics, 2010, 14(2): 311-322.

[29] TAYLOR J E, WYATT T J. The shadow value of migrant remittance, income and inequality in a household farm economy [J]. Journal of Development Studies, 1996, 32 (6): 899-912.

[30] THOMAS G, MANFRED K, MANUEL S. Explaining inter-provincial migration in China[J]. Regional Science, 2015, 95 (4): 709-731.

附录

1. 附录 A

运用 Gramer 法则求解式(18-13)可以得到如下结果：

$$\Delta_{X_1} = -\sigma_1 \frac{k}{1+k} w_2 \lambda Z a_L^Z Y_2 a_L^2 (S_{KL}^1 S_{LK}^1 - S_{KK}^1 S_{LL}^1) > 0 \quad (A-1)$$

$$\Delta_{X_2} = \frac{1}{\theta_{L2}} \frac{k}{1+k} \lambda Z a_L^Z Y_1 a_L^1 (S_{KK}^1 - S_{LK}^1)(\sigma_1 w_1 \theta_{L2} - \theta_{L1} \sigma_2 w_2) +$$

$$\frac{\sigma_2}{\theta_{L2}} \frac{k}{1+k} \lambda Z a_L^Z w_2 Y_1 a_L^1 \theta_{K1} (S_{KL}^1 - S_{LL}^1) + \frac{\sigma_2}{\theta_{L2}} \frac{k}{1+k} \lambda Z a_L^Z [\theta_{L1} (S_{KK}^1 - S_{LK}^1) -$$

$$\theta_{K1}(S_{KL}^1 - S_{LL}^1)](w_2 Y_2 a_L^2 S_{LL}^2 - (1+\lambda) w_2 Z a_L^Z) \quad (A-2)$$

$$\Delta_{w_1} = \sigma_1 \frac{k}{1+k} w_2 \lambda Z a_L^Z Y_2 a_L^2 (S_{LK}^1 - S_{KK}^1) > 0 \quad (A-3)$$

$$\Delta_{r_1} = \sigma_1 \frac{k}{1+k} w_2 \lambda Z a_L^Z Y_2 a_L^2 (S_{KL}^1 - S_{LL}^1) > 0 \quad (A-4)$$

$$\Delta_\lambda = \frac{\sigma_2}{\theta_{L2}} \frac{k}{1+k} [(1+\lambda)w_2 Z a_L^Z + w_2 Y_1 a_L^1] Y_2 a_L^2 [\theta_{L1}(S_{KK}^1 - S_{LK}^1) -$$

$$\theta_{K1}(S_{KL}^1 - S_{LL}^1)] - \sigma_1 \frac{k}{1+k} w_1 Y_1 a_L^1 Y_2 a_L^2 (S_{KK}^1 - S_{LK}^1) \quad (A-5)$$

根据等式(A-1)至(A-5),并结合等式(18-14),很明显,RUM 汇款率的变化不会影响农业污染要素生产部门的产量 Z,并会使内生变量 k、r_1、w_1 和 w_2 沿相同方向变化。此外,由于 $(S_{KL}^1 S_{LK}^1 - S_{KK}^1 S_{LL}^1) < 0$,那么 RUM 汇款率 μ 的变化也将使部门 1 的产出朝着相同的方向变化。然而,RUM 汇款率 μ 的变化对部门 2 产出和失业率 λ 的影响是不确定的。

2. 附录 B

矩阵方程(18-17)中矩阵的行列式为

$$\Omega = \frac{1}{\theta_{KZ}} \left\{ \varepsilon \frac{Z}{1+Z} [\theta_{LZ}\theta_{L2}\lambda w_2 Z a_L^Z X_2 a_L^2 X_1 a_K^1 [\theta_{K1}(S_{LL}^1 - S_{KL}^1) + \theta_{L1}(S_{KK}^1 - S_{LK}^1)] + \right.$$

$$\theta_{L1}\theta_{L2}\lambda w_2 X_2 a_L^2 Z a_L^Z Z a_K^Z S_{KK}^Z] - \sigma_1 \frac{k}{1+k} \theta_{L2} \lambda w_2 Z a_L^Z X_2 a_L^2 X_1 a_K^1 (S_{KL}^1 - S_{LL}^1) \left(\theta_{KZ} + \right.$$

$$\left. \varepsilon \frac{Z}{1+Z} \theta_{KZ} + \varepsilon \frac{Z}{1+Z} S_{LL}^Z \right) \right\}.$$

根据行列式的表达式,如果参数 ε 的绝对值足够小,我们将得到 $\Omega < 0$。
运用 Gramer 法则求解矩阵方程(18-17)可以得到以下结果:

$$\Omega_{X_1} = \sigma_1 \frac{k}{1+k} \frac{1}{\theta_{KZ}} \theta_{L2} w_2 \lambda Z a_L^Z Y_2 a_L^2 \left\{ \varepsilon \frac{Z}{1+Z} (\theta_{LZ} Y_1 a_K^1 (S_{KL}^1 S_{LK}^1 - S_{LL}^1 S_{KK}^1) + \right.$$

$$\left. Z a_K^Z S_{KK}^Z (S_{KL}^1 - S_{LL}^1)) - \theta_{KZ} Z a_K^Z (S_{KL}^1 - S_{LL}^1) \right\} \quad (B-1)$$

$$\Omega_{X_2} = \varepsilon \frac{Z}{1+Z} \sigma_1 \frac{k}{1+k} \frac{1}{\theta_{KZ}} \lambda Z a_L^Z Y_1 a_K^1 (S_{LL}^1 - S_{KL}^1) [w_2 Y_2 a_L^2 S_{LL}^2 - (w_1 - w_2) Y_1 a_L^1]$$

$$[\theta_{L1}\theta_{KZ} - \theta_{LZ}\theta_{K1} - \theta_{L2}\theta_{KZ}] + \varepsilon \frac{Z}{1+Z} \frac{k}{1+k} \lambda Z a_L^Z [\sigma_2 \theta_{L1} w_2 Y_2 a_L^2 S_{LL}^2 +$$

$$\sigma_2 \theta_{L1} w_2 Y_1 a_L^1 + (\sigma_1 \theta_{L2} - \sigma_2 \theta_{L1}) w_1 Y_1 a_L^1] \frac{1}{\theta_{KZ}} Y_1 a_K^1 [(\theta_{KZ} S_{KL}^1 - \theta_{LZ} S_{KK}^1) +$$

$$(\theta_{LZ} S_{LK}^1 - \theta_{KZ} S_{LL}^1)] + \sigma_1 \frac{k}{1+k} \theta_{L2} \lambda Z a_L^Z (S_{LL}^1 - S_{KL}^1) \left\{ \varepsilon \frac{Z}{1+Z} \frac{1}{\theta_{KZ}} w_2 Y_1 a_L^1 Y_1 a_K^1 \right.$$

$$[(\theta_{KZ}S^1_{KL}-\theta_{LZ}S^1_{KK})+(\theta_{LZ}S^1_{LK}-\theta_{KZ}S^1_{LL})]-\varepsilon\frac{Z}{1+Z}w_2Y_1a^1_KY_1a^1_KY_2a^2_LS^2_{LL}+$$

$$\varepsilon\frac{Z}{1+Z}\frac{1}{\theta_{KZ}}w_2(w_1-w_2)Y_1a^1_LY_1a^1_KS^1_{KL}[(\theta_{KZ}S^1_{KL}-\theta_{LZ}S^1_{KK})+(\theta_{LZ}S^1_{LK}-$$

$$\theta_{KZ}S^1_{LL})]-w_1Y_1a^1_LZa^Z_K+(1+\lambda)w_2Y_1a^1_KZa^Z_L-(w_1-w_2)Y_1a^1_LY_1a^1_K-$$

$$\varepsilon\frac{Z}{1+Z}\frac{1}{\theta_{KZ}}(w_1-w_2)Y_1a^1_L(Y_1a^1_KS^Z_{LL}-Za^Z_KS^Z_{KK})+\varepsilon\frac{Z}{1+Z}\frac{1}{\theta_{KZ}}w_2(1+\lambda)$$

$$Za^Z_LY_1a^1_KS^Z_{LL}+\varepsilon\frac{Z}{1+Z}\frac{1}{\theta_{KZ}}w_2Y_1a^1_LZa^Z_KS^Z_{KK}-\varepsilon\frac{Z}{1+Z}\frac{1}{\theta_{KZ}}w_1Y_1a^1_LY_1a^1_K[(\theta_{KZ}S^1_{KL}$$

$$-\theta_{LZ}S^1_{KK})+(\theta_{LZ}S^1_{LK}-\theta_{KZ}S^1_{LL})]\} \quad (B-2)$$

$$\Omega_Z=\sigma_1\frac{k}{1+k}\theta_{L2}\lambda w_2Za^Z_LY_1a^1_KY_2a^2_L(S^1_{KL}-S^1_{LL})>0 \quad (B-3)$$

$$\Omega_{w_1}=-\varepsilon\frac{Z}{1+Z}\frac{1}{\theta_{KZ}}\sigma_1\frac{k}{1+k}\theta_{L2}\lambda w_2Za^Z_LY_2a^2_LY_1a^1_K[(\theta_{KZ}S^1_{KL}-$$

$$\theta_{LZ}S^1_{KK})+(\theta_{LZ}S^1_{LK}-\theta_{KZ}S^1_{LL})]>0 \quad (B-4)$$

$$\Omega_{w_2}=\varepsilon\frac{Z}{1+Z}\frac{1}{\theta_{KZ}}\left[\frac{k}{1+k}\lambda w_2Za^Z_LY_1a^1_KY_2a^2_L(S^1_{LL}-S^1_{KL})(\sigma_1\theta_{L2}\theta_{KZ}+\sigma_2\theta_{LZ}\theta_{K1})-\right.$$

$$\left.\sigma_2\frac{k}{1+k}\theta_{LZ}\theta_{L1}\lambda w_2Za^Z_LY_2a^2_LY_1a^1_K(S^1_{LL}-S^1_{KK})\right]>0 \quad (B-5)$$

$$\Omega_\lambda=\varepsilon\frac{Z}{1+Z}\frac{1}{\theta_{KZ}}[(\sigma_2\theta_{L1}w_1-\sigma_1\theta_{L2}w_1)-\sigma_2\theta_{L1}w_2]\frac{k}{1+k}Y_1a^1_LY_2a^2_LY_1a^1_K[(\theta_{LZ}S^1_{LK}-$$

$$\theta_{KZ}S^1_{LL})+(\theta_{KZ}S^1_{KL}-\theta_{LZ}S^1_{KK})]+\varepsilon\frac{Z}{1+Z}\frac{k}{1+k}\frac{1}{\theta_{KZ}}(w_1-w_2)Y_1a^1_LY_2a^2_L$$

$$[\sigma_2(\theta_{L1}\theta_{KZ}-\theta_{LZ}\theta_{K1})-\sigma_1\theta_{L2}\theta_{KZ}]Y_1a^1_K(S^1_{LL}-S^1_{KL})+\varepsilon\frac{Z}{1+Z}\sigma_1\frac{k}{1+k}\theta_{L2}$$

$$Y_2a^2_LY_1a^1_K(S^1_{LL}-S^1_{KL})\frac{1}{\theta_{KZ}}(w_1-w_2)Y_1a^1_L[(\theta_{LZ}S^1_{LK}-\theta_{KZ}S^1_{LL})+(\theta_{KZ}S^1_{KL}-$$

$$\theta_{LZ}S^1_{KK})]+\sigma_1\frac{k}{1+k}\theta_{L2}Y_2a^2_L(S^1_{LL}-S^1_{KL})\Big\{(w_1-w_2)Y_1a^1_LZa^Z_K+(w_1-$$

$$w_2)Y_1a^1_LY_1a^1_K+\varepsilon\frac{Z}{1+Z}\frac{1}{\theta_{KZ}}(w_1-w_2)Y_1a^1_LY_1a^1_K[(\theta_{LZ}S^1_{LK}-\theta_{KZ}S^1_{LL})+$$

$$(\theta_{KZ}S^1_{KL} - \theta_{LZ}S^1_{KK})] + \varepsilon \frac{Z}{1+Z\theta_{KZ}} \frac{1}{}(w_1 - w_2)Y_1 a^1_L (Y_1 a^1_K S^Z_{LL} - Z a^Z_K S^Z_{KK}) \Big\}$$

(B-6)

考虑到方程(B-1)至(B-6),并将方程(18-15)和(18-16)结合在资本部门专用情形中,很明显,RUM 汇款率的增加将降低部门 Z 的产量,从而减少农业污染,RUM 的汇款率的提高也将降低资本回报率。此外,如果参数的绝对值足够小,可以得出,RUM 汇款率的提高也将提高部门 1 的产出,并提高城市失业率。然而,RUM 汇款率的变化对部门 2 产出的影响尚不确定。